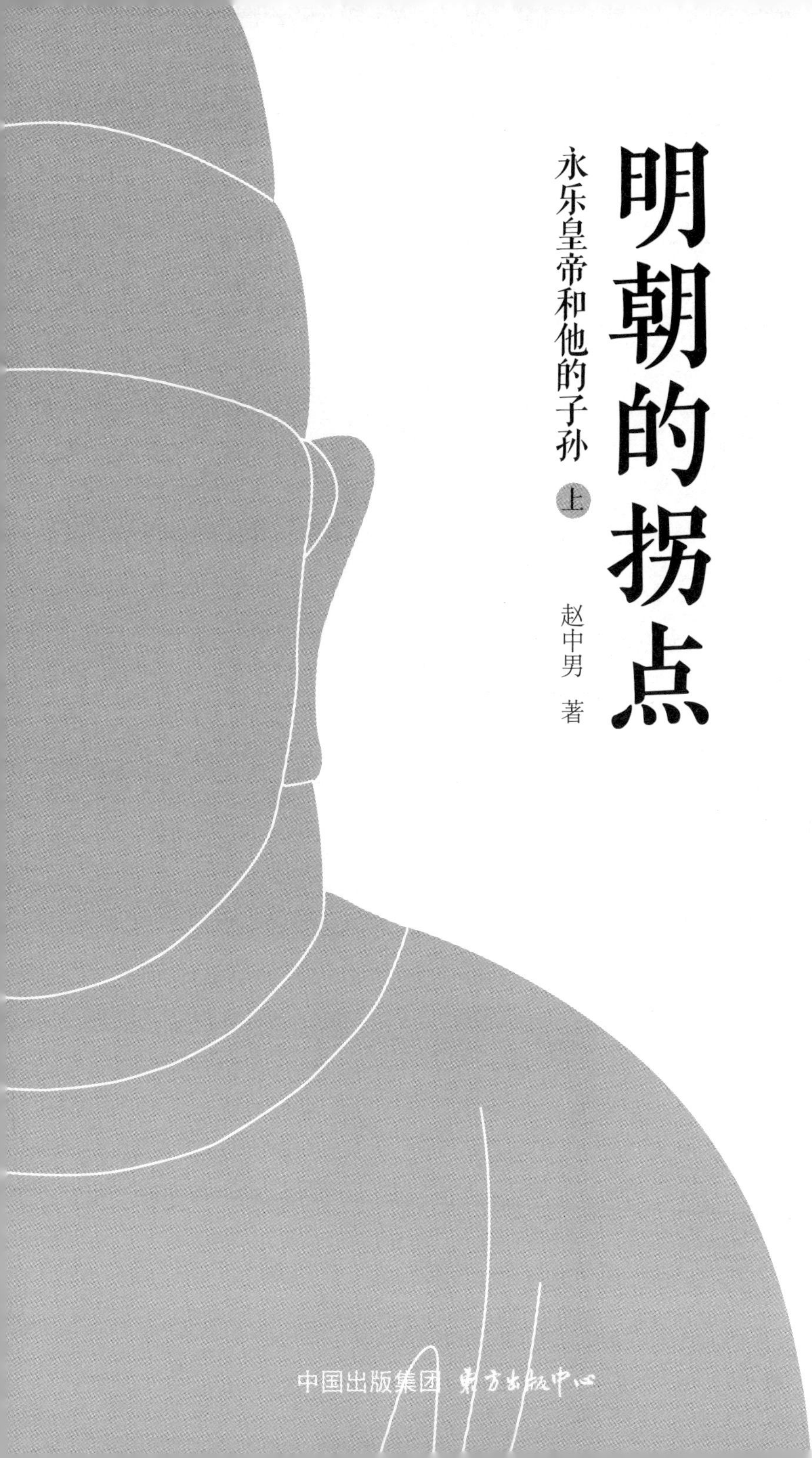

明朝的拐点

永乐皇帝和他的子孙 上

赵中男 著

中国出版集团 东方出版中心

扫码纵览仁宣盛世
文艺图景

目录

北京昌平有个十三陵，最前边的三个分别是长陵、献陵和景陵，它们的主人是祖孙三人，即明朝第三位皇帝太宗朱棣，第四位皇帝仁宗朱高炽，以及第五位皇帝宣宗朱瞻基。如果从空中往下看，这三个陵寝位于整个十三陵群体的顶端，连起来好像是一个不规则的三角形，似乎在向后人显示着大约600年前，三人之间错综复杂的关系，以及那一场跌宕起伏的宫廷往事。

其中仁宗朱高炽、宣宗朱瞻基知名度不高，比起明太祖朱元璋在位31年，明神宗朱翊钧在位48年，仁、宣两位皇帝在位的时间很短，宣宗9年多，仁宗才9个月，加起来不过10年左右，但这10年却是明朝前期具有转折意义的10年。因为建文帝已经开始改变了朱元璋时期以猛治国、开创为主的局面，可是朱棣夺位以后，几乎全面否定了建文帝的政策，南征北讨、迁都远航，又搞了一系列的开创性活动，弄得大明帝国国力透支，处于严重的超负荷状态。

结果朱棣的儿子仁宗和孙子宣宗上台后，不得不卸装减负，从开创转为守成，结束了永乐时期的消耗性活动，扭转了明朝国力的超负荷局面，实行了务实稳定的政策。后人高度评价仁、宣二帝的作为是“仁宣之治”，把它同周代的“成康之治”、汉代的“文景之治”相提并论，虽然有些美化、夸张，但仍可见仁、宣二帝的地位和重要贡献。只是他们的转折性活动虽然是在仁宣时期完成的，但起因却是在永乐时期，并且还同皇位继承权之争交织在一起。

公元1368年，明太祖朱元璋建立明朝以后，为了保住朱家的

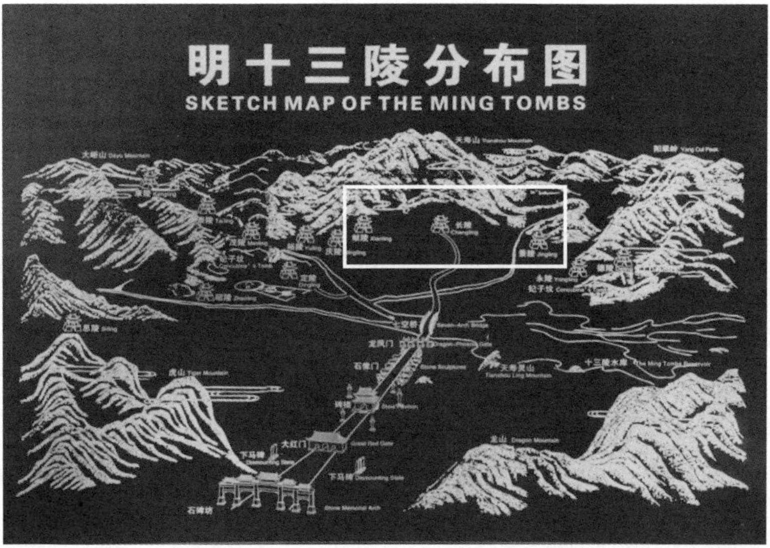

明十三陵中的前三陵分布图

江山，他在立了长子朱标做太子后，又把自己的几十个儿子分封到全国各地做藩王，给了他们一定数量的军队和权力，目的是中央一旦出乱子，他们就可以起兵帮着中央平乱。这些人之中，就有朱元璋的第四个儿子、封在北平的燕王朱棣。朱元璋想得挺好，但结果怎么样呢？他死后中央没出乱子，倒是地方先出了乱子。手握兵权的燕王朱棣很快在北平起兵，经过三年多的激战，终于打败了政府军，夺了侄儿建文帝的皇位，自己当了皇帝，就是永乐皇帝。

明太宗朱棣像

一 立储之争

朱棣夺位上台后，当时争夺皇位的战争虽然结束了，但争夺下一个皇位继承权的序幕却刚刚拉开。原来朱棣当上皇帝后，从1402年的六月到1404年的四月，在长达近两年的时间里没立太子。

（一）朱棣暂时不立太子

太子是皇帝的接班人，册立太子是一个王朝维持统治的首要条件，没有太子，谁来接班当皇帝呢？朱元璋当上皇帝以后，首先册立大儿子朱标做太子，所以朱棣上台后不先立太子，本身就有些反常。况且朱棣的长子朱高炽，这时已经二十多岁了，又是当年太祖朱元璋册立的世子，就是燕王继承人，按照明朝“立嫡以长”的传统，朱高炽是太子的不二人选，完全应该顺理成章地当上太子。但朱棣登极后不但没有立即册立太子，反而多次拒绝了臣下的有关建议。

1. 文武百官请求立朱高炽当太子，朱棣不同意

永乐元年（1403年）的上半年，文武百官加上朱棣的一帮兄弟等人，连续三次上表请立太子，朱棣虽然表扬这些人是为国家着想，

但是对于他们的请求就是不答应，还找了一些堂而皇之的理由加以搪塞，说什么长子“智识未广、德业未进”，能力水平都很有限，短期内不可能一下子担当起太子的重任，还需要由一些高人来培养和教育才行等等，[1]一句话，就是不同意先立老大为太子。这时候有个人看不下去了——镇远侯顾成。这个人是个高级将领，最早参加政府军讨伐朱棣，又最早被俘虏，被俘后他就投降了朱棣，然后一直辅佐朱高炽坚守北平城。顾成是朱棣非常器重的一个将领，后来被封为镇远侯，奉命驻守贵州。

大概是顾成觉得自己很早就归附了朱棣，后来又辅佐朱高炽坚守北平有功，说话还算有点分量，再加上跟朱高炽交情比较深，于是就在永乐元年的九月，顾成给朱棣写了封信，没敢先讲立太子的事，而是说了驻守贵州的几件事，最后拐弯抹角地提了一句“早立东宫以定国本”。不料朱棣在回信中只是对顾成隆重表扬一番，还赏给了他一大笔钱财，但是对立太子的事却一个字都没提，[2]好像根本没看见，弄得顾成很没面子。同时，朱棣一直把朱高炽留在北平，而没有召他来首都南京，等于说立太子跟他没关系，把他晾在一边了。

这还不算，更有甚者，朱棣还向大臣征求意见：你们看立谁做太子最合适啊？很显然他不想立朱高炽为太子，不然就不必征求意见了。各位可以想象，朱棣的这种态度很可能使朱高炽感到郁闷和痛苦，甚至可能是绝望，因为他本来是最有资格当太子的，可是现在呢，几乎被父皇踢出局外了。那么在朱棣眼里，还有谁可以作为太子的人选呢？朱高炽作为长子，为什么不能顺利当上太子呢？

---

1 参见《明太宗实录》卷十六，永乐元年正月丙戌；卷十八，永乐元年三月戊寅朔；卷十九，永乐元年四月庚戌，台湾“中央研究院”历史语言研究所1962年校印本。以下引用不再注明版本。

2 参见《明太宗实录》卷二十三，永乐元年九月辛卯。

2. 老二朱高煦曾为朱棣夺位立过大功

原来，朱棣有四个儿子，朱高炽、朱高煦、朱高燧和朱高爔，除第四子不知何人所生并且早死之外，其余三个都是徐达的长女，也就是后来的徐皇后生的。三个儿子各有特点：老大朱高炽为人内向，做事比较慢，可能患有肥胖症，体态臃肿，行动笨拙，不善骑射；老二朱高煦矫捷凶悍，据说腋下有几块癣，应该是一种皮肤病，当时却称“若龙鳞数片”，可能是美化的说法，朱高煦身材高大，长期受到朱棣军事活动的影响，善于骑射；老三朱高燧较为精明，善于讨好朱棣。[1]三个儿子中，朱棣最喜欢的是老三朱高燧，最为器重的是老二朱高煦，最不喜欢的恰恰是老大朱高炽。那么朱棣为什么会器重老二呢?

因为在朱棣夺位的“靖难之役”中，朱高煦作为朱棣的得力助手，勇猛善战，功勋卓著，帮助朱棣夺位成功。朱高煦曾多次在朱棣战败之际，甚至被敌人追杀时，率骑兵部队勇猛冲杀，赶来救援，不仅救了朱棣的性命，有时还使燕军反败为胜。其中较为典型的一次，是朱棣起兵后不久的白沟河之战。白沟河大致位于现在河北中部的雄县和定兴县之间，大约在1399年冬季，也就是600多年前，白沟河两岸都是战场。

朱棣率燕军与李景隆的政府军大战于白沟河，李景隆人多势众，几十万军队列阵数十里。李景隆命令士兵向冲过来的朱棣一队人马射箭，箭像雨点一般射过来，“王马三创，凡三易，所射矢三服皆尽，乃提剑，剑锋复折”。[2]朱棣所骑的战马连续三次被射倒，他也连换了三匹马，冲锋陷阵打了半天，自己带的三袋箭也都射光了，于是就抽出宝剑冲杀，结果宝剑也卷了刃，被敌军追着打。

---

1 参见《明史》卷一一八，《诸王传》三，中华书局1974年版。以下引用不再注明版本。

2 参见《明通鉴》卷十二，惠帝建文二年四月庚子，中华书局1959年版。以下引用不再注明版本。

浦子口遗址

估计朱棣的马也中了箭，跑到一处堤坝下面就上不去了，眼看就要被追兵追上，朱棣连忙跳下马跑上堤坝，然后举起马鞭子摇晃，假装招呼后面的部队；堤坝下的追兵怀疑这里有埋伏，没敢继续追，但大队人马都堵在那，随时准备冲上去；恰在这时，朱高煦突然率领一队骑兵从远处冲了过来，救下了朱棣。朱棣当时可能有些奇怪，就问朱高煦：其他将领都在鏖战，你怎么突然跑来了？朱高煦就说：我听说父王你才领了几个骑兵，居然同敌人大队人马周旋，我是怕你有什么闪失，所以就来了。朱棣一听很高兴，心想老二来得可真是时候啊，于是他就对朱高煦说：我打了半天可是累了，你就继续进攻吧！于是，朱高煦就率领这一千多名精锐骑兵杀了过去，最终打退了敌人。[1]

1 参见《明史记事本末》卷十六，《燕王起兵》，中华书局1977年版。以下引用不再注明版本。

还有东昌之战、浦子口之战等战役，朱高煦都有类似的表现。当时战役的规模比较大，双方每次都有十几万、几十万兵力投入战斗，交战的范围可能达到方圆十几里甚至几十里。像朱高煦这样的将领肯定会独当一面，混战之中可能与朱棣拉开较远的距离，甚至会暂时失去联系。就算军中有类似今天的通信兵负责联络，朱高煦也不可能随时掌握朱棣的作战情况，不过他几乎每次都能主动地率领一些机动骑兵，在朱棣战败以后及时地援救。

3. 朱高煦才是朱棣最想立为太子的人选

从这些情况看，朱高煦这个人至少有几个特点：第一，意志坚强，善于打硬仗，并且很有毅力，常常是在打败了以后还要顽强作战，决不轻易放弃。朱高煦的这个特点几乎就是他父亲的翻版，各位知道，朱棣就是这样一个打仗异常勇猛、从不放弃的人，看来朱高煦多少是继承了朱棣的特点。

第二，朱高煦在燕军里具有较高的、很特殊的地位，可以指挥和调动机动骑兵部队。各位知道，骑兵在冷兵器时代是极其重要的兵种，而机动骑兵相当于后备军，打胜了不用，但是打败了可就非常有用了。没有主帅的命令，一般的将领是不可能轻易调动骑兵的；而燕军是朱棣的私人部队，是家兵，朱高煦作为主帅的儿子，可以指挥和调动骑兵，说明他在燕军中具有特殊的地位。

第三，这个人比较有全局观念，每当朱棣打了败仗、最需要援助的时候，在事先无法预料的情况下，朱高煦几乎每次都能及时地出兵去救朱棣，可见他很清楚，父亲在什么时候最需要他。当然，所谓“打虎亲兄弟，上阵父子兵”，朱高煦对父亲的关心，也是他能及时救援朱棣的重要原因。总之一句话，没有朱高煦的英勇善战，朱棣的夺位之战能否成功，恐怕还是个未知数。因此可以这样说，朱高煦为父亲朱棣夺取皇位作出了巨大的贡献。

有这样一个儿子，朱棣当然非常高兴，因为每一次胜利都意味着他向皇位又迈进了一步，因此他格外器重朱高煦，甚至在几次战役取胜之后，一高兴就给了朱高煦一个明确的承诺："勉之，世子多疾，如得天下，以若为嗣。"[1]意思是：好好干！你大哥身体不好，将来我夺了天下，就立你当太子！这些话朱棣曾多次说过，《明史》等书里都有类似的记载。虽然这种许诺不乏政治利诱和一时冲动的成分，但也不可能完全是空头支票，尤其是在几次关键性战役的胜利中，朱高煦都有英勇善战的表现，受到了朱棣大大的赏识，他感到朱高煦很像自己，对自己的事业很有利，因此将来立朱高煦为太子的许诺，应该是朱棣真心实意的表达。正是因为有了父亲的许诺，朱棣登极后朱高煦才较为狂傲，朱棣对他也较为纵容。因此从这些情况看，朱高煦才是朱棣最想立为太子的人选。

（二）朱高炽的优势与朱棣的顾虑

那么朱棣的长子朱高炽除了身体臃肿、性格内向之外，是否有一些优势呢？有！同二弟相比，朱高炽既没有率军出击又不勇猛善战，但却拥有两个别人无法忽视的特殊优势：一是他是太祖朱元璋当年亲自册封的燕王世子，就是燕王的王位继承人；二是他曾指挥北平的老弱军民，打退了李景隆五十万大军的进攻，保住了燕军的老巢——北平城。

1. 朱高炽的优势之一：朱元璋册立的燕王世子

先说第一件事，就是朱高炽被皇爷朱元璋册立为燕王世子。当年朱元璋为了考察和培养他的孙子们，经常把他们召到自己身边读

1　参见《国榷》卷十二，惠宗建文四年六月癸丑，中华书局1958年版。以下引用不再注明版本。

北京天坛圜丘

些书、做点事，给以磨炼，借以查看他们的人品和才干。有一天，朱元璋召来了朱高炽等几个孙子，要他们分别去检阅守卫京城的部队。别人都忙着去检阅，要以办事迅速来讨好皇爷，只有朱高炽仍和平时一样不紧不慢，比别人回来得都晚。

皇爷朱元璋可能有点不高兴，于是派人把朱高炽叫来问他："何后也？"意思是，你怎么迟到了？朱高炽不紧不慢地回答说："旦寒甚，卫士方食，俟食毕乃阅，故迟。"意思是，因为早上天气太冷了，我让士兵吃过早饭再检阅，所以迟到了。听朱高炽这么一说，朱元璋高兴了，对朱高炽表扬了一通，认为这个孙子能体恤下属，品行宽仁。[1]实际上朱高炽之所以检阅迟到，也许是因为他性格内向，做事一向迟缓，上述的话不过是临时的借口，但却给朱元璋留下了好印象。

还有一次朱元璋把一些奏本交给朱高炽，要他代为分拣一下。朱高炽选了一些与军民切身利益密切相关的奏本送上来，这就先投

1 参见《明史记事本末》卷二十八，《仁宣致治》。

合了皇爷朱元璋的心意；奏本中有些错字，朱元璋为他指出来："尔忽之耶？"意思是，你大概没有看见吧？朱高炽或许做事马虎真没看见，或许有意这样顾大局而不拘小节，但他的回答却很妙："不敢忽，顾小过失不足以渎天听。"[1]意思是，我不敢马虎，不过我觉得这样的小错处，实在不值得给皇爷您添麻烦。这句回答更赢得了朱元璋的欢心，加深了对朱高炽的好印象。朱元璋觉得这个孙子比较善于辨别轻重缓急，做事有板有眼，又是燕王朱棣的长子，因此洪武二十八年（1395年），朱元璋亲自册封朱高炽为燕王世子。上述记载可能有后人美化的成分，但也说明少年朱高炽比较有心计。

2. 朱高炽的优势之二：坚守北平的战功

这样和老二朱高煦比起来，老大朱高炽就有了身份上的优势。除此之外他还有一个优势，那就是坚守北平的战功。当年朱棣起兵后，朱高炽曾指挥北平的老弱守军1万余人，打退了李景隆50万政府军的进攻。当时北平的精锐部队全都跟随朱棣上前线了，剩下的军人都是老弱，朱高炽本人没打过仗，更没有守城的经验，但他能虚心向有经验的老兵和其他人请教，包括他的母亲，也就是徐达的长女、后来的徐皇后，充分发挥这些人的作用，加上朱棣选派的姚广孝等人尽心辅佐，朱高炽率老弱军民终于保住了北平。

那么在北平保卫战中，朱高炽都干了哪些事呢？一是偷袭敌营，"选勇士时时夜缒城砍营，南军扰乱，退营十里"。[2]朱高炽连续多次派人从城墙上放绳子把士兵放下去，在夜里偷袭敌营，搅得敌方不得安宁。这样一连多日敌方士兵夜里都休息不好，只好退兵十几里。二是严加守备，朱高炽在北平守将的协助下，把守城的各项事

---

1 参见《明仁宗实录》卷一上。

2 参见《明史记事本末》卷十六，《燕王起兵》。

北平旧城遗址

务都安排得非常到位，充分利用这1万多名老弱士兵严加守备，有几次敌方几乎要把北平的几个城门攻破了，但最后都被朱高炽指挥守军打退了。三是浇灌冰城，当时北平的气候比现在还要冷，几乎是滴水成冰，朱高炽“连夜汲水灌城，天寒冰结，明日不得登”，意思是，连夜用水浇灌城墙，第二天北平的城墙都冻成了冰墙，又厚又滑，敌人根本无法攻城，人和梯子都上不去。加上政府军多为南方人，经不起北平的严寒天气，估计也没有及时配备棉衣，因此冻死不少，手脚冻坏的更多了，战斗力大为下降。后来朱棣的军队赶来，朱高炽就派城里的部队与父亲里外夹击，终于打退了敌军。[1]

其实那些善于干事的人，自己不一定什么都懂、什么都会干，但只要能发挥团队的优势，他就能干成别人办不到的事。朱高炽就

---

1 参见《明通鉴》卷十二，惠帝建文元年十月丁巳。

正德年造铜手铳

是这样，一个不会打仗、不会守城的人，居然打了胜仗守住了城，可见朱高炽还是有些过人之处。如果北平被攻陷，朱棣就失去了老巢，军需、粮饷和所有的家眷都被一窝端了，“靖难之役”必败无疑，朱棣又怎么可能会当上皇帝呢？因此，战后一些人甚至连朱棣本人也承认，朱高炽坚守北平之举对朱棣最后成功夺位是至关重要的，这一战功几乎无人可比，更是别人无法超越的一大优势。[1]

3. 朱棣立老二的想法受到亲信阻挠

尽管朱高炽拥有这些优势，不过大家都清楚，朱棣喜欢和器重的是老二朱高煦，一直都想立他当太子。只是朱棣的想法运作起来并不顺利，首先在他的亲信那里遇到了阻力。隆平侯张信是朱棣的重要亲信，这个人原来是朝廷派到北平监视朱棣的将领，建文帝曾有密诏命他控制朱棣，但张信却暗中向朱棣通风报信，结果使朱棣逃过一劫。后来朱棣夺位成功非常感激张信，称他是自己的恩人，并且认为张信通风报信的功劳不在诸将之下，因此慷慨地把张信封为隆平侯。就连诸王兄弟有什么隐私朱棣都派张信去调查，可见朱

1 参见《明史记事本末》卷二十七，《高煦之叛》。

棣非常信任他。[1]

据说一开始朱棣曾经私下征求张信的意见，要立朱高煦当太子，不料张信不但不同意，还不高兴地随口顶撞朱棣："事干天常，岂易为耶？！"意思是，这事关系相当重大，哪能这么随便就决定呢？！结果惹得朱棣一怒之下拔出佩剑，当场砍掉了张信的几颗牙，弄得张信满嘴冒血溅了一身。[2]这个故事不一定完全真实，但也说明朱棣想立朱高煦的决心非常大。有人可能会问：皇帝不是拥有至高无上的权力吗？就连夺取皇位这么难的事都办到了，难道想立老二当太子还能比夺位更难吗？何必非要征求大臣的意见呢？况且朱棣本人就是老四，他起兵夺取皇位，已经打破了接班人要立老大的传统规则，那么他为什么不直接立老二呢？朱棣还有哪些顾虑呢？

4. 朱棣的顾虑：必须争取文臣势力的支持

当时朱棣有所顾虑的原因很简单，他在夺位上台之后，必须争取文臣以及各方政治势力的支持。各位知道，朱元璋是打天下的开国皇帝，所以明初洪武时期武将的作用大、地位高；但是打天下的任务完成以后，治理天下的文臣地位和作用有所提升，武将的作用和地位自然下降了。建文帝上台后，国务活动以和平建设为主，调整了明初的许多东西，后人称为"建文新政"。新政的执行者也就是文臣，这时的地位和作用都比洪武时期有了大幅度的提升。

朱棣夺位后，虽然名义上指责建文新政，也推翻了建文帝的许多做法，但整个社会毕竟已是和平的局势，文臣集团尤其是前朝遗留下来的上层精英群体，就成为朱棣必须依靠的政治力量。如果朱

1　参见《明史》卷一四六，《张信传》。

2　参见陈沂《畜德录》，周骏富辑《明代传记丛刊》第115册，第632—633页，明文书局1991年版。以下引用不再注明版本。

棣非要顶着压力强行册立老二，势必会得罪这帮文臣，非常不利于将来的统治。况且朱棣是靠暴力夺取皇位的，属于非正常渠道，名不正言不顺。你从侄儿手中夺了皇位，虽然打出了“靖难”的旗号，可傻子也明白这是怎么回事啊，所以当时许多人就认为，朱棣的皇位来路不正。因此在朱棣称帝后，一大批建文旧臣自杀的自杀，弃官的弃官，种种迹象表明，朱棣的夺位行动不完全得人心，并且已经失去了一批支持者。

这还不算，朱棣上台后又杀掉了一大批朝中的不合作者，对建文忠臣及其家属进行了极为野蛮、残暴的镇压和迫害，最有名的是灭了方孝孺的十族，比古代最残暴的灭九族还多一族，破了一个灭族的纪录，简直令人发指。[1]这样一来，朱棣又失去了一批支持者。他在上台初期只是靠强力暂时控制住了局面，但统治基础并不稳固，这样下去不可能维持政权的长久。

方孝孺像

此外，朱棣即位后的政权班底有许多是燕府旧人，就是他夺位前当燕王时期的老部下，如果他不顾这些人的意见非要强行册立朱高煦为太子的话，那么他势必会失去这些老部下的支持。前后加起来，朱棣就要连续失去三批支持者，得罪人太多，那样对他的政权统治更是不利。大家知道，一个国家一个政权要想维持统治，必须得到最大多数政治势力的支持，拥有雄厚的、足以支

1 参见《明史记事本末》卷十八，《壬午殉难》。

撑这个政权运转的社会基础才行。朱棣是个政治家，不可能不懂这一点，因此在上述情况下，他必须考虑如何争取各种政治势力的支持，巩固自己的统治地位。

因此，朱棣的当务之急就是收买人心，稳定政局，不能在立太子的问题上一意孤行，再同上述政治势力闹僵，所以必须征求这些人尤其是朝中文臣的意见。那么在究竟立谁当太子的问题上，众位大臣又是什么意见呢？其中大部分人都主张册立老大朱高炽，只有少部分武将主张立朱高煦。虽然老大老二都有支持者，但是两派中哪一派的势力更大呢？

（三）朱高炽的支持势力大，选立太子出现僵局

1. 老大朱高炽的支持者实力相对雄厚

老二朱高煦的支持者主要是一批武将，代表人物是丘福。这个人是朱棣起兵夺位的主要将领，朱棣上台后封他为第一武臣，封号淇国公。他和一批武将多次劝说朱棣立老二当太子，对朱高煦更是一口一个“二殿下”。[1]这些人同朱高煦在夺位之战中可谓患难与共，是一同拼杀出来的生死兄弟，因此他们当然希望朱高煦当太子。但武将并非全部拥立朱高煦，其中成国公朱能就没有明显的倾向，“靖难之役”的另一大将张玉之子张辅也没有拥立朱高煦，还有些瞧不起他。因此朱高煦支持者不多，并且重量级的人物极少。相比之下，朱高炽的支持者主要来自文臣集团，并且有许多重量级人物，如金忠、解缙、黄淮等人。在立太子问题上文臣们的意见非常统一，并且态度很坚决。

1　参见《明史记事本末》卷二十七，《高煦之叛》。

2. 文臣主张册立老大的原因与“游戏规则”

那么文臣为什么会坚决主张册立老大呢？概括起来主要有几点：其一，对朱高炽长子身份的普遍认同。尽管当时多数文臣与朱高炽并没有私人交情，但他们认为“长嫡承统，万世正法”，[1]朱高炽是皇帝的嫡长子，老大才是“正牌”，他为太子才最具有合法性与正统性，也最符合“立嫡以长”的传统礼法。

其二，对朱高炽文人形象的认同与推崇。他们认为朱高炽是个较为理想的文人型君主，在很大程度上具备了与文臣合作的基础与优势，并且朱高炽的仁孝之名在社会上也早有传扬，更适合于在和平时代做一名守成的君主。

其三，对武将势力的排斥与防范。朱棣即位后尽管朝中文臣的势力较大，但有一大批武将是跟随朱棣和朱高煦起兵夺位的，势力也不小。如果朱高煦即位，这些人的势力至少会得到加强，文臣集团当然不希望北方武将势力坐大。

其四，对朱棣严酷的、开创性政策的变相对抗。各位知道，朱棣上台后实行了一系列严酷政策，比如大杀建文忠臣、大搞特务政治等等。朱高煦同朱棣极为相似，他如果上台，朱棣的政策就可能得到延续，这是文臣集团不愿意接受的，相反他们对建文时代较为怀念，希望实行文治，因此他们在很大程度上是把自己的理想寄托在老大朱高炽身上，以此来变相对抗朱棣的严酷性政策。

此外也有学者认为，文臣集团之所以主张立老大，除了遵循“立嫡以长”的传统礼法之外，实际上也是明确提出一种与新皇帝合作的规则，因为朱棣夺位后刚上台，与原来的文臣集团并没有更多的了解与磨合，双方今后要合作就必须遵循一定的规则，用现在的话说，就是要有双方共同接受的“游戏规则”。朱棣主张立老二，遵

1 参见《明史记事本末》卷二十六，《太子监国》。

循的是他自己的“游戏规则”；文臣集团主张立老大，实际上是不接受朱棣违反传统礼法的“游戏规则”。[1] 如果他们屈服于朱棣的权势、同意立老二，那就意味着他们与新皇帝朱棣的合作规则不同，会导致双方的合作充满不顺。上述几点加在一块，所以文臣集团坚决主张立老大当太子。

3. 金忠的反对使立储陷入僵局

立储之争中有个非常特殊的重量级人物，他就是当时的兵部尚书金忠，这个人是帮助朱棣起兵夺位的重要谋士之一，在许多关键的问题上都曾参与决策，并且取得了非常有效的成果，因此深得朱棣的信任和器重；即位之后朱棣很快就提拔金忠为兵部尚书，大致相当于今天的国防部长，这个职位对刚刚即位的朱棣来讲是相当重要的，可见金忠在朱棣心中的分量。就在几个武将不断劝说朱棣要立老二的时候，金忠却坚决主张立老大为太子。金忠跟朱棣讲了，历朝历代因为不立老大从而造成政权不稳、后果严重的例子太多了，面对这些血淋淋的事实，“上不能夺”。朱棣虽然无法反驳，但他还是不甘心。

金忠可能觉得自己力量有限，于是“又密以告解缙、黄淮、尹昌隆等”，[2]这几个人都是较早归附朱棣、受到朱棣信任的重臣，可见金忠这个人很有心计。这里虽然不能排除金忠和其他大臣有过秘密串联的可能性，但至少金忠的表态在朝臣中是极有影响力的。因为这个人是跟随朱棣起兵的心腹重臣，而其他文臣大都是刚刚归附朱棣的前朝旧臣，说话的分量肯定不如金忠。金忠的表态不仅使文臣有了主心骨，也使朱棣更加为难了。他本来是想通过这些人来为老

1　这里参考了东北师范大学亚洲文明研究院赵轶峰的看法，以下简称赵轶峰。

2　参见《明通鉴》卷十四，成祖永乐二年四月申戌。

二朱高煦拉选票，但这个办法几乎无效，征求意见问了半天不仅没几个人同意，并且那些重臣的意见还完全相反，自己又不能硬来，事情就这么僵住了。

不过这时由于文臣集团尤其是金忠等重臣的反对，朱棣的想法可能发生了转变。当初朱棣想立老二，主要是出于对朱高煦军事才干的器重和感情的因素，而现在他不得不考虑太子人选的综合条件，尤其是这个人是否能为文臣集团所接受并与之顺利合作，这一点还关乎朱明王朝是否能保持稳定。朱棣是个政治家，他不可能想不到这一点，因此，目前的僵局至少说明朱棣在犹豫、在权衡，他在考虑立谁更合适、更有利，而不再坚持非立老二不可了。

（四）解缙打破了僵局

1. 解缙抬出朱瞻基，立储有转机

就在这时有一个人打破了这一僵局，促使朱棣下决心立老大，这个人是谁呢？就是解缙。这个人可是大有名气，《永乐大典》的总编辑之一，洪武朝有名的才子，也是永乐初期文臣集团的代表人物。当朱棣征求他的意见时，解缙早有主见，直言不讳地说："皇长子仁孝，天下归心。"这话可能不合朱棣的心意，因此朱棣不置可否。解缙急了，一边向朱棣大鞠躬，一边说了句非常关键的话："好圣孙。"这下朱棣受了触动，于是向身边大鞠躬的解缙点了点头。[1]

为什么呢？因为解缙抬出了朱棣最喜欢的长孙朱瞻基，来为朱高炽争取太子的地位，等于挑明了一个最基本的事实：要传位给皇长孙朱瞻基，就必须先传位给他的父亲、皇长子朱高炽，而不能传位给次子朱高煦。这个道理地球人都知道，因此解缙的话很可能使

1　参见《明史》卷一四七，《解缙传》。

朱棣深受触动，所以他才表示同意。解缙抬出朱瞻基这一招，显然比其他大臣只说立朱高炽更有效。朱棣又分别找了黄淮、尹昌隆等几位大臣征求意见，不料这几个人同解缙一样，全都主张立老大。[1]于是在金忠、解缙等一群大臣的极力劝说下，册立太子一事才算真正有了转机。

2. 解缙题诗《虎彪图》，促使朱棣立长子

就在这个节骨眼上又发生了一件事，最终促使朱棣册立朱高炽为太子。有一天，许多大臣陪同朱棣欣赏一幅《虎彪图》，图中画的是一只猛虎回头看着几只小虎，“作父子相亲状”。“彪”是虎仔，这幅画的意境是猛虎父子之间的亲情，比较含蓄地影射朱棣父子。朱棣看了心情不错，就让围观的大臣们根据画的内容题诗。解缙才思敏捷，提笔写成绝句一首：“虎为百兽尊，谁敢触其怒？惟有父子情，一步一回顾。”画和诗都是在给朱棣戴高帽，夸他既有猛虎的尊贵，又有父子的亲情。朱棣看了解缙的诗，很能理解其中的含意，不禁大为感慨，于是立即下令召还远在北平的长子朱高炽，准备立他为皇太子。[2]由此可见，打破僵局往往需要找到关键

解缙像

1 参见《明史》卷一五〇，《金忠传》；卷一四七，《解缙传》等。

2 参见《明通鉴》卷十四，成祖永乐二年四月申戌。

的因素，还要设法有效地推动才行，不能老是在外围绕圈子，解缙的成功就是这样。

解缙和这些文人画师是否早就有串通，令人怀疑，因为连画带诗的题材和寓意都较为明显，至少是为了说服朱棣公平对待三个孩子，变相为老大朱高炽当太子制造舆论。这件事可能更坚定了朱棣立长的决心，因此这时候有人请立老二朱高煦，朱棣一句话给堵了回去："居守功高于扈从，储贰分定于嫡长，且元子仁贤，又太祖所立，真社稷主，汝等勿复言。"朱棣认为朱高炽坚守北平的功绩高于朱高煦的战功，人品也不错，表示应遵守传统礼法的嫡长继承制，并强调了朱高炽的继承地位是太祖朱元璋确立的，他应该当太子，让拥立老二的人不要多嘴了。[1]

这番话是朱棣在册立太子问题上的关键性表态，因此，永乐二年（1404年）四月，朱棣正式册立朱高炽为太子。在完成了一系列典礼仪式之后，朱高炽身穿太子冠服接受了百官的朝贺。在苦苦等待了近两年之后，朱高炽终于登上了皇太子的宝座，这一天对他来说实在是来得太不容易了。在这之前的每一天他几乎都是备受煎熬，度日如年，现在终于如愿以偿了。

（五）老大朱高炽胜出的原因

1. 兄弟各有优势，但朱高炽略占上风

从上述情况可见，历时两年的皇位继承权之争较为激烈，兄弟二人开始都是候选人，但老大朱高炽为什么能最后胜出呢？要想弄明白这个问题，就需要分析一下两人的综合实力，看看谁的优势更多。其中老二朱高煦的优势主要有三条："靖难之役"中的显赫战功，

---

1 参见《明史记事本末》卷二十七，《高煦之叛》。

部分武将势力的支持以及朱棣本人的许诺。

而老大朱高炽的优势呢？其一是长子的身份，包括“立嫡以长”的传统礼法，以及太祖朱元璋册封的燕王世子的身份，二者加在一起就成为册立太子时必须考虑的一个因素；其二是坚守北平的战功，这一点对于朱棣夺位成功至关重要；其三是文臣集团的拥戴，当时文臣的地位和影响都超过武将，这是朱棣夺位之后要想稳定统治就必须考虑的重要因素；其四是皇长孙朱瞻基的因素，也就是要传位给朱棣喜爱的长孙，就必须先传位给长子，还包括徐皇后的因素，等等。

两个人的优势一对比问题就清楚了，朱高煦是三条，朱高炽是四条。并且朱高煦的三条中真正起作用的只有前两条，即显赫的战功和部分武将的支持；而朱棣的许诺本来就有一时冲动、忽悠的成分，现在可以忽略不计。相比之下老大朱高炽的情况就不同了，四大优势的每一条都能起重要作用，都是朱棣绕不过去的，或是惹不起的。

2. 代价沉重加上情况变化，朱棣只能立老大

为什么这样说呢？这里不妨做个假设，朱棣立老大朱高炽当太子，其结果是只得罪两批人。一批人是老二朱高煦及其家人，这点好办，朱棣可以提高待遇补偿他们，让他们生活更滋润、更舒服就行了；另一批人是部分武将，武将的作用有限，他们不可能因为立了老大朱高炽，就同朱棣决裂或是造反。因此立老大当太子的结果并不严重，代价不大，这是朱棣完全可以接受的。

相反假如册立老二朱高煦当太子呢？那么直接后果和代价可就不那么简单了：首先是否定了“立嫡以长”的传统礼法，想立谁就立谁，这样做势必会引起皇子对皇位的激烈争夺，因为只要是皇帝的儿子，就都有资格继承皇位，那样争起来可就乱套了。

清朝康熙时期，几个皇子老二、老四、老八、老十四等人都有自己的势力，相互争夺皇位继承权，几乎打得不可开交，康熙帝也被折腾得焦头烂额，这样一来不仅朝中政局不稳，甚至可能会长期动荡。其次是否定了明太祖朱元璋的权威，太祖已经册立朱高炽为世子，到你朱棣这里居然作废了，并且没什么道理，那么你朱棣的权威必然大受损害。其三是得罪了朝中势力最大的文臣集团，这不仅会使朱棣失去这一集团的有力支持，甚至将来朱高煦与这些人的矛盾很可能威胁到王朝的稳定。其四是不能传位给自己喜欢的长孙朱瞻基，朱棣自己也不满，还会引起徐皇后等后妃的反对。

上面几点还只是眼前的结果，长远的后果很可能不堪设想，这样的后果和代价不仅朱棣本人，甚至整个统治集团都无法接受。因此朱棣经过反复权衡，只能选一个代价最小、最有利于政权稳定的方案，那就是册立朱高炽为太子。

从这件事可以看出，一个高明的决策者必须综合考虑多种复杂的因素，从中选出一个最为有利、代价最小的方案。而在这个方案中各种人物的不同命运，基本上取决于他背后的综合实力。朱高煦战功显赫，又有武将的支持和朱棣的许诺，但最终没当上太子；朱高炽却凭着守城之功和长子的身份当上了太子，并不是因为他一定比老二强，而是因为他背后的综合实力超过了朱高煦。

有的学者认为，朱棣当初给朱高煦的许诺是在战争时期，是一个统帅要夺取政权时作出的决定；可是后来情况变了，政权已经到手了，朱棣也从一个统帅变成了皇帝，用今天的话说是工作重心变了，因此他决策的角度就会改变，太子选择方案自然也要跟着变。现在的主要任务已经不是打仗了，而是要君临天下、要巩固政权，所以朱棣最需要考虑的已不再是谁能帮他打仗、夺权，而是谁更能帮他巩固到手的政权。一旦意识到了这一点，朱棣就不再犹豫了，他很快就作出了不立老二立老大的选择，这是朱棣具备的帝王意识，[1]这个过程也是他从统帅到皇帝的转变过程。那么朱高炽当了太子以后是否就可以高枕无忧了呢？一心要争夺皇位的朱高煦会甘心吗？

1　此处参考了中国社科院历史所明史研究室张兆裕的看法，以下简称张兆裕。

朱高炽像

二 监国风波

朱棣夺位当了皇帝以后，本来想立老二朱高煦当太子，但因为群臣的反对等种种原因，最终立了老大朱高炽当太子。同时，朱棣封朱高煦为汉王，封地为云南。

（一）朱高煦的不满及其夺位准备

1. 朱高煦对封王强烈不满，得以破例留京

朱高煦一听封到云南，立即火冒三丈，为此大发牢骚："我何罪，斥我万里！"[1]意思是，我有什么罪，怎么把我发配到万里之外呢！？朱棣听了当然很不高兴，怎么能说是发配万里之外呢？不过朱棣也知道，自己把朱高煦封到云南，确实有让他远离京城从而避免与太子争皇位、惹麻烦的意思。

明朝制度规定，亲王受封以后到了一定的年龄，就必须前往朝廷给他选的封地做藩王，称为"就藩"或"之国"，而不能留在京城。但朱高煦的情况特殊，他为父亲夺位立下了赫赫战功，朱棣曾多

---

1 参见《明史记事本末》卷二十七，《高煦之叛》。

次明确许诺将来要立他当太子，现在好不容易他爹当了皇帝，他离太子之位就差一步了，可是父皇的许诺居然不算数了，他当太子的梦想也落空了，仅仅封了他一个普通的亲王，这个待遇也差得太多了吧！用现在的话说，绩效工资也太少点了吧。难怪朱高煦要大发牢骚。

他肯定会想：当年父皇给我的许诺，是我在战场上拿命换来的啊！现在大哥就凭守城那点功劳和老大的身份，居然当上了太子。我呢？不仅才当了个亲王，并且还被封到了云南那个鬼地方。各位知道，现在的云南是个旅游胜地，风景优美，四季如春，可当时的云南是个偏远、贫困的地方，差不多是只有倒霉的人才会去，并且去了都不一定能活着回来，朱高煦当然会感到强烈不满。朱高煦这一闹，朱棣也觉得很过意不去，于是破例允许朱高煦暂时留在京城，并且给了他相当优厚的待遇，甚至对他比较纵容，这才算是勉强安抚住了他。从这些情况看，朱棣为没当上太子的老二办了三件事：一是破例留京，二是不断纵容，三是提高待遇。提高到什么程度呢？几乎跟太子差不多。

2. 朱高煦为争夺储位做了三件事

朱高煦虽然未当上太子，但他并未放弃争夺太子之位，因为在他看来，父皇册立大哥很是勉强，甚至有些被迫，而对他的喜欢和纵容却几乎未变，支持他的武将也有一定的势力，因此皇位继承权到底花落谁手，恐怕还没到板上钉钉的时候。所以只要做好准备、积极争取，说不定还有希望。

估计是在这种想法的作用下，朱高煦干了这么几件事：

第一件事是制造舆论。在历代的帝王中，朱高煦非常崇拜唐太宗李世民，大家知道唐朝李世民“玄武门之变”的例子，他夺位前同朱高煦的处境有些类似，因此朱高煦不仅佩服李世民，更希望自己也能成为第二个唐太宗。朱高煦平时总是自比李世民，经常挂在嘴边的话就是："我英武，不类秦王世民乎？！"意思是，我很英武，不是很像秦王李世民吗？！以此来抒发自己夺位的豪情。唐太宗有个封号是"天策上将"，朱高煦请求得到天策卫为护卫，然后说：唐太宗当年就是天策上将，如今我得到了天策卫，这难道是偶然的巧合吗？！这话已经说得十分露骨，甚至有些近于狂妄了。朱高煦散布这些言论实际上是在制造舆论：我朱高煦就像几百年前的秦王李世民，说不定哪一天要翻身，很可能是未来的太子甚至是皇帝，你们可别站错了队、跟错了人。这是制造舆论。

第二件事是积攒实力。朱高煦请求增加护卫，也就是增加自己统辖的军事力量。明军的建制一卫约为5 600人，朱高煦得到的天策卫很可能是战斗力很强的部队，这样做很明显是为将来夺位积攒实力。同时，他的汉王封地在云南，但他却始终赖在南京不走，几乎总是不离朱棣的左右。这样做最大的好处就是接近皇帝为首的政治核心集团，甚至参与决策一些具体政务，自然就拥有他人无法取代的政治优势。因此朱高煦赖在南京不走，也是积攒实力的一种表现。

第三件事是树立形象。朱棣即位后经常举行一些打猎活动，朱高煦射中的猎物最多，并且常常一箭射落同枝二鸟。[1]各位知道，一箭同时射中两鸟是很不容易的，因为不但需要非常好的视力，还需要对发射时机尤其是对强弓的控制力，及善于蜷身隐蔽、接近飞鸟的能力等等，应该说是一种高难度的本领。朱高煦经常这么干，可见他的武功很高。但问题是朱高煦为什么经常炫耀这种本事呢？各位可以想到前面介绍的太子朱高炽，这个人身体较为肥胖，腿脚也

1　参见查继佐《罪惟录》列传卷四，《汉王高煦》，《文渊阁四库全书》本，中华书局1959年版。以下引用不再注明版本。

不利索，几乎不能骑马，据说只是偶尔射过几箭，但肯定不能像朱高煦这样总是一箭二鸟，因此，骑马射箭是朱高炽的弱项。

相反，朱高煦拿自己的强项来比朱高炽的弱项，似乎是在告诉周围的人：国家有事，皇帝是要带兵打仗的，我爷我爹都是这么过来的，我也一样不含糊，可我大哥又胖又笨，他那两下子能行吗？所以说，朱高煦一箭二鸟武功表演的目的是树立形象。果然，他的这些举动不断获得朱棣的赞赏：老二这两下子可不简单！这样一来，朱高煦就用自己的强项巩固了父皇朱棣对他的支持，同时朱棣的这种态度无疑会对周围的文武大臣产生影响，他们会觉得，别看老二不是太子，可皇帝对他的夸奖可比太子高多了。因此，一箭二鸟这种高难度表演的结果，是朱高煦在朱棣及众人眼里无形中被加分，而太子则是被扣分的。

（二）朱棣的防范、限制与“空头”太子

1. 朱棣规定大臣不许单独见太子，意在防范加限制

那么朱高炽当了太子以后日子是否就好过了呢？不一定。因为朱棣虽然立他为太子，但立得较为勉强，对太子不可能完全满意、完全信任，所以肯定要对他进行防范和限制。为此，朱棣在永乐二年（1404年）册立太子不久，便做出了一个严格的规定：“凡百官朝谒东宫，偕进偕退，不许独留私见。”[1]百官一起朝见太子，然后一起退出来，不许一个人单独留下见太子。实在有事需要单独汇报，必须要有监察御史和值班官员一同在场，否则就要被纠察治罪。禁止百官私见太子，也有防止节外生枝、避免政出多门的意图，应该说是必要的。

1 参见《明太宗实录》卷三十，永乐二年四月癸酉。

但是另一方面，朱棣很明显是在防备太子与群臣单独往来，做出对他不利的事，因为当时又没有录音机和录像机，谁知道哪个大臣单独见太子会有什么事呢？说不清楚，所以干脆规定大家一起见、一起走，有什么事都摆在明面上，这样一来皇帝、太子和群臣都省心。可是，就在这个规定公布以后没几天，有个高级军官、正二品的中军都督佥事（大致相当于今天军委的一个副总长），早朝后无意中一个人单独去见太子，立即被人告了一状，结果受到朱棣的书面警告，[1]可见这条规定不是摆设，而是被严格执行的。

有人可能会问，你朱棣都当了皇帝了，还怕太子跟谁单独见面吗？至于搞得那么紧张吗？各位要知道，凡是独裁者疑心都很重，总是在怀疑，甚至没事都在猜想，别人是不是对自己有什么威胁。尤其是像朱棣这样的人，皇位本来就来路不正，是靠非正常的战争手段夺来的，所以更要想尽办法保住自己的地位，哪怕只要有一丁点受到威胁的可能，他都会全力加以防范。旁人看来也许不太正常，但是在朱棣这种独裁者身上，那是完全正常的。

2. 朱棣搞平衡，朱高炽只是个“空头”太子

与此同时，虽说朱棣按惯例为太子设立了辅佐机构，任命了一些专职和兼职的辅政官员，也让太子处理过一些政务，但那些事都无关紧要，朱棣并没有把一个太子应有的权力真正交给朱高炽，为什么这样说呢？因为明朝有定制，“中外政务有成式者启皇太子施行，大事悉奏请”，[2]意思是有固定处理方式的内容，都要报请太子施行，重要的政务才奏请皇帝亲自处理，这个办法是为了培养太子的执政能力，同时也是培养太子与皇帝的合作意识。

---

1 参见《明太宗实录》卷三十，永乐二年四月丙戌。

2 参见《明仁宗实录》卷一上。

朱标明东陵遗址

这个制度是太祖朱元璋定的，在洪武朝就实行过，当时的太子朱标也就是朱棣的大哥，就曾协助朱元璋处理过大量的政务。虽说两人经常为一些事吵架，有时朱元璋还气得抡起椅子要打朱标，可见两人有分歧、有矛盾，但这至少说明朱元璋让太子朱标参与处理政务，并且可以发表意见；并且洪武一朝敢和朱元璋吵架的人恐怕没几个，可见朱元璋是相当器重太子朱标的，也是把他真正当作自己的接班人来培养的。但朱棣不是这样，他在永乐二年（1404年）立朱高炽当太子之后，只是按前朝定制交给太子一些救济灾害的简单政务，这类事既不用多费脑筋，也不用什么行政才干，只是按惯例发布救灾命令就行了。

除此之外，朱棣还安排太子做一些接待活动。当时从各地来朝的亲王较多，与朱棣同辈的亲王都是他的兄弟，基本上由朱棣设宴接待；比这些人小一辈的郡王等人与太子同辈，自然是完全由太子设宴接待。用现在的话说，这叫“对口接待”。当时没有计划生育政策，允许亲王多生，所以郡王及其家属肯定比亲王多多了，这样一来太子接待他们的饭局肯定也不少。朱高炽本来就因为腿脚有病身体较为肥胖，这下很可能是越吃越胖了。这种“对口接待”使太子朱高炽几乎成了专职陪吃人员，同样也不用什么行政才干，可见朱棣和朱元璋对待太子不一样。在永乐二年到永乐六年（1408年）近五年的时间里，朱高炽虽然身为太子，但并没有像前朝太子朱标那样，具有一定的参政、决策权力。因此，这一时期朱高炽基本上只是个有名无实的“空头”太子。

换句话说，朱高炽当了太子之后朱棣对他也做了三件事：一是加限制，二是不培训，三是不放权。而对老二朱高煦呢，一是破例留京，二是不断纵容，三是提高待遇。如果对比一下朱棣对两个儿子的不同做法就可以看出，朱棣对太子是往下压，对汉王是往上抬。对兄弟两人一压一抬，这是明显的政治平衡，朱棣等于用这个办法来告诉外人：别看老大当了太子，我可以想办法压他；别看老二才是个亲王，我可是有办法抬他！结果弄得朱高炽兄弟俩一个当了太子并不得意，一个当了亲王也不觉得委屈，算是暂时平衡了。

（三）监国的机会与帝国的常务负责人

1. 朱棣离京北征，太子奉命监国——代理皇帝

不过几年之后这种局势即有了变化，永乐六年八月，为了营建新首都和出征蒙古，朱棣即将前往北京。本来朱棣是要派遣其他将领出征蒙古的，这个将领也很有名，就是帮着朱棣起兵夺位的淇国公丘福，但是丘福这个人有勇无谋，率领十万大军稀里糊涂中了埋伏，几乎全军覆没。因此朱棣觉得其他将领都不行，差不多都是废

物，这才决定要亲征蒙古。朱棣前往北京时带走了一批高级文武官员，[1]还命令礼部特别铸造了14颗大印，分别授予新设立的“行在”五府、六部等14个部门，[2]这些机构和官员是跟随朱棣北上的行政班子，差不多使整个决策中心都跟随他一起北移。

但南京作为明朝的首都，仍然会有一大堆日常政务需要处理。皇帝暂时离京，朝中必须有人代替他来处理日常政务，如果事事都大老远去请示他，那就什么事都耽误了，并且事实上也做不到。因此朱棣按照明朝制度，指定太子朱高炽代替自己处理日常政务，当时称为监国。监国的人选只能是太子，不能是别人，因为别人没有资格，因此朱棣在临走前就做好了太子监国的安排。

那么朱棣规定太子监国的权限是什么呢？史书上是这样说的：“凡有重事及四夷来朝与进表者，俱达行在所，小事达京师，启皇太子奏闻。”[3]“行在所”是指朱棣所在地，代指皇帝，凡是重要的事情以及外国来朝、进表等事，都要直接送交皇帝处理；“启”是报告太子，“奏闻”是上奏给皇帝，小事也就是日常政务要送到首都，报皇太子处理后，再把处理结果向朱棣报告。其中的“重事”包括四品以上文武大臣的选任，边境军队的调发等，就是说军事、外交、人事等重大政务必须请示朱棣，而日常政务则完全归太子处理。上述内容是朱棣离京期间和太子朱高炽的大致分工，朱棣还选任了兵部尚书金忠、吏部尚书蹇义等一大批实权人物，来辅佐太子监国。这样一来，朱高炽就成为地位仅次于皇帝朱棣的实权人物，或者说是大明帝国的临时常务负责人。

1 参见《明太宗实录》卷八十二，永乐六年八月己卯。
2 参见《明太宗实录》卷八十六，永乐六年十二月甲申。
3 参见《明通鉴》卷十五，成祖永乐六年八月丙戌。

南京明故宫遗址旧影

2. 太子监国的好处与担忧

对于朱高炽来说，监国可能带来三个好处：第一是提高地位，当太子仅仅是拥有了皇位继承权，而监国则是在此基础上又增加了代替皇帝处理常务的权力，因此太子的地位进一步提高了；第二是增长才干，朱高炽在当太子之前只是处理过一些地方军政事务，当了太子后也只是处理过朝中一些简单政务，政治才干并没有得到进一步的锻炼，但是监国肯定会使政治才干得到增长；第三是发展势力，朱高炽虽然当了太子，但在朝中势力不大，而一旦有了监国的权力，就可以掌握朝中的政治资源，就会逐渐形成自己的辅政群体，扩大和发展自己的势力。

因此，监国对于太子朱高炽来讲，应该说是一个非常幸运的机会。过去大事小情都是朱棣一把抓，根本轮不到太子插手，朱高炽不过是有个太子的虚名；但现在不同了，朱棣离开首都，太子有了处理常务的实权，水涨船高，自己的地位、才干和实力也会跟着一齐长，可以说是一举多得，这个太子当得才有劲。但是各位不要忘了，朱棣立太子本来就有些迫不得已，加上朱高炽这个人行动笨拙，性格内向，不太会来事，所以很不讨朱棣的喜欢，现在又把监国的大权交给了他，朱棣能放心吗？汉王朱高煦没当上太子，总是在不断地寻找机会夺位，现在由他哥哥也就是太子来监国，他能甘心吗？放权的不放心，夺权的不甘心，太子朱高炽在这种情况下监国，他能顺心吗？

（四）朱棣的遥控与太子的权力限度

1. 太子训斥贪婪的官员，受到朱棣的遥控

太子朱高炽在朱棣离开南京不久处理了几件事，第一件事是永乐七年（1409年）四月，刑部尚书刘观因为苟且贪婪受到太子的训斥。这个刘观在地方当知府时就有贪污行为，到中央还是不知收敛。刑部尚书大致相当于今天的司法部部长，这样的高官贪婪成性、贪赃枉法，太子当然要训他一顿。按理说这也不是什么大事，可是朱棣听说后立即写信给朱高炽说：朕命你监国，凡事必须宽大，不可急躁。文武群臣都是朕任命的，虽然小有过失，不要当场使他们丢面子，也不要偏听偏信，不要以自己的好恶为标准来对待别人。[1]这些话表面上似乎是劝诫太子宽以待人，但实际上真正的含义是：文武群臣都是我朱棣任命的，你作为太子根本无权管束，这不是你该管的事。这件事说明朱棣虽然授权太子监国，但对他并不完全信任、完全放手。

这里顺便交代一下，被太子训斥的刘观一贯贪婪成性，不仅在永乐朝是这样，就是在十几年后的宣德朝，也还是不知悔改，并且发展成为一个大贪污犯，因此受到宣宗朱瞻基的惩治，被判流放成

1 参见《明太宗实录》卷九十，永乐七年四月庚寅。

明南京城墙旧影

边，等于今天的死缓或无期徒刑，可见当时太子训斥刘观的确是有原因的；而朱棣作为皇帝本来应该了解一下，主管司法的刑部尚书是否真有贪赃枉法的行为，然后再说监国太子处理的对错。但朱棣根本不顾这些，只是一味制止太子朱高炽管束刘观，还指责太子偏听偏信，可见朱棣对刘观是偏向加袒护，对太子则是遥控加限制。

2. 陈瑛到处整人，是朱棣豢养的一条恶狗

第二件事是处理一桩人命案，这件事更能说明问题。当时陈瑛是左都御史，大致相当于今天的监察部部长和纪委书记，是权力很大的一个职务。这个人有个特点，他整天揣摩朱棣的好恶，利用手中的监察大权极力打击和诬陷朱棣不满的大臣，是朱棣豢养的一条

恶狗，到处咬人。陈瑛在担任左都御史期间，依仗朱棣的支持和纵容，一手制造了许多冤案，株连甚众乃至滥杀无辜，灭了建文忠臣几十个家族。有一个案子，陈瑛居然派人逮捕了关系不大的几百家人，滥施酷刑，这些人在公堂上喊冤叫屈，哭声相当悲惨，就连两旁办案的御史都看不下去了，忍不住纷纷掩面流泪。可是陈瑛有什么反应呢？

陈瑛看到这个场面虽然也是脸色惨白、受到震撼，但他仍然咬着牙、壮着胆子说："不以叛逆处此辈，则吾等为无名！"意思是，不用叛逆的罪名来处理这些人，那我们这些人不就白干了吗？！这种毫无良心的人得到重用，建文忠臣几乎被他搞得断子绝孙了。可见陈瑛在朝中横行霸道的程度，以及朱棣对他的纵容之深。太子奉命监国以后，陈瑛照样是今天诬陷这个，明天迫害那个，毫无顾忌。有一帮专靠整人吃饭的御史，自然成了陈瑛的帮凶和爪牙，聚集在陈瑛的周围助纣为虐，整天琢磨如何讨好朱棣、如何整人害人。[1]

3. 太子管不了诬陷他人的御史，权力有限

有一天，陈瑛手下的几个帮凶御史摆臭架子，到兵部去讨要皂隶。皂隶就是当时衙门里跑腿的办事员，兵部主事李贞可能是没搭理他们，结果把这几个人惹恼了，这些人就合谋诬陷那几个办事员行贿、李贞受贿，于是陈瑛就上奏书迫害李贞下了大狱。几天以后李贞的妻子敲了登闻鼓诉冤，太子就命令六部大臣当廷会审；到了审案这天六部大臣一大早就到场了，结果从早上等到中午，被告人一个没来，眼看着到了吃午饭的时候，好不容易来了一个被告，大家一问才知道，那几个办事员受到严刑拷打，而李贞早在几天前就被打死了，并且根本没受贿。

---

1 参见《明史》卷三八〇，《奸臣传》。

这下事情闹大了，一个兵部的主事竟然无辜被打死，这还了得？先不说受贿是不是真的，一个朝廷命官哪能说打死就打死呢？于是负责纠察的刑科给事中等人说：陈瑛和几个御史串通一气，蒙蔽上级，陷害他人，擅杀无辜，应该把陈瑛治罪。事实上陈瑛身为监察大员，不做任何调查就关押一个重要官员，本身就违法；不等调查审讯就纵容打手把被告拷打致死，更是罪加一等。各位知道，明代中央的监狱管理是比较严格的，没有特殊原因，牢里的打手是不敢轻易把人打死的，所以这次李贞等人没等审讯就被打死，狱卒很可能是受到纵容或指使才敢这么干的。既然出了事就要有人负责，陈瑛作为司法监察部门的高级官员，对这件事负有主要责任，当然应该受到惩罚。

可太子是怎样处理的呢？他不顾有关大臣严惩陈瑛的建议，居然说："（陈）瑛大臣，盖为下所欺，失觉察耳，置勿问。"意思是陈瑛是大臣，可能是被手下人蒙骗了，不过是没有察觉罢了，不必追究，等于放过了陈瑛。那么出了这么大的人命案，主要责任者被放过了，那几个御史是直接责任者，至少也是帮凶，总不该再被放过吧。可太子却未作任何处理，只是把这几个御史带上镣铐押起来，将他们的罪行上奏给远在外地的朱棣。[1]可能有人会问，一个负责国家常务的监国太子，居然连一桩小小的人命案都处理不了，就连直接责任人都要交给老皇帝处理，是太子朱高炽胆小软弱，还是他糊涂呢？

4. 陈瑛对太子不太买账，太子几乎无奈

当时有个教务官员，因为犯了小错误而被贬为太学膳夫，即最高学府里做饭的炊事员。这不仅对他本人是一件屈辱之事，对最高学府的声誉也是一种损害，因此这个人请求朝廷给他换个体面一点

1　参见《明通鉴》卷十五，成祖永乐七年六月丁卯。

的差事。太子同意，就下令办理。可是过了好长时间也没个回信，那个学官还照样当他的炊事员，每天烧火做饭。太子很奇怪，这么点小事拖了很久，我的话都不好使吗？结果一查才知道，原来是陈瑛长期拒不执行命令，把太子的话当成耳旁风了。可见陈瑛是没把太子放在眼里，觉得自己有老皇帝撑腰，太子监国只是暂时的，过些时候老皇帝一回来，一切还不都是老皇帝说了算。因此太子的命令在陈瑛这里不好使，行不通。

有人指责陈瑛恣意妄为，太子可能有些恼了，他觉得前面的事我已经给了你面子，你陈瑛这么干显然是得寸进尺啊，于是太子对陈瑛说了句狠话：你这个人用心刻薄，不明政体，殊非大臣之道。

白石“皇帝尊亲之宝”

前两句还好理解，“殊非大臣之道”，实在不是一个大臣应有的做法。[1]陈瑛听了这话也不得不掂量掂量，你一个左都御史相当于监察部部长，就为一丁点小事居然和大明帝国的常务负责人较劲，不是找麻烦吗？再说你也不占理啊，一个教务官员被罚作炊事员，太子让你换个差事，你有什么权力又有什么理由不执行呢？估计陈瑛自己也觉得有些过分，所以太子这话说了不久他就照办了，那个学官这才不再做饭了。

这么点小事在陈瑛那里居然阻力那么大，估计太子对他肯定是非常反感，但因为父皇朱棣宠信陈瑛，因此太子又对他无可奈何。前面的人命案太子之所

1　参见《明史》卷三八〇，《奸臣传》。

以那样处理，根本不是胆小或是糊涂，而是毫无办法。可见对于陈瑛这样的人及其帮凶，由于有朱棣做后盾，监国的太子朱高炽根本管不了。前面讲过，对于刘观这样的高级贪污犯，太子要管，但朱棣不让管，有问题的大臣太子又管不了，可见太子监国的权力很有限，并且受到朱棣的遥控。事实上只要朱棣健在，那些大臣就不可能听命于暂时监国的太子朱高炽。这里不能说朱棣的大臣全是势利眼，但他们的确懂得谁拥有最高权力，尤其是像陈瑛这样的人。

但陈瑛的情况很特殊，并不具有普遍性，先讲一下他的下场。因为陈瑛及其帮凶不是一般的朝臣，而是朱棣用来迫害建文忠臣的工具，事情做完了这些人就没用了，失掉利用价值了；同时他们作恶多端，在朝野上下积怨甚深、树敌过多，到适当的时候必须除掉。因此，朱棣回京不久就找了个借口杀了陈瑛，[1] 借以平息众怒、稳定人心，当然也是为太子除掉一个麻烦。类似的事在中国古代并不少见，据说唐代武则天纵容来俊臣这帮酷吏，就是用他们来除掉自己想要除掉的人，但事情干完了他们还不罢手，超出了武则天的界限，那就只有把他们也除掉。现在陈瑛这种人像疯狗一样见谁都咬，那么早晚都得被皇帝收拾了。这是后话。

（五）朱棣的防范以及回京后的处理

1. 朱棣既扶持太子，又对其政务详细记录

回过头来说，虽然陈瑛等人朱高炽管不了或是朱棣不让他管，但这并不等于说太子权力极少，大臣都不听他的。尤其是朱棣北征蒙古期间，北京的各种政务也需要有人处理，他派擅长行政工作的老臣夏原吉等人，协助皇长孙朱瞻基在北京处理政务，并规定有些

1 参见《明史》卷三八〇，《奸臣传》。

事可以请示在南京监国的太子。因此，太子处理的日常政务中还包括当时北京的一些政务。应该说太子处理政务的范围比较宽泛，手中拥有的监国权力也是比较大的。

但太子原来没有处理过这么多的政务，缺乏经验和历练，虽然有一大批朝臣的辅佐，但他未必能在短期内胜任监国的重任；加上朱棣立太子本来有些不情愿，现在又把处理常务的权力交给了他，朱棣能放心吗？肯定不能。事实上太子的权力越大，朱棣就越不放心，于是朱棣一方面不断地指导并扶持太子，派人捎信告诉他，某些事应该如何办理，按照太祖定下的规矩，哪些人该当什么官、不该当什么官，等等。太子也勤加请示，许多重务都让朱棣来裁决。

另一方面，朱棣又明确告诉太子："凡功臣有罪，须详具所犯奏来，朕自处分，其除授王府官及调拨将士，亦必得朕命乃行。"[1]这等于将半年多以前规定的太子监国的权力挖走了一大块，或者说是收回了一部分授权。同时，朱棣还命令辅助皇帝理政、稽查六部事务的六科，将太子处理的每一件政务都要毫不隐瞒地逐月详加记录，包括"赏一人由何而赏，罚一人由何而罚"，"皆需详录奏来"，上报给外出的朱棣。[2]这样一来，朱棣既加强了对太子的控制，又在无形中给他增加了巨大的压力。各位可以想象，太子处理的事一条条都给他记着呢，老皇帝回来，很可能借此跟他秋后算账，他能不害怕吗？

从上述情况来看，虽然名义上是说太子监国期间，只有非常重要的军事、外交和人事权归朱棣，其他的常务归太子处理，好像是权力很大。但是在实际运作的过程中，朱棣较多地遥控太子、少数大臣对太子不买账，尤其是六科详细记录太子监国的情况，使太子

---

1 参见《明太宗实录》卷九十，永乐七年四月庚寅。

2 参见《明太宗实录》卷九十一，永乐七年闰四月戊申。

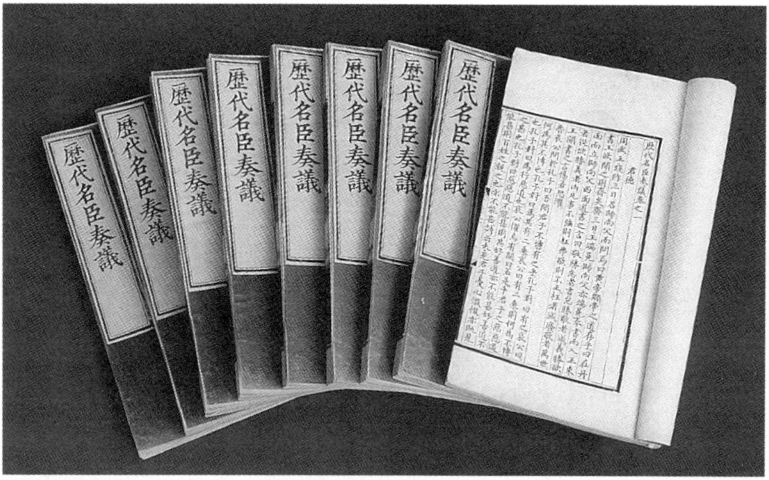

永乐刻本《历代名臣奏议》

的监国活动在很大程度上受到父皇朱棣的监控，监国的权力也因此大打折扣。朱棣后来一再缩小了太子监国的权限，也反映出专制时代太子监国的权力没有稳定性，更没有可靠的制度保证。

2. 朱棣回京，否决了太子处理的结果

就在太子朱高炽监国时，还有个人可是一直没有闲着，他在忙着收买朱棣的左右人员，准备伺机告太子的黑状，这个人就是太子的弟弟汉王朱高煦。当初朱高煦因为没有当上太子而一直不甘心，再加上他早就看出朱棣对太子不满，也知道有几个大臣不服太子的管，又听说太子的处理都被老皇帝下令记录在案，于是他准备了一堆诬陷的材料，只等父皇朱棣回京就把小报告打上去。

朱棣在永乐八年（1410年）年底回到南京，朱高煦等人就瞅准机会，不断地向朱棣告状，今天说太子那件事办错了，明天说有几件事没按皇帝的意见办，一句话，诬陷加挑唆。朱棣本来就对太子监国不满，又听信了朱高煦等人的谗言，于是下令把太子处理过的

政务改来改去，“监国所行事，率多更置”，甚至是鸡蛋里挑骨头；不仅如此，朱棣认为太子处理政务出错都是下属的责任，因此又逮捕了一批太子的下属；可能是朱棣还嫌做得不够，“榜午门，凡东宫所处分事，悉不行”，[1]等于说老皇帝在午门张榜贴出了告示，公开声明太子处理过的结果全部作废。这种做法造成了很大的麻烦，已经处理完的事情非要重来，好比钱花了还得退回来，这不纯粹是找麻烦吗？因此遭到一些朝臣的反对。

大理寺的官员耿通实在看不下去了，他几次向朱棣建议：“太子事无大过误，可无更也。”[2]意思是太子的处理没什么大问题，没必要再改过来。朱棣听了虽然很不高兴，但不好反驳，只好强忍着不发作。不过尽管耿通说了几次，朱棣却好像根本没听见，还是照样把太子的处理改来改去，直到有一天太子被吓病了。那么太子病了以后朱棣又会怎样呢？他是否会报复那些为太子说话的人呢？

---

1 参见《明史》卷二九九，《方伎传附袁忠彻传》。
2 参见《明通鉴》卷十六，成祖永乐十年九月。

白石“大明皇帝之宝”

三　再入漩涡

朱棣离开南京北征时，派人详细记录太子处理政务的情况，准备回来以后上报给他。太子对此本来就担惊受怕，朱棣回京后居然下令否决了太子的处理结果，并且还在午门上张榜公布，个别官员几次委婉地表示反对，但朱棣根本不理。

（一）朱棣的报复与耿通之死

1. 太子吓病了，朱棣只好收回告示

太子“忧惧成疾”，连吓带愁一下子就病倒了，而且病得不轻，几乎是面无人色。朱棣一看也慌了，太子毕竟是他大儿子，你外出办事、打仗，太子替你处理政务，没有功劳也有苦劳吧。你一回来不但没有一句话肯定，反而宣布太子的处理全作废，并且张榜贴出了告示，这事相当过分，放在谁身上都受不了，太子不病才怪呢。因此朱棣赶紧派人前去探望，其中包括辅佐监国的重臣蹇义和金忠，还有一个算命先生兼宫廷医生袁忠彻。

为什么要跟个算命的呢？因为此人出身于算命世家，从前为朱棣等人算命还算比较准，并且懂点医术，所以派他跟着。几个人回

南京明故宫午门遗址

来对朱棣讲:“东宫面色青蓝，惊忧象也，收午门榜可愈。”[1]意思是太子脸色发青，纯粹是担惊受怕吓病的，只要把午门上张榜公布的告示收回来，太子的病就能好。朱棣一听只好派人把贴出的告示撕下来，过几天太子的病果然好了，一场闹剧才算暂时闭幕。

这里朱棣收回午门的告示，可能是因为太子处理常务是按照惯例办的，并且当初是朱棣规定事前不用请示，可是现在他一回来，居然公开宣布这些处理全部作废，这不等于出尔反尔、自己打自己嘴巴子吗？所以别人说收榜才能为太子治病，朱棣也就顺势找个台阶为自己收场。但是贴出去的告示收归收，朱棣并没有善罢甘休，他的报复心、虚荣心极强，在这件事上是不可能认错的，对于太子以及那个反对更改的朝臣耿通，朱棣是一定要寻机报复的。

2. 为了打击太子，朱棣找借口用酷刑杀了耿通

不久，有人揭发耿通作为司法部门的负责人，“受请托故出人罪”，就是接受别人的说情，故意减轻罪责释放犯人。估计也是有人

1 参见《明史》卷二九九，《方伎传附袁忠彻传》。

看出朱棣对耿通不满，因此才找了个借口告了他一状，这种事这种人在当时都是极为常见的。朱棣听后勃然大怒，命令都察院同文武大臣在午门上审讯耿通，并且不问结果就下令"必杀通无赦！"意思是，必须杀掉耿通，不能赦免！各位可以想象，一个司法部门的负责人，就算真的接受请托，帮助犯人减轻罪责，也不至于受到"必杀无赦"的处罚，更不至于在午门受到文武大臣兴师动众的会审。

午门是什么地方，那是举行国家重要典礼的场所，北京的午门就在今天天安门的北边、太和殿的南边，当年南京的午门也大致相当于这个位置。就因为有人揭发一般官员犯罪，就在午门搞了个级别相当高的审讯，未免有些小题大做了。但既然皇帝发了命令，群臣也没办法，只好按朱棣的旨意判了耿通有罪当斩。可能是怕别人不理解，朱棣还专门对他的命令作了解释，他说："失出，细故耳。（耿）通为东宫关说，坏祖法，离间我父子，不可恕，其置之极刑。"[1] 意思是，给犯人减个罪放出去，那不过是小事；耿通为太子胡乱说一通，破坏祖宗之法，离间我们父子关系，决不能饶恕，必须受到最严酷的刑罚。

群臣听了当然谁也不敢有争议，只好按朱棣的命令给耿通定了奸党罪，判了磔刑。什么是磔刑呢？这是一种割裂皮肉的酷刑。明代的法律规定，一般的罪名根本用不着这种超级酷刑，只有奸党一类的罪行才可以用磔刑来处死犯人。而朱棣却非要用这类酷刑来杀掉耿通，可见他对耿通肯定是恨到骨头里了。

这件事也反映出专制时代宫廷司法的一个突出特点，即朝臣是否有罪或罪责轻重，并非完全由司法部门来衡量、判定，而在很大程度上是由最高权力拥有者——皇帝来判定，他说谁有罪谁就有罪，甚至想判多重就判多重，司法部门不过是替皇帝找到合适的罪名罢

---

1 参见《明通鉴》卷十六，成祖永乐十年九月。

了。耿通只是一再建议和提醒朱棣，太子对政务的处理不必更改，这同破坏祖宗之法、离间父子关系根本挨不上，同奸党罪更是一点都不沾边，但朱棣硬是拿这条给耿通定罪并将其酷刑处死。而别人揭发耿通的减轻罪责释放犯人之事，朱棣却明确表示那不过是小事，这可不是一般的无中生有、指鹿为马，而是极为典型的欲加之罪、何患无辞！

朱棣又是在午门张榜贴告示，又是折腾文武大臣会审耿通，他何必费这么大的周折呢？一个直接的目的就是要控制和打击太子，永乐八年（1410年）年底朱棣回京，到永乐十一年（1413年）年初朱棣再次离京的两年多时间内，朱棣先是贴出告示公开否定太子，又借朱高煦的谗言捕杀太子的部下，最后又无端地以大逆不道的奸党罪名残酷杀掉了耿通，表明他对太子的控制和打击升级了。朱棣这么干明显是冲着太子去的，似乎以此来向外界表明：谁敢为太子说话我就杀谁，只有我朱棣才是最有权势的人，说你太子错了你就是错了，对也是错；说你耿通有罪你就是有罪，没罪也有罪。朱棣的这些做法，反映出一个超级独裁者的典型心态。

（二）部下的保护与太子的成熟

1. 监国辅臣有意保护太子

耿通被杀，太子的势力受到了一定的打击和削弱，明显处于劣势，几乎没有还手之力。他和辅佐监国的大臣们不得不谨慎从事，避免遭殃。但与此同时，辅佐监国的大臣们也开始设法保护太子，从而逐渐减轻了太子集团的损失。这些大臣中起作用最大的人是杨士奇，他是当时的翰林学士，兼任太子辅政机构詹事府的官员，由于行政才干较为突出，因此被朱棣任命为太子监国的四个辅臣之一，那么他是怎样保护太子的呢？永乐九年三月，朱棣结束第一次北征回到南京，他问杨士奇：你辅佐太子监国的时间也不短了，你说说太子干的事都怎么样。估计朱棣是想从他嘴里听到太子的过失，杨士奇当然明白朱棣的用意，于是他向朱棣汇报了太子监国期间的几件事：

南京明故宫遗址碑

第一件事是虔诚祭祀。太子对于宗庙祭祀之事非常虔诚，许多祭祀品都亲自检查一遍，有时还带病坚持亲自主持祭祀。别人劝他休息养病，让他人代祭，可太子却说："上以命我，我又遣人乎？"意思是，父皇命我祭祀，我怎能让别人代祭呢？终于带病祭祀。祭祀在古代中国是东方君主的两大职责之一，所谓"唯祀与戎"，"戎"是打仗，这个职责已经由北征的朱棣来完成，那么在首都祭祀的职责就暂时留给皇太子了，因此朱高炽带病祭祀，不仅是重视此事，也是为了代替父皇朱棣完成君主的另一个职责，从而使朱棣满意。

第二件事是恪尽孝道。朱棣离开南京期间，每次尚膳监向北京皇帝那里运送各种御用物品，太子"皆一一阅过，然后缄识遣行，不辄信任下人"，意思是，太子都要一一亲自检查，在确定没有任何问题后再加上封条派人送走，决不轻易相信下面的办事人员。自从朱棣离京北巡后，太子总是心怀忧虑，寝食不安，往往是过了晌午甚至太阳偏西了才吃饭，整天放心不下，一直等到北边来的使臣带来了朱棣平安的消息后才如释重负，放下心来。朱棣听到这些后，表扬太子尽了孝道。

寿山石“文华殿宝”

第三件事是包容臣下。有一天朱棣问杨士奇：听说在辅臣里边只有你和黄淮遇事能够坦率直言，但太子有时听从有时不从，你们就不怕得罪太子吗？杨士奇回答：我这个人性格愚鲁直率，遇事有什么就说什么，太子殿下总是能包容我等，对我们总是推诚相见。“臣等有言必自斟酌，如言当理，无不听纳；如未当，亦不曲从。”（我们说的话太子都有自己的考虑和看法，说得对的就采用，不对的也不会盲从。）可见太子的天资甚高，非一般常人所能比。

第四件事是知错就改。杨士奇还对朱棣说，太子有什么失误自己未尝不知道，知道了也未尝不悔改，并且太子殿下最为用心处是“以爱人为本”，待人处事总有慈爱、宽容之心，将来一旦当了皇帝，肯定不会辜负陛下您的重托。朱棣听了当然高兴，对太子才略为放心。[1]

2. 太子接受教训，极力避免招惹是非

永乐十一年三月，朱棣再次离开南京前往北京，去完成他心中的迁都和北征等几项大业。因此，大约从朱棣第二次离京时期开始，他和太子朱高炽就有了个大致的分工，朱棣主要负责那些开创性的活动，有时还亲自完成，如五次北征蒙古等；太子则留在南京处理日常政务，协助、配合朱棣完成上述活动，当时“征剿叛虏、匠作

1 参见杨士奇《东里别集》卷二，《文渊阁四库全书》第1239册，第624、625页，台湾商务印书馆影印文渊阁本，1986年版。以下引用不再注明版本。

兴征于南京者，咸启白皇太子处分”，[1]太子是朱棣不可缺少的合作者。在整个明代的历史上，皇帝在位时能够监国的皇太子极少，能够同皇帝多次分工合作、完成重大活动的皇太子，更是只有朱高炽一个人。

有了第一次监国的教训，太子朱高炽第二次监国更为小心谨慎，虽说朱棣临走之前规定，这次监国的方案“悉准永乐七年之制”，[2]即权限仍同第一次监国时一样，但太子明白，决策大权完全掌握在父皇朱棣手里，作为替父皇暂时监国的太子，他办事必须慎重加谦恭。朱棣走后几个月赶上皇太子千秋节，礼部照例在前几天请求举行庆贺礼。太子对礼部官员说：“车驾在北京，予不得君父前躬致礼，乃可受群臣礼耶？其止之。”[3]意思是皇帝在北京，我这个晚辈不能在父皇面前亲自行礼，怎么可以接受群臣的贺礼呢？还是免了吧。从此以后就形成了一个惯例，凡是皇太子千秋节遇到皇帝外出巡狩，一律停止贺礼。朱高炽这样做的目的，无非是避免引起朱棣的不满，减少自己的麻烦。

监察御史向太子朱高炽报告：左军都督梁福和中军都督蔡福，奉命讨伐思州台罗等寨的叛乱苗民，可这两个人竟然“生事扰民，私役军士”，修建寺观和尼姑庵，与尼姑通奸，强娶妇女，克扣军士的粮饷，向当地少数民族首领索要钱财马匹，因此请太子将他们依法处置。太子虽然同意御史的上奏，但冷静地表示“俟车驾还日闻奏”，就是要等到父皇朱棣回京后上奏，未作任何处理。朱棣从前说过凡是功臣犯罪，必须向他奏明才行，这两个人虽然不是功臣，但却是高级将领，太子不作处理，显然同样是为了避免和朱棣发生冲突。

1　参见邓球编《皇明泳化类编》人物卷五十，周骏富辑《明代传记丛刊》第80册，第487页。

2　参见《明太宗实录》卷一三七，永乐十一年二月甲子。

3　参见《明太宗实录》卷一四一，永乐十一年七月庚子。

巡按直隶的一名监察御史上书太子，控告左通政赵居任等人奉命前往苏州、湖州一带治理水患，那里大片农田荒芜没人管，可是这些人不但掩盖真相不上报，反而在一块地里捡了几颗大头稻穗，数了几颗三百粒以上的报上来，作为当地丰收太平的证据。这种小人对皇上不忠，公然造假欺骗朝廷，应该被问罪。太子说“此人非独罔上，且残刻为民所恶，然上之所使，未可擅易，其封此章示之，令自省。”[1]意思是，这种人不仅弄虚作假、欺骗朝廷，而且残害百姓，但他是父皇派去的，我不能随便撤换，只能把检举信给他看，让他自己反省。这件事和前面的一样，太子这样处理还是因为不想给自

北京贡院鸟瞰

1 参见《明太宗实录》卷一〇一，永乐八年二月癸丑。

己招惹是非。

同时，险象环生的政治环境也使太子朱高炽进一步成熟起来。当他的部下被大批关押时，他没有流露出一句怨言，更没有向朱棣作任何申诉。有人向他奏事时问他：个别人进谗言陷害您，殿下您知道是谁吗？太子当即回答："不知也，吾知尽子职而已。"[1]意思是，我不知道，我只知道尽一个当儿子的职责。话说得滴水不漏，传出去也不要紧。太子这种逆来顺受的功夫，一般人是很难做到的。但是尽管太子如此谨慎、谦恭，朱棣仍然没有放过他的部下。

（三）大规模逮捕太子的部下

1. 朱棣回京传令逮捕太子的部下

永乐十二年（1414年）七月，朱棣北征回师，途中路过沙河，太子派一行使者带着贺表前来迎接，使者中地位最高的人是金忠，兵部尚书兼詹事府詹事，前一个职务大致相当于今天的国防部长，后一个职务大致相当于太子辅导委员会的主任。朱棣接受了太子的贺表，当时并没有什么其他表示。可是回到北京之后不到一个月，朱棣竟突然认为太子派遣使者迎接他回师晚了一步，并且贺词写得也欠妥，据说当时朱高煦在一旁说：这是辅政官员的失职！于是朱棣派人传令，逮捕辅导太子监国的官员。这样一来，太子的许多部下又一次大规模被捕入狱。

当时朱棣在北京，辅佐太子监国的官员在首都南京，因此，这些官员要从南京一个个地赶赴北京接受逮捕。他们之中有蹇义、黄淮、杨士奇、杨溥、金问等，这些人刚走了一半，朱棣就下令释放蹇义回南京，其他人陆续被捕。朱棣向杨士奇问及太子监国的表现，

1　参见《明史》卷八，《仁宗本纪》。

杨士奇向朱棣叩头汇报说：太子一贯孝敬忠诚，凡是违反皇帝旨意的错事都是我等臣下之罪。朱棣的怒气才有所缓解。可能是杨士奇主动承担责任之举给朱棣留下了好印象，所以此后不久朱棣就释放了他；其他几个人可没那么幸运了，在狱中一关就是十年，直到朱棣死后太子即位时才获释。

2. 朱高煦的诬陷使黄淮等人被捕

这次事件中有三个人的情况值得注意，黄淮、金问和杨士奇。先说黄淮，这个人是内阁大臣、朱棣的高级秘书，永乐八年（1410年）朱棣第一次离开北京时，黄淮是奉命辅佐太子监国的四人之一；后来朱棣回京时，黄淮是太子派来迎接朱棣的使臣之一。当时他在滁州迎接朱棣，朱棣非常高兴，同他聊了半天，回京后还特意下旨，“封淮父如淮官”，封了黄淮的老父亲同黄淮一样的官衔。这说明朱棣对他还是较为器重的，对他辅佐太子监国的功绩也是肯定的。

但是四年后的永乐十二年朱棣第二次回京时，朱棣却一口咬定黄淮起草的奉迎奏书用词不当，突然翻脸逮捕了他曾经非常器重的黄淮。看来这件事同朱高煦的诬陷有关，在四个监国辅臣中，前两人金忠和蹇义地位和资历都不差，是朱高煦无法扳倒的，而黄淮的资历要相对略差一些，又在第一次监国期间同朱高煦有冲突，因此，黄淮就成为朱高煦下一个要打击的目标人选了。

怎么回事呢？原来长沙有个李法良发动民众叛乱，事情上报到南京，皇太子命令丰城侯李彬发兵平乱；汉王朱高煦担心太子立功，于是故意找碴说，李彬能行吗？太子就问他的监国辅臣黄淮，黄淮说：“（李）彬老将，必能灭贼，愿急遣。”意思是，李彬是位老将，老将出马一个顶俩，肯定能行，兵贵神速，请太子赶紧派他去平乱。太子就按黄淮说的办了，李彬出兵后果然很快就活捉了李法良。这下轮到朱高煦丢面子了，他为此恨上了黄淮，两人结了仇。[1]现在黄淮被关起来了，朱高煦自然高兴了，这可是一箭双雕，既打击了太子又报了私仇。

再说金问，金问是太子辅佐机构詹事府的下级官员，他到了南京后朱棣就说:“朕未尝识金问，何以得侍东宫?”意思是，这个金问我怎么不认识他呢？他凭什么也当上了太子的辅佐官员？于是下令司法部门审问一下。结果没等审完，金问就和黄淮、杨溥一道被关进监狱。[2]从这件事可以看出，朱棣对太子的部下似乎有一种怨恨。金问不过是一名下级小官，你朱棣作为一个皇帝，太子的辅佐官员不可能都认识，不认识他就断定他没资格辅佐太子，没等审完就关起来，这么干未免有些过分，毫无道理。可是如果联系到朱棣突然认定太子迎接他晚了，奏表词句不妥，那么就可以看出，朱棣明显是有些鸡蛋里挑骨头。

3. 杨士奇被捕又获释，朝中势力可能暗中支持太子

第三个人是杨士奇，他到北京之后由于为太子承担了一些责任，朱棣就下令把他放了。可是朱棣身边的大臣都认为，这件事杨士奇也有责任，其他人都关起来了，不能单单放了杨士奇。于是朱棣重新下令把他也关起来，但很快又放了他。[3]这件事颇有些耐人寻味，朱棣身边的大臣为什么要这么说呢？是他们与杨士奇有私人恩怨吗？史书没有记载。况且关押杨士奇，对朱棣身边的杨荣、金幼孜、夏原吉等人也并没有任何好处，因此，这个解释显然不成立。

那么还有一种解释，就是这些人这样做很可能是为了保护杨士

1　参见《明史》卷一四七，《黄淮传》。

2　参见《明史记事本末》卷二十六，《太子监国》。

3　参见《明史》卷一四八，《杨士奇传》。

奇。为什么呢？各位知道，朱棣对太子不满，朱高煦也想打击太子及其辅佐人员，但这些人中金忠和蹇义的地位特殊：金忠是帮助朱棣夺位的大功臣，是兵部尚书；蹇义是最早归附朱棣的高级文臣，是吏部尚书，相当于今天的组织部部长，两人又都兼任詹事府的詹事，相当于太子辅导委员会的主任，位高权重，是朱棣非常信任和器重的大臣。因此，这两个人几乎是朱高煦无法利用朱棣来收拾的。

但杨士奇情况特殊，他的资历、地位不如金忠和蹇义，虽说也受到朱棣的器重，但他只是秘书和顾问，翰林院官员兼职詹事府，相当于太子辅导委员会的委员之一，才是五品官，如果这次朱棣放了他，那么他早晚还会受到朱高煦的陷害，因此朱棣身边的杨荣等人很可能是故意建议朱棣关押杨士奇，也算他已经受了惩罚，这样朱高煦可能就不会再找到其他理由来陷害杨士奇了。如果这个推断成立，那就说明朱高煦要借朱棣之手来收拾太子部下的用心，可能已经被杨荣等人看清了，他们开始利用自己的条件在有限的范围内帮助太子。由此可见，这个时候太子朱高炽似乎得到了朝中势力明里暗里的支持。

（四）逮捕的借口比较牵强

这里有几个问题值得注意：一是这次大规模逮捕太子部下的原因——迎接回师迟缓和上表贺词不妥，都是在朱棣回到北京之后才宣布的，按理说如果他觉得这两件事有问题，应该当场就指出来，但他没有。从时间上看，太子派人迎接和上表给回师的朱棣，时间是在永乐十二年的六七月间，而朱棣下令捕人则是在一个多月后的八月，就是说朱棣是在一个多月后又突然翻出以前的事，来向太子部下发难的，因此，总让人感到朱棣有点事后找借口的嫌疑。

昌平沙河镇巩华城遗址

二是这件事的理由也比较牵强。朱棣北征回师路过沙河，当时的沙河离北京也不算近，朱棣走了一个多月才回到北京，而太子派去的使者提前一个多月就去迎接，还算晚吗？按当时的情况看，很可能是太子事先派使团在北京等候，一旦得到朱棣回师的确切消息，北京的使团就赶紧出发前往迎接回师的皇帝。否则南京即使是在第一时间得到消息，即使以最快的速度准备好使团北上，也很难赶在北征大军回到北京之前去迎接他们。

这不仅是因为当时没有电话一类的通信设备，不可能预知北征大军的行程，同时还因为南京到北京的距离，恐怕要大大远于北征战场到北京的距离，因此，太子只能事先派人守候在北京，才能提前迎接回师的朱棣。这一点朱棣本人不会不知道，因为四年前太子派人迎接他第一次北征回军时，朱棣就特意告诉北京方面，不必老远老早就前来出迎。可是为什么偏偏这一次朱棣事后嫌晚呢？可见迎接迟缓这个理由是牵强的。至于上表贺词不妥也站不住脚，因为这类东西都是那些训练有素、很有文才的高级秘书撰写的，即使个别词句欠妥也不至于太离谱，更不至于成为逮捕太子部下的理由，因此这一理由同样是牵强的。

第三是这件事中金忠的经历很奇怪，他是兵部尚书兼詹事府的詹事，地位是相当高的。他已经多次奉命率领太子的使团前去迎接朱棣，按理说迎接晚了、贺词出错，金忠是直接责任人，最应该被捕，但朱棣却放过了他，理由是"以勋旧，不问"，其他那些间接的责任人反而都被一网打尽了。金忠和朱棣确实有着非同一般的关系，他是"靖难之役"的重要决策人，地位仅次于姚广孝，对朱棣非常忠诚，人也很有才干，是朱棣非常器重的少数心腹之一。因此这样的"勋旧"被破例放过，似乎也可以理解。

但是过了不久，朱棣就密令金忠审查太子，金忠说太子没什么事啊，朱棣居然大怒。金忠连忙摘了帽子哭着下跪，"免冠叩首"，一边磕头一边说，愿以自己的身家性命担保太子无事，朱棣这才没说什么。[1]可见朱棣当初放过金忠是有条件的，目的是以此来换取金忠为他暗中审查太子。实际上朱棣是给了金忠两个任务，表面上他是詹事府的詹事、太子的首席辅佐官，暗地里却是首席监视员，可惜朱棣的想法并未得逞。从这件事看来，无论是找个牵强的借口还是放过直接责任人，朱棣的目的只有一个，那就是再次打击太子的势力。

1　参见《明史》卷一五〇，《金忠传》。

（五）朱棣打击太子的方式已有变化

虽说这次朱棣打击太子似乎比上次更加迫不及待，但这次他并未将所有的被捕者关押并折磨致死，而是让他们随驾而行，朱棣走到哪里就把这几个重囚押到哪里，形成了一个流动关押所。被关押的黄淮、杨溥和金问三人在这个“流动关押所”里，由于同病相怜而相得甚欢。为了度过艰难的时光，三人相互讲经论道，切磋学问，黄淮还利用这段时间写出了自己的诗集——《省愆集》。[1]可见朱棣虽然关押了他们，但并未将他们置于死地，而仅仅是将他们作为特殊囚犯带在身边，说明朱棣对太子打击、防范的力度和方式已有了变化。

为什么会有这种变化呢？一方面朱棣可能是觉得，总是关押、

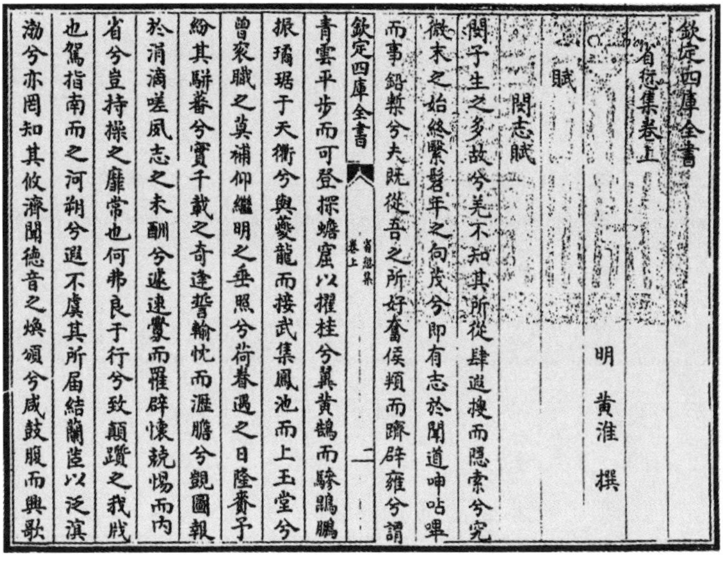
欽定四庫全書
省愆集卷上
明 黃淮 撰
賦
閔志賦
閔予生之多故兮羌不知其所從肆逌搜而隱索兮究
微末之始終繫髫年之向茂兮即有志於聞道呻呫嗶
而事鉛槧兮夫既從吾之所好奮僕頓而躋辟雍兮謂
欽定四庫全書 省愆集 卷上 二
青雲平步而可登探蟾窟以擢桂兮翼黃鵠而驂鵾鵬
振璚琚于天衢兮與夔龍而接武集鳳池而上玉堂兮
曾衮職之莫補仰繼明之垂照兮荷眷遇之日隆賚予
紛其駢蕃兮實千載之奇逢誓輸忱而瀝膽兮覬圖報
於涓滴嗟夙志之未酬兮遽速釁而罹辟懷兢惕而內
省兮豈持操之靡常也何弗良于行兮致顛躓之我戕
也駕指南而之河朔兮遐不虞其所屆結蘭茝以泛濱
渤兮亦罔知其攸濟聞德音之煥頒兮咸鼓腹而興歌

黄淮《省愆集》书影

1 参见《明史》卷一四七，《黄淮传》。

杀掉太子的部下并非长久之计，况且这些人都是当年自己亲自挑选和任命的，杀掉他们等于打了自己的嘴巴，起码是削弱了自己的统治基础；另一方面，朱棣对朱高煦的用心也逐渐看清了，朱棣是什么人哪，这点儿事他能看不懂吗？朱高煦多次诬陷太子的部下，目的不就是要激怒朱棣杀掉他们，进而为自己夺位铺平道路吗？这样下去不仅太子的势力受打击，而且很可能出现政局动荡甚至是流血的冲突，因此朱棣不得不改变了打击太子集团的方式和力度，只是将一部分监国辅臣关押起来，而没有如朱高煦所愿，将太子的部下全部赶尽杀绝。

有的学者认为，既然朱高煦等人对太子不满，朱棣也就顺水推舟，适当找个借口打击一下太子的势力，这样做既满足了朱高煦的要求，同时也是适当照顾了朱高煦背后的武将集团的情绪，因为这个集团朱棣还要利用，对于他完成南北出击的事业还是相当有用的。因此，这时朱棣对太子势力的打击很可能是有政治平衡的用意，并非只是简单地为了打击而打击。同时，朱棣这次打击太子的规模和力度都较为有限，主要目的可能是用这种方式来适当告诫太子等人，行使权力不要越位，不要有非分之想，但并不是准备废掉太子，否则朱棣就不会长期离开南京，把首都和一大堆政务全都扔给太子了。[1]这个看法是有道理的。

第二次监国的情况同第一次相比，可以看出有几点不同：

第一，太子更加谨慎，更为成熟了。在第二次监国期间，太子再也没有训诫过一个大臣，处理政务也更加稳妥了，并且所有的事情都及时派人向朱棣汇报，很少自己作主。

第二，太子的辅政群体开始形成了，并逐渐发挥了巨大的作用。第一次监国期间辅佐太子的那些人还未完全适应新的环境，缺乏辅

1　此处采用了张兆裕的看法。

政经验，他们与太子之间的磨合还不到位。但第二次不同了，双方进一步磨合到位，合作也逐渐成功。太子周围形成了一个有效的辅政群体，帮助他处理政务，发挥了应有的作用。

第三，朱棣也改变了遥控太子监国的方式。第一次太子监国时，朱棣不断地指示和教导太子，某些事该怎样做，同时又记录太子的处理过程和结果，但这次不同了。一方面朱棣要忙于开创性活动，没有更多的精力去过问太子监国的情况；另一方面这次辅政群体辅佐太子监国，可能也使朱棣较为放心。那么当时帮助太子说话的人会有什么样的下场呢？朱高煦会放过这些人吗？

解缙像

四 解缙之死

太子朱高炽两次监国期间，由于朱棣的不满和朱高煦的诬陷，曾有一批大臣和太子的部下受牵连，被关押、杀害，解缙就是其中一个。就在现在天安门广场纪念堂那个位置，明朝修建了一个大明门，后来清朝改称大清门，民国时期又改称中华门，1954年扩建天安门广场时被拆除。永乐时期大明门的两边，有解缙奉朱棣之命题写的门联："日月光天德，山河壮帝居。"可见解缙的文才和书法都非常出众，否则朱棣也不会让他在那个地方题写门联。但解缙最出名的地方还不在这里，他是永乐初期编纂《永乐大典》的主持人之一，相当于今天的总编辑。《永乐大典》是我国著名的一部大型典籍，全书约有2.3万多卷，1.1万多册，3.7亿多字，光是目录就有60卷。

清代的《古今图书集成》约有1.6亿字，字数还不如《永乐大典》一半多；《四库全书》收录的图书不过三千多种，而《永乐大典》收录图书据说达到七八千种，保存了14世纪以前中国历史地理、文学艺术、哲学宗教等大量的文献。即使是在今天，解缙主持编纂的《永乐大典》也绝对算得上是一部超级百科全书。虽然解缙是一个参与宏大文化工程的才子，但却在永乐后期被杀掉了。按理说解缙是经历洪武、建文和永乐三朝的高级官员，长期待在皇帝身边处于近

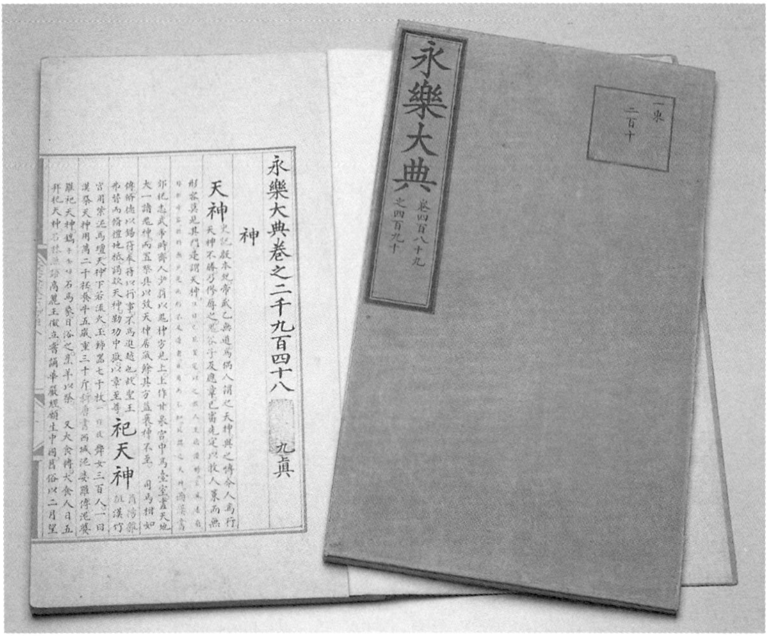

《永乐大典》书影

臣的地位，又经历了许多政治风波，他为什么还没有历练得比较成熟、比较稳健呢？为什么还会不断吃亏，并且最终丢了性命呢？

（一）为李善长鸣冤与离朝回家

1. 解缙是朱元璋喜欢的才子，做事有些无所顾忌

原来解缙是洪武二十一年（1388年）的进士，被授予中书庶吉士，就是为皇帝书写公文的秘书，二十几岁的小伙子非常受朱元璋的喜欢，经常待在皇帝身边。有一天朱元璋对他说：我和你是“义则君臣，恩犹父子”，所以你要有什么就说什么。解缙有才，当天就写了万言书上奏给朱元璋，对朝廷的司法、用人、监察、教化、税收、吏治等政务提了一大堆意见，文字很漂亮，话也说得很有分量、

很露骨，尤其是指出朱元璋对大臣的刑罚太重、杀人太多，但他把这一切的原因都归结为“臣下之乏忠良”，即大臣里没几个好人，而杀人也并非是朱元璋的本意，这些话让朱元璋读了很舒服，连称解缙是才子。

过了不久解缙又写了一篇《太平十策》，可能是内容较为空疏，朱元璋看了觉得他有些迂腐，就没说什么。结果解缙并未领会朱元璋的意图，还以为自己是皇帝称赞的才子，因此做事无所顾忌。有一次他到兵部去索要皂隶，讲话很不客气，别人一看是皇帝赞扬的才子来了，可能是不敢惹，最后是兵部尚书把事情捅到了朱元璋那里，弄得朱元璋没办法，就让他改当一名负责监察的御史。本来是想让解缙严格要求自己，收敛一下别再到处惹事；可没想到解缙仗着自己有文才又受到皇帝的夸奖，还是喜欢多管闲事，甚至给人家代写告状信，去告那些一般人得罪不起的大官，因而惹起了对方的忌恨。[1]

2. 解缙为李善长鸣冤，居然平安无事

不过这些事并没有让解缙有所收敛，这一期间最有影响的一件事，是他为李善长鸣冤，这件事在明代政治史上是非常有名的。李善长是帮助朱元璋打天下的重要人物，被封为开国第一功臣、韩国公，朱元璋把他比作汉代的萧何。李善长当了几年丞相权势很大，逐渐与朱元璋有了矛盾。后来李善长的同乡胡惟庸当了丞相，也同朱元璋矛盾很深，朱元璋就寻机兴起大狱，在洪武十三年（1380年）杀了胡惟庸。十年后一些人揭发了李善长与胡惟庸的复杂关系，于是朱元璋也给李善长安了罪名——帮助胡惟庸谋反称帝，逼迫七十七岁的李善长自杀了。

这件事明摆着是个冤案，有个人看不下去了，当时的虞部就是

1　参见《明史》卷一四七，《解缙传》。

后来的工部有个郎中王国用，想为李善长鸣冤。本来这是王国用自己的事，但一来解缙名气大，受到皇帝的宠信，二来解缙为人代笔也不是一回两回了，早有人牵线，解缙本人也乐此不疲，于是王国用就约了解缙，起草了为李善长鸣冤的辩护词，直接上奏给了朱元璋。辩护词的主要内容是这样的：

第一，李善长与陛下你同心同德，“出万死以取天下，勋臣第一，生封公，死封王，男尚公主，亲戚拜官，人臣之分极矣”。九死一生帮助你夺取天下，已经是第一功臣了，本人封官加爵，生前受封最高的公爵，死后也会被追封为王，儿子娶了陛下的公主，亲戚也都当官了，作为一个臣子应该说是到头了，李善长怎么会帮助胡惟庸谋反呢？

第二，“使善长佐惟庸成，不过勋臣第一而已矣，太师、国公、封王而已矣，尚主纳妃而已矣，宁复有加于今日？”就算李善长帮胡惟庸谋反成功当了皇帝，他不过还是和今天一样，也是功臣第一，本人封国公、封太师，儿子娶公主，亲戚都当官，还能比今天更强吗？因此他有必要再干一次吗？

第三，李善长不是傻子，他不会不知道，就算把你推翻了，帮助胡惟庸当皇帝，有那么容易吗？“当元之季欲为此者何限，莫不身为齑粉，覆宗绝祀，能保首领者几何人哉？善长胡乃身见之，而以衰倦之年身蹈之也？”元朝末年想要推翻元朝的人多的数不清，几乎没有一个不是粉身碎骨、家破人亡，有几个人能保住脑袋啊！李善长亲身经历了这一切，一个七十多岁的糟老头子，就为了得到跟今天一样的待遇，他为什么要冒着灭九族的危险去帮助胡惟庸呢？

第四，“若谓天象告变，大臣当灾，杀之以应天象，则尤不可，臣恐天下闻之，谓功如善长且如此，四方因之解体也”。[1]陛下您认为

---

1 参见《明史》卷一二七，《李善长传》。

天象有变，应该杀一个大臣上应天象，那么天下人会怎么看呢？我担心他们会说，像李善长这样有大功的人都被冤杀了，陛下因此会失掉人心啊！

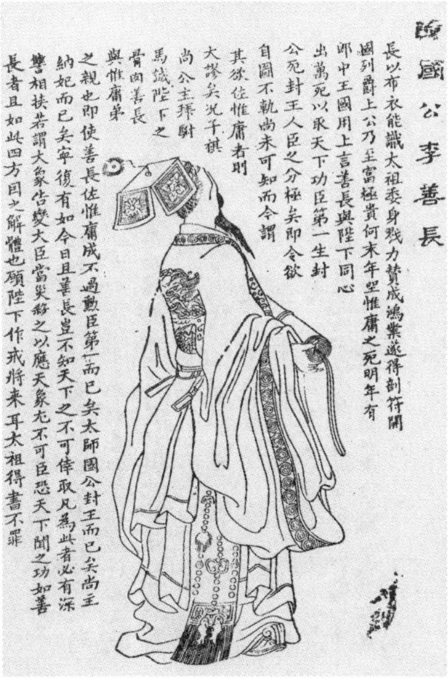

李善长像

这是一篇非常出色的辩护词，等于打了朱元璋的脸。朱元璋看了一个字都没说。为什么呢？没法说。如果你说杀李善长杀得对，解缙上书错了，但解缙讲的话可是句句在理啊，无法反驳；但你要说解缙讲得对呢，那不就等于说你朱元璋杀李善长杀错了吗？皇帝能承认自己错了吗？所以这件事最好的办法就是什么都不说，就当没这回事。当然也就不能加罪解缙了。

3. 朱元璋先让解缙跟着父亲解开回家了

各位知道，在洪武朝那么险恶的环境下，有多少人因为一点小事就被砍了头啊！解缙的上书等于把天捅了个大窟窿，这下还了得！再加上他到处替人写告状信，已经得罪了一批高官，于是这些人都想找个借口收拾他。朱元璋也知道解缙在朝中待不下去了，因此就找了个理由先让解缙回家了。当时近臣的父亲都可以来见皇帝，解缙的父亲解开也来了，朱元璋就对他说：你这个儿子大器晚成，先把他领回家去吧，“益令进学，后十年来，大用未晚也”，[1]深造一

1　参见《明史》卷一四七，《解缙传》。

下，过了十年再来让朝廷重用他也不算晚。解开也没弄明白，为什么皇帝让他把儿子领回家呢？但既然皇上说了只好照办，于是解缙就跟着父亲解开回家了。

朱元璋让解缙回家，可能是有意保护他。为什么这样说呢？因为解缙在朝中得罪了那么多大官，并且还敢上书指责皇帝杀人杀错了，这不是找死吗？况且洪武年间血案不断，这些大臣随便找个理由，杀你个解缙，不是比踩死个臭虫还容易吗？因此朱元璋让他回家，也就是躲开了朝中的险恶环境，表面上看是撵走了，实际上是保护起来了，毕竟朱元璋还是有些爱才的。这是解缙人生的第一次起落。这一年是1390年，也就是洪武二十三年。

（二）回京奔丧，被贬河州

八年之后也就是1398年，朱元璋死了，解缙听到消息后就来京奔丧。结果一到南京就被人告了一状，罪名是违抗圣旨。原来朱元璋同解缙讲的是十年后再来，现在还没到期呢，只有八年你就来了，这不是违抗圣旨吗？况且母亲死了还未安葬，父亲都快九十岁了，哪能不管不顾就来京呢？前一件事是不忠，后一件事是不孝，在当时都是不小的罪名，于是朝廷就把解缙贬到河州卫，当一名小吏。河州卫位于今天兰州西南、临洮以东，是个比较偏远的地方。

实际上解缙这一次被人告状，原因还是以前在朝廷结下的恩怨。各位想想看，解缙没等朱元璋跟他讲的十年到期就来奔丧，人家可以告他违抗圣旨；可他要是等十年到期再来呢，人家很可能又告他对皇帝不孝。当年皇帝对你那么好，如今皇帝死了你不来奔丧，这个罪名也是相当重的。可见解缙这个人已经被朝中权贵忌恨了，怎么干都是有罪。这是解缙人生的第二次起落，上一次是洪武后期，就在他要倒大霉的时候是朱元璋帮了他一把，那么这次又有谁来帮他呢?

解缙被贬到河州卫当了一名小吏，那种地方的底层小官可能一辈子都没人搭理，因此几乎是永无出头之日，解缙肯定不甘心，怎么办?他毕竟在朝中当过几年官，认识一些人，其中就有礼部侍郎董伦，当时正受建文帝的信任，于是解缙就给他写了一封信，请他推荐自己。董伦收信后推荐了解缙，建文帝一看是他爷爷任用过的才子，也是当年为李善长鸣冤的人，很高兴，于是就提拔解缙做了翰林侍读。可以说解缙第二次倒霉又有人帮他，这是他人生中第三次起落的开始。

那么前两次起落对解缙本人有什么影响呢?从上述情况看，影响不大。他本人性格中冒失、不成熟的东西并没有得到克服和改进，

清末甘肃一座废弃的小城

好管闲事的毛病仍然存在。就拿李善长被杀这件事来讲，明摆着是朱元璋要杀他，至于什么罪名、什么借口并不重要，欲加之罪，何患无辞？别人都不说话，不等于别人没看明白；偏偏你出头说什么话呢？并且你还替别人写辩护词，为一个皇帝非杀不可的人辩护，这不是找死吗？但解缙当时并没受到任何处罚，建文时期还一再升官，因此他也未从上述事件中接受教训，改正缺点。

（三）口无遮拦的性格与被人诬陷

朱棣夺位上台后，解缙和杨荣等人从翰林院进入内阁，成为皇帝的高级秘书兼顾问，解缙在这些人里常常排在首位。这时的内阁顶多是个秘书机构，决策权在皇帝，行政权在六部尚书，因此，尽管朱棣又是赏给解缙等人五品官服和高级衣料，又是鼓励他们发挥作用，但实际上他们仅仅是皇帝的一批秘书，并没有后来内阁的地位。当时朱棣曾对解缙等人说："若使进言者无所惧，听言者无所忤，天下何患不治？朕与尔等共勉之。"鼓励他们减少顾虑，多提意见。解缙等人就时常提出一些建议，朱棣也能虚心听取。

当初朱元璋也是跟解缙这么说的，并且比朱棣说得还要亲切。但问题是皇帝让你说的往往都是他们需要听的，如果你一旦说出了他们根本不想听的话，你还会有好下场吗？尤其是在那个专制的时代，因为说了不该说的话被惩罚、被杀头的还少吗？但是哪些话该说哪些话不该说，那是要靠你自己去体会、去揣摩，皇帝是不可能告诉你的，而你一旦说了错话哪怕是实话，皇帝也一定要收拾你，这一点没理可讲，专制时代就是这样。而解缙恰恰不明白这个道理，又在不该说话的事上说了话，再加上他平时总好随便评论别人，无所顾忌，因此树敌不少，结果又倒了大霉。那么解缙是怎样倒霉的呢？

1. 解缙总为太子说话，引起了朱棣的严重不满

朱棣决定出兵安南，就是今天越南的一部分，解缙反对，理由是那个地方不太富裕，逢年过节顶多能来个使者进贡一点当地土特产，并且还隔着大片的崇山峻岭，就算是把它占领了，也很难设立郡县加以控制，所以没必要兴师动众去打它。朱棣听了很不高兴，他觉得解缙居然敢反对自己的追求目标，在政治上不能和他保持一致，因此对解缙就不那么信任了。

当初朱高炽虽被立为太子，但受到压制，"又时时失帝意"，总是不讨朱棣的喜欢；当年朱棣曾对朱高煦许诺，"靖难"成功即立他为太子，如今却未能兑现，自己也感到过意不去。作为一种补偿和安慰，朱棣对朱高煦是颇为宠爱和纵容的，除了批准他的各种请求外，还使他享受的礼节和待遇大大高于普通亲王，"礼秩逾嫡"，就是礼遇级别超过了大哥皇太子。旁人都看清了朱棣的用心，偏偏才高性傲的解缙不太识趣，他认为这样做下去很危险，因此劝朱棣不要过分礼遇朱高煦，说"是启争也"（肯定会引起冲突和争端）。[1]

朱棣宠爱和纵容老二朱高煦，本来就有些难言之隐，解缙的劝阻等于揭了他的短处，因而引起了他的恼怒，朱棣大骂解缙是离间他们亲骨肉，"恩礼寖衰"，从此疏远了他，给他的待遇也逐渐不如以前了。永乐四年（1406年）朱棣赏给翰林学士二品纱罗衣，结果没有给解缙。[2]当时解缙这些翰林学士的级别最高才是正五品，赏给他们二品纱罗衣是朱棣对他们特殊恩宠和信任的标志，不给解缙，至少说明解缙已逐步丧失了朱棣的恩宠和信任。

1　参见《明通鉴》卷十五，成祖永乐五年二月庚寅。

2　参见《明史》卷一四七，《解缙传》。

解缙是个才子，同时也是个书呆子，政治上没有经过复杂的历练，不是“老油条”，他仗着朱棣对他的信任，总是有话就说口无遮拦，尤其是在朱棣和两个儿子的复杂关系上，想到哪就说到哪，所以很容易犯忌。在朱棣赞赏朱高煦武功高强时，解缙就不以为然地说：所谓贤王是那种孝友仁慈、能为一国之长的人物，拉个强弓一箭双鸟，不过是个力士的技能，请陛下不必在这方面夸奖汉王。这话显然是有些贬朱高煦，为太子朱高炽说话，朱棣和朱高煦听了谁能高兴呢？尤其是朱高煦，他对力保朱高炽做太子的解缙等人恨之入骨，寻衅报复。

2. 解缙受到朱高煦的诬陷，被赶出了朝廷

当时宫中商议立太子的事逐渐外传，朱高煦乘机诬告解缙泄露宫中机密。选立太子虽然属于机密，但参与此事的武将丘福等人却告诉了朱高煦，朱高煦当然恨透了解缙，于是他就将泄密之事嫁祸于解缙。他让丘福故意对朱棣说，选立太子的秘密内容已经泄露出去了，可能是解缙干的。丘福是与朱高煦一起参加夺位之战的患难战友，曾多次力劝朱棣立朱高煦当太子，因此自然乐意帮助朱高煦打击太子，诬陷解缙。朱高煦自己则对朱棣说，我听说这件事是解缙传出去的。朱棣听了信以为真，很快就找了借口处罚解缙，把他贬为广西布政司参议，[1]相当于今天的省委副秘书长，等于把他撵出了朝廷。

为什么会这样呢？因为禁止泄露宫廷的机密，是朝中非常严格的规矩；况且在册立太子的问题上朱棣是有些没面子的，因此有人泄露这一消息，朱棣肯定要处置他；再加上解缙反对朱棣出兵安南，已经让朱棣很不满，朱高煦的诬告更是火上浇油，所以朱棣才将解缙贬出朝廷。墙倒众人推，解缙被贬出朝廷时又有人落井下石，上告他对皇上有怨气，因此朱棣又把他发配到了更偏远的安南（今越

---

1 参见《明史》卷一四七，《解缙传》。

南境内），具体职责是督运出兵安南粮饷的办事员。

3. 解缙一再吃亏、倒霉，但他并没有接受教训

看到父皇朱棣对解缙的贬斥，估计朱高煦又会高兴了，因为照这样发展下去，说不定有一天自己会咸鱼翻身当上太子。为了实现这个梦想，朱高煦一方面不断地收买和结交朱棣身边的高级宦官，这样做既可以了解父皇朱棣的好恶、动态，又可以在必要时为他所用；另一方面整天瞪大眼睛盯着解缙这些人，千方百计捕捉或编造他们的过失，设法激怒朱棣，借刀杀人，动不了太子就先打击太子的势力。结果这两招都还管用，解缙作为太子的有力支持者，就是死在这两招之下的。这时的解缙已经从中央被贬到了相当偏远的地方，从内阁的高级秘书被贬为一个下级办事员，地位真是一落千丈。

一个人偶尔吃点亏、倒个霉不算什么，但如果总是吃亏、倒霉，那就应该想想原因。就像有人说的，被一块石头绊倒无所谓，可是你要总被这块石头绊倒，那就需要分析一下自己的因素，然后调整

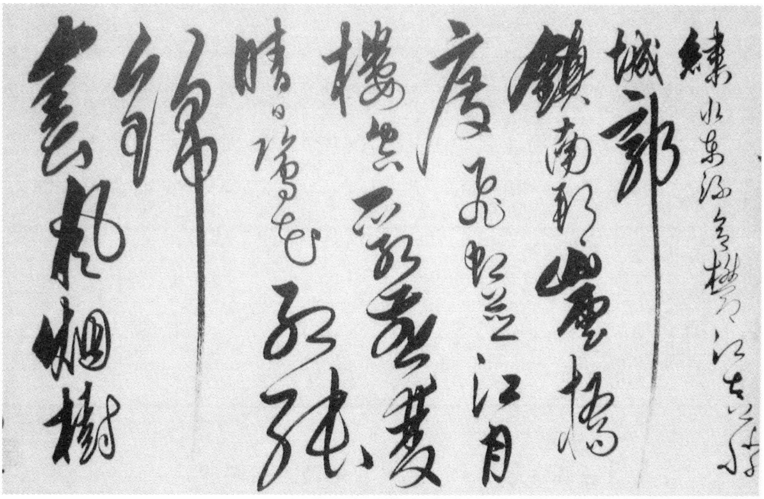

解缙《自书诗》(局部)

自己别再被绊倒。本来解缙为太子说话就已经得罪了皇帝和最有权势的亲王，这次明摆着是那些人要陷害他。如果这个时候解缙能对自己的经历冷静分析一下，想想自己总是倒霉的问题出在哪，然后能接受教训，别总以为自己是皇帝器重的才子，遇事稳重、收敛一点，那么解缙还有可能恢复从前的地位，至少能够安度一生，可惜他没有，结果不仅再次倒霉，并且还送了命。

（四）私见太子，被捕送命

这里顺便讲一下明朝的太子辅佐制度。元朝的时候辅佐太子和皇帝的是两伙人，太子要接班，他的辅佐官员也要接班，因此皇帝和太子的两伙辅佐人员矛盾很大，这也是造成元朝政局混乱的原因之一。可见两伙人分别辅佐皇帝和太子，这种制度弊端很大。明太祖朱元璋当然清楚这一点，他对这种制度做了改革，把当朝大臣同时任命为太子的辅导官员，等于把辅佐皇帝和太子的两伙人合并为一伙人，于是等老皇帝一死、新皇帝上台时，当朝大臣基本上都是新皇帝过去的老师和部下，大体上避免了元朝两伙辅佐官员争权的矛盾和弊端。

朱棣倒是继承了其父朱元璋的做法，也任命了大部分当朝大臣作为太子朱高炽的辅佐官员。但问题是洪武朝朱元璋和太子几乎总在一起，不存在大臣私见太子的问题；而永乐朝朱棣和太子不常在一起，朱棣多次离开南京巡视北京营建或亲征蒙古，太子留在南京处理常务，皇帝、太子分处两地。皇帝对太子不放心，不知道太子背着他会和朝臣搞什么名堂，所以朱棣才搞了一个特殊的规定，百官和太子不许单独见面，很明显意在防范太子。

1. 解缙违反规定单独见太子，被抓住把柄入狱受刑

由于朱棣和太子的复杂关系，不许大臣私见太子的规定是被严

格执行的，当初一个军官就因违反规定而受过朱棣警告，偏偏解缙这个书呆子不知深浅，他在几年前就已被贬出朝廷，远在安南督运粮饷，几年之后回到南京奏事时，正赶上朱棣不在，可能因为在外地时间长，忘了规定或是想念太子，反正解缙是不顾规定就单独去见了太子，然后没等朱棣回京就直接回去了。

这下被朱高煦抓住了把柄，他立刻派人向朱棣打了小报告："解缙伺上出，私觐太子径归，无人臣礼。"[1]意思是解缙专门找一个皇帝外出的机会，才去私见太子的，有意破坏皇帝定的规矩，没把皇帝放在眼里。结果朱棣大怒，立即传令逮捕解缙。解缙的行为经朱高煦这么一说，性质就完全变了：偶尔赶上皇帝不在去见太子，变成了专等皇帝外出才来见太子，好像事先有准备；无意中单独见太子，变成了有意破坏从前的规矩，主动勾结太子；见完太子可能因为有事就直接回去了，变成了臣子藐视皇上的无礼之举。因此解缙就有了伙同太子背着皇上策划阴谋的嫌疑。难怪朱棣听了以后要雷霆震怒，入狱的解缙也因此受到了严刑拷打。

实际上朱高煦的这句话也有陷害太子的用意，[2]因为解缙一个巴掌拍不响，太子单独接见解缙，不也是有意破坏朱棣立下的规矩吗？不也同样该受惩治吗？因此，朱高煦的目的是要一箭双雕，把太子和解缙绑在一起，借父皇朱棣之手加以打击。不仅如此，朱高煦还指使狱卒残酷折磨解缙，迫使他交待这个案件中还有马京、陈寿、许思温、王汝玉、汤宗等人，使这些人也一同入狱。受到解缙一案牵连的人几乎都是辅佐太子监国的老部下，就连朱高炽没当太子之前帮他守卫和管理北平的官员，有些还是奉朱棣的命令前往北平的，也多次受到朱高煦的诬陷和中伤，在永乐九年（1411年）朱棣北征

1　参见《明通鉴》卷十六，成祖永乐九年六月。
2　参见《国榷》卷十五，成祖永乐九年六月戊午。

回京之后，这些人不断地被逮捕入狱，绝大部分都被关押、折磨致死，成为这场权力之争的牺牲品。

由此可见，解缙一案在当时不是个孤立的案件，是朱高煦充分利用朱棣的不满和震怒，同丘福等人联手打击太子势力的一次成功之举，可谓一举多得。各位知道，解缙在朱棣眼里是有“前科”的人，以前对他的处分比如贬出朝廷、发配远方等等，都是一级一级加重的，那么解缙被捕入狱已是最严重的一种处分了。可见朱棣对解缙处罚之重，对太子防范之严了。

2. 解缙被灌醉冻死，朱棣对他的死活已经不在意了

永乐十三年（1415年）有一天，朱棣偶然看到犯人名单上有解缙的名字，就说了句：“（解）缙犹在耶？”[1]这话可能有两种意思，一种是好几年没见这个人了，过去一直在身边，今天看到名字顺嘴一说；另一种意思可能是反问，解缙这么有名的罪犯还没死吗？但是不管是哪一种意思，都说明朱棣对解缙的生死都不会在意了。锦衣卫的指挥使（就是后来被称为特务机构的首脑）纪纲很聪明，他听了朱棣的话领会了其中的意图，回到狱中就请解缙喝酒，解缙喝醉了，纪纲把他埋在雪里，解缙很快就冻死了，死的时候才47岁。[2]

一个特务头子用这种方式来处死高级犯人，这在明朝历史上也是很少见的，既没用什么酷刑，还给他摆酒饯行，又给他来个安乐死，纪纲对解缙还算够意思，这说明什么？至少说明就连纪纲这样的特务头子，可能都对解缙的冤死感到同情。从另一方面讲，朱棣和朱高煦为了打击太子不惜迫害朝中大臣的做法，可能并不为当时某些人士所认同和接受。

---

1 参见《明通鉴》卷十六，成祖永乐十三年春正月。

2 参见《明史》卷一四七，《解缙传》。

明锦衣卫飞鱼服

另一个说法是，解缙被捕入狱后，“高煦使狱吏醉埋之雪中死，或曰：上意也”，[1]就是说，是汉王朱高煦指使监狱的狱卒，把解缙灌醉之后埋在雪里冻死的。有人猜测这件事并非朱高煦所为，而是来自朱棣本人的意图。这种情况也有可能，因为解缙曾经为朱高炽当太子出力不少，朱高煦因此而对解缙恨之入骨；况且解缙违规私见太子之事虽说没有死罪，但却犯了朱棣的大忌，对于一个专制时代的帝王来讲，流露出除掉解缙的意图，实在是没什么奇怪的。这里顺便说一下，解缙不是死在外廷刑部管辖的监狱，而是死在锦衣卫的监狱，后者也被称为“诏狱”，就是因为锦衣卫只对皇帝负责，往往不受国家法律的限制。

从建文时期回到朝中做官，到永乐十三年狱中被杀，这是解缙人生中的第三次起落，事不过三，这次没人再帮他了。作为曾经帮助过太子的高级官员，解缙的下场令人惋惜。那么，还有哪些势力帮助太子呢？朱高煦同这些势力是否会有冲突呢？

1　参见《国榷》卷十六，成祖永乐十三年正月丙寅。

朱瞻基像

五 太孙崛起

朱高煦利用朱棣对太子的不满，多次进谗言来激怒朱棣，使解缙等一批太子的部下被关押和杀害，太子受到了朱棣和朱高煦的双重打击，处境相当艰难；但同时却有另一股势力支持了他，并且来头还不小，这就是朱瞻基的势力。朱瞻基是太子的长子、朱棣的长孙，朱棣从前册立朱高炽为太子，很大程度上是因为喜欢长孙并要传位给他，因此，朱瞻基的成长一直格外受到朱棣的关注。

（一）朱瞻基势力崛起，加强了太子的地位

朱瞻基生在建文元年（1399年），到永乐五年（1407年）还不满十岁就出阁就学，就是接受教育。顺便说一下，这种教育是专门为皇家子弟开设的宫廷教育项目，朱棣所选教师都是非常高级的，领衔的人物是永乐朝的首席大臣——太子少师姚广孝；授课的内容不仅仅是经史礼义，还有“帝王大训可以经纶天下者”，即治理天下的帝王语录；同时，朱棣可能还派人选了一些相当有水平的宫廷艺术家来多方面培养朱瞻基，朱瞻基日后的艺术成就不凡，关注并大力推动宫廷文化，与此关系极大。看来朱棣很早就将长孙朱瞻基作为

皇位继承人来培养，而后来的事实证明，朱瞻基也确实没有辜负祖父的培养。

永乐六年（1408年）十一月，朱棣任命一大批文武重臣来兼任朱瞻基的辅导官，他告诉这些人，你们的职责不仅是辅导东宫皇太子，也要辅导太子的儿子，平时多给他讲点本朝太祖和先朝帝王创业、守成的故事，培养他的治国才能。朱棣的目的很明确，不仅要传授朱瞻基一些政治经验，更要培养朱瞻基的政治势力以及他与当朝大臣的感情。辅导朱瞻基的重要人物包括太子太师淇国公丘福、吏部尚书蹇义、兵部尚书金忠等人。[1]朱棣任命重臣来兼任朱瞻基的辅导官，等于确立了他的皇位继承地位，同时也在无形中加强了太子的地位。

1. 朱瞻基作为皇长孙留守北京，重臣夏原吉辅佐他

永乐八年（1410年）朱棣离开北京远征蒙古，也就是太子监国南京、不断受到朱棣打击的同时，朱棣让朱瞻基留守北京，并且派重臣夏原吉辅佐他。北京原来称北平，是朱棣做燕王的封地，也是他经营多年的老巢。朱棣夺位后这里成为“龙兴之地”，改名北京，行政地位自然升高了，虽然比不上朱元璋的老家安徽凤阳，但肯定也是一个“特别行政区”。开始由朱高炽来主持政务，后来朱高炽当了太子去了南京，朱棣又命令朱高炽的三弟、赵王朱高燧居守北京。

朱棣北征时北京的政务增加了不少，他任命长孙朱瞻基作为北京的临时行政长官，可以说是第三任了。照理说朱高燧是朱瞻基的三叔，叔侄两人同在北京应该关系不错，但三叔曾多次伙同二叔朱高煦诬陷父亲朱高炽，朱瞻基对此能不知道吗？因此，叔侄两人几乎一直没什么往来。

---

1 参见《明太宗实录》卷八十五，永乐六年十一月甲寅。

那么朱瞻基是怎样处理北京政务的呢？辅佐他的夏原吉虽然只是户部尚书，但却受命兼理北京吏、户、兵三个部门，是北京的大总管，同时也是朱瞻基的首席顾问，当时朱瞻基只是个十一二岁的孩子，不可能有多高的才干，因此每天早上朱瞻基到奉天门办公，夏原吉则站在朱瞻基身边帮助他处理政务。由于早朝的时间有限，每天各衙门上报的问题不少，因此早朝退朝以后，许多机构的官员都围着夏原吉，公文案卷抱了几大摞，堆在夏原吉面前。夏原吉“口答手书，不动声色”，很快就将文件、政事处理完毕，“北达行在，南启监国”，[1]即将有关部分呈报给北征的朱棣和监国南京的皇太子。朱棣北征期间，北京的局势较为平静，主要是夏原吉出色工作的结果，当然也有朱瞻基的功劳。

可能有人会问，既然夏原吉的才干非常高又兼理其他部门，朱棣为什么不任命他做北京的行政长官呢？为什么要让十几岁的长孙朱瞻基来担任呢？原因很简单，北京当时虽然不是首都，却是将来的首都，这时已有营建、运输粮饷等许多政务，朱棣北征，必须有人代替皇帝来处理这些政务，这个人只能是皇帝的直系亲属，别人是没有资格的。因此，朱棣任命长孙朱瞻基作为北京的临时行政长官，就是让他作为皇帝在北京的代理人。而实际上这次朱棣安排夏原吉辅佐长孙朱瞻基，收获最大的还是朱瞻基：一来从实际政务中锻炼和增长了行政才干，二来树立了居守北京的政绩和威信，三来同老臣夏原吉建立了良好的关系。这三点对于一个未来的皇帝来说，都是十分重要的。

2. 太子在南京派人表彰夏原吉母亲及其意义

永乐八年七月，朱棣第一次北征回到北京后，听说夏原吉在此

1　参见《明史》卷一四九，《夏原吉传》。

期间辅导皇长孙留守北京，有效地处理了大量繁杂的政务，非常满意，朱棣高度肯定了夏原吉的功绩，并重赏了他钱财鞍马等物。当时皇太子朱高炽正在南京监国，听到这个消息后也非常高兴，各位可以想象，太子受到父亲和兄弟的双重压力，监国生活并不顺心，但长子留守北京的差事干得漂亮，辅导他的重臣也非常得力，又受到父皇的隆重表扬，太子能不高兴吗？

于是太子就派兵部尚书金忠来到夏原吉在南京的家中，代表他本人向夏原吉的母亲表达谢意："闻尔子在北京辅导皇孙有功，所参决机务咸合圣意，是由贤母平日教诲所致。"[1]意思是听说你儿子在北京辅导皇长孙非常得力，功劳不小，他所处理的政务完全符合圣上的旨意，这一切都是你这位贤良之母平时教诲的结果。实际上等于在南京为夏原吉开了一次家庭表彰会。

那么皇太子这样做有什么用意呢？至少有三个用意：第一个用意是配合、响应父皇朱棣，因为朱棣在北京表彰夏原吉辅导朱瞻基立了大功，那么太子朱高炽怎么说也应该有个表示吧，虽然不乏作秀的成分，但在外界看来，太子及时在南京表彰夏原吉母亲，完全是同父皇保持高度一致的。

夏原吉像

第二个用意是笼络朝中势力，各位知道，太子虽然暂时监国，但不断受到父皇朱棣和

1 参见夏原吉《忠靖集》附录，《文渊阁四库全书》第1240册，第546页。

二弟朱高煦的排挤、打击，大臣们也不可能百分之百地效忠于太子，因此地位并不稳固。而太子表彰夏原吉母亲之举，不仅会使夏原吉深受感动，也会使周围的群臣受到感染，这一点在提倡孝道的中国古代是非常起作用的。可以说是在无形之中加强了群臣对太子的凝聚力，至少有利于笼络朝中势力。

第三个用意是显示自身权力，为什么这样说呢？因为虽然太子监国的权力有限，只是处理一些常务，但这并不等于说太子一切活动全部要受朱棣的控制，实际上朱棣也无法做到。因此，太子表彰夏母之举至少是向世人显示：我毕竟是监国的太子，这么做也是我应有的责任和权力，太子及其辅政群体仍有一定的独立空间和自由度，是朝中不可忽视的一股势力，也说明太子及其辅政群体逐步成熟了。总之，太子表彰夏母之举既帮了父皇，帮了儿子，同时也帮了他自己。

（二）册立皇太孙的仪式与朱棣父子的心态

当时太子虽然受到一定的限制，但朱棣委托朱瞻基主持北京政务，却使朝中所有的人都很清楚，太子的长子、皇长孙朱瞻基已是无可争议的皇位继承人，并且会逐渐支持和巩固太子的势力。当时迁都北京已成定局，太子在首都南京监国，而朱瞻基则是在未来的首都代替皇帝主持政务，虽然暂时没有皇太孙的名分，但他作为皇位继承人的地位已无人可以代替。至于皇太孙的名分，祖父朱棣随时都可以赏给他。那么朱瞻基是什么时候名正言顺地当上皇太孙的呢？

永乐九年（1411年）十一月，也就是太子监国结束的一年以后，解缙等一批太子部下入狱之时，朱棣正式册立长孙朱瞻基为皇太孙。册立仪式在华盖殿隆重举行，朱瞻基身着皇太子的服饰，佩戴的玉圭与亲王相同，[1]这些都是身份、权力和地位的象征。礼部事先已布置好了一切，朱瞻基在庄严而古老的宫廷音乐中由礼部官员引导，在华盖殿内依次完成了各项册封仪式，然后来到朱棣和朱高炽面前致谢，文武百官都为朱瞻基被立为皇太孙而感到欢悦。

1. 朱棣的心态：发自内心的高兴

面对这场隆重的册封典礼，朱棣和朱高炽、朱高煦父子三人可能会有不同的心态。因为三人的处境完全不同。先看朱棣，年过半百的朱棣是这场庆典的真正主人，他为长孙感到自豪、欣慰。到目前为止，这是他登极以来的第三次庆典活动，前两次分别是他自己的登极仪式和册立太子的仪式，他都不太顺心。因为第一次是建文四年（1402年）也就是十年前，朱棣夺位之战刚刚结束，朝野上下对他不买账的还大有人在，他的地位并不牢固，谁也没有心思去准备一场像样而隆重的登极大典，因此朱棣的登极仪式搞得很仓促、很草率。

当时朱棣按照明朝的规矩，先去拜谒了父皇朱元璋的孝陵，后来手下的人马赶紧东拼西凑，准备了一些登极用的大驾、仪仗等，选了一个日子抬着朱棣按照登极仪式游行了一大圈，就算是完成登极大典了。朱棣本人可能也觉得皇位到手就不错了，其他的形式已经无所谓，用《水浒传》里的一句话说："事情到了这般光景，却也顾不了许多了。"因此，朱棣的登极大典留下的记载较为简略，是所有明帝登极大典中最仓促、最草率的一次。

第二次是册立长子朱高炽为皇太子的典礼，尽管整个典礼十分隆重、气派，肯定比朱棣自己登极那次像样多了，但朱棣内心是有些不情愿的，未必十分高兴。不过，这次册立皇太孙可不一样，这

---

1 参见《明太宗实录》卷一二一，永乐九年十一月丁卯。

中和殿（明代华盖殿）

一举动几乎受到了所有朝臣的支持和拥护，而相貌英俊的朱瞻基在整个典礼中潇洒得体，初具少年天子的威仪，这一切都使老皇帝朱棣不仅感慨自己事业成功、后继有人，并且可能心花怒放，因为他竟然不顾典礼的规定，起身将皇太孙之冠亲自戴到爱孙朱瞻基的头上，这一举动使整个典礼活动达到了高潮，两旁的官员为之高呼万岁，声震殿宇。可以说是朱棣的这种心态，才使整个册立典礼非常成功。

2. 太子朱高炽的心态：十分欣慰和踏实

再来看朱高炽。朱高炽此时的心态可能比朱棣更为复杂，自从他当上太子并在永乐七年（1409年）监国以来，父皇朱棣对他是既有扶持又有打击，两个兄弟汉王朱高煦和赵王朱高燧，也在时刻觊觎他的太子地位，并且不断陷害他的部下。但尽管如此，如今他的长子被立为皇太孙，这一点在无形中大大加强和巩固了他的太子地位。父皇可以不宠爱他而宠爱朱高煦，但无论如何都不可能连长孙朱瞻基都废掉，再换上朱高煦。因此，眼前的典礼无疑会使朱高炽感到十分欣慰和踏实，这种心态同朱棣倒是很接近，他安详、谦恭地站在一旁，不露声色地看着长子完成一个接一个的册立仪式。

3. 汉王朱高煦的心态：愤怒、失望、不甘心加上幻想

最后是朱高煦。朱高煦在这次典礼上的心态肯定是最复杂的，并且和父兄完全不同。按他的想法，本来早在“靖难”夺位的战争中，父皇就已经多次明确许诺立他当太子了，可后来却违背诺言给了他大哥；如今他大哥的长子、他的大侄子居然当了皇太孙，看来父皇在世之日，他与皇位恐怕是无缘了。因此，失望与愤怒交织在一起，可能是朱高煦当时的心态。但朱高煦发现，只要父皇离京、太子监国，父皇对太子的处事总会有不满，他每次设法诬陷太子及其部下几乎都能成功，因此只要加把劲，煽起父皇的心火，说不定能废掉大哥，自己还是有望当太子的。

同时，册立皇太孙之事很可能使朱高煦意识到，光靠嘴上诬陷太子及其部下，恐怕不太可能扳倒太子，因为太子的部下虽然被关了、杀了一批，但可以再补、再换一批，并且这些人越来越谨慎，诬陷的借口不太好找；而太子本人同样非常谨慎，并且身边还有一批经验丰富、深受父皇信任的兼职老臣来辅佐。因此，指望太子一方出大错被废掉，也不太靠谱。如此看来，恐怕只有武力夺位这条道了。朱高煦自永乐中期以后，逐步加强了武力夺位的准备，可能与这次册立皇太孙有关，但典礼当时他也没有什么特殊的表露。因此，朱高煦除了愤怒和失望之外，心态中可能还有很不甘心甚至是盼望加幻想的成分。

由此可见，由于处境不同等复杂原因，朱棣父子三人在皇太孙的册立典礼上可能各怀心事，但不论三人怎么想，朱瞻基被册立为

皇太孙之后，已成为宫廷之中不可忽视的一股新兴势力，并将支持处境艰难的太子一方。

（三）叔侄难免冲突，螳螂捕蝉，黄雀在后

光是册立还不够，朱棣还要把长孙培养成一个文武双全的接班人。永乐十年（1412年），就是朱棣用莫须有的奸党罪名残酷杀掉耿通的那一年，兵部奉命从全国各地选拔了近2万名17~20岁的青年，标准是勇武健壮、略有才艺的民间子弟，将他们召集至京师组成“幼军”，作为皇太孙的随从，实际上是他的私人卫队。很明显朱棣是要训练和培养长孙带兵打仗的能力，朱瞻基同“幼军”一起接受了军事训练，并同一些将领时常指挥这些人举行小规模的军事演习，可能包括一些检阅活动，当时称为“演武”。[1]

明代锁子甲与铁头盔

“演武”的场面应该是上万名军人手执兵器、身着铠甲，在各色旗帜的指挥下往来穿梭，排兵布阵，整个场面估计是非常壮观的，这类事对于像朱瞻基这样十几岁的少年来讲，肯定是非常有吸引力的。这些活动使朱瞻基的军事才干和技能都得到了培养和提高，并且在实际生活中得到了检验。朱瞻基被立为皇太孙后，为了让他了解农事、增长见识，朱棣经常让夏原吉等人带他到农村走走看看。有一次正好一只野鸡飞过空

1　参见《国榷》卷十五，永乐十年十月丁卯。

中，朱瞻基熟练地张弓搭箭，一箭射中了野鸡，夏原吉为此还专门写了一首诗来称颂他。[1]当初他二叔朱高煦曾经一箭射落同枝二鸟，朱瞻基虽然赶不上他二叔，但对于一个十几岁的孩子来讲，也算是身手不凡了。皇长孙朱瞻基的势力迅速地崛起，无形中加强和巩固了太子朱高炽的地位。

1. 拜谒太祖孝陵的台阶上，叔侄两人难免顶嘴

随着朱瞻基地位的提高、势力的上升，不可避免地会与二叔朱高煦发生冲突。两人虽然是叔侄，但是在争夺皇位继承权这一点上，却是不折不扣的竞争和敌对关系。朱瞻基虽然是个十几岁的孩子，但多年来二叔怎样对待他父亲，他能不知道吗？因此，他们之间的敌意越来越深，有时难免发生碰撞。

南京的孝陵是明太祖朱元璋的陵墓，从起点下马坊至地宫宝顶，纵深达2 600多米，沿途分布着30多处不同风格的建筑物，还有一些石象生（即石雕艺术品），从山脚下登上孝陵要经过一段长长的台阶，并且还有一定的坡度。迁都以前太子朱高炽和汉王朱高煦、太孙朱瞻基等人，经常要拜谒孝陵为朱元璋扫墓，按照地位、辈分的排列顺序，前边是太子朱高炽，中间是汉王朱高煦，后边则是太孙朱瞻基。太子身体过于肥胖，腿脚又有毛病，走起路来又喘又晃，左右两个太监搀着他，上下台阶时他仍不免要跌倒。

朱高煦跟在大哥朱高炽的身后，看到这位太子竟如此狼狈，可能是不自觉地把心里默念的话说了出来："前人蹉跌，后人知警。"谁知话音刚落，紧跟在他身后的朱瞻基马上接口高声说道："更有后人知警也！"朱高煦回头看到朱瞻基，不禁大惊失色。[2]他或许觉得，走

1　参见夏原吉《忠靖集》卷六，附录，《文渊阁四库全书》第1240册，第530页。

2　参见《明史记事本末》卷二十七，《高煦之叛》；《明史》卷一一八，《诸王传》三。

南京明孝陵

在前面的长兄太子倒还不难对付，不过是个有点半身不遂的胖子，但身后这个大侄儿倒让他有些发怵，这个人不仅聪明机警，整天和“幼军”一起操练，并且也是精于骑射，恐怕将来会很难对付。

事实上朱瞻基虽然同二叔朱高煦直接接触的机会不多，但他对二叔的为人和野心却看得清清楚楚，因此只要二叔出现，朱瞻基的注意力就会集中在他身上，并且随时准备从气势上压倒二叔，保护父亲。这次朱瞻基接话之快捷，气势之豪壮，说明他早就做好了充分的准备。二叔你不是总想看我父亲的笑话吗？不是总想找碴儿让皇爷挤对我父亲吗？可你别忘了，我父亲也不像你想的那么好欺负，你想在背后算计我父亲，我还在后边等着你呢！这次祭陵扫墓途中出现的插曲，倒是有点螳螂捕蝉、黄雀在后的意思。

2. 朱高煦碰到朱瞻基也只能让他三分，算是碰上对手了

这里有一点值得说明，那就是朱棣和朱高炽对这件事的态度，事后两人都没有说话。为什么？各位请看，拜谒孝陵时朱高煦、朱瞻基叔侄两人吵嘴的声音很大，肯定是有意让前面的人听到。太子离得近，照理说他听到儿子大声顶撞二叔，可以说一句：怎么能这样跟你二叔说话呢？但他没有。至于事后皇帝朱棣是否知道这件事，史书未记，但至少有一点可以肯定，那就是朱棣对此也是一句话没说。这件事至少说明，虽然朱高煦受到朱棣的宠爱和纵容，但朱瞻基作为皇太孙，肯定受到了比朱高煦更大的宠爱和纵容，实际地位和势力完全超过朱高煦，因此虽然朱高煦较为狂傲，但碰到朱瞻基也只能让他三分，算是碰上对手了。

《罪惟录》中有一段记载："帝为太孙时，太宗营天寿山，或去步辇徒步。仁庙体肥，有足疾，随行屡蹶。内侍扶之，汉王高煦曰：'前人失脚，后人把滑。'太孙曰：'只怕还有后人把滑。'语近机锋。"[1]这段记载显然来自前人的几种史书，但时间、地点和人物都有错误，因为太子朱高炽和汉王朱高煦两人在朱棣生前，从来就没有同时出现在北京的天寿山。

永乐十五年（1417年），汉王朱高煦由于夺位活动被朱棣遣送到了山东的乐安，直到朱棣去世后、仁宗在位的洪熙时期，朱高煦才奉命回到北京一次，在此之前根本没有回北京。太子朱高炽永乐十八年（1420年）年底之前一直在南京，此后他到北京时，朱高煦已在山东乐安，因此两人不可能在北京的天寿山碰面。皇太孙朱瞻基虽然几次到过北京，同样也没有和父亲、二叔一起去过天寿山，因此《罪惟录》中的这段记载并不准确，至少是把事发地点搞错了。

---

1 参见查继佐《罪惟录》志卷三十二，《宣德逸记》。

明孝陵方城

太子朱高炽在监国期间，很少与朱高煦等人发生冲突，朱瞻基可能是个重要因素，朱高炽可能会有这样的心态：兄弟你可以不把我这个大哥放在眼里，但不能小瞧我的儿子吧，你可以诬陷我，但父皇特别钟爱皇太孙，你还敢诬陷他吗？事实证明朱高煦虽然多次诬陷太子朱高炽，但从未惹过朱瞻基，这一点肯定和朱瞻基极受皇爷朱棣的宠爱、地位很高有关。从朱瞻基顶撞二叔这件事也可以看出，太子这时已有长子皇太孙的势力在支持他，并且作用极为明显。这里已经不仅是朱棣、朱高炽和朱高煦的三角矛盾，加上皇太孙朱瞻基，已是四角、多角矛盾了。

（四）朱瞻基参加了一场恶战，树立了威望

不仅如此，朱瞻基的军事才干和地位也在提升。永乐十一年

（1413年）二月，朱棣再次离开首都南京，这次他是带着太孙去的，四月到达北京。五月初五是端午节，朝廷在东苑举行“击球射柳”的传统游戏，朱棣邀请了文武群臣、周边少数民族和各国的驻明来使，以及在京的耆老前来观赏。这一天风和日丽，天气晴朗，参加击球射柳的亲王大臣被分为两组，皇太孙朱瞻基被安排在第一位。游戏开始，朱瞻基“弹无虚发”，连连击中，朱棣自然非常高兴，游戏结束之后，他将朱瞻基唤到眼前，着实夸奖了一番。[1]

其实“击球射柳”是两种不同的游戏，“击球”类似今天的马球，是两队人骑马挥杆，把地上的球打进一个半圆形的球门；“射柳”是北方狩猎民族的一种游戏，在奔驰的马上张弓搭箭，去射插在地上的柳树枝，据说箭头是扁平形的，可以射断柳枝。这两种游戏都需要一定的骑射技艺，朱瞻基同他的“幼军”伙伴可能早已演习过不知多少次了，可谓驾轻就熟。不过朱棣明白，朱瞻基虽然骑射的技艺超群，但毕竟没有真刀真枪打过仗，因此朱棣在寻找机会，他要从实战中培养朱瞻基的军事才能。

1. 行军途中，朱瞻基的“文事武备”都没有偏废

不久，机会来了。永乐十二年（1414年）年初，朱棣再次亲征漠北。这次他决定带上皇太孙朱瞻基一同出征。出发前他对侍臣说：朕的长孙聪明英锐，智勇过人，现今朕要去扫清漠北的敌人，带他同行，就是想让他懂得用兵之法，亲身经历一下打仗布阵的情况，见识一下将士们出兵征战的艰辛。每天军营之中一有闲空，你们就要给皇太孙讲经说史，文事武备哪一样都不可偏废。胡广、杨荣等人遵照朱棣的指示，经常给朱瞻基讲经说史，朱瞻基对那些治乱兴

---

1 参见《明太宗实录》卷一四〇，永乐十一年五月癸未。

明代骑马武士俑

亡的历史事件颇感兴趣，有疑问就向胡广等人求教。[1]

白天行军，晚间听讲，朱瞻基看到朱棣作为全军的最高统帅，每天指挥大批将士翻山越岭、安营扎寨，处理军中杂务，他从中学到了不少东西。其实朱瞻基对于军旅并不陌生，但是像这样和庞大的军队行进于广阔的荒漠之中，还是第一次。他看到了寒冷荒凉的沙漠、险峻的山岭、故元城址的遗迹、时常出没的野兽，这一切

1 参见《明太宗实录》卷一四九，永乐十二年三月庚寅。

都给这个十几岁的皇家少年带来了新鲜感。军中有些将官还带他去驰马射猎，因此开战前的行军生活，对朱瞻基来说简直是一次军事旅游。

行军途中，山坡的草丛中忽然窜出一只野兔，在朱棣的马前狂奔而过，朱棣急令朱瞻基放箭，朱瞻基熟练地摘弓搭箭，对着狂奔的野兔一箭射去，野兔“应弦而毙”。周围的将士们踊跃欢呼，无不为朱瞻基高超的射艺而喝彩。朱棣看到长孙为他如此增光长脸，自然十分高兴，他不无夸耀地对将士们说：射箭虽然是不起眼的技艺，但是一箭就能射中，也是常人不易做到的。他让侍从宦官拣回野兔给厨师们烹用，然后选了一匹好马赐给朱瞻基，作为对他高超射艺的奖赏。[1]

2. 朱瞻基率铁骑冒险追敌被围，最终获救脱险

经过三个月的长途跋涉，明军的前哨部队终于与瓦剌的军队相遇了。朱棣率领部队兼程而进，做好一切战斗准备。这次远征蒙古，他虽然想让爱孙朱瞻基身历实战，但真的打起仗来他还是有些担心，因为打仗可不是闹着玩的，必须保证朱瞻基的安全，于是朱棣让朱瞻基与重兵守护的军中皇旗同行，“专以铁骑五百护卫”，[2]即专门拨出人和马都披着盔甲的五百铁骑来护卫朱瞻基，这样朱瞻基就安全多了。

永乐十二年六月的一天，朱棣率领的明军在忽兰忽失温与蒙古瓦剌军展开了一场恶战。忽兰忽失温在今天蒙古的乌兰巴托一带，瓦剌是当时蒙古三大部落之一，拥有较强的实力，这次的主力是数万名骑兵。明军按照朱棣的命令排成整齐的方阵，除骑兵、步兵之外还有火器部队，当时称为神机铳炮。整场战斗异常激烈，明军是

1 参见《明太宗实录》卷一四九，永乐十二年三月庚子。
2 参见《明太宗实录》卷一五二，永乐十二年六月丙午。

忽兰忽失温荒漠

仗着人马众多和火器上的优势，才逐渐占了上风。

两军开战时，朱瞻基同军中皇旗在一起，没有直接参战；但当明军击退敌军后，他可能有些按捺不住想去追击，朱棣身边的侍卫宦官（相当于宦官保镖）同他又很熟，其中的李谦依仗自己的勇武和五百铁骑的护卫，未向朱棣请示就擅自带着朱瞻基纵马驰向九龙口，追击一股敌人。指挥作战的朱棣一回身不见了太孙朱瞻基，当他得知太孙去追击敌人时不禁大惊，急忙命人率领部队前去接应。身经百战的朱棣知道，这些瓦剌骑兵可不是好惹的，弄不好他的爱孙会遭遇不测。事情果然不出朱棣所料，瓦剌骑兵在撤退的途中很快就发现，这批人数不多的追兵远离大部队，并且看清了其中的指挥官竟是一个未经战阵、装束不凡的皇家少年，于是便回马相聚合拢，集中力量围攻这一小股部队。

人马披甲的五百铁骑久经战阵，训练有素，和那些侍卫宦官一道英勇作战，自然围成一道铁甲屏障顽强地护卫着朱瞻基，但毕竟人数有限，因而不久就被前来围攻的瓦剌骑兵占了上风。就在这些骑士将被打散、支持不住时，朱棣派来的接应部队赶到了，两股部队合兵一处，簇拥着朱瞻基飞驰逃离战场。当他们回到明军营前时，朱棣一颗悬着的心才放了下来。侍卫宦官李谦发起的这次追击，居然使皇太孙的生命安全受到了威胁，他意识到自己闯了大祸，估计活下去也不会有好下场，于是便畏罪自杀了。[1]

3. 朱瞻基首次参加实战，收获不少

这一天的忽兰忽失温之战，明军与瓦剌军互有胜负，“杀伤相当”，虽然明军取得了最后的胜利，但也付出了相当大的代价。黄昏之后战事基本结束了，但朱棣还要继续追击，朱瞻基不禁劝道：皇爷您督战勤劳，敌人已经被您的天威吓破胆了，现在已经败逃，连个喘息的地方都找不到，他们还敢回马再来吗？请皇爷您不必穷追了，应该及时班师。朱棣觉得有道理，便下令班师。[2]而实际上在这次恶战中，双方都受到了很大的损失和消耗。明军的步兵占多数，瓦剌的主力则是骑兵，明军虽有火器，但也只能在距离有限的阵地战中才占优势，如果要继续追击，就不如瓦剌的骑兵有优势了，因此也就无力再次发动大规模的进攻了。

这次战斗对朱瞻基来讲，比他第一次留守北京时收获还大，至少有三点：第一是他亲身参加了实战，从前都是和“幼军”演习，这次是动真格的，受到了实战的训练；第二是他曾率军追击敌人，虽然冒险遭到围攻，后来获救逃离战场，但毕竟是主动出击，并且全师而回，这件事对于一个十五六岁的皇太孙来讲，也是一件值得

---

1 参见《明通鉴》卷十六，成祖永乐十二年六月。

2 参见《明太宗实录》卷一五二，永乐十二年六月戊申。

夸耀的战功；第三是朱瞻基在祖父面前说话较有分量，劝他班师就班师，等于参加了军事决策，同时也在军中树立了威信和地位。

从朱瞻基留守北京、演武“幼军”、参与北征等情况来看，朱棣是有意让他接触各方面的官员，密切他和当朝文武大臣的关系，全力训练和培养他在政治、军事等方面的才干，为他日后当皇帝做好准备。而朱瞻基也在祖父的有意栽培下，几种本事不断长进，地位和势力也在不断提高。那么面对皇太孙势力的崛起，朱高煦的夺位活动会有什么进展呢？朱棣又会怎样处理呢？

民国南京总统府花园，当年曾是朱高煦的汉王府

六 汉王被贬

皇太孙朱瞻基的势力在祖父朱棣的全力扶持下迅速崛起，成为巩固太子地位的一支重要力量；同时，他难免与企图夺位的二叔朱高煦有所冲突，因此这时的宫廷斗争，已经成为朱棣和朱高炽兄弟、朱瞻基四人之间的多重矛盾。用现在的话说，太子作为储君应该是候补皇帝，皇太孙作为候补皇太子，实际上也是候补皇帝，那么朱高煦面对的就是两个候补皇帝；况且皇帝朱棣也不可能完全站在他一边，因此，朱高煦在政治上并没有什么决定性的优势。

（一）朱高炽兄弟早有矛盾，朱高煦想在南京夺位

1. 夺位战争中，朱高煦想借朱棣之手整垮大哥

其实朱高炽兄弟之间早就有矛盾，当年朱棣起兵后，建文帝的名臣方孝孺就曾向朝廷建议，应该利用这种矛盾来实施反间计，于是朝廷就派人送给朱高炽一封信，向他许诺："令归朝廷，许以王燕。"即如果朱高炽归顺朝廷，那么朝廷就封他做燕王。两军交战之时敌方不给主将送信，而是给守卫北平的朱高炽送信，显然是想离间他们的关系。

北平城墙与护城河旧影

但朱高炽非常清醒，收到朝廷的信之后连信封都没有拆，就直接派人连同朝廷的信使一并送给朱棣处理，[1]说明他很有头脑，没上当。在此之前有个宦官向朱棣打了小报告，说朱高炽私下里和朝廷有勾结，朝廷给他送信，“将为朝廷固守北平以拒父也”，可能是让他为朝廷守住北平，反过来抗拒你，这事还是朱高煦探听到的。据说朱棣听了不信，就问老二朱高煦是否有这回事，朱高煦没有正面回答，而是说大哥朱高炽“在太祖时，果与太孙善也”，意思是在洪武时期曾与皇太孙关系不错，[2]皇太孙就是此时的建文帝。

在没有直接证据的情况下，朱高煦并没有像前边的宦官那样推断朱高炽通敌，但他讲的情况却相当于变相提供了朱高炽通敌的佐证。当时前方打得你死我活，朱棣的燕军并不占优势，他作为统帅肯定要防备内部有人通敌，朝廷给朱高炽送信这件事，很可能使朱

1 参见《明通鉴》卷十二，惠帝建文三年七月丁酉。
2 参见《明仁宗实录》卷一上。

棣半信半疑，并会加重对朱高炽的疑虑。但是不久他看到朱高炽送来的信连信封都没拆，就知道朱高炽根本没看信，也没有通敌，这件事完全是敌方的离间计，于是朱棣不禁感叹了一句："几杀吾子！"意思是好险啊，差一点害死了我儿子！由此朱棣消除了疑虑。可见至少是在朱棣即位前的夺位战争中，朱高炽兄弟的矛盾就很深。[1]

2. 朱高煦夺位之举进展不大，想在南京动手

现在尽管朱高煦不断地利用父皇朱棣的不满，关押、杀掉了一批太子的部下，打击、削弱了太子的势力，但这些都是局部的、一时的成效，没有改变宫廷势力的格局，太子还是太子，朱高煦还是亲王，双方的地位更没有实质性的变化。搞来搞去，太子被削弱的势力由于太孙的崛起而得到了补充和加强；而由于支持他的武将丘福之死，朱高煦的势力反而受到削弱，夺位活动也进展不大。在这种情况下，朱高煦不得不调整了自己的战略对策，一方面继续诬陷太子的部下，另一方面则加速、加强了武力夺位的准备，双管齐下。

朱棣多次巡幸北京，除了北征蒙古之外就是营建北京，为将来迁都做准备。由于朱棣常在北京，那里既有常年征战的主力部队，又有战斗力很强的边军，军事实力是相当强的，朱高煦想在北京夺位，胜算的把握极小；而首都南京的军事力量却相对弱一些，没那么多守卫部队，周围又是经济发达的富庶地区。对比之下，显然在南京夺位成功的可能性要高于北京。因此朱高煦打定主意，把他的战略重点放在首都南京。

1　参见《明史》卷八，《仁宗本纪》。

（二）朱高煦找借口离开北京，引起了朱棣的怀疑

1. 朱高煦突然提出回南京，朱棣趁机试探他

永乐十一年（1413年）年底的冬天，身在北京的朱高煦突然提出要回南京，朱棣有些奇怪，因为如果没有皇帝的命令和充足的理由，朱高煦作为随从北巡的亲王是不能随便离开北京的。但朱高煦既然说了，朱棣只好同意，只不过他说得比较委婉："天寒，尔与从者皆不便，姑俟春暖。"意思是现在正天寒地冻，你和随从要回南京很不方便，还是等明年开春天气暖和一点再说吧。

到了第二年（1414年）的春天，朱高煦要求批准他回南京。朱棣可能有些不高兴了，去年年底他让朱高煦等到春暖花开再走，其实是不想让朱高煦回南京，可偏偏这个老二没听懂，今年一开春他就又要走，他为什么这么着急呢？朱棣可能起了疑心，但他又不好直接拒绝，只好半是委婉半是试探地对朱高煦说："朕欲至秋遣尔南还。"朱棣说这话，其实还是想挽留老二朱高煦，或是希望朱高煦顺着他的话表个态：那就等到秋天再说吧，或者说，那我就暂时不回去了。不料朱棣说完，朱高煦却一声不吭。

很明显，他是用沉默来坚持自己的决定，朱棣只好让步，毕竟是自己器重的二儿子，不过是想早点回南京，有什么不行呢？于是他命令钦天监的官员选个好日子，安排朱高煦的行程。但朱棣还想挽留朱高煦，他提出了一个条件："汝必欲去，世子宜留侍朕。"意思是如果你一定要回去，你的大儿子应该留下来陪伴我。

这个条件实际上有双重含义：一方面是显示一种优越的政治待遇，因为在朱棣的三个儿子和十几个孙子里，能够被允许陪伴皇帝的皇子皇孙并不多，除了皇太孙朱瞻基之外几乎没有别人，并且能够经常陪伴在皇帝身边，那可是天大的荣耀。因此，朱棣提出留下

明代亲王的镶金缀玉珠冕

朱高煦的长子陪伴他，等于给了他一种优越的政治待遇。但另一方面，既然朱高煦对朱棣的多次挽留不买账，总想急于回南京，朱棣自然会起疑心，那么他提出留下朱高煦的长子，实际上是一种试探，甚至是暗含要挟。

为什么这样说呢？知子莫若父，朱棣是什么人啊，老二朱高煦心里想干什么，他能一点不知道吗？朱棣想让朱高煦跟他一起经营、建设北平，将来好迁都，但朱高煦却一个劲儿地硬要回南京，什么意思？是不是想趁着南京没有重兵把守、没有皇帝，你好占据半壁江山，将来争夺天下？要真是这样，我先把你儿子扣下来当人质，我看你怎么办？如果你同意，那说明你没有或暂时没有这个打算；如果你不同意，那就说明你很可能是有这个打算了。

2. 朱高煦不想留下长子当人质，暴露了他另有企图

果然，一听说朱棣要留下自己的大儿子，朱高煦立即回答："亦

欲以归进其学。”意思是我想让他跟我回去好好念书。这句话暴露了朱高煦的真实用意，同时也证实了朱棣的猜测，朱高煦果然不想留下人质！实际上这个提议竟触动了朱高煦的心病，为什么呢？因为如果朱高煦在南京起事夺位，长子却被扣在了北京，他当然会有后顾之忧。当年朱棣还在北平做燕王时，朱高煦、朱高燧兄弟来南京办事，朝中即有人提议扣留二人作为人质，来限制朱棣的夺位之举。所幸建文帝没有采纳这个提议，于是朱高煦兄弟趁机飞马逃回，朱棣大叫“天助我也！”从而毫无顾忌地起兵夺位。十几年前的这件事肯定给朱高煦留下了深刻的印象，他要考虑长子留在北京的后果，所以他才极力请求朱棣，让长子和他一同回南京。

这件事肯定会使朱棣对朱高煦产生怀疑，单凭他当年起兵夺位的经历，就可以看出老二朱高煦的用意。估计朱棣这时的心情很复杂，或许是在考虑如何应付老二带来的麻烦。我这边营建北京、出击蒙古，正需要你的帮助，你却偏要回南京。南京有你大哥太子监国，你回去干什么？还不是给太子找麻烦。况且更不需要你儿子回去吧，我要留他在北京，你又偏要他一块儿回去，什么意思？你肯定是另有企图。只是朱棣不好明说，因为毕竟没有真凭实据。因此朱棣尽管同意了朱高煦的请求，但心中的疑团很可能越来越重了。

过了几天，朱高煦前来向父皇朱棣辞行，礼部尚书吕震负责宫廷典礼，他一看皇帝的次子、堂堂的亲王要回南京，马上就按规定请示朱棣，“奏诸司分官送之”，可朱棣却好像没听见，一言不发，[1]弄得吕震挺尴尬，送行的仪式也就没有举行。看来朱棣的心情并不轻松，他与朱高煦的父子关系也因夺位之争而蒙上了阴影。

---

1 参见《明太宗实录》卷一四七，永乐十二年正月甲午。

（三）朱高煦为夺位做准备，提前做起了皇帝梦

朱高煦在南京的种种不法行为早已不是什么秘密，但碍于他的亲王地位尤其是朱棣的纵容，几乎无人敢说出来。有一个年轻的官员鲁穆倒是个愣头傻大胆，他在奏疏中列举了朱高煦的种种不法行为，但除了在朝野上下博得个敢于直言的名声外，没有任何结果，更没人搭理他。[1]其实谁都知道，当年解缙就是因为力劝朱棣不要过分纵容朱高煦，以免引起不必要的纷争，结果受到朱高煦等人的陷害，最后惨死在狱中。因此从那以后，几乎没人再去惹这个麻烦，大家都很清楚，朱高煦的夺位活动早晚会受到朱棣的干预，在此之前外人说什么都是白搭。

这样的局面暂时对朱高煦有利，于是趁着朱棣正在全力营建北京，暂时还没有腾出手来对付自己，朱高煦在南京为夺位做了大量的准备。夺位要有军队，自己的护卫部队只有三支，明显不够用，那就只好增加部队；要增加部队必须有相应的理由和名额，朱高煦就找个机会向朝中申请增加两支护卫。一支护卫约为5 600人，两支至少超过一万人，很明显朱高煦是想增加自己的武装力量，并且他“所为益恣”，[2]就是行为很随意、更放纵，这一点肯定会引起各方的注意。

1. 朱高煦找借口不去新的封地，赖在南京

果然，朱棣了解到这些情况之后，就在朱高煦父子回南京后的第二年三月，朱棣决定将他的封地从原来的云南改为青州，同时将赵王朱高燧的封地定为彰德。青州在今天山东的东北部，彰德在河

1　参见《明史》卷一五八，《鲁穆传》。

2　参见《明史记事本末》卷二十六，《太子监国》。

南的北部，两个地方都离北京很近。朱棣的这个决定，显然是为日后迁都北京做准备，让两个儿子在北京附近拱卫京师，但另一方面，朱棣可能还想把朱高煦早日调离南京，赶到封地，目的是少给监国的太子找麻烦。同时也是对朱高煦长期不去云南封地的一种妥协，朱高煦不是总觉得云南远在万里之外吗？这回换个近点的封地。不料朱高煦得知后很快给父皇朱棣写了奏疏，表示只想经常陪侍在父皇身边，不想去青州。其实原因很简单，如果离开了南京，那么争夺太子之位就毫无希望了，所以朱高煦才不想走。

朱棣知道他又在找借口，就写信对他说："既受藩封，岂可常在侍下。前封云南，惮远不行，与尔青州，今又托故。"意思是既然你受封有个藩国，哪能经常待在我身边呢？以前封你去云南，你嫌太远不去；现在封你去青州，比云南近多了，你又找借口不去。"如果诚心留侍，去年在此，何以故欲南还？是时朕欲留尔长子，亦不可得。留侍之言，殆非实意。"意思是如果你是真心想留在我身边，去年在这里你为什么还要找借口回南京呢？当时我提出留下你的长子，你也极力反对。看来你讲的留下陪我这话恐怕不是真心。"青州之命，更不可辞！"意思是青州你是非去不可！语气明显较为严厉，等于下了命令，[1]但朱高煦仍然赖在南京迟迟不走，为他的武力夺位做准备。朱棣的怀疑终于被证实了。

2. 侵占田地、护卫超额，朱高煦私自扩充军备

永乐十四年（1416年）九月，朱棣听说朱高煦在南京"于各卫选精壮军士及有艺能者，以随侍为名教习武事，造作器械"。朱高煦的活动明显是在扩充实力，为武装夺位做准备。选拔精壮军士以及

1 参见《明史记事本末》卷二十六，《太子监国》。

部分有一技之长的人，进行军事训练和制造军用器械，不是准备夺位那是干什么？并且这些军士是朱高煦从其他部队挑选出来拉到自己名下的，这可完全是一种非法的扩军备战之举。朱高煦在南京这么干，朱棣在北京待不住了，“心益疑，遂有还京意”。他很清楚，一旦朱高煦在南京起兵，至少会对中央政权造成威胁，弄不好南北方还会分裂并陷入混战之中，而目前能够制服朱高煦的人只有自己，太子几乎无能为力，因此朱棣才决定赶回南京处理此事。

那么朱棣是怎样处理的呢？他首先给右军都督佥事欧阳青下令：“亲王护卫官军自有常数，凡各卫选拔随侍汉王者，令各还原伍，不许羁留。”朱高煦不是在护卫之外又选了不少军士吗，现在朱棣下令把他们尽快调回原来的部队，目的是要裁减朱高煦的军事力量，制止他的扩军备战行为。当时亲王的护卫部队虽然是为护卫亲王而设，但管理这些部队的机构却是五军都督府中的右军都督府，因此朱棣才给这个机构的首脑下达命令。[1]

朱棣随后从北京出发，当年十月一到南京，朱棣就听说了朱高煦的诸多不法行为，比如私自招募了三千多名军人藏在汉王府中，“不隶籍兵部”，就是不在兵部登记军籍，相当于今天的黑户口，等于在国家登记的军人之外，汉王府拥有一帮没有军籍的军人。同时，朱高煦还纵容汉王府的护卫军

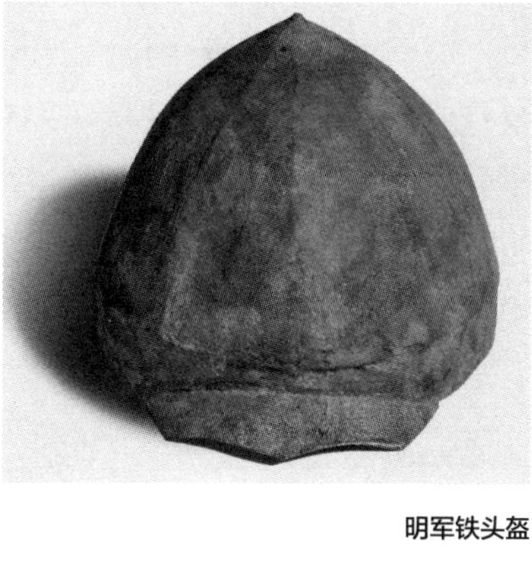

明军铁头盔

1　参见《明史》卷一一八，《诸王传》三。

人侵占了许多卫所、公主府的牧地和大量民田，[1]作为汉王府的养马草场；更有甚者，朱高煦放纵他的护卫军人于京城内外大肆劫掠商民财物，并且“肢解无罪人投之江”，相当残暴。朱高煦的所作所为给南京当地造成了不小的威胁，但他是大明帝国的亲王、皇帝的次子，连监国的太子都管不了他，更不用说一般人了。

3. 朱高煦违法没人敢管，提前做起了皇帝梦

倒是有两人想劝、想管，结果都没有好下场，一个是汉王府的纪善周岐凤，一个是兵马指挥徐野驴。周岐凤是朱高煦汉王府的一名高级官员，为人正直，颇有才干，他是朱棣特地命人从国子监中选来的官员，目的就是要对朱高煦有所匡正，别让他胡来。这个人曾多次劝诫朱高煦收敛自己的非法行为，并且提醒他如果不早罢手，恐怕汉王的帽子就保不住了。朱高煦开始对他还算尊重，后来越来越反感，终于找了个借口诬陷他，让监国的太子把他关进了监狱。顺便说一下，干这种事朱高煦是很在行、很有经验的。

这个周岐凤在狱中设法上诉，并且把他以前劝诫朱高煦的事情写信告诉太子朱高炽。太子一看就明白了，这是朱高煦想借我的手收拾他的仇人啊，可是锦衣卫的监狱不是你汉王开的，你让我收拾谁就收拾谁啊？再说他是反对朱高煦夺位，我哪能收拾这样的人呢？但周岐凤是朱高煦上告的，不处理他朱高煦肯定不依不饶。于是太子将周岐凤贬为长洲县的教谕，就是县里管教育的一名官员，放出了监狱，[2]名义上是贬官抵罪，实际上还是救了他。另一个人是徐野驴，他是京师五城兵马司的兵马指挥，相当于今天北京市公安局

---

1 参见《明史记事本末》卷二十七，《高煦之叛》。

2 参见杨士奇《东里续集》卷三十四，《文渊阁四库全书》第1239册，第114页；《明太宗实录》卷一八六，永乐十五年三月丙午。

的副局长。他曾经逮捕了在京城内劫掠商民的汉府卫士，结果惹得朱高煦大怒，“遣人捽野驴至，以铁瓜挝杀之”，此后更是没人敢管汉府的事了。

朱高煦在招募军人的同时，又私下里制造了许多兵器。各位知道，明代的军器管理是比较严格的，一个亲王有多少护卫部队、有多少种类的兵器，都是有登记的，没有那么多军队，就不可能发给你多余的兵器。因此朱高煦为了武力夺位，只好自己制造了。不仅如此，朱高煦还想提前过一把皇帝瘾，“僭用乘舆器物”，[1]他让人仿造了皇帝乘坐的专车——辇轿，自己先坐上，同时也仿造了一些只有皇帝才能使用的高级器物，自己先摆上、先用上。看来朱高煦是夺位心切，还没等当上皇帝就提前排练起来了。

明《出警图卷》局部之“龙辇”

1　参见《明史记事本末》卷二十七，《高煦之叛》。

（四）朱高煦走到了起兵的边缘，朱棣被迫防范

1. 釜底抽薪，朱棣调走了朱高煦的护卫部队

朱棣从北京回到南京之后，听到了老二朱高煦的许多情况，心里可能很不是滋味。因为在此之前，他几乎一直是纵容朱高煦、打击太子的，现在太子倒是老实了、顺从了，也没人再敢为太子说话了，可朱高煦却被惯坏了，势力不断坐大，打破了他和太子之间的平衡，照这样下去，他不只是想夺太子之位，而是会发展到想夺朱棣的皇位的地步。朱棣没想到会“摁倒葫芦起来瓢”，不过虽说朱高煦这个“瓢”不太好摁下去，但朱棣必须摁下去，否则他自己就完了。

朱棣毕竟是位雄武强悍的政治家和军事统帅，面对朱高煦的夺位活动，他先从军队入手，给朱高煦来了个釜底抽薪。永乐十四年年底回到北京后，朱棣下令改调汉府中护卫为青州护卫，即将原来隶属于汉王朱高煦的一支护卫，改为隶属于青州当地，等于削掉了朱高煦武装力量的三分之一；然后又下令将朱高煦的另外两支护卫取消，并将他们调到了居庸关以北，专门设立了保安左、右两个护卫来安置他们。[1]朱高煦是一位有经验、有武功的高级将领，为了夺位他肯定会多年训练他的护卫，因此这些部队一定是很有战斗力的，朱棣把跟随朱高煦多年的两支护卫，从南京附近调到了长城脚下的居庸关以北，调动的距离约有千里，目的很明显：砍掉了你的三支护卫，我看你朱高煦还拿什么起兵夺位呢？

2. 杨士奇揭露朱高煦的夺位野心，朱棣心情复杂

但事情还没完，对于下一步怎样处理朱高煦，朱棣征求了蹇义

---

1 参见《明太宗实录》卷一八二，永乐十四年十一月丁未、戊申。

和杨士奇的意见，他先问蹇义，可是蹇义知道汉王不好惹，以前那么多人都死于他的诬陷之下，因此蹇义不敢说实话，只是一个劲地推说不知道。

但杨士奇好像知道形势有了转机，他估计朱棣已开始调查并限制朱高煦的行为，因此他抓住机会壮着胆子向朱棣讲了实话：我和蹇义都在南京辅佐太子，但却没有一个外人敢向我俩讲述汉王的活动。“汉王始封国云南，不肯行，复改青州，又坚不行。今知朝廷将徙都北京，惟欲留守南京。此其心路人知之，惟陛下早善处置，使有定所，用全父子之恩，以贻永世之利。”意思是汉王开始封地是云南，他不想去，后来改为青州，他还是坚决不去。现在知道陛下您要迁都北京，汉王只是请求留守南京，他的用意就连路人都能看透。我看还是请陛下您早一点妥善处理这件事，以便能够保全你们父子的关系，给后代留下一个有利的局面。朱棣听了以后，居然一声不吭。[1]

杨士奇的话说得非常清楚，既揭露了朱高煦的夺位野心，又表明了自己的态度；同时这话说得十分有水平，他请求朱棣早作处理，但并未具体说怎样处理，只是希望处理的结果是“用全父子之恩，以贻永世之利”，就是希望对朱棣父子和后世都有好处，难怪朱棣听了无话可说。实际上朱棣已经被杨士奇的这番话说动了，只是他心情很复杂，不知究竟如何是好。

3. 朱高煦一系列起兵夺位的准备将朱棣激怒

过了几天，朱棣又听说朱高煦“阴养死士、招纳亡命及漆皮为船、教习水战等事”，勃然大怒，立即找来了朱高煦，“召至面诘之，又录示其不法数十事，褫其衣冠，囚系之西华门内”。[2]意思是不仅当

---

1 参见《明史记事本末》卷二十七,《高煦之叛》。

2 参见《明太宗实录》卷一八六，永乐十五年三月丙午。

面质问他，同时还出示了朱高煦平时做的几十件违法之事，然后命人扒掉了他的亲王冠服，囚禁在西华门内，准备将朱高煦废为庶人，也就是要剥夺朱高煦的亲王爵位，降为普通百姓。朱棣为什么发这么大的火呢？各位请看朱高煦干的几件事：

第一，“阴养死士”。死士是为主人冒死卖命的人，一般都有着超常的军事技能，朱高煦暗中收养这些人，是想利用他们干一些谋杀之类的事。

第二，“招纳亡命”。亡命指亡命之徒，可能是有案在身的逃犯、刑满释放的罪犯，还有靠打劫为生的土匪、强盗，这些人生活没有

南京聚宝门藏兵洞遗址

出路，朱高煦招纳这些人，显然只有打仗、造反才会用得上。

第三，“漆皮为船”。可能指牛皮涂上生漆——一种天然的防水涂料，制作成小型船只或是一种木筏子，用以在江河之中运送军队或军事物资。

第四，“教习水战”，是指进行水面作战的军事演习。南京在长江以南，北面临江，要想控制南京必须有一定数量的水面作战部队，现在称制海权，当时可以称为制江权吧，因此，“漆皮为船、教习水战”，都是为了控制南京一带的江面，利用长江天险作为军事屏障，至少可以同江北的朝廷来个南北分立。

当初朱高煦私下招募了三千名军人，又是收养死士和亡命之徒，又是造船组建水面部队，至少是水陆两个军种、多个兵种一同筹备，这些费用每一笔都不是个小数，一个亲王的正常收入就远远不够了。国家不给军饷，朱高煦只好纵容手下抢劫商民，占人草场，为他的私人武装提供粮饷和军费。朱高煦的一系列活动已经走到了起兵夺位的边缘，实力还在加强，难怪朱棣要勃然大怒。

（五）朱棣的处理留有余地，《明实录》中难免夸张虚构

1. 太子为朱高煦讲情，朱棣的处理留有余地

从前朱高煦多次诬陷太子及其部下，两人对皇位继承权的争夺早已白热化，如今朱高煦受到朱棣的惩治，应该说是为太子除去一个竞争对手，但朱高炽是怎样做的呢？“皇太子恳为解救”，他不但反对朱棣的做法，并且还力劝父皇饶过二弟；朱棣当然不会轻易同意，太子无奈，只好流泪再劝。

朱棣有些为难，毕竟朱高煦从前为他“靖难”夺位立过战功，因此收回了将朱高煦废为庶人的决定，但削去了朱高煦的两支护卫，将他遣送到了山东北部的乐安（今山东惠民），并告诫太子朱高炽：

“吾为尔计大事，不得不割。汝欲养虎自贻患耶！今削两护卫，处之山东乐安州，去北京甚迩，即闻变，朝发夕就擒矣。”[1]朱棣对朱高煦的处理实际上有两手准备，一方面是像他讲的，乐安离北京很近，一旦朱高煦发动夺位之举，朝廷很快即可平息；另一方面则是给了朱高煦一条出路，朱高煦如果放弃夺位之举，那么也可以在乐安平安过上一辈子。所以朱棣的处理其实对双方都是留有余地的。但后人所修《明实录》的有关记载却与上述情况略有出入，那么《明实录》又是怎样记载的呢？

2.《明实录》的记载似有贬斥朱高煦、美化朱高炽之嫌

朱棣在处理朱高煦时，分别对太子朱高炽和太孙朱瞻基说了几段话，这些话见于《明太宗实录》卷一八六，永乐十五年三月丙午。当时太子要营救朱高煦，朱棣对太子厉声说道：“吾为尔去蟊贼，尔反欲养患自及耶！”皇太子跪求说：“彼诚无状，宜未必有害臣之心。”朱棣说：“吾为父乃不能知子耶？虽尔千万分友爱，彼方以世民自任，而目尔为建成，此可容耶！”然后“不怿而起”。

这段话有三点值得注意：第一点，朱棣明确称朱高煦为“蟊贼”，什么是“蟊贼”？“蟊贼”是中国古代专指危害国家社会的人，因此朱棣的话等于为朱高煦定了性，等于宣布他是敌人，这样一来朱棣、朱高炽同朱高煦之间的矛盾就变成了“敌我矛盾”，而不是皇室“人民内部矛盾”，性质变了。

第二点，太子朱高炽说“彼诚无状，宜未必有害臣之心”，是说朱高煦的确不像话，但应该没有害我的意思，说明太子对兄弟非常宽容。朱高煦在南京大力扩军备战、非法抢掠并且几乎要起兵夺位，可是朱高炽对此却只是轻描淡写，等于不顾事实真相来为兄弟开脱

1　参见《明史记事本末》卷二十七，《高煦之叛》。

讲情。

第三点，朱棣说“吾为父乃不能知子耶?”意思是，我当父亲的还能不了解儿子什么样吗？“虽尔千万分友爱，彼方以世民自任，而目尔为建成，此可容耶!”意思是，虽然你对兄弟千万分友爱，可他还是把自己当成李世民，把你看成是李建成，就是想来个“玄武门”之变夺了你的太子之位，这么严重的挑衅你怎么能容忍呢？然后朱棣“不怿而起”，不高兴地一甩袖子走了。这番话不仅进一步给朱高煦定了性，还特别评价了太子朱高炽对兄弟“千万分友爱”，并且强调对朱高煦的夺位之举坚决不能容忍。

问题是这番话是否属实，真相是否完全像对话中那样呢？未必。原因很简单，因为“实录”是后人写的，都是老皇帝死后，新皇帝上台召集一帮大臣为老皇帝修“实录”，按惯例只将对老皇帝有利的内容写上，不利的删掉或篡改，再编造一些东西作为新皇帝活动的依据。《明太宗实录》也是这样，是朱棣死后仁宗朱高炽命人修的；仁宗在位不到一年死去，宣宗即位后命人接着修，肯定要选对自己有利的东西写进去，日后平定朱高煦的某些合理合法的依据，可能就是这样写进去的。因此，上述《明太宗实录》这番话给人的印象，确有借朱棣之口来贬斥朱高煦、抬高并美化太子朱高炽之嫌。

3. 朱棣祖孙的对话为日后平定朱高煦提供了依据

同时，朱棣父子的这番对话是有深刻含义的，因为就在这番谈话约十年之后，即宣德元年（1426年）的八月，汉王朱高煦公开举兵谋反，但被宣宗迅速平定，而上述朱棣讲的这番话恰恰是为宣宗平定朱高煦提供了合理合法的依据。皇祖朱棣宣布朱高煦是危害国家社会的“蟊贼”，不可容忍，皇帝的话就是法律，皇祖对朱高煦的定性更是具有最高权威，因此朱瞻基率兵平朱高煦，是按皇祖的既定方针办事，完全合法；父皇对朱高煦“万分友爱”，朱高煦竟然还想杀掉父皇自己当李世民、当皇帝，因此宣宗平朱高煦又是非常合理的，等于替父皇除害。

这样一来，平定朱高煦之举就完全是师出有名，于理于法都是有根据的。专制时代帝王做事，都会想方设法找到合理合法的依据，从而使自己的一切活动都具有非常充分的理由，这样的例子太多了。比如朱棣夺位后几次篡改了建文朝修的《太祖实录》，现在能看到的本子就是篡改过的，其中有一处是说太子朱标死后，太祖朱元璋曾同大臣商议，要选立四子朱棣为太子，这话明显是造假，因为朱元璋选太子都是从长子、长孙这个系列选出的，根本没有朱棣的份，他是老四；况且由明廷当时发布的、民间保留的朱元璋遗诏里，更是明确写着皇位传给皇太孙朱允炆，所以朱棣篡改过的《太祖实录》上说，先帝朱元璋曾有意立他为太子，明显是为他后来的夺位活动制造依据。

当年朱棣同太子商议处理朱高煦时，皇太孙朱瞻基也在场，朱棣对他说："吾为君父在上，彼尚敢然，将来何有于尔父子，尔但毋忘吾言，有危宗社者当为宗社除之，周公诛管蔡，圣人所为也。"这段话的性质同前面讲过的一样，也是借朱棣之口进一步为日后宣宗平定朱高煦制造依据。

但是其中有两句话比前面那些话分量都要重，一句是"有危宗社者当为宗社除之"，一句是"周公诛管蔡，圣人所为也"，为什么这样说呢？因为第一句里"宗社"是宗庙社稷，古代指国家社会，"危宗社者"就是危害国家社会的敌人，"当为宗社除之"就是皇帝应该为国家社会除害；第二句"周公诛管蔡，圣人所为也"，指西周初年周公辅佐成王，诛灭了管、蔡两股反叛势力，维护了国家和社会的稳定，被后世称为圣人之举，是正义和神圣的楷模。两句话连起来就是说，平定朱高煦这样危害国家社会的势力，不仅是皇帝应有的责任，而且是非常正义、非常神圣的行为，这比前面讲的合理

后人为朱棣营建的长陵神功圣德碑亭

合法的依据又进了一大步。

这段话的真实性同样令人怀疑，因为日后朱瞻基曾回忆过当时的场景，只说祖父朱棣提醒他二叔朱高煦有野心，并未提到什么“圣人所为”，可见上面的话虽然有一定的真实性，但虚构夸张的成分也不少。那么朱高煦被贬之后太子的处境是否会有所改变呢？太子又是如何应付这种处境的呢？

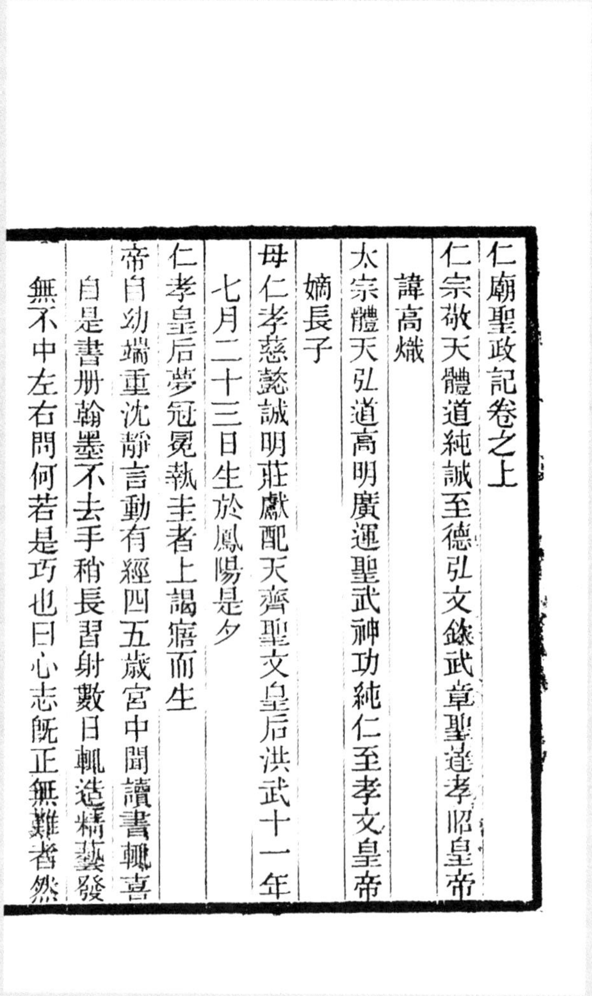
仁廟聖政記卷之上
仁宗敬天體道純誠至德弘文欽武章聖達孝昭皇帝
諱高熾
太宗體天弘道高明廣運聖武神功純仁至孝文皇帝
嫡長子
母仁孝慈懿誠明莊獻配天齊聖文皇后洪武十一年
七月二十三日生於鳳陽是夕
仁孝皇后夢冠冕執圭者上謁寤而生
帝自幼端重沈靜言動有經四五歲宮中聞讀書輒喜
自是書冊翰墨不去手稍長習射數日輒造精藝發
無不中左右問何若是巧也曰心志既正無難者然

《明仁宗圣政记》书影

七 太子沉浮

朱高煦夺位心切，在南京大肆扩军备战、抢夺财物，引起了朱棣的强烈不满，为了制止朱高煦的夺位之举并稳固政局，朱棣将朱高煦削去护卫，遣送到了山东乐安。

（一）朱棣再次北巡，太子监国的权力大为缩小

永乐十五年（1417年）三月朱棣再次北巡，仍下令太子监国。虽然这次监国的方案同永乐七年（1409年）太子首次监国差不多，但太子的权力范围却受到了较大的限制。比如永乐七年的方案规定，除了四品以上高级官员有缺需要奏请朱棣任用之外，那些按惯例升降、复职、改用、承袭职位等情况，都可以由监国的太子处理；[1]而永乐十五年的方案却规定："内外文武大小官员，俱从行在吏部、兵部奏请铨选。"[2]也就是所有官员的选任都要由北京的行在吏部、兵部来向朱棣奏请，四品以下的官员太子已无权处理，等于将文武官员的

---

1 参见《明太宗实录》卷八十八，永乐七年二月丙子。

2 参见《明太宗实录》卷一八六，永乐十五年三月丁亥朔。

任免权力全部收归朱棣。

这时跟随朱棣北移的行在吏部和兵部，已全权行使中央正式机构的职能；而太子所在的南京吏部和兵部权力大为缩小，因此永乐十五年的监国方案等于剥夺了太子的部分权力。在司法方面，永乐七年的方案规定："内外文武大小官员有犯，所司具启准问者问之。"[1]"具启"即由太子安排审问，而永乐十五年的方案却规定："在

南京明故宫遗址

1 参见《明太宗实录》卷八十八，永乐七年二月丙子。

京文职官有犯，堂上官奏闻待报，五品以下具启收问；在外文职官员有犯，方面及四品以上官，所司奏闻收问，五品以下者具启问之。”[1]“奏闻”指向朱棣报告,可见太子原来对四品以上官员犯罪的审问权完全被剥夺了。

永乐十五年监国方案中人事权和司法权力的缩小，表明朱棣对太子监国的限制和防范不仅没有改变，反而在制度上有所加强。尽管朱高煦的夺位企图遭到朱棣的有效压制，暂时无法构成对太子和朱棣的严重威胁，但朱棣加强对太子的限制、防范，等于说一只手先把朱高煦摁下去了，另一只手又把太子往下摁，使两个人谁也别想冒尖，实际上是继续搞政治平衡。

当初太子第一次和第二次监国时，朱棣为了限制太子的势力，有意听信朱高煦的谗言，关押、杀掉了太子的一批部下，但再关再杀，只要太子监国就照样会有人辅佐他，朱棣总不能一个不剩都关、都杀了吧，用这个办法来打击和限制太子，不仅名声不好，理由也不好找，怎么办？于是朱棣才想出了上述办法，修改了监国的方案，从制度上缩小太子的权限。当然另一方面，这也是朱棣迁都的一大步骤，他需要把原来南京的权力逐渐转移到北京，也就是转移到自己手中，为迁都做准备，因此监国太子的权限就只剩下处理南京那点日常事务了。

（二）朱棣干预太子的政务，太子部下无辜被杀

1. 朱棣受挑唆，干预太子的政务

那么这样一来，太子和朱棣是否就可以各不相扰、相安无事了呢？完全不是。一方面朱高煦虽然人在乐安，远离南、北两京，但

1　参见《明太宗实录》卷一八六，永乐十五年三月丁亥朔。

他长期培植和收买的党羽还在，仍然不时向朱棣进谗言，陷害太子；另一方面朱棣雄猜多疑、神经过敏，对于在南京监国的太子总是不放心，总想找碴儿教训太子及其部下。并且这时的朱棣已是多病缠身，脾气暴躁，有人考证，朱棣可能得了一种神经性的癫痫病，间歇发作，[1]至少是做起事来一阵明白一阵糊涂。这种症状和他对太子的一贯做法相结合，更加重了他对太子的不满和打击。当时南北两京间隔几千里远，在南京辅佐太子监国的官员们每天都提心吊胆，甚至人人自危。

永乐十六年（1418年）五月，有个姓陈的千户擅取民财，太子把他贬到交阯（也作“交趾”）让他戴罪立功；过几天又念他有军功

南京明城墙旧影

1 参见朱鸿《明成祖与永乐政治》，台湾师大历史研究所专刊（17）；王熹《永乐皇帝大传》第309页，中国社会出版社2008年版；崔瑞德等《剑桥中国明代史》第301页，中国社会科学出版社1992年版。

放了他。有人立即向远在北京的朱棣打了小报告："上所谪罪人，太子曲宥之矣。"意思是皇上您贬官的罪犯，太子居然设法给放了。朱棣听了这话自尊心受到刺激，立即下令重新逮捕陈千户杀掉。其实陈千户只是个下级军官，按朱棣批准的监国方案规定，中下级军官有罪是归太子处理的，朱棣这么干等于越俎代庖，包揽和干涉太子的政务。

但这并不重要，重要的是太子是否真的把皇帝处理过的罪犯放走了，总得有个调查了解吧，可是朱棣对这些事连问都不问，就下令杀了曾经立功的陈千户，这一方面表明朱棣专制偏执，极端的虚荣、自负，以自己的权威来压制、打击太子；另一方面则说明，那个打小报告的人摸透了朱棣的心理，是个挑拨离间、造谣生事的高手，有这类人在朱棣身边，监国的太子和部下能有好日子吗？

2. 朱棣不问青红皂白，杀了太子器重的部下

果然，朱棣按惯例要追究太子官属的责任，他认为赞善梁潜和司谏周冕没有劝止此事，因此下令逮捕两人并亲自审问他们。两人都说了实话，朱棣得出的结论是："事固无预（梁）潜"，这事本来就跟梁潜没关系。那么跟谁有关系呢？当然是跟太子有关系了。过几天朱棣又觉得不对劲："事亦岂得由潜！"这事哪能由得梁潜说了算！言外之意，贬官和释放陈千户不都是太子一人说了算吗？可见朱棣这时已经认定，对陈千户的错误处理责任不在梁、周两人，而是在太子。

虽然那个陈千户根本不是先被朱棣贬官后又被太子释放的，[1]但朱棣完全不管这些，并且明明知道周、梁两人没有责任，但却一直扣起来不放。这时有人火上浇油，说周冕轻佻放肆。各位可以想想，

1　参见杨士奇《东里文集》卷十七，《梁用之墓碣铭》，《文渊阁四库全书》第1239册。

当时周冕已经被关押审讯，他还敢轻佻放肆吗？所以，估计这又是那些造谣的人有意在为朱棣制造借口。果然，朱棣照样不问青红皂白，立即下令将两人处死。朱棣的用意非常清楚：只要有人说你们有问题，不管是真是假，我也要找个借口收拾你们。这是朱棣当时的心态。梁潜被冤杀，他的妻子杨氏痛惜丈夫死于非命，悲愤过度，也绝食而死。[1]

这里有一个问题值得说明，那就是前几次朱棣关押或杀掉的人，几乎都是辅导太子监国的高级官员，如杨士奇、黄淮等人，而这次只挑了两个中下级官员，并且他们并无直接的责任，朱棣为什么要拿他们两人开刀呢？原来梁潜和周冕都是太子非常器重的官员，尤其是梁潜，曾经做过太子的侍读，相当于太子的半个老师又兼陪读，同时也是朱棣指定的这次辅佐太子监国的助手之一。

太子在《与梁侍读》诗中有这么几句："侍从有佳士，朝端斯得人。……仲冬风日暄，和日如阳春。湛湛樽中酒，欢然对良辰。"[2]可见太子朱高炽对梁潜是相当器重的，不仅称他为"佳士"，并且常常相见宴饮，冬天里北风怒号，太子竟感到与梁潜的交往如沐春风。这样的人恐怕早就被朱高煦收买的奸细盯上了，并且快嘴抢先向朱棣告了状，因此朱棣才会不问青红皂白杀掉两人。

3. 太子部下提心吊胆，有人被惊吓致死

这件事几乎是六年前朱棣杀耿通一案的翻版，应该说是太子监国以来遭到的第三次打击。第一次是以解缙为首的太子辅佐人员被大批关押、杀掉，第二次永乐十二年（1414年）朱棣北征回京后，

1　参见《明通鉴》卷十七，成祖永乐十六年七月甲戌。

2　参见《明仁宗御制诗集》卷上，台北图书馆藏明刊本，台湾"中央研究院"傅斯年图书馆藏微卷。以下引用不再注明版本。

逮捕并长期关押了辅佐监国的几名重要大臣。并且这种打击几乎贯穿监国的始终，或者说监国一次就受一次打击。仅仅是太子处理权限内的一件小事，居然牵连到他的部下无辜被杀，加上朱棣对太子的偏见已相当严重，打小报告诬陷者的水平又越来越高，因此辅佐太子监国的官员们整天提心吊胆，太子詹事府的官员邹济竟然被惊吓致死。

邹济在梁潜等人死后“积忧得疾”，长期担惊受怕吓出了病，太子写信安慰他：“卿善自摄，即有不讳，当提携卿息，不使坠蓬蒿也。”什么意思呢？“摄”是保养、保重，“不讳”其实就是死了，“息”是子息、孩子，“坠蓬蒿”是倒霉、遭罪的委婉说法。全句是说，你自己多加保重，即使有什么不幸，你个人我可是帮不了了，但我估计还可以帮你孩子一把，不让他也跟着倒霉。这话说得也够可怜的了，可见太子对部下的境遇还是很了解、很关注的，但是当时太子连自己都保不住，哪有能力保护部下呢？梁、周两人的下场就很明显，太子眼看着他们无辜被杀却无能为力。在这种情况下，太子部下中许多人都对自己的前途和出路几乎绝望。邹济得病后，太子来信劝慰无效，不久他还是被惊吓而死。[1]

（三）胡濙奉命暗中调查太子

1. 胡濙奉命借出差南方调查太子

就在周、梁两人被杀前后，朱棣听了许多关于太子的传言，他再次对太子产生了怀疑。永乐十六年六月，他派遣礼部侍郎胡濙巡视江、浙，借机调查太子在南京的表现。胡濙临走时朱棣对他说：“人言东宫多失德，汝至京师，可多留数日，试观何如，密奏来。”

1　参见《明史》卷一五二，《邹济传》。

意思是我听说太子干了许多事都有问题，你到南京去可以多待一些日子，看他到底怎样，给我秘密奏来！朱棣老眼昏花，迫切想从密探那里了解到太子的情况，因此他特意叮嘱胡濙："奏字须大，晚至即欲观也。"[1]意思是奏书的字写大点，这样即使晚间送到我也能看清了。同时他下令给身边的太监：只要胡濙一到，谁都不许拦着！不管早晚我睡没睡，一定让他进来！

胡濙到了南京，每天早晚都随大家一起上朝，待了许多天，"凡见东宫所行之善，退即记之"，其实是只记录了那些太子处理得当的事。太子一看父皇身边的大臣来了，办事也更加谨慎。但胡濙的行动引起了杨士奇等人的怀疑和不满，于是他们就催促胡濙："公命使也，宜亟行。"意思是你奉命去巡视江南一带，应该赶快走啊。言外之意是，你怎么老在南京磨磨蹭蹭啊？胡濙当然不敢说他的秘密使命，但他的反应也挺快，顺嘴编了个借口遮掩说"方治冬衣未完尔"，意思是天气比较冷，我的棉衣还没准备好，又待了一段时间才离开南京。

胡濙走到了安庆，才给朱棣写了一封秘密奏疏："以所见皆诚敬孝谨七事，密疏以闻。上览之大悦，自是不复疑皇太子。"[2]胡濙只把他看见的朱高炽孝敬、谨慎的七件善事密报给朱棣，朱棣看后很高兴，对太子的疑虑才有所打消。胡濙也是个十分圆滑的高级特务，他非常清楚，如果他完全按照朱棣的旨意办，稍微找几条太子的失误汇报上去，日后太子当了皇帝决不会放过他；而朱棣的身体已经很糟糕了，不可能"万寿无疆"，所以必须给自己留条后路。

2. 胡濙专程调查太子，并非兼顾寻找建文帝

有人根据《明史》等书的有关记载，认为朱棣在派人寻找出逃

---

1 参见《明通鉴》卷十七，成祖永乐十六年六月。

2 参见《明史记事本末》卷二十六，《太子监国》。

的建文帝，并非为了调查太子，然而根据其他史料的记载恐怕不是这样。因为在此之前胡濙奉朱棣之命，长年在外调查民情，“以访异人为名，实查人心向背”，以寻访特殊人物为借口，实际上是在调查各地人心是否归顺朱棣，或许有可能包括调查建文帝的下落；但此后的暗访活动就不一定了，《明史记事本末》《明通鉴》这类影响较大的史料都记载说，永乐十六年胡濙的出行，的确是奉命调查太子的。

如果说这两部著作还是明末清初人写的，距离此事年代较远，不够权威，那么距离此事较近的明人记录，应当是更为权威、更有说服力的。李贤是天顺时期的内阁大学士，生活在正统至成化时期，他对此前永乐时期史事的记载多为后来的史书所引用，他的《古穰集》里为胡濙写的墓志铭是这样说的：“先是，仁宗皇帝为太子监国，时有飞语上闻，文庙（即朱棣）属公往察之，公至，以所见七事皆诚敬孝谨，密疏以闻。”这段话讲的是胡濙到南京的原因以及到南京以后的活动，也就是调查并秘密汇报太子的情况。

永乐二十一年（1423年），胡濙出访五年后从南方回到北京时，朱棣已离开北京御驾亲征驻跸宣府，胡濙连夜骑马赶到时他已经睡下了，可是听说胡濙来了，朱棣立即兴奋地从床上起来，同他密谈了大半夜，胡濙把“凡所历山川道里、郡邑丰啬、民情休戚以至所闻所见保国安民之事悉为陈说，上欣然纳之”，胡濙汇报了一路上的丰富见闻，朱棣听了很高兴，“向所疑虑者至是皆释”，[1]从前的疑团和担心都解开了、消除了，内容没有涉及太子。从上述情况来看，永乐十六年胡濙到南京，主要目的是奉命调查太子；而此后胡濙到更远的江浙、湖广一带，恐怕就不是调查太子了，因为如果朱棣仍然继续怀疑太子，他就不会一直忍受到五年之后，也就是永乐二十一年胡濙向他汇报时，他才消除怀疑。

1　李贤《古穰集》卷十二，《文渊阁四库全书》第1244册，第603页。

那么胡濙离开南京以后，是否像人们传说的那样是去寻找建文帝呢？这里首先需要说一下建文帝的下落，至少有两个问题是有争议的。一个是朱棣率兵打进南京后，建文帝是被宫里那把火烧死了，还是从密道里跑出去了？这件事有争议，没人能证明；但是南京的宫城下面确实有一条密道通往城外，前几年电视里还播放了一个纪录片，内容是南京的一批考古学者考察这条密道的走向和出口。由此可见，建文帝当时是死了还是跑了，没有定论。第二个是如果建文帝跑出去了，那么他在外面活了多长时间，活动范围有多大，究竟去过哪些地方？这件事也有争议。有人说他活到宣德时期，去过湖广、江浙一带，还有人说他到过云南、贵州甚至海外，但这些都是推测，都没有直接的、确实的证据。

至于说胡濙走访是为了寻找建文帝的说法，最早出现在正德时期，并且与社会上悄然兴起的“建文热”有关。当时的许多文人关注建文朝的史事尤其是建文帝的下落，因此才有了胡濙奉命寻找建文帝的说法，但缺乏可靠的依据。正德以前尽管已有建文帝出走的传闻，有些人甚至提出应该恢复建文帝的年号和地位，但却只有胡濙寻访张三丰等记载，根本没有朱棣派人寻找建文帝的说法。因此，胡濙在永乐十六年离开南京后，并没有去寻找建文帝，那么他去干什么了呢？

3. 察访各地藩王的动向，才是胡濙的核心任务

永乐时期太宗朱棣倒确实是陆续派出了一批人，长期走访全国各地，胡濙就是其中著名的一人。并且朱棣对胡濙这样的高级特务也不放心，据说朱棣还另外派人去监视在外面寻访的胡濙。那么胡濙的使命和目的是什么呢？从当时的情况看大概有五个，第一是了解民间风俗。与胡濙同时代的金幼孜曾经说过，胡濙奉命出巡的目的之一就是关注民间的风俗与疾苦，并且在永乐二十一年，他还亲

眼看见胡濙向朱棣汇报过这些事。[1]

第二是搜集奇方妙药。胡濙出身于行医世家，具备医药方面的知识，每次遍游天下名山时顺便寻访名医，搜集奇方妙药，也是理所当然。与胡濙同时代的杨荣就曾明确说过，胡濙是奉了朱棣之命，才向山中的名医高人咨询奇方妙药，除了收获丰富之外自己还研发配制了一些新的药方。[2]杨荣与金幼孜一样，永乐二十一年胡濙向朱棣汇报时他也在场。

第三是劝励士人庶民。杨荣曾说过，当年是朱棣让胡濙带着他御制的《性理大全》等书，前往天下名山，去劝励那些有点身份和地位的社会人员。不过这个说法令人怀疑，一来并没有得到胡濙本人的认可，二来与事理有些不合，因为天下名山之中究竟有多少士人庶民，是需要胡濙带着皇帝的语录前去劝励的呢？《明史·胡濙传》里说建文帝出逃时“诸臣多从者，帝疑之。五年遣（胡）濙颁御制诸书”，就算“诸臣多从者”是真的，那么胡濙带着朱棣的“御制诸书”，去颁发给那些跟随建文帝出逃的大臣们，能有什么用呢？

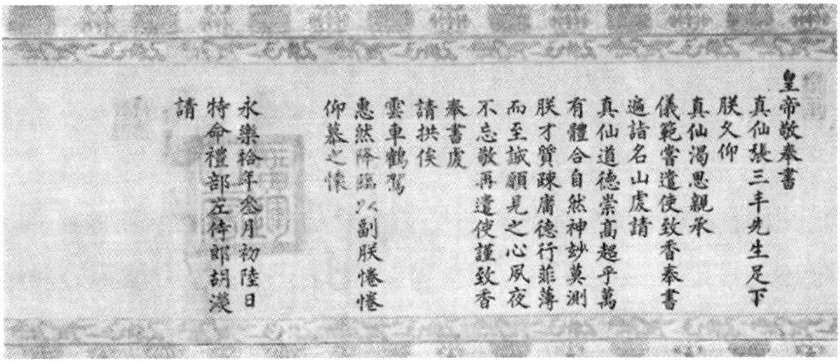
皇帝敬奉書
真仙張三丰先生足下
朕久仰
真仙渴思親承
儀範嘗遣使致香奉書
遍詣名山虔請
真仙道德崇高超乎萬
有體合自然神妙莫測
朕才質疎庸德行菲薄
而至誠願見之心夙夜
不忘敬再遣使謹致香
奉書虔
請拱俟
雲車鶴駕
惠然降臨以副朕惓惓
仰慕之懷
永樂拾年叁月初陸日
特命禮部左侍郎胡濙
請

胡濙书《永乐帝祭张三丰文》

1 参见金幼孜《书卫生易简方后》，见《卫生易简方》卷末，明宣德二年（1427年）刻本，中国中医科学院图书馆藏本。以下引用不再注明版本。

2 参见杨荣《卫生易简方后序》，见《卫生易简方》卷末。

桂林靖江王府旧址

第四是寻访张三丰。张三丰是当时修炼得道的一位仙人，在江湖上颇有影响，朱棣曾不止一次派人前去寻访，并且还有相关的敕书和信件。与胡濙接触过的杨荣等人都说，胡濙游历的地方几乎都是名山胜境，而这些地方也正是“仙人”修道之所，因此，寻访张三丰应该是胡濙出巡的目的之一。

第五是访察人心向背。这个说法在胡濙去世后被多次提到，后来还被写进了《明英宗实录》，“以访仙为名，实欲审察人心向背也”，[1]寻访“仙人”倒成了借口，这个说法后来成为永乐以来官方的正式说法。根据一些学者的研究，前四个目的都不是重点，而第五个访察人心向背才是胡濙走访的重点。为什么呢？因为胡濙要访察

---

1 参见《明英宗实录》卷三五六，天顺七年八月丙辰。

的“人心向背”并不完全是针对普通百姓，而主要是针对各地的藩王，像朱棣这样凭借藩王力量夺位的人，往往会对那些拥有一定军事实力的藩王猜疑很重，就像当年“杯酒释兵权”的宋太祖一样，所以他才派胡濙前往江南一带，全面了解当地藩王的政治动态。

而胡濙将明察暗访的结果向朱棣全面汇报，除了各地的地理风俗之外，可能还讲了江南一带的藩王都是拥护新朝的，这才使朱棣以往的怀疑大为消除，“向所疑者皆释”。[1]因此，胡濙在永乐“十七年复出巡江、浙、湖、湘诸府”，[2]主要目的应该是明察暗访江南一带藩王的政治动向，这可能也和建文帝有关，当时地方上也在长期追查建文“奸党”，搞得人心惶惶；但在永乐十七年（1419年）之前，胡濙的主要目的应是专程调查太子，而非寻访建文帝。

心虚的人往往猜疑很重，夺位上台的朱棣就是这么一个人，而南京一带是过去反朱棣势力较强的地区；同时南京又是由太子长期经营，朱棣肯定对这一地区的人心向背尤其是太子的情况有所猜疑，因此这次他才派胡濙前去暗中调查太子朱高炽。除了朱棣听信传言、不放心太子监国之外，这一委派恐怕还同太子无形中给朱棣造成的威胁有关，因为当时建文帝已经下岗丢了皇位，没有任何迹象表明这个人仍有实力威胁朱棣；倒是太子最接近皇位，朱棣觉得他会威胁到自己，因此才派人去调查，或许也有监视和防范的用意。

（四）太子处境艰难，但深藏心机

朱棣派胡濙出巡南方的使命是极其秘密的，外人不可能了解，而胡濙从南方给朱棣秘密上奏太子的七件善事，太子当时更是不知

1　参见此处参考了张兆裕《明永乐时期胡濙出行考述》一文，《明史研究论丛》第4辑。

2　参见《明史》卷一六九，《胡濙传》。

道，因此，后来太子即位，听说当年胡濙曾有密疏给父皇，很自然地怀疑胡濙作为父皇朱棣的高级特务，曾经奉命调查自己，这样的人不可能继续重用，于是将他调出北京改任南京国子监祭酒，相当于国家第二大学的校长，实际上是一种疏远。

但据说不久之后仁宗在宫中翻阅奏疏时，找到了当年胡濙的秘密上书，见上面只写了他的七件善事，不觉大为惊喜，这才了解并感叹胡濙的忠心和谨慎，于是立即将胡濙从南京调回首都北京，任命他为礼部尚书，又是赏给他高级住宅，又是拨给他一帮仆人，给了他相当优厚的待遇。[1]不过《明史·胡濙传》里的说法与此略有不同："宣宗即位，仍迁礼部左侍郎，明年来朝，乃留行在礼部，寻进尚书。汉王反，……事平，赉予甚厚，明年赐第长安右门外……六年，又兼领行在户部。"[2]这里的"迁"是升官或至少是职务平调，"进"则是升官。

从上述记载来看，胡濙是在宣宗即位后被提升为礼部左侍郎、行在礼部尚书的。宣宗平定汉王之乱后，胡濙受到重赏，后来还在长安右门外得到了皇帝赏赐的一处高级住宅。宣德六年（1431年）宣宗又任命胡濙兼管行在户部，"行在"就是北京。胡濙为什么会受到一连串的提升和重赏呢？恐怕和他早年曾有密疏为太子说话有关，这件事可能逐渐被宣宗所了解。胡濙虽然不断得宠，但仍旧低调做人，毫不张扬，看来毕竟是受过"特务训练"的，因此一直平安无事。这类事究竟是发生在仁宗朝还是宣宗朝，史料说法不一，不过都是后话了。

那么这次调查结束后，太子朱高炽的处境是否会有所好转呢？不一定，因为虽然现在朱高煦离开了南京，太子身边暂时少了一个

---

1 参见邓球编《皇明泳化类编》，人物卷五十，周骏富辑《明代传记丛刊》第80卷，第520页。
2 参见《明史》卷一六九，《胡濙传》。

竞争对手，但朝中帮助朱高煦夺位的势力还在，他们并没有随着朱高煦的离京而消失。朱棣对太子的猜疑、限制和防范更没有消失，甚至明里暗里还有所加强。因此在这种情况下，太子的处境依旧没有什么改善。在此期间太子写下了大量的诗作，有的写宫廷活动，有的写巡游景物，还有的写人际交往等等，内容比较狭窄甚至有些琐碎。

但是有三方面的内容，太子在诗中却一个字都没有写。哪三方面呢？第一是国计民生的情况，第二是自己的艰难处境，第三是对父皇朱棣的评价。这些内容虽然太子都是非常了解并且是深有感触的，但在他的作品里却没有一个字提到，这恰恰说明了太子的处境和顾虑。比如太子曾多次报请朱棣批准，大量减免了各地因灾害拖欠的赋税，他对当时开创活动造成的国困民穷的局面也深有了解。如果太子把这些写进诗里，反映出民生多艰，那岂不等于说他老爹治国无方了吗？因此，虽然太子朱高炽借着大量的诗作，排遣和发泄了心中的部分情绪，但真正的心机却被深深地埋藏起来，丝毫都没有在自己的作品中暴露出来。

这件事说明什么呢？一方面说明太子成熟了，做事非常谨慎、谦恭，城府很深；另一方面则说明太子的辅佐人员也同样非常成熟，包括那些教他写诗作文的翰林先生，他们同太子之间的默契程度提高了，使朱棣轻易挑不出什么毛病。这样一来，太子就有了一定的优势，以守为攻，以静制动，因为北京建成后早晚要迁都，而太宗朱棣又老又病，太子的机会就要到了。

（五）太子奉命前往北京，"人逢喜事精神爽"

1. 接到去北京的命令，太子吃惊的原因

永乐十八年（1420年），北京的宫殿大体建成，朱棣想要将太

子和太孙召至北京，据说诏书已经起草完了还没等派人，夏原吉就主动向朱棣说：请陛下派我前往南京吧。朱棣就问：为什么让你去呢？夏原吉回答："皇太子久不蒙召，一旦急有命，恐过疑，或致他虞。"意思是太子很久没有接到皇帝召他前往的命令，一旦突然接到了这种命令，他可能很不习惯甚至会过分怀疑，说不定有什么闪失。朱棣听了非常感慨，觉得夏原吉的话有理，于是就派他前往南京召太子来北京。

太子朱高炽在南京监国，刚一听到朱棣要召他去北京的消息时，果然十分惊恐，不知道父皇又要干什么。因为在此之前，朱棣已经连续多次关押、杀掉他的部下，给他的命令也都是指示他如何理政，

南京明孝陵下马坊

但从未让他前往北京，因此朱棣的这道命令肯定会让他大吃一惊。据说太子因此非常不安，甚至动了自杀的念头。不过当他知道是夏原吉前来时就放心了，因为夏原吉是朱棣非常信任的大臣，对太子尤其是对皇太孙非常忠诚，于是他传令要见夏原吉。

从这件事可以看出：第一，当年选立太子造成的朱棣父子之间的矛盾阴影并未消失；第二，朱棣与朱高炽长期分处南北两京，这种状态使两人之间缺乏有效的沟通和信任，自然有了隔膜，因此太子对朱棣的命令才有一种不安全感；第三，传达招来太子这种特殊命令的人选，必须是朱棣和太子、太孙都能接受和信任的人物，否则可能会有意想不到的麻烦。记载这件事的《皇明辅世编》成书于明后期，比清前期编成的《明史》要早许多，因此有一定的可信度。

2. 人逢喜事精神爽，太子赴京一路游玩

太子朱高炽接到朱棣的命令后随即动身，从南京到北京的途中，几乎每到一地他都赋诗一首，大约有《过大江》《过关山》《过淮》《至凤阳》《过夹沟》《过汴河》《到济宁》《至德州》《过东平》等十几首诗，可见他兴致颇高，心境不错。其中《过大江》一诗中写道："趋召赴金阙，清晨发大江。鼓角掀波涌，旌旗顺风扬。……眷此龙虎势，南北两相望。予心如此水，朝宗上天潢。"[1]诗虽有些直白，但富有激情。从诗中可见太子是从水路出发的，并且是有相应的仪仗队跟随。诗中虽然略有对南京的留恋之意，但更多的还是兴奋之情，因为皇太子马上就要奔赴北京这个新的政治中心了。

十八年前朱棣打进南京夺了帝位，当时朱高炽还在北平，朱棣过了好长时间才召他到南京，准备册立他当太子，但他毕竟还没当上太子，因此朱高炽从北平南下时的郁闷心情可想而知。十八年后，

1 参见《明仁宗御制诗集》卷上，《过大江》。

朱高炽是以太子的身份奉命北上的，虽说任务是要协助父皇处理政务，但同时还大有即位的可能，因此，年近半百的朱高炽的心情同样可想而知，所谓“人逢喜事精神爽”。可能是由于这样的原因，朱高炽一路上游山玩水，心境坦然，过滁州登上琅琊山，参观了宋朝欧阳修当年所记醉翁亭的旧址，并且感叹当代之人只知其文，很少知道欧阳修对君王的忠心，这时太子已经流露出将来即位后，需要臣下学习欧阳修的忠君之意。

太子朱高炽平时非常喜好欧阳修的文章，但更欣赏欧阳修的忠君之举，他曾明确对臣下说，“(欧阳)修之贤非止于文，卿等当考其所以事君者而勉之”。[1]这里朱高炽提倡大臣不仅要学习欧阳修的文学成就，更应该研究他那些忠君、事君的行为，并且以此为榜样来向他学习，这种想法显然已不是一个普通文学爱好者的意识，而是一个帝王政治家的观念。需要说明的是，永乐十八年底太子奉命从南京赶赴北京，也算是当时的一件大事了，至少会有一定的规模，不过令人奇怪的是，无论是太子临走还是到北京的途中，两京群臣竟无一人赋诗记述，相反称颂、吹捧朱棣包括太孙朱瞻基的诗作倒是颇为高产，看来太宗朱棣多次打击、削弱太子势力之举，已经使群臣完全学会了避嫌的本事。

到了凤阳除了祭祀和游览皇陵外，太子还同当地的老人聊起当年太祖的故事，并给予他们优厚的赏赐。到了凤阳以北的宿州路过夹沟西山时，太子一行人还在山林中遭遇猛虎，随行的卫士只好用长矛杀死猛虎，太子在记述这件事的诗中写道：“夹沟西山内，猛兽伏林丘。咆嗥突马首，壮士奋霜矛。直前洞其胸，勇若阳羡流。剖

1　参见《明仁宗宝训》卷二，第3—4页，台湾“中央研究院”历史语言研究所1962年校印本。以下引用不再注明版本。

凤阳明皇陵神道

腹有四子，利爪皆如钩……”[1]看来太子一行人可能是走到了密林深处猛虎的巢穴附近，惹怒了怀孕的母老虎，因此遇到攻击；随行的卫士杀死母虎后剖其腹见到四只小虎，正在发育中的小虎利爪如钩。

太子的这次北上之行，是他一生中少有的两次旅行之一，途中的杀虎之举使这次活动兼有围猎的性质。后来的明武宗曾亲自与猛虎搏斗，看来其祖上已有先例，不同的是武宗是与捕来的笼中之虎搏斗，而仁宗则是指挥卫士围猎猛虎。他本人不是肥胖笨拙吗？但这并不妨碍他导演并观赏卫士们的围虎节目。后来他的儿子朱瞻基

1 参见《明仁宗御制诗集》卷上，《过夹沟》。

也曾围猎射虎，看来明朝一些皇帝确实有打虎的传统。

（六）太子加速进京，途中先斩后奏

1. 太子不顾朱棣的令旨，加速赶往北京

再说夏原吉向太子传达了朱棣的命令后就先行回到北京，不料朱棣又派夏原吉前去迎接太子，并明确指示“东宫缓行”，让太子慢点走。朱棣是不想尽快见到太子呢，还是途中有什么事需要太子处理呢，他都没说，令人费解。其实朱棣既然下令让太子来北京，那么太子快走慢走又有什么关系呢？但朱棣偏偏下了这么一道命令，夏原吉只好又从北京南下见太子，传达了朱棣的旨意。“太子以不敢缓谕之，且手书付原吉与士奇”，可太子却表示不敢慢走，并且还下了手谕给夏原吉和杨士奇，让他们“询访沿途军民利病，政事得失，备顾问”，同时照旧全速进京。[1]这和朱棣的旨意明显相违，那么太子为什么要这样做呢？

估计太子是担心夜长梦多，当时老皇帝在北京，太子在南京，中间总有人挑拨离间、造谣生事，太子早就受够了这种窝囊气，好不容易老皇帝发话让他到北京，就像当年召他从北京到南京当太子一样，他还能慢慢腾腾晚一步到吗？晚了一步再有变故怎么办？以前你不在皇帝身边，别人可以把黑的说成白的，你根本无法申辩；你只有到了皇帝身边，别人才不能轻易诬陷你。

况且北京已成为实际上的政治中心，马上就要迁都，南京的政治地位下降，太子的权力已经被大量削减，在这种情况下如果皇太子不在政治中心，就会失去许多有利的机会和政治资源，地位同样会下降，因此太子才会不顾朱棣的令旨，加快赶往北京。而朱棣让

---

1 参见《明史记事本末》卷二十六，《太子监国》。

太子慢点走，也许是无意中提醒了他，现在他已不可能再像从前那样老老实实地听话了。至于太子命人沿途访询政务民情，那是给父皇看的，表明我这一路不止游山玩水，还干了不少正事。可见此时太子已相当清醒、相当成熟，并且对权势和地位的追求也同样加紧了。

2. 先斩后奏，太子现场指挥邹县救灾

不仅如此，太子在途中还做了一件先斩后奏之事，原来太子北上经过山东的邹县，看见路旁男女老幼拎着破筐在捡草叶，就问他们干什么，回答是遇上灾荒捡吃的。太子一行人相当吃惊，"下马入民舍，视民皆衣百结，灶釜倾仆"，太子实在是看不下去了，就把自己吃的食品赏给百姓。

这时山东布政使（大致相当于今天的省委书记）石执中闻讯前来迎接，太子就责备他："为民牧而民穷如此，亦动念乎！"石执中赶紧解释说："凡被灾之处，皆已奏乞停止今年秋税。"太子一听就火了说，老百姓都快饿死了，你还想征税吗？！你应该赶紧下发官粮赈济百姓，这件事一点都不能耽误！

石执中一看太子火了当然不敢怠慢，就请求每人发给三斗粮，太子说："且与六斗，汝毋惧擅发仓廪，吾见上当自奏也。"[1]意思是暂时先给六斗，你不用害怕擅自打开官仓的罪名，我见了皇上会亲自上奏。原来明朝规定，灾区灾情如未经中央核实，地方官擅自开仓放粮是要被治罪的；但救灾措施不力，导致百姓大量饿死，同样是要被治罪的。因此地方官往往有些为难，这次有太子作主，当然好办。

太子应付途中的政务很从容，很自信，同时又什么都没耽误：前一段是游山玩水，拜祭皇陵，中间还指挥过杀虎的围猎活动；后

1　参见《明史记事本末》卷二十六，《太子监国》。

邹县孟庙

一段则加快赶路，还果断处理了地方的灾情。总之，现场办公和游山玩水两不耽误。

永乐十八年就要过去了，虽然在此之前太子受了不少委屈，但是不管怎么说，现在他终于来到了即将迁都的北京，这就意味着他的接班人地位基本上不会动摇了，他在这场争夺皇位继承权的漩涡中不仅没有被淹没、没有沉下去，相反还颤颤巍巍地浮上来了，并且从一个不断受窝囊气的倒霉太子，一步步地变成了距离皇位最近的接班人。那么到了北京以后，太子同朱棣的关系又将如何呢?

十三陵神路碑亭、华表旧影

八 此消彼长

永乐十五年（1417年）三月朱棣再次北巡，仍下令太子朱高炽监国，但这次朱棣不仅缩小了监国的权限，后来还听信了传言，特意派胡濙去南京调查太子。有人认为胡濙可能是奉命兼往查访建文帝下落，而实际上主要还是针对太子的。太子朱高炽在南京的处境虽然不顺心，但在永乐十八年（1420年）迁都前，朱棣派人召他去北京，于是太子离皇位又近了一步，因此他的心情不错，一路上游山玩水和处理公务两不耽误，终于在永乐十八年年底到达北京。

（一）厨子事件，太子仍受朱棣的限制

1. 太子违令早到，夏原吉只好为他打圆场

虽然太子一行人进京途中很顺利，但是在年底到达北京时，当朱棣看到夏原吉先来通报太子一行人到了，“上问原吉东宫来何速”，朱棣就责问夏原吉，为什么太子来得这么快啊？言外之意，我以前不是说过“东宫缓行”，让他慢点走吗，他怎么不顾我的命令这么快就到了呢？

夏原吉当然不敢说是太子下令不能慢走的，本来父子两人矛盾就很深，那样说肯定又会引起朱棣的猜忌和恼怒。那么夏原吉是怎么回答的呢？他从容说道："东宫久违侍膳，一旦闻命，思觐天颜，不复计行之缓急。"[1]意思是，太子殿下好久都没有孝敬皇上了，非常思念皇上，一听到皇上的召唤，只想着早日见到皇上，当然也就没顾得上考虑什么赶路的快慢了。"陛下慈注之深，东宫孝思之切"，因此太子才会加速赶来。一席话说得朱棣非常高兴，他重赏了夏原吉。[2]

本来皇帝和太子的命令正好相反，一个要慢走、一个要快走，夏原吉夹在两人之间，谁的命令他都不敢违抗，一般人肯定是左右为难；但是夏原吉应付得非常好，找了个"父慈子孝"的理由来说明太子快速进京的原因，既为太子打了掩护，又捧了朱棣，可见夏原吉很有才干，善于处理这类难题。这个人能够长期周旋于朱棣、朱高炽和朱瞻基祖孙之间，并且深受他们的信任，恐怕跟他的这种才干有关。可能是夏原吉讲的太子孝思那番话起了作用，太子汇报途中他下令开仓赈灾之事，朱棣还表扬了太子先斩后奏干得好。[3]

其实太子一行人是永乐十八年的十月中旬从南京出发的，[4]夏原吉先到北京通报太子到达时，已是当年十二月的下旬，[5]就是说他们已经走了两个多月，但朱棣还嫌太子走得快；而朱棣自己从前几次北巡或北征时，往来南北两京的时间基本上都是一个多月，比这次太子出行的时间短多了；并且朱棣是在永乐十八年的十一月上中旬，才

1 夏原吉《忠靖集》附录，《夏忠靖公遗事》，《文渊阁四库全书》第1240册。
2 参见《明史记事本末》卷二十六，《太子监国》。
3 参见《明史记事本末》卷二十六，《太子监国》。
4 参见《明太宗实录》卷二三〇，永乐十八年十月壬子。
5 参见《明太宗实录》卷二三二，永乐十八年十二月乙卯。

朱棣像

下令让皇太孙随同太子来北京的，[1]就是说太孙是比太子晚了大约一个月才从南京出发，后来加速赶上来才和太子一同到北京的，途中只走了一个多月，但朱棣却没有嫌太孙走得快，反而嫌太子两个多月走得快，可见朱棣对他的长子和长孙还是大不一样，明显地偏向长孙。

2. 随从厨子被撤，太子只能忍受

太子朱高炽到了北京以后，同朱棣的矛盾似乎有所缓解。但这种缓解很有限，朱棣对太子限制与防范的局势是多年形成的，这时并未改变，因此各部门的官员也大都是顺应这种形势，与太子适当

1　参见《明太宗实录》卷二三一，永乐十八年十一月乙亥、乙酉。

保持距离，敬而远之，从而避免得罪朱棣。太子到北京时，从南京带来了典膳局的二十名厨子——就是专门给太子做饭的随从炊事员。可是过了一个多月朱棣忽然从宫中批出一个条子，上面说："典膳局厨子二十人，曷为不奏？遣悉归，命法司治之！"意思是典膳局从南京来了二十名厨子，为什么不上奏？都给我遣送回去！让司法部门抓起来治罪！

当时主管这类事的机构是光禄寺，相当于国家兼皇家伙食委员会，负责人是井泉，是他向朱棣汇报了二十个厨子来京之事。司法部门奉命调查并上奏情况，但这些厨子并没有被抓起来，也没有退回南京，而是由井泉把他们收入光禄寺中，"自是典膳局罢厨子给役，而光禄寺日给东宫二膳外，余一毫不给，虽索茶亦不得，云奉上旨不给"，从此典膳局就取消了供给太子私人厨子的项目，并且光禄寺除了每天供给太子两顿饭外，其他东西几乎一块馒头、一片菜叶都不给，就连太子要喝碗茶都不行，还说这是奉了朱棣的命令。

太子当然没有办法，以前在南京监国时好歹还算有点权势，天高皇帝远，太子说话还算管用；可是到了北京就不行了，这里一切都是皇帝说了算，太子能在这里保住名分就不错了，哪还敢要什么待遇啊！因此他不可能去追问此事，只好默默忍受。况且"太宗皇帝时有疾，或竟月不一临外朝，盖终未知"。[1]

不过光禄寺的官员并不都像井泉一样，有两个中下级官员郝郁和李灏，仍然对太子"委曲顺承"，设法满足太子的一些伙食要求。"(井)泉等屡以危言胁之，终不为动"，[2]井泉曾经屡次拿话威胁两人别干傻事，可是两人不为所动，照样关照太子。这也难怪，井泉是

1 参见《明仁宗实录》卷二中，永乐二十二年九月乙酉。
2 参见《明仁宗实录》卷五下，永乐二十二年十二月戊辰。

光禄寺的负责人，除了尽职之外还要保住自己的乌纱帽，因此要显示他同皇帝保持高度一致，而同太子划清界限；可是郝郁、李灏这些中下级官员不同，他们地位、权势都不高，没那么多负担和心思，倒是与太子有些同病相怜，因此才会适当关照太子。但不管怎么说，太子从南京到达北京后，朱棣对他的限制与防范并未改变，朝中官员待他的心态自然不同。

（二）朱棣的宠臣开始向太子靠拢

1. 皇帝和太子两个集团的人较量，前者获胜

实际上只要朱棣健在，他和太子之间的矛盾就肯定会在许多方面有所反映，并且由于两个人后来分别主政南北两京，手下都有各自的辅政群体，这些人之间也有矛盾冲突。在此之前，尹昌隆和吕震的冲突就充分反映出这一点。尹昌隆是建文旧臣，朱棣起兵后他曾上书建文帝，建议罢兵休战、允许朱棣入朝，实在不行就让位。朱棣即位后，尹昌隆作为建文奸党差点被杀，好在朱棣后来看到了他的上书，所以不但没杀他，反而任命他为太子的辅政官员，并且受到太子的器重。后来尹昌隆作为太子的老部下，虽然也受到了朱高煦的陷害，但可能是由于前边的特殊经历，尹昌隆不但没进监狱，反而升任礼部主事。

当时的礼部尚书是吕震，他最早是朱棣燕王府的官员，属于藩邸旧臣，朱棣的铁杆老部下，现在正受宠，红得发紫。此人为人刻薄，报复心极强。他有个特殊的习惯，“当其独处精思，以手指刮眉尾，则必有密谋深计，官属相戒，无敢白事者”，礼部官员都知道他的这个习惯，所以没人敢在这个时候向他汇报工作。尹昌隆是从太子部下转到礼部来的，不了解吕震手指刮眉毛梢的习惯，所以前来汇报时“（吕）震怒不应”，发怒不搭理他；“移时又白之，（吕）震愈

怒，拂衣起”，过了一会尹昌隆又去汇报，吕震更加恼怒，干脆一甩袖子走了。尹昌隆汇报几次，都赶上了吕震没个好脸色，心里当然不舒服。

这时可能有人给他出了个主意：你不是太子的老部下吗？这件事你可以直接请示太子，让他发个令不就办了吗，何必总去看吕尚书的脸色呢？尹昌隆觉得这个主意不错，于是他就越过吕震直接找到太子办了事。吕震一听怒气冲天，这种人最恨的就是别人无视他的存在，并且一定要报复，于是他就找个理由告了尹昌隆一状，但罪名不严重，后者不久就被释放了。[1]

吕震不甘心，一定要把尹昌隆置于死地，于是他表面上对尹昌隆表扬加安慰，暗地里却不断地搜集材料。朱棣有个兄弟谷王朱橞，在长沙封地有些不法行为，有人说他有谋反的嫌疑，朱棣当然要惩治他了。据说谷王以前曾建议让尹昌隆来做他的王府长史，相当于王府秘书长，虽然没做成，但这件事却被吕震抓住了把柄，他一口咬定尹昌隆很早就伙同谷王谋反，结果无论尹昌隆怎样辩解都不管用，最后背上了谋反的罪名，成为朱棣的“随驾重囚”。“随驾重囚”是一种罪行深重的特殊囚犯，关在监狱里都不放心，皇帝走到哪儿罪犯的囚车就跟到哪儿，不久尹昌隆就作为谋反要犯全家都被灭了族。[2]那么尹昌隆为什么会有如此下场呢？

尹昌隆的后台是太子，而吕震的后台却是皇帝，两个人属于不同的辅政群体，尹昌隆虽然可以利用太子的关系暂时获胜，但吕震一旦利用皇帝的力量来收拾他，尹昌隆就无法抵挡了，因此，两人背后其实是皇帝和太子两个政治集团的较量。况且吕震强加给尹昌

---

1 参见《明史》卷一六二，《尹昌隆传》。

2 参见《万历野获编》卷二十八，《尹昌隆》，中华书局1959年版，以下引用不再注明版本；《明史》卷一六二，《尹昌隆传》。

隆的罪名是协助谷王谋反，这类罪名在当时是最要命的；当年朱高煦诬陷解缙，就说他是趁朱棣外出有意私见太子的，仅仅是有了一点嫌疑，夺位的皇帝朱棣都不能容忍，况且协助谷王谋反的罪名可比解缙的严重多了，所以尹昌隆才遭遇了灭族的惨祸。

2. 朱棣身边的势力开始向太子靠拢

尽管太子朱高炽一再受到朱棣的打击和限制，但另一方面却不断受到朝中部分势力的保护和支持，尤其是迁都北京前后，朱棣身边的辅政势力明显地开始向太子靠拢，于是太子的势力就进一步上升了。那么这些人是怎样向太子靠拢的呢？太子到达北京后，有一天礼部尚书吕震对太子说："殿下前在南京，数遣中使进案牍，每以殿下过失闻，上指其妄言。今宜疏此人。"意思是，殿下你以前在南京监国，多次派宦官前往北京送文件，那个人经常汇报殿下的过失，皇上说他是胡说，现在您应该疏远此人。太子回答说："过失，吾岂能无。今至尊既不信之，我又与人较耶？"[1]意思是，我哪能不犯错误呢？现在既然父皇都不信他的话，我又何必与他计较呢？太子这话说得是滴水不漏，显示出他的成熟与干练。

很显然，负责为太子送文件的宦官，可能是朱棣有意安插在太子身边监视他的，并且很可能已被朱高煦等人收买，当初太子在南京处理陈千户之事，或许就是这个人汇报的，否则朱棣在北京哪会知道呢？因此这类宦官的活动太子肯定了解，但他的回答很有水平，即使传到朱棣的耳朵里也没问题。其实这里还有一层意思，那就是太子在防备吕震。因为吕震一直是朱棣身边的宠臣，但他不是太子监国的辅臣，太子与他没打过交道，因此说话不得不谨慎一些。这件事也表明吕震作为朱棣的宠臣，这时也开始主动地向太子靠拢。

---

1 参见《明史记事本末》卷二十六，《太子监国》。

为什么呢?

第一，从前是太子和朱棣分别在南京和北京，因此别人利用朱棣的偏见来诬陷太子，基本上很容易见效；但是现在太子到了北京和父皇朱棣在一处，别人的诬陷就不那么容易得手了。第二，太子的地位迅速提高，朱棣此时对太子的防范和限制有所放松，并逐渐对太子放权，将来太子是注定要接班做皇帝的。第三，朱棣的身体一天不如一天，疾病间歇性发作。所有这些因素都决定了吕震这类朱棣的宠臣，需要逐渐同太子建立良好的关系，为自己日后的前途做好准备，加上吕震为人狡猾，善于见风使舵，这些可能都是他向太子靠拢的原因。但吕震做得同样较为谨慎，因为朱棣对太子的政策并未根本改变。

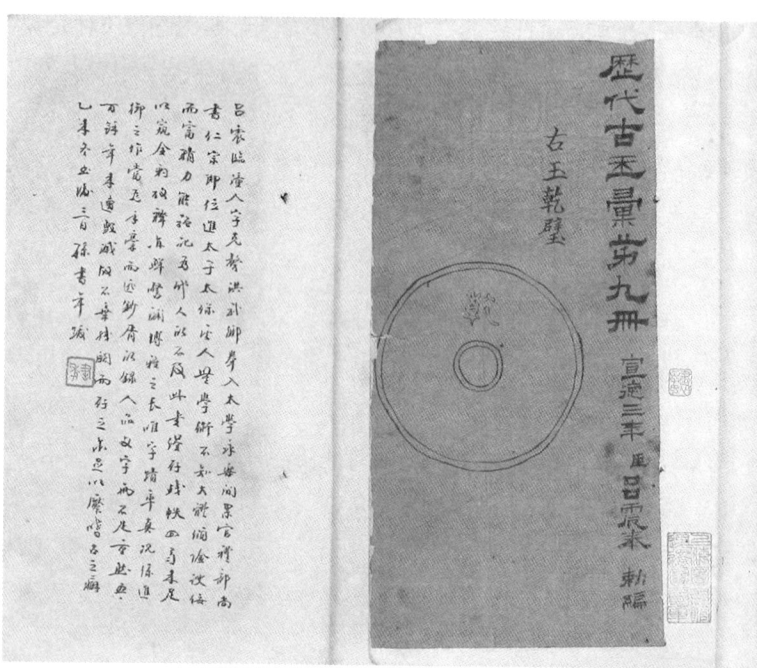

传吕震辑《历代古玉汇》(清抄本)

3. 朱棣心腹脚踩两只船，太子势力有所上升

吕震作为朱棣的心腹大臣，前一时期还仗着有朱棣撑腰，将太子的部下尹昌隆诬陷致死；但太子到北京之后，他竟然主动向太子靠拢，至少说明形势的变化已经使朱棣集团有所分化，铁杆老部下不那么铁了。实际上这个变化从太子到北京之前就开始了。夏原吉也是朱棣非常器重的心腹大臣，是户部尚书，相当于财政部部长，地位很高，他奉命去接太子来京时，太子不顾父皇朱棣让他慢点走的命令，下令全速进京。但是当朱棣追问此事时，夏原吉却说什么太子快走的原因是“父慈子孝”，明显地站在太子一边。

这些还是太子来北京前后的事，那么更早的情况呢？永乐十六年（1418年）曾有人告发监国的太子有失德之举，朱棣就派他的高级特务胡濙以公务出差的身份，前往南京秘密调查太子。结果怎样呢？胡濙不但没有讲一件太子的失德之举，反而只写了太子的七件善事秘密寄给朱棣，后来还当面向朱棣汇报了太子如何称职、孝顺，同样是明显地站在太子一边。胡濙、夏原吉和吕震都是朱棣的心腹大臣，很受器重，三人可以说都是朱棣集团中的核心人物，但他们却在太子到达北京前后，都不约而同地向太子靠拢，说明了什么呢？

至少说明只要太子不被废掉，他就有机会继承皇位，势力就会不断壮大，在迁都北京后无形中又有上升。相比之下，太宗朱棣这时的年龄和身体状况，都决定了他的势力已渐渐衰落，对于吕震等人来讲已是冰山难靠，而太子却已非常接近皇位了。因此在这种情况下，吕震等人虽然是朱棣辅政群体的核心人物，但只能是主动地靠拢太子，脚踩两只船，好为自己留条后路。

（三）后妃势力支持太子，朱高煦势力下降

1. 得到后妃支持，太子地位逐渐巩固

除了部分大臣的原因之外，后妃势力的支持也是太子势力上升的重要原因。太子朱高炽的母亲即朱棣的皇后徐氏，是明代开国元勋徐达的长女，从目前的记载来看，她不太喜欢次子和三子，即朱高煦和朱高燧，她曾几次劝说朱棣：皇上可要用心管教老二和老三，这两个人似乎有点心术不正。但她较为喜欢老大也就是太子朱高炽，除了母子关系之外，可能是看他比较老实、听话，并且总受父亲和兄弟的气，所以徐皇后总是为他出主意，安慰他。

据说每次太子挨了朱棣的责骂很不痛快，就向母亲诉苦，可能是埋怨父皇不给他好脸色，徐皇后就安慰他，估计是劝他别生气、别着急，父皇训你，你就尽量顺着他，皇位早晚是你的，能忍就忍一忍吧。后来徐皇后去世时，曾专门嘱咐朱棣要善待太子，如果不是鉴于太子当时的艰难处境，以徐皇后的稳重性格，她轻易是不会说出这番话的。此后朱棣虽然一直没有再立皇后，但主持后宫的一位贵妃王氏，始终都对太子朱高炽非常好。[1]

徐皇后像

1 参见《明史》卷一三〇，《后妃传》一。

同时，朱高炽的妃子张氏很聪明、很贤惠，对待公婆朱棣和徐皇后很得体、很孝顺，深得两人的喜欢。据说张氏的厨艺不错，还会做一种特殊的汤饼，当时宫里的厨师肯定是高手如林，但张氏这样会做汤饼的人估计并不多见，因此更加得到朱棣夫妇的器重。有一次全家在内苑一起吃饭，小规模的宫廷家宴，朱棣见了太子可能总是觉得不顺眼，没头没脑一顿骂。张氏没说话起身走了，过了一会儿，张氏在厨房做好了自己拿手的汤饼，端出来孝敬公公婆婆。

朱棣这才转怒为喜，对太子说：要不是你这个媳妇贤惠，我早就废掉你了！“新妇贤，他日吾家事多赖也”，[1]意思是将来我们老朱家的事，恐怕要多靠你这个媳妇来支撑了。朱棣称赞太子妃的话可能有些夸张，但太子的地位也确实因此而得到了一定的巩固。后来的事实也证明，太子妃张氏是个非常了不起的人物，不仅长期跟着太子同甘苦、共患难，还对太子地位的巩固、皇位的交接甚至朱家天下的稳定，都起到了非常重要的作用。[2]

2. 失去一批支持者，朱高煦的势力逐步下降

相比之下，永乐中期以后朱高煦的势力却在逐步下降。当初朱棣刚即位时，朱高煦还真有一批支持者，主要是跟随朱棣起兵夺位的部分武将，这些人在整个“靖难之役”中同朱高煦并肩作战，彼此甚至有过生死交情。并且这支部队相当于朱棣的私人家兵，朱高煦则是统帅之一，因此许多将领自然都是他的部下、家将。其中最有名的人物是丘福，他在夺位之战中功劳很大，在军中也很有威望。朱棣即位后丘福被封为淇国公，是武将中的首席功臣。

1　参见吕毖《明朝小史》卷五，《手制汤饼》，《四库禁毁书丛刊》史部第019册，北京出版社1997年版，以下引用不再注明版本；《明史记事本末》卷二十七，《高煦之叛》。

2　参见《明史》卷一三〇，《后妃传》一。

据说每次打了胜仗以后别人都去抢夺战利品，只有丘福不跟着抢，而是找一棵大树在底下歇着，因此得了一个“大树将军”的称号。当然，部下抢来的战利品很可能也分给他一份。朱棣对丘福评价很高，经常对人说，“丘将军之功我自知之”。但这个人打仗有勇无谋，永乐七年（1409年）丘福奉命率领十万大军出击蒙古，因轻敌冒进而导致全军覆没，[1]不仅本人遇害，还使朱高煦失去了军中的一批重要追随者，朱高煦的势力因此而受到了较大的损失。

除此之外，还有两个人曾积极支持朱高煦，一个是蒙古族将领火真，此人是朱棣的骑兵统帅，勇冠三军，也是朱棣夺位的重要功臣，因战功被封为同安侯，但火真在永乐初期一次出塞战斗中战死。[2]另一个是驸马都尉王宁，朱棣的妹夫，这个人在建文时期即与朱棣有交往，被建文帝逮捕下狱，后来朱棣即位，封他为永春侯作为报答。王宁和朱高煦关系好，当初多次力劝朱棣要立朱高煦当太子。可是这个王宁非常信佛，总想劝朱棣跟他一样诵经念佛，朱棣有些讨厌，对他也就慢慢疏远了。加上王宁才干很一般，在朝中没什么地位，[3]因此他和早死的火真对朱高煦的支持很有限。再加上朱高煦又逐渐丧失了朱棣的支持，于是他的势力自然是一天不如一天，很难再跟太子抗衡了。

（四）朱棣与朱高炽矛盾的复杂原因

1. 别人的诬陷迎合了朱棣防范太子的需要

从上述情况可以看出，朱棣迁都北京前后，太子的势力在不断上升，而朱高煦的势力却在逐渐下降。但这种变化是相对的，太子

---

1 参见《明史》卷一四五，《丘福传》。
2 参见《明史》卷一四五，《火真传》。
3 参见《明史》卷一二一，《王宁传》。

仍处于父皇朱棣的阴影之下，朱棣对太子限制、防范的政策也没有根本改变。

有两件事值得说明，第一件事是永乐十九年（1421年）朱棣因迁都而大赦天下，这是朝廷的一个惯例，每当遇到新皇帝登基、立皇后、立太子等，都要赦免一大批罪行较轻的囚犯。当时的大赦令规定，除了谋反等罪不赦外，文武官员因事获罪都可以赦免。[1]永乐十一年（1413年）被关押的太子监国辅臣黄淮、杨溥等人，本来应按大赦令获释，但结果却一个都没被赦免，这说明朱棣虽然不想置这些人于死地，但却也不想轻易放过他们。你们不是帮太子吗？那就先在牢里蹲着吧。朱棣可能有这种心态。由此可见，专制时代赦令面前并非人人平等，皇帝执行起来更是双重标准。同时也说明，朱棣对太子限制、防范的政策没有改变。

第二件事是朱棣对次子朱高煦的态度。朱高煦被遣送到山东乐安之后，夺位活动一直没有间断过，但朱棣却从未过问，原因可能有几点：第一，朱高煦的护卫被削掉了，必须重新招兵买马，短期内不可能再聚集起一支成规模的武装力量；第二，乐安小城规模有限，又远离南京和北京，即使有什么风吹草动，对两京的威胁暂时不大；第三，朱棣此时病情加重，已间歇性发作，有时政务都要交给太子处理，更无力也无心再顾朱高煦之事；第四，朱棣对朱高煦始终没有置于死地，而是留有余地，可见从感情上毕竟难以割舍。永乐十九年八月，朱高煦的长子死了，朱棣为此竟停止视朝三日，可见治丧规格之高，并且感叹："此儿虽循良，使不死亦终不能匡救其父也！"[2]对朱高煦有惋惜之意。

以前朱高煦为了争夺皇位继承权，曾多次收买宦官或亲自诬陷

---

1 参见《明太宗实录》卷二三三，永乐十九年正月戊寅。

2 参见《明太宗实录》卷二四〇，永乐十九年秋八月庚申。

太子及其部下，被遣送到山东乐安之后仍旧如此，而事实证明，朱棣晚年虽然不全相信周边宦官对太子的诬告，但他并未制止这种风气，也未将这些人治罪。原因很简单，这些人虽然受到汉、赵二王的收买和利用，但同样迎合了朱棣防范和限制太子的需要。否则如果在他们诬陷太子时，朱棣只要说一句，你们怎么总说太子的坏话呢？或干脆不理，那些人还敢继续诬告吗？恐怕就不一定了。因此太子到达北京后，虽说父子两人关系有缓和，但矛盾的阴影仍未消失。

2. 权力之争加上性格特点，是朱棣父子矛盾的主因

自从朱棣离京、太子监国以来，两人一直存在着复杂的矛盾，是因为朱棣不喜欢朱高炽而喜欢老二朱高煦，还是另有其他原因？实际上朱棣与朱高炽之间的矛盾，在当时有着深刻的社会政治原因。首先，两人的矛盾是由专制制度造成的，类似的情况在明代和其他朝代都不乏其例，不论是由于皇帝偏向老大以外的皇子，还是偏爱其他贵妃等因素，皇帝和太子之间的矛盾总是存在的。说明在当时的社会中，这种矛盾冲突具有普遍性。

专制时代皇帝拥有至高无上的权力，几乎很少受限制，监国的权力既是皇权的一部分，也是由皇帝给予太子的，而且这种权力与皇帝的权力划分没有明确的界限，行使范围和伸缩性完全由皇帝来决定，因此，朱棣既可以确定监国的权限范围，也可以干涉、包揽太子的监国政务，当然也可以收回这种权力。这样势必造成皇帝和监国太子之间的权力冲突，尤其是当朱棣有意这样做的时候。

其次，两人的矛盾冲突也与当时的政局以及朱棣本人的性格特点、心理因素有关。朱棣离京，太子朱高炽监国，手中握有处理日常政务的实权，周围又有一大批实权人物的辅佐，因而很快便形成了一股不断上升的政治势力。这样一来，权力的重心便发生了转移，有时会出现南京和北京同时存在两个权力中心的现象，这种现象在无形之中就对朱棣造成一种威胁。

各位知道，朱棣是个雄猜多疑、权欲极强的人，总是怕别人再夺了他的皇位，或是威胁他的皇权，因此南京、北京两个权力中心并存，很可能使朱棣产生一种失落感和危机感，他可能会觉得自己不是唯一的皇帝，南边还有一个皇帝，并且也有不少实权。因此，朱棣一方面对太子采取限制和防范的措施，并用关押、杀掉太子部下的方式，来不断地打击和削弱太子的势力；另一方面则有意纵容和厚待朱高煦，以此来平衡他与太子的势力。这样一来，朱棣可能就不断地减少了自己的失落感和危机感，从而有效地保持了自己心

长陵祾恩殿旧影

理上的平衡。

在这种情况下，太子及其部下受到打击和惩治，与其说是朱高煦等人的谗害，还不如说是朱棣的本意。同时，朱棣这样做或许还有另一层用意，即为防备太子在其部下的帮助下，发动政变提前夺权，因此才不断地用找碴、关押或处死的办法来“敲打敲打”这些人，明里暗里警告他们不可有非分之想，不能在朱棣生前拥立太子为帝。有人认为是永乐十二年（1414年）以后，朱棣才对太子因猜疑而打击和防范，但事实上在此之前，朱棣已经屡次听信谗言捕杀太子的部下，可见朱棣的猜疑是贯穿太子监国的始终，从来没断过。

3. 朱棣虽然打击和限制太子，但不等于要废掉他

尽管太子朱高炽的势力不断地受到打击和削弱，但只要他监国的权力不被剥夺，他的势力便会不断地发展和壮大，从而给朱棣造成一种无形的威胁。因此尽管永乐十五年以后，汉王朱高煦由于夺位活动过分露骨而被遣送到乐安，但朱棣对太子打击和限制的政策并未因此而改变，反而有所加强，永乐十六年和二十年（1422年），朱棣又连续两次对太子的部下大兴问罪之师，原因就在于此。太子朱高炽长期生活在皇帝的阴影之下，两人的父子关系也由于这种权力斗争而变得很不正常，几乎完全服从于专制王朝的君臣关系，这种被扭曲、被异化了的父子关系，实在是专制政治的历史悲剧。

许多人认为朱棣的打击和限制是有意废掉太子，史书上也说太子朱高炽多次面临被废掉的危险，但从实际情况看并非如此，因为朱棣虽然曾纵容和厚待朱高煦，但并不是要培养他作为皇太子的候选人，来代替老大朱高炽继承皇位；朱棣对太子及其部下所采取的行动，目的不过是想削弱和限制其势力，使其不能对自己造成威胁。这是朱棣对太子的长期斗争方略，因此太子虽连遭打击和限制，但其地位仍然较为稳定，两个看似矛盾的现象，在此则统一起来。

同时，朱棣对太子的斗争也并未扩大化，而是控制在一定的范围之内，关押和杀戮的人只限于太子的部下，这样既维护了自己的地位，对永乐政局也未产生大的影响。实际上只要朱棣的地位不受实质性的威胁，朱高炽的太子地位就是稳定的。因此，朱棣始终没有废掉太子，并及时制止了朱高煦武力夺位的过分行动，暂时避免了冲突的升级，从而保持了政局的稳定。尽管朱棣专断雄猜、冷酷无情，但就他对太子的斗争方式及其结果来讲，朱棣仍不失为一个高明的专制帝王。[1]

（五）太子以退为进，赢得了有利的局面

朱棣与太子的矛盾冲突中，朱棣是主动的一方，太子则是被动的一方，但太子并非完全被动应付，而是采取了以退为进的策略，其成熟的才干比照两位兄弟实在是略高一筹。

除了逆来顺受、言行谨慎外，朱高炽平时热心诗文，手不释卷，公务之余几乎整日与文人学者杨士奇、王汝玉、徐善述等人谈论诗文。“被服宽博，大类儒者云”，太子给人的印象是一个清心寡欲、热心学问的胖书呆子。

值得一提的是太子对二弟朱高煦的态度。他当然十分了解二弟的行为，但他从未向父皇朱棣抱怨过、汇报过，相反却不顾朱高煦的打击、陷害而一再为他求情，甚至在朱高煦夺位最为猖獗、朱棣要严惩他时，太子还不惜触怒父亲来为他担保，说他“宜未必有害臣之心”。结果呢，整个事态的发展似乎与太子的愿望完全相反，太子越是为二弟求情、担保，朱棣就越觉得太子太善良、太仁弱了，

1　此处参考了张兆裕《黄淮之狱与朱高炽的太子地位》一文，见《明清史论文集》第34—42页，天津人民出版社1990年版。

从而也就越要彻底惩办一下朱高煦，以解除他对未来皇帝的严重威胁。因此，朱棣不但不听太子的劝告，反而削掉朱高煦护卫并将他遣送到了乐安，于是朱高煦几乎丧失了夺取皇位的资本，就像老鹰被砍掉了翅膀，根本飞不起来了。

在当时朱高煦夺位之举没有充分暴露的情况下，如果太子对朱高煦的打击、陷害有所抵触或抱怨，估计很可能会受到朱棣与朱高煦的联合夹击，经过多年的历练和折腾，太子对这一点肯定是清楚的；即使是在朱棣处理朱高煦的过程中，如果太子稍有一点添油加醋或是幸灾乐祸的表现，那么雄猜多疑的朱棣回过头来将会怎样对待他，恐怕也很难预料。因此太子在朱高煦被遣送到乐安之后，不但没有一点添油加醋之举，反而写信劝慰二弟。

不过这里还有一个问题，那就是太子是否真的不希望看到二弟倒霉呢？史书未记。但是二弟倒霉的结果对太子是最有利的，而他似乎是从反面促成了二弟的失败。太子后来被称为“仁宗”，很大程度上是指他对两个兄弟非常仁厚，但从上述情况来看，太子是仁弱厚道，对来自二弟的诬陷和打击总是逆来顺受，还是大智若愚，有意无意地让二弟过分的夺位活动受到父皇的控制和制止，可就不一定了。因此，后人给他一个“仁宗”的称号，恐怕是小瞧了他。

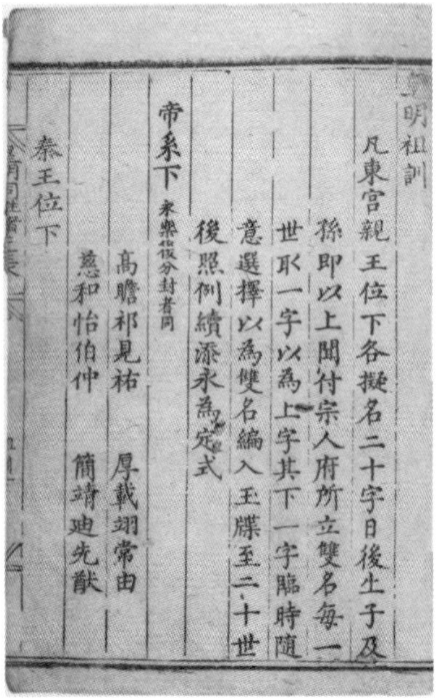
皇明祖訓
凡東宮親王位下各擬名二十字日後生子及
孫即以上聞付宗人府所立雙名每一
世取一字以為上字其下一字臨時隨
意選擇以為雙名編入玉牒至二十世
後照例續添永為定式
帝系下
高瞻祁見祐　厚載翊常由
慈和怡伯仲　簡靖迪先猷
秦王位下

《皇明同姓诸王表》（万历刊本）

回过头来讲，永乐十八年

年底太子和太孙都到了北京，从而使北京完全成为大明帝国的政治中心。第二年即永乐十九年一月，明廷正式迁都北京，对于朱棣来讲，这是他夺位之后的几大追求之一，其他几项活动分别是南征北讨、远航西洋和营建武当山等，而迁都北京无疑是这些活动中的重中之重。上百万人前后近二十年的辛勤劳作，终于建成了一座伟大的都城，就是今天各位看到的北京皇城的主要框架，太宗朱棣当然为之高兴，为之自豪。前人包括朱元璋没有做到的事，朱棣确实做到了。那么朱棣是怎样做到的呢？

大运河北京段旧照

九　浩大工程

迁都北京前后，朱棣的心腹开始向太子靠拢，因而太子势力有所上升。朱高煦失去一批支持者，势力下降，但朱棣对太子限制和打击的政策并未根本改变。而朱棣同大臣关于开创与守成的矛盾又逐渐突显出来，主要涉及营建北京、南征北讨等活动和工程。

与营建北京相关的工程还有长陵的营建和大运河的开通，还包括武当山和南京大报恩寺的兴建，加上南征北讨和下西洋，虽说南征北讨和下西洋不能算作严格意义上的工程，但是其中运输和供应几十万远征军的粮饷，采集各种物资修造和维护庞大的远航船队，也是一种特殊的工程。并且除了浚通大运河，其他七项工程都包括大规模地筹集和运输各种物资，因此，上述八项活动的每一项都是消耗惊人、规模空前的，百姓和国家为此付出了相当大的代价。

（一）营建北京和天寿山长陵

1. 北京皇宫和都城的营建，直接参加者即超过百万

朱棣武力夺位后，在永乐四年（1406年）就下令营建北京，这是明代开国以来继营建南京、凤阳之后最为浩大的一次全国性工程，

所耗用的财力、人力、物力可想而知。首先“命工部征天下诸色匠作，在京诸卫及河南、山东、陕西、山西等布政司、直隶、凤阳、淮安、扬州、庐州、安庆、徐州、海州选民丁，期明年五月俱赴京听役”。就范围来讲这种征集是全国性的，就工种来讲也是无所不包，凡“百工技艺”只要营建需要，随时都可向各地征调。朝廷在当时集中了全国著名的工匠大约有十多万人，同时大量征调各地民工和卫所军人，就连监狱里的一些犯人也被押解出来，为营建工程提供劳役。

这个时期为了营建都城，将元大都的南城墙南拓，并完成北京城墙的修建，确定整个皇宫的规模，初步规划完成了皇城的布局。前一阶段自永乐四年下诏时起，主要是准备各种材料；后一阶段自永乐十五年（1417年）起，之后营建工作全面铺开，工程量最大也最集中。永乐时期营建皇宫耗用了多少人力和财力，很难统计出来一个可靠的数字。但从一些零星记载中可以看到所投入的人力之多，耗费之大。永乐十九年（1421年）三殿建成后遭到火灾，翰林侍讲邹缉上书说营建北京“工作之夫动以百万”，即包括整个北京工程所用人力的大致数量。

2. 准备材料等活动比营建时间更早、更长

早在永乐四年七月朱棣就颁发诏令：“以明年五月建北京宫殿，分遣大臣采木于四川、湖广、江西、浙江、山西。”[1]还分别派人烧造砖瓦、征发工匠、调遣民丁等等，已经着手准备营建工作。但是大规模的营建活动并未真正展开，其原因除了数量庞大的建筑材料短期内无法备齐之外，可能还与这一时期大规模的消耗活动接连不断有关。比如永乐四年几十万大军出征安南，永乐五年（1407年）

---

1 参见《明史》卷六，《成祖本纪》。

北京太庙享殿

徐皇后病逝，开始营建天寿山长陵，永乐七年（1409年）和八年（1410年）明廷又两次北征蒙古，因此营建北京的活动暂时停了下来。但是筹集建筑材料的工作却一直没停，并且筹集到的各种材料数量惊人，据说木、石、砖瓦等直到万历时期还在使用，可见剩余数量之多。

在筹集材料的同时，朱棣先下令改建了自己在北京的燕王府（位于今天北京北海一带），称为“西宫”，作为代替皇宫的临时办公场所，还更改了宫殿额名以符合帝王体制，尽管规模不太大，但也有一千六百多间房屋。[1]从时间来计算，从永乐四年到十五年西宫建成共用十年左右，而永乐十五年到十八年（1420年）营建庞大的紫禁城却只用了三年。从工程量来计算，显然后者要大得多，但备料活动和规划设计却是前一段打下的基础。

---

1 参见《明太宗实录》卷一八七，永乐十五年四月癸未。

除了以三大殿为核心的皇宫建筑之外，还有太庙和社稷坛，就是今天的劳动人民文化宫和中山公园；天安门前面还有大明门和前门，神武门（当时称为玄武门）北面还有寿皇殿，就是今天的景山公园。不仅如此，皇宫的南面还建有天坛和山川坛，就是今天的天坛公园和先农坛；皇宫的东面还建有王府十五邸，据说仅房屋就有8 000多间，就是今天王府井大街的前身。如此庞大的营建工程，没有充分的材料和规划准备是根本无法完成的。

营建需要的采石、转运、开窑烧砖瓦、烧石灰等等，都不是一两年能够完成的。其中采木一项，耗费的时间就需要几年，“照得楠杉大木，产在湖广川贵等处，差官采办，非四五年不得到京”。[1]如果连规划设计、拆除旧建、创槽打基都计算在内，整个准备材料阶段要比营建时间更早、更长，至少需要十年左右。

3. 地基的复杂程度和工程量同样是空前的

永乐时期新首都北京的所有地面建筑都有相应的地基部分，并且两部分几乎各占一半，有些地基甚至超过了地面的建筑部分，尤其是像故宫三大殿、天坛、太庙、天安门这样的高大建筑，更是必须有相当深度和相当牢固的地基。尽管有少量地基可能是元大都的遗迹，但明代北京都城的整体规模是超过元大都的，所以绝大部分地面建筑都是重新修筑的地基，没有、也不可能完全沿用元大都的地基，多年来故宫考古发掘的成果已充分证明了这一点。因此，仅仅是北京都城新建的地基部分，就是一项空前规模的土木工程。

2014年，故宫博物院考古研究所在慈宁宫花园热力电力管线改造工程工地上发现了一处明代嘉靖时期宫殿建筑的地基，包括7个约

1　参见贺仲轼《两宫鼎建记》卷中，《四库全书存目丛书》第128册，第138页，齐鲁书社1997年版。以下引用不再注明版本。

故宫院内的明后期宫殿地基遗址

2.44米见方的磉墩即砖砌墩台建筑基础，以及深4.4米、土与碎砖交替夯筑15层的地基。其中一处磉墩底部有两层排木叠压铺成的木质承台，下层排木是南北方向铺设，上层是东西方向铺设，承台的下方和周围竖有多根木地钉，扎入地下土层约2米，相当于今天的地基石桩，估计是用于支撑和固定下层排木。木质承台上面是平铺的几排长方形土衬石石板，石板的上面是多达21层的青砖，每层之间又以石灰汁黏结、加固。在考古发掘禁止使用电镐的情况下，有关人员使用普通的铁镐几乎无法刨开砖面，可见木质承台上面的青砖是相当坚固的。

木质承台和土衬石石板之间，木地钉和下层排木之间以及两层交叉排木之间的空隙，都是用碎砖、土和石灰填平夯实。根据实验室初步分析，承台所用的木材有云杉和落叶松两种，木质较为坚硬，在与空气隔绝、土石严密覆盖、完全封闭的十几米地下，几乎没有腐烂的可能。据参与发掘的考古人员介绍，刚接触到的排木完全是新的。由这类木材铺设而成的承台，连同周围夯筑厚达0.6至0.9米的碎砖，构成极其坚固而致密的加固层。地基内发现的方砖上有嘉靖十六年（1537年）的铭记，据此推断，这一地基可能是嘉靖前期的宫殿改建工程之一。[1]

由此可以想象，嘉靖时期一处不太有名的宫殿建筑，其地基工程即如此复杂，这么永乐时期营建北京大规模的宫殿建筑群，地基的复杂程度和工程量又会怎样呢？上述地基仅仅由深4.4米的15层土与碎砖交替夯筑，据说故宫有一次发掘太和殿的地基，挖到21层还没完，那么整个北京的宫殿建筑群又需要投入多少人力、物力和财力呢？今天已无法准确估算。不过从上述情况来看，一些史书上记载的百万之众也只是粗略和保守的估计。

4. 天寿山长陵的营建，也是空前规模的工程

几乎在营建北京都城的同时，朱棣又下令为自己和徐皇后营建陵墓，就是今天十三陵第一个最大的陵墓——长陵。长陵的工程主要分为地宫和地面的陵园两大部分，地宫虽然由于目前尚未发掘而无法了解其中的情况，但是可以参照已经开放的定陵地宫，参观者无不为其工程浩大而感到惊奇。定陵安葬的万历皇帝已是朱棣的第八代子孙，他的陵寝规模决不会比祖宗朱棣的更大，因此可以推测，长陵的地宫至少是和定陵的规模一样大，甚至可能超过定陵，那么整个长陵的工程量肯定是相当浩大的。

1　根据参与地基发掘工作的故宫考古研究所徐华烽的介绍。

长陵远景

长陵仅地宫的修建就用了四年的时间，而长陵陵园的主要建筑直到永乐十四年（1416年）才算基本完工。长陵的陵园由陵门、陵恩门、祾恩殿、明楼和宝城组成，这组建筑群是我国现存最大的木结构陵寝建筑群之一，单凭这一点也可以看出当时长陵工程的超级规模。正是由于建筑规模空前，施工期间又赶上北京皇宫也在紧张营建，加上朱棣晚年连续北征，综合国力消耗较大，因此，不仅朱棣在世时未能拿出足够的人力、财力、物力来完成陵园的营建，即使后来的仁宣两帝也不得不根据有限的综合国力，采用分期施工的办法来营建陵宫。而长陵神道石像等则是正统时期完成的，距长陵初建已超过30年。[1]

（二）营建工程的另一半：建筑材料的筹集和运输

在营建北京等工程中，准备的主要建筑材料包括木材、石料、砖瓦、琉璃等，由于材料需求量非常大，种类繁多，加上技术条件的落后，因此这些东西筹集和运输的时间之长、规模之大，劳役之艰苦、繁重，很大程度上都超过了营建本身。

1. 木材的采集和运输

从现有的资料看，营建北京及长陵的木料都是从特产楠木的四川、贵州、广西、湖南、福建等地的高山深谷中采伐来的。明代文献里曾有“入山一千，出山五百”的记载，可见在原始森林中伐运木材死亡人数之多。运输木料非常艰苦，好的木材都生在“险绝之地”，不消说要披荆斩棘、先行开路，而后运到河道流放，顺长江转运到淮河，再顺运河或者出海运到塘沽，转运到北京，从采伐到运输抵京需要四五年。宣德元年（1426年）修理南京大祀等殿，采运湖广“杉松大材七万株”，以此来判断，永乐时期的采木规模当不小。直到万历朝神木厂还有永乐朝剩余的大型木料，可见当初准备数量之多。

被强征的采木人数没有具体记载，《明史·师逵传》中说“永乐四年建北京宫殿，……（师）逵往湖湘，以十万众入山辟道路”，仅一个地区开辟采木道路的人就达十万之多，那么全国伐木的民夫当不下几十万人。这些民夫自带干粮辗转于穷山恶水、丛林荆棘之间，

1 参见胡汉生《明十三陵》第80页，中国青年出版社1998年版。

劳动艰苦自不待说。有人写过一篇名叫《皇木》的文章，描绘采木地区山川险恶，以及采木工人在山涧中运木的艰辛情况。他们遭遇毒蛇猛兽、饥饿流离、感染山岚瘴气致病，使用天车越涧和利用巨浸漂流运输又会遇到各种危险。这样的劳动在当时都是无偿的，而木材验收时如果不合格，采木者就要被迫出卖子女偿还，更有甚者父债子还。即使是合格的木料要运到北京，运输人员在转运水陆途中饿死病死、落水丧生者又不计其数。

采运者由于无法忍受这样残酷的折磨，只好铤而走险、奋起反抗，永乐七年湖南发生李法良率领的伐木工人暴动，原因是吏部右侍郎师逵残酷奴役采木百姓，百姓忍无可忍，所以“多从李法良为乱”。[1]当时正赶上朱棣北征，由太子朱高炽在南京监国，一批朝臣弹劾师逵“激李法良之变”，太子认为是他父皇朱棣所特派的大臣，因此并没有追究，只是下令“罢四川采木军民各还家”。但整个备料、运输并未停止，永乐九年（1411年）疏浚通惠河（北京至通州一段），除漕运粮食外也是为了运输木材。从山区放排顺长江编筏而下，无论河运、海运都难免遇到风险而漂没，或遭到淤沙而搁浅。仅仅是通州到北京的通惠河道，嘉靖朝的两岸沙苇中还有被淹没的150多根大型楠木。

2. 石料的开采与运输

参观故宫时可以看到，宫殿建筑除木结构以及门窗、装饰外，用石料的比重相当大，除基础的条石、须弥座、柱础外还有台阶、石栏甬路等，其中最大的是保和殿后的一块云龙阶石，长16.5米、宽3米、厚1.7米，是用一块汉白玉雕成的，重达200多吨。明代营建北京宫殿所需石料有汉白玉石、青石、花岗石、花斑石。其中主

1　参见《明史》卷一五〇，《师逵传》。

要为汉白玉石，其色调浑白，质地均匀，很少有裂纹，而且体积较大，是石雕的好材料，产地为北京房山区的大石窝和涿州的马鞍山。由于采集量大，明朝政府在这里驻有工部及御史衙门官员，专门监督采运。

开采石料是艰巨的劳动，选择好开采地点以后，先要剥离表土，再挖出砾石、砂层，要清除几层至十几层的乱石。“大石料大者，折方八九十丈，次者亦不下四五十丈，翻交出塘上车，非万人不可。”特大石料——类似云龙阶石那样，翻塘上车需要一万个军工，工程之艰巨可见一斑。不仅要把石料就地加工成粗料，而且要把石料的剥离地点到装车地点开凿成一个大斜坡，铺垫上滚木，用杠撬、人拽，一寸一寸地移动。这种特大石料的运载工具叫作“旱船”。

由巨大的方木联结成木排，架在两排方木上面，严寒季节在路面泼水结冰，用人力和畜力拉拽，由房山到北京一路直到现在都有不少水井，就是明清两代遗留下来的。《两宫鼎建记》中记载：“三殿中道阶级大石长三丈、阔一丈、厚五尺……计二十八日到京，官民费计银十一万两有余。”[1]如果再加上军工，则运这块巨石所动用的人力达两万六七千人。房山到北京的距离以150里计，运了近1个月，每天行程五六里，可见运输之艰难。

由于运输频繁而且艰巨，官府还动员大批劳力修路，“照得大石窝子街中道等石，有一块重至十五六万斤者，有十余万斤者，开运一块费银千余。道路洼陷不平，损坏车石势所必至……令顺天抚按督责该地方司、道州、县官，多方设处。务期修垫如法，坚阔平坦，以便车行。如或虚应故事致损车石，除州县正官分别参处，巡捕官拏究外，仍责令该州县赔补原石”。顺天府所属北京周围各州县的百姓不但要出工修路，而且如果车辆和石料因事故而损坏，他们还要

1 参见贺仲轼《两宫鼎建记》卷上，《四库全书存目丛书》史部第128册，第135页。

奉天殿御路石雕旧影

担负赔偿的责任，因此，这一带百姓为运石而付出的人力和财力可想而知。

3. 烧造砖瓦、琉璃等建筑构件

自永乐朝营建北京，明代在北京宫殿、城垣、陵墓、坛庙的营造上，砖、瓦、琉璃等建筑构件的烧造规模之大、烧造地域范围之广、持续时间之长、烧办方式之纷杂，不仅为以前的历代王朝所罕见，甚至超过了明初洪武朝营建南京和凤阳中都的烧造规模，是北京营建烧造的第一个高峰。目前发现于河北省衡水市武强县之《重修二圣庙记》碑刻，记载了永乐六年（1408年）于武强县沿滹沱河两岸设立窑厂，“北界献陵（今献县）、南通观津、左跨衡漳”，窑座众多，终日“烟雾蒙蒙”，烧造砖料数量巨大，后因烧窑而成聚落，并且“因窑而建庙”，可见当时仅仅武强县附近的烧造规模就相当庞大。

从已发现的城墙旧砖戳记和《明史》等有关文献的记载来看，永乐朝营建北京与各王府、皇陵、北京城墙以至修建长城所用的砖，主要来自河北、山东、江苏、安徽、江西、湖南等省。营建北京时除使用部分南方窑外，还在山东临清和顺天府的昌平州、通州、涿州、房山等北京附近州县开窑烧砖。由于砖窑散在南北各省，因此官府规定，凡属运粮船必须搭运三十块砖，否则不准放行和通过关卡。这种砖在尺寸、质量、重量等规格上都有严格规定，每块重48斤，那么30块约合1 440斤，这对每条运粮船都是不大不小的负担。

琉璃厂旧址

北京城内有两处以窑作街道名称的地方，即琉璃厂和黑窑厂，都是由于烧制琉璃瓦和黑青砖琉璃制品而得名。北京师范大学旧址的水塔上面镶嵌着“琉璃窑”三个字，就是永乐时期的窑址。黑窑厂在今天的陶然亭，窑址就在现在的窑台附近。木石、砖瓦、琉璃是北京都城和长陵的主要建筑材料，此外还有黄土、石灰、颜料等，由于当时不可能按照需要做出数量和品种上的预算，更不可能根据各地的情况，来安排不同建材的采集和运输，因此在采集、运输、储藏和使用过程中，各种情况的浪费和损耗极大，更加重了百姓的负担。[1]

总之，朱棣为了营建北京新首都，十几年间在全国范围内筹集、制作和储备了数量庞大的建筑材料，具体数量今天已无法统计，但可以肯定的是远远超过实际消耗的数量。为什么这样说呢？因为永乐十九年迁都几个月后，一场大火烧毁了新建的三大殿，此后直到宣宗去世的十几年间都没有重建；英宗在正统初期的几年内不仅重建了三大殿，还陆续新建了其他一些宫殿和相关的机构，建筑规模及消耗之大可想而知；但整个营建过程中几乎没有重新筹集建筑材料，百姓也没有因此而背上永乐时期的沉重负担，并且此后的宫廷建筑也或多或少地使用朱棣当年筹集、制作的材料，直到嘉靖年间大规模地改建、扩建宫殿为止。由此可见，朱棣当年筹集、制作建筑材料的数量还是相当庞大的。

（三）修建武当山等其他几项工程

除了北京新首都和长陵的营建工程之外，还有南征安南、北讨蒙古、浚通运河、兴建武当山宫观和南京大报恩寺，以及下西洋等六项活动和工程，其中浚通运河虽然没有运输活动，但作为一项特殊的水利工程，劳役的强度并不亚于其他工程；武当山宫观和南京大报恩寺作为建筑工程，当然包括砖瓦木石的采集和调运；其余南征北讨等活动则是包括运输大量物资的工程。因此，这些活动同样是损耗民力、规模空前的浩大工程。

---

1 这里采用了首都师范大学王毓蔺的一些看法，以下简称王毓蔺。

1. 南征北讨和浚通运河

明朝南征北讨的军事活动都包括粮饷、军需的运输，其中北征时朝廷征集了二三十万运输粮饷的民夫，还有十几万辆运车和几十万匹驴，从北方各省将粮食运送到北征大军沿途经过的军仓，其中的一部分还要越过边境一直运送到北征大军的前线附近，[1]否则明军人马就无法及时获得必需的补给。即使这样，明军最后几次北征时，仍然因为补给线过长导致粮饷不足而被迫撤军。

可能有人会问，运输粮饷为什么要用那么多的驴呢？按理说马的力气可是比驴大多了，朝廷为什么不用马来运输呢？各位要知道，马在明代属于战略物资，原则上不用于生产，民间养马户养的马是公家的，不属于自己，几乎只用于战争，加上永乐时期连续北征需要大批的战马，像木材、石料这类沉重的建筑材料也必须用马匹来运输；而民间百姓生产和生活中的运输工具主要是驴和骡子，北方地区一直有养驴的习惯，驴又比马吃得少、易于饲养和征集，因此，为了保证北征和营建工程对马匹的需要，运输粮饷就只能用民夫和驴了。[2]由此可见，当时由于战争和工程规模巨大，就连百姓私养的牲口也要无偿为朝廷服役了。

永乐时期明军三次出兵安南，每一次战役的规模都超过了北征，因此粮饷的运输规模更是如此。明廷不仅需要供应几十万远征军的粮饷，战役结束后远征军撤回国内，留驻安南的几万明军同样需要粮饷供应。由于安南和明朝之间有崇山峻岭相阻隔，因此运输粮饷极为困难。[3]明廷派往安南的行政长官是黄福，他在安南并入明朝版

---

1 参见《明史记事本末》卷二十一，《亲征漠北》。

2 这里采用了张兆裕的部分看法。

3 参见《明史》卷一五四，《李彬传》。

图的二十年中，几乎始终为调运粮饷而发愁，实在没办法了，他甚至向朱棣建议，减少老弱军人的粮饷用于补充少壮军人，[1]或是从海上冒险开辟一条运输线，避免陆路运输的崇山峻岭。[2]到了永乐后期，南征所消耗的粮饷军费达到几百万，征调运输的费用尚未计算在内，[3]这个费用已仅次于当时南北两京的消耗，[4]可见安南已成为明朝一个极为沉重的包袱。

除了南征北讨的军事行动和运输工程外，浚通运河也是一项大工程，并且是迁都北京的配套工程。当时东南地区是明朝的主要产粮基地，粮食要通过贯通南北的大运河来运抵北京，其中元代运河济宁至临清的会通河由于"岸狭水浅"，无法承载大型运粮船通过，因而运往北京的粮食有限。为了保证北京新首都的巨额粮食供应，朱棣下令工部尚书宋礼负责浚通前代的大运河。宋礼率领山东、南直隶等地的三十多万民工，将会通河两岸普遍拓宽，对原有的河床加深挖掘三尺，从而解决了会通河河段水浅淤塞的问题。

会通河南旺一段地势较高，常有浅阻，宋礼一方面将引流入南旺的河水分别注入南北河道，加大这一段运河的水量，另一方面又在南旺的南北两边，根据地势和水势修筑闸门，以便及时蓄水和泄水，从而保证这一段运河拥有足够的水量来承载行船。同时，宋礼还将运河沿岸季节性存水的低洼地，改建成有堤坝和闸门储水的"水柜"，相当于小型水库，夏秋水量大时就放运河水入"水柜"储水，冬春水量小时则开闸将"水柜"中的水再泄入运河，从而保证行船运输的畅通。

这项工程虽然不像战争和营建那样消耗大量的军资和建材，但

---

1 参见《明太宗实录》卷二五〇，永乐二十年六月戊午。

2 参见《明史》卷一五四，《黄福传》。

3 参见《明史》卷一五四，《王通传》。

4 参见《明太宗实录》卷二五〇，永乐二十年六月己亥。

是几十万参与者仍然付出了沉重的体力劳动，因此同样是规模空前、消耗巨大的工程。

2. 武当山道教建筑群的兴建

新首都和长陵以外的营建工程，就数武当山和南京大报恩寺了。朱棣认为他之所以能成功登上皇位，是得到了真武大帝的保佑，因此他下令隆重兴建武当山。从永乐九年开始，整个武当山工程前后进行了大约14年，由于朱棣认定武当山是神山，不能就地砍伐建筑木材，因此只有从四川等地采办运来，于是几十万民夫首先进行木石等建材的采集和调运。朱棣于永乐十年（1412年）即命隆平侯张信等人率30万众进驻武当山，大兴土木，从筠县（今湖北丹江口市）城内的净乐宫到天柱峰金顶绵延70公里的路旁，共建成紫霄宫、太和宫等七宫，太玄观、八仙观、龙泉观等九观，还有附属十二亭、三十六庵堂、三十九桥梁、七十二岩庙以及近百座石桥、牌楼等。

武当山的主体工程包括五大宫和二十几处宫观，于永乐十六年（1418年）年底完成。军民工匠在方圆数百里的崇山峻岭和沟壑溪流中，或凿石开道，或搬砖运木，或竖栋架梁，或炼铁冶铜，在极为艰苦的条件下以极其原始的施工方式，垒砌营建出了武当山巍峨雄伟的宫殿建筑群。永乐十七年（1419年）以后，朝廷又对武当山进行了补充修建，增加了十几处宫观以及亭庵等小型点缀性建筑，垒筑了石蹬神道、桥梁围墙等，还铸塑了一大批神像。

武当山关联完整而雄伟壮观的建筑群大约有33处，古栈道似银线串珠，连接着主体建筑和点缀性的小型建筑，共计殿堂庙宇2万多间、400多处，总占地面积大约160万平方米，超过今天故宫占地面积的两倍以上，构成庞大的道教建筑群，具有较高的艺术价值和历史价值。其规模之宏大、技艺之精湛、工程之艰巨，为世所罕见。

武当山（局部）

如此浩大的工程，在中国名山开发史上可说是绝无仅有。整个建筑体系完全是按照政权和神权相结合而设计的，每一建筑单元都建在峰、峦、坡、崖涧的合适位置上，借自然风景的雄伟高大或奇峭幽深，构成仙山琼阁的意境。

为体现“一殿镇群山”的景观效果，朱棣还亲自关注金殿的铸造，永乐十四年工部奉旨敕建金殿。金殿全部铸件在南京铸造加工，再用黄帆快船经长江、汉水一直运送到武当山脚下的草店码头，然后运往山顶。金殿在天柱峰落位后，朱棣又决定在武当山金顶修建小型紫禁城，永乐十七年他给隆平侯张信等人下了一道敕令：“大岳太和山金顶砌造四周墙垣，其山本身分毫不要修动，其墙务随地势高下、不论丈尺，但人过不去即止，务要坚固壮实，万万年与天地同其久远，故敕。”[1]

朱棣的这道敕令，实际上赋予了武当山金顶非常神圣的地位，金顶周围的山体“分毫不要修动”，这样一来势必会增加修筑工程的难度。小型紫禁城由重达千斤的条石依岩砌筑，四面设置石雕天门

1 参见任自垣《敕建大岳太和山志》，杨立志点校《明代武当山志二种》，湖北人民出版社1999年版。

以象征天阙，从而最后形成“白玉黄金世界”的人间仙国。为确保皇家庙观万世一宗，朱棣派人按照自己的形象塑造真武雕像，送往武当山金殿供奉。为了使这一形象更有历史依据和互相衔接，朱棣又下令在两个重要的真武修仙处——太子坡和太子岩也塑造自己的雕像。

除了宣扬天人合一、皇权神授的政治舆论外，朱棣大规模兴建武当山还有一个重要的目的，那就是为营建新首都做物质和技术上的准备。永乐十六年武当山的七宫九观基本落成，主体工程告一段落，除部分工匠留在武当山从事宫观配套建设外，朱棣将主力工匠全部调往北京，开始大规模营建皇家宫殿。武当山古建筑群的工程建筑技术，也由匠人带到了北京，对营建紫禁城产生了巨大的影响。[1]而其余的宫观配套建设，直到永乐二十二年（1424年）才算全部完成。

2012年6月，在丹江口市习家店镇青塘村庞湾琉璃窑遗址，故宫博物院考古人员初步探明存有窑炉六座，窑场面积不小于2 000平方米，挖掘出土了大量的滴水、筒瓦、板瓦、匣子、琉璃砖、支钉、垫片等琉璃构件残件，其中琉璃瓦件的尺寸、胎质、釉色等，都与武当山五龙宫、玉虚宫现存的瓦件标本相符。根据

武当山金殿内的玄武大帝像

1 参见祝笋《世界文化遗产武当山古建筑群的形成与特点》，《江汉考古》2010年第4期。

这些情况基本上可以判定，庞湾琉璃窑址是明朝专供武当山琉璃建材的窑场。武当山古建筑群的主要建筑材料或构件，除了一部分从外地运来之外，大部分材料均在丹江口市及武当山周边获取、制作和加工。

从青塘村古窑遗址发掘的迹象来看，这个烧琉璃砖瓦的窑炉有早期和晚期两个时期。而在明朝，大规模修建武当山的建筑恰恰也有两个时期，即永乐时期和嘉靖时期，那么前后两次大修武当山时，这里有可能都是生产和加工琉璃建材的窑厂。另据《大岳太和山志》记载，从襄樊也有船只向武当山运送琉璃瓦，因此可以肯定地说，武当山周围类似青塘村的琉璃古窑厂不止一个，因为武当山有两万多间建筑，仅仅有一处小型烧造窑厂是远远不够的，所以青塘村也仅仅是当时的众多窑厂之一。而烧造琉璃过程中实物和劳役的耗费，也仅仅是整个武当山工程各种巨大耗费的一小部分。后来朱棣自己也承认，整个武当山工程“实皆天下军民之力”，“凡所费钱粮难以数计”，相当惊人。[1]

3. 南京大报恩寺的重建

南京大报恩寺号称金陵第一大刹，前身是宋代的天禧寺，朱棣重建时改名为大报恩寺。据现代学者的考证，朱棣大规模重建天禧寺，名义上是为纪念太祖和马皇后，实际上是为他的生母硕妃祈福。整个重建工程分为寺和塔两部分，从永乐十年（1412年）开始，直到宣德六年（1431年）才全部完成，前后将近20年，永乐时期即有13年。参与工程的军匠、囚犯、劳工有十几万人，据说当时即花掉了郑和下西洋剩余的白银，大约一百多万两。

南京大报恩寺周长达九华里，内有金刚殿、天王殿、大殿、佛

1　参见王光德《武当道教史略》，华文出版社1993年版，第174—177页。

殿、大禅殿、后禅殿、左右观音殿、法堂、祖师堂、无梁殿、伽蓝殿、藏经殿、左右贮经廊、轮藏殿、禅堂、韦驮殿、三藏殿、钟楼等殿阁20多座，经房38间，僧院148房，东西画廊廊房118间，规模极其宏大，犹如宫殿般金碧辉煌。大报恩寺施工极其考究，完全是按照皇宫的标准来营建。大报恩寺临近南京秦淮河，此处地质稍软。在全寺建造的地基上先钉入粗大木桩，然后引火焚烧，使之变成木炭，再用铁轮滚石碾压夯实，木炭上加铺一层朱砂，是为了防潮、杀虫。

大报恩寺的营建工程浩大，尤以大雄宝殿后面的琉璃塔最为艰巨，共有九层八个棱面，高达78.2米，甚至在数十里外的长江上也可望见。塔身全部用白石和有精美纹饰的五色琉璃砖砌筑而成，每砖中央浮雕一佛像；自下至上各层用砖数量均相等，仅体积逐层缩小，所以使用的砖瓦尺寸不一。拱门有琉璃门券，塔内壁布满佛龛。底层建有回廊，每层的复瓦和拱门都用五色琉璃构件，塔室为方形，塔檐、斗拱、平坐、栏杆均为五色琉璃砖，分别饰有狮子、白象、飞羊等佛教题材的图案。刹顶镶嵌金银珠宝，角梁下悬挂风铃152个，日夜作响，声闻数里。

琉璃塔所用五色琉璃瓦、琉璃构件及白瓷砖，均烧制出一式三份，建塔时用去一份，另外两份编号埋入地下，塔身有缺损时，根据编号很快就可以找出所需备件配补。琉璃塔所用的各种琉璃构件，几乎每件的形状、尺寸、颜色和纹饰都有差异，因而制作和烧制极为不易，这是琉璃塔建设时间长达16年的重要原因。新中国成立以后，南京的窑岗村、眼香庙一带，先后出土过大量与琉璃塔有关的琉璃构件，背后大都有墨书编号和标记，证明了历史记载的可靠。

九层琉璃塔的每一面墙壁之上，都有2扇窗户，共计144扇。这些窗户全部都用磨制得极薄的蚌壳进行封闭，144盏油灯就分别安置在窗户之内。这些蚌壳制成的窗罩名叫“明瓦”，是平板玻璃引进之前中国最好的建筑采光材料。琉璃塔自建成之日起就点燃长明塔灯144盏，每天耗油64斤，金碧辉煌，昼夜通明。据有关史料统计，这一工程先后动用全国征集的良匠军工达十万人，仅建塔一项的消耗，用过的钱粮就折合白银将近二百五十万两。

从上述情况可以看出，营建北京和长陵以外的六项工程，也都是规模空前、消耗巨大的。永乐十八年年底，北京总算建成了，第二年的正月初一，明廷举行了非常隆重的新首都落成仪式。可是迁都三个多月之后，皇宫里突然着了一场大火，烧毁了新建成的奉天、华盖、谨身三大殿，也就是现在故宫的太和、中和、保和三大殿。那么这场大火导致了朱棣和大臣们怎样的矛盾呢？面对迁都等活动的空前消耗和代价，他们之间又会有怎样的分歧呢？

《大报恩寺琉璃塔》铜版画

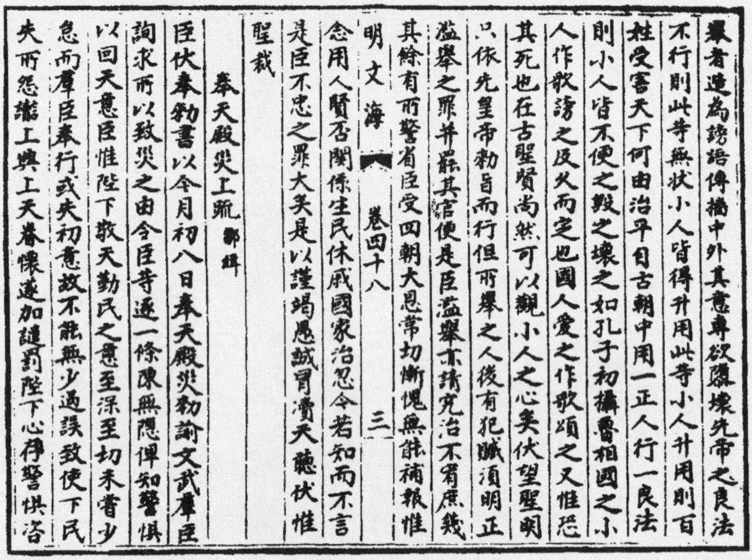

舉者遂爲誘語傳播中外其意專欲隳壞先帝之良法
不行則此等無狀小人皆得升用此等小人升用則百
姓受害天下何由治平自古朝中用一正人行一良法
則小人皆不便之毀之壞之如孔子初攝魯相國之小
人作歌謗之及久而定也國人愛之作歌頌之又惟恐
其死也在古聖賢尚然可以觀小人之心矣伏望聖明
只依先皇帝勅旨而行但所舉之人後有犯贓須明正
濫舉之罪并黜其官便是臣濫舉亦請究治不宥庶幾
其餘有所警省臣受四朝大恩常切慚愧無能補報惟

明文海　卷四十八　三

念用人賢否關係生民休戚國家治忽今若知而不言
是臣不忠之罪大矣是以謹竭愚誠冒瀆天聽伏惟
聖裁

奉天殿災上疏　鄒緝

臣伏奉勅書以今月初八日奉天殿災勅諭文武羣臣
詢求所以致災之由令臣等逐一條陳無隱俾知警懼
以回天意臣惟陛下敬天勤民之意至深至切未嘗少
怠而羣臣奉行或失初意故不能無少過誤致使下民
失所怨讟上興上天眷懷遂加譴罰陛下心存警懼咨

《明文海》所载邹缉《奉天殿灾上疏》

十 君臣分歧

整个永乐时期朱棣充分利用他的专制权力，几乎同时进行了迁国建陵、南征北讨、开河远航等八项工程，其中营建工程还包括武当山建筑群和南京大报恩寺。这些工程事先都需要较长时间来准备各种建筑材料，需要大规模地开采、运输石料，烧制砖瓦等；而南征北讨这类军事活动，每次都要有几十万民夫和相应的牲口、车辆，翻山越岭、长途跋涉来运输几十万军队的粮草等物资，同样是规模空前的浩大工程。这些工程让国家和百姓付出了怎样的代价呢?

（一）八大工程的完成办法：延长时间多干活、少给钱等

永乐时期为了完成八项工程，减少经费支出，明廷采取了延长工匠服役时间和降低工资等办法。洪武八年（1375年）规定，每钞1贯折银1两，后来大明宝钞就一路贬值。洪武十八年（1385年）规定，钞5贯准米1石，银1两准米2石，则钞10贯值银1两，其价值仅为洪武八年的十分之一。由于宝钞的发行量过多、贬值很快，不久即很难流通。洪武、永乐年间，明廷曾屡次颁布严酷法令，禁止

民间以金银交易，[1]但收效甚微，钞值一直在大幅跌落。永乐五年（1407年）朝廷规定“银每两八十贯”，[2]就是说这时的纸钞已比洪武八年贬值了80倍。

永乐四年（1406年）采木民夫工匠的工资是“人月给米五斗，钞三锭”，[3]以钞五贯为一锭来计算，三锭为十五贯，可值五斗米，那么这一年采木民夫工匠“月值合米一石”，每月工资收入加起来只有一石米，折合成白银约三钱七分五厘。但这仅仅是依据官方定价，而专制时代的官方定价往往比市场价格高出许多，宝钞又在不断贬值，因此当时采木民夫工匠的实际收入可能更低。由此可见，明朝政府是按照官方定价来为民夫工匠发工资的，并没有考虑政府发行宝钞的实际贬值因素，因为这样做至少可以减少各种经费的花销。

另外，强制延长服役时间也是造成前期各种花销较少的原因之一。洪武时期的夫役时间是每年只用三十日，人匠则是每三年换班输作三个月，时间一到一律遣归放回；而永乐朝朱棣营建北京时，夫役则每年比原来延长五个月，即一年中要干满半年才能换班。由于工期紧迫、工程量大，工匠到了原来规定的期限很难被放免，朱棣曾下令给那些过期没有按时得到轮换的营缮工匠加赏一定数量的钞、米、棉布。[4]刑科给事中耿通甚至劾奏负责工程的宋礼等人，不放那些劳作满一年的工匠回家，还让他们继续服役，比原来延长了九个月。可见永乐朝较之洪武时期，民夫工匠的服役时间至少延长了4～6倍。[5]

---

1 参见《明太祖实录》卷二五一，洪武三十年三月甲子；《明太宗实录》卷十九，永乐元年四月丙寅；《明太宗实录》卷二十七，永乐二年正月戊午；《明太宗实录》卷二一二，永乐十七年四月壬寅。

2 参见《大明会典》（万历）卷二十八，《户部十八・钞法》，《续修四库全书》本，上海古籍出版社2003年版。以下引用不再注明版本。

3 参见吴晗《记大明通行宝钞》，载《读史札记》第316页，生活・读书・新知三联书店1956年版。

4 参见《明太宗实录》卷一九八，永乐十六年三月甲子。

5 这里采用了北京行政学院高寿仙的一些看法，以下简称高寿仙。

那么明政府为什么不去征集更多的人前来换班呢？原因很简单，由于工程项目太多、规模太大，能够征集的人力几乎都征集来了，就连没有打仗任务的军人和罪犯也都大量参与了这些工程，因此已经没有多余的人力前来换班了。宣德初年的一份诏书规定，全家在京劳作的民夫工匠，大体上按照二分之一的比例放回，单丁劳作两年以上即可回家休息。[1]由此可见，永乐时期许多家庭是全家的男丁都参加营建工程，于是导致了超期服役的民夫工匠无人换班。

可能有人会问，永乐一朝的营建、采办工程浩大，所消耗的经费必当惊人，可是表面上看来国家并无严重的财政危机，而是维持了表面的收支基本平衡，那么明朝政府是怎样做到这一点的呢？通过查阅永乐朝太宗实录历年的简单统计可看到，这一时期每年赋税钱粮收入在三千余万石左右，而课钞的收入自采办开始那一年即永乐四年起，由此前的每年二三千万贯剧增到五千余万贯，到了永乐十年（1412年）已膨胀到近一亿贯，试想以当时的生产力发展水平，短短数年之间为什么课钞的收入竟能增长数倍，除了通货膨胀、滥发宝钞外，基本别无可能，而滥发的宝钞其中就有一部分是用于采办经费。

从上述情况可以看出，永乐时期明政府采取延长服役期限、压低劳役酬值的方式，来保证工程的完成、减少经费开支，同时又以大量发行纸币（宝钞）的办法来补充经费，最终结果是民夫工匠得到的宝钞急剧贬值。有人可能会问，朱棣不顾通货膨胀而一再滥发宝钞，肯定会导致财政崩溃，那么永乐后期为什么没有出现这种局面呢？主要原因在于八大工程消耗的主要是劳役和实物，而不是货币，比如南征北讨主要的消耗是军队和军事物资，兴建北京、长陵和武当山等主要消耗的是劳动力和建筑材料，这些都可以靠专制权

1　参见《宣宗登极诏》，洪熙元年六月十二日，《四库全书存目丛书》史部第58册，第145页。

力来获得，因此，尽管当时百姓的劳役和实物负担相当沉重，但是并没有导致财政崩溃的局面。

（二）难以持续：八项工程的几个特点

永乐时期的八大工程具有几大特点，其一，持续时间长，前后超过二十年。八大工程最早的一项是郑和下西洋，永乐三年（1405年）六月开始的，但是南京龙江船厂建造远航船队、筹集远航物资，至少是在永乐二年就开始了。此后进行的是南征北讨、迁都建陵等工程，并且这些工程直到永乐末年还在继续，因此，永乐时期全部工程进行的时间加起来前后超过二十年。并且这些工程没有一项是在全部完成之后才进行下一项，基本上都是在不同的空间内同时进行的。

其二，劳作范围广，涉及全国各个省份。仅仅北京的营建就几乎是全国规模的动员了，加上征蒙古、打安南、修建武当山等，明朝的各个省份全部参与其中。营建北京和长陵以及北征蒙古、浚通运河，涉及的省份是山东、北直隶（今天河北省大部分）、山西、陕西、河南，出兵安南涉及的省份有广东、广西、云南、四川、湖广、贵州，维修远航船队以及兴建武当山和南京大报恩寺，除了上述省份外还涉及南直隶（今天江苏、安徽省大部分）、浙江、福建。因此，永乐时期八项工程涉及的范围是全国，甚至还包括一些尚未正式纳入明朝版图的地区。

其三，参加劳力多，大约是当时全国男性人口的五分之一。据不完全统计，参与八项工程的人数大约如下：

（1）北征大军几十万人，加上运送粮饷的20多万人，至少将近60万人；

（2）营建首都的直接参与者就超过100万人，加上采运木石、烧造砖瓦等其他人员，至少会有160万人；

（3）南征大军的规模超过北征，加上运送粮饷的人，将近100万人；

（4）浚通运河的人力加上后来陈瑄治理漕运的几万人，大约50万人；

明代琉璃龙吻建筑饰件

（5）兴建武当山的人力约有30万人，兴建南京大报恩寺的约有十几万人，总数接近50万人，如果加上采运建材的人员，可能会达到80万人以上；

（6）庞大远航船队的维修人员，加上相关物资的制作、采购、运输人员，虽然没有明确的统计数字，恐怕至少会有40万人；

（7）直接营建天寿山长陵的人力超过40万人，加上采运木石、烧造砖瓦等其他人员，至少会超过60万人。

上述七项加起来人力已经超过了500万人，如果再加上因疾病、事故、战争、冻饿等因素而死亡的人，以及明廷补充各项工程的人力，那么参与八项工程的总人数可能会达到600万左右。永乐时期全国的人口大约为5 000多万人，[1]按照人口学的通例，男性的人口比例略高于女性，大约接近3 000万，因此，参与八项工程的600万人，约占永乐时期男性总人口的五分之一，并且这个数字可能还是非常保守的估计。明朝服役男丁的年龄大约是16岁至60岁，就算这些男丁占整个男性人口的五分之三，即大约3 000万人中的1 800万人，其余五分之二都是老人和儿童，那么整个永乐时期就有三分之一的

1　参见《明太宗实录》中每年十二月的统计。

服役男丁，先后参与了上述八项工程。

需要说明的是，首先，600万的人数中可能有重复计算的部分，比如由于长陵和北京接近，一些军民劳工可能先后参与了这两处工程；为北京、长陵和武当山工程采集和运输木料的，在西南山区可能是同一批劳工。其次，600万人数的组成部分可能因情况不同而有所变化，比如北征蒙古和出兵安南，官方公布的最高人数分别是50多万和80多万，运送粮饷的人也会因此而增加。第三，600万的人数并非始终不变，因为像武当山和南京大报恩寺等工程的建设主要集中在永乐后期，并且北京和长陵的营建也没有停止，因此永乐前期的劳工人数可能少于600万，而后期可能多一些。[1]但是不管怎么说，永乐时期大约每三个服役男丁中就有一人参加了八项工程，这个比例已经够惊人的了。

朱棣为朱元璋所建的南京大报恩寺旧影

其四，劳作强度大，几乎都是重体力劳动，因此导致劳力资源接近枯竭。八大工程之中绝大部分都和运输、营建有关，基本上都是重体力劳动，而开运河涉及的挖渠、筑堤，远航涉及的维修庞大船队，也有许多较为沉重的体力劳动。

1 这里采用了高寿仙的部分看法。

并且许多工匠和百姓从全国各地徒步奔赴劳作现场，或远走他乡采办建筑材料等，途中的各种消耗都是无偿的，因此，永乐时期的八大工程使全国的军民长期从事重体力劳动，结果导致了当时的劳力资源接近枯竭。永乐末年户部尚书夏原吉指出“民力竭矣”，就是指八大工程导致劳力资源的使用已达到极限。

其五，各项工程相互抢占资源、相互耽误，几乎无法同时进行。这一点在永乐后期已经非常明显，其中长陵的工程就是因为需要保证北京都城的优先营建，材料和工匠都无法获得较为充足的供应，因此不得不一拖再拖；出兵安南的军事行动也因为北征而无法连续进行大规模的进剿，南北两个行动都需要大规模筹集和运输粮饷，因此无法同时兼顾两线作战；下西洋之举同样因为其他几项工程的国力消耗相当大，永乐末年不得不暂时停止。

长陵祾恩门旧影

事实证明，永乐时期明帝国的主体是农业，即以庄稼的田赋收入作为国家的财政命脉，因此不可能长期承受规模空前、消耗巨大的工程，就算只供应八项工程中的两三项，对于明帝国的综合国力来讲已很勉强；如果同时供应三项以上的超级工程，根本无法长久持续。事实胜于雄辩，南征北讨和营建长陵的活动无法持续进行，就已经非常清楚地说明了这一点。因此，仁宗即位之后立即全面停止了那些规模空前的消耗活动，其实也有迫不得已的因素。

（三）八项工程导致军民的生活非常困苦

即使是朝廷发布的诏书里，也从一些侧面反映出当时的艰辛和困境，比如永乐七年颁布的《谕各处办事官敕》中强调，北征需要征调军力、民力来制造军器、运输粮饷，“虽暂时措办艰难”，但扫除敌人之后即可一劳永逸，所以“其军民所办一应军需粮料，务要依期备足，不许迟误，违者治以重罪”，[1]可见永乐初年各项工程包括北征逐步展开的情况下，军民制造军器、运输粮饷的工程负担就已经较为艰难了，此后随着北征的频繁举行，这类负担还在不断加重，大规模赔偿和修理丢失、损坏的军器、棉布军服等负担，也都不断地压在北方各省军民的身上，并且整个永乐时期很少得到减免，直到宣宗即位后才明确下令免除。[2]

永乐十九年（1421年）明廷颁布的《奉天殿灾宽恤诏》中规定，“营造军夫人匠但有伤故者，有司好生抚恤其家，免其杂泛差役”，[3]说

1 参见《谕各处办事官敕》，永乐七年十二月月初二日，《四库全书存目丛书》史部第58册，第109页。

2 参见《宣宗登极诏》，洪熙元年六月十二日，《四库全书存目丛书》史部第58册，第145页。

3 参见《奉天殿灾宽恤诏》，永乐十九年四月十三日，《皇明诏令》卷六，《四库全书存目丛书》史部第58册，第124页。

明《出警图卷》局部之“手持长杆刀的明朝骑兵”

明在此之前各项工程进行的十几年中，那些不幸受伤或死亡的军人、民夫及工匠，他们家里的很大一部分差役官府根本不予免除，仍需按有关规定像未受伤或生前一样承担；洪熙元年六月宣宗即位时颁布的诏书中规定，“北京所属卫所见（现）养永乐二十年征进所获牛羊，自洪熙元年六月十二日以前倒死者，悉免追赔”，[1]说明在朱棣晚年三次北征蒙古俘获的牛羊，是由北京所属卫所的军人来饲养的，直到宣宗即位以前，这批牛羊如有病倒或死亡，饲养的军人是要被追责赔偿的。

这件事也反映出连年北征和大规模的营建活动，造成京畿地区军民生活的穷困，陆续从各地调来的卫所军人，更是严重缺乏运输和生产等方面的工具。因此才将北征俘获的牛羊赶回来喂养，虽然

1　参见《宣宗登极诏》，洪熙元年六月十二日，《四库全书存目丛书》史部第58册，第145页。

加重了卫所军人的负担，但至少可以解决一点耕地、运输、产毛的问题，否则朱棣绝不至于在严重缺粮、士兵不断冻饿而死的情况下，就连每次北征零星俘获的牛羊都舍不得及时分给士兵食用，而是都要老远赶回来饲养，病了死了还要赔偿。

永乐时期为了完成一大批规模空前的营建目标，朝廷和地方官府往往采取较为严酷的措施，从而导致各地发生了许多规模不等的暴动。例如永乐七年（1409年）负责湖广采木的官员师逵，督责采木民夫既严酷又急切，结果激变李法良等人；[1]永乐十年在嘉兴发生了小规模农民暴动；永乐十六年（1418年）北京附近的昌平和山西潞州发生农民动乱；永乐十七年江西有一批逃亡工匠聚众拒捕；[2]永乐十八年山东还爆发了规模较大的唐赛儿暴动；永乐二十二年湖州也出现了暴动。这些出现在永乐中后期的暴动，很大程度上都与劳役沉重有关。为了逃避沉重的劳役，有些地区甚至出现了“厌多男子，生辄弃之不育”的弃养男婴之风。[3]

从这些情况可以看出，整个永乐时期八项空前浩大的工程几乎同时进行，全国的百姓为此付出了相当大的代价，人力、物力、财力接近枯竭，一些地方还因此出现了不同规模的动乱。朱棣迁都北京前后，相关的活动与折腾并没有完全停止，导致明朝的综合国力下降，而迁都带来的社会弊端也逐渐暴露出来，并且越来越严重，根本瞒不住。在这一点上，朱棣和大臣们的矛盾分歧相当大，一旦有导火索，这种矛盾肯定是要爆发的。

---

1 参见《明史》卷一五〇，《师逵传》。

2 参见《明太宗实录》卷二八〇，永乐十七年正月丙寅。

3 参见《明太宗实录》卷一六〇，永乐八年七月丁丑。

（四）火灾后群臣响应号召上书

1. 大火烧毁三大殿，朱棣号召提意见

永乐十八年（1420年）年底，明朝新的首都——北京已大体建成，永乐十九年的正月初一，明廷在北京举行了非常隆重的仪式，庆祝新首都的落成和启用。太宗朱棣作为皇帝来到太庙（今天的劳动人民文化宫），非常恭敬地奉安五庙神主；朱高炽作为皇太子，在郊庙（今天的天坛公园）奉安天地神主；朱瞻基作为皇太孙，在社稷坛（今天的中山公园）奉安社稷主；黔国公沐晟作为大臣和贵族代表，在山川坛（今天的先农坛）奉安山川神主。这些人在完成了一系列的典礼仪式后，太宗朱棣来到新建成的奉天殿，接受了群臣和一些外国使者的朝贺，然后大摆宴席，款待众人，庆祝新首都的建成。[1]

可是永乐十九年的四月初八，就在迁都仪式举行三个多月之后，突然一场大火烧毁了新建成的奉天、华盖、谨身三大殿，也就是现在北京故宫的太和、中和、保和三大殿。那次的火势非常凶猛。按理说三大殿的距离不算太近，如果控制得当、救护及时，可能还不至于都烧光。据说其中一个大殿刚被烧着时，杨荣还算反应快，指挥一帮宫廷卫士冲进去，及时抢救出了一批重要的文件，但是在当时的条件下，防火、灭火的技术都相当落后，木质结构又易燃，因此大火很快就连烧三大殿，最后只剩一片灰烬了。这场大火早不烧晚不烧，偏偏在一年开春、新首都刚建成三个多月之后，这种情况是相当罕见的，并且在那个迷信的年代里，也是个非常不吉利的征兆。

面对这种情况朱棣也被吓得够呛，他觉得迁都可能真的惹怒了苍天，因此上天才降下一把火烧光了新宫殿，以示惩罚。于是就在

1　参见《明太宗实录》卷二三三，永乐十九年正月甲子朔。

三大殿鸟瞰

火灾发生的几天后，朱棣赶紧按照以往的惯例，颁布了《奉天殿灾修省求言敕》的诏书，下令群臣直言朝廷政务的缺失，内容包括"敬天事神之礼有所怠""小人在位贤人隐遁而善恶不分""刑狱冤烂及无辜而曲直不辨""谗恶交作、谄谀并进而忠言不入""横征暴敛、剥削掊克而殃及田里""租税太重、赋役不均而民生不遂""军旅未息、征调无方而馈饷空乏""工作过度、征需繁数而民力凋敝"，等等。

诏书里的内容比较多，用今天的话说，比如敬天事神是否礼数有缺，是否有小人在位得志、好人离职或遭殃之事，是否有拍马屁、唱赞歌的升官而说实话、提意见的靠边站的情况，刑狱是否总有冤假错案、株连无辜，百姓的赋税是否太重、赋役不均，财政支出是否过度、浪费过多，工程建设是否劳民伤财，军事活动是否过于频繁、粮饷供应不上等，希望大臣们能够直言不讳。[1]

1　参见《明太宗实录》卷二三六，永乐十九年四月壬寅。

其实许多大臣早就对迁都不满，多年来南征北讨、远航迁都等活动，逐渐造成了国力的严重消耗甚至是透支，那些具体负责的官员对此不仅非常清楚，并且越来越感到忧心忡忡。他们知道，永乐十四年（1416年）朱棣召集的那个迁都征求意见“座谈会”，不过是走个形式，皇帝早就定了的事，又有谁敢提反对意见呢？当时有个叫陈祚的青年官员，上书指出建都北京不合适，结果被朱棣贬了官职。[1]可见朱棣名义上是征求意见，实际上根本容不得反对意见。

可是这次大火连烧三大殿，看来皇上确实是害怕了，一些官员觉得应该抓住这个机会，反对皇上的过分开创和几十年的折腾，该让大明帝国及其百姓喘口气、歇一歇了。于是许多官员纷纷上书，“多言都北京非便”，指出迁都北京的不利因素。这些人又和以前的解缙一样犯傻，以为只要皇帝号召直言，他们就应该响应，没有考虑朱棣这样做的目的、号召直言的范围，也不管皇帝爱不爱听。

2. 邹缉上书，指出营建北京的七大灾害

永乐十九年四月中旬，就在《奉天殿灾修省求言敕》颁布的两天后，一批官员应诏上书。其中翰林侍读邹缉的上书比较有代表性，反映了当时许多官员的看法，他指出北京营建过程中几个非常严重的弊端，主要的内容是：第一，耗费太大。自从北京营建以来，前后将近二十年，人力和物力的消耗相当大，几乎无法估算，“调度既广，科派亦繁”，指的是从全国范围内征调劳力和材料，数量大，品种多，范围广；“群臣不能深体圣心，致使措置失宜，所需无艺，掊剋者多”，办事的官员不能体会皇上的用心，往往安排失当，加上许多人从中贪污、克扣，工程的需求和消费量简直成了无底洞。

这里邹缉把安排失当和消耗大增的责任推给了办事的官员，并

1　参见《明通鉴》卷二十一，宣宗宣德六年二月己亥。

没有直接指责皇帝朱棣，显然是一种委婉的说法，其实谁都知道，造成这一切的主要责任完全在于朱棣的决策。接下来邹缉说："冗官滥员，内外大小动至千百，使之坐相蚕食，耗费钱粮而无益于事，是竭尽生民之膏髓，犹不足以供工作之用，由是财用匮乏。"为了营建北京，新增设的管理人非常多，朝廷里和当地的新官动不动就有成百上千人，这些人坐吃山空，整个工程的费用有相当多的一部分都是这些人的花销，因此，财政方面的消耗非常大。

第二，赋役沉重。北京的营建过程中，"民以百万之众，终岁在官供役"。上百万之众的数字只是估计，未必十分准确，但至少说明参加营建北京的人数非常庞大，这些人有工匠和军人，还有囚犯。他们长期从事营建工程，"使耕种不时，农蚕废业"，耕地没人种了，桑蚕业也随之荒废了。在这种情况下，官府"犹且征求益深，所取无极，至于伐斩枣桑以供薪爨，……而民之衣食无所资矣"。官府征收的东西非常多，简直没有止境，百姓烧火做饭没有木柴，只好把有用的桑树和枣树都砍了当柴烧。加上官府"横征暴敛，日甚一日，民生无聊，愁叹满室"，百姓几乎没有什么活路了，只好待在屋里发愁叹气。

第三，买办科派之苦。科派是指把某项负担下派给某个地方，买办是官府以行政命令指定地方买到或加工某些东西。营建北京所需的各种原料、材料非常多，数量也非常大，朝廷事前没有储备，只好临时下令给各地设法弄到。邹缉的上书中指出："且如前两岁买办青绿颜料，本非出产之所，而科派动则千数百斤，民无可得，则相率敛钞，遍行各处收买，每大青一斤至万六千贯。"比如前几年买办一种大青颜料，本来当地不出产，但官府却强令当地弄到这种颜料，动不动就高达几百斤甚至上千斤。老百姓没办法，只好大家凑了一笔钱分赴各地去购买。这样一来每斤大青的价格就高达一万六千贯，在当时绝对算得上是天价了。

这还不算，“及至进纳，又多以不中不肯收受，往复辗转，当须二万贯钞，方得进取一斤，而所用不足以供一柱一椽之费”。百姓费了千辛万苦买到了大青颜料，向官府交纳时，官府往往以不合格为借口不肯收，百姓只好再去买，估计还要贿赂官府一些钱，这样一折腾，交纳一斤合格的大青，差不多需要花费两万贯钞，并且这些大青颜料还不足以涂抹一根柱子一根椽子。

不仅如此，“其后既已遣官采办于出产之处，而府县买办犹不为止，盖缘工匠计料之时，惟务多派以为滥取之利，而又不顾民之艰苦难办，此又其为害之甚也”。以前是官府指派不产大青的地方买办大青，后来又专门派官员到出产的地方去采办大青，采办就是采集或加工某些东西，其实跟征收、白拿差不多，但是官府仍然强令百姓去买办，这样等于从两个渠道获取这种颜料，因为负责营建的工匠当初预算时，只考虑多征收一些，以便自己可以随意取用，根本不考虑百姓采购和加工的艰难，这是营建北京时为害相当大的一件事。

从上述采办颜料的情况可以看出，百姓是自己出钱、出人，走遍了出产和出售颜料的地方，去为营建北京采购特殊的材料。邹缉还指出，购买大青不过是当时众多买办活动的一种，其他的还有数不清的品种和说不完的艰难。

第四，动迁之灾。动迁指的是要在你住的地方重新盖房子，要你把家搬走，然后拆掉你的住房。当年营建北京时，大范围内的百姓都需要动迁，除了今天各位看到的故宫、景山、太庙、社稷坛、天坛地坛、先农坛附近外，还有许多准备作为朝廷机构的地方，百姓也都要迁走。搬迁的号令一下，不管什么情况，当地的居民就必须迁走。当时官府找来了一些人，依仗权势逼迫百姓迅速搬家，有时还没等这家人搬走，房屋的墙壁就被推到了，或是房上的瓦被打碎了，那时的房顶非常薄，掀了瓦房子就不能住人了。

北京旧城民居

孤儿寡妇只能坐在那里任凭别人驱赶，“哭泣号叫，力无所措”，根本没有办法搬家。已经搬家的人们，“或当严冬极寒之时，或当酷热霖汗之际，妻子暴露，莫能自蔽，仓惶逼迫，莫知所向”，最冷和最热的时候，都有搬迁的人们四处流浪，妻子和孩子甚至连完整的衣服都穿不上，并且是被迫仓皇搬家，甚至根本不知道往哪搬、往哪走。这还不算，“所徙之处，屋室方完，又复驱令他徙，至有三四迁移而不能定者。及其既去，而空之地经月愈时工犹未及……”搬家的人户迁移到另外的地方，房子刚盖好，官府又下令驱赶他们迁走，甚至都有人搬了三四个地方，还不能安定下来，说不定哪天上边又要下令其搬走。

每次搬迁都很急，官府恨不得立刻把住户赶走。可是赶走了住户以后，腾出来的空地都一个多月也没开工。负责工程的胥吏小人就是这样坑害百姓的，那些被迫动迁的百姓哪能没有怨恨呢？当时根本没有什么动迁费，更不可能为动迁的百姓安排住房，因此，这些百姓完全是自己想办法，处境的艰难可想而知。

第五，贪官加天灾。营建北京需要大批的官员被派往各地，办理一些具体事务。“朝廷每遣一人出差，即是其人养活之计，诛求责取，至无限量，州县官吏答应奉承，唯恐不及”，朝廷每派出一个人到外地办差事，就是给了这个人自己养活自己的出路，当时没有差旅费和出差补助，因此这些人往往仗着权势索要财物，甚至数额非常巨大。这样一来，下面的官员就竭力满足他们，生怕照顾不周到。偶尔有几个廉洁奉公、心存爱民的地方官，对上面派来的官员奉承不够，贿赂不足，于是这些人回去以后就会设法诬陷地方官，说他们不肯为朝廷尽心办事。结果朝廷根本不加调查，很快就会惩罚这几个地方官。

因此，地方官一听说有上面的钦差大员到来，都是“望风应接，惟恐或后”，听到一点消息就赶紧准备接待，“上下之间，贿赂公行，……贪污成风”。行贿受贿的交易非常流行，这是专制时代的体制决定的，中央派出的办差官员，很自然地把出差当成了贪污发财的机会，结果是各地的百姓还要养活这些贪官，因而生活水平非常低，甚至会下降到温饱线以下。

邹缉接下来指出，“今山东、河南、山西、陕西诸处，人民饥荒，水旱相仍，至剥树皮、掘草根、簸稗子以为食，而官无储蓄，不能赈济，老幼流移，颠踣道路，卖妻鬻子以求苟活，民穷财匮如此，而犹徭役不休、征敛不息”。邹缉描绘了一幅相当可怜的画面：成

明代官员的乌纱帽

年男人只有卖了老婆孩子，才能勉强有饭吃；北方几省到处都有接连不断的水旱天灾，逃荒的老幼百姓跌跌撞撞到处流浪；吃的是扒下来的树皮、挖出来的草根，还有簸箕筛过的稗子。稗子是稻田里的一种草，喂牲口都不合格，现在倒成了逃荒百姓难得的口粮。即使是在这种情况下，官府还要不断地征收百姓的赋税，强行指派他们出工出力……

这里是永乐十九年邹缉讲到的情况，同太子朱高炽一年前来北京时，在山东邹县见到的情况完全一样，当时邹县的百姓拎着破筐捡树叶当饭吃，家里的炉灶和锅盆早已废弃并且严重损坏。由此可见，邹缉上书所讲的灾情并非夸张虚构，而是完全属实。同时，北京营建时期山东等地百姓的生活极为困苦，恐怕也不仅仅是天灾造成的，贪官污吏的横征暴敛和营建劳力的大量征派，可能正是造成百姓困苦的重要原因之一。一句话：天灾加人祸。

第六，买马养马之祸。迁都北京就必须有一支强大的边防部队来保卫首都、防御北蒙，而部队又需要大量的战马，所以买马、养马也是迁都的组成部分。邹缉在上书中谈道："朝廷岁令天下有司织锦缎、铸铜钱，遣内官赍往外藩及西北买马、收货，所出常数千万，而所取曾不能及其一二，耗费中国，糜弊人民，亦莫甚于此也。"朝廷每年都要下令，让全国各地有关机构纺织锦缎，铸造铜钱，派遣宦官带着这些财物和大笔的钱钞，前往外国和西北地区购买马匹，收购珠宝等奢侈品，花出去的钱财相当多，但换回来的东西也才只有十分之一二。

宦官花费巨额钱财买了一批马，但"马至虽多，类皆驽下"。不知是外国和西北地区害怕明朝强大，不肯卖给明朝好马，还是好马的价格太贵，同样一笔钱可以买到更多的劣等马，这样一来宦官们既能以数量多来交差，又能从中贪污、克扣一大笔钱，反正买来的大部分马都是病弱的劣等马。这些马的饲养难度超过普通的马匹，

“及至死伤，则令赔补，马户贫困，则复鬻卖妻子，犹不能偿”，如果马匹死伤或是母马不能每年产驹，本来就很贫困的养马户即使是卖妻卖子都赔不起。这件事说明官方定出的赔补死伤马匹的价格，至少要比当时贩卖妇女儿童的价格还高，因此，养马户的负担是相当沉重的。

据景泰时期负责马政的太仆寺官员统计，永乐二十二年朝廷共有马八十九万一千二百八十匹，集中饲养“在直隶保定等八府并附近卫所”等地；而三十多年后景泰时期的马匹数量虽然“不如往年之半”，但养马的范围却增加了河南开封和山东济南等六府，[1]等于扩大了近一倍，饲养条件自然有所改善。就是说，景泰朝用超过永乐朝近一倍的养马户，只养了不到永乐朝一半的马匹，并且经过多次诏书的减免，赔补死伤马匹的整体价格也大大低于永乐朝，但有关部门仍然经常向朝廷反映，部分百姓的养马负担较为沉重，相比之下，永乐时期不仅买马是一项弊政，百姓养马更是一件相当沉重的负担。

第七，僧道宫观之耗。就在营建北京的同时，“京师之内聚集僧道几万余人，日食米百余石，而使天下之人糠秕不足，至食草木，此亦耗民食以养无用者也”。首都供养了上万名僧道人员，每天光是消费的口粮就超过一百石；而各地的百姓却连未长熟的空谷子粒都吃不上，甚至还要去剥树皮、挖树根，这样实在是消耗百姓的粮食。同时还在大规模兴建庙宇，导致国家财政大量支出。

从上述七个方面的情况来看，永乐时期大规模营建北京，百姓付出了相当巨大的代价，而邹缉讲到的也只是他听到的一部分。至于从南方云贵一带采运木材，就是建筑用的几个人才能合抱的大木头，这个过程中人们遇到的艰险、付出的牺牲，邹缉还没有讲到。

1　参见《明英宗实录》卷二四五，景泰五年九月癸丑。

故宫太和殿内的一人抱盘龙金柱

类似这样的事例太多了，因此，当年营建北京时百姓们付出的代价之大，今天几乎难以想象。不仅如此，还要加上开通大运河、营建长陵和武当山的沉重劳役、建材消耗，以及南北出击的粮饷运输和军资消耗等情况，这才是永乐时期各种开创性活动的全景扫描。这些活动同时进行、常年不断，因此整个永乐时期百姓的负担是空前沉重的。

就在永乐十九年四月邹缉上书时，上述许多活动仍在继续。因此邹缉才向朱棣建议，停止营建工程，遣散工匠，取消买马等活动，减免赋役，惩治贪官，赈济灾民，清查并反省导致天灾人祸的原因，把首都从北京迁回南京。[1]其实邹缉讲到的这些情况，十几年前就陆续发生了，只是朱棣不顾这些情况和代价，坚持进行一系列的营建活动。加上一批执行官员的推波助澜，导致上述弊端越来越严重。但是多数朝臣对此表现出了强烈关注和忧虑，邹缉的上书对于迁都造成的弊端讲得相当具体，话也说得非常到位，至少说明有些官员富有一定的责任感，敢于实事求是讲真话，也说明当时君臣之间的分歧是相当严重的。

和邹缉同时上书的官员还有李时勉等人，他们不仅指出迁都过程中的许多弊端，并且是一致反对迁都北京，于是朱棣号召群臣直

1 以上所引材料完全出自邹缉《奉天殿灾上疏》，《明文海》卷四十八，第358—361页，中华书局影印本，1987年2月版。以下引用不再注明版本。

言、检讨政府失误的活动，就迅速演变成了一场反对迁都的风波。面对这场突如其来的反迁都风波，朱棣如何应对呢？那些上书反迁都的官员又会有怎样的命运呢？

紫禁城奉天殿（今太和殿）

十一 迁都之争

永乐时期规模空前、消耗巨大的八项工程，让国家和百姓付出了相当大的代价。新首都才刚建成三个多月，就被一场大火烧毁了三大殿，于是朱棣发布诏书，号召大家直言政府的失误和弊端，不料大家不仅指出迁都过程中的许多弊端，并且“多言都北京非便”，几乎是众口一词，反对迁都北京，其中邹缉的上书还主张应该把首都再迁回南京。于是朱棣发动的号召群臣直言、检讨政府失误的活动，就迅速演变成了一场反对迁都的风波。

（一）萧仪早年的经历与上书反迁都

1. 早年的特殊经历：续写《续伐木谣》

在这场风波中，吏部主事萧仪给朱棣上了一封《应求直言诏疏》，同样反对迁都。永乐初年还没有入朝做官的青年萧仪，在江西家乡听到了采木夫匠们流传的《伐木谣》，“词甚怆，意甚真深，足以见一时之事俗”，内容真实地反映了这些人伐木劳役艰辛而悲惨的经历，有人听了以后不禁同情落泪，和着韵脚写了一首《续伐木谣》。萧仪读后也深为感动，他以一个青年文人特有的同情心和才能，在这个基础上稍作修改和加工，又写出了一首真切感人的作品：

> 永乐四年秋起夫，只今三载将何如。无贫无富总趋役，三丁两丁皆走途。山田虽荒尚供赋，仓无余粟机无布。前月山中去未回，县檄仓忙更催去。去年拖木入闽关，后平山里天正寒。夫丁已随瘴毒殁，存者始惜形神单。稚子多孤母多老，几度临门望归早。火伴还家始报音，遗骸已润荒山草。官家役簿未除名，孤儿嫠妇仍登程。去年丁壮已殒殁，今年孤弱知无生。君门如天多隔阻，圣主哪知万民苦。但闻木数已将完，王事虽劳莫怀土。[1]

诗中写了所有的男丁都去服役，其中一个从江西伐木运到福建的农夫，家里的山地已无人耕种，无法缴纳官府的田赋，没有余粮也没有穿衣用的布匹，生活已经没有着落了；农夫被山里的瘴气毒死，孤儿老母还在倚门盼望他早日归来。虽然同去幸存的伙伴回来报信说，这个农夫已经中毒身亡，但是官府的服役名单上还有他的名字，因此他家剩下的孤儿寡妇还要照样去伐木拖运。壮实的男子尚且中了毒气身亡，年幼体弱的孤儿寡妇就更别指望还能活着了。

萧仪不禁感叹，“君门如天多隔阻，圣主哪知万民苦”，似乎在批评皇帝不知百姓疾苦；不过诗的最后两句却说，“但闻木数已将完，王事虽劳莫怀土”，萧仪虽然表达了希望伐木拖运早日结束的愿望，但同时也在委婉奉劝农夫，国家大事虽然辛苦可是也不必怀念故土，还是要和朝廷保持一致。实际上这时永乐一朝的浩大工程才刚刚开头，更为艰辛的劳作还在后面。

---

1 参见萧仪《续伐木谣》,《袜线集》卷十九，歌。

2. 萧仪上书反迁都，变相给朱棣出难题

可能是当年家乡的悲惨见闻给他留下了较为深刻的印象，因此当十几年后朱棣号召大家提意见时，萧仪便响应号召上书，只是言辞并不激烈，并且为了避免触怒朱棣，萧仪只字没提他在家乡的悲惨见闻，仅仅是按照诏书的要求，顺便说了几件朝廷处理不当之事；但是对朱棣号召提意见之举，萧仪却是满篇的吹捧加歌颂，因此乍看起来，这份上书似乎没什么特别的东西。

可是在这份上书的后一部分，萧仪却指出由于营建北京时间长、消耗大，“天下供役、民力凋敝”，因此上天才降了灾害来警示陛下。加上南京又是太祖高皇帝选定的首都，因此尽管陛下建成两京也算是继承太祖的遗志，“以备往来巡幸”，但还是应该顺从天意，言外之意也该顺从太祖的意志，回到他老人家选定的首都，其实是有点拿朱元璋压朱棣的意思。按照这个思路，萧仪给朱棣提了三个建议，并且自己首先认定这些建议分别是上、中、下三策，第一个建议是，“或待秋凉且回南京，谒莫陵寝，与天下休息，候民力稍舒以图再

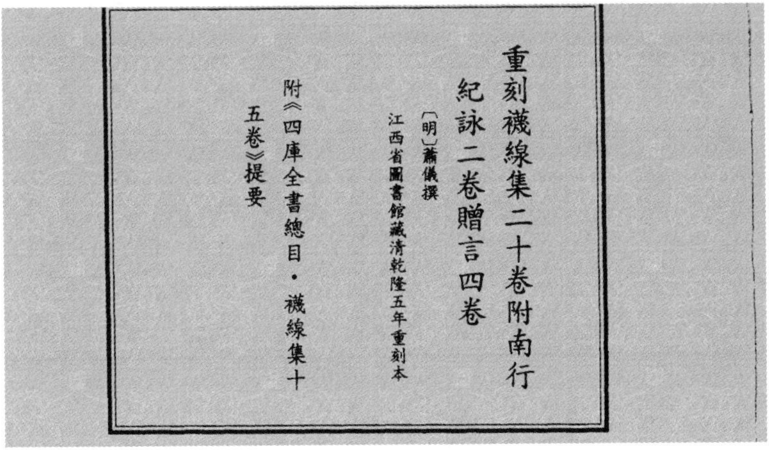
重刻襪線集二十卷附南行紀詠二卷贈言四卷
（明）蕭儀撰
江西省圖書館藏清乾隆五年重刻本
附《四庫全書總目·襪線集十五卷》提要

萧仪《袜线集》书影

举，此为计之上者”，他委婉地劝朱棣等秋天凉快了就先回南京，给太祖扫墓，暂时放弃北京，营建之事等天下百姓喘口气再说，这是上策。

第二个建议是，如果陛下还想留在北京，那就应该“御奉天门以朝群臣，厚修德政以顺天心，俟缓而图之，此为计之次者”，委婉地指出朱棣在修德政方面好像有缺欠，应该虚心听一听群臣的意见，暂缓营建北京，这是中策。接下去萧仪又说，朝中一帮小人“不畏天变”，居然还想让陛下加速营建首都，但是几十年的营建结果也仅仅是初步建成，而一旦再有一把大火那该怎么办呢？因此萧仪劝诫朱棣：“陛下若再轻于听信，欲拂天意而为之，则非臣之所敢知也。”意思是如果陛下轻易听信朝中小人之言，还要跟天意对着干，继续在北京建都，我看这是下策。实际上萧仪的第三个建议是：请朱棣不要采取这个下策。

萧仪的三个建议等于给朱棣出了一道选择题，本来迁都北京是朱棣一生的几大追求之一，付出了那么大的代价好容易才建成了，哪能轻易放弃呢？况且一把大火只是烧了三大殿，其余的建筑还算完整，因此朱棣肯定是还想重建，还打算留在北京，否则直接下令还都南京就行了。

可是萧仪却把迁都北京说成是“信小人、拂天意”的下策，这就够让朱棣为难的了。不仅如此，萧仪还在这份上书的末尾断言朱棣“聪明睿智，盖必断自宸衷而以上计自处矣”。[1]意思是陛下肯定会从内心里选择第一个上策。这话虽然给朱棣戴上了高帽，但实际上有点逼迫朱棣采纳自己提出的上策的意思，并且等于在舆论上把朱棣留在北京的机会给堵死了。再加上萧仪上书里提出让朱棣“御奉

---

1 参见萧仪《应求直言诏疏》,《袜线集》卷一,《四库全书存目丛书》集部第31册，第407、408页。

北京先农坛山神牌位

天门以朝群臣”，等于让皇帝在烧毁的奉天殿废墟前，就是今天故宫太和门前的广场上，在大庭广众之下接受群臣的批评，承认迁都决策的错误。各位想想看，面对这样的建议，一向非常专制、虚荣的朱棣能够忍受吗？

（二）朱棣翻脸杀萧仪，因为底线被突破

1. 朱棣翻脸杀萧仪，颁布《禁谤讪敕》

朱棣看了萧仪的上书很可能一脸的不高兴，但还是忍着怒气没有发作，因为上书的内容不便直接反驳。有些大臣看出了朱棣情绪的喜怒变化，“复希旨诋言者”，[1]于是开始揣摩朱棣的心思，转而斥

1　参见《明史》卷一六四，《邹缉传》。

责上书的人都是胡说八道。结果朱棣顺势翻了脸，大怒喝道：当初迁都时“吾与大臣密议数月，岂复不便哉？……久而后定，非轻举也”。意思是我和大臣们反复商议了好几个月，然后才开始迁都，难道我是轻举妄动吗？这下反对迁都的萧仪倒了霉，朱棣对他的苦心根本不买账，命人治了他诽谤罪，把他下狱杀掉了。[1]

这就是朱棣，这就是专制制度下的明朝皇帝。明明是你号召大臣提意见，结果大臣说了真话反而被定罪、被杀头。讲理吗？不讲理。为什么？因为专制皇帝没必要跟你讲理。不仅如此，朱棣一看群臣上书指出迁都的严重弊端，矛头指向自己，可能是有些后悔了，于是就在直言诏书发布的十几天后，朱棣赶紧又发布了一道诏书——《禁谤讪敕》，主要内容是禁止诽谤政府，攻击朝廷。

朱棣在这份诏书里声明，发布直言诏书的目的“无非欲闻朕过及知军民疾苦”，“奈何言者其中多涉讥侮谤讪及告诉之词，而与朝廷政务及军民休戚略不相干”。“讥侮谤讪”含有讽刺、诽谤之意，“告诉之词”则是控告和诉讼的内容，都涉及诽谤罪的范围，朱棣以诏书的形式来界定那些上书的内容，是借着提意见的机会诽谤政府，攻击朝廷，是触犯法律的诽谤罪，并且这些内容与朝廷的政务、军民的疾苦没有什么关系。因此，朱棣在《禁谤讪敕》中明确规定：以后有人再敢这么干，就以诽谤的罪名“治罪不饶！”[2]

实际上《禁谤讪敕》的颁布，等于为朱棣控制舆论、镇压反对者提供了法律依据。朱棣的前一个诏书是号召大臣直言，后一个诏书又说如果有人诽谤朝廷、攻击政府，就是诽谤罪，必须严惩，前后明显矛盾。并且什么是直言，什么是诽谤、攻击，两者之间是有

1 参见《国榷》卷十七，成祖永乐十九年四月甲辰；《明史》卷一四九，《夏原吉传》。

2 参见《禁谤讪敕》，永乐十九年四月二十四日，《皇明诏令》卷六，《四库全书存目丛书》史部第58册，第126页。

很大差别的，可是这个界限不是由法律部门根据实际情况来认定，而是完全由朱棣也就是由皇帝来认定，因此萧仪虽然自认为是响应号召直言，但朱棣却认定他涉嫌诽谤，所以杀了他。前后两个几乎相反的诏书，充分显示出朱棣作为专制帝王翻云覆雨的政治手法，并且朱棣“及时”颁布了《禁谤讪敕》，力图使自己出尔反尔的行为显得理直气壮。

2. 萧仪被杀的深层原因：突破了朱棣的底线

也许有人会问，朱棣前后的态度为什么变化那么大呢？这里面还有一个原因，那就是朱棣虽然下诏书号召群臣直言，还在诏书中列举了一大堆政务缺失的内容，但一个字都没涉及迁都问题；换句话说，朱棣下诏求直言其实是有范围、有限度的，迁都的正确与否尤其是禁区，根本不容讨论，甚至不容怀疑。诏书讲的范围和限度，其实是朱棣的两条底线。因为朱棣始终顽固地认为，他作出的迁都决策是经过反复斟酌和慎重考虑的，大方向本身没问题。所以面对这场大火，朱棣只承认这是上天对政务缺失而不是对迁都决策的惩罚，或者说政务缺失的责任主要在下面的官员身上，而朱棣本人作为迁都的决策者并没有什么错。

但是朝中大部分官员非常清楚，当时的许多弊端尤其是社会和百姓的沉重负担，在很大程度上是营建北京、迁都造成的，因此他们没有理会朱棣划定的直言范围，而是实事求是地指出迁都的决策是错误的。这样一来，朱棣号召直言、检讨失误的活动，就迅速演变成了一场反对迁都的风波。萧仪把迁都说成是“信小人、拂天意”的下策，等于进一步指出朱棣迁都违背天意，因此才受到了上天的火灾惩罚，更是直接否定了迁都的决策。这个结果不仅超出了朱棣的预料，甚至使他的权威受到了挑战。部分上书者尤其是萧仪，既没按朱棣划定的范围讲话，又否定了迁都的决策，等于突破了朱棣的两条底线，使他措手不及，更是他无法容忍的，所以他才以攻击朝廷的诽谤罪杀掉了萧仪。[1]

需要说明的是，这场风波中朱棣只杀了萧仪而未杀其他人，可能是因为其他人并没有完全超出朱棣诏书划定的范围，或是没有直接指责朱棣迁都的决策。比如邹缉上书指责的对象主要是政府和官员，“群臣不能深体圣心，致使措置失宜，所需无艺，掊克者多”，即认为迁都造成弊端的主要责任，在于办事的官员而不是皇帝。虽然他向朱棣建议停止营建工程，惩治贪官，清查并反省导致天灾人祸的原因，把首都迁回南京，[2]但并未指责迁都本身是错误的。

李时勉等人除了反对迁都之外还指出，“远国入贡人不宜使群居辇下，忤帝意”，指出朱棣大量收留外国和北部少数民族人员在北京，可能对明帝国的安全不利，这与朱棣“招徕远人”、显示大国风度的做法严重对立，[3]不过他们也没有明确否定朱棣的迁都决策，因此朱棣才没杀这些人。当年解缙也曾上书指责朱元璋杀人太多，但他却把原因归结为“臣下之乏忠良也”，[4]即大臣里边没几个好人，并非朱元璋主动要杀这些人，因此赢得了朱元璋的欢心。由此可见像朱棣、朱元璋这类专制帝王，如果不是被上书激怒也不会轻易杀人。

（三）夏原吉承担责任，反迁都风波结束

1. 朱棣让大臣和上书者罚跪对骂

朱棣没杀萧仪之前，大家的上书都说迁都带来的不良后果，实

---

1 这里采用了高寿仙的部分看法。
2 参见邹缉《奉天殿灾上疏》,《明文海》卷四十八。
3 参见《明史》卷一六三,《李时勉传》。
4 参见《明史》卷一四七,《解缙传》。

故宫午门旧影

际上是把矛头指向了朱棣本人；四月中旬萧仪被杀后，舆论导向自然就变了，谁也不敢再说皇帝了，上书者们只好把矛头转而指向了当权的大臣们，“言者因劾大臣”，指责他们的工作严重失误造成了不良的后果。负责营建的工部尚书李庆首当其冲，对此他自然非常不满，并且可能看清了朱棣镇压反对派的用意，于是便极力反击上书者的指责。朱棣讨厌这些人喋喋不休，于是“命跪午门外质辨”，[1]下令大臣和上书者们一律跪到午门外的石板地上，排成两排争论迁都的利弊。朱棣自己坐在午门城楼上，居高临下地欣赏这场闹剧。

于是上书者和大臣们相互指责对方，一些大臣仗着皇帝朱棣撑腰，不仅“争詈言者”，争着贬斥上书者，并且还“啐骂科道官：‘书

1　参见《明史》卷一四九，《夏原吉传》。

生也，昧大计。'" [1]（几乎是喷着吐沫星子痛骂那些科道言官：这是国家大计，你们这些白面书生懂得什么。）双方互不相让，吵成一片。虽然有些大臣可能违心地改变立场，转而支持朱棣迁都，但大家对迁都带来的一些负面影响都有较为清醒的认识，在这一点上言官和大臣们其实都没有什么本质上的分歧，只不过言官说得更直接一些，因为明朝的制度规定，给政府提意见就是言官的主要职责。

朱棣用罚跪的方式来惩罚这些反对迁都的人，等于羞辱这些人的尊严和人格。这种惩罚虽说不如廷杖那样残酷，但与廷杖具有相同的性质。这种做法是朱棣的发明，既是他镇压反对派的一个手段，是家天下观念下的家长式专制，也是一种发泄怒气的病态心理，可能还有一点虐待的用意。明朝还没有哪个皇帝像朱棣那样，下令官员罚跪对骂、争论，可见朱棣罚跪的方式至少在明朝是空前绝后的，也显示出他要将开创事业进行到底的干劲和决心。

2. 夏原吉主动承担责任，反迁都风波结束

就在大臣们跪在午门外对骂不休的时候，朱棣派人来询问结果。很显然，朱棣是想看看还有谁敢反对迁都。老臣夏原吉看透了朱棣的用意，于是他就向朱棣上奏说："彼应诏无罪，臣等备员大臣，不能协赞大计，罪在臣等。"意思是那些人是按皇上诏书的要求提意见，没有什么罪过；只是我们这些人身为大臣，不能帮助皇上完成大计，责任都在我们。朱棣听了夏原吉的话，怒气才消了一大半，于是下令跪在午门的人可以起身回家了，并且允许大家继续提意见。

这时有人埋怨夏原吉：你老先生怎么糊涂了，为什么要违背我们的想法，在皇上面前帮着言官说话呢？夏原吉回答："吾辈历事久，言虽失，幸上怜之，若言官得罪，所损不细也。"意思是我们这些

---

1 参见《国榷》卷十七，成祖永乐十九年四月甲辰。

人跟着皇上时间长，说话深了浅了都没关系，皇上也能原谅；可是如果天威震怒言官受到惩罚，那样损失可就大了。大家听了这些话，才叹服夏原吉的胸襟和见识。[1]一方面夏原吉是为了顾全大局而主动承担了责任，另一方面也可见他同朱棣的关系确实不一般。

虽然百姓和国家为迁都而付出了巨大的代价，但朱棣却完全不顾这些代价，一心要用新首都的巍峨壮丽，来堵住那些反对者的嘴。只是迁都的新鲜劲才刚过三个月，老天就一把火烧光了三大殿，好像是在暗示朱棣应该清醒一下了。不过朱棣可能并不这么看，这时他还想惩罚甚至虐待那些反对迁都的官员。在这种情况下，老臣夏原吉主动承担责任，不仅缓解了朱棣和反对者的矛盾，同时也给了朱棣一个台阶，让他有个体面的收场。这件事也反映出夏原吉等老臣对当时政治生态有着清醒的认识，对朱棣本人更有长期、深刻的了解，因此，他们内心虽然也不见得赞成迁都，但表面上还是既要照顾皇帝的面子，又要设法保护那些进言者。[2]

3. 上书反迁都者为何命运不同？

由于夏原吉主动承担了责任，再加上《禁谤讪敕》颁布后无人再敢指责朱棣迁都，因此那些反迁都的上书者暂时没有受到进一步的惩罚。但这些人毕竟在上书中“多斥时政，帝不怿”，惹起了朱棣的强烈不满，[3]再加上工部尚书李庆等人极力攻击他们，多次力劝朱棣惩罚这些人，于是在萧仪被杀后的五月上旬，朱棣处罚了一批上书者，其中罗汝敬等人被捕入狱，另一批担任御史和给事中的言官如郑维恒、何忠、罗通、徐瑢、柯暹等人，被贬官到广西以南的交

1　参见《明史》卷一四九，《夏原吉传》。

2　这里采用了张兆裕的部分看法。

3　参见《明史》卷一六四，《邹缉传》。

趾（今天越南一带），名义上是担任知州，实际上是变相的发配和惩罚。[1]

而像李时勉这样的上书者，尽管言辞直率、激烈，但大部分内容“多中时病，抵之地，复取视者再，卒多施行”，[2]既切中时弊又切实可行，朱棣几次扔到地上却又不得不捡起来再看下去，结果到底还是采纳了李时勉的许多建议。“然终以斥时政衔之”，“恶其言近讦直”，[3]毕竟李时勉激烈地批评了当时的政务，并且带有指责和攻击的倾向，因此朱棣非常记恨此人，但一时又找不到合适的理由惩罚他，只好暂时作罢。半年之后处理几位反对北征的大臣时，“会有大臣希旨诋以谤讪者，于是上发怒，并诸言者先后下狱”，正好有人揣摩朱棣的心思，污蔑李时勉等人涉嫌诽谤罪，因而惹怒了朱棣，于是朱棣便借别人之口，将上次没处罚的李时勉等人也陆续关进了监狱。[4]

这里需要说明的是，工部尚书李庆是朱棣非常器重的大臣，迁都后还曾一度兼任兵部尚书，[5]在萧仪被杀、舆论导向转变之后，李庆实际上是代替朱棣受到了指责。因此，尽管朱棣对那些反迁都的上书者未必都想置之死地，但为了维护李庆当然更为了维护自己的地位和面子，朱棣仍然处罚了其中较为突出的一批人，也是在李庆和反对者之间搞平衡。这是朱棣作为一个专制帝王惯用的权术，当年他在太子朱高炽和企图夺位的汉王朱高煦之间搞平衡，与他现在的策略一样，基本上对哪一方的支持和打击都不过分。

虽说永乐十九年（1421年）的这场风波中，上书反迁都的官员们大都受到了降职、发配入狱的处罚，但是也有的官员例外，其中

1　参见《明史》卷一六四，《邹缉传》;《明通鉴》卷十七，永乐十九年五月乙丑。

2　参见《明史》卷一六三，《李时勉传》。

3　参见《明通鉴》卷十七，永乐十九年四月癸丑，十一月辛巳。

4　参见《国榷》卷十七，成祖永乐十九年十一月辛巳;《明通鉴》卷十七，永乐十九年十一月辛巳。

5　参见《明史》卷一五〇，《李庆传》。

明代官服

高公望、杨复等人就没有受任何处罚，不仅如此，那个高调反迁都的邹缉反而升了官。邹缉在上书中提了迁都造成的七个严重弊端，最后还劝朱棣要敬畏天命人心，为了缓解国力透支、百姓困苦的局面，应该把首都迁回南京去。邹缉的这些话说得非常大胆、尖锐，可比萧仪的上书的力度大多了，可是上书之后不久，他却由詹事府正六品的左中允兼翰林侍读，升为正五品的右庶子，仍兼任翰林院的侍讲。这又是为什么呢？

原来邹缉在此之前，曾担任过皇太孙朱瞻基的辅导官员，尤其是在朱棣北征、朱瞻基奉命留守北京时，邹缉曾全力辅佐朱瞻基，因此朱瞻基对他非常器重，[1]而朱棣对长孙朱瞻基是非常钟爱、着力培养的，因此才会放了邹缉一马。至于邹缉讲过的内容别人也讲了，全都是瞒不住的事实，邹缉也没有直接指责朱棣的迁都决策，况且夏原吉还为这些人说情，“彼应诏无罪”，响应号召没有错误，所以朱棣才升了邹缉的官，以显示自己的公正、大度。不过从这件事也

1　参见《明史》卷一六四，《邹缉传》；《明史》卷七十三，《职官志》二。

可以看出，朱棣对待太孙器重的部下和其他官员是有差别的，或者说朱棣对太孙更偏向，除了祖孙两人隔辈亲，可能还有为太孙日后登极培植势力的用意。

（四）反迁都风波的实质和意义

1. 这场风波是开创与守成矛盾的爆发

反迁都风波的一个重要原因是永乐朝长期高压环境下，官员们一种情绪和意见的释放。永乐时期朱棣很少号召大臣直言，解缙倒是几次直言进谏，结果却受到汉王的诬陷和朱棣的严惩，最后竟冤死狱中。因此，虽然朝中许多官员对现实状况也很有看法，但不敢也没有机会表达出来。此次朱棣因火灾求直言，讲得很有诚意，并且列出的弊端也很具体，这无疑让大家减少了顾虑，于是部分大臣就响应朱棣的号召讲了实话。但是他们超出了朱棣划定的范围，还否定了朱棣迁都的决策，这就挑战了朱棣的底线，也使虚荣心、报复心极强的朱棣非常恼怒，即使他在心里感到这场火灾可能是老天的惩罚，但朱棣仍然要把这种惩罚转嫁和发泄到反对者身上，并且不惜采取血腥的手段。因此，在当时这种相当专制的政治环境下，一些讲了真话的官员处境就相当可悲了。

永乐末年的这场风波其实是开创与守成矛盾的爆发，这一矛盾的起因要追溯到洪武后期的时代转变，因为朱元璋在位的洪武后期，明朝已经从打天下开始向治天下转变，也就是从开创向守成阶段转变。建文帝上台后有意促进了这种转变，明朝进入了稳定发展的守成时期，表现为调整和改正前朝的政策及弊端，这是一个王朝发展的正常轨迹，西周的成康之治、汉代的文景之治和唐代的贞观之治，都属于这种性质。可是朱棣夺位上台后打乱了明朝守成的进程，南征北讨、迁都远航，相当于明朝第二次的开创活动，并为此投入了大量的人力、物力和财力，从而使明朝的综合国力一再消耗，最后几乎透支。

就拿迁都一事来讲，原来的首都在南京，那里是中国的经济中心，南方几个经济发达的省份如浙江、南直隶、湖广、福建等，负责供应南京的宫廷消费，北方几个较富的省份如山西、陕西、北直隶、山东等，可以供应北方沿边的军镇，这样明朝一年的收入大体上可以负担得起整个支出。但迁都北京后这种局面改变了，政治中心和经济中心相分离，南京作为陪都并没有取消，因此南方省份不仅要供应南京的消费，还要付出更多才能供应北京庞大的宫廷消费，

北京地坛

并且这种供应必须通过大运河来完成，运输又是一大笔支出；北方省份不仅要供应边镇，还要供应北京宫廷和京军的消费。

这样一来，整个大明帝国的负担就大大加重了。这种状况在永乐后期营建北京时越来越明显，因此迁都一事遭到了越来越多官员的反对。并且从邹缉等人上书的内容来看，永乐时期那些导致综合国力下降、百姓生活困苦的活动中，迁都是最为突出的一项。随着这些活动的进行和弊端的加深，整个国家急需减少和结束这类巨大的消耗、折腾，从而向稳定发展的方向转变；否则不仅会导致明朝的综合国力处于超负荷状态，如果发展下去还可能会导致崩溃的局面。

从上述情况看，朱棣与大臣们在开创与守成的问题上分歧很大，朱棣要开拓、要折腾，大臣们要守成、要稳定，君臣之间的这种矛盾在永乐后期越来越突出。当然这种矛盾的背后还有一层因素，那就是朱棣作为一个夺位的专制帝王，似乎总是想用专制权力去完成一系列的业绩和壮举，来消除人们对他篡位的看法，并且越是晚年这种情结就越是强烈；而夏原吉和萧仪、邹缉这些士大夫与朱棣不同，他们具有传统儒家关注国计民生的治国理念，对于朱棣那种不顾国计民生而一意孤行、追求业绩的政策和做法，不仅不能完全接受，并且会逐渐加以抵制。

随着迁都等活动造成综合国力的严重消耗，以及社会弊端的加重，朱棣君臣在开创与守成方面的矛盾肯定会不断加剧，因此永乐末年反迁都风波的爆发具有一定的必然性。从后来的情况看，这场风波仅仅是永乐朝君臣矛盾的发展和继续，而并非结束。萧仪和邹缉的上书代表了一批官僚士大夫的看法和主张，他们不仅反对迁都，更反对朱棣一贯推行的开拓、消耗性活动，这与此前解缙反对南征交阯，此后夏原吉等人反对北征蒙古，性质都是一样的，并非偶然。

2. 这场风波具有非凡的意义

永乐十九年四月的这场风波中，虽说反迁都的群臣受到了不同程度的打击和惩罚，但这场风波至少还有三个特殊的意义。其一是充分暴露了永乐时期的一些弊端。实际上这些弊端已经超出了迁都的范围，并且大家通过后来的争论，进一步认识到朱棣一系列开创、折腾活动所带来的严重后果，在当时信息传播手段不太发达的情况下，这场反迁都风波实际上集中传播了关于社会弊端的信息。当时暴露和传播的方式主要是中下级官员借直言之机表达政治上的反对意见；而身居高位的大臣们限于种种原因，反而不易直接表述真实的看法，这一点其实也暴露了永乐时期存在的另一些政治弊端。尽管这些弊端没有也不可能彻底解决，但是只要使弊端充分暴露出来，就是解决问题的第一步。

其二是为后来的“仁宣之治”创造了条件。几年后仁宗即位实施的新政，有一部分改正弊端的内容就是在这场风波中提出来的。同时，作为风波的一部分，朱棣毕竟听从了夏原吉等人的建议，永乐十九年四月发布的《奉天殿灾宽恤诏》中，明确规定了减免全国百姓的部分欠税和徭役，并且暂时停止修造船只、买办货物等与远航西洋相关的活动。[1]这件事的意义非常重大，因为以往许多人都认为，是仁宗朱高炽即位后停止了下西洋，但真正开始停止下西洋，是在永乐末期三大殿被烧毁之后。以朱棣的性格和当时的情况推测，如果不是综合国力大为下降，社会负担过于沉重，他是绝不会下令暂停远航的。

虽然朱棣那些消耗空前的活动，不可能由于反迁都风波而停止，

1　参见《奉天殿灾宽恤诏》，永乐十九年四月十三日，《皇明诏令》卷六，《四库全书存目丛书》史部第58册，第124页。

但毕竟可以有限地、暂时地减少这些活动，比如北京的营建就因火灾和这次反迁都风波而暂时停止，因而对这类活动造成的后果，多少起到了一点缓解作用。朱棣的开创活动导致了国力的严重消耗，而参与这场风波的群臣实际上已开始设法扭转这种局面。从这一点来说，仁宗和宣宗实施利国利民的“仁宣之治”，一定程度上是从永乐末年的反迁都风波开始的。

其三是朝中形成了反对开创、主张守成的派别和势力。这些人虽然不能称为政治上的反对派，但并不支持朱棣消耗空前的开创性政策，并且逐渐与朱棣矛盾加深。其中的代表人物其实不是那些高调反对迁都的中下级官员，而是长期主持国家财政的老臣夏原吉。永乐十八年（1420年）年底营建北京接近完工时，他就向朱棣建议“宜抚流亡，蠲逋负以宽民力”，减免百姓拖欠的负担，实际上是委婉地反对朱棣不顾百姓的沉重压力，继续推行空前消耗的活动，但朱棣只当耳旁风，并未采纳。第二年年初大火烧毁了三大殿，夏原吉再次提出去年的建议，这次朱棣“亟命所司行之”，赶紧下令有关部门按照他的建议实行。[1]

随后爆发的反迁都风波，使朱棣同守成派群臣的矛盾进一步加深了。夏原吉为了解救上书者而承担责任，可见他与这些人具有相同的理念和追求，而朱棣对反迁都官员的镇压和处罚，则在一定程度上促进了守成派的形成。仁宗当太子时，他周围的辅臣杨士奇等人组成了辅政群体，几年之后仁宗即位，反迁都的大臣和这些人合二而一，共同辅佐仁宗实行拨乱反正、利国利民的“仁宣之治”。其中仁宗的即位诏书就是杨士奇起草的，后来收录在他的文集《东里别集》中，[2]而诏书的主要内容则是先朝的反对派大臣夏原吉、杨荣等

1　参见《明史》卷一四九，《夏原吉传》。
2　参见杨士奇《东里别集》卷三，《文渊阁四库全书》第1239册。

人的建议和主张，[1]因此反迁都风波实际上也是促使两批人合作的重要因素。

但令人奇怪的是，这次风波中太子集团竟没有一个人出来讲话，尤其是杨士奇，从前他对太子总是直言相告，按理说他在这方面是很有发言权的，但这次杨士奇却始终保持沉默，在萧仪被杀前和群臣罚跪后，都没有跟着别人凑热闹。为什么呢？经历了这场风波之后，朱棣与太子的关系又会怎样呢？是否还会有人来和太子争夺皇位呢？

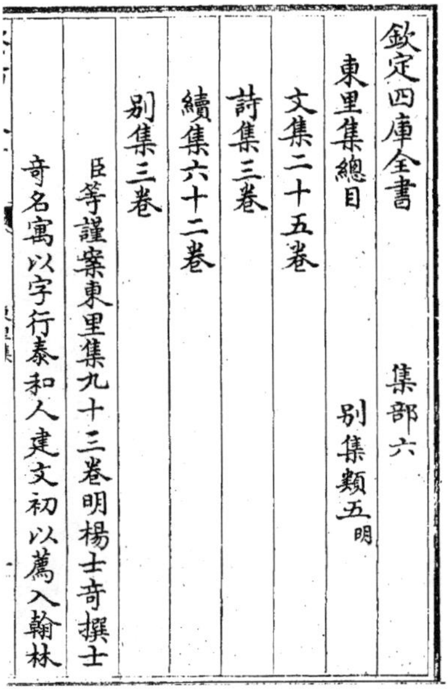
欽定四庫全書　集部六
東里集總目　別集類五 明
文集二十五卷
詩集三卷
續集六十二卷
別集三卷
臣等謹案東里集九十三卷明楊士奇撰士
奇名寓以字行泰和人建文初以薦入翰林

杨士奇《东里集》书影

1　参见《明史》卷一四九，《夏原吉传》。

明四眼铁火铳

十二 政变疑团

在开创和守成的问题上，朱棣同大臣们之间存在着严重的分歧，迁都北京几个月后一场大火突然烧毁了三大殿，大臣们趁朱棣允许上书之机纷纷提意见，指出国家经过长期折腾几乎处于透支状态，因而反对朱棣的迁都决策，结果遭到处罚。但太子集团却没有一个人参与上述活动，为什么会这样呢?

（一）朱棣虽然向太子放权，但仍然不太信任他

1. 太子集团韬光养晦，没有卷入反迁都的风波

估计这些人可能是在等待机会，因为在此之前太子集团连遭打击，现在虽然朱高煦败了，太子的地位较为稳固，但朱棣对太子的不满和猜疑并没有根本转变；现在太子到了朱棣身边，只能更加谨慎，如果他和部下有什么反对朱棣之举，神经过敏的朱棣很可能再次发怒，那样的话局势对太子就很不利了。因此多年的历练和经验，使太子及其部下采取了冷静观察、韬光养晦的方式，等待时机。

“不管父皇是要一意孤行，坚持完成那些消耗空前的开创性活动，还是认识到了局面的严重性，从而结束上述活动，我都像从前

在南京一样，绝不随意表态。再说反对的气势够大了，人马也够多了，不缺我一个；我倒要看看父皇这种开创性活动到底能维持多久，照这样下去总有一天会维持不下去，到那时就该轮到我出马了。”朱高炽很可能是这种心态，这是他和整个辅政群体的成熟、高明之处，因此，这些人没有卷入这场风波中，而是按兵不动、保存实力。

2. 太子得到回报，与父皇关系暂时缓和

太子集团保持沉默，应该说是得到了一定的回报，因为永乐十九年（1421年）后，朱棣的身体和精力都越来越差，迁都北京后政务繁忙，朱棣又要连年北征，因此需要更多地依靠太子来做帮手，当然也就不得不向太子放权。加上太子在这场风波中表现不错，于是永乐二十年（1422年）五月朱棣在第三次北征途中写信给皇太子："中外庶务悉付尔处决，军机重务则令五府六部商议至当，启汝而行，不必奏来。"[1]以前军机重务都是必须禀报朱棣处理，但这次朱棣却明确表示只要五府六部商议妥当，就可以禀报太子处理。这是将一部分决策大权交给了太子，虽然权力有限，但同以前相比还算是个较大的变化。

太子当然清楚这一点，为了表示感谢，他派人飞马向北征的朱棣进献了一些高级果品；朱棣十分感动，给太子回信说："尔以朕躬劳在外，遣人远进疏果，出于孝心，……且朕付尔宗社之重，……称朕付托之意，尔孝至矣，奉养之物继今勿进。"[2]意思是你是看我出兵在外很辛苦，出于孝心才大老远给我送水果；但是我把管理国家的重任交给你，只要你能担起这个重任就算尽了孝道了，水果之类的营养品今后不用再送了。到此为止，朱棣和太子两人的关系总算

---

1 参见《明太宗实录》卷二四九，永乐二十年正月甲戌。
2 参见《明太宗实录》卷二四九，永乐二十年正月庚辰。

有所缓和。

3. 小题大做，朱棣照旧关押太子的辅臣

但是朱棣和太子的这种缓和只是暂时的，朱棣当年九月回到北京后，就不断有人向朱棣打小报告，可能说皇帝不在北京时太子如何有失误，朱棣就觉得太子的辅导官杨士奇等人有责任，于是又关押了几个太子詹事府的官员。这些人自从永乐二年（1404年）兼任太子的部下以后，就不断地被关押、被杀掉，到现在已经是永乐二十年年底了，他们还要继续倒霉。

那几天正好赶上太子主持上朝的仪式，“会吕震婿张鹤朝参失仪，太子以（吕）震故，宥之。上闻之，怒（蹇）义不能匡正，于是并（吕）震及（杨）士奇等俱先后下狱，寻皆释之”，礼部尚书吕震的女婿叫张鹤，可能是因为年轻不熟悉仪式，偶尔动作不合格被人发现了，太子一看是堂堂礼部尚书的女婿，所以也就没有追究。不料有人很快报告了朱棣，在他看来，就连上朝仪式这么重要的事你们都弄不好，太子的辅导官蹇义、杨士奇负有不可推卸的责任；上朝仪式出错的是张鹤，但是他的老丈人是礼部尚书吕震，就是主管礼仪的最高官员，你连你的女婿都管不好，当然更要负责。因此朱棣一怒之下，把杨士奇、蹇义和吕震三个人都关进了监狱，过了一段时间才放出来。[1]

这件事至少说明四点：第一，朝中许多重要仪式这时已由太子主持了，朱棣可能因病很少出席；第二，朝中的大事小情仍由朱棣处理，甚至连太子处理过的“朝参失仪”这样的事朱棣都要过问；第三，朱棣和太子虽然同在北京紫禁城内，但仍不在一处办公，总有快嘴之人向朱棣报告太子之事；第四，朱棣晚年容易为一些事大

1　参见《明通鉴》卷十七，成祖永乐二十年九月癸亥。

故宫武英殿

动肝火，甚至小题大做。上朝仪式固然是国家大事，但偶尔有个别人动作错了，太子也处理完了，但朱棣却非要关押三个重臣，这还不是小题大做吗？总之，这件事向外界传递出一个信息，朱棣虽然给了太子一部分权力，但是对他仍然不太信任、不太放手，并且总是找借口来打击太子。

（二）朱高燧的部下计划发动政变，但因泄密而流产

1. 迁都前朱高燧是北京的行政长官

虽然与太子争夺皇储之位的朱高煦出局了，但他还有个弟弟朱高燧，他是朱棣的小儿子，为人比较机灵，一向比他大哥朱高炽更

受宠爱。朱棣即位后，朱高燧和大哥一起被留在北平，永乐二年大哥去了南京，朱高燧被封为赵王，独立居守北平。后来朱棣把北平改名为北京，实际上是升格为一个“特别行政区”。过去洛阳改称东都、沈阳改称盛京，都有升格的含义。朱棣下令北京所有的政务都要向赵王请示，相当于任命朱高燧为北京“特别行政区”的长官。

这样一来赵王朱高燧的权力和地位就提高了一大截，真正成为“下天子一等”的亲王，只比皇帝矮一级。朱高燧“岁时朝京师，辞归，太子则送之江东驿”，每年按时来南京入朝，拜见皇帝和太子，每次临走时都是太子亲自来宾馆送行，可见朱高燧的待遇是相当高的。如果太子不监国，那么朱高燧的权力是超过太子的，因为他几乎一直掌管北京“特别行政区”。当时的北京天高皇帝远，暂时成了独立王国，再加上朱棣的宠爱和纵容，朱高燧不免胡作非为，并且越来越出格，以至于永乐七年（1409年）朱棣“闻其不法事大怒”，一怒之下杀了他的王府长史，并且扒了他的亲王冠服，准备严惩。“以太子力救，得免”，还是大哥朱高炽极力为他求情，朱棣才饶了他，从此朱高燧的行为收敛了不少。[1]

2. 迁都后赵王部下蠢蠢欲动，散布换太子的传言

不过朱棣迁都北京，等于把首都搬到了朱高燧的势力范围内，虽然他的护卫不像朱高煦的护卫那样颇有战斗力，但毕竟临近首都，他自己又在当地经营多年，加上永乐二十年（1422年）以后朱棣的病情逐渐加重，长期不能上朝理政，因此，朱高燧的部下和那些追随他的宦官，难免蠢蠢欲动。当初是朱棣和朱高煦利用并纵容这些人，诬陷和打击太子，现在朱高煦已被遣送到乐安，朱棣又常常因病不能上朝，太子权势加强，因此他便较为严厉地管束这些宦官，

1　参见《明史》卷一一八,《诸王传》三。

明彩塑太监像

“太子往往裁抑宦侍，宦官黄俨、江保尤见疏斥”，从而与这些人尤其是黄俨和江保积怨不浅。

其中黄俨等人“素厚高燧，常阴为之地”，很早就是老三朱高燧的党羽，经常暗中为朱高燧做事。他们知道一旦老皇帝朱棣死了，太子肯定会收拾他们。于是这些人仍然用老办法，“日谗之于上”，仍然多次向朱棣诬告太子。无奈一方面朱棣重病在身，已无多少精力再去折腾太子，另一方面他又必须依靠太子主持政务，也不可能再同太子闹僵，因此诬告之举收效不大。但是黄俨这些宦官不甘心束手待毙，终于想出了一个意图搞垮太子的办法。

朱棣晚年由于重病等原因“多不视朝”，除了大型活动偶尔露一面之外，几乎与外界隔绝，也很少与太子见面。于是宦官黄俨等人瞄准了这个机会，“因伪造毁誉之言，传播于外，谓上注意高燧，以诒外廷”，不断地向外界散布说，皇上有意换太子，想改立老三朱高燧。黄俨是朱棣非常宠信的重要宦官，朱棣起兵夺位前他就是燕王府的宦官，当年老二朱高煦受审时，朱棣就指定由黄俨负责看押，可见这个黄俨具有特殊的地位。因此，别人说这话未必有人信，而黄俨说出来并且说得有鼻子有眼，就使一些外人不得不相信了。

3. 与朱高煦不同，朱高燧部下冒险发动政变

宦官黄俨和朱高燧的护卫部队同属朱高燧集团，黄俨散布换太子的消息，其实是为一场宫廷政变做舆论准备。朱高燧的护卫军官孟贤等人经过多次密谋，准备"连结贵近，图就宫中进毒药于上。候上晏驾，即以兵劫内库兵仗符宝，分兵执府部大臣。预令高正伪撰遗诏，付中官杨庆养子。至期从禁中议以御宝领出，废皇太子，而立赵王高燧为帝"。意思是他们决定买通朱棣的服侍人员，趁他重病之机在药里下毒，等朱棣一咽气，就发兵劫取内库的兵器和宝玺印件，分兵逮捕五府六部大臣；再由一个老军人伪造遗诏，交给宫中太监杨庆的养子来保存，到时候从大内凭御宝领出这份遗诏，废掉太子朱高炽，改立赵王朱高燧当皇帝。

钦天监官员王射成与孟贤关系不错，他在事前曾对孟贤说：我看过天象，不久就会"有易主之变"。[1]在那个年代，钦天监的观测相当具有权威性，因此孟贤等人对自己的行动更有信心了。看起来这是一次有组织、有预谋、有计划的宫廷政变，参加者有朱棣身边的高级宦官、护卫部队，掌管天象的钦天监官员，选择的时机是朱棣病重、几乎与外界隔绝之际，尤其是朱高煦被遣送到乐安之后。

要做到上述几条，没有精心的谋划和组织是无法做到的，比如下毒药这件事，下什么药、剂量是多少，什么时候由谁来下药，都必须有一个酝酿的过程和周密的安排，并且必须由熟悉宫中医疗情况的人来负责计划的实施。当时朱高燧的护卫势力集中在北京，因

1　参见《明史记事本末》卷二十六，《太子监国》。

此黄俨等人企图在较少使用武力的情况下，冒险发动一次宫廷政变。这次政变同朱高煦夺位之举明显不同，朱高煦夺位基本上是以武力方式，即不断扩充自己的实力，等待时机，不去藩国；而老三朱高燧却没有这样做，多年的经历使他明白，就凭二哥的赫赫战功和朝中部分武将、宦官的支持，搞了这么多年都没有成功，我的综合实力可是比二哥差多了。因此，朱高燧吸取了朱高煦的教训，没有重走武力夺位的老路，而是另辟蹊径。

4. 政变方案不错，但因泄密而流产

以前朱高煦准备夺位时，老三朱高燧这伙人很少上场，虽然偶尔也参与诬陷、打击太子，但并不积极；因为成功了只能使老二朱高煦称帝，轮不到自己，一旦失败了，他们肯定会同样受到朱棣的惩治。因此，这些人只好等待时机，现在终于等到了朱棣病重并且朱高煦已被遣送出京。他们的手段同老二朱高煦相比，更具有突然性和隐蔽性，当初朱高煦夺位的手段过于露骨，可行性差，今天收买一批亡命徒，明天再抢一批商人，虽说积攒了一定的实力，但效果并不好，十几年中弄来弄去倒把自己弄出局了，最后只好待在乐安干瞪眼。

可老三朱高燧这伙人不一样，时间、地点、方式的选择都紧扣夺位的关键，看起来是个精心策划的宫廷政变方案。只是这个方案出了一个小小的漏洞，未能严密控制知情者的范围，因而导致整个计划泄露并失败。原来一位参与计划的老军人，把这事告诉了自己的外甥——常山中护卫总旗王瑜，王瑜劝阻无效，怕遭连累，于是就赶快上报朱棣。

朱棣看到这些人伪造的遗诏后不禁大为震怒，立即下令逮捕宫中的内应杀掉，然后招来老三朱高燧喝问：这是你干的吗？朱高燧早已吓得浑身打战说不出话来，还是太子朱高炽为他求情："高燧必不与谋，此下人所为耳。”朱棣这才对朱高燧未加深究，只是下令文武大臣和三法司共同审理此案，然后令锦衣卫严办，不久逮捕了此案的同党，全部杀掉。[1]这次政变不仅是永乐一朝皇位争夺活动的继续，也是太子势力同朱高燧势力的一场决斗。只是决斗的结果对太子极为有利，以前是朱高煦联合朱高燧，多次借父皇朱棣之手打击太子，而这一次则是太子无形中借父皇朱棣之手，打垮了老三朱高燧，这是太子朱高炽的幸运。

（三）即使不泄密，这次政变也很难成功

1. 实力有限，朱高燧人马只能投机取巧发动政变

这次政变的时间是永乐二十一年（1423年）五月，距离永乐二十二年七月朱棣去世仅有14个月，也就是在朱棣临死前一年发动的，那么朱高燧一伙人为什么非要选择这个时间发动政变呢？为什么要采取跟朱高煦不同的方式夺位呢？以前朱高煦始终是以武力夺位为主，即在首都南京保持一定数量的、较有战斗力的护卫部队，自己凭借“下天子一等”的亲王身份，不断为夺位做准备。这个方式的好处是可选择的出路较多，至少在朱棣生前和死后都有可能夺取皇位。

相比之下，老三朱高燧的综合实力可比老二朱高煦差多了。论武力，老二朱高煦的护卫部队较多、战斗力较强，老三朱高燧的护卫部队较少、战斗力较弱；论地位，虽然两人都是“下天子一等”的亲王，但老二朱高煦战功高，军中朝中都有一定的影响，老三朱高燧的战功和影响也小得多；论个人能力、胆识等，老三也都排在老二之后。因此，从综合实力上看，朱高燧的夺位出路很少。朱棣生前不必多讲，

1　参见《明太宗实录》卷二五九，永乐二十一年夏五月己丑；《明史记事本末》卷二十六，《太子监国》。

洪武五年碗口铳

老二朱高煦那样的实力都没成功，更轮不上老三朱高燧来当太子。朱棣死后呢？朱高燧就凭那点可怜的实力能同太子较量吗？

各位要知道，朱棣晚年迁都北京后，长期“以疾多不视朝，中外事悉启太子处分”，[1]太子的权力已经比他早年监国时大得多，甚至随时都有可能接管北征大军的指挥权，在这种情况下，朱高燧的挑战恐怕也只能是以卵击石。因此，从朱高煦、朱高燧兄弟两人的综合实力来看，如果两人联手对付太子和朱棣，或许还有成功的可能；但如果让朱高燧单枪匹马出来夺位，那么无论是朱棣生前还是死后，成功的可能性都很小。所以说，朱高燧一伙人必须选择一个极为有利的时机来夺位，否则一切都没指望。

2. 如果没人告密，政变是否一定会成功呢？

朱高燧一伙人发动的宫廷政变，最后因有人泄密而失败，可是

1 参见《明史记事本末》卷二十六，《太子监国》。

如果没有人告密，这场政变是否就一定会成功呢？朱高燧是否就一定能当上皇帝呢？这里先要搞清楚，这场政变要做几件事、经过哪几关，除了毒死朱棣、劫夺内府兵器、盗取符宝等，还有关键的因素，就是控制宫廷内外的警卫部队。

第一件，毒死皇帝朱棣。一般情况下，皇帝的疾病是由太医院里的太医和精通医道的宦官共同负责治疗的，从治疗方案到用什么药，也都是由这些人反复斟酌、严格控制的，即使是给皇帝服用调剂好的药也要一式三份，开药的御医和经手的宦官要先喝了，他们喝完没什么事才能给皇帝喝。并且一旦给皇帝用错了药，太医等人是要被杀头甚至是灭族的，更不要说是有意下毒了。在这种情况下，除非有些皇帝贪图享乐或是胡闹，自己要求吸食鸦片或壮阳一类的药物，否则，略有毒性的药物是不可能轻易送到皇帝嘴边的。再加上御药房掌握于太监之手，如果给皇帝下毒药，至少要先控制住这些太监才行。因此，朱高燧的党羽要想控制这些人来毒死朱棣，可能性极小。

第二件，劫夺内府兵器。明朝的兵器和武器原料收贮于兵仗局、军器局等部门，它们都是由内府和国家双重控制的重要兵器机构，负责收贮和制造重要武器尤其是火器；要想从中领取兵器，只有皇帝的命令才能做到。再加上兵仗局等地也是有警卫部队重兵把守的，就凭朱高燧那点有限的人马，是否能首先控制住这些重兵，恐怕还是个未知数。

第三件，盗取符宝。符宝应该是重要的宝玺印信的总称。符是符牌，即进出皇宫的各类通行证；宝是宝玺，即皇帝专用的各种玺印。今天故宫博物院收藏有大小几十枚明清帝王的宝玺，有铜质的、玉质的，宝玺的印文有的是“皇帝之宝”，有的是“广运之宝”。明清朝廷的各种文件只有加盖皇帝的宝玺才算合法有效，这个道理谁都明白。朱高燧的人马要伪造朱棣遗诏，废掉太子，遗诏可以找人起草，但诏书必须加盖皇帝专用的大印——宝玺，否则当然是非法的、无效的。

就像今天的公文必须加盖红色公章才有效，朱高燧要伪造传位遗诏必须加盖宝玺。但问题是宝玺归尚宝司、尚宝监和司宝女官联合控制，其中尚宝司是政府机构，负责收藏、管理各种符牌以及加盖宝玺的手续，尚宝监是内府宦官的一个监局，负责核实文件后参与并监督尚宝司的官员办手续，为诏书加盖宝玺并存留底簿备案。而所有的宝玺在哪呢？不在尚宝司也不在尚宝监，而是都归宫里的司宝女官收存保管。[1]

明制规定，需要使用宝玺时，尚宝司官员要先把相关的文件呈递给尚宝监，然后由尚宝监的宦官向皇帝"请旨"，等于办理了核实的手续，再由尚宝监派人去宫中司宝女官那里领取宝玺，盖完后再送回去。并且每一年的年末，尚宝司都要上交使用宝玺的统计和记录。[2]为什么要这样呢？因为尚宝司的政府官员不是宦官，不能与宫中女官直接联系，所以只能由尚宝监的宦官在中间办理此事。

就是说，整个过程必须有上述三个机构来共同办理相关手续，最终才能在文件上加盖宝玺，尚宝司、尚宝监和司宝女官，三方缺了哪一方都不行。这种三重控制的管理体制，无疑是防止任何一方盗用宝玺的合理方式；而使用宝玺的大权最终掌握在皇帝手里，还有许多重要文件是必须当着皇帝的面盖印的。[3]因此，朱高燧一伙人要想在伪造的传位诏书上盖上宝玺，至少要控制上述三个部门，而他们要做到这一点的可能性同样极小。

此外，要想盗取符牌也就是进出皇宫的各类通行证，恐怕也

---

1 参见《明史》卷七十四，《职官三》。

2 参见陆钎《病逸漫记》，许大龄，王天有点校《国朝典故》卷六十七，第1500页，北京大学出版社1993年版。以下引用不再注明版本。

3 参见《大明会典》(万历)卷二二二。

不太容易。明朝对各类符牌的管理是比较严格的，政府有尚宝司，内府有尚宝监和印绶监，内外三个机构共同控制这些皇宫通行证，佩戴、领取和缴纳都有一套严格的规定，如有丢失、被盗、转借、损坏，同样有一套处罚和补造的制度。[1]并且这些符牌绝大部分都在佩戴者手里，有些处于流动状态，每天缴回管理机构的数量很少，不用说很难轻易偷到手，即使偷到手了恐怕也没有多少人能进入皇宫。

为什么呢？因为各类皇宫通行证都是有时间段、范围和身份限制的，什么身份、在哪当差、活动范围等，符牌上都写得一清二楚，还有宫中警卫人员查验，可不是你弄个证就能在皇宫里随便乱走的。并且其中的一些重要机构如兵仗局、军器局等武器库相距比较远，分布范围很大，甚至不在今天故宫的范围内，所以朱高燧一伙人即使进了皇宫，就凭他们手里那些皇宫通行证，就想直接进入宝玺库、武器库进而控制整个皇宫，也几乎不可能。

3. 缺乏军队的武力支持，政变不可能成功

那么既然毒死朱棣、盗取符宝、劫夺武器库这三件事都很难做到，岂不是说朱高燧的政变几乎不可能成功了吗？答案是肯定的，这三件事中的任何一件做不到，那么整个政变都是白费劲。可是有什么办法能同时做到这三件事呢？有，那就是控制皇城里的警卫部队，只要控制了这些部队，什么毒死朱棣、盗取宝玺、劫夺兵器库，包括劫持文武百官，就都可以做到了，谁敢不从，就地正法！太医不下毒，尚宝监的人不盖印，我就杀了你，我看你干不干！并且还可以直接夺位当上皇帝。因此，政变成功最有效的办法还是控制军队。

1　参见高寿仙《明代宫廷典制史》（下），第十七章，紫禁城出版社2011年版。

但问题是朱高燧能否控制京城的军队呢？明代京城的几十个亲兵卫包括锦衣卫是由皇帝直接控制的，只向皇帝个人负责，其他人无法控制，亲兵卫的将领也大都是跟随朱棣多年、对他非常忠诚，因此朱高燧及其党羽要想控制这些警卫部队，这种可能性几乎是不存在的。虽然政变由于计划泄露而招致失败，但从上述分析可见，政变中有几大关朱高燧等人是无法越过的，尤其是控制亲兵卫这一关，根本办不到。因此，由于缺乏军队的武力支持这一关键条件，这次宫廷政变即使没人告密，恐怕十有八九也是不会成功的。

政变之前钦天监官员王射成曾说：我看过天象，不久就会"有易主之变"。朱棣一死肯定要"易主"，但是换谁当皇帝可就不一定了，也许是朱高燧，也许是太子。不过从当时的情况来看，轮到朱高燧当皇帝的可能性极小，相反轮到太子朱高炽的可能性却大多了。为什么呢？因为朱高燧的综合实力太差了，而太子的实力和优势可是比朱高燧强多了。

（四）政变疑点重重，似乎有人嫁祸朱高燧

1. 这次宫廷政变疑点重重

不过回过头来看，历来萧墙之变诡秘无常，这次宫廷政变确实有较多疑点。首先，起草遗诏，犹如儿戏。政变的遗诏居然会由一个卫所的老军人来起草，且不说诏书对书法和文字的水平要求极高，关键是要有相当丰富并且非常独特的政治经验，既要对当时的政局有充分的了解，又必须以皇帝特有的口吻写出来，既要通俗、流畅，还要有一定的文采，而这一点只有皇帝身边内阁、翰林院的那些文臣笔杆子才能做到。因此，即使这个老军人书法文字水平不错，但他绝不可能具有皇帝身边高级秘书的经验，况且参与政变的宦官应

该了解这一点，所以，像遗诏这么重要的文件，怎么会轮到一个老军人来起草呢？听起来就像儿戏。

第二，实力太差，以卵击石。虽说这次宫廷政变有个大致的计划，看起来好像是环环相扣、非常严密，但实际上绝大部分都是根本无法做到的，尤其是像毒死朱棣、盗取宝玺、劫夺武器库这几件事。况且这些事竟然没有一个朝中重臣尤其是武将的支持，而朱高燧只有三个护卫部队一万六千多人，就算加上王府随从以及宦官党羽，最多也超不过两万人。凭这点可怜的实力就想对付几十个亲兵卫的二十几万精锐部队，完全是以卵击石，甚至等于找死。

第三，计划泄露，相当轻易。按理说要突然发动宫廷政变，为了保密就必须严格控制知情者的范围，但是这次宫廷政变的计划，不仅被一个参与者轻易地“泄露”给了自己的晚辈亲戚，并且这个亲戚在劝告一番无效之后，又能轻易地把政变计划上告朝廷；更有甚者，就在政变计划“泄露”的过程中，参与政变的所有人员居然没有采取任何有效的防范措施，最后几乎是束手就擒。似乎朱高燧及其党羽不是在搞政变，反而是在等待“泄密”和被逮捕。

第四，参与部队，平安无事。这次政变的参与者是赵王朱高燧的护卫部队，但政变平息后，这支部队竟然被完整地保留下来，既没有被调走、远离京城，也没有被遣散、编入其他部队，而是只有极少数军官被杀掉，给人的印象是，朝廷只想收拾朱高燧的宫中党羽，却有意放过了参与政变的护卫部队。而就在几年前，朱高煦只是准备起兵夺位，还没到政变的地步，朱棣就下令调走了朱高煦的大部分护卫部队，来了个釜底抽薪。相比之下，朝廷对朱高燧参与政变的护卫部队可以说是相当宽容，好像这次政变完全与他们无关。

总之，整个政变的过程充满了离奇的疑点，简直有点像天方夜

明军步兵行进图

谭。因此，虽然不能据此断言这次祸起萧墙的政变是捕风捉影，但是否为太子一派人马嫁祸于朱高燧，从而为将来太子即位扫清障碍，则很难查实。况且这次政变结果对谁最有利呢？显然是对太子最有利。以前是朱高煦和朱高燧结成同盟，多次借父皇朱棣之手打击了太子，而这一次则是太子无形中借父皇朱棣之手，打垮了老三朱高燧，因此上述几点更是令人怀疑。

2. 朱高燧未必真想发动政变，但结果是太子一派获利最多

退一步讲，即使情况不是这样，也可能是朝中太子一派有意借此事来打击朱高燧的势力，因为政变的告密者王瑜"所发不轨事有枉者"，[1]被他告发的人有的是冤枉的，这就至少说明此案的处理可能

1 参见《明史》卷一五三，《王瑜传》。

比较扩大化，而扩大的范围不可能是太子的人，而只能是与朱高燧有牵连的势力，因此，处理此案扩大化的目的，很可能是要将朱高燧的势力一网打尽。

另外，这次政变还有一个疑点，那就是朱高燧是否真想夺位，是否会主动发动政变呢？要回答这个问题，首先要看朱高燧需要面对哪几种势力。第一是皇帝朱棣，他手里至少握有庞大的宫廷卫队和北方部队；第二是太子，因为迁都后太子的人马全到北京了，这里也包括皇太孙朱瞻基的几万幼军；第三是汉王朱高煦，就是他二哥的势力，这个人到了乐安以后一直没闲着，也积攒了一定的军事实力。如此说来，朱高燧要夺位就必须先把这三批人摆平了。前两批人其实不用说，就说朱高煦，这个人一直对皇位虎视眈眈，他连大哥朱高炽都不放在眼里，那还是父皇朱棣按制度册立的皇太子，那么他还能容忍三弟篡位称帝吗？

因此，就算是朱高燧真想夺位，别说皇帝和太子两大关，就连二哥朱高煦这一关他都过不了。以朱高燧的精明，他不会不考虑这一点。从前二哥拉他一起夺位，他都不敢太积极，顶多是在北京他自己的势力范围内摆摆亲王的架子，横行霸道几回，现在真让他单枪匹马对付三批人，他有那个胆吗？恐怕没有。因此，朱高燧未必真有夺位的想法和行动，太子说他肯定没参加这个阴谋，这都是属下人干的，应该是符合实际的，并不全是虚伪的场面话。

明锦衣卫木印

但朱高燧手下的夺位政变之举，却被太子一派抓住了把柄，此案处理的扩大化，正说明他们可能借机小题大做，甚至嫁祸栽赃，打击对手。而太子虽然在父皇面前为三弟开脱罪责，但是他也乐得一个敲山震虎的结果，因为三弟以前多次伙同二弟陷害他的部下，现在有了政变这个把柄在手，他要摆布三弟可比以前容易多了。[1]不管怎么说，到此为止，永乐一朝的皇位之争算是告一段落了，老三朱高燧的势力，随着这次政变的失败几乎被一网打尽，他本人“自是益敛戢”，[2]从此以后大为收敛，再也不像从前那样图谋夺位了。老二朱高煦则远在乐安，无论实力还是距离，都暂时不会对太子构成威胁，加上朱棣重病之余逐步放权给太子，因此太子作为接班人的地位更加巩固了。

这里顺便讲一下告密人王瑜后来的情况，此人原来是朱高燧护卫的一名总旗（相当于排长），级别只是正七品；粉碎政变后因告密有功，被朱棣提升为正五品的辽海卫千户（相当于营长），连升了五级。仁宗即位后又提升王瑜担任从三品的锦衣卫指挥同知（相当于副师长），又升了三级。仁宗还告诫锦衣卫官员，“事必白（王）瑜乃行”，[3]意思是有事必须征得王瑜的同意才能办，等于说王瑜虽然是新任的锦衣卫副手，但奉命主持工作，原来的一把手暂时靠边站了。从这次政变到仁宗即位的永乐二十二年八月，前后不过一年多的时间，王瑜不仅连升了八级，并且还从一名王府下级军官，一跃而成为锦衣卫的高级首脑。

各位知道，锦衣卫是负责皇家警卫、侦缉和刑狱的重要机构，在皇帝直接指挥的几十个亲兵卫里排第一，仁宗破格任命王瑜担任锦衣卫首脑，显然是为了进一步酬谢他，因为王瑜当年的告密不仅有利于粉碎政变，更有利于帮助仁宗扫清障碍、顺利即位，因此仁

---

1 此处采用了张兆裕的看法。

2 参见《明史》卷一一八，《诸王传》三。

3 参见《明史》卷一五三，《王瑜传》。

宗即位后的酬谢才比他父皇朱棣更慷慨。同时也说明，锦衣卫首脑的选任完全掌握在皇帝一人手里，包括由谁担任、什么资格、什么来历、任职后有什么权力，都由皇帝说了算，这是后话。回过头来说，这次政变之后，患病的朱棣是否还要坚持北征呢？北征过程中又会有哪些变故呢？

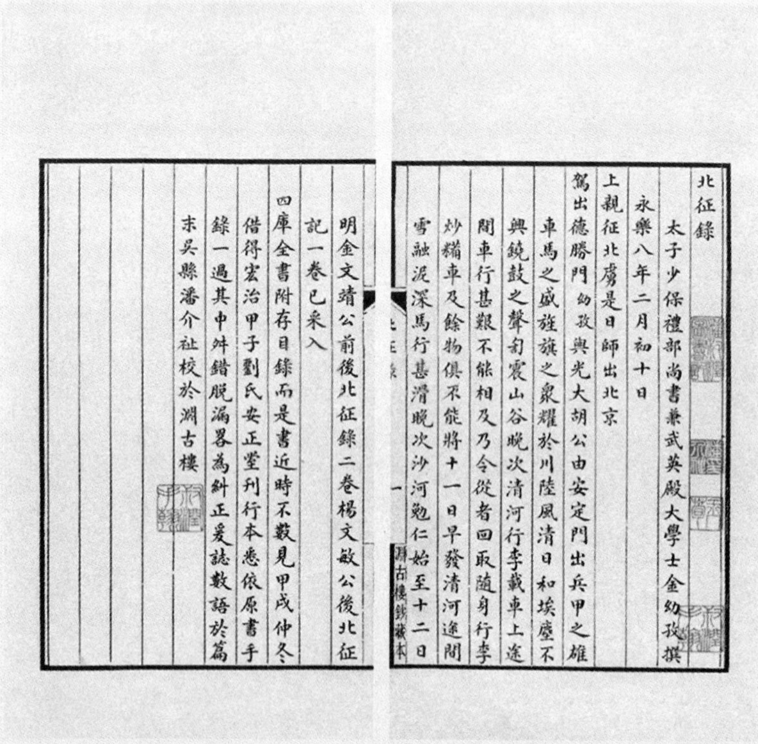

北征錄

太子少保禮部尚書兼武英殿大學士金幼孜撰

永樂八年二月初十日

上親征北虜是日師出北京

駕出德勝門幼孜與光大胡公由安定門出兵甲之雄車馬之盛旌旗之衆耀於川陸風清日和埃塵不興鐃鼓之聲訇震山谷晚次清河行李載車上遂閣車行甚艱不能相及乃令從者回取隨身行李炒糒車及餘物俱不能將十一日早發清河進閣雪融泥深馬行甚滑晚次沙河勉仁始至十二日

北征錄　一　淵古樓鈔藏本

明金文靖公前後北征錄二卷楊文敏公後北征記一卷已采入

四庫全書附存目錄而是書近時不數見甲戌仲冬借得宏治甲子劉氏安正堂刊行本悉依原書手錄一過其中外錯脫漏畧為糾正爰誌數語於篇末吳縣潘介祉校於淵古樓

金幼孜《北征录》(清抄本)

十三　一意孤行

朱棣晚年同太子朱高炽的关系虽然有所缓和，但是并未有根本性的变化，他对太子仍保持一定的防范和限制。汉王朱高煦被遣送乐安之后，他的兄弟赵王朱高燧的部下策划了一场未遂政变，虽然这次政变的疑点较多，有可能是太子一派势力企图嫁祸朱高燧，为将来太子即位扫清障碍，但朱高燧的势力却因此大为削弱，太子的地位算是进一步稳固了，太子也离皇位更近了。

（一）北征消耗严重，朱棣却关押了反对北征的重臣

1. 战役消耗很大，重臣反对朱棣连年北征

晚年的朱棣总想再次北征，寻找蒙古部队的主力决战，而在此之前几次战役下来，粮草和军器的消耗很大，已很难保证北征大军的供给了。永乐十九年（1421年）十月有军情来报，蒙古北虏阿鲁台进犯边境，其实不过是小股敌军偶尔进犯，边境的守军就可以击退这些人，当时明朝已经被多次南征北讨的战争以及营建活动搞得疲惫不堪，可是朱棣却根本不顾这些问题，又要率几十万大军亲征，一心只想杀尽北虏，结果招致了内部的激烈反对。

朝廷的几位尚书夏原吉等人事先商量好，要把再次北征的严重后果向朱棣说清楚，劝阻他的冒险之举。其中兵部尚书方宾就明确告诉朱棣:“今粮储不足，未可兴师。”意思是现在粮食储备根本不够吃，不能再出兵打仗了。朱棣听了很不高兴。他又召见主管财政的户部尚书夏原吉询问边镇供给，夏原吉说得更具体:“仅给将士备御之用，不足以给大军。”边境粮食的储备量只够部队防守，不够大部队出塞作战。他还说:“比年师出无功，军马储蓄十丧八九，灾眚迭作，内外俱疲。况圣躬少安，尚须调护，乞遣将往征，不劳车驾。”[1]

意思是连年出兵打仗不仅没有什么收获，反而把原来储备的军械、马匹、粮草基本上折腾光了，灾祸不断，上上下下都已经折腾得够呛了，中央和地方财政上都在吃紧。再说皇上您身体也不太好，还需要调养，请您选派其他将领出征，不必亲自去。这话说得还算客气，说白了就是派谁去都是瞎折腾，无法保障供给，“军马储蓄十丧八九”，估计还是个保守的说法。

2. 老臣说实话，却遭到朱棣的镇压

朱棣一听大怒，立即命令夏原吉前往边镇开平去督理军队的粮饷。实际上是给了他一个惩罚式的任务，你说粮饷都折腾光了，那我就让你去督办粮饷。朱棣还指望负责军器供给的工部尚书吴中支持他，不料吴中的回答同方宾、夏原吉几乎一样，朱棣简直气坏了，于是下令召还夏原吉，把他和吴中一道关起来。其实吴中讲的是实话，但他没想到这时朱棣根本不听实话，甚至谁说实话就关谁。兵部尚书方宾害怕了，只好自杀。朱棣本来不想杀方宾，但方宾一自杀等于以死来向他抗议，他觉得这些人好像是串通一气来反对他，于是下令戮尸方宾，就是把死人拉出来再杀一遍，然后又把曾经代

---

1 参见《明史记事本末》卷二十一,《亲征漠北》。

理户部尚书的大理寺官员邹师颜也一同关进了监狱，并且对夏原吉这样德高望重的老臣也动了杀心。

礼部尚书吕震本来也要和其他人一起来劝阻朱棣冒险北征，但他一见朱棣动了怒，吓得赶快放弃了当初的立场，不仅转而支持朱棣北征，并且还落井下石，诬告夏原吉等人“柔奸险邪”。吕震的诬告使朱棣进一步下决心杀掉夏原吉。可能是在朱棣看来，粮饷、军器消耗严重并不是因为南北战事的长期折腾，而是因为主管这些事务的官员都不中用，甚至有罪该杀。

3. 在朱棣的高压之下，朝廷高官发生了分化

于是朱棣征求杨荣的意见，问他平日里夏原吉的表现，实际上他是想从杨荣的嘴里探听到夏原吉是否有什么“前科”。好在杨荣这个人还算有良心，他劝朱棣：“二三人者惟以数征北虏乏馈运为忧，论才力或不及，险邪未之见也。”[1]意思是这几个人只是担心陛下多次北征，军粮运输供应不上，论个人才干可能有限，但说他们有什么邪恶阴险之处，我倒是没发现。这话说得很有分寸，言外之意很明显，这几个人还是为陛下着想的，至少政治上没问题，并不像吕震说的那么坏。

朱棣听了杨荣的劝解这才消了消气，对夏原吉等人也才没下杀手。这期间朱棣曾多次派人前往牢里，探问夏原吉对北征的意见，实际上是想让夏原吉改口支持他的开创大业，更确切地说是要夏原吉给他一个面子，不料夏原吉就是不改口。这么干是要冒一定风险的，显示出他本人的胆识以及一个当权者的责任心，这是夏原吉的可贵之处。由此可见，杨荣还是倾向于夏原吉这些人的，也是他同吕震这类墙头草的本质区别。而吕震虽然不惜以抛弃原则和底线来

1　参见《皇明辅世编》卷一，《夏原吉传》，周骏富辑《明代传记丛刊》第28册，第156页。

讨好朱棣，但在高层大臣中只占少数，也说明在冒险北征的问题上，朱棣的支持者非常有限。

（二）朱棣要杀老臣夏原吉，但终究没下手

1. 朱棣对夏原吉的怀疑没有根据

有的史书记载说，朱棣怀疑夏原吉说的“军马储蓄十丧八九”不是实话，于是就派御史前去调查粮储情况，御史回报说粮储可供十年之用，[1]结果朱棣大怒，以为夏原吉是有意欺骗他，于是下令锦衣卫人员逮捕夏原吉。那么御史这个说法是否属实呢？不一定，因为夏原吉等人不可能甘冒欺君的罪名，隐瞒边地粮食的真实数量，况且御史说的十年粮食储量只是个模糊的概念，至少有几个疑点：第一，御史没说这些粮食储藏于何处。如果是远离边地，则必须动用大量的人力物力运往边地；如果是就在附近，夏原吉不会不知道。

第二，御史没说这些粮食究竟有多少。是能供应十几万、几十万大军吃十年，还是只能供应几千军队吃十年，其中的数量差距是非常大的。所以这批粮食估计数量不会太多，否则夏原吉作为一个管理财政的高级官员，不可能不知道。

第三，御史没说这些粮食是新收的还是陈年旧粮。因为古代保管、储藏技术较为落后，一般的粮食储藏三年以上就要腐烂变质，因此许多地方仓库都要及时卖掉陈粮，一方面是增加收入，一方面是腾出地方储藏新粮。那么御史讲的那批粮食如果是新粮，几乎不可能这么快就运到边地附近；如果是陈年旧粮则很难供应军队，因为运到军队很可能就烂掉了。

---

1 参见何乔远《名山藏》卷之《臣林记》，《永乐臣》，周骏富辑《明代传记丛刊》第75册，第459页。

南口长城旧影

第四，就在朱棣逮捕夏原吉后不久，他还派户部侍郎等人分别前往北方几省，临时督造了大批运粮的车辆，调发数十万牲口和民夫，分批前往边镇运送粮食。如果真如御史所说，某个地方的粮食储备可供军队十年之用，那么朱棣还有必要这么干吗？由此可见，朱棣派御史调查储粮的说法完全站不住脚，而夏原吉等人所说的边粮储备根本不够大军远征，则是千真万确的。

2. 朱棣没杀夏原吉的复杂原因

朱棣痛恨夏原吉反对他的北征大业，动了杀心，但他最终没有杀掉夏原吉，除了杨荣的劝解之外还有几个原因：第一，朱瞻基的劝解。朱瞻基是朱棣最喜欢的皇太孙，将来是要接班即位的；而夏原吉同朱瞻基私人关系极好，早年夏原吉曾多次陪同朱瞻基来往于南北两京之间，朱棣北征时朱瞻基还是十几岁的孩子，留守北京的行政事务都是夏原吉帮他处理的，因此朱瞻基非常器重夏原吉。况且朱棣让夏原吉长期陪同朱瞻基，似乎也有将来辅佐这位太孙君临天下的用意，可是现在朱棣反过来要杀掉夏原吉，太孙一劝，朱棣不得不考虑后果。

也有人认为，朱棣听了皇太孙朱瞻基的劝解最终没杀夏原吉，可能是故意卖给朱瞻基一个人情，好让夏原吉感谢皇太孙朱瞻基的救命之恩，日后皇太孙即位称帝，夏原吉就能更加死心塌地地辅佐朱瞻基了，因此朱棣有意自己先唱黑脸，然后再让皇太孙唱红脸，以便进一步争取夏原吉这样的股肱重臣。类似这种帝王要弄权术来驾驭臣下之事，在专制时代也曾多次出现，因此并不奇怪。

第二，夏原吉的功劳和威望。夏原吉是对朱棣有大功的人，朱棣上台后进行了一系列开创性的活动，六次下西洋，几次打安南、征蒙古，迁都北京，开通运河，营建陵墓，“供亿转输以巨万万计，皆取给户曹。（夏）原吉悉心计应之，国用不绌”，[1]这些规模空前消耗巨大的活动，几乎都是夏原吉一手操办的，可以说，没有夏原吉财政方面的出色运作，就没有朱棣那么多开创性活动的完成。如今朱棣要杀他，恐怕不得不考虑夏原吉过去的功绩，同时，夏原吉在朝野上下也有较大的威望，这也是朱棣不敢轻易杀他的原因之一。

第三，夏原吉的自救。当锦衣卫官员前去逮捕他时，换了别人可能会立即照办，可夏原吉却说：“姑少俟，毕此行，不然恐有侵渔患，死吾安之，不以累公。”意思是你得宽限我一两天，粮食调运和仓库账目一摊事没弄完就走了，恐怕会有麻烦事；不如等我处理完了再走，就是死了也安心了，这样谁都方便。锦衣卫军官一听就答应他了，结果就超过了回京的期限，这可是违抗圣旨啊！但朱棣一

---

1 参见《明史》卷一四八，《夏原吉传》。

问是这么回事，反而不好意思杀他了。后来朱棣几次派人审问他，虽然夏原吉始终未改口，但他的反对意见很委婉：古代的明君都不会强求边疆以外平安与否，陛下您就适可而止吧，北边的蒙古打它几回差不多就行了。[1]这话不仅没有激怒朱棣，反而给了他一个适当的台阶，也使朱棣有些不好下手。

夏原吉石刻像

3. 夏原吉被关押，朱棣只好找人代替他

夏原吉不改口，朱棣又派人去问他，当初皇上待你有厚恩，现在却把你关进牢里，也算是够狠的，你就没什么怨言吗？夏原吉回答，“风雨霜露无非教也，何敢怨？”[2]皇帝的喜怒都是对我的教育，我哪敢有怨言啊。朱棣听了，可能心里不是滋味，但还是派人抄了夏原吉的家，看来是想搜集罪证，给自己找个收拾夏原吉的台阶。结果是“自赐钞外，惟布衣瓦器”，[3]除了发现皇帝赏赐给他的钱钞之外，只有普通的衣物和平常的瓦器而已，根本没有什么“腐败”的证据。抄家的结果可能让朱棣比较丢面子，甚至有些下不来台。

各位知道，专制时代皇帝要给谁定罪，往往不是因为这个人干了坏事犯了法，而在很大程度上是因为看他不顺眼、不满意，同时

1　参见夏原吉《忠靖集》附录，《夏忠靖公遗事》，《文渊阁四库全书》第1240册。

2　参见何乔远《名山藏》卷之《臣林记》，《永乐臣》，周骏富辑《明代传记丛刊》第75册，第459页。

3　参见《明史》卷一四九，《夏原吉传》。

要抓住一些把柄和借口才能定他的罪；虽说“欲加之罪，何患无辞”，但也要找出一些“辞”来，所以朱棣才抄了夏原吉的家。不过夏原吉可能早有准备，据说他为了避免财产较多而树大招风，总是把多余的工资和赏赐及时分给远亲近邻，甚至连皇帝赏给他个人的高级银质酒器，夏原吉都拿到“部堂”也就是办公室里陈列或使用，而没有按照别人的劝告全都拿回家里，因此这次抄家居然没让朱棣抓住把柄。[1]

夏原吉被关押，原来兵、户两部的政务是由夏原吉兼管的，可是如今朝廷的六个尚书，除了吏部和刑部两个未到场之外，其余四个逼死一个、关了两个，只剩礼部尚书吕震一人了，于是朱棣只好让吕震兼管兵、户两部。可是吕震也害怕啊，谁能保证朱棣哪天不会翻脸杀人呢？所以吕震有些不敢上任。如果他也自杀了，北征的一大堆事可真就没人管了，因此朱棣派了十名校官跟随吕震，并下令如果他自杀了你们十人谁也别想活！可怜吕震整天被十个军官围着，同软禁差不多。不过吕震很会见风使舵，这时已靠诬陷他人赢得了朱棣的信任。[2]

从上述情况看，朱棣晚年的几次北征之前，他同朝中重臣的关系已很紧张，即使是未受监禁的大臣也已处于朱棣的威胁之中，真是伴君如伴虎；况且朱棣的病情越来越严重，逐渐影响了他对事务的正常判断。应该说，朱棣晚年遭遇的这次反对北征之举是前所未有的，是半年前反迁都风波之后，朱棣君臣开创与守成矛盾的又一次爆发，关系到明朝的前途和命运。但朱棣不顾国家面临的困境，一意孤行，并且还镇压那些提意见的大臣，结果为此付出了很大的代价。

---

1 参见夏原吉《忠靖集》附录，《文渊阁四库全书》第1240册。

2 参见《明通鉴》卷十七，成祖永乐十九年十一月丙子。

（三）最后三次北征，由于缺粮等原因被迫结束

1. 不顾军队缺粮和疲惫，朱棣坚持北征

永乐二十至二十二年（1422—1424年），朱棣最后三次北征蒙古，都没有取得什么战果，甚至连敌方人影都没见到。即使是第三次北征时顺手袭击了东北部的兀良哈三卫，但名不正言不顺，总有些背信弃义的成分，因为此时的兀良哈三卫并未同明朝为敌，朱棣发兵偷袭似乎有点出师未果、找人出气的意思。除此之外，三次北征可以说是白跑一趟，并且粮食供应情况越来越糟。此前1410年和1414年的两次北征，朱棣派夏原吉等人调发了较为充足的粮食，储

张家口长城大境门

备在从北京到宣府沿途的各卫仓库里，不断供应北征的军队；宣府以北则用3万多辆武刚车运送了20万石军粮，以备大军回师之用。但即使是这样，前两次大规模北征部队的粮食供应也只是勉强维持。

几年后第三次北征时，之前储蓄的粮食早已吃光了，于是朱棣不得不从各地征集了34万多匹驴、17万余辆车、23万多民夫，总计运送了37万石粮饷，其中的一部分是随军而行。[1]从今天的宣化往西北到张家口再过长城到张北，是从北京西北进入内蒙古的重要通道。将近600年前朱棣北征时，这里根本没有柏油马路，都是一些坑坑洼洼的土路，宣府以北的山路更难走，北征大军的37万石粮饷就是在这样的路段里，用车拉、用驴驮或用人推，一步一步艰难地往北部前线运输。因此，从北方各省长途运粮到宣府，再到长城以北，整个运输负担是相当重的，实际上根本无法保证充足供应北征大军。

由于补给线太长，军中粮草往往供应不上。北征大军出征一个多月，至少需要几百万甚至上千万斤的粮草，才能供应几十万人马一去一回的消耗。按理说粮食消耗到一半，出征大军就必须往回走，不然的话回去的粮食就不够吃了；但是由于运输条件的限制，随军携带的粮食本来就不多，朱棣率军深入漠北上百里，没有也不可能根据粮食消耗的数量来安排回师计划，再加上漠北天寒，北征的士兵需要多吃才能保持体力和御寒的热量，这样一来，更是大大加速了粮食的消耗，因此，每次北征时往往还没等到回师，军中就出现了缺粮的情况。

并且朱棣晚年的三次北征是一年一次，间隔很短，军队没有得到很好的休整，比较疲惫，最后一次北征时“中道兵疲”，军队走到一半就累得走不动了；“帝以问群臣，莫敢对”，朱棣问大臣该怎么办，结果这些人谁也不敢回答，因为北征前和迁都后那些反对迁都、

1　参见《明史记事本末》卷二十一，《亲征漠北》。

反对北征的人，一个都没有好下场。最后还是金幼孜仗着自己是朱棣的高级秘书，委婉地劝朱棣别再往前走了，但朱棣根本不听。[1]从上述情况可以看出，朱棣晚年北征时军队经常处于疲惫、饥饿和严寒的威胁之中，但朱棣谁的劝告都不听，一意孤行，坚持北征。

2. 大范围搜索无效加上粮饷有限，朱棣准备班师

朱棣率明军最后几次北征，每次几乎都没有明确的目标，尤其是第五次北征时，明军完全成了搜索队，在茫茫的草原上到处乱窜，结果一无所获。此时朱棣的内心非常渴望有一场战斗，来满足他的欲望，也证明他总算没白跑一趟，可是敌方似乎看透了朱棣的心理，早就躲得远远的，就是不给他这个机会。这样一来弄得朱棣好没面子，他又不甘心这样无功而返，因此他一再下令军队分批往不同的方向搜索敌人，并且告诉他们，如有敌人来袭，先用神机铳炮一阵猛轰，再用长弓劲弩一阵狂射，先给我撂倒一片再说。言外之意，连续三年北征连个人影都没见到，那不让我这个堂堂统帅太没面子了吗？

军中将领自然明白朱棣的心思，于是按照他的命令非常卖力地到处搜索，结果前锋宁阳侯陈懋等人回报说："臣等已到答兰纳木儿河，弥望惟荒尘野草，车辙马迹亦多漫灭，其遁已久"，"引兵抵白邙山无所遇，以粮尽故还"。意思是我们搜了好几天，只看见都是荒漠野草，车轱辘和马蹄印早就没了，可见敌人是跑了很久很远了，最后没有粮食了，只好回来。张辅等人也到远处一些大山峡谷里不断搜索，结果回报朱棣说：我们分别派人搜遍了方圆三百里范围，根本没看见一个人、一匹马的影子。他向朱棣请求"愿假臣一月粮，率骑深入，罪人必得"，请陛下再给我一个月的粮食，我率骑兵再次

1　参见《明史》卷一四七，《金幼孜传》。

深入敌境搜索，保证捕获敌人。

朱棣很清楚，这样搜下去哪天是个头啊，明军带的粮饷有限，如果没等搜到敌人粮草先吃光了，连回都回不去，不冻死也得饿死。作为全军的统帅，朱棣不得不考虑明军的吃饭问题。于是他对张辅等人说："今出塞已久，人马俱劳，北地早寒，一旦有风雪之变，归途尚远，不可不虑。卿等且休矣，朕更思之。"意思是现在我们出塞好长时间了，人马都非常疲惫，北方冷得早，说不定哪一天会有暴风雪，我们回去的路程还远着呢，你们先休息一下，我再考虑考虑。

要想在粮草用光之前回到北京，就必须立即班师回朝，但那样干结果只能是白跑一趟；但要想继续搜寻敌人，挽回面子，就势必要冒全军挨饿的危险。两相比较，当然是肚子比面子更重要。因此朱棣带着无功而返的遗憾和粮草将尽的无奈，下令班师。当时军中的粮食供应已经很紧张了，有些军人已是饥寒交迫，估计离饿死也不远了。杨荣实在看不下去了，他向朱棣建议："请尽以供御之余给军，而令军中有余者得相贷，入塞，官为倍偿，军赖以济。"[1]意思是将朱棣御用剩余的粮食全部分给军队，同时下令军中有余粮者借贷给少粮或无粮者，回到边塞后加倍偿还，这才使一批缺粮的军人没被饿死。

3. 回师无借口，朱棣跟拿破仑处境类似

第五次北征出发一个多月后，随军的杨荣已经看出朱棣不会轻易善罢甘休，并且这样下去不仅敌人打不到，自己反而可能先饿死不少，于是他向朱棣建议，"宜遣使谕彼并释其不顺之罪"，[2]应该派人向敌方说明白，我朝皇帝赦免他们的罪行，然后班师回朝。这个建

1　参见《明史》卷一四八，《杨荣传》。
2　参见杨荣《文敏集》附录，《文渊阁四库全书》第1240册。

议等于给自己找了一个班师的借口，同时也是明确告诉敌方，只要你们认个错，我方就不再打下去了，这样双方都说得过去，谁也不丢面子。于是朱棣就按照杨荣的建议写了一封敕书，派人送给阿鲁台部落。[1]可是敌方好像并不买账，始终不露面也不回话。

最后眼看着粮食快吃光了，朱棣只好下令班师回朝。就在回师途中，朱棣还命人在一处数十丈宽的石崖上刻石记功，并一再宣称要"使万世后知朕亲征过此也"，[2]生怕别人不知道他曾亲征路过这里，很像今天一些远方到来的游客在风景名胜区刻上"某某到此一游"的做法。说明朱棣总想在最后一次北征中有所收获，可敌方似乎看透了他的心思，偏偏不给他这个机会。

这件事可能使人想起1812年法国进攻俄国之战，当时拿破仑亲率五十万大军一路打到莫斯科，可是俄军统帅库图佐夫早已下令，放一把大火烧毁了莫斯科，结果拿破仑得到的仅仅是一座空城。俄罗斯的严冬天寒地冻，拿破仑的军队不但没有粮食，就连取暖都困难，只好被迫撤军。但这样走了毫无收获、太没面子，怎么办呢？于是拿破仑派人找到库图佐夫，希望俄方先提出求和，法军则顺势答应，然后再体面地撤军，从而结束这场艰难的远征。

不料库图佐夫看透了拿破仑的用意与困境，于是他一面借口自己无权议和，需要请示沙皇，实际上是拒不求和，一面又让法军使者转告拿破仑，你想结束战争吗？可我却觉得战争才刚刚开始啊！就是不给拿破仑撤军的台阶。弄得拿破仑很无奈，只好先行撤军，结果法军在撤退的途中，仅仅是被冻死的军人就占了一大半。朱棣最后一次北征的处境同拿破仑当年有些相似，都是在进军途中丧失了主动权，也都是为自己的冒进付出了代价。

1　参见《明通鉴》卷十八，成祖永乐二十二年五月甲申。

2　参见《明史记事本末》卷二十一，《亲征漠北》。

（四）朱棣病死于回师途中，死因竟有三种说法

1. 朱棣病死的二种说法

关于朱棣之死有三种说法：第一种是目前明史书中普遍记载的说法，因病而死，也就是第五次北征时病死于回师途中。永乐二十二年七月，朱棣在最后一次北征途中突然病情加重，据说他不得不招来军中主帅之一、英国公张辅传达了遗命：传位给皇太子朱高炽，一切后事完全按照太祖朱元璋的规矩办。一天之后朱棣病死于榆木川，享年六十五岁。

第二种说法是当时朝鲜李朝实录中的记载——忧心致死。据前方的传言，朱棣率明军同北方蒙古部队打了一仗，损失不小；皇帝的驻地下了冰雹，雹子粒大如瓦片，过去的瓦片相当于今天的砖头那么大，明朝的军队有的人被砸断了胳膊，有的人被砸破了脑袋，死伤不少，许多战马也被砖头大的冰雹砸断了脖子而死；再加上打了败仗，朱棣心情极度糟糕，忧郁过度而死。[1]

第三种说法更离奇，被老虎咬死。这个说法来自朱棣死后的一个传说，大意是：有个皇帝带领几十万大军行进在辽阔的草原上，他手下有百员大将，充足的物资和锋利的弓箭，但他们出征却没有遇到敌人，没杀死一个敌兵。皇帝觉得很没面子，于是就边行军边打猎，一次在榆木川打猎，皇帝不但没打到猎物，自己反被猛虎咬死，尸体也被叼跑了，这个皇帝就是朱棣。因此十三陵的长陵中安葬的只是朱棣的衣物和弓箭，根本没有尸体。[2]

1　参见吴晗辑《朝鲜李朝实录中的中国史料》上编卷四，第318页，中华书局1980年版。以下引用不再注明版本。

2　参见赵云田《明清宫廷秘史》，河北人民出版社1985年版。

2. 北征的操劳和忧虑等，是朱棣病死的真正原因

三种说法哪种更可信呢？先看第三种说法，也就是猛虎咬死一说，这个说法基本上是不可能的。因为第一，朱棣是皇帝，不管走到哪里总要有皇家卫队跟着，不可能是一个人单独与猛虎搏斗，再说猛虎也不可能先把朱棣的卫队全都咬死，况且随军的几个文臣根本没有这类记述。

第二，北征军队的数量庞大，至少有十几万人马，除了步兵骑兵还有运送物资粮草的车队，他们只能从较为宽阔的大路行进，不可能从猛虎出没栖息的深山密林中穿行，因此遭遇猛虎突袭丧命的可能性几乎为零；即使是朱棣率人前去深山打猎远离大部队，在当时的情况下为防备敌人埋伏和偷袭，同样会有大批卫队同往，更不可能让朱棣被虎咬伤。

第三，猛虎出没栖息之地，必须有大面积的深山老林作为小型动物的生存空间，这些小动物是老虎的食物。朱棣北征大军所过之处几乎都是一片荒漠，只有少量的小型动物出没，根本无法供养猛虎那样的大型食肉动物，即使有也早被北征大军赶走了，因此朱棣

古北口长城旧影

更不可能被猛虎吃掉。

因此，朱棣死于虎口的说法完全不成立，近于荒诞，反映出北方草原百姓对朱棣本人以及明军连年北征的一种嘲讽和诅咒。

再来看第二种说法，忧心致死。朱棣北征途中可能遭遇风雪不假，甚至可能夹杂一些冰雹，但说冰雹比瓦片砖头还大，甚至可以把人的胳膊和马的脖子砸断，则未免过于夸张了。这种说法的出现同前一种说法一样，大概是出于朝鲜王朝对北征的不满，因为朱棣为了北征曾多次大量地向朝鲜索要战马，弄得朝鲜全国都有压力。同时朱棣也不可能为几场暴风雪就忧心致死，只能说恶劣的气候加重了朱棣的忧虑，仅仅是其死亡的原因之一，但未必是唯一的原因。

现在就剩下因病而死这种说法，应该说这种说法是较为可信的。根据学者的考证，朱棣可能患有神经性的癫痫病，永乐后期就时常犯病，间歇越来越短，晚年几乎不能临朝办公，政务大都交给太子处理。永乐二十年后的三次北征中，朱棣每一次都病得较重，出征前大臣的劝告中也指出，朱棣的身体未能调养好，已经是老患者了。而连年北征的操劳和折腾加重了朱棣的病情，恶劣的天气和补给的不足，使军队冻死饿死者大约有十分之二三，更进一步加重了朱棣的忧虑，这些因素加在一起才是导致朱棣病死的真正原因。

（五）朱棣晚年连续北征，令人不解

1. 条件不足却非要北征

这里无法对朱棣的北征作出全面的评价，但是不管怎么说，朱棣晚年多次抱病率军北征，对于巩固明朝的国防、打击蒙古残余势力、稳定北方边境的局势，还是具有非常积极的意义。不过从军事角度看，朱棣晚年的北征似乎又有明显的失误，失误在哪呢？永乐十二年（1414年）的忽兰忽失温之战，可以说是明、蒙双方的一场决战，明方号称投入了约50万兵力，蒙方恐怕也有十几万人马，但这场战役的结果却是“杀伤相当”。[1]

这样下去蒙方肯定受不了，因为它的综合国力比明朝可是差多了，消耗不起，于是此后蒙方采取了避战远走的策略，我让你找不到我，变被动为主动；可是朱棣却总想寻找蒙方主力决战，看起来好像是他主动寻找战机，但实际上后来他一次也没有找到，这样明军就逐渐丧失了主动权，并且还在疲惫、严寒和饥饿的困境之下损失不小，不能不说是个严重的失误。同时，朱棣晚年的三次北征还有几个令人费解之处：其一，北边敌军只是小股部队袭扰边塞，并没有冲破防线进入明朝疆域的意图和实力，明方完全可以派遣一些流动部队巡视边塞，策应当地驻军，即可以抵御小股敌军的袭扰，但朱棣却非要大军北征。

其二，如果敌方盘踞某处，或有大致固定的活动范围，明方可以大兵团进剿，但实际上蒙古军队是游牧民族组成的，主力是骑兵，移动速度快，几乎没有固定的活动范围；而明军主力是步兵，移动速度慢，每次出征只能是一边走一边找，就像瞎猫碰死耗子一样，根本无法找到敌方的主力与之决战，军事上明显陷于被动，但朱棣却还要率步兵为主的大兵团进剿。

其实早在洪武中后期，明军在统一战争中出击蒙古时，朱元璋就逐渐发现了明军骑兵不足、补给跟不上、不宜深入沙漠作战的弱点，于是及时调整了边防政策，变为严守边镇、近塞击敌，这样明军虽然不能彻底消灭敌人，但对方也不能给明朝造成大的边患。而朱棣作为一个军事统帅，洪武和永乐时期曾经多次率军北征，不可能不知道这一点，但是朱棣晚年并没有吸取洪武时期的教训，反而

1　参见《国榷》卷十六，永乐十二年六月庚戌。

蒙古武装骑士图

连年北征，结果不断陷入被动的境地。

其三，朱棣每一次几乎都是带病坚持出征，虽然其中不乏保家卫国、壮心不已的精神和气概，但带病作战无论对于决策还是战争本身都会有不良影响，朱棣晚年连一些政务都无法正常处理，还要交给太子，居然能够连年北征。

其四，军需粮食严重不足，除了第一、第二次北征外，后三次北征前军需粮食已消耗殆尽，以至于朱棣不得不临时从北方省份组织大批人力、畜力，运送大量的粮食来供应北征大军，并且每一次北征时，总是因为粮食供应不足而被迫撤军，但是在这种情况下朱棣却仍然顽固地坚持北征。

其五，朱棣晚年三次北征前，他身边那些经验丰富的大臣们多次劝他放弃北征，或派遣别的将领，或采取其他措施，并且非常明确地讲清了北征无法继续下去的原因，但朱棣不仅不听劝告，反而将这些忠心耿耿的老臣关押起来，甚至逼迫方宾自杀，还要杀夏原吉。所有这一切都使常人难以理解。

2. 连续北征的思路：越是碰不上就越要去碰

有传言说，朱棣可能是明军当年北征元军时，俘获的元朝妃子同朱元璋所生，或是明朝继承了元朝的习俗，从邻国朝鲜索要了一批女子收入宫廷，其中之一生了朱棣，因此朱棣对这一地区怀有一种特殊的感情；有人认为朱棣即位前在北平长期当燕王，多次奉命出兵塞北，熟悉那里的情况，所以即位后才会连年北征；还有人认为朱棣晚年身体和精神都出了毛病，已经处于一种偏执的病态之中，只有不断地出兵征战才能缓解病态。但是这些看法也都仅仅是猜测而已，缺乏必要的根据。那么究竟是什么原因使朱棣晚年不顾许多不利条件，一意孤行地坚持北征呢？除了朱棣好大喜功、穷兵黩武、渴望超越前人的思想和性格因素之外，急于找到并消灭蒙古军队主力，解除明朝北方的威胁，才是朱棣晚年连续北征的主要原因。

朱棣在北征途中突然病死，周围只有少数宦官和文臣，他们会怎样应付这一突发事件呢？在京的太子和在山东乐安的朱高煦又会有什么反应呢？

榆木川遗址

十四　协力应变

晚年的朱棣不听大臣的劝告一意孤行，不顾军饷不足和军队疲惫顽固坚持北征，最后病死在回师途中的榆木川，就是今天内蒙古自治区多伦县的西北部。

（一）杨荣等人应付危局，目的是防备朱高煦

1. 朱棣突然病死在途中，身边大臣面临凶险局势

多伦是从北京到内蒙古的交通要道，当年侵华日军占领了多伦，还想从这里继续北进。1933年抗日将领吉鸿昌等人在此指挥抗日武装，经过多次激战曾一度赶走了日军，收复了多伦。由此可见，多伦既是交通要道同时也是个战略要地。朱棣率领北征大军回师，多伦西北部的榆木川是必经之地。

由于北征大军驻扎时朱棣都在自己的御帐之中，外人不得进入，因此朱棣病死时只有他的贴身宦官马荣、孟聘、海寿等人知道。这些宦官当然无法应付这一突发事件，怎么办？于是就在朱棣病死的当天，马荣等人秘密找来了朱棣的心腹重臣杨荣、金幼孜两人，商议对策。各位知道，皇帝如果死在首都，一切都还好办；但朱棣是

死在回京的半道，离首都还远着呐，太子那边还不知道，北京的防卫比较空虚，因为那里的绝大部分部队都随朱棣北征了。汉王朱高煦据说早就在乐安准备夺位，如果北征的将领同他有勾结并且知道朱棣已死，双方联起手来夹击太子，那么太子的处境和整个局势就相当凶险了。

再说太子的三弟朱高燧也在北京，此前他部下的政变虽然流产了，但他作为亲王的护卫还在，因此他比朱高煦更有机会起兵夺位。况且几十万北征大军失去了最高统帅，时间一长将很难控制。而现在杨荣等人必须面对和处理的，正是这个凶险的局势。怎么办？当时有人建议，可以利用其他事起草一封敕令，加盖皇帝的玺印，派人借机把朱棣去世的消息传给太子。可是杨荣等人坚决反对，理由是先帝生前可以称“敕”，死后如果还称“敕”，那就是欺君之罪，这么大的罪弄不好是要杀头的！众人觉得有理，只好另想办法了。[1]

2. 杨荣等人提出五个措施，快马回京报信

杨荣机敏过人，首先提出了不宜发丧、照常进膳等建议，于是众人决定采取以下几个措施：第一，秘不发丧，即对外严密封锁朱棣病死的消息，北征大军仍照原计划回师。杨荣等人认为北征大军远在外地，一旦朱棣病死的消息传出去很可能引起一场变乱，因此没有公布朱棣的死讯。

第二，“液锡为椑”，就是搜集军中的锡器加以熔化，制作成一个椭圆形的棺材（椑是古代一种椭圆形的酒器）。估计应该是椭圆形的一种槽状物体，然后装入朱棣的遗体放在龙辇上。[2]这是保密的一个重要措施，因为皇帝死了不能总是停放在御帐里，必须找个地方

1 参见《明史记事本末》卷二十八，《仁宣致治》。
2 参见《明史》卷一四八，《杨荣传》。

藏起来。什么地方最合适？只有皇帝的专车——龙辇。因为龙辇除了进门之外，其余三面都是封闭的，外人根本看不见，并且接近龙辇的人只有皇帝的贴身宦官和心腹大臣，其他人老远就得绕着走，所以龙辇装载锡制的棺材和平时完全一样，谁也看不出来。同时，熔化锡器制成圆槽可能还有防腐的考虑，否则只用木头就可以了。

第三，杀工灭口，杀掉所有参与制作锡槽的工匠，以免走漏消息。[1]各位知道，这些锡工们熔化大量的锡器，再制作成一个能装下成年人的槽子，他们很可能猜到槽子的用处，因为那么大一个槽子不可能是喂马的，再说喂马的槽子还用熔化锡器另做吗？因此，为了保密必须除掉这些工匠。

第四，照常进膳，“所至御幄朝夕起居上食如常仪，益严军令”，行军每到一个地方仍然搭好皇帝的行宫御帐，宦官照常侍候皇帝早晚作息，饭菜照样送，所有的仪式都和平时一样；同时又以皇帝的名义下令，严格执行军令。[2]这样一来，外人只见侍候皇帝的那些人照常忙活，谁也不知道是怎么回事。

第五，派人送信，可能就在几个人商议之后的当天深夜或次日凌晨，杨荣和宦官海寿就秘密出发，飞驰回京向太子报告朱棣病死的消息。[3]为什么要派这两个人呢？因为杨荣是朱棣的首席心腹重臣，长期跟随朱棣出巡或北征，本人很有韬略、很有决断力，又熟悉各方情况，因此派他回京不仅是报信，更重要的是要他协助太子处理当时的突变局势；海寿则是朱棣非常信任的贴身宦官之一，同样是既熟悉情况又有能力的重要人物，可见他和杨荣分别是文官和宦官两个系统的代表，因此大家才会推选他们两人回京报信。

1　参见《国榷》卷十七，成祖永乐二十二年七月辛卯。

2　参见《明史》卷一四八，《杨荣传》。

3　参见《明太宗实录》卷二七三，永乐二十二年七月壬辰。

北京居庸关长城旧影

3. 保密措施得到密切配合，目的是防止朱高煦夺位

上述几项措施后来全部完成了，几乎未出任何纰漏。做到这一点至少需要三个条件：第一是朱棣身边内臣和外臣的合作；第二是皇家卫队的合作，第三是内侍人员的合作。首先，朱棣病死一事，只有他身边极少数宦官和心腹重臣知道，秘不发丧、“液锡为椑”、杀人灭口等措施是他们一同商定的，如果有一人泄露消息，那么整个事情可能就是另一种样子了。因此，朱棣身边的内臣、外臣实际上已组成了一个临时决策机构，双方通力合作，这是整个措施得以

成功实施的首要条件。

其次，监督锡工制作棺材尤其是杀掉锡工灭口这件事，估计应该是朱棣的皇家卫队干的，其他的部队不太可能被临时抽调出来，去执行这种特殊的任务，因为无法保密；朱棣之死估计瞒不过皇家卫队，他们的职责就是警戒皇帝的周围，同时守护并监督随军的宦官照常做饭送饭，从而保证了整个措施的成功执行。

第三，除了几个重要的内臣之外，朱棣身边的服务人员也是保证整个措施成功实施的不可缺少的条件。因为服侍皇帝起居和做饭、送饭这类事，必须由这批中下级宦官来完成，估计朱棣之死同样瞒不过他们，当然包括随军的太医等人，因此照常进膳、掩人耳目这类事就只能由他们来完成。

总之，朱棣身边的近臣、高级宦官此时已组成了一个临时的决策机构，控制了皇家卫队和服务人员，成功制造了朱棣还活着的假象，率领北征大军回师。所有这些措施的目的只有一个，那就是严防军中武将与朱高煦串通，乘机发难夺位，从而为太子即位做好充分准备。杨荣、海寿提前回京传信，帮助太子争取了主动、赢得了时间，为他有效地控制局势、防止朱高煦夺位创造了条件。退一步讲，即使朱棣病死的消息走漏出去，北征将领中有人与朱高煦联系，速度再快也不会超过杨荣、海寿，因为两人几乎是在朱棣病死的当天夜里就出发了，其他将领就算同时得到消息再派人追赶，也不可能追上。

再退一步讲，即使是与朱高煦有勾结的少数将领派人传信，和杨荣、海寿同时到达京师，但朱高煦得到消息后必须从乐安起兵夺位，因为他的老巢和势力都在乐安，所以即使他和太子同时得到消息，他的行动也要比太子晚一大步，那么太子就可以利用这段时间来从容布防，控制局势。从这一点来看，朱棣当年将朱高煦遣送乐安，杨荣等人先行回京报信，这些措施还是较为得当的。当然，杨荣等人这样做，可能还有防止武将拥立朱高煦、将来与文臣争权的用意。

(二)杨荣等人做的过于从容、娴熟,难免令人怀疑

杨荣等人在很短的时间内,能够从容做出一系列的高难度“动作”,显示出了超常的应变能力,但同时也招致了一些人的怀疑。明后期有个大史学家叫王世贞就怀疑,太子朱高炽即位后曾经重赏了杨荣,除了一些高级消费品之外还让他“三俸兼支”,一人拿了三份工资。朱高炽为什么要重赏杨荣呢?“赏其榆木川顾托之功,或兼以阴拥翼故,不可知”,[1]是否包括杨荣等人在朱棣临终前后所作的一系列安排,包括暗中帮助太子即位,的确是“不可知”。明末人黄景昉也对当时的安排表示疑惑,他说朱棣病死是“振古未有之变”,“(杨)荣从何处想出?”[2]意思是一个前所未有的突发事变,杨荣怎么会想出这么多的办法来呢?

王世贞像

不过这些人的怀疑恐怕也有一定的道理。朱棣死后的几项措施中,秘不发丧和照常进食都是前人用过的,秦代赵高就曾在秦始皇死后用过这两招,为了防止别人闻出秦始皇尸体腐烂的臭味,他还专门派人弄来一车臭鱼;而朱棣死后可能由于北方天气较冷尸体不会很快腐烂,所以暂时没有弄一车臭鱼来。因此,秘不发丧和照

1 参见王世贞《弇山堂别集》卷二十二,中华书局1985年版。以下引用不再注明版本。
2 参见黄景昉《国史唯疑》卷二,第46页,上海古籍出版社2002年版。以下引用不再注明版本。

常进食这两招难度不太大。但“液锡为榫”就很有难度了，因为制作的椭圆形容器必须足够大，需要盛下身穿特殊服饰的皇帝遗体，但这样一来就必须找到足够的锡器，可是北征大军哪有那么多的锡器呢？即使是皇帝亲征，带来的锡器也肯定有限，那么杨荣等人又是怎样搜集到足够的锡器呢？

其次，熔化锡器并制作成一个椭圆形的槽子，需要一定的空间、时间和一批技术工人及工具，那么杨荣等人是怎样在短时间内解决这些问题的呢？再次，制作锡槽只能在一个固定的场所内进行，不过这样一来就很难保密，那么杨荣这些人又是怎么做到不泄密的呢？从目前的史料来看，搜集锡器、制作圆槽以及保密等高难度的行动，杨荣等人做得似乎从容且娴熟，但越是这样就越令人怀疑，如果事先没有任何准备，以明朝当时的技术条件是很难在短期内完成的。那么杨荣等人是否事先有所准备呢？史书未记，所以才引起了后来黄景昉等人的怀疑。

（三）太子采取措施，控制了朱棣死后的局势

回过头来说，朱棣最后一次北征出发之后，身在乐安的朱高煦就派其子朱瞻圻在北京刺探消息，“一昼夜六七行”，一整天要跑六七趟。朱高煦又派几十人到北京来加强侦察，“幸有变”，就是希望出点什么事。[1]可结果什么事也没出，实际上不是没出事，而是朱高煦父子的侦察活动毫无收获。几十人大规模的侦察活动已经够张扬的了，加上朱瞻圻先前设在北京的据点，算是“驻京办事处”吧，这些活动倒是引起了朱高炽父子的注意，很可能使他们时刻提防朱高煦。

1　参见《明史记事本末》卷二十七，《高煦之叛》。

1. 太子把印章交给儿子，防止朱高煦制造混乱

兵分两路。军中的大学士金幼孜和宦官等人，负责具体实施上述保密措施，控制大军回师；这边杨荣、海寿两人飞驰回京，永乐二十二年（1424年）的八月二日，也就是朱棣病死大约半个月后，两人到京向太子传达了朱棣的死讯。太子朱高炽听到这个消息后痛哭倒地，因为来得太突然了。但太子此时重任在身，实际上已成为一国之主，因此不得不强忍悲痛，同朝中大臣及杨荣等人安排丧事，并决定当天就派皇太孙朱瞻基前往居庸关，赶赴开平出迎先帝朱棣的龙辇，同时向外界公布了朱棣病死的消息。

朱瞻基临行前请示太子："出外有封章白事，非印识无以防伪。"意思是我外出有事向您禀报，必须加盖封章，没有一枚印章就无法防止假冒。太子觉得儿子头脑清醒、聪明，他说："言良是，但行急，新制不及。"意思是你说的的确有道理，只是你走得太急，现在赶制印章恐怕来不及了。于是太子问杨士奇该怎么办，杨士奇回答：殿下您还未登极，有事发令自当加盖平时常用的印章，当年先帝曾经授给您的"东宫图书"印章，可以用来先给太孙殿下使用。太子觉得这个办法可行，于是就取出印章交给朱瞻基说：这枚印章是先帝当初给我的，现在我把它交给你，只要有事就加盖这个印章封好报来，以后它就归你了，你可要用心保存它。[1]皇太孙朱瞻基领受了"东宫图书"的印章后出发了。

为什么太子要为太孙准备这样一枚印章呢？没有这样的印章不行吗？各位知道，明朝当时没有电话、电报等通信设备，往来书信几乎是传递信息的唯一方式。只是平常百姓人家有事可以写信，但帝王就不同了，他们的信件或指令往往都是由别人代写的，书法和

1　参见《明史记事本末》卷二十六，《太子监国》。

文字内容都很正规，只有加盖了帝王特有的印章，才能证明这是帝王的信件或指令，也才合法有效，否则内容的真假就说不清楚。因此朱瞻基请求朱高炽给他一枚印章，就是为了防止别人假冒他的名义从中捣鬼。防谁呢？很明显是在提防朱高煦。当时朱高煦已派出大批人马来京探听消息，现在朱棣的死讯已公布，朱高煦可能会在太子和外地的太孙之间制造混乱，估计朱高炽父子正是为了防备这一点，所以才拿出了防伪印章。

这里顺便说一下，“东宫图书”的印章是太子收藏图书的专用印章，使用范围很小，并且是宫廷内部的保密机构制作的，外人根本看不见图案，所以根本无法仿制，皇太孙有了这枚图章，就把朱高煦利用信件制造混乱的可能性堵死了。太孙走后，太子对杨士奇说：“昔大行临御，储位久未定，浮议喧腾。今即以付之，浮议何从兴！”意思是，过去先帝在位时，接班人一事好长时间也定不下来，弄得流言四起；现在我把太子图章交给瞻基，等于立他为太子，我看谁还敢散布流言！[1]可见朱高炽对自己早年差点没当上太子的倒霉经历，仍旧耿耿于怀。

2. 太子颁赏、调军回防，迅速掌控了局势

“东宫图书”印章上面的“东宫”就是太子代称，朱瞻基领受了东宫印信，实际上表明他已经从皇太孙升为皇太子了；而朱高炽虽然是皇太子，但此时在级别上已自然升为皇帝了。随后朱高炽发布命令，“行营大小官军，悉听皇太孙节制”，[2]等于任命朱瞻基为北征大军的代理统帅，实际上他已代表父亲接替了祖父朱棣对军队的控制权。安排完这些事的第二天，朱高炽写信给已出发的朱瞻基及北征

1　参见《明史记事本末》卷二十六，《太子监国》。

2　参见《明太宗实录》卷二七四，永乐二十二年八月甲辰。

将士，指示他们一旦先帝的龙辇过了长安岭之后，部分官军即回到原都司驻地，奉命护送龙辇的官军和随驾内官用心尽职，待龙辇到京后一并论功行赏。[1]

第二天，朱高炽又写信给北征大军的几位高级将领，命令他们先派宁阳侯陈懋和阳武侯薛禄，率领随驾北征的三千精锐骑兵急驰回京；如果这三千骑兵暂时无法调动，就从各营中抽选精锐骑兵一万人回防京师。当时守卫京城的军士绝大部分都随朱棣北征了，留在京城的守卫部队只有几千人。[2]这一措施同样是为了防备朱高煦的，因为当时朱高煦虽然没有足够的兵力夺位，但已经开始收买和纠集一些亡命之徒，为夺位做准备。同时，京城之内流言四起，有传言说赵王朱高燧可能起兵发动政变，[3]因为朱高燧此前的政变虽然流产了，但他作为亲王的三支护卫还在，此时应该比老二朱高煦更有机会起兵夺位。所以朱高炽急调骑兵回京，实际上是提防两个亲王兄弟的。

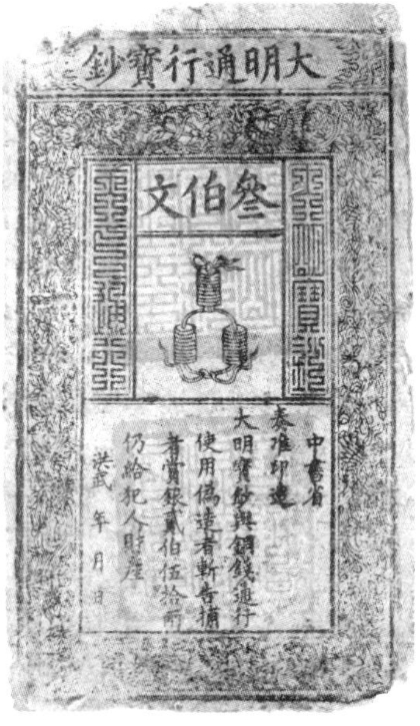

“大明通行宝钞”之“叁伯文”

第四天，朱高炽给户部下令：“凡随征官军旗校人等久劳在外”，每人先赏钞一百贯；参加推扶龙辇的士兵，每人赏钞一百五十贯；先行回到山西都司等地的官军可

1　参见《明太宗实录》卷二七四，永乐二十二年八月乙巳。
2　参见《明仁宗实录》卷一上。
3　参见《明史记事本末》卷二十八，《仁宣致治》。

以运钞前去赏给，其余官军则等回京后一同颁赏。同时选派御史、给事中各四员，负责监督此事的迅速执行，以防拖延误事。[1]朱高炽设法迅速给北征大军颁赏、发钱，这是拉拢和控制军队的有效方式。朱高炽一面调动骑兵回防京城，一面准备钱钞设法颁赏，两项措施非常得当，显示出朱高炽及其辅佐人员成熟、老练的政治才干，以及迅速控制局面的非凡能力。

3. 杨荣和太子双方密切合作，完成了最高权力的交接

皇太孙一行人出发几天之后，与回师的北征大军在开平以南的雕鹗堡相遇。他们穿过层层守卫部队，直奔中军大营。出征的将士们看到皇太孙泪流满面地走进朱棣的营帐，都感到一定出了什么大事，但此时他们还不知道，最高统帅已经去世了。朱瞻基见到朱棣身边的重臣金幼孜、太监马云等人，哭着向他们讲了杨荣的消息已经送到、皇太子已经主持朝政的情况。金幼孜等人这才大大松了一口气：看来朱棣死后的局势已经为太子父子控制住了，他们不必为此事再冒风险了。几个人很快安排好了军中之事，这才将封锁已久的朱棣去世的消息向全军公布。据说当时是“六军号痛，声彻天地”，[2]虽然有些夸张，但也可知众多将士的哭声非常大，表达了他们对先帝的哀悼。

朱瞻基重任在身，不能久留军中。他向全军传达了太子的命令：行营官军一律听从皇太孙的指挥和调动。然后随同部分官军一道，将祖父朱棣的灵柩先行运送回京。永乐二十二年的八月十日，也就是朱棣病死二十几天后，朱瞻基一行人到达北京近郊，朱高炽已率领文武大臣，身着丧服在那里迎候。到此时为止，先帝朱棣和太子

1　参见《明太宗实录》卷二七四，永乐二十二年八月丁未。
2　参见《明太宗实录》卷二七四，永乐二十二年八月己酉。

朱高炽的两股势力才算基本合流了，或者说太子完全接收和控制了北征大军，掌握了这支非常重要的帝国武装力量，同时也就基本上控制了朱棣死后的局势，初步完成了大明帝国的权力交接。

从朱棣病死到太子朱高炽接到朱棣的灵柩，前后二十多天，前一个阶段的十几天，是杨荣、金幼孜、海寿等人组成临时机构，采取有效保密措施，稳定北征大军；后一阶段的十几天，则是以太子朱高炽为首的北京政权，采取相应的配合措施，较为顺利地控制了整个局势。应该说，这是当时两大势力即北征和留守集团的成功合作，也是明代前期宫廷政治史上的杰出事件。

其中杨荣在前一阶段的作用非常突出，既提出了非常重要的建议，又亲身回京报信，有效地稳定了军中局势，可见此人临机处事的能力非常之强，不愧为朱棣时代的首席能臣；而太子朱高炽在后

北海、中南海之间的金鳌玉蝀桥

一阶段同样显示了成熟的政治才干和非凡的才能，使得北京和在外的北征大军在朱棣的死讯公布后能够非常稳定，包括顺利妥当地安排回师、悼念以及后来的即位活动等，这一切都是太子多年政治生涯历练的结果，也是杨荣、杨士奇等人的辅佐之功。

总之，整个北征集团根据当时的形势作出了合理的选择，为太子即位做好了准备，接下来太子即位就是顺理成章的了。但是这件事却少了一道非常重要的手续：没有先帝朱棣的传位遗诏。为什么会这样呢？太子和大臣们又会怎样处理这件事呢？

皇太子的“东宫图书”章

十五　遗诏之谜

朱棣在北征回师途中突然病死，随军的大臣杨荣和宦官海寿等人齐心协力，同北京的太子势力密切配合，双方采取了一系列措施，完成了北征集团和太子集团的合流，也完成了大明帝国最高权力的顺利交接。接下来就是皇太子即位了。明朝皇帝即位是有一整套程序的，首先要公布先帝的传位遗诏，指定皇位继承人，这是一道不可缺少的程序。不管新皇帝在即位前是否已被立为太子，也都一定要有先帝传位遗诏的认可，这样才算是合法。

（一）传位遗诏的用处，太子即位需要遗诏

1. 传位遗诏的用处，朱棣去世前后偏偏没有遗诏

那么遗诏究竟有什么作用呢？为什么所有的皇帝即位都要有先帝的遗诏呢？明代的遗诏一般有八项内容：（1）回顾自己在位的政绩；（2）检讨一下缺点和失误；（3）宣告自己病情严重即将辞世；（4）认定即位之君即指定皇位继承人；（5）嘱托继任者善为政事；（6）叮嘱朝廷内外重臣齐心辅佐新君；（7）规定丧礼原则；（8）抚定地方藩王和军政大员。从上述内容看，遗诏至少有三个作用：一是确定对

先帝的权威评价，即以后评价先帝要同这次的评价保持一致；二是为新皇帝的新政提供合法的、权威的依据，包括改正先帝的错误，调整不当的政策等；三是指定皇位继承人，使新皇帝即位更具有合法性和正统性。

对于皇位继承人来说第三条是最重要的，更确切地说，即位的皇帝应该具有皇长子的身份、皇太子的地位和先帝遗诏的认定三个条件，而遗诏的认定往往比前两个条件更具权威性，如世宗之子穆宗即位前就不是太子，只是个亲王皇长子，但遗诏指定他即位，于是此人就拥有了即位的合法性、权威性依据。否则如果没有先帝的传位遗诏，那么即位者的合法性和权威性就会大大降低，别人就有权怀疑，你是凭什么即位的，是谁让你即位的。因此，皇位继承人不管以前是不是已被立为太子，即位时最需要的就是先帝遗诏的确认和支持。

毫无疑问，太子朱高炽即位时同样需要这类遗诏，但令人奇怪的是，老皇帝朱棣没有留下传位遗诏。朱元璋是明朝的开国皇帝，朱棣是夺位的皇帝，他们即位当然不可能有先帝的传位遗诏，除了他们之外其余的皇帝都有，就连“土木之变”后即位的景泰帝，也有英宗的口头传话，而只有仁宗朱高炽即位前没有朱棣的传位遗诏；另一方面，除了崇祯帝是亡国之君、建文帝和景泰帝是失位之君，他们留不留遗诏都没用，此外所有的皇帝去世前后都有这类遗诏，而朱棣既不是亡国之君也不是失位之君，但却偏偏没有留下传位遗诏。

2. 太子不公布遗诏的可能性几乎不成立

需要说明的是，遗诏一般是由老皇帝临终前口授、顾命大臣起草的，或是在老皇帝死后由内阁大臣按惯例来起草，经过皇太子或即位者同意，然后以先帝的名义向天下颁布。既然遗诏对即位者如此重要，那么为什么朱高炽即位前没有让内阁大臣起草遗诏呢？原因今天已不得而知，对此曾有几种猜测：

第一种，时间仓促，来不及起草。这一点几乎是完全不成立的，因为从朱高炽八月二日接到先帝朱棣的死讯，到他本人八月十五日即位，中间虽然只有半个月的时间，但起草遗诏是完全够用了，况且遗诏一般才不过几百字，有时只一百多字，半个月还起草不完吗？因此这个说法是不成立的。

第二种，是为了防止老二朱高煦夺位，太子朱高炽决定先即位，先把皇位抢到手再说，别人再来就只能是臣子了，因此也就顾不得起草遗诏了。这一点也不能成立。如果是为防止朱高煦夺位，那么恰恰需要尽早、尽快地公布先帝的遗诏，认定和确立只有太子朱高炽才有继承皇位的合法身份和地位，其他人都没有这个资格，才更有利于防止朱高煦夺位和朱高炽即位；不起草、不公布遗诏，就等于说先帝并未认定哪个人必须当皇帝，或者说并没有指定太子朱高炽必须即位，这对太子朱高炽反而是不利的，相反对老二朱高煦倒是很有利。因此，为了防止朱高煦夺位而不起草、不公布遗诏，这一点也不能成立。

第三种，为防止老三朱高燧夺位，这一点与前一点一样也不能成立。

第四种，朱高炽即位之后，大规模地扭转和改变了永乐时期的开创性国策，停止北征和下西洋，准备从安南撤军，甚至下令回迁首都南京，全面否定朱棣的那些消耗极大的开创性活动，史称“仁宣之治”。如果他把这一点写在朱棣的遗诏里，显然同朱棣的政治方针相违背，因为朱棣就是死在北征途中的，怎么能在遗诏里宣布朱棣同意拨乱反正呢？这样公布岂不等于明显造假、否定自己吗？因此仁宗为了守成事业的方便，只好不公布遗诏，免得人们说三道四。但这种可能性也不存在，为什么呢？因为即使先帝没有这种打算，负责起草遗诏的大臣也可以按惯例把它写进遗诏里，为将来皇帝的新政制造舆论、提供依据。

武宗死后、世宗上台就是这样。各位知道，正德时期的朝政较为混乱，武宗这个人更是荒唐惯了，深秋坐船钓鱼的时候不小心掉到湖里了，身体本来就不太好，又被深秋的凉水一激，从此一病不起并且很快就死了，武宗不可能想到后人要拨乱反正、改变他这套荒唐的东西；但是杨廷和等大臣却把清除弊端这些事，以武宗本人的口气写进遗诏里了，并且还更具体、更详细地写进了世宗的即位

先农坛观耕台

诏书里，后来世宗即位就公开宣称，自己那一套拨乱反正的新政是按先帝武宗的遗诏进行的，名正言顺，而且理直气壮。杨廷和等人起草的武宗遗诏和世宗即位诏书，以及世宗即位后实行的“嘉靖新政”，在整个明史上都是非常有名的。

因此，不论先帝生前如何，顾命大臣在皇位交接之际起草并公布遗诏，新皇帝借先帝遗诏的名义改正前朝和先帝的某些错误，为后来利国利民的新政提供依据，不仅是非常必要的，并且是完全可以做到的。朱高炽也完全可以做到，因此，由于朱高炽日后的新政改变了先帝朱棣的开创性活动及其弊端，从而导致他没有公布先帝的有关遗诏，这种说法也是不成立的。

（二）关于朱棣“遗命”的三个来源，几乎都不可靠

既然上述几个说法都不成立，那么太子即位前没有先帝的遗诏就更令人不理解。有人可能会问，太子即位前就没有什么舆论准备吗？就没有做任何必要的铺垫吗？有，两件事。第一件事是朱棣病死的消息传到北京后，皇太子颁布了一份《丧礼令谕》，大致内容是老皇帝为天下百姓讨灭北虏，不幸病死于回师途中，遗命中外臣民的丧服礼仪完全按太祖朱元璋颁布的遗制办理。第二件事是杨荣等人传达了朱棣的“遗命”。

皇太子这时候颁布《丧礼令谕》，虽然也表示他是以皇位继承人的身份行事，但内容极为笼统，只有丧礼应该遵循的原则，根本没有涉及先帝自我评价、要传位给谁、天下政令未来的走向等，一句话，没有遗诏应有的内容。至于丧礼办得隆重豪华一点还是简单朴素一点，其实无关紧要。并且在以往的制度里，丧礼的原则都是以先帝遗诏的名义颁布的，先帝死了连谁来即位都还没宣布，太子就先颁布了一个丧礼原则，这种情况以前从来没有过。因此，太子的

这份《丧礼令谕》显得不伦不类，同样令人感到奇怪。

第二件事是杨荣等人传达了朱棣的“遗命”，即朱棣临终前传位给太子的口头命令。这里顺便说一下，“遗命”跟遗诏不同，“遗命”只是皇帝的口头命令，而遗诏则是内阁大臣按照特定的方式起草的、以先帝名义正式颁布的诏书，因此，“遗命”当然不如遗诏那样更有分量，更有说服力。可是既然杨荣传达了朱棣的传位“遗命”，太子为什么不让人把它写成遗诏、名正言顺地颁布呢？现有的材料中没有任何说明，但如果分析一下这个“遗命”的来源，就会看出有些可疑之处，为什么这样说呢？因为“遗命”的来源大致有三个：第一是张辅受命说，第二是杨荣受命说，第三是杨荣授意太监传命说。

先看第一个张辅受命说。朱棣临终前跟张辅说要传位给太子，这件事出自杨荣的《北征记》；不过当时在场者还有金幼孜，却未见金幼孜有同样的记载。按理说张辅是领受遗命的当事人，应该传达先帝的临终遗言，以佐证杨荣的传话确有其事；但张辅事后既没有向太子传达，并且也没有向前来接管北征大军的皇太孙朱瞻基传达，这就令人怀疑杨荣记载此事的可信度；再加上杨荣并未说明，张辅接受朱棣临终遗命时他是否在场，这样一来他的记载就更缺乏公信力了，因为如果他不在场，他又怎么会听到朱棣对张辅说了些什么呢？

那么当时杨荣是否在场呢？从杨荣的记载来看，是朱棣死后他身边的宦官才将杨荣等人找来商议后事的，就是说朱棣病死时杨荣等人并不在场；而朱棣病死的前一天如果杨荣在场，那么他肯定会把这件事记下来，因为当面聆听老皇帝的临终遗命是件非常荣耀的事，当时称为顾命大臣，不仅说明老皇帝对此人的器重和信任，而且这件事还是一个非常显赫的政治资本，使得顾命大臣在新皇帝上台后的辅政核心群体中，占有特殊地位。更为重要的是，可以直接证明太子即位的合法性。

但是，杨荣的回忆录《北征记》以及其他史料中，都没记杨荣在场，那么由此基本上可以排除杨荣在场的可能性。再往下推，既然杨荣不在场，那么他就不可能听到朱棣和张辅的谈话内容。因此，杨荣在《北征记》里回忆说朱棣病前招来武将张辅，讲了传位给太子的遗命，这段记载基本上靠不住。

再看第二个杨荣受命说。这一说法大体内容如下，朱棣最后一次北征回师途中，有一天坐在御帐里，"乃谕公（杨荣）曰：'东宫历岁滋久，政务已熟。吾还京之后，悉以军国之事委之，朕惟优游暮年，以享安和之福，如何？'公对曰：'殿下孝友仁厚，天下属心，允称皇上付托。'太宗皇帝喜，命太监马云以羊酒赐之。辛卯，次榆木川，太宗皇帝不豫，召公等受遗命，传位皇太子，遂崩"。

这段记载讲了朱棣生前的两个想法，一是明确表示回京之后，要把军国政务全部交给太子，自己安度晚年享清福，二是临终前向杨荣等人传达遗命，正式传位给太子。这段记载最早出自杨荣的《文敏集》附录，其中有一篇记述杨荣活动的《行实》，相当于传主的履历书，作者是杨荣的一个老乡、浙江提刑按察司副使江铁。据作者自己说，他与杨荣关系非常密切，当官后曾住在杨荣家里，多次听过杨荣的口述回忆，包括当年朱棣临终前向杨荣等人讲的传位遗命。

不过这一说法至少有几个疑点：其一，这是事后杨荣回忆的，是孤证，没有其他旁证，又是经过他人转述的；其二，朱棣死后，杨荣特意让太监们给太子写了朱棣的传位说明，而杨荣自己却没有写同样的东西，按理说如果杨荣曾当面听到过朱棣的传位遗命，他为什么不亲自写给太子呢？那样的话杨荣传达的朱棣传位遗命不是更直接、更有说服力吗？况且这样做对于太子即位的合法性是非常必要的，他何必非要拐个弯、让太监们起草一个事后的说明书呢？其三，这一说法同杨荣的另一个说法相矛盾，那就是杨荣在回忆录《北征记》里讲的，朱棣临终前只向张辅一人讲过传位给皇太子的话；如果朱棣临终前又向杨荣讲过同样的话，那么这一说法与前面的说法至少是相矛盾的。其四，杨荣等人参与修纂的《明太宗实录》里，只是提到朱棣临终前留下了传位给太子的遗命，并没有提到杨荣等人当面听到过这个遗命，按理说如果确有此事，那么像《明实录》这样的权威著作是肯定要明确记录的，但是杨荣等人自己修纂的《明太宗实录》里，却没有采用他的这个说法。因此，从上述几点来看，朱棣临终前曾当面向杨荣讲过传位给太子的话，恐怕也是靠不住的。

第三个是杨荣授意太监传命说。既然张辅和杨荣都没有亲耳听到遗命，那么朱棣传位给太子的遗命又是怎么出台的呢？根据《明仁宗实录》的记载，朱棣去世后，杨荣让太监们起草了一个给太子的文件，内容是朱棣去世的日期和传位给太子的遗命，然后杨荣和海寿拿着这个文件，急速赶回京师向太子报信。[1]这个记载是较为可信的，但问题是这份文件并不是朱棣亲口说的遗命，而仅仅是一份由杨荣授意的、由太监们起草的传位说明书。

朱棣临终前有遗命的三个来源中，张辅在朱棣临终前单独接受遗命的说法，出自杨荣的《北征记》，是杨荣事后在回忆录中编造出来的；朱棣临终前曾当面给杨荣留有遗命，也是后来杨荣编造的；至于朱棣死后，身边太监们写给太子的朱棣去世日期和传位说明书，虽然不全是杨荣编造的，但却是在杨荣的授意下写成的，仍然出自杨荣的主使和间接编造。就是说，朱棣传位的临终遗嘱，尽管有三个来源或三个不同的说法，但都是杨荣一手编造出来的。

领受朱棣遗嘱的群体中有三种人，即北征大军的高级统帅、皇帝的高级秘书，还有皇帝身边的宦官仆人，有了这三种人传达先帝

1 参见《明仁宗实录》卷五下，永乐二十二年十二月甲寅。

的传位遗命，无非是要加强证明这个遗命的可靠性和权威性，因为朱棣在临终前接触过的只有这三种人。碰巧的是，这三种人恰恰都被杨荣安排进了领受遗嘱的群体中，目的是给后人留下这样的印象，朱棣身边的三种人一致证明：朱棣临终前确实留下了遗嘱，传位给皇太子。可见杨荣的心机之深、用意之细。

（三）杨荣编造朱棣遗命，可能另有原因

1. 朱棣遗命可能有问题，所以杨荣才编造

那么杨荣为什么要编造三个说法呢？如果朱棣生前确实曾有传位给太子的遗命，那么他周围的人肯定会有记录、有传达，因为这对太子来说实在是太重要了，并且杨荣也就不用编造了。反过来说，很可能因为朱棣根本就没讲过这些话，所以杨荣才处心积虑地编造了朱棣传位给太子的几种说法。

此外还有一种可能，那就是朱棣临终前也许会有遗言，因为当时朱棣多次病重、面临死亡的威胁，他肯定会想到身后的安排等，怎么会没有一句遗言呢？据说朱棣曾经讲过，还是夏原吉爱我，可见他的确是有遗言的；但病重的朱棣可能说了胡话，可能遗命传位并不是给太子，而是其他人，那么这对太子以及朱棣死后的掌权者们是很不利的，因此朱棣身边的三种人包括杨荣在内，对朱棣的这一遗命既没有记录也没有外传，即使有记录可能也被扣押了。

朱棣一死，杨荣等人立即让太监们先写了个传位说明给太子，后来又编造出张辅和杨荣当时都曾经受遗命，目的就是让太子顺利即位。至于不利于传位太子的临终遗命记录，或是从未公开，或是早已销毁，反正后人是看不见了。后人看见的只是杨荣一手编造的三个说法，统帅、秘书、仆人三种人统一口径，一致证明朱棣的遗命只是传位给太子，再没别的内容。

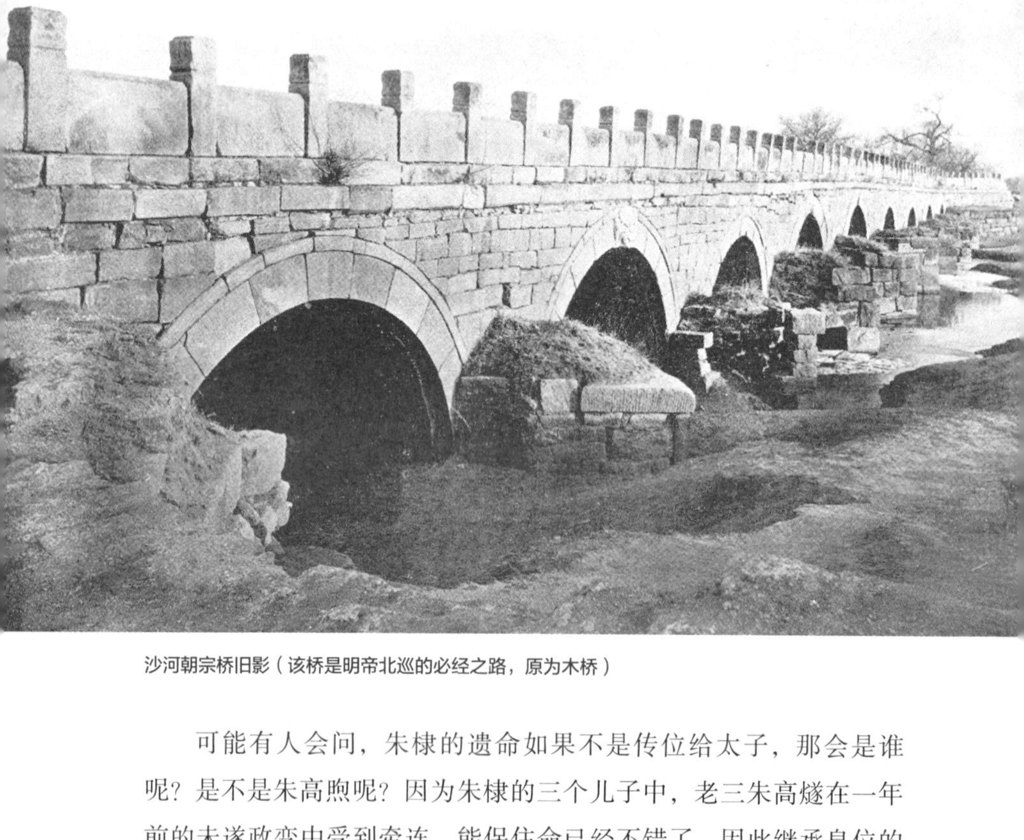

沙河朝宗桥旧影（该桥是明帝北巡的必经之路，原为木桥）

可能有人会问，朱棣的遗命如果不是传位给太子，那会是谁呢？是不是朱高煦呢？因为朱棣的三个儿子中，老三朱高燧在一年前的未遂政变中受到牵连，能保住命已经不错了，因此继承皇位的人选除了太子就只有朱高煦了。但是从当时的情况来看，这种可能性几乎不存在，因为太子和太孙的人选早已确定，皇位继承的顺序中根本没有朱高煦的位置，且朱高煦不过是山东小城一个落魄的藩王，在军、政系统中完全没有接近皇位继承人的实力和地位，在这种情况下，即使是朱棣临终前有意传位给他，朱高煦也根本无法即位。因此，尽管杨荣传达的传位遗命可能不是朱棣亲口说的原话，但传位的人选几乎不可能是朱高煦。[1]

2. 高级将领张辅可能密切配合杨荣

那么张辅作为当事人之一，为什么会一直保持沉默，而从未站出来反对杨荣的编造呢？除了前面讲过的军队不愿意频繁北征、白白折腾外，估计还有一个原因，那就是张辅是朱棣夺位战争中名将张玉的长子，张玉战死后他接替张玉的职位，整个战役中与朱高煦的交往不多。并且张辅的军事才能较高，一直看不起朱高煦，由于多次率军出征安南和跟随朱棣北征，战功卓著，被封为英国公，很受朱棣的器重，永乐后期他已是军界的首席武将，朱高煦对他则一向敬畏。

因此，张辅实际上是同杨荣等人一样力保太子即位、防备高煦夺位的，所以他才默许杨荣的做法，始终不揭穿。后来仁宗夫妇曾多次评价说，张辅这个人虽然是武将但却能“达大体”，这个评价非常难得，可能就包含张辅在遗命问题上的配合表现。甚至可以怀疑，张辅同杨荣等人长期跟随朱棣出征，彼此在这类问题上早有默契，因此朱棣临死前只召见了张辅而未见别人，也可能是出于杨荣等人的有意安排，而张辅则是主动配合，所以杨荣才会在自己不在场的情况下，非常肯定地编造出张辅领受朱棣遗命的故事。

从上述情况看，在朱棣遗命这件事上，杨荣等人很可能做了手脚，虽然没有确切的史料可以证明，朱棣是否留有遗命或遗命究竟是什么内容，但从杨荣等人编造的三个遗命来源来看，这些人的目的是力保太子顺利即位，防止他人夺位。这一点同朱棣死后杨荣等人的一系列措施和安排，可以说是高度一致的。

1　这里采用了高寿仙的部分看法。

3. 传达“夏原吉爱我”，杨荣可能另有目的

至于说朱棣病死前说的“夏原吉爱我”这句话，很可能是杨荣等人先回北京时顺便告诉太子的。其实朱棣的这句话最早传出来时，并不完全是这样的，据夏原吉后人的回忆，永乐二十二年（1424年）七月，当时朱棣“车驾至榆木川，不豫”，“顾左右曰：夏某诚有忠爱朕心，语未毕而驾晏”。[1]明末人何乔远的《名山藏》中有这样一段记载：“上在榆木川，口原吉语未了，若谓爱朕者。”[2]朱棣嘴里叫着夏原吉的名字，张着嘴话还没说完，好像是在说“爱我”之类的话。

上述两段记载大致相同，都不是完整的“夏原吉爱我”。但朱棣临终前提到夏原吉的情况，很可能是朱棣身边的太监看见的，然后告诉了杨荣等人；杨荣后来向太子传达时，则把这句话改编成了完整的“夏原吉爱我”。这一说法也是大致可信的，因为信息在传递过程中并没有走样。但问题是杨荣为什么要把这句话也传给太子呢？他这样做的目的是什么呢？估计大概有以下几个：

第一，他要救夏原吉。各位别忘了，朱棣最后一次北征前就把夏原吉关进了内官监的特殊监狱，朱棣去世时夏原吉还是个高级在押犯；虽说即使没有朱棣的这句话，即位的仁宗可能也不会继续关押夏原吉；但有了“夏原吉爱我”这句话，仁宗肯定会放了他。实际上杨荣到北京传达朱棣死讯的第三天，太子就一个人亲自跑到监狱先把夏原吉放了，据说夏原吉听了朱棣的临终遗言后，禁不住悲

1 参见夏原吉《忠靖集》附录，《文渊阁四库全书》第1240册，第549页。

2 参见何乔远《名山藏》卷之《臣林记》，《永乐臣》，周骏富辑《明代传记丛刊》第75册，第460页。

痛加感动，趴在地上大哭一场，还一边哭一边说，“臣先帝罪人，未闻遗诏，敢希宠乎？”[1]意思是我是先帝的罪臣，先帝没发话我哪敢随便出狱。但太子不管这些，只是赏了他一桌高级酒席，命他出狱后照常办公做事。

当然，只要老皇帝朱棣一死，太子就自然拥有了皇帝的权力，想关谁想放谁几乎全凭自己一句话，根本用不着再借老皇帝的话来办事。如果说只是因为朱棣临终前讲过“夏原吉爱我”，太子才放了夏原吉，那么朱棣可没讲过黄淮等人爱我，太子不也照样放了他们吗？所以，杨荣向太子传达朱棣的临终遗言，不过是提醒太子放了夏原吉，放了先帝一度企图杀掉的高级囚犯，其实这也是杨荣一贯的做事风格，他总是能设法搭救那些因为得罪了皇帝而倒霉的人。

第二，他要提高夏原吉在新朝辅政群体中的地位，为将来的守成新政创造条件。因为“夏原吉爱我”这句遗言一旦传开，夏原吉就成为先帝临终前唯一表彰过的模范大臣，政治资本的光环几乎无人可比，他在新皇帝的辅政群体中必定会继续得到重用。同时，夏原吉又是顽强反对先帝过分开创、消耗透支的大臣，是关注民生守成政策的坚定支持者，先帝的遗言等于肯定了夏原吉的功绩，对自己以前的过分消耗之举颇有悔意，这样一来，就为日后仁宗在夏原吉等人的辅佐下，全面扭转并结束先帝的开创政策，实行务实稳定的守成政策创造了条件。由此可见，杨荣与夏原吉的政治理念和立场是相当接近的。

第三，他要报答夏原吉。原来大约在二十多年前也就是建文初年，夏原吉作为朝廷的采访使，相当于“中央特派员”巡察福建，来到了杨荣的家乡建安，虽然夏原吉的任务只是处理一些临

1　参见夏原吉《忠靖集》附录，《文渊阁四库全书》第1240册，第550页。

时事务，但他却不忘奖励和选拔人才，当时杨荣还只是个邑庠生，也就是当地学校的普通中学生，可是夏原吉一见到杨荣就觉得他是个人才，“公一见器之，赋诗期冠秋试”，于是先给杨荣写了一首诗，希望他能考过秋试，相当于今天高考的预考，然后又给主管考官写了一首诗，其中有句话是“莫使祥麟后马牛”，等于暗示主管考官适当关照他一下，用今天的话说，就是别让这颗新星跟普通的孩子一个待遇。

既然“中央特派员”有话，下面的考官自然不敢不给面子，估计是给了考生杨荣一定的关照；而杨荣在这样的条件下，预考果然

孔庙进士题名碑

考上了，[1]后来又在建文二年（1400年）考上了进士，并且一路做官，一直做到了永乐初年的内阁成员，成为皇帝的高级顾问和秘书。可以说当年是夏原吉特殊关照，才给了杨荣步入仕途的绝好机会，改变了他的命运。因此，虽然杨荣和夏原吉同朝为官、私交很少，但杨荣一直没有忘记夏原吉对自己的这段恩情，日后总是在关键时刻设法报答。所以说，杨荣传达朱棣“夏原吉爱我”的临终遗言，可能多少是出于他对夏原吉当年关照他的一种报答，也符合杨荣为人豪爽、颇讲义气的性格。

从上述情况来看，一方面说明朱棣生前与大臣们的矛盾很深，这种矛盾至少影响到朱棣死后；另一方面也说明朱棣临终前如果真有遗言，几乎肯定是要被记录、被传达的，就像“夏原吉爱我”这句话，不用编造；而杨荣等人想方设法编造出了朱棣的传位遗命，恰恰说明朱棣生前很可能没有传位遗言，或是遗言内容对太子等人不利，因此才需要重新编造一个。

（四）朱棣虽然有机会，但未必一定要立遗诏

1. 朱棣虽有机会，但他始终没有颁布传位遗诏

那么对于朱棣来讲，他在晚年是否会有机会立下遗诏呢？肯定是有的，而且是不止一次：第一次是永乐十八年（1420年）底迁都北京后，朱棣的重病时常发作，已长期不能临朝办公，“中外事悉启太子处分”，[2]太子实际上已成为代理皇帝了，这时完全有理由、有条件立个遗诏，将来传位太子，但朱棣没有。

第二次是在朱棣晚年的北征途中，太子按惯例向他请示一些国

1　参见夏原吉《忠靖集》附录，《文渊阁四库全书》第1240册，第544页。

2　参见《明史记事本末》卷二十六，《太子监国》。

家大事，朱棣知道自己无法在长期离京的情况下处理这些事，因而他明确表示将这些权力下放给太子，让太子同五府六部人员商议妥当即可执行，不必请示自己。这时明朝的重要政务已离不开太子，他同朱棣的关系也有了进一步的缓和，按理说朱棣这时也可以立下遗诏传位太子，但他仍未这样做。

第三次是赵王朱高燧的部下发动政变企图夺位时，虽然这次政变被粉碎了，但朱高燧和朱高煦仍然是“下天子一等的”亲王，并且朱高燧还拥有三支护卫，即有一定的能力和条件再次夺位，因此朱棣如果颁布传位遗诏，对于稳定政局、防止二王夺位无疑会起到重要的作用，但他也没有这样做。

第四次是永乐二十二年七月，朱棣最后一次北征的回师途中，他在御帐里向杨荣以及宦官海寿等人明确表示，回京后要进一步向太子全面放权，这种表示离传位遗诏就差一步了，但朱棣仍未立遗诏。

第五次是朱棣临死前已经感到身体相当难受，从目前的记载来看，他只说了两句话，一句是下令部队严守军纪、谨慎布防，另一

朱棣《圣学心法》（明内府写本）

句就是“夏原吉爱我”，至少说明朱棣神智还算清醒，按理说这个时候朱棣应该想到传位之事，但无论是在场的宦官还是不在场的杨荣等人，都未听到朱棣曾有传位太子的话。

从上述情况可以看出，朱棣生前至少有五次机会颁布遗诏，传位给皇太子朱高炽，但这五次他都没有这样做；最后太子得到的并非真正意义上的遗诏，而只是杨荣授意的、由朱棣身边的太监起草的一份说明书，上面只有朱棣去世的日期和传位太子的意向。至于朱棣为什么会在病重、政变乃至生命受到严重威胁的情况下，都始终没有立下传位遗诏，还是留给各位继续探讨吧。

2. 另一个看法：朱棣未必一定要立遗诏

除了以上的看法之外还有另外一种看法，即认为朱棣死得非常突然，估计他自己也未料到；如果他真能料到这么快就会死，肯定会有遗嘱交待，并且按明朝的惯例，他会召见高级文臣兼秘书，让他们记下遗嘱的内容；然而朱棣临死的前一天只召见了武将张辅，并未召见任何文臣，他同张辅谈了什么又无人在场，可见朱棣很可能并未料到自己第二天会死，因此也就没留什么遗嘱。

但朱棣次日突然病死，未留任何口信，当时最紧要的事就是必须让太子迅速而顺利地即位，而太子即位又必须有先帝的口头或书面确认，怎么办？朱棣临死前召见的最后一个人只有张辅，所以杨荣等人就一方面编造说，朱棣已向张辅面授遗命，传位给太子；另一方面，又让太监起草了一份口头传位遗嘱带给太子，这就等于先帝对太子即位有了明确表态，从而也就解决了太子即位前没有遗诏的问题。而对杨荣讲的朱棣临终前曾向张辅面授遗命的说法，张辅则始终采取默认的态度。这个人作为朱棣的心腹将领，很可能与杨荣演了一场双簧。

同时，当时人们对遗诏的理解是遗诏应该出自先帝的遗命，与后世遗诏的借题发挥不太一样。当初商议朱棣的丧事时，有人建议假借他事写个敕令，再加盖宝玺传达给太子，但杨荣等人坚决反对，理由是皇帝在世可以称敕令，如果皇帝死了还称敕令，就属于欺诈行为，是犯了欺君杀头的大罪。[1]由此可见，当时的人们还不敢轻易冒用先帝遗诏的名义，先帝既然没说，大臣们最好也不说，因此也就没有留下遗诏。这件事也反映出明代早期并没有像后来那样遗诏制度化，即使先帝没有遗诏，大臣们也可以根据需要来起草。[2]

至于说到朱棣病重甚至快要死了，为什么还没有留下传位遗诏，这一点也可以解释，因为朱棣当时毕竟还没死，所以他未必想到一定要先把遗诏留下来；而朱棣以前也曾多次有过要死的情况，但是最后又都活过来了，所以这次他可能还以为，我这个病也许过一阵就好了，死不了；况且当时是回师途中，朱棣可能一心想着先回北京再说，没想到自己会突然死去，所以就没留下遗诏。

而太子八月二日接到杨荣带来的口头传位遗命后，即向外界公布了，虽然还有十几天才即位，有时间起草并公布遗诏，但可能是大家都觉得，太子有了口头传位遗命就算是有了即位的依据，如果再公布一份书面遗诏就显得多余，因此也就没再起草。至于说没有朱棣正式传位遗诏的确认，太子的即位是否就少了应有的合法性和权威性，这倒不一定。为什么这么说呢？

因为朱高炽作为皇太子，资历和政绩非常突出，他曾长期在南北两京监国，甚至在朱棣晚年病重时，他也曾多次代替朱棣处理日常政务，是仅次于朱棣的帝国领导人，他的地位已无人可以替代。有了这样的资历和政绩，再加上先帝的传位遗命以及文武大臣的拥戴，至少朱高炽即位的条件是够了。而传位遗命虽说不如正式的传

1　参见《明史》卷一四八，《杨荣传》。

2　此处参考了高寿仙、张兆裕的看法。

位遗诏有分量，但也算是聊胜于无，因此，即位时有没有那份正式传位遗诏也就无所谓了。

以上是关于朱棣没有留下遗诏的两个看法，究竟哪个更合理、更接近真实，也请大家继续探讨。接下来该是太子朱高炽即位了，太子朱高炽是否会顺利即位呢？

奉天殿（今太和殿）宝座

十六　破例登极

现在故宫的太和殿里有一个龙椅，装饰非常考究，上面一共雕刻了十三条金龙，据说是明清皇帝的宝座。不过也有专家认为，这个宝座是清朝后来重新制作的，不是明朝皇帝原来的宝座。但是不管怎么说，清朝肯定是按照明朝的规格制作的，因此，这个宝座和明朝的差别不会太大。明朝皇帝的即位典礼应该在奉天殿和华盖殿举行，也就是故宫的太和殿和中和殿。朝廷要在奉天殿准备好宝座，太子要在那里坐上皇帝的宝座，表示从此告别太子的身份当上皇帝了；还要在华盖殿准备好御座，刚登极的皇帝以后就要坐在这里接见群臣，处理国家政务。

但是太子朱高炽的即位典礼并没有在奉天殿和华盖殿举行，为什么呢？朱高炽即位时是永乐二十二年（1424年）的八月，就是朱棣去世后大约一个月，当时北京新建成的奉天殿等三大殿，早在三年多以前就被一场大火烧光了，后来一直没有重建，所以朱高炽的即位典礼只能在奉天门内举行，也就是在今天故宫太和门内的空地上露天举行。

（一）拥戴太子势力登极前的可疑活动

1. 几个可疑活动似乎都为太子即位铺路

到永乐二十二年的八月为止，朱高炽完成了从太子到皇帝的身份转变过程，他本人二十多年的艰难跋涉总算是有了结果。不过，如果从朱棣病死到朱高炽登极前的经历来看，其中有几件事令人有些疑惑不解，但又都与太子即位有关。

第一件事，就是永乐二十一年（1423年）赵王党羽发动的那场未遂政变。从当时几种势力的对比来看，赵王的势力远不如太子、太孙，甚至都不及被贬到山东乐安的汉王，其他方面也没有明显的优势，夺位成功的可能性几乎等于零，因此赵王未必真想夺位。加上此案的处理比较扩大化，说明太子一派势力可能借机小题大做，甚至嫁祸栽赃，打击对手。这场政变给人的印象似乎是有意安排的，目的是将赵王朱高燧在宫中的党羽一网打尽，好为太子即位扫清道路。

第二件事，就是朱棣去世后杨荣等人的措施安排。包括秘不发丧、照常进食、“液锡为椑”、杀人灭口等，一连串的活动杨荣等人做得从容而娴熟，但越是这样就越令人怀疑，如果事先没有任何准备，以明朝当时的技术条件是很难在短期内完成的，所以才引起了后来黄景昉等人的怀疑。不过至少有一点可以肯定，那就是朱棣晚年的严重病态和北征大军的艰难处境，很可能使杨荣等人对突发事件有所准备，目的就是克服眼前突发的复杂危机，让太子顺利即位。

第三件事，就是朱棣没有传位遗诏。实际上朱棣临终前如果真有遗言，那么肯定是要被记录、被传达的，就像“夏原吉爱我”这句话，不用编造。而杨荣等人想方设法编造出了朱棣的传位遗命，恰恰说明朱棣生前很可能没有传位遗言，或是遗言内容对太子等人不利，因此才需要重新编造一个。虽然朱棣生前多次有机会留下遗诏，但他却一次都没有，关于朱棣传位遗命的三个来源都不可靠，而杨荣等人设法编造朱棣遗命的目的，同样是让太子顺利即位。

2. 朱棣的铁杆部下吕震被提前派回北京

其实还有一件事同样令人感到疑惑，那就是朱棣晚年的三次北征，前两次班师派人先行回京向太子通报，都是级别不高的官员；但是永乐二十二年最后一次北征班师时，被派回去向太子通报的人是礼部尚书吕震，当时还兼任户部和兵部的尚书。[1]以前其他几个尚书都因明确反对北征，而被朱棣关押甚至被迫自杀，吕震是唯一一个见风使舵、支持朱棣的尚书，并且落井下石、反过来诬陷其他大臣，结果受到了朱棣的器重，一人兼管三个部，位高权重。

其实派谁回去通报太子并不重要，反正是要班师了，但问题是吕震是朱棣起兵前就投靠他的北平官员，后来一直是朱棣的铁杆老部下，在朱棣与太子、与反对北征大臣的矛盾中，他始终站在朱棣一边，按理说在多数大臣反对、北征又是无功而返的情况下，像吕震这样与朱棣高度保持一致又兼管三个部门的重要大臣，朱棣本应该留着身边，帮他处理北征政务。但不知为什么，吕震居然在朱棣病死前就被派回去，根本没有参与朱棣死后的一系列应变活动。并且留下的大臣之中，都是与太子势力没有什么冲突并不坚定支持北征的人。那么这里就有一个问题，吕震是被正常地派回去通报情况，还是被有意排除在朱棣死后的应变活动之外，从而避免这个人有可能对太子即位不利，可就不一定了。

总之，从朱棣病死到朱高炽登极前，一连串的活动好像是被有意安排的，似乎有一种无形的力量在操纵着事态的发展，拥戴太子的势力在他即位前似乎并没有一味地被动等待、逆来顺受，相反倒

---

1 参见《明通鉴》卷十八，成祖永乐二十二年七月戊子。

是有一定的作为，直到帮助太子最终即位。整个过程虽非惊心动魄，却也波涛暗涌、扑朔迷离，没有非常高超的政治艺术，恐怕是做不到的。这说明什么呢？一方面至少说明几乎所有的人都非常希望太子能够顺利即位，并为此开山铺路、全力扶持太子一路奔向皇位；另一方面，说明这些人不太希望朱棣的统治继续下去，尤其是那些开创、折腾、消耗性的活动。

（二）朱棣晚年同他身边势力的积怨

那么拥戴太子的这些人为什么会这样做呢？这一点可能和朱棣晚年的多重积怨有关，现在回过头来看，当时朱棣同他身边的五种势力矛盾极深，对后者的威胁很大，有些甚至达到了你死我活的地步。而朱棣一旦再回北京，太子的人马很可能会继续受到打击，甚至丧命；朝中官员尤其言官很可能继续遭受迫害，老臣夏原吉等人性命难保；军队可能还要北征，还要冻死、饿死一批人……

除此之外，朱棣同宫中部分宦官和宫女关系紧张。永乐中后期，朱棣曾因个别宫女与宦官私自结合，据说一次就杀掉了2 800多名宫女和宦官，为了发泄心中的怒气，朱棣甚至“亲临剐之”。[1]这是一场宫廷大血案，充分暴露出了朱棣的野蛮和残暴。宦官和宫女私自结合，组成类似家庭的关系，明朝称为“对食”，其实在双方都有生理和生活需求的情况下，这种现象是非常正常的。它也说明宫中的生活同社会上的差别在逐渐缩小，出现了社会化和人性化的自然趋势。各位可以想象，几千名年轻宫女和宦官同处宫中，除了与皇帝、后妃接触和日常活动之外，强令他们之间不许有任何亲密的接触，一个个都像木头，可能吗？

1　参见吴晗辑《朝鲜李朝实录中的中国史料》上编卷四，第319—320页。

其实“对食”这种现象在明初就已出现，并逐渐在宫中流行，到了嘉靖和万历时期已相当普遍，屡禁不止，“对食”已发展成为类似民间伴侣的“菜户”，并且得到了宫中的承认，甚至连皇帝都习以为常，有时会问某个宫女：“汝菜户为谁?”意思是你那位老公是谁呀？[1]由此可见，宦官和宫女“对食”完全是符合自然规律的现象，最终得到了宫中普遍的理解和支持。

但在永乐时期不行，朱棣的专制和残暴是早就出了名的，刚即位时就曾把服侍过建文帝的宦官和宫女几乎都杀光了，后来杀掉的近三千人中，恐怕绝大部分都是枉受株连的无辜者。当然这件事来自朝鲜《李朝实录》的传闻，可能有些夸张和渲染的成分，但因个别宫女与宦官私自结合，朱棣杀掉了一大批宦官和宫女，并且动用了酷刑，倒是真实可信的。朱棣这种“只许州官放火、不许百姓点灯”的做法，很可能使其他宫女和宦官感到了巨大的威胁。

从上述情况看，朱棣晚年已同身边的各种势力矛盾较深，并且多年的病魔又使他性格中专断、残暴的一面越来越严重，这种情况发展下去，上述矛盾会越来越激化，同时也就意味着他对这些人的威胁会越来越大，因此，从这个意义上讲，朱棣没有回到北京而是病死于北征途中，等于解除了对上述群体的一大威胁，这个结果对于受到威胁的各种势力来说，可能是最有利的。[2]如果结合前面令人疑惑的那几件事就可以看出，拥戴太子的势力在设法帮助太子的同时，似乎也在设法早日结束朱棣的统治。并且永乐后期拥戴太子的势力中，显然还包括一部分原来不属于太子的部下、但却受到朱棣威胁的朝中大臣。因此，这些人的作为和朱棣晚年的多重积怨是有一定关联的。

---

1 参见《万历野获编》卷六，《内监·内廷结好》。

2 此处采用了赵轶峰的看法。

（三）破例五次劝进，太子才同意即位

1. 五次劝进才同意，太子打破事不过三的惯例

虽然没有遗诏认定这道手续，但太子总是要即位的，因此就必须用其他方式加以弥补。当时的人们是怎样弥补的呢？永乐二十二年八月十一日，也就是皇太孙朱瞻基奉命迎回朱棣灵柩的第二天，在京的文武百官和军民代表第一次联合上书劝进，就是请太子朱高炽即位当皇帝，太子婉言回绝了。

接下来的三天里，这些人又连续三次劝进，加上前一次共四次，但太子都未同意；直到第五天，文武官员、军民代表加上四夷朝使、僧道人等第五次劝进，并且这些人表示“有进无退，俯伏阙下，伫聆德音”，[1]意思是低头跪伏等在宫门口，一动不动地听太子的回话，你不同意即位我们就不走，这话似乎有点善意要挟的意思，太子这才表示同意即位。明代其他太子即位时，一般的惯例都是三次劝进，前两次太子找借口婉拒，到第三次就答应即位，所谓事不过三。而朱高炽即位却是五次劝进他才答应，反映出他在这件事上多少有些缺乏自信。那么为什么前三次、四次劝进他都不同意，非要第五次才同意即位呢？更确切地说，第五次劝进的内容与前四次有什么不同吗？

2. 第五次劝进书比前四次多了三项内容

先来看前四次劝进书的内容，大致有四项：一是讲立嫡以长是古来的传统，你是长子；二是讲先帝已立你为太子；三是你做太子期间政绩突出；四是天下不可无主、皇位不可久虚，因此你完全有

---

1 参见《明仁宗实录》卷一上，永乐二十二年八月丙辰。

资格并且也应该尽早即位。这些内容在前四次劝进书中被翻来覆去地重复，但似乎都不是太子需要的，那么他究竟需要什么内容呢？第五次劝进书里有他需要的内容吗？仔细对比五份劝进书就会发现，第五次劝进书比前四次多了三项内容，第一点是明确指出皇位传递必须“立嫡以长”，即必须传给皇帝直系子孙中的老大，这是太祖朱元璋定下的规矩，并且是写进《皇明祖训》里“垂法万年”的法律。

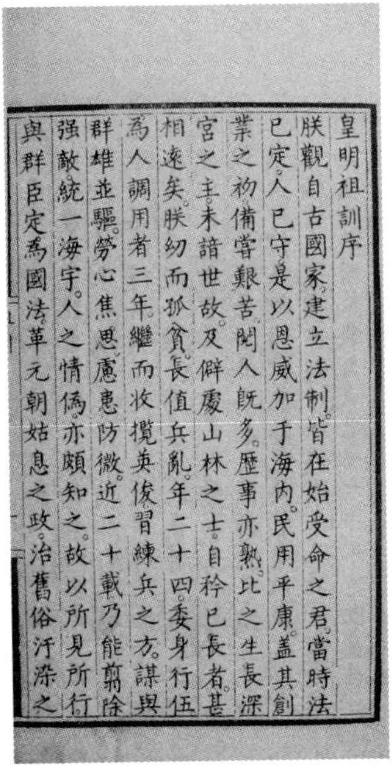

皇明祖訓序
朕觀自古國家建立法制皆在始受命之君當時法
已定人已守是以恩威加于海内民用平康蓋其創
業之初備嘗艱苦閲人既多歷事亦熟比之生長深
宮之主未諳世故及僻處山林之士自矜己長者甚
相遠矣朕幼而孤貧長值兵亂年二十四委身行伍
為人調用者三年繼而收攬英俊習練兵之方謀與
群雄並驅勞心焦思慮患防微近二十載乃能翦除
強敵統一海宇人之情偽亦頗知之故以所見所行
與群臣定為國法革元朝姑息之政治舊俗汙染之

洪武刻本《皇明祖训》

各位知道，《皇明祖训》是朱元璋为后代制订的祖宗之法，具有神圣法律意义，几乎是不可更改的。第五次劝进书抬出了《皇明祖训》中规定的嫡长子传位之法，等于明确宣布，太子朱高炽继承皇位之举，完全符合神圣的祖宗法律，同时也就确立了太子即位的合法性与正统性，等于说朱高炽的即位资格是无可争议的，是本朝开国皇帝制定的法律规定的，任何人都无法更改，这一点显然比只讲“立嫡以长”的传统和朱棣立太子的动机更有说服力。

更进一步讲，即使没有“立嫡以长”的传统和朱棣册立太子之举，单凭太祖朱元璋《皇明祖训》的这条规定，你朱高炽就完全有资格即位当皇帝。实际上大臣们第五次劝进书里讲的，是有点拿朱元璋来压朱棣的意思，虽然朱棣没有书面遗诏让太子即位，但太祖朱元璋却早有神圣法律的明确规定，这一点太子朱高炽更容易接受。因为朱棣和朱高炽父子曾经在皇位继承权问题上矛盾较深，朱棣当初并不想立朱高炽为太子，因此大臣们抬出朱元璋《皇明祖训》的有关规定，实际上就是想告诉太子和所有的人，不管这次朱棣是否有遗诏，反正我们这些人是按太祖定的神圣法律来拥戴你即位的。这是第一点。

第二点是指出太子“监国两京二十余年”的政绩，已经使天下百姓早就把你当成未来的“太平之主”了，“人心如此，天意可知”，况且又有先帝的遗命，因此太子即位完全是上应天意、下合人心之举。这一点不同于前四次劝进书，只是空谈人心天命以及监国的政绩，而是进一步明确指出，在天下百姓心中你已经是皇帝了，人心和天意是相通的，古代讲“天人合一”，人心就是天意。

换句话说，人心和天意早在你当太子监国时，就把你看成是未来的皇帝了，现在就是当时的未来，那么不管是从天意还是人心来看，你都已经是皇帝了，因此你一再推辞不即位，既没必要也没道理。言外之意，太子你不即位，那不就等于违抗人心和天意吗？古代常讲“天意不可违”，人心更是不可违，这一条是非常厉害的，比前四次劝进书只讲监国的政绩可是强多了，因为光有政绩可未必就有资格当皇帝。今天也是一样，光有政绩未必就能升官。而太子你在人心和天意中早就是个政绩突出的代理皇帝了，现在先帝没了，你还推辞什么呢？难道你还想违抗天意和人心吗？这是第二点。

第三点是强调指出，“夫为天下国家者，其孝在于安宗社、固基业以为重”，忽略这一点并且不遵先帝遗命同意即位，恐怕不能算作“圣贤之孝”。这是针对太子一再推辞即位而讲的，因为此前太子拒绝即位的理由之一，就是先帝的丧事还未办完，对长辈的孝心尚未尽到，哀痛之余实在不忍心这么快就即位。针对这一点，大臣们在第五次劝进书里指出，太子这么干不是“孝”，不以国家事业为重，不按先帝的遗命即位，这不是“孝”，更不是“圣贤之孝”;“孝”应该是“安宗社、固基业”，稳定国家、巩固大明的基业，换句话说太

龙袍前襟的缂金地龙纹寿字裱片

子即位才是“孝”，不即位就是不“孝”。[1]这话说得软中带硬，看似委婉，实际上是很有棱角的，等于否定了太子不即位的理由，为他即位提供了充分的理论依据。

上述三点连起来看，可见第五次劝进书里提供了从前没有的三个依据，即开国皇帝制定的最权威最神圣的法律规定，人心和天意的共同拥戴，对国家大业尽职尽责的圣贤孝道，这三点中的每一点都很有分量，在没有遗诏的情况下完全可以构成太子即位的充分依

1 参见《明仁宗实录》卷一上，永乐二十二年八月丙辰。

据。由此可见，第五次劝进书中的三点依据，才是真正提供了太子非常需要的东西，所以他才同意即位。虽然太子即位前缺了一道最直接、最合法的手续——没有遗诏，但上述三点内容相当于补上了这道手续，于是太子即位的正统性与合法性问题就算勉强过关了。

3. 太子和群臣在劝进问题上合作较为默契

起草劝进书的大臣可是不简单，一方面饱读诗书、通晓古今政治事件，另一方面他们亲身经历过许多政治风波，这点事还能不明白吗？第三次、第四次劝进太子居然还没接受，那肯定是前四次劝进书的内容有问题，少了点关键的东西。一些大臣估计会在一起琢磨，第五次劝进书里必须要写出点能让太子同意的内容，不能老是这么推来推去的。于是很可能经过秘密商议之后，这些人在第五次劝进书里补充了三点内容，才使劝进最终获得成功。虽说这只是根据五道劝进书的内容差别来推测而已，但有一点可以肯定，那就是第五次劝进书的作者们的确花费了不少心机，才总结出了更有说服力的劝进理由。

实际上即使没有其他因素，当时的皇位也只能由太子朱高炽来继承，别人根本做不成，太子在劝进的问题一再谦让"做秀"，反复折腾几个来回，无非是借此向外界显示，我朱高炽即位的理由是非常充足的，完全是合理合法的。同时，太子似乎也有点考验群臣的用意。君臣双方好像一伙长期合作的团队，太子几次推辞就已经向群臣暗示，我到底需要什么你们还不知道吗？而群臣开始似乎没弄明白，后来终于明白了，闹了半天是我们做得不到位，太子最需要的原来是这些东西啊，那就赶紧补上吧，从而通过了太子的考验。双方毕竟磨合了二十多年，尤其是蹇义、杨士奇这些人长期辅佐太子监国，对太子非常了解，所以第五次劝进最终能成功，也表明在这个团队里君臣的合作还是比较默契的。

明仁宗坐像

当初杨荣虽然编造了朱棣遗命的传言，但传言本身却为太子即位制造了有利的舆论，可以说杨荣为此立了大功，因此太子即位后除赏给杨荣大量的钱钞和白米外，还特意晋升他为工部尚书（虚衔），连同已有的太子太傅和谨身殿大学士两职，杨荣“三俸俱支”，[1]一个人拿了三份工资，算是太子对杨荣的隆重酬谢和报答。说到这里，不禁让人想起太子朱高炽的身体状况和命运，此人太胖，腿脚又不好，据说不能骑马，连走路都费事，当年参拜朱元璋的孝陵时，两个太监左右搀扶他，上下台阶时他还总是跌跟头，惹得二弟朱高煦在后面看他的笑话；[2]可是上天似乎有意眷顾这个腿脚不好的人，走路有人扶，当皇帝更有人扶，而且是一大批人不断地扶他登上皇位。

（四）仁宗号召大臣直言，但实际上有限度

1. 虞谦响应号召直言后，先被降职又复职

即位之后，仁宗多次号召大臣直言，敢于对政府提意见和建议，因此许多人也就响应号召，通过公开的或是保密的渠道上奏。其中有个大理寺卿叫虞谦，相当于今天的司法部部长，就在上朝时当着众人的面将他的意见一股脑地讲出来，可能是言辞有些不太客气，结果惹了仁宗不满。有些大臣看出了苗头，于是你一言我一语地数落虞谦。这个说，这样的奏疏应该通过保密渠道，直接送到皇上的屏风前秘密请旨，当众宣读简直是哗众取宠；那个说，我听说他有个部下杨时习就不同意，事先已经劝他应该密奏，可是虞谦不听。

于是仁宗一怒之下想都没想就当场下令：将大理寺卿虞谦贬为大理寺少卿，降级使用；而将那个建议密奏的少卿杨时习提升为大

1 参见《明仁宗宝训》卷二，第25—27页。

2 参见《明史记事本末》卷二十七，《高煦之叛》。

理寺卿，等于把两个人的职务颠倒了一下。这个结果让所有的人都感到吃惊，大理寺的一把手就因为公开上疏被降职，成了靠边站的二把手；而原来的二把手就因为劝了一句而升官，转眼当上了一把手。响应皇上直言的号召反而被贬受罚，这样的结果对于即位不久的仁宗声誉来讲，实在不是什么好事。

过了几天杨士奇单独觐见仁宗，奏事完毕后还是不走，仁宗就问他该不是为了虞谦的事吧；杨士奇回答说正是这件事，其实杨时习并没有劝阻虞谦公开上奏，他和我都是江西同乡，他曾亲口告诉我没说过那样的话，现在等于是冒虚名占据了一把手的位置，心里非常惭愧不安。杨士奇先把误传的情况澄清，然后他又说，虞谦这个人历事三朝地位较高，做事很有大臣的风度，今天这件事不过是个小失误。仁宗听了有些后悔，他问杨士奇：杨时习这个人怎么样？

杨士奇就为他这个老乡说了句公道话："虽起于吏，然明习法律，公正廉洁。"意思是虽说是不由科举选出而是办事员出身，但他对法律业务还算精通。仁宗听了后说：我知道该怎样处理了。这时正好吏部说安南缺一个按察使，仁宗就说："左迁虞谦，吾过矣，复其大理卿，改杨时习交阯宪使。"[1]意思是把虞谦贬官降职是我的错，现在恢复他的大理寺一把手的职务，把杨时习改任为安南的按察使。应该说，仁宗的处理还是较为得当的，杨时习原来的职务是大理寺少卿，相当于司法部副部长，改任地方主管司法事务的按察使，相当于今天的副省长，平调中级别有提升，也是对他为人朴实的一种奖励。

2. 弋谦直言较为偏激，受到仁宗的变相惩罚

没过几个月又冒出一个敢于直言的官员，这个人叫弋谦，职务

---

1 参见杨士奇《东里别集》卷二，《圣谕录》中，《文渊阁四库全书》第1239册。

也是大理寺的少卿，可能是前几个月接替杨时习的那个人。弋谦也给仁宗上了一封公开的奏疏，内容比较空泛、偏激，仁宗看了很不高兴。这时礼部尚书吕震等人一哄而起，指责弋谦是一派胡言，贬低朝廷、抬高自己；原来那个因为公开直言受到降职的大理寺卿虞谦，也站出来凑热闹，还指责弋谦在永乐朝的一些过失。

这时杨士奇很怕仁宗一时生气，又像上次一样对弋谦降级降职，造成不好的影响，于是就赶紧劝仁宗不可贸然处分弋谦，并说他是因为一心想报答皇上的提拔，“盖亦感恩图报耳”，[1]所以才直言不讳，只有皇上圣明，大臣才敢于直言，因此恳请皇上宽容他，否则将会使大家都知道弋谦的名声和遭遇，而朝廷也会背上不容直言的骂名。这次仁宗倒是听了杨士奇的劝告，没有处罚弋谦，但心中的怒气总要发泄一下，因此每次见到弋谦总是训斥有加，没个好脸色，后来看他实在不顺眼，于是干脆下令免了他上朝的资格，相当于级别、职务都没动，但不再出席重要的仪式了，实际上还是给了弋谦一个惩罚。

这样一来，谁都知道仁宗对直言的大臣不满并且会有所惩罚，因此别说是公开的直言，就连正常的上书言事也越来越少了。仁宗知道对弋谦的处理有些不妥，于是又找来了杨士奇，说“朕非怒（弋）谦言事者，但其言亦有矫激过实者”。意思是不是我讨厌群臣提意见，而是因为弋谦的上书实在是太偏激了；这件事固然是我有点不容人，但也是因为吕震这帮家伙迎合我，加重了我的错误。现在可倒好，弄得朝臣一个多月没有几封上书，士奇啊，你去跟大臣们讲明白我的这番用意。

可杨士奇却非常坦诚地说，我这样替您向大臣们解释，等于空口无凭，还请皇上您亲自下发一道说明书，盖上宝玺，这样才能让

1　参见《明史记事本末》卷二十八，《仁宣致治》。

群臣信服。于是仁宗就让杨士奇在他的屏风前，当场起草了一篇检讨说明书，大概说明了自己处理弋谦的过程和失误，希望群臣不要因此而放弃直言，对于国家利弊和政令不当之处还是要直言不讳。最后还下令恢复了弋谦的上朝资格。不久有人上告前往四川采木的官员贪暴扰民，仁宗就把弋谦提升为负责监察的副都御史，命令他前去处理这件事，并且嘱咐他放手大胆地干，同时传令停止了采木之役。[1]这件事表面上是仁宗提升了弋谦的级别和职务，但实际上却是变相地把他赶出了朝廷。

3. 李时勉直言被打入狱，仁宗接受有限度

但是不管怎么说，皇帝仁宗总算是承认了错误，并再次号召大家直言。于是翰林院官员李时勉也公开上书，讲了他认为仁宗不该做的几件事：一是不该刚即位就大兴土木，劳民伤财；二是不该在先帝丧期亲幸嫔妃，不该派宦官外出选宫女，有伤风化；三是不该偷懒不勤政，太阳老高了朝仪还没准备好。还说现在各地的灾荒很多，根本不是偷懒享受的时候。

仁宗一看李时勉的上书几乎全是揭短，不禁暴怒，但可能不想把事情闹大，于是仁宗没在平时办公的大殿，而是先把李时勉召到了旁边的便殿，实际上是想让李时勉认个错，服个软，有点“私了”的意思。不料这个李时勉性格古板、耿直，就是不认错、不服软，气得仁宗喝令武士抡起铁瓜一顿暴打，结果打断了李时勉的几根肋骨，拖出去时几乎没气了，只好先关起来。还有几个人也跟着凑热闹上书提意见，结果也被逮进了监狱。[2]

从上述情况可以看出，对于仁宗这样的专制皇帝来讲，大臣直

1 参见《明通鉴》卷十八，仁宗洪熙元年三月丁丑。
2 参见《明通鉴》卷十八，仁宗洪熙元年五月癸酉。

言是要有限度的。第一，给皇帝上书并非什么意见都可以提，往往是皇帝需要的问题可以讲、可以提，如果超过了这个限度，皇帝不但不接受还可能惩罚你。通常情况下对国事提意见没问题，但如果指责皇帝个人的行为，尤其是戳到了皇帝的痛处，就会犯忌，那么皇帝是要报复的。

第二，大臣给皇帝的意见和建议，有些适合于公开场合讲，有些则适合于私下里讲。一来因为许多皇帝都好面子、爱虚荣，不想公开接受批评，二来有些事确实是无须经过公开讨论，只在皇帝与少数大臣的小范围内即可以商量解决，因此，专制时代的皇帝几乎总是保留着公开和秘密上奏的两种渠道。尤其是通过秘密渠道上奏，反倒是可以解决一些特殊的问题，历朝都如此，到了清朝已经非常盛行了。仁宗时期那些通过秘密渠道上书的人几乎都受到了奖励，可见仁宗还是比较乐于接受这种方式的。

第三，有些问题和意见只有与皇帝关系密切的大臣才可以讲，其他人讲出来，很可能引起皇帝的不满和报复。杨士奇和杨溥与仁宗关系密切，仁宗对他们的多次密奏不仅欣然接受，每次都赏给两人不少钱财，并且还鼓励他们继续密奏。杨荣和蹇义等人很少讲或不讲，估计他们很清楚，自己同仁宗的关系不如杨士奇和杨溥那样密切，讲了意见未必合适，因此未讲。

总之，专制时代的任何直言都是有限度的，并非任何意见和建议都可以随便提，有些皇帝一时接受了，可能仅仅是做个样子，或不过是迫于形势的需要。就连号称最能接受意见的唐太宗李世民，据说也不是每次都能容忍魏徵提意见，曾经有几次就被他气得够呛，甚至对魏徵动了杀心。之所以没杀魏徵并且容忍他继续提意见，是因为魏徵最初是太子李建成集团的人，也就是李世民不共戴天的政敌；李世民权衡利弊之后认为，像魏徵这样的人不杀比杀掉更有利于自己的统治，所以才有意放过了他。因此，专制时代统治者的宽容、大度都是有限度、有条件的。相比之下，仁宗就算不错了。

可是不管怎么说，仁宗现在毕竟是皇帝了，他即位后最有影响的活动是什么呢？仁宗的新政为什么会有转折意义呢？

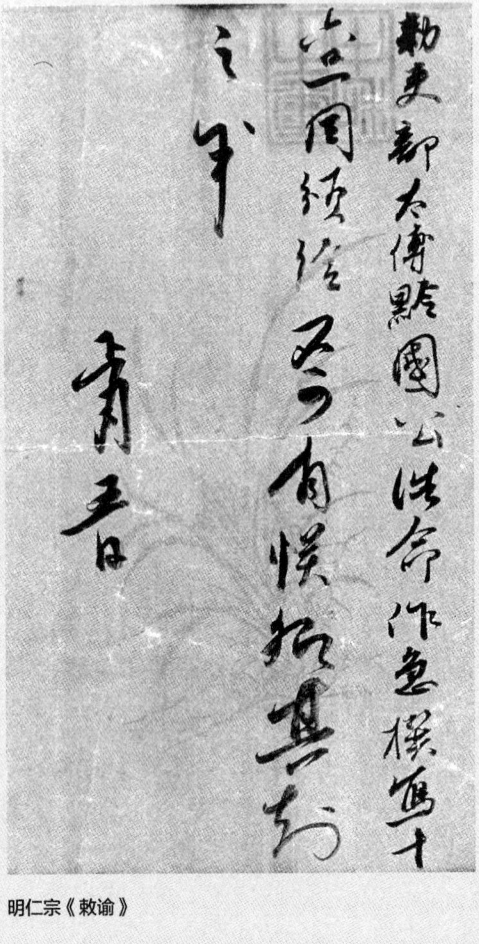

明仁宗《敕谕》

十七　转折新政

朱高炽作为皇太子，在先帝朱棣没有明确传位遗诏的情况下，由文武大臣五次劝进后才同意即位，其中第五次劝进书比前四次多了三项内容，满足了太子的需要。而在太子从监国到即位的坎坷过程中，似乎不断有人帮他渡过难关，现在朱高炽总算当上皇帝了。即位后他在杨士奇等人的辅佐下，推行了一系列的新政，发布了几份影响较大的诏书，最为突出的特点是，全面减免了永乐以来百姓的许多社会负担，缩减或停止了前朝大部分的开创、消耗性活动，这是明朝建国以来影响深远、具有转折意义的新政。

（一）仁宗新政的中心内容：减轻百姓负担

其一，大力减免拖欠。诏书发布的当年即永乐二十二年（1424年），全国拖欠的大部分征收物品都被仁宗不同程度地给予减免，这些物品包括：粮食、草料、豆、盐、柴炭、农桑丝、因故死亡未能赔补的马匹、驴骡、牛羊、铜铁、颜料、竹木席麻、珍珠、缎匹、军器等。这类东西中，大部分是从永乐二十二年八月十五日，也就是即位诏书发布之日起全部蠲免，只有少量拖欠的征收物品是永乐二十年（1422年）以后的仍旧征收，永乐二十年以前的则全部蠲免。[1]

这部分内容对当时的百姓来讲，可以说是减少了一大负担，因为只要明政府没有宣布减免拖欠，那么老百姓就必须补交以前拖欠的部分。并且永乐一朝整个国家征收的赋税额较高，朝廷很少发布减免诏令，因此百姓这些年来的欠额数量肯定是相当高的，远远超过当年的新征，所谓“旧欠未了，新债又增”。在这种情况下，仁宗下令减免了绝大部分欠额，实在是深得民心之举。从此以后，百姓就可以只交当年的赋税，很少再补交从前的巨额拖欠了。

同时，百姓拖欠的还有一大部分是铜铁、柴炭、颜料、竹木席麻、缎匹、珍珠、军器等，这些东西是国家建设和宫廷消费所需的原料，明代统称为“物料”。因为这些东西不是地里产的，必须经过复杂、艰辛的劳动才能得到，有的需要从远方产地采办，还有的需要进一步加工制作，这类东西超出了百姓农业和家庭手工业的出产范围，根本不像粮食和钱钞那样容易获取，不要说拖欠和补交，即使是少量交纳也要花费相当大的代价。因此，仁宗下令减免了这部分欠额，某种程度上甚至比减免粮食欠额更能减轻百姓的负担。

其二，降低部分赋役的征收标准。这部分内容包括：天下税收一律按照永乐二十年以前的旧额标准征收，禁止以钞法不通为借口增加税收的数额。这一点说明永乐二十年以后的税收标准被提高了，因此仁宗才下令恢复旧额，降低标准，具体内容有：第一，民间的荒地可以雇人另行承租耕种，但要三年后再征收税粮，并且如果是高地租的官田，必须一律按低地租的民田标准来征收税粮。

第二，“工部为成造军器，递年坐派各处采办一应物件，多有未

1 参见《登极改元大赦诏》，永乐二十二年八月十五日，《四库全书存目丛书》史部第58册，第131页。

纳”，指的是工部每年指定下派给各地购置各种军事器材的任务，大部分都没完成，永乐十九年（1421年）以前的部分全部免征，永乐二十年至二十二年三年的部分免征一半。

第三，各地每年交纳的芦柴除了以前的欠额全免外，从今以后每十分减征三分，每年只征七分，并且这七分里只有七分之二是交实物，其余七分之五可以交纳钞贯，实际上是鼓励芦柴的市场交易并促进钞贯的流通。

第四，各地养马的旧例是每年必须交纳一匹马驹，交不出来或马死了，官府就逼迫养马户出钱赔补，许多穷人被迫将儿女妻妾典卖换钱来赔补马匹，或是逃走流离；现在规定，典卖的家属官府出钱赎回来，并且养马户的马死了只按洪武朝的旧例赔补，其赔补数额少于永乐时期；同时又规定，今后每两年交纳一匹马驹，“永为定制”，如果两年中交纳两匹马驹，官府适当给予奖励。[1]

仁宗诏书降低部分赋役的征收标准，更具有减轻百姓负担的特殊作用和意义，因为如果征收赋役的标准定得高，那么即使是减免欠额、减少许多难度大的采办活动，百姓的负担仍然是相当重的。某些皇帝诏书只减欠额不降标准，减免的力度相当有限，对百姓的好处不大。而仁宗的即位诏书不仅减欠额、减劳役，还降低了征收的标准，应该说在明代的即位诏书中属于减免力度相当大的。

从上述诏书内容可以看出，作为“仁宣之治”的重要组成部分，仁宗在减免问题上是较为务实的，包括从什么时候开始减、减多少，许多规定非常具体、非常到位，可操作性强，由此可见仁宗之名不虚。与此相比，朱棣在永乐十九年四月发布的诏书，只是减免了一部分拖欠的税粮、马草，免除了部分因拖欠而赔补的负担，许多规

1 参见《登极改元大赦诏》，永乐二十二年八月十五日，《四库全书存目丛书》史部第58册，第131页；《南郊诏》，洪熙元年正月十五日，同上书，第138—140页。

定较为含糊，有些甚至连减免的时限都没有，[1]而这次仁宗诏书中的减免规模和力度，明显都超过那一次。

（二）全面守成的政策和措施

仁宗还在辅政群体的帮助下逐步落实了全面守成的政策和措施，对许多方面的问题作出调整，涉及的内容较多、范围较大，大体上有以下各项：

第一，停止北征，选将守边。对北方蒙古采取守势，选派北征的将领守卫边镇。经过朱棣五次北征，军队消耗非常大，“大营及五军将士马多瘦损”，普通士兵的生活更难以维持，[2]况且大部分出征都是无功而返，因此仁宗才改变了这种政策，陆续选用了一批北征的将领镇守北方的军事重镇，告诫他们如果敌人前来袭扰，只要赶跑、守住边镇就行了，不必大举出塞追击，这样不仅省钱省粮更省了军队的消耗，等于恢复了洪武后期的边防政策。

第二，安南休战，准备撤军。当初永乐时期几次大规模出兵安南，打败了当地的反抗势力，将安南并入大明版图。但后果和代价是相当沉重的，用兵本身的各种消耗自不必说，“前后用兵数十万，馈饷至百万余”，安南是个穷地方，占领安南之后需要调运一批粮食来供应当地百姓，并维持明朝占领军的一切开销、军费，加上每次大规模出兵时转运粮食和军用物资，需要长途跋涉翻越边境的崇山峻岭，整个负担和代价是相当沉重的。相反，明朝从安南得到的出产物资却极为有限，因此，占领安南实在是得不偿失。

---

1 参见《奉天殿灾宽恤诏》，永乐十九年四月十三日，《皇明诏令》卷六，《四库全书存目丛书》史部第58册，第124—125页。

2 参见《明宣宗实录》卷九，洪熙元年九月丁未。

这种情况在永乐后期越来越明显，于是仁宗即位后决定逐渐从安南撤军。其实早在永乐时期仁宗监国时，看到安南的战俘被押到南京，他就对少年朱瞻基说过，应该按照太祖当初的意图恢复安南的藩属国地位，不要把它并入明朝的版图。[1]由此可见，十几年前仁宗就对朱棣武力征服安南的做法不满，先同儿子打了招呼，争取了一个同盟者，为日后的撤军作了准备。

第三，恢复经济，减免负担。仁宗注意及时有效地赈济各地的灾荒，甚至有时不同主管此事的户部打招呼就直接下令赈灾。有一次仁宗听说山东等地百姓因灾缺粮，但地方政府照常征收，还催得很急，就让内阁大臣杨士奇起草一份诏书，免除当年夏税和秋粮的一半。杨士奇感到事情重大，尽管自己是奉皇帝之命起草诏书，但如果直接下发，就等于越过了主管的户部和工部，似乎不合规矩，因此他提醒仁宗，一定要同户部和工部打招呼。可是仁宗却说，“姑徐之，救民如拯溺，不可须臾缓，有司虑国用不足，必持不决。”意思是先让他们歇着吧，救济灾民就像去救落水者，只怕来不及，不能慢一步。你让他们去办，他们肯定会考虑到国家收入不足，迟疑不定，所以先不用告诉他们。

仁宗随后让宦官取来文房四宝，命令杨士奇就在西角门楼里起草了减免赋税的诏书，写完后让人当场加盖了宝玺，然后直接下发全国各地，按照诏书的内容执行。仁宗回头对杨士奇说，“卿今可语部臣，朕悉免之矣”，现在你可以跟户部、工部的人说一声了，我全都免征了。[2]左右侍臣一看仁宗也太大方了，不问受灾轻重通通给予减免。于是有人建议，各地受灾的情况可能不一样，没必要这样滥施恩典，一律减免。可是仁宗却非常坚定地说：“恤民宁过厚，为天

1　参见《国榷》卷十九，仁宗洪熙元年十一月壬戌。
2　参见《明通鉴》卷十八，仁宗洪熙元年四月壬寅。

下主，可与民较锱铢耶？”意思是救济百姓宁肯过滥、过厚，作为全天下的领导人哪能跟老百姓斤斤计较呢？[1]所以，只要有灾有难，仁宗几乎是一律下令减免，确实对减轻百姓的负担、恢复社会经济起了很大的作用。

当时户部尚书郭资没有及时地执行仁宗的政策，老臣蹇义和夏原吉也反映郭资不仅性格偏执、妨碍公务的执行，并且身体多病，不太适于担任户部尚书一职。于是仁宗先是将郭资晋升为太子太师，提高了他的官级和工资，然后让他退休回家了，[2]实际上等于先给他一个荣誉奖然后撤了他的职。这件事的背后还有一个原因，那就是仁宗改变了永乐时期的开创政策，力求减轻社会负担，恢复经济发展，而郭资不能有力地执行仁宗的政策，因此仁宗就只好让他回家了。

第四，调整政策，方便百姓。仁宗比较注意按百姓的需要来调整政策，一是朝廷每年都要购买大量的祭祀用品，但却始终按明初洪武时期涨价前的价格来收购，于是仁宗批评有关部门“不达大体”，理由是物价只会随时涨价或降价，现在民间各种商品的价格已经比洪武时期上涨了数十倍，而朝廷购买祭祀用品还是老价钱，等于压低价格强买，招致民怨的祭祀品，诸神怎么能安心享用呢？可见永乐时期朝廷是用以前的低价，来强行购买这些早已大涨价的祭祀用品，朝廷倒是少花钱多办事，但地方和百姓却吃了大亏。

因此仁宗下令：“自今供祀牺牲，悉准在京时值给钞往市，如于所产之处时值不足，则就所在有不系赃罚钞内补给……毋致扰民。”[3]意思是，今后祭祀诸神的用品，都要按京师的市场价格出钱去购买，如果产地价格比北京还高，那就从赃罚钞以外的费用来补足，不要

1 参见《明史记事本末》卷二十八，《仁宣致治》。

2 参见杨士奇《东里别集》卷二，《圣谕录》中，《文渊阁四库全书》第1239册。

3 参见《明仁宗宝训》卷一，“严祀礼”，洪熙元年四月己未。

扰害百姓，从而解决了明廷不按市场物价购买祭祀品的问题，减轻了地方和百姓的负担。

二是洪熙元年（1425年）十一月，仁宗听说南京抽分厂和龙江提举司积累的柴薪和竹木非常多，几乎够二三十年支用，并且时间一长必会腐烂；同时南京的百姓几乎无处购柴，加上明廷发行的纸钞较为“昏软”，市场不接受，流通受阻，仁宗认为这些竹柴“与其积久以待腐，何若散之以利民？”因而下令工部将两处竹柴除留足当年的用量之外，其余的都以低价变卖给南京的军民，并且一律收取那些“昏软旧钞”。[1]这样既回收了市场不流通的旧钞，又避免了柴竹的腐烂，同时又满足了南京军民的购柴需求，一举三得。

三是永乐时期由于营建北京、天寿山皇家陵墓等，工程规模超级庞大，需要大量的木材，南方采木的省份只好设法应付，“往年采木者必先虚奏数目，及当起运之际，仓促采办以足虚奏之数”，这种先报虚数再临时采伐的做法，给当地百姓造成了很大的负担。仁宗即位后下令停止采木，只将堆积于河边码头的木材起运至京，不可再次采木以补足先前的虚奏之数。他担心负责起运的太监和官员“复蹈前非”，于是派监察官员前往巡视，“如有不遵朕命仍前劳人采补者，即枷钉差人解来”，[2]从而逐渐避免了地方官员临时大量采木、凑足虚数增加百姓负担的弊端。这件事是仁宗停止前朝巨大消耗活动的一部分，反映出仁宗较为扎实的作风和较为丰富的经验。

四是永乐二十二年十月山东布政司上奏，登莱等地由于洪涝灾害歉收，请求将欠税用别的东西代为交纳。仁宗同意，户部却说现在国用不足，不能这么办。仁宗有些生气，干脆下令当地永乐二十年以前的欠税都予免除，永乐二十一年（1423年）的欠税则可以用

1　参见《明仁宗宝训》卷二，“地利”，永乐二十二年十一月庚辰。

2　参见《明仁宗宝训》卷一，“恤民”，永乐二十二年十一月甲辰。

钞代为交纳，[1]从而缓解了百姓的困境。同年十二月，仁宗还下令开禁北京附近的一处河流，任凭百姓随便捕捞、浇地和割草，这条河从前为官府控制，禁止附近百姓下河捕鱼、取水灌田和在河边割草，还专门派人来回巡视，仁宗下令撤掉巡视人员，完全开禁。[2]此后仁宗又下令，将原来归官府管辖的许多山场、园林、湖泊等地全部开禁，允许百姓随意获取自然资源。[3]

（三）平恕司法，慎用刑律

仁宗的新政还有一个重要的内容，就是平恕司法，慎用刑律，制止了前朝一度出现的因政治原因而屡兴大狱的局面。即位不久仁宗就对杨士奇等人说："比年法司之滥，朕所深知，所拟大逆不道，往往出于文致。今后审决重囚，卿等三人必往同谳，有冤抑者，虽细故必以闻。"[4]让杨士奇等非司法部门的重臣前来一同参与审判重囚，防止冤案发生，实际上是让他们代表仁宗加强对司法部门的监督。同时强调前朝的司法状况是相当混乱的，像大逆不道这样极为严重的案件，往往都是出自罗织编造，这句话明显是指永乐时期惩治建文忠臣之事，也包括后来朱棣关押、杀害太子部下的那些案件，看来仁宗对当年朱棣的残暴做法是非常反感的，于是即位后就采取措施扭转这种局面。

仁宗为此下了一道诏书规定，一是"若朕一时过于嫉恶，律外用籍没及凌迟之刑者，法司再三执奏，不允，至于五奏，不允，同三公及大臣执奏，必允乃已，永为定制"，意思是如果皇帝出于一时的暴怒，不按法律规定就判处罪犯籍没及凌迟之刑，法司必须再三

---

1 参见《明仁宗实录》卷三上，永乐二十二年十月丙午。
2 参见《明仁宗实录》卷五下，永乐二十二年十二月癸丑。
3 参见《明仁宗实录》卷六下，洪熙元年正月丙戌。
4 参见《明通鉴》卷十八，成祖永乐二十二年十月丁巳。

方孝孺墓

执奏，三次不行就奏五次，五次不行就由三公大臣再奏，直到皇帝改判为止。二是禁止法外用刑，不许用鞭背等严刑拷打的方式审讯，“以伤人命，尤不许加人宫刑、绝人嗣续”，更不许用宫刑来使人断子绝孙，“自今惟犯谋反大逆者依律连坐，其余有犯止坐本身”，意思是除了谋反大逆可以根据法律株连家属之外，其他的罪行只处罚本人，不许随便株连家属。

三是“古之盛时恒采民言，用资戒警，今凶险之徒往往摭拾诬为诽谤，法吏深刻锻炼成狱，刑之失中民则无措，今后但有告诽谤者，一切勿治”，意思是古代的开明盛世往往专门听取百姓的意见，帮助官府改善民政，现在有些阴险之徒却往往专挑别人的过失，诬陷为诽谤朝廷，法官们也设法屈打成招，搞得百姓不知所措，今后只要有上告诽谤罪的事，一律不受理。[1]仁宗这道诏书是有名的《恤刑诏》，其中

1　参见《恤刑诏》，洪熙元年三月十五日，《皇明诏令》卷二十七，《四库全书存目丛书》史部第58册，第141页。

明代锦衣卫牙牌

最后一条内容明显是针对永乐后期的《禁谤讪敕》，当年朱棣容不得不同意见，于是就给那些正常提意见的人扣上攻击朝廷、诽谤政府的帽子，现在仁宗下令不许再以这种借口治人之罪，乱扣帽子。

洪熙元年三月，仁宗对司法官员说，往年司法机关根本不讲什么公正、宽厚，喜欢罗织罪名作为能干的标志和政绩，“稍有片言涉及国事，则论诽谤，中外相率成风，奸民欲嫁祸良善者，则饰造诬罔，以诽谤为说，一罣名于此，身家破灭，莫复辨理……”[1]现在治理国家最急需的就是让大家畅所欲言，最糟糕的就是不让大家讲实话，为什么非要用诽谤的罪名不让人讲话呢？[2]永乐时期司法部门的一些官员根据朱棣的意思，以诽谤的罪名来陷害他人，甚至那些为国事提建议的人，一旦被扣上诽谤的帽子，根本没有辩解的余地。

当初负责监察的左都御使陈瑛等人，不断揣摩朱棣的心思诬陷他人，朝中大臣被灭族的就有几十家，许多人都是无辜受到株连，但他们背后都有朱棣撑腰，因此太子监国时对他们也无可奈何。这些人里有个叫赵纬的，后来升官外调，当了浙江省的副使，相当于今天的副省长。仁宗即位后有一天赵纬来朝，仁宗一见到他的名字立即对人说：“此人尚在耶？是无异蛇蝎！”意思是，这个

1 参见《明仁宗宝训》卷二，“戒饬臣下”，洪熙元年三月丁亥。
2 参见《明史》卷九十四，《刑法志》二。

人还活着呐！他可是跟毒蛇毒蝎子没什么两样啊！然后下令把这个人贬为嘉兴县的典史。[1]可见仁宗对赵纬这种人的印象太深了，并且是恨之入骨，所以事隔多年后，刚见到名字就把他一贬到底，相当于从副省长贬为县里的科长。

（四）释放建文忠臣亲属，平反先朝罪臣

1. 释放建文忠臣亲属，客观承认建文帝

仁宗新政的另一个重要内容，是追认先朝忠臣，释放他们的亲属。仁宗曾多次称方孝孺是忠臣，等于公开为建文忠臣恢复名誉。朱棣生前出于政治目的，曾追废建文帝的皇位，革除了建文的年号，称建文四年为洪武三十五年，企图将建文一朝从历史上抹掉，朱棣是按照自己的需要来随意篡改历史。仁宗即位后否定了朱棣的做法，他在为父皇朱棣撰写的“长陵神功圣德碑文”中，仍然称被追废皇位的朱允炆为建文君，将其死按皇帝的尊号称为“崩”，称其在位期间为朝廷，客观公正地承认了建文一朝的合法地位。这时社会上才有人敢于谈论建文忠臣之事，可见仁宗此举在社会上产生的巨大反响，体现出仁宗作为一个专制帝王不为亲者讳的可贵态度。当年建文帝做皇太孙时就与朱高炽关系不错，二十余年后，仁宗以这种方式表达了自己对“靖难之役”的复杂感情。[2]

从前朱棣作为一个夺位的专制皇帝，出于巩固地位的需要，对那些建文忠臣及其家属大肆屠杀、迫害，仁宗深感父亲的做法过于残忍、野蛮，于是登基不久他就下令，“建文诸臣家属，在教坊司、

1　参见《明史》卷三八〇，《奸臣传附赵纬传》。
2　这里采用了陈时龙的看法。

南京秦淮河畔旧影（明代教坊司所在地）

锦衣卫、浣衣局及习匠功臣家为奴者，悉宥为民，还其田土”。[1]这里需要说明一下，朱棣当年杀掉一大批建文忠臣，将其家属关押、拘禁在教坊司、锦衣卫、浣衣局以及功臣之家做苦力，其地位极其低下，生存条件较为恶劣，甚至连奴婢都不如。

其中教坊司等地虽说是一种宫廷演艺机构，但实际上类似于明朝的官方妓院，对一些罪犯来说相当于看守所，那些建文忠臣家属尤其是女性，受到男性看守的凌辱和摧残，其野蛮的程度可想而知。并且这些活动有许多是出自朱棣本人的指令和授意，按照朱棣的想法，这

1 参见《明通鉴》卷十八，成祖永乐二十二年十一月壬申朔。

些建文忠臣的女性家属及其后人，世世代代都要遭受这种野蛮的待遇。因此仁宗下令将这些人宽宥为民，等于从贱役奴婢的环境中解放了他们，使那些建文忠臣家属恢复了平民的自由，大大改善了生存环境。

此后不久仁宗又下令："建文诸臣外亲全家戍边者，留一人在戍所，余悉放还。"[1]外亲不是直系亲属和近亲，而是远亲，那些建文忠臣的直系亲属和近亲，基本上早在永乐初年就都被朱棣杀光了，剩下的远亲都被发配到偏远地区戍边，可见当年朱棣夺位后为了镇压建文帝势力，扩大化的程度是相当严重的，八竿子打不着的亲属都要戍边。

---

1 参见《明通鉴》卷十八，成祖永乐二十二年十二月癸卯。

需要说明的是，戍边之地大都是距离较为偏远、环境较为恶劣的地方，并且是在军队的看管之下，因此，戍边实际上是一种惩罚性的流放。而这些人可能数量较多，戍边之后家里的土地大量荒废，因此，将他们释放回到故里，既改善了他们的生活环境和待遇，使他们脱离了被流放的处境，也使家里多年荒废的土地重新得到耕种。

2. 平反先朝罪臣，优待老部下的后人

与此同时，仁宗还为一些先朝受迫害、被诛杀的大臣恢复名誉，赠官加封号，即追认为某某官、某某封号，并给其男性后代甚至未成年的孩子预授官职，以表示当今皇上不忘旧日为他而牺牲的老部下，并且改正了先帝的某些错误。这一做法后来形成了一个惯例，即新皇帝即位要为先朝那些受到不公正待遇的大臣恢复名誉，并追赠官位和封号，以此来提高新皇帝及其统治集团的威望。

对于那些曾为自己即位出过大力的官员，仁宗更是给予特殊的关照。永乐时期的兵部尚书金忠是朱棣的心腹重臣，但他多次力保仁宗的太子之位，仁宗即位时金忠已去世，于是仁宗将金忠十几岁的儿子金达召至京师，又是问长问短又是赏给衣食，高度评价了金忠当年对先帝和自己的贡献，然后命令礼部授予金达翰林院检讨之职，“月食其禄，俾归进学，俟年长召用”，即让一个十几岁的少年在翰林院挂职，预领了一份翰林院检讨的工资，先回去学习，等长大后再加以任用。[1]许思温当年是太子的部下，被朱高煦等人诬陷致死，如今仁宗任命其子许俊为太常寺官员，并让他进入翰林院学习历练，以备任用。

但是也有例外，当年丘福指挥失误，十万大军丧师漠北，朱棣一怒之下削掉了丘福的淇国公爵位，把他全家都流放到了海南岛。

---

1 参见《明通鉴》卷十八，成祖永乐二十二年十二月庚戌。

仁宗即位后，本来可以按惯例恢复丘福的淇国公爵位，但他没这么做。为什么呢？因为丘福当年曾力劝朱棣选立老二朱高煦为太子，后来他还曾伙同朱高煦，把坚定支持太子的大臣解缙诬陷致死，仁宗当时很可能窝了一肚子火，但是迫于父皇朱棣的权势敢怒不敢言。现在仁宗当了皇帝拥有了至高无上的权力，不可能忘记当年的痛苦经历，因此根本就没管丘福全家被流放一事，于是号称永乐朝第一武将的丘福为国捐躯后，不仅本人没有享受到恢复爵位的待遇，就连子孙也一直留在了海南岛。[1]

仁宗的上述做法，一方面是报答因他而受到迫害的老部下，进一步安抚和笼络这些人，另一方面也是努力争取建文忠臣势力的支持，并且以此来树立自己的威望和形象。从中也可以看出，仁宗对于永乐时期遭受的挫折和打击从来就不曾忘记，当时不过是强忍怨愤、韬光养晦而已。

（五）仁宗准备放弃北京，把首都迁回南京

1. 加强南京守备，准备回迁首都

仁宗新政的另一个重要内容是准备回迁首都，还都南京。自从朱棣迁都北京后，明朝的财政负担加重了。因为自唐宋以来，中国的经济重心已经南移，南方成为中国的主要物资生产基地。朱棣将首都从南京迁到北京，使首都远离了南方的物资供应基地，等于经济中心和政治中心相脱离。为了保证北京官僚机构、皇家宫廷以及京军、边军的庞大消费，明朝每年不得不将大量的物资由南方运至北京，仅仅是运输的费用就相当巨大。

为了节省这笔开支，避免物资消费舍近求远，仁宗决定将首都

---

1 参见《国榷》卷十四，成祖永乐七年甲戌。

从北京迁回南京。而且当时虽然首都迁到了北京，但许多措施并未完全随之落实，例如百官的月俸，也就是工资，发米的部分要到南京去领取。[1]而把首都迁回南京，就可以省去许多麻烦。同时从政治上来说，回迁南京就是恢复太祖的祖制。从仁宗自己的内心来说，他对南京是很有感情的，南京曾是他监国的地方，他在那里担任大明帝国的常务负责人，前后将近二十年，对那里的一草一木都非常熟悉，统治基础比较牢固。仁宗不可能舍弃南京而留恋北京，他对北京似乎没有什么感情。

因此，仁宗在位期间已经作了还都南京的准备，他下令在北京行政机构名称的前面，都加上"行在"二字，带有流动和临时的意思，[2]目的是还都南京以后再恢复正式的机构。实际上还都南京并非仁宗个人的决定，许多大臣都有此意，将近四年前那场反朱棣迁都的风波，主体就是这些朝臣，这时他们当然拥护仁宗还都南京。于是仁宗即命一些太监前往南京，为他收拾几处可以居住的宫殿，[3]以便他来年春天回南京时居住。据说仁宗找个理由派遣太子前去镇守南京，就含有让太子为还都南京打前站的用意。

回迁之前，仁宗先是加强南京的守备。永乐二十二年九月仁宗即位一个多月，他就将驻守山海关的襄城伯李隆派往南京，与之前镇守南京的驸马都尉宋琥、沐昕一同加强南京防务。[4]洪熙元年二月，仁宗下令郑和带领下西洋的官军前往南京，内外政务可与沐昕、李隆等人商议，继续强化南京的守备。永乐二十二年十二月，御史胡启先请求派太子镇守南京，他在疏中说："南京龙蟠虎踞之势，长江天堑之险，国家根本所在。若使臣下镇之，是授以控御之柄。伏乞

1 参见《明仁宗实录》卷四上，永乐二十二年十一月乙亥。
2 参见《国榷》卷十八，仁宗洪熙元年三月戊戌。
3 参见《明仁宗实录》卷九上，洪熙元年四月甲辰。
4 参见《明仁宗实录》卷二下，永乐二十二年九月戊子。

命皇太子留守，以系人心，以固邦本。”[1]仁宗同意派皇太子前往南京。

2. 太子受命前往南京，为回迁打前站

洪熙元年三月，仁宗已下决心将首都回迁南京，因此下令大量的物资不再运来北京，而是就地存留在南京的仓库。他令襄城伯李隆，“所运民营造本植，已过仪真坝者，令运至北京，未过坝者于龙山厂贮”，也就是已过长江的便继续往北京运送，而未过江的就留在南方了。仁宗又给户部和工部下令说：“今北京库所贮足给用度，已令各处见解钱帛金银铜铁等件未过仪真坝者，俱贮于南京库藏，如已过坝听，其原派纳北京之粮仍令攒运。”[2]四月初三日，仁宗下令自仪真到通州运河沿岸不再运木，“就地堆垛，令人看守”，所役军民都散遣回乡。[3]

三月二十八日，仁宗决定回迁南京，“命诸司在北京者悉加行（在）二字，复建北京刑［行］部及后军都督府”，[4]重建原来北京的行政机构行部，原任南京兵部尚书张本等人改任北京行部，改户部右侍郎李昶等人为北京行部左侍郎。四月初四日，仁宗对负责修缮事宜的南京太监王景弘说：“朕以来春还京。今遣官匠人等前来，尔即提督，将九五殿各宫院凡有渗漏之处随宜修葺，但可居足（矣），不必过为整齐，以重劳人力。”[5]回迁南京已经进入了实际的生活起居准备阶段。如果不是仁宗在五月猝死，首都回迁之事就会在洪熙一朝完成。

三月一日，仁宗命太子去南京“往祭皇陵、孝陵”，然后“就留

1　参见《明仁宗实录》卷五上，永乐二十二年十二月丁未。
2　参见《明仁宗实录》卷八上，洪熙元年三月辛未朔。
3　参见《明仁宗实录》卷九上，洪熙元年四月壬寅。
4　参见《明仁宗实录》卷八下，洪熙元年三月丁酉。
5　参见《明仁宗实录》卷九上，洪熙元年四月甲辰。

守南京”。[1]一个月后，太子朱瞻基受命前往南京，带着一群官员浩浩荡荡南下了。名义上是祭陵，实际上人们都知道，这是为接下来的回迁南京作准备。随侍人员中有勋臣如成国公朱勇、丰城侯李贤，武臣如都督郭义、李通，高级文官如兵部尚书李庆、工部尚书黄福、户部左侍郎郭敦以及都察院右副都御史等官员，[2]包括专门侍奉太子的文华殿大学士权谨在内，[3]相当于将小半个政府带到了南京。

仁宗要太子前往南京的理由有三条：第一，南京数月地震，人心惶恐，“根本之地，灾异如此，天戒可畏”；第二，太祖皇帝陵寝奉违已久，需要亲祭，唯有太子才可以代表自己前往；第三，当初自己监国南京，“今岂可他命”，所以不能用亲王前行。既然有这么充足的理由，太子朱瞻基还是哭着说“不愿远离膝下”，不愿意出镇南京，但也不敢违命，只得率领大批人马前往。[4]

只是调太子去南京这件事在大臣中引起了争议，为什么呢？因为按照明朝的制度，皇太子一般情况下不能远离皇帝居守他方，而是要在皇帝的左右辅佐皇帝治理国家。当年朱元璋曾派太子朱标临时出巡西安，而从未调他外出居守；后来朱棣下令太子监国南京，但南京当时是首都，而朱棣北征回京后也未曾调太子外出；迁都北京后，更令太子前来，南京作为陪都，另外派人居守。

如今仁宗竟调太子去南京，显然有违祖制。虽然大家都知道，派太子去南京，是为将来回迁首都打前站，但是朱棣迁都的大规模折腾刚刚结束没几年，大家都想坐下来喘口气，而仁宗回迁首都的决定肯定还要再来一番折腾，因此大家对这个决定可能并不积极执

---

1 参见《明仁宗实录》卷八上，洪熙元年三月辛未朔。

2 参见《明仁宗实录》卷九下，洪熙元年四月庚戌。

3 参见《明宣宗实录》卷九，洪熙元年九月己未。

4 参见《明宣宗实录》卷一。

行，有人还以违反祖制为理由委婉地提出反对意见。[1] 只是太子朱瞻基作为晚辈当然要服从父命，因此他只好含泪前往南京。[2]

总之，仁宗即位后实施了减免百姓负担、停止南北战事、平反先朝罪臣、准备回迁首都以及恢复经济、平恕司法等一系列新政，同永乐时期朱棣主持的消耗巨大的活动相比，仁宗新政具有明显的转折意义。那么，仁宗一系列新政的背后反映出什么问题呢？他为什么又要全面停止下西洋呢？

1　参见《明史》卷一六三，《李时勉传》。

2　参见《明通鉴》卷十八，洪熙元年四月壬子。

郑和宝船模型

十八 停下西洋

面对永乐时期的种种弊端，仁宗即位初期采取了一系列的措施，包括大规模减免百姓赋役负担，尤其是降低了部分赋役的标准；调整了永乐朝的司法政策，强调司法公正、刑罚谨慎；平反先朝受到迫害的罪臣，优待他们的后人；为了避免物资消费的舍近求远，准备回迁首都等。仁宗的新政除了上述内容外，还有一个相当突出的举措，就是全面停止下西洋。

（一）仁宗新政的重要内容：停止下西洋

仁宗的即位诏书中明确规定：停泊在福建、太仓等地的船只一律回到南京，带去的货物仍交内府收存；修造宝船的活动一律停止，买办下西洋货物如麝香、生铜及铸造铜钱等，已买者即于所在官库收存，未买者一律停止；前往云南、缅甸等地购买宝石等活动也一律取消，朝廷派去的人员限期回京。当初朱棣只是暂停下西洋，未撤人，[1]而仁

---

1 参见《奉天殿灾宽恤诏》，永乐十九年四月十三日，《皇明诏令》卷六，《四库全书存目丛书》史部第58册，第124—125页。

福建长乐显应宫出土郑和像

宗这次是彻底停止，有关下西洋的人员全部撤走。相关的内容还包括：各地买办各种丝织品，苏州、杭州等地"织造缎匹、抄造纸扎、烧造瓷器"等，前往安南等地采买珍珠、香料一律停止，将准备贸易的瓷器、缎匹等收入官库。

同时规定派去的官员一律限期回京，并且特别强调，今后各地"非奉朝廷明文，敢有一毫擅自科敛军民者罪之"。[1]可见永乐时期国家征收、制造、采办奢侈品的活动是相当多的，种类包括纺织品、瓷器、海味、果品、香料、珠宝、贵金属及工艺品等。这些东西大部分都是为下西洋准备的，基本上是半为交易半为赏赐；换回来各种外国的奢侈品、回赠品，包括一些珠宝、珍禽异兽，如长颈鹿（当时称为麒麟）、狮子、鸵鸟等。因此，郑和下西洋并非一个孤立的活动，而是和明朝在周边国家和内地大规模搜取奢侈品的活动连在一起的，一个重要目的就是增加皇室的财富，并非为了寻找建文帝。

1 参见《登极改元大赦诏》，永乐二十二年八月十五日，《四库全书存目丛书》史部第58册，第133页。

（二）停止的原因之一：总体上得不偿失

1. 百姓和政府都为下西洋付出相当大的代价

每次远航西洋的结果，究竟是赚得多还是赔得多，由于没有确切的统计数字，加上许多交换物品都是实物，因此无法准确地估计赚赔的数量。学术界对此争议比较大，有人认为还是赚得多，否则若每次都赔得一塌糊涂，朱棣绝不会连续六次下西洋，谁都不是傻子。但也有人认为还是赔得多，因为明朝遵循“厚往薄来”的原则，每次都带去国外许多好东西，目的是向外国人炫耀明帝国的富强，据说郑和每次从明朝内库提取的丝绸动不动就有几十万匹，派给景德镇烧制的瓷器一次就有数十万件，其他的珍宝特产也数量惊人，这样做也有“以重利诱诸藩”的目的，就是拿大量财宝来引诱各个藩国，换取他们和明朝的友好交往。

外国人需要的东西如茶叶、丝绸、瓷器等，以及一些宫廷工艺品，中国几乎都是无偿或低价奉送；而中国需要的东西如香料等，明廷则是高价收购，同时还给当地首领和贵族大把地撒钱，要求他们对明朝“知正朔”“奉天道”，就是承认明朝“老大”的地位，实际上等于用这种方式，买来了明朝需要的尊重和面子。当然，也有的国家和地区等郑和船队一走，转脸就宣称这不是他们盛情接待郑和船队，而是大明帝国的皇帝专门派使臣前来朝拜他们。

同时，郑和在海外也不惜花费巨资采购大批的宫廷奢侈品，据说郑和下西洋“赍银七百余万，费十载，尚剩百余万”，[1]十年之间花掉了600多万两白银，还剩100多万两，这笔钱在当时是个天文数字。跟随郑和下西洋的费信（1388—？）在《瀛涯胜览》中有诗写

1　王士性《广志绎》卷一，第5页，中华书局1981年版。

道："归到京华觐紫宸，龙墀献纳皆奇珍。"讲的是郑和从海外回到南京朝见皇帝时，献上大量的奇珍异宝，几乎摆满了龙椅前台阶的空地。这些东西除了海外的国王、首领进贡之外，恐怕更多的是郑和花了大把的钱从海外采购来的，就像《明史》的《郑和传》里讲的那样，"虽所取无名宝物不可胜计，而中国耗费亦不赀"，虽然在海外采购了数不清的奇珍异宝，但是明帝国到底花了多少钱同样数不清。

当时外国的贵族和商人往往搭乘郑和的船队，成批组团来到中国做买卖，照例得到明政府的优惠政策，于是每次都能赚够钱财，满载而归。这样一来，下西洋之举一次赔的可能不多，但时间长了只能是越赔越多。因为每次下西洋之前，明政府都要筹集大量的奢侈品和民间特产，其中奢侈品都是明政府强行指令各地手工业机构制造出来的，丝绸是南方省份纺织出来的，瓷器则是景德镇等地烧制出来的。而民间特产只有少部分是由政府出钱，向周边国家和少数民族地区购买的，当时没有发票，购买时宦官会从中贪污大量的钱财；另一部分则是从民间采办的，相当于搜刮、白拿，即使给钱也都是低价收购。因此每一次下西洋之前，明朝的百姓都要为筹集这些东西，付出相当大的代价。

2. 每次下西洋不管赔赚，吃亏倒霉的总是百姓

如果下西洋之后是赚了，又会怎样呢？赚回来的好东西也都归宫廷享用，带有较强的皇家私藏的性质。从来没有也不可能回馈给社会和百姓。宣宗之弟梁庄王朱瞻垍是永乐二十二年（1424年）受封的，宣德四年就藩湖北安陆，2001年湖北梁庄王墓出土的器物之中，有镌刻"西洋等处买到"铭文的金锭和大量镶嵌宝石的工艺品，其中的红、蓝宝石并非中国的产品，而是郑和下西洋带回来的，因为元代虽有类似的工艺品，但没有后来的红、蓝宝石，[1]由此可见，下西洋获取的各

1　湖北省文物考古研究所、钟祥市博物馆《梁庄王墓》（上、下），文物出版社2007年版；这里参考了香港中文大学文物馆许晓东研究员的看法。

类物产除了收藏于宫廷之外，至少有一部分是赏赐给了受封的藩王。

再加上当时是实物财政体制，也就是收入和支出的主要手段不是货币而是实物，营建北京、南北开战、兴建陵墓和开通运河，消耗的主要是实物和劳役，而下西洋即使是赚回来大量的海外珍宝，也根本无法投入市场换成货币，来购买相关的建筑材料和军需品，或是为劳作的百姓和出征的军人支付足够的工资，来弥补营建和战争等活动造成的实物和劳役消耗。永乐时期六下西洋，南征北讨、迁都建陵造成的困境不仅没有得到缓解，中后期反而更为加剧，原因就在这里。

在这种情况下，实物和劳役的消耗是空前的。主管财政的户部尚书夏原吉指出“民力竭矣”，指的就是百姓的劳役和实物的负担达到了顶点，国力已处于超负荷状态。因此，每次下西洋不管赔赚，占便宜的总是宫廷，而吃亏倒霉的总是百姓。并且下西洋的次数越多，百姓和社会就会越穷。

永乐九年（1411年），朱棣将下西洋剩余的一百多万两白银交给工部，用于南京大报恩寺的营建工程，并且受到下西洋剩余白银资助的工程只有南京大报恩寺，还是出于皇帝朱棣的特批，其他营建和军事工程的消耗再大也没有得到资助。在这种情况下，下西洋的次数越多，百姓和社会付出的代价就越大，营建和战争包括维持远航本身造成的空前消耗就越是无法弥补，形成一种恶性循环，因此下西洋根本无法持续下去。

更简单地说，一方面是花费大量钱财买来、换来的东西用不上、卖不掉，另一方面则是不断消耗、急需补充的东西买不到、没钱买，相当于在远航、营建和战争等领域，这一时期的国家财政几乎是只有大量的投入和支出，没有相应的收入和产出，尤其是远航获取的物产作为宫廷私藏所“得”，根本无法弥补整个国家财政之“失”，并且永乐后期这种收支失衡的局势还在加剧，因此，包括远航在内的消耗活动被迫暂停或停止，也就毫不奇怪了。

有人认为永乐时期的几大活动并未造成国力超负荷状态，但那只是永乐初期，中后期尤其是朱棣晚年国家的财政状况已经远非初期可比，所以夏原吉才说“民力竭矣”。当时一方面是郑和等人不断下西洋，不惜高额重赏当地的首领，同时又高价收购各种外国的珠宝，另一方面则是迁都建陵、南征北讨等活动接连不断，造成实物和劳役的空前消耗，短期内无法得到缓解和补充。[1]全国尤其是北方军民，忍受着消耗空前的活动带来的穷困，可以说是不断地勒紧裤腰带，间接地支撑了下西洋的壮举。因此这种状态不可能长期持续下去，虽然永乐二十二年年初，朱棣还想派郑和继续远航西洋，但终因后来朱棣的去世和其他几项工程的消耗太大，下西洋之举不得不停止。[2]

（三）停止的原因之二：维持远航消耗太大

1. 船队的代价相当大

上述情况仅仅是筹备下西洋的货物带来的影响，还没有涉及远航船队人员、物资的损失，更没有涉及维持这支庞大船队的代价。各位知道，仅仅是整个船队两三万人、上百艘甚至几百艘远航大小船只，要做到补给充足、维修到位，就是一笔相当大的开销。郑和下西洋的船员绝大部分都是军人，因此，这支船队的补给实际上还要包括大量的火器装备。而维修船队至少需要相关工种的一大批工匠，同时还要有大量的特殊木材和各种材料，如生漆、桐油等防水材料，需要事先备好或从全国各地运送到沿海的船只维修

1　参见《明史记事本末》卷二十一，《亲征漠北》。
2　参见《明史》卷三四〇，《宦官传》一。

地点。

其中的特殊木材是从云南、贵州和湖广的大森林中采伐的，采伐和运输的过程相当艰辛。因此，不仅每次下西洋之前百姓和社会要为筹集物资付出代价，即使是船队回国之后，整个船队的维修、补给活动也同样需要再付出一笔代价。并且考古成果已证明南京龙江船厂的规模是相当大的，而明朝作为一个以农业为主体的国家，要想在进行南征北讨、迁都建陵而消耗空前的情况下，同时十几年中不断地维持两三万人、百余艘船只的充足补给，间隔的时间又很短，几乎是不可能的，其中的困境与艰辛恐怕今天已无法想象。

2. 综合国力消耗太大

所谓综合国力较强的盛世，只能是某一时期各种储备相对充足一些，因而国家对某些项目投入的人力、物力和财力较多，才使这些事成效显著，影响较大，而不可能是整个盛世任何时候任何事，都有极为充足的人、物、财力投入。尤其是盛世的晚期，国家已无力再有充足的投入了。清代的康乾盛世是这样，明代的永乐至洪熙时期也是这样，如果当时只有下西洋一项活动，走前筹集点物资，回来以后维修、补给一番，以大明帝国洪武末至永乐初期的综合国力，还算是可以应付的，至少折腾得起。

但问题是除了下西洋之外，同时还有好几项规模空前的活动在开展：几次打安南，几十万军队打仗不说，还有大量驻军，所耗粮饷物资数量巨大，并且都要由南方的几十万百姓民工运送，永乐时期一直没完；五次打蒙古，同样是几十万大军打仗，几十万民工多次长途跋涉、艰难运粮，还供应不足；营建北京，上百万人长年劳作，还要向全国征集各种建筑材料；修造长陵也一样，还有营建武当山、开通大运河……这些活动同时进行，明朝还应付得了吗？还折腾得起吗？恐怕再强盛的综合国力也折腾不起！俗话说，好虎不

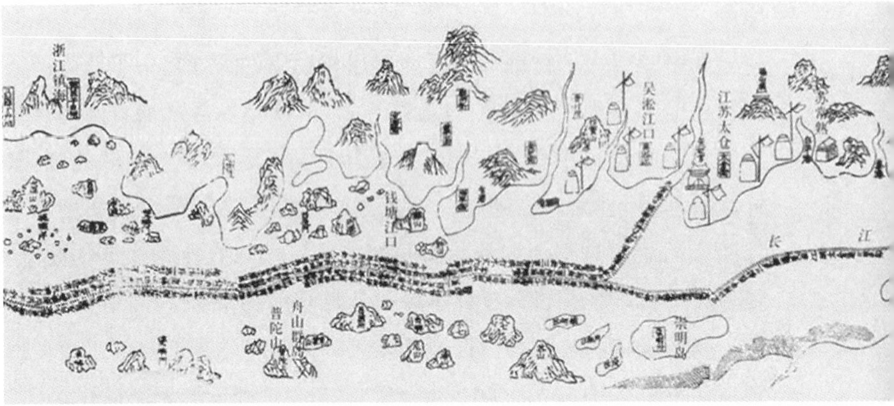

《郑和航海图》(局部)

敌一群狼，永乐朝这么折腾，家底几乎空了，到了仁宗即位的洪熙时期，还剩什么综合国力能让仁宗继续折腾呢？没有了。

外国学者主编的《剑桥中国明代史》中，估计永乐时期所有活动的消耗几乎是整个国家财政收入的三倍左右，但是明政府却以无偿征用劳力和物资的方式，弥补了这些活动造成的巨大亏空，[1]相当于百姓白白出力出东西，政府少给甚至不给钱，这个分析虽然不是十分确切，但却是很有道理的。在这种情况下，永乐时期的部分活动都曾被迫停止或暂时停止，原因是几大超级工程无论是实物还是劳役的消耗都相当巨大，无法得到及时补给。比如长陵工程，就曾因新首都北京的营建而处于半建半停状态；出兵安南的军事行动由于频繁北征而无法持续，只能维持少量驻军据守部分城池；北征行动同样因缺乏粮饷军资而难以持续……因此，暂时停止下西洋只是永乐后期暂停的几个浩大工程之一。

其实永乐时期的这些工程，在很大程度上都属于当时的政绩工

1 参见牟复礼、崔瑞德编《剑桥中国明代史》，第305页，中国社会科学出版社1992年版。以下引用不再注明版本。

程和形象工程，代价和弊端都非常明显，几项工程出现了相互影响、相互争夺资源的现象，在朱棣生前就已经维持不下去了，遭到了大臣们越来越强烈的反对。加上当年在选立太子和太子监国等一系列问题上，朱高炽与父皇朱棣产生了较多的矛盾恩怨，因此仁宗一上台立即顺应当时的局势，停止了这些规模空前、消耗巨大的活动，尤其是远航西洋之举，连同维修、补给等一系列活动一律取消。

（四）停止的特殊原因：香料当作工资发

1. 下西洋运回的香料，被当成工资发给百官

不过停止下西洋还有个特殊的原因，就是文武百官和军队的反对，原因很简单，明政府曾把下西洋换回来的胡椒和苏木，长期当工资发给在京的文武百官和部分军队。胡椒和苏木都是香料，产于东南亚一带，郑和第一次下西洋时这些东西还是作为稀有香料被贩运回中国的，据说当时的市场价格是外国的二十倍，当然这是官方定的价格。“物以稀为贵”，既然是高价的稀有香料，那么当年就可以作为一种赏赐品，赏给一些高级官员和贵族人等。

但是后来这些东西越来越多，多到什么程度呢？估计至少有上千万甚至几千万斤，因为仁宗在位时，多次从南京往北京调运胡椒和苏木，一次就高达几百万斤，可见这些东西的库存量相当惊人。当初是“物以稀为贵”，现在太多了，变成了“物以多为贱”，在市场上更是急速贬值，存在库里又没用，于是不知是谁出了个馊主意，让朝廷把胡椒和苏木当成工资，强行发给在京的文武官员。

可能有人会问，明政府为什么不多印、多发点钱呢？为什么非要拿香料当工资呢？原来当时明朝的货币是一种纸钞，即所谓宝钞，发行量也不小，但流通不畅，市场也不认。市场有自己的规律，它不会服从于专制权力，你皇帝下令让它流通它就流通，可没那回事，因此宝钞发行多了，只能造成通货膨胀和严重贬值。况且上千万斤胡椒和苏木堆在库里，当初花钱买的、现在又销不出去，实际上已经造成了一定程度的财政危机，怎么办？于是朝廷就采纳了某些人的馊主意，把香料当工资发给官员。

2. 50年里，官员工资一半是没用的香料

明朝政府把香料当工资大量发给在京的文武官员，等于把自己的部分财政危机转嫁给了这些人，当然会引起他们的强烈不满。各位可以想象，几十斤胡椒苏木发到手里，卖吧不值钱，也根本卖不出去，没人买；留在家里也没用，谁家做饭、熏香或是服药也不会需要那么多的香料。更要命的是，官员和军人为国家干了半辈子，挣回来的工资有一半是这些香料，不要说养家就连自己糊口吃饱饭都成问题了，难怪这些人要强烈不满了。

当然，明政府并不是任何时候都发这种香料工资，而是有时多发一些有时少发一些，工资的另一部分是米、钞或其他实物。但即使是这样，由于胡椒苏木的库存量大，多少年都发不完。最早拿香料当工资是永乐二十年（1422年），当时“户部奏定：永乐二十年至

二十二年，文武官俸钞具折支胡椒、苏木。”[1]此后一直到成化初年香料的库存完全耗尽，这种香料工资才算发完。永乐二十年是1422年，成化初年是1470年前后，中间几乎是半个世纪，就是说大明帝国前期有那么50年，在京官员的工资居然有大约一半是香料，这完全是事实，绝非天方夜谭。

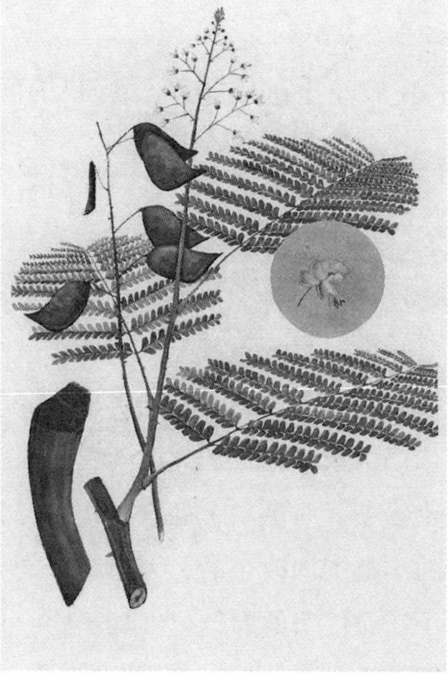
苏木香料图

实际上这时官员的工资中，即使是政府发行的纸钞和铜钱也并没有完全成为市场认可的流通货币，更不用说香料了，而政府原来用于购买香料等外国特产的白银，虽然并非政府发行的货币，但却由于市场的认可而出现了货币化的趋势。因此官员在收入中追求白银、放弃香料，也就成为明代中期的一种自然倾向。虽然胡椒、苏木都是政府强行发给官员的，但它的根源却是郑和下西洋，是政府多次花高价从外国买来的，因此文武官员都强烈反对再下西洋，反对政府拿不值钱的香料当工资，这是出于自身利益的现实考虑。

当然，郑和下西洋创造了人类海航史上的壮举，显示出永乐时期的赫赫国威，对中外文化交流、航海技术的发展，对中国国际地位的提高和巩固，都具有不可低估的作用和意义。这是事情的另一方面，前人早有详论，这里不必多谈。

---

1 参见《明宣宗实录》卷九，洪熙元年九月癸丑。

（五）停止远航等新政反映的问题

第一，以仁宗为首的统治集团明显地改变了永乐时期政策。许多规定是针对永乐后期社会弊端而发布的，基本倾向是休养生息，保持社会安定。与永乐时期的开创、消耗政策相比，仁宗的政策具有转折的意义。这一点既反映出了新上台的仁宗统治集团与朱棣统治政策的重大分歧，同时也反映出永乐时期开创与守成的矛盾，与仁宗当太子时父子间的矛盾交织在一起。一般情况下，新皇帝的即位诏书只对老皇帝的错误作出部分改正，还有一部分是在诏书以外的小范围内改正的，因为新、老皇帝毕竟是父子关系，总要留点面子，而仁宗的即位诏书却不同，几乎是毫不留情，全面改正了朱棣留下的弊端。

明代所有的即位诏书中，类似的情况还有世宗嘉靖帝的即位诏书，但世宗与前朝的武宗不是父子，只是远房兄弟，武宗朝的弊端也确实相当明显，因此世宗在即位诏书中没有给武宗留面子，也并

长乐太平港出土的郑和航海遗物

不奇怪。但朱棣与朱高炽毕竟是父子，后者的即位诏书中，改正先帝弊端的规模和力度都非常大，在整个明代也是较为少见的，这也反映出，仁宗新朝君臣在反对和扭转前朝弊端的问题上早已达成了高度的一致，并且对此已有较为充分的准备，其迫切的程度几乎是刻不容缓。

仁宗这些活动的目的是要改变和调整朱棣的开创性国策，转而实行务实、稳定的国策，缓解永乐后期国力超负荷状态，让社会重新回到和平、安定的轨道上，从而实现历史的转折。这些活动后来又为宣宗继承并完成，因此后人称这一时期为“仁宣之治”。在中国古代，某些时期称为“××之治”，往往指这一时期的活动改变了不甚稳定、较为动荡的社会局面，从而使整个社会结束动荡、恢复稳定，例如周代的“成康之治”和汉代的“文景之治”，明代的“仁宣之治”同样是使整个社会减少折腾，恢复稳定。换句话说，实在是因为永乐时期那些活动的规模和消耗太大，即使是仁宗还想继续也无法做到，因此只能取消。

第二，仁宗新政的许多作法明显地带有反对朱棣的色彩。有几件事，一是仁宗恢复了被朱棣废掉的三公三孤制度，他曾说这个制度是皇祖朱元璋留下来，父皇“圣明天纵”可以不设此官，可是我历事不多，没那个本事，还需要师、保、傅一类的官员来辅佐。这番话表面上是自谦，但言外之意很明显，你朱棣难道还能比太祖朱元璋更厉害吗？太祖立下的制度你也敢随便废掉？

二是仁宗多次号召大家敢于直言，多提意见和建议，并且跟大家说，“朕见前代人主，有一履帝位则自尊大，恶闻直言，左右之人虽素所亲信，亦畏威顺旨，缄默取容，或贤良之臣不肯默默，言之一再而不见听，亦退而绝口以图自全”。[1]意思是，我见过有的前代君

1　参见《典故纪闻》卷八，第143页，中华书局1981年版。以下引用不再注明版本。

主，一旦登上皇位就妄自尊大，不愿意听真话、听意见，左右亲信也都害怕他，只会顺情说好话，那些贤良之臣说了真话都没用，只好闭上嘴以求自保。仁宗见过的“一履帝位则自尊大”的前代君主可能包括朱棣，因为朱棣自从夺位上台后，在许多问题上根本不听大臣的意见。

三是仁宗禁止以诽谤的罪名判案，明确指责永乐时就是这么干的，把那些正常提意见的人打成诽谤罪犯。四是仁宗明确宣布方孝孺等人是忠臣，释放了大批建文忠臣的家属，公开承认了被朱棣追废的建文帝的合法地位等。这些事较为明显地反映出，仁宗的许多做法带有反对父皇朱棣的色彩，这一点并不奇怪，因为朱棣生前与仁宗朱高炽曾有较深的积怨。同时，仁宗与其父朱棣开拓、外向的武人性格和理念不同，他身上更多的是一种内向、守成的文人特点和理念，这种区别决定了两人政策取向的不同，因此可以说，即使没有国力超负荷状态和他与朱棣的矛盾恩怨，仁宗也不会积极主张和推动继续下西洋。

第三，仁宗的做法还受到朱元璋《祖训》的影响。仁宗自己曾对大臣讲过，“守成之主动法祖宗，斯鲜过举”，意思是守成之主就应该按照祖宗的先例办事，这样就能少犯错误。后来的继任者往往自作聪明，乱改先王的章法，结果导致衰败，不可收拾，现在应当引以为戒。他回忆自己十几岁时，整天跟在皇爷朱元璋身边，“亲见作《祖训》，屡经改易而后成书”，他说：我亲眼看见皇爷制定《祖训》，一遍一遍地反复修改后才写成全书；当时秦、晋、周王的世子也就是仁宗的叔伯兄弟们都在场，皇爷一有空就给我们一条一条地分析解读《祖训》，都是一些修身、治理天下的道理，这件事到今天，就是睡着了我都不会忘记。如果做每件事都能遵守皇爷的《祖训》，那就可以永远享福了。

随后仁宗下令刊印几套《祖训》，分别发给自己的几个兄弟和子

朱元璋坐像

侄们，让他们好好领会一下祖训的宝贵经验。[1]仁宗在这里没有一个字提到朱棣，只讲了从前有人不按祖训办事，自作聪明、乱改成法，结果导致衰败，而朱元璋的祖训又是如何费事写成的，如何如何有用，这不是变相指责朱棣不按朱元璋的祖训办事，结果导致国家走向衰败吗？可见仁宗现在明确表示要严格遵照《祖训》办事，言外之意，要把朱棣那套导致国家衰败的东西改过来。

第四，仁宗新政的内容更多地反映了士大夫群体的主张。仁宗新政的主要内容是大力减免百姓的负担，缓解当时的社会矛盾，并且还有许多对百姓生活有利的具体规定，由此可见，仁宗虽然是专制时代的帝王，是代表统治阶级来统治人民的，但并非完全代表统治阶级的利益，有时也往往代表被统治阶级的利益，或者说两者的利益具有相对的一致性。

开启新政的即位诏书虽然是以仁宗的名义发布的，但主要内容是夏原吉、杨荣等人提出的建议，因此诏书里停止下西洋等内容，既是缓解困境、使社会正常发展的需要，也是当时士大夫群体的共同主张，反映出这些人具有儒家关注国计民生的传统理念。再加上

1　参见《明仁宗实录》卷四上，永乐二十二年十一月庚辰。

仁宗辅政群体的大部分成员，也都在永乐时期不同程度地受到打击和迫害，他们的政治理念和经历都与仁宗非常接近，仁宗即位后放手重用这些人，因此士大夫主政的成分较为明显，他们在永乐后期就主张停止下西洋，这时更是在仁宗的支持下落实了这一政策。

户部尚书夏原吉等人早在永乐中后期就曾多次向朱棣提出，减少或取消北征、下西洋等活动，采取措施减轻百姓的沉重负担，缓解国家的超负荷状态，杨荣也有类似的看法；仁宗即位诏书的类似内容，虽然是出自杨士奇的手笔，但来源却是夏原吉等人的一贯主张。仁宗即位前，曾向出狱后的夏原吉咨询即位诏书的内容，因为他长期主管大明帝国的财政，对永乐时期的财政问题是最有发言权的。夏原吉建议“赈饥、省赋役、罢西洋取宝船及云南、交阯采办诸道金银课”，还包括停止下西洋，仁宗“悉从之”，完全采纳了他的建议。[1]

仁宗还向刚从北征途中回到北京的杨荣咨询，杨荣则“首条民间不便二十余事”，仁宗“皆嘉纳之，命入诏条颁布”，[2]他的建议也被仁宗欣然接受，后来大部分都写进了仁宗的即位诏书里，向全天下颁布。可见仁宗的即位诏书集中了几位当朝重臣的意愿，更多地反映了辅政群体的主张，这一群体在当时的国家事务中发挥了较多的主导作用。这些人的传统儒家理念加上现实的需要等因素，使仁宗即位后全面改变了朱棣开拓、折腾的政策，实行了稳定、收缩的政策。

仁宗停止远航等活动被后世称为守成政治，但守成并不等于完全保守，更不等于毫无进取、只走老路，守成的核心是务实和稳定，主要的表现就是顺应社会形势的需要，对前朝的政策和弊端作出适

1　参见《明史》卷一四九，《夏原吉传》。
2　参见杨荣《文敏集》附录，《文渊阁四库全书》第1240册。

明代官员画像

当的调整和改正，实际上是另一种进取。虽然对朱棣的某些开创之举如打安南、征蒙古等，仁宗的政策是收缩、减缓，似乎较为保守，但另外一些活动如大力减免百姓负担，全力恢复社会经济，释放建文忠臣家属，整顿司法等，恐怕就不是保守了，相反倒是一种进取，甚至是开创了一个新的局面。

就在仁宗发布诏书实施一系列新政的同时，朝中新旧两派大臣的矛盾爆发了。为什么会这样呢？仁宗是怎样应付两派矛盾的呢？

师、傅、保等明代一品官服上的仙鹤补子织绣

十九 新旧之争

仁宗即位后在辅政群体的辅佐下，实施了一系列具有转折意义的新政，还明确宣布停止下西洋，这件事的影响很大，是“仁宣之治”的重要内容。综合国力消耗巨大、仁宗与父皇朱棣的矛盾以及祖父朱元璋早年的影响等，是仁宗实施新政、停止下西洋的重要原因。与此同时，朝廷内部新旧势力的矛盾开始爆发，那么仁宗是怎样处理的呢？

（一）新旧势力的首轮较量，仁宗支持老部下

1. 丧服安排问题上杨士奇和吕震的冲突

仁宗即位后立即释放了被朱棣关押的黄淮等人，又提拔了一批自己从前的监国辅臣，一朝天子一朝臣，这些人其实是仁宗需要依靠和重用的新兴势力。此外还有朱棣的一些旧臣如礼部尚书吕震、兵部尚书李庆等人，他们虽然不是太子的监国辅臣，与太子也没有什么特殊的关系，“燕兵起，（吕）震降于成祖，命侍世子（朱高炽）居守”，仅此而已。[1]但他们在永乐朝地位可不低，都是正二品的六部

---

1 参见《明史》卷一五一《吕震传》。

尚书，权势自然不小。他们看到杨士奇等过去级别和地位都不如自己的人，现在却很受重用，自然是心有不甘，因此双方在许多问题上便产生了分歧，实际上也包含着新旧两种势力的较量，那么，这种分歧是怎样产生，较量是怎样进行的呢？

第一轮较量是永乐二十二年（1424年）九月，仁宗为父皇朱棣守孝已超过二十七天了，礼部尚书吕震为了显示自己认真负责和位高权重，“请如太祖仿汉制，易吉服，上未答”。吕震奏请仁宗按照洪武时期仿照汉朝的制度，把丧服换成吉服，表示守孝期已满，不必再穿丧服了。类似今天的父母去世，要在胳膊上戴一个月的黑纱，守孝期满可以摘掉了。但是仁宗没回话。

尽管仁宗没有明确表态，但实际上等于表了态；可是吕震不甘心，上奏完了回到朝中，“遍语群臣，令释服”，跟文武大臣挨个说，二十七天到了，你们都该把丧服换成吉服了。言外之意，这类事可是归我礼部管，你们都得听我的。好像他不仅给大臣发令，并且还在给皇帝发令。吕震曾是朱棣宠幸的老臣，在朝中地位很高，同时这个人心狠手辣，当初得罪他的人他都要设法往死里整，再说皇帝也没表态，因此，大臣们也就准备按吕震说的做了。

可是有个人不买账，就是杨士奇。他仗着自己是同仁宗关系密切的监国旧臣，可能也有些看不惯吕震摆老资格、一手遮天的做派，更觉得吕震其实是想借太祖来压仁宗，抬高、显示自己，因此站出来说：“洪武中有遗诏，今未可援以为例。且仁孝皇后崩，太宗衰服后，仍服素衣冠绖带月数日。今可遽即吉乎？明旦，君臣宜素衣冠黑角带。”[1]意思是，太祖当年虽然有相关的遗诏，但今天不一定非当成先例来遵守，况且后来太宗的徐皇后去世时，太宗至少穿了一个

---

1 参见《明史记事本末》卷二十八，《仁宣致治》；《国朝献征录》卷十二，《中国史学丛书》影印本，台湾学生书局1965年版。以下引用不再注明版本。

多月的白衣白帽、麻布绖带丧服，这不也是先例吗？今天难道就可以忙着把丧服换成吉服吗？我看明天上朝，君臣的丧服起码应该是白衣白帽黑角带。

看来杨士奇不仅反对吕震结束悼念的主张，还要大家也穿太宗朱棣当年穿的那种高级丧服，并且延长悼念时间。大伙一听这话也有道理，况且也都知道杨士奇同仁宗的关系，可是他和吕震意见不一致，该听谁的呢？当时黄淮也同意杨士奇的看法，他也是仁宗监国时的老部下，但他有些害怕吕震的权势，不敢公开站出来支持杨士奇，于是杨士奇就显得较为孤立了。吕震一看别人都不敢说话，便厉声对杨士奇喝道，“朝廷每事被尔拗众”，意思是朝廷的事都被你煽动百官搅乱了！这时老臣蹇义劝解说，杨士奇讲得有道理，国家大事谁也不应偏执己见，我看还是把你们两位的主张折中一下，明天君臣就都穿白衣白帽黑角带吧。于是蹇义就同其他官员报告给了仁宗，仁宗批准了。

这里蹇义说的白衣白帽黑角带也是一种丧服打扮，但比杨士奇说的朱棣当年穿的白衣白帽麻布绖带要低一个悼念等级，“绖”是一种粗麻布带子，表示悼念等级较高。蹇义虽然不同意吕震说的脱了丧服换吉服，把凶礼改成吉礼，但蹇义的主张实际上是在吉礼和凶礼之间找折中，当然也是在杨、吕之间和稀泥，避免两人的进一步冲突，因此这个方案仁宗同意了。

2. 仁宗穿了高级丧服，用行动支持杨士奇

但是第二天早晨一上朝，仁宗头戴白帽，身穿白麻衣，腰扎粗麻布带，正是杨士奇说的朱棣当年穿的高级丧服；文臣的丧服都按蹇义提出的折中方案，白衣白帽黑角带，只有杨士奇等翰林学士以及武将张辅同仁宗的服饰一样。这时朝堂里已经按服饰分成两伙人，白衣白帽黑角带的人数很多，是一大片；而麻衣白帽麻绖带的人数

总共不过十几个，在朝堂里只是一小撮。但是各位要知道，这一小撮人可是皇帝和他的高级秘书班子，这些人的丧服打扮表明，他们悼念先帝的丧服级别很高，也表明杨士奇等人是与仁宗完全保持一致的。

可那些多数大臣呢？他们的丧服打扮可就比仁宗等人矮一个级别了，在那个年代里，这可就是对先帝的态度问题了，虽然不能说是对先帝不孝、对当今皇帝不忠，但忠孝的程度可是要打点折扣了。再说多数大臣的丧服打扮虽然是经仁宗同意的，仁宗当场也没说什么，但大家心里都明白，吕震在仁宗心里的地位可是不怎么高啊，而杨士奇不愧是长期跟随仁宗的老部下，尽管职务、级别不如吕震，但现在说话办事可比吕震强多了。

果然，退朝之后仁宗就对蹇义、杨士奇等人说，吕震昨天上奏要把丧服换成吉服，还说是已经和你们商量好了，我当时就怀疑他撒谎，但我什么都没说，只是想让你们换去吧。先帝的丧期还没完，我哪里忍心这么快就换吉服呢？后来听说杨士奇的意见，才知道吕震果然是在撒谎。在当时的情况下，我看还是杨士奇坚持的对。仁宗又对蹇义说，你所提的折中方案也未必妥当，但是群臣换不换都行，随便就是了。[1]仁宗还特意表扬了英国公张辅，说他虽然是个武将，但却比那些六部的文官更懂礼节，[2]因为武将只有张辅的服饰同仁宗一样。有了皇帝的撑腰，这轮监国辅臣和先帝旧臣之间冲突的结果是杨士奇得分，吕震丢分。

（二）丧服争议的背后：监国辅臣对先帝旧臣不买账

这件事发生在朱高炽即位后不到一个月，至少说明：第一，以

1　参见杨士奇《东里别集》卷二，《圣谕录》中，《文渊阁四库全书》第1239册。
2　参见《明史记事本末》卷二十八，《仁宣致治》。

杨士奇为代表的监国辅臣和以吕震为代表的朱棣旧臣之间，存在着较深的矛盾。这种矛盾由来已久，自从朱高炽作为太子监国时开始，两派人之间就陆续有摩擦。吕震等人作为朱棣的宠臣当初很得势，总是有皇帝撑腰来收拾别人，太子的部下尹昌隆就是例子；同时吕震是正二品的礼部尚书，地位要比五品的内阁学士杨士奇高多了，他可能觉得仁宗即位后同样应该有他从前的地位，因此吕震还想摆老资格，并且丧礼是他的职权范围，根本不容杨士奇挑战他的权威，跟他平起平坐。

第二，杨士奇作为监国辅臣，仗着有仁宗撑腰，也有点没把吕震放在眼里。你吕震过去在先帝那里受宠、得势，还借着先帝的权势挤兑太子的老部下，相反我们这些人一个接一个倒霉，跟着太子整天提心吊胆，可现在是先帝不在了，太子当了皇帝，你吕震还想摆老资格、耍威风，事事都要压我们一头，恐怕就没那么容易了吧。悼念先帝的细节安排，连皇帝都没有表态，你吕震却硬要大伙都听你的，你算老几？还想一手遮天？杨士奇可能是这样的心态。并且这样的事可能发生多次了，因为吕震怒斥杨士奇“朝廷每事被尔拗众”，也说明两派之间早有矛盾，这次算是爆发了。

第三，仁宗借这件事给了吕震一个下马威。为什么会这样呢？因为吕震的做法很可能让仁宗非常反感。吕震先是抬出太祖朱元璋定的旧制，说是悼念二十七天后就应该结束，脱了丧服换吉服，但他事先并未请示仁宗，倒是有点拿太祖朱元璋来压仁宗、抬高自己的意思，仁宗能高兴吗？

接下来吕震是用了两面派的手法来欺骗仁宗和群臣，这边对仁宗说，我是跟大臣商量好的，他们都同意，言下之意是皇帝你也不能违反众议；转过身来又跟群臣说，我向皇帝请示过，皇帝同意了，你们都得按我说的做。吕震的这套把戏，仁宗能不反感吗？这不成了你一手遮天了吗？你我到底谁是皇帝啊？所以仁宗才出人意料地换上了白衣白帽麻绖带，就是杨士奇讲的高级丧服，意思很明显，吕震不是当堂大骂杨士奇吗？我偏要穿上杨士奇讲的高级丧服给你看看！杨士奇是我患难与共二十多年的老部下，你吕震打狗也得看主人吧，你敢对他不尊重，那我就让你看看他背后是谁！仁宗很可能是这种心态。

第四，蹇义对这件事的处理方式值得推敲。蹇义既没有像杨士奇那样坚决反对吕震、坚持自己的主张，也没有像吕震那样玩弄两面派手法，一面拿群臣逼皇帝、一面拿皇帝压群臣，而是综合两人的主张让皇帝来决定。实际上蹇义是有些倾向于杨士奇的，但他做得比较含蓄。结果他的折中方案被仁宗批准，也为多数大臣所接受，从中可见蹇义的做法是一种成熟、稳妥的处理方式。

尽管后来仁宗对他的折中方式略有不满，但是这种方式却是避免和调节冲突的有效手段，也使蹇义在朝中得罪人较少，树敌不多，能够起到吕震和杨士奇都起不到的特殊作用。蹇义在洪武、建文时期就不断被提拔，永乐、洪熙和宣德三朝都很受重用，可能同他这种折中平和的处事之道很有关系。

第五，还有一个人的行动值得分析，谁呢？张辅。当时一小撮身穿高级丧服的群臣中，张辅是唯一的武将，当初吕震和杨士奇争论时他也在场，他和大家一样对此没作任何表示。问题是张辅事先并没有与仁宗、杨士奇等人通气，为什么第二天他穿的高级丧服居然也和仁宗一样呢？可能有几个原因，一是张辅同先帝朱棣的感情非常深，张辅几乎参加了“靖难”夺位、南征北讨的所有战役，是永乐时期的主要军事统帅，深受朱棣的赏识和器重，后来被封为英国公，这是武将生前的最高级别，因此张辅穿了高级丧服，应该是源自对朱棣的深厚感情。二是张辅内心可能会赞同杨士奇的提议，也知道他和仁宗的特殊关系，当然也了解甚至可能鄙视吕震的那套手法，但张辅在朝中的地位非常高，相当于朱棣时代的开国功臣，

张辅像

在文武大臣中几乎排行第一，任职部门又是文官以外的五军都督府，相当于今天的军委系统，因此张辅穿了杨士奇讲的高级丧服，至少是因为他根本不用在乎吕震的报复。三是张辅与朱棣还有姻亲关系，他的妹妹是朱棣的妃子之一，因此张辅又属于高级皇亲国戚。四是张辅本人虽然是武将，但是他对于朝中大事尤其是重要的礼节从不含糊，仁宗就评价他“达大体”，张辅可能觉得悼念先帝的级别应该就高不就低，因此他才穿上了杨士奇主张的高级丧服。

从上述情况来看，张辅这么干并不是偶然的，而是有其特殊的原因。实际上以张辅的特殊身份和地位，即使是只有他一个人穿了高级丧服，也会得到仁宗的理解和支持，而绝不会受到责怪。果然，第二天仁宗不仅为此表扬了张辅，并且还更加器重他，“寻命知经筵事，监修实录”，[1]相当于不久又任命他担任皇帝老师中的首席顾问，加上先帝实录的最高监修官，实际上是将一些高级荣誉头衔慷慨地赏给了张辅，等于进一步确立了张辅作为首席勋臣的地位。同时张辅的行动也表明，在这场监国辅臣和先帝旧臣之间的较量中，少数高级武将和皇亲国戚也开始倒向监国辅臣一边，其实是加强和巩固了仁宗的势力。

1　参见《明史》卷一五三，《张辅传》。

（三）新年朝贺仪式之争，双方首轮较量的尾声

不过事情还没有完，二个多月后快到洪熙元年（1425年）的正月初一了，这是仁宗即位后的第一个元旦，按照以往的惯例皇帝要在奉天殿接见群臣，同时可以举行包括奏乐活动在内的隆重朝贺仪式。于是主管这类事务的礼部尚书吕震向仁宗请示，“宜受贺作乐如朝仪，上不从”，意思是请仁宗举行隆重的奏乐仪式、接受群臣的朝贺，但仁宗不同意。“（吕）震固请之，大学士杨士奇、杨荣、黄淮、金幼孜皆言陛下言是”，吕震坚持自己的建议，这时其他大臣都说皇上说得对，实际上他们已经从前一件事看明白了，没人再跟着吕震同皇帝作对。

但吕震不甘心，他以礼部尚书的身份进一步讲了理由：“四方万国之人远朝新主，皆欲一观天颜，固圣孝诚至，亦宜勉徇下情。”意思是，远方各地那么多外国使节，在新年元旦时前来朝见新皇帝，都想趁这个机会一睹皇上的龙颜，就算皇上您心怀莫大的诚孝，不忍心在先帝丧事不久就举行这种仪式，但是皇上也应该勉强听从群众的意见。这话讲的理由很充分，其实吕震的意图有两个：一是委婉地反驳仁宗的意见，还拿出各国使节和群众的意见来向仁宗施压。二是说给其他大臣听的言外之意：你们都说皇上说得对，你们懂什么？事关外交礼节和大明帝国的形象，当然需要隆重的朝贺奏乐仪式，哪能不举行呢？！

仁宗可能听懂了吕震的话，于是他一边回头看了看杨士奇等人，一边有些冷淡地说“礼过矣”，这个礼节有点过于隆重了，算是回答吕震的建议。聪明的杨士奇立即配合仁宗的看法，说：“诚如圣谕，必欲俯徇舆情，亦不宜备礼。”意思是，的确就像皇上您说的那样，就算一定要听从群众的意见，也不需要非把仪式搞得那么隆重。看来仁宗是不想同意吕震的建议，但也没有充分的理由反驳他，于是

话说得比较委婉，同时也是寻求老部下的支持。而杨士奇等于替仁宗反驳了吕震，理由同样充分，因此仁宗立即表示同意；吕震可能觉得孤立，也就没有再说什么。

第二天仁宗把杨士奇等人找来说："为君以受直言为明，为臣以能直言为忠。如昨日朝会从（吕）震言，今悔何及。自今朕行有未当，但直言之，毋以不从为虑。"还赏了这些人一笔钱钞和特制的货币。仁宗这话表面上好像是鼓励杨士奇等人，对仁宗的失误多提意见，但实际上也是在鼓励他们及时出手帮助仁宗对付吕震这类人。这件事也反映出，仁宗虽然对吕震不满甚至有些讨厌，但即位初期为了巩固自己的权势，暂时没有将吕震这样的先朝旧臣赶回家，只好与自己的心腹大臣密切合作，设法削弱这些人的权势和影响。

过几天到了洪熙元年阴历的正月初一，仁宗仅仅是在奉天殿接见了群臣，礼部和鸿胪寺按照仁宗的指示，没有举行隆重的朝贺奏乐仪式。[1]平心而论，礼部尚书吕震建议新年元旦举行隆重的朝贺奏乐仪式，并不算过分，而仁宗由于对吕震有了成见，对他的建议已经很少采纳了。虽然在这件事上吕震是履行了他作为礼部尚书的职责，但也有与杨士奇等监国辅臣较量权势之意，因此，这件事其实也是双方第一轮较量的尾声。

（四）第二轮较量后，监国辅臣占据优势

1. 朝觐官养马事件，仁宗暂时没有公开处理

第二轮较量是此后不久的一月中旬，兵部尚书李庆上书：北京附近州县的百姓收养了大批的官马，负担很重，为了减轻这些人的养马负担，应该把这些马分给每年来京的朝觐官员来领养，管理部

1　参见《明史记事本末》卷二十八，《仁宣致治》。

门也应该按照民间养马的办法来考核，饲养的母马如果不生马驹就照样处罚领养者。仁宗让李庆和蹇义、夏原吉等群臣商议，结果蹇、夏两人回奏同意李庆的意见。但杨士奇不同意，李庆却根本不理，反而上奏说群臣都同意了。仁宗便下令按李庆的意见办，随后贴出告示：凡是来京朝觐的官员都去兵部领养一匹马，于是许多朝觐官员都领了马匹准备饲养。

杨士奇觉得这样不像话，就向仁宗上奏："朝廷求贤任官，今乃使养马而课，责与民同。且所散不及三千，而朝廷负此名于天下，岂贵贤贱畜之意乎？"意思是朝廷本来是求贤任官，现在却让他们养马，还规定同百姓一样的赋役负担，不到三千匹马给了官员，而朝廷竟然背上了这么糟糕的名声传扬天下，这哪是什么尊重贤才、鄙视畜生啊！言外之意，简直是抬高畜生、贬低官员。

仁宗看了杨士奇的上奏觉得有理，李庆的意见欠妥；但他又觉得奇怪，这个道理难道蹇义和夏原吉不懂吗？他们怎么没有上书反

（明）周全绘《射雉图》局部之"骑马人物"

对呢？于是他问蹇、夏两人：为什么你们两个也跟着李庆跑呢？两人回答："初（李）庆与臣等言，此出陛下意，必欲行之，非谓出于（李）庆也。"意思是，当初李庆跟我俩说，这是出自陛下您的意见，一定要这么办，他可并没有说是他自己的意见。仁宗一听就火了：李庆差点坏了我的事。于是他对杨士奇说，我很快就批准撤掉原来的命令。

可是第二天仍然没有动静，杨士奇又给仁宗上奏，"陛下许臣罢散马之令，岂遽中止？"意思是，你不是答应我们撤销原来的命令吗，怎么这么快就变卦了呢？如果这个官员养马的诏令不废除，天下有抱负的人谁还来当官呢？养马出了事，就得倾家荡产来赔偿，子孙都得跟着遭殃，"朝廷负此名于天下后世，诚非佳事"，意思是，朝廷背了个骂名留给天下后人，实在不是什么好事。仁宗回答说，我是偶尔因为一点事耽误了，今天就批下来。

不料到了第三天仁宗的批文还是没下来，杨士奇很纳闷，仁宗明明答应得好好的，为什么到第三天还没动静呢？于是他又上奏说，陛下两天没批这件事，兵部都已经督促外地的朝觐官领了不少马匹了，况且今天领到的马有许多是生驹，没经过训练，第一次带上笼头，根本不服管；"南方之人软怯不能控制，立视其奔逸，有号泣衢路者矣"，再加上领马的一些官员都是南方人，胆小没经验，拉不住马缰绳，眼瞅着这些马满街跑，有的官员只会站在路边哭鼻子，因为丢了马，他就是倾家荡产也赔不起啊！这样下去，我担心不但有人不想做官，就连读书的志向都没有了。因此，"此令之失非小"，这个诏令的后果可是很严重啊！

2. 仁宗为了保护杨士奇，找个理由处理此事

仁宗一看杨士奇有些沉不住气了，就单独把他找来对他说："内批岂真忘之？……李庆、吕震渠辈交口忿尔，朕念尔孤立，虑为众

所伤，故不欲因汝言而罢此令，今有名矣。”意思是，我答应的事怎么会真的忘了呢，我听说吕震和李庆这帮家伙都非常忌恨你，异口同声告你的状，我是考虑你在群臣中孤立，怕你被众人伤害，所以才没有因为你的上书而停止养马，现在有理由了。说完仁宗把陕西按察使陈智的奏书拿给杨士奇看，内容也是反对朝觐官员领养马匹。仁宗命杨士奇根据这份奏书的内容，起草一份停止朝觐官养马的诏令。

杨士奇听了非常感动，一边鞠躬一边说：还是陛下您了解我，我不会孤立了！仁宗又说："继今令有未便，惟密与朕言，此辈多不识大体，但皆先朝旧臣，未可遽退之。"[1]意思是，从今往后有什么不便的事，你只要私下和我讲就行，李庆、吕震这帮家伙不识大体，不值得和他们理论。可是这几个人毕竟跟随先帝多年，要不是看在先帝的分上，我早就让他们回家了。

于是杨士奇立即起草了一份诏书，大意是这件事的确有不妥之处，国家出工资来供养官员，本来是让他们管理百姓，现在却让他们养马，实在是有失体统，贻害无穷。况且朝廷已下达了宽恤诏书，减轻了民间养马的负担，哪能再让官员背上这个包袱呢？即使是各府州县的官员都来养马，总数不过才几千匹，对朝廷能有多大用处呢？现在已经领养马匹的官员，就按洪武中期公家配给官员的先例办，相当于今天配了公车，不再责罚母马不产驹，未领者就不再领养了。[2]

3. 在仁宗的支持下，新的辅政群体占据优势

从上述情况可以看出：第一，仁宗几乎是处处为杨士奇着想，而与李庆等人的关系却很一般，因为李庆在此之前几乎没有和仁宗

---

1 参见杨士奇《东里别集》卷二，《圣谕录》中，《文渊阁四库全书》第1239册。

2 参见《明仁宗实录》卷六下，洪熙元年正月乙丑。

直接共事。第二，仁宗具有较为高超的政治经验和清醒的头脑，他保护杨士奇的办法，显示出一个政治家的成熟、干练，也反映出他所处的位置以及处理问题的角度，都与杨士奇不同。第三，杨士奇虽然与仁宗的关系极好，但他在朝中的地位和势力很有限，至少并未超过六部尚书，以至于李庆等人敢于轻易否定他的建议。第四，李庆和吕震一样都是两面派手法：先跟大臣说皇帝同意我的意见，你们要照办；又跟皇帝说大臣都同意我的意见，皇帝就批准吧。但他没想到杨士奇对他不买账，仁宗也不支持他。

此后又经过了几轮较量之后，蹇义、杨士奇、夏原吉、杨荣等人组成的仁宗辅政群体，在政治上占据了明显的优势。而以吕震、李庆等人为代表的先帝旧臣，则逐渐失去了仁宗的信任和支持，虽然他们仍身在高位，但政治上已不占优势了。用仁宗的话说，我是看在他们为先帝服务多年的分上，才不忍心很快就把他们赶回家。不过吕震、李庆等人毕竟都是正二品的六部尚书，在当时没有宰相的情况下，这些人的级别和权势都超过了杨士奇这些正五品的大学士、监国辅臣，并且拥有相关的政治优势，因此要想进一步发挥监国辅臣的作用，仅仅靠仁宗的支持和信任是不够的，还必须设法让他们的级别和权势都超过那些先帝旧臣。双方几次较量的情况，可能使仁宗早就在考虑这件事了。

（五）恢复公孤之制，仁宗提高辅政群体的级别

1. 仁宗恢复公孤之制，荣誉头衔赏给辅政老臣

吕震和蹇义、夏原吉等人都是尚书，级别为正二品，相当于今天的部长甚至国务委员，而杨士奇等人只是内阁大学士，级别才是正五品。单靠内阁和六部的官职，无法在级别上占据优势。尤其是杨士奇、蹇义这些人，他们的官阶、地位与他们从事的工作极不相

称，不利于仁宗权威的维护和地位的巩固，尤其不利于进一步发挥他们的作用。

那么仁宗想了什么办法呢？他的办法是恢复三公三孤和太子三师三少之制。三公是太师、太傅、太保，三孤是少师、少傅、少保，太子三师三少是太子太师、太子太傅、太子太保和太子少师、太子少傅、太子少保，都是一种地位和级别相当高的荣誉头衔，但没有什么实际职务和权力，其中三公比三孤的地位略高一点，三公都是正一品，三孤是从一品，太子三师也是从一品，太子三少是正二品。[1]太祖朱元璋时期曾经设置过这种官衔，当时太师是开国第一文臣李善长。建文、永乐时期废除了这种官制，仁宗即位后又恢复了。即位半年后，仁宗逐步提升他的东宫辅臣及其他宠臣，使这些人的级别和地位大都超过了吕震等先帝旧臣。

仁宗不断地把三公三孤和尚书的虚衔，赏给他的老部下和辅政群体的那些人，使他们拥有很高的头衔，相当于今天的正部级待遇，于是杨士奇等人的官衔往往有三个：公孤官、尚书加上内阁大学士，俸禄也是跟官衔相对应，同时领取三份。被仁宗授予公孤最高级别的官员有四人：蹇义、杨士奇、夏原吉和黄淮，分别是少师、少傅和少保，都是从一品，他们虽然都在六部和内阁任职，但级别和地位都高于同一机构的其他人，因此成为一个特殊的政治群体。仁宗的目的很明显，就是要从制度上进一步发挥这个群体的作用。

仁宗的做法是在不提升大学士本职官阶，又严格遵循祖制的情况下，将阁臣的品秩提升到了前所未有的级别，从而提高了内阁辅臣的地位，重新调整了政治格局，有效地避免了大学士此前人微言轻的处境。更进一步说，仁宗从根本上改变了洪武以来大学士低下的政治地位，开了明代阁臣加公孤、尚书荣誉头衔的先例，确立了

---

1 参见《明史》卷七十二,《职官》一。

一种新的辅政体制。表面上看，仁宗的做法带有酬谢杨士奇等人长期辅佐他监国的用意，并以此来弥补自己统治经验的不足，但更重要的目的则是构建有效的高级智囊团，尽快加强和巩固自己来之不易的皇权。

2. 仁宗调整品级和座次，吕震被排在夏原吉之后

在这一过程中，开始吕震也被提了级，被授予太子少师，当时夏原吉是太子少傅，按照师在傅前的排列顺序，吕震的地位稍稍高于夏原吉，因此在上朝等活动中，吕震排在夏原吉的前面。可能是由于以前的矛盾，仁宗看吕震总有些不顺眼，而他对夏原吉是相当器重的，因此仁宗下令主管朝仪“排座次”的鸿胪寺，把吕震的位置排在夏原吉之后。但是这样一来就违反了师排在傅前的固定顺序，因此吕震和鸿胪寺的官员都感到别扭。不过仁宗自有办法，没过几天他就提升夏原吉为少保，级别属于公孤系列的从一品；而吕震太子少师的级别只是正二品，比夏原吉低一级，当然要排在夏原吉之后了。[1]

被授予公孤级别的四位官员中，蹇义、杨士奇和黄淮都是仁宗的监国辅臣，但夏原吉不是，他甚至都没有兼任过太子和太孙辅政机构詹事府的官员，可是仁宗为什么仍然授予他从一品的少保之衔呢？原因可能有三条：其一是夏原吉具有出众的才干和较高的威望，永乐时期长期担任主管财政的户部尚书，还曾经兼管其他部门的政务，对朱棣的各项事业作出了较为突出的贡献；其二是夏原吉同仁宗的长子朱瞻基关系极好，他曾奉朱棣之命长期培养朱瞻基的政务才干，这一点是其他大臣不具备的；其三是夏原吉在永乐后期，曾多次反对朱棣晚年的冒险北征之举，同仁宗的政治理念非常接近，

1　参见《明通鉴》卷十八，成祖永乐二十二年十一月丙戌；《明史》卷一四九，《夏原吉传》。

并且也曾力保朱高炽的太子地位，因此夏原吉虽然不是仁宗早年的监国辅臣，但是由于上述几个原因，仍然受到了仁宗的特别器重，得到了跟杨士奇等人同样的一品荣誉头衔。

从上述情况看，仁宗恢复公孤和太子三师制度的目的，就是要把这种高级头衔授予他所器重的辅政群体人员，使这些人的级别和地位都超过其他人包括六部尚书，从而为自己推行新政做好准备。这件事充分显示出仁宗的政治才干和过人的魄力，同时也反映出，仁宗较为明显地偏向他的监国旧臣，他恢复公孤和太子三师制度以及为杨士奇等人加衔，其实也是公私兼顾之举。[1]

3. 获赐银印章，辅政群体有了密奏权

与此同时，仁宗也授予了杨士奇等人较为充分的议政权，他命人赶制了几枚印章，赐给杨士奇、蹇义、夏原吉、杨荣等人，印章上的文字是“绳愆纠缪”，“愆”是过失，“缪”是错误，就是纠正错误的意思，仁宗告诉这些人，你们有什么不便公开说的话，可以加盖这枚银章密封呈送上来。[2]这里顺便说一下，明朝的奏疏制度中，一般情况下大臣给皇帝的上奏都是公开的，也就是上奏的内容要在朝堂之上公开宣布，从而使皇帝和大臣都知道，有时还要大家展开讨论。并且在给皇帝之前，还要经过通政使司汇总、备案。

只有极为机密、不便公开的内容，皇帝才要求大臣以保密的方式不经过通政使司而直接呈送上来，这样的奏疏只有皇帝一个人能看到，其他人几乎是无法看到的。例如当初朱棣曾派胡濙秘密调查太子，胡濙在途中给朱棣的奏疏就是以这种保密的形式呈送的。如今仁宗给几位亲信大臣每人一枚银章，等于给了他们一个秘奏权，

---

1 这里采用了秦博的部分看法。

2 参见《明通鉴》卷十八，成祖永乐二十二年九月戊戌。

即通过保密渠道直接给皇帝上奏的权力。

杨士奇等人获得了秘奏权，说明他们受到仁宗的特别信任，在朝中具有相当高的政治地位。不仅如此，仁宗还将自己专门用于起草诏书的“小素揭帖”大量发给了杨士奇等人，让他们将有关建议直接写在上面进呈给自己。[1]这种做法显然比秘奏更进一步，因为密奏权只是让大臣可以从保密渠道直接上奏疏，而发给他们皇帝专用的“小素揭贴”，等于让他们直接替皇帝起草诏书，也相当于仁宗把一部分皇帝专有的权力交给了几位大臣。

当时杨士奇、夏原吉等人都曾参与这项活动，说明仁宗此时已经比前几朝皇帝更加放手地使用几位元老重臣。相反先帝朱棣的旧臣中，吕震、李庆等人从未获得这样的权力和地位。仁宗的目的还是要加强辅政群体的权势和地位，超过前朝旧臣，进而巩固自己得来不易的皇位。只是这个皇位刚坐上还不太稳，那么仁宗是怎样巩固皇位的呢?

1 参见杨士奇《东里别集》卷二,《圣谕录》中,《文渊阁四库全书》第1239册。

明代紫禁城里的道观——钦安殿

二十 巩固权势

仁宗即位之后，坚决支持自己的监国辅臣，新旧势力经过几次较量，以仁宗老部下为主体的辅政群体占据了优势；仁宗又恢复了公孤之制，提高了辅政群体的级别和地位，同时还授予了杨士奇等人较为充分的议政权、密奏权，目的是要进一步发挥他们的作用。同时，他听从了杨士奇等人的建议，设法笼络部下，安抚人心，争取更多势力的支持，巩固自己得来不易的皇位。

（一）夏原吉等人被释放，仁宗扩充了辅政群体

仁宗即位之初，首要的活动就是任用自己非常信任，又有才干的大臣，帮他处理政务。当时朝中的政治势力大体上有两批人：一批是朱棣的旧臣，包括随从北征的杨荣、金幼孜和尚在监狱中的夏原吉等人；另一批是仁宗做太子时的监国辅臣，包括杨士奇、蹇义和尚在监狱中的黄淮、杨溥等人。

很显然，仁宗同监国辅臣的关系最好，感情最深，这批人不仅有很高的政治才干，长期辅佐太子监国，并且还多次遭到朱棣、朱高煦等人的诬陷、打击，曾为力保仁宗的太子地位吃过不少苦头，

仁宗同他们之间早就形成了一种共患难的关系，他们是仁宗的坚定支持者和可靠的同盟。因此，仁宗在接到朱棣去世消息的当天，立即对杨士奇表示，“自今朝廷事，仗蹇义与汝……汝须尽心。汝二人吾当重用不轻也”，[1]意思是，从今往后朝廷的事就靠蹇义和你了，你要尽心尽力，你们两个人我都会重用的。到这个时候看出来了，皇帝还是要重用跟随自己多年的辅臣，尤其是像杨士奇、蹇义这样的铁杆老部下。

好在杨士奇还算清醒，他立即提醒仁宗说：“殿下嗣位，朝廷大小事皆当尽公，以厌服天下之心，须溥恩于下，然必先扈从征行之臣。”[2]意思是殿下您即位以后，朝廷大小事情都要处理公道，这样才能服人心；您要有恩于大臣，请先从跟随先帝北征的那些人开始，这么做才显出你的公道。“臣两人侍陛下日久，虽圣恩不遗，不应先及臣等。”[3]意思是我和蹇义两个人每天都在您身边，有什么好事您肯定不会忘了我们俩，只是这个时候是非常时期，有恩有赏别先落到我俩身上，这是陛下收服人心的好机会。仁宗觉得有理，于是在接到朱棣去世消息的两三天后，他就亲自跑到监狱里放出了夏原吉。其实夏原吉并不是长期跟随太子监国的辅臣，与仁宗本人也没有更深的交往，那么仁宗为什么要首先释放他呢？

从当时的情况看：第一，夏原吉是朝中的重臣，人缘好、地位高、影响大；第二，在大臣之中，他同皇太孙朱瞻基的关系最好；第三，他在永乐后期，也曾为维护太子的地位作出过特殊的努力；第四，他还是反对朱棣开创政策最坚决，对关注民生的守成事业开启最早、贡献最大的人，同仁宗重视民生、追求稳定的治国理念非

1 许大龄、王有天点校《国朝典故》卷四十六，《三朝圣谕录》中。
2 杨士奇《东里别集》卷二，《圣谕录》中，《文渊阁四库全书》第1239册。
3 参见《明史记事本末》卷二十八，《仁宣致治》。

常接近，而这一点正是仁宗最需要的。再加上当时夏原吉虽然因为反对朱棣连续北征而被关押在监狱里，但朱棣临终前曾说过“夏原吉爱我”，因此仁宗首先放了他，既表示自己是按照先帝的遗命行事，又可以借此笼络那些监国辅臣以外的官员，应该说是一举两得。

此后不久，被朱棣关押了十年之久的太子辅臣黄准、杨溥等人，也都被仁宗陆续释放，并且品级和职务都得到了大幅度的提升，这样一来，仁宗扩充了辅政群体。加上老臣杨荣和金幼孜等人，朝中那些颇有才干和威望的高层人物，几乎都被仁宗吸收到了新的辅政群体中，从而巩固了自己的地位。

（二）即位初期，仁宗全面提高文武官员的待遇

1. 提升官职，笼络中下级军官

当初北征大军还在回师途中，仁宗就派人准备颁赏事宜，首先保证了军队的稳定和对他的支持。即位一个月后，仁宗想到需要犒劳锦衣卫的军官，于是他对兵部尚书李庆说，锦衣卫的许多军官早年跟着皇祖、皇父干事，多的有三十年，少的也有二十年了，“少壮入侍，白首不沾一命，人情谓何？可阅其历年久者，明旦引来”。意思是当年都是年轻小伙子，现在头发都白了，也没得到什么实惠，人家会怎么看呢？可以从中挑出来一些追随先帝年限长的，明天把他们找来。李庆按照仁宗的吩咐，挑选了一百二十多个锦衣卫的将军，当时的将军是锦衣卫里职务和级别都比较低的一种官衔称谓，仁宗把他们都提升为百户，同时还为他们每个人都选了个好去处，这些人当然会对仁宗千恩万谢了。[1]

当年跟随朱棣起兵的一大批中级将领中，虽然后来都有了职务

1　参见《明仁宗实录》卷二中，永乐二十二年九月丙戌。

和俸禄，但也有些年过六十的老军官，仍然留在京城内从事各种操练活动。仁宗觉得应该给这些人以特殊的照顾，于是他在洪熙元年（1425年）的正月下令，要求把这些老军官挑出来，补任京城以外的军职。他们原来只是都指挥佥事或更低一点的军衔，到了地方基本上都被提升为都指挥同知，相当于今天的省军区副司令员，待遇自然也提高了不少。实际上仁宗优待这些老军官，主要目的还是要加强对他们的笼络和控制。这是仁宗对老军官的笼络和安抚，那么对文臣呢？

2. 提高探亲等待遇，安抚朝中文臣

仁宗即位不久就发现，个别大臣因为种种原因不能参加朝廷的宴会，于是他对礼部尚书吕震说："遇节皇亲例赐钞，在廷文武股肱之臣，朝夕相与可否机务，而有故不宴者，即同疏远，小臣皆给节钞五百贯，殆非朕礼大臣之道，汝识之，继今遇节不宴者，凡任事之臣公侯伯都督尚书，赐钞一千贯，侍郎五百贯。"[1]意思是逢年过节时，皇帝应按惯例赏给大臣钱钞，这些人都是我依靠的重要对象，从早忙到晚，为国操劳，商议政务，如果有因故不参加宴会的人，就等于是朝廷疏远了他；一般官员逢年过节还有五百贯钱的过节费，那些没参加宴会的大臣居然一分钱不给，有点说不过去吧，也不是我这个皇帝尊敬大臣的办法啊。你记着，从今以后，凡是逢年过节未能参加宴会的现任官员，公、侯、伯、都督、尚书一级的官员，每人赏给一千贯；侍郎一级官员，每人五百贯。

后来仁宗又对吕震说，任职时间较长的朝臣，现在我都让他们回到家乡去探亲，这些人受到的各种奖励也是家乡的光荣，因此回家就可以炫耀一番了。可是这些人到家以后往往需要支出各种费用，

1 参见《明仁宗实录》卷四下，永乐二十二年十一月壬辰。

“到家有养祭宾客之费，往还有道里之费，计其在官俸禄给日用外，有余赀者鲜矣”，比如要给亲戚一点钱，请客要花钱，祭祀祖先也要花点钱，往来还要有差旅费，算起来那点工资除了日常花销之外，没几个人还能攒下钱。因此仁宗决定，今后凡是回家探亲的官员都赏给钱钞，公、侯、伯爵和一品二品官员赏钱钞五千贯，三品官以下递减，形成定制。[1]这是仁宗在过节和探亲等方面，对朝中文官的笼络和安抚。

3. 克服运输困难，文武官员口粮翻一番

仁宗上台几个月内，就对京城里的部分文武官员分别给予各种补助，但这还不算完，不久仁宗又给这些人普遍提高待遇。他对大臣说:“往年百官军士初扈从来，月给米五斗可赡；今都于此，此曹多有家属矣，五斗不足以赡……宜如洪武中例，月给一石。”意思是，当年跟着父皇来北京的文武百官大部分是光棍一条，每月口粮五斗差不多够吃了。可是过了二十几年后在这里建都，这些人大部分都是拖家带口，每月的口粮还是五斗，哪能够吃啊？有的军官把家安在军营里，老婆孩子都养不起，哪能没有怨言呢？应该像洪武时期的惯例，每家每月给口粮一石，也就是要再加五斗，那些文武官员可能才够养家糊口。

可是把这些人的口粮从五斗增加到一石，等于翻了一番，这可不是个小数目，当年朱元璋规定这些人每月口粮一石，可那是在南京，附近是明代富庶的产粮区，粮食可以就近运来；可现在是在北京，附近没有那么多产粮区，因此粮食的供应几乎全是从江南通过运河运来的，这样一来，势必增加南方百姓的负担。

不过仁宗已下决心要增加文武官员和军人的口粮，他对大臣们

1　参见《明仁宗实录》卷六下，洪熙元年正月壬辰。

讲了一番道理：现在的老百姓平时确实有生产粮食、交粮运粮、养活军队的负担，但是军队一旦有调动、有战事，老百姓是可以安心躲在田里、家里，不用像军人一样扛着枪、穿着铠甲到处折腾，相比之下，老百姓还不如军人辛苦，因此，虽然江南的百姓运粮不容易，但是京城官员尤其是军人的待遇更差，更应该设法提高。

大臣们听了仁宗的这番话，只好表示可以商量办法，仁宗又特意对户部尚书郭资说，我想把京城文武官员和军人的每月口粮全部增加五斗，你看京城仓库里的粮食够吗？郭资一听只好说，够用，够用。皇帝那个话是跟你商量吗？那是下命令让你办，你能说不够吗？不够你也得想办法，所以郭资只能说够用。于是在京的文武官员尤其是军人的口粮都增加了五斗，还有一些有家属和无家属的杂职军人，口粮待遇也都提高了。[1]

从上述情况可以看出，仁宗在即位初期努力安抚人心，提高文武官员的实际待遇，树立并巩固了自己的地位。从某种意义上讲，帮别人就是帮自己，仁宗后来的政务比较顺利，恐怕和他有效笼络住了身边的文武官员有关。仁宗这个人太子当了二十年，监国十几年，多年的历练和体验已经使他从一个不太成熟的贵族公子，逐渐成长为颇有才干的政治家了。

（三）大大增加兄弟的待遇，稳住两个亲王

1. 太子善待二弟朱高煦，但也有防备

等到局势稳定了，朝中就有人提起收拾朱高煦之事，各位可以想象，仁宗即位前受了二十多年的窝囊气，除了先帝朱棣之外，主要就是他这个兄弟造成的，如今仁宗已大权在握，还会容得了这个

---

1 参见《明仁宗实录》卷三下，永乐二十二年十月庚申。

兄弟吗？

有人建议仁宗乘朱高煦未反，先发兵擒住他，仁宗不听，只是发信召请二弟来京。朱高煦可能是做贼心虚，以为新即位的大哥企图收拾他，于是见到仁宗时“悉上瞻圻前后觇报中朝事，又曰‘廷议旦夕发兵取乐安’”，[1]居然上告他的儿子朱瞻圻多次刺探朝廷的情报，还说朝廷商议早晚要发兵乐安。各位听了可能会纳闷：这些事肯定是朱高煦指使其子所为，他为什么要推在儿子身上呢？原来在朱棣生前，朱高煦可能是为了一些小事而杀了朱瞻圻的母亲，朱瞻圻一怒之下将朱高煦的所作所为全部上告朝廷，但朱棣未加处理，在他看来可能这事不算什么。至此，朱高煦为了洗刷自己、报复瞻圻，便反咬一口。

仁宗特意召来了朱瞻圻，当着朱高煦的面对他说：“汝处父子兄弟间，谗构至此乎？”意思是你在家庭内部诬陷别人，居然到了这种地步吗？这话实际上是说给朱高煦听的，只是不等朱瞻圻辩解，朱高煦便抢过来对仁宗说：我是他父亲，这小子竟敢在老皇帝面前诬陷我，何况陛下。应该把他斩首！仁宗对朱高煦的这番表演可能不感兴趣，只是冷冷地说：小孩子不懂事，不值得杀头。让他到凤阳为太祖守陵吧！随后大大增加了朱高煦等藩王的禄米和赏赐，然后命朱高煦回乐安。[2]朱高煦讨了个没趣，又看到暂时没有起兵夺位的机会，也只好先回去，等待时机。

不久，仁宗还把被流放的二弟球友放回来，重新陪二弟踢球。这个人叫于全，当年曾私下里陪朱高煦踢球，可能是球技不错，受到朱高煦的赏识。但这件事惹起了父皇朱棣的不满，于是一怒之下竟把于全发配到了交阯。后来朱高煦向大哥仁宗请求放回于全，仁

1　参见《明史记事本末》卷二十七，《高煦之叛》。

2　参见《明史记事本末》卷二十七，《高煦之叛》。

宗不仅同意，还恢复了他辽东都指挥同知的官位。[1]

不过仁宗对朱高煦也不是一味赏赐、毫无防备，除了即位之初召他来朝之外，后来朱高煦在乐安曾多次请求进京朝见，但仁宗却一次都不批准，可见仁宗对他还是有防备的。此后不久，仁宗对山东都司及青州一带的卫所官员进行了调整，他把燕山右卫指挥同知冯凯等三人都提升为山东都司都指挥佥事，管辖山东都司和青州左卫。[2]青州左卫驻防在青州府城，紧挨着乐安州，因此这次军官调整很可能与加强对朱高煦的防范有关。

2. 重赏之下，两个兄弟暂时被稳住了

可能是为了稳住两位兄弟，同时也是为了显示新皇帝作为兄长的慷慨大方，仁宗给予汉、赵二王相当优厚的赏赐。按照明朝当时的规定，诸王的禄米每年为一万石，[3]而仁宗却将汉、赵二王的禄米一次性地增加到了三万石；赏给周王朱橚这样比仁宗高一辈的亲王，是黄金一百两、白金一千两、纻丝四十表里，而赏给两个亲兄弟，是黄金五百两、白金五千两、纻丝二百表里，等于是长辈周王的五倍。[4]仁宗这招还真管用，后来朱高煦也承认，大哥仁宗“徒以金帛饵我”，就会拿点钱财来堵我的嘴，可见仁宗确实把两位兄弟喂饱了。

仁宗增加藩王的禄米和赏赐，相当于提高他们的“年薪”，既是皇帝登基后的惯例，也是一种笼络藩王的做法。不仅如此，仁宗还把朱棣生前的部分遗物分别赏给两个兄弟，其中包括毡帽、犀带、穿花龙条环、象牙花把铁刀、纻丝罗纱衣等。仁宗在给两个兄弟的

---

1 参见《国榷》卷十九，仁宗洪熙元年四月庚午。
2 参见《明仁宗实录》，卷二上，永乐二十二年九月己卯。
3 参见《明史》卷八十二，《食货志》六。
4 参见《明仁宗实录》卷二中，永乐二十二年九月乙酉。

明代白银

信中说："大行皇帝所遗冠服诸物，气泽存焉，启阅甚痛……送贤弟朝夕瞻奉，以慰哀慕。"[1]这件事表面上是为满足两位兄弟怀念先帝的感情需要，睹物思人，追思父皇。其实仁宗可能还有一层用意，那就是提醒或暗示两位兄弟，先帝已经不在了，现在我是皇帝，两位需要认清形势面对现实，别再做以前的梦了，还是老老实实当亲王吧。两个兄弟对此可能也是有所领悟，整个洪熙朝朱高煦和朱高燧二人的表现都很稳定，不仅暂时没有进一步的夺位之举，反而积极地拥护、配合朝中的活动，说明仁宗为他们加禄米、赏遗物这几招还是有效的。

仁宗对待赵王的态度要比对汉王稍微好一些，即位不久仁宗便下令河南彰德府修建赵王府，准备让赵王朱高燧去那里。永乐二十二年（1424年）年底，由朱高燧护送大行皇帝梓宫至长陵，随行的护卫三千人随即留在长陵帮助施工，不过仁宗并没有借机扣留这些人，而是此后不久便还给了朱高燧。[2]以朱高燧的精明和历练，

1　参见《国榷》卷十八，成祖永乐二十二年八月甲子。

2　参见《明仁宗实录》，卷五下，永乐二十二年十二月癸亥。

皇兄的用意他还看不出来吗？皇兄最近给了他相当丰厚的重赏，他的三支护卫在未遂政变后还留在北京，自己又是颇有“前科”的亲王，就算别人不说什么，如果自己不主动“削肿减肥”，恐早晚都会被朝廷收拾。因此他可能会觉得光是上疏谢恩毕竟是空的，总该来点实在的好让皇兄放心。

大概是出于这种考虑，朱高燧不久就派人向仁宗说，我现在的三支护卫没有什么用，白白浪费国家的粮饷，因此我请求辞掉两支，只留一支作为仪仗队及日常生活之用。仁宗当然会客气一番，开始不同意，后来三弟一再坚持，仁宗只好顺势同意，但在保留一支护卫之外，又给三弟添加了一个群牧千户所，[1]增加了一千多人的编制。可见仁宗这个人非常会办事，还是给三弟补充了一点实力。

几个月后赵王之国彰德，就是从京师搬到受封的藩国，仁宗又给了三弟一大笔财物，包括黄金一百两、白金五百两，“彩币九十表里，钞二万锭，良马十四匹”，[2]这笔赏赐恐怕既是搬迁费，又是对他献出两支护卫的褒奖。后来仁宗又派人赏赐袍服并写信给汉赵二王，信中大谈“兄弟至亲”“惟贤弟心不异此”，[3]表示皇帝和兄弟同心同德，从而使朱高燧更加感恩戴德。

（四）仁宗即位后的报恩报仇

1. 新账老账可一齐算，仁宗报了当年的私仇

朱高炽即位不久巩固了权势之后，当年跟着他倒霉、遭罪的那些人，他基本上都给予相当优厚的报答，有的升官有的赏钱，死去

1 参见《明仁宗实录》卷四上，永乐二十二年十一月乙亥。
2 参见《明仁宗实录》卷八下，洪熙元年三月己丑。
3 参见《明仁宗实录》卷八下，洪熙元年三月辛卯。

的官员也都设法厚待其家属。可是对那些曾经得罪过他的人，仁宗还算大度，并没有立即秋后算账。但这些人中有的不太知趣，仁宗就不那么客气了，往往新账老账一起算。

当时光禄寺卿也就是皇家伙食机构的负责人井泉，可能是想显示自己的才干和忠心，他向仁宗建议：应该按照往年的惯例，派人到南京去采购玉面狸。玉面狸是一种较为珍贵的动物，据说可以制成醒酒的汤。不料激怒了仁宗，他批评井泉是小人不达政体，刚刚下了诏书，不急之务全部停止，好让百姓喘口气，"尔乃欲以饮食细故失大信耶？"意思是，你却想要拿这点餐饮小事让我失信于民吗？喝令井泉滚下去。这时有人乘机上奏："赦后盗内府法物，当斩。"井泉曾在大赦令发布之后偷了内府的宗教物品，应该杀头，这件事勾起了仁宗的旧恨。

原来当初仁宗做太子时，从南京来到新迁都的北京，带了典膳局的二十名厨子为自己做饭，结果忽然有一天，老皇帝朱棣从宫中批出个条子，把太子的厨子都给裁光了，还要司法部门追查此事。从此以后典膳局就撤掉了专给太子做饭的项目，除每天两顿饭之外，光禄寺一碗茶都不给太子，还说是奉了老皇帝朱棣的命令。太子没办法，也不敢问。后来他当了皇帝有机会翻阅以前的奏疏，这才发现原来是井泉等人向朱棣告发了自己带厨子的事，惹得朱棣要把这二十人抓起来。并且朱棣根本没有下令一碗茶也不给太子，完全是井泉等人编造的谎言。仁宗看到这些尽管很气愤，但也没有立即追究。

现在御史上奏井泉等人偷了内府的法物，仁宗觉得是时候了，新账老账可以一齐算了，于是仁宗把井泉找来，拿出当年他给朱棣的奏疏：这是你写的吧，主谋胁从都有谁？井泉只好承认自己死罪。仁宗说："尔小人欺天罔上，造伪旨间吾父子，又构祸无辜，……何事不可为？"意思是像你这种小人居然敢于假传圣旨欺骗先帝，离间我们父子，还想把无辜的厨子送进监狱，你们还有什么事干不出来呢？不过仁宗还算讲理，因为假传圣旨这件事是在大赦令之前，于是他按大赦令的期限未加处理；但偷盗内府法物却是在大赦令之后，不在赦免之列，因此仁宗按当时的法律给他判了死刑，不过还念井泉多年为父皇朱棣做事，饶了他一命，罢官为民，也算是报了当年的私仇。[1]

2. 仁宗报复过分，可能和长期受压抑有关

与此同时，仁宗把当年对自己有恩的郝郁等人提升为光禄寺的官员，同样报答了这些人的恩德。[2]其实当初光禄寺的官员汇报太子的厨子一事，完全是他们的职责，并非有意跟太子过不去，况且还有老皇帝朱棣的因素；至于说仁宗即位后御史上告这几个人偷盗内府东西，是真有其事还是为了迎合仁宗报复的意图，就不得而知了，但仁宗却借此惩罚了当年慢待他的人。

这件事还算说得过去，不过仁宗的另一件报复行动就有些过分了。当初赵王朱高燧的护卫中有个军官孟贤，曾在永乐末年参与发动了一场宫廷政变，事后被杀，孟贤有个弟弟叫孟瑛，是个高级将领，已被封为保定侯。太宗朱棣并没有因孟贤被杀而株连到孟瑛，因为当时孟瑛正准备参加北征，可能不知道其兄的政变活动。但是仁宗即位后没几个月，就突然下令削掉了孟瑛的保定侯爵位，还把他发配到了边远的云南，就因为孟瑛的哥哥孟贤曾经参与宫廷政变。[3]虽说这件事可能是在变相警告赵王，但从中也可见仁宗是个报复心很强的人。永乐一朝长期的压抑、紧张，可能会使他变得很敏感，

---

1 参见《明仁宗实录》卷二中，永乐二十二年九月乙酉。
2 参见《明仁宗实录》卷五下，永乐二十二年十二月戊辰。
3 参见《国榷》卷十八，成祖永乐二十二年十一月辛卯。

对那些曾经伤害过自己的人记得很清楚，现在终于可以痛痛快快地抒发自己的爱恨情仇了。

（五）李时勉的刺激导致仁宗动怒猝死

1. 仁宗突然病死，与即位前后的遭遇有关

洪熙元年五月仁宗朱高炽突然病死于钦安殿，在位只有大约九个月。钦安殿位于今天故宫博物院的北部，是当时宫中著名的道教宫殿。关于仁宗的死传说颇多，正史大都记载他是病死的，但未记死于何病；其他一些史书则记载，仁宗是被争风吃醋的嫔妃下错了毒酒而毒死的，[1]还有传说仁宗是被可怕的雷电劈死的。[2]但无论如何，仁宗之死都与他纵欲过度有关。

从当时的情况看，永乐一朝22年朱高炽从26岁至47岁，在他宝贵的青年到中年时期，几乎一直处于朱棣的打击与压抑之下，心中充满了痛苦与忧愤，身心都受到了严重的摧残。朱高炽本来就患有肥胖病，血压肯定高，长期的磨难很可能加重了他的病情；而强烈的逆反心理，必定会使他急切地要求挣脱这种处境。

朱棣去世，太子朱高炽所要挣脱的处境自然消失了，他立即成为握有至高无上权力的皇帝，自然要利用权力充分尽情地追求享乐、发泄情欲。据当时出使朝鲜的明朝外交人员透露，仁宗即位后不断派宦官到朝鲜，大量索取猎鹰，在宫中纵酒欢宴、观看表演，整天整夜地“沉于酒色，听政无时，百官莫知早暮”，[3]百官当然也就不知道皇帝什么时候才有空来办公。

---

1 参见吕毖《明朝小史》卷五，《疑饮条》。

2 参见吴晗辑《朝鲜李朝实录中的中国史料》上编卷四，第330页。

3 参见吴晗辑《朝鲜李朝实录中的中国史料》上编卷四，第343页。

由此可见，仁宗即位后似乎以一种空前的放纵来弥补从前的压抑生活，为了追求享乐饮食起居几乎毫无规律，身体的病态必然会加重。即位前的极度压抑和即位后的过度放纵，很可能使仁宗素有痼疾的身体受到了进一步的损害，以致即位才九个月即发病身亡。明代其他帝王也有类似的经历，其中明光宗朱常洛即位仅一个月就病死了，下场比仁宗更惨。即位前后的过度反差，是专制体制对皇位继承者的无情摧残，这是一种时代的悲剧。而导致仁宗猝死的直接原因和他受刺激动怒有关，那么他是怎样动怒的呢？

2. 李时勉上奏揭短，导致仁宗动怒猝死

原来仁宗在为皇父朱棣守孝期间仍然要到嫔妃那里去寻欢作乐。尽管传统的禁例有规定，皇帝在一年的守孝期内要禁绝同房之事，但是许多皇帝并不严格遵守，旁人也不可能严加监督，因此这类事在专制时代根本算不了什么。可是偏偏这类事被一个叫李时勉的官员知道了，这个人性格古板、耿直，当时太子朱瞻基已被调至南京，李时勉便借此事上奏，提了一些反对将太子调离北京的建议，而将仁宗守孝期间“不宜近嫔妃”一句顺便带出来。

明代校尉铜牌

仁宗可能是有些心虚，一看李时勉的上奏内容便知其意，他的自尊心和虚荣心很强，深知这种有违君德之事一旦传出去，对他的声誉是很不利的。因此为了妥善处理此事，仁宗不在正殿，而是将李时勉召至便殿，可能是打着官腔责备李时勉并劝他承认

错误。不料李时勉不但不会见风使舵，反而毫无顾忌地将他的事抖露出来，还劝仁宗知过必改，不可掩饰，弄得仁宗下不来台。于是仁宗暴怒，“命武士扑以金瓜，肋折者三，曳出几死”，命令武士抡起金瓜当场打断了李时勉的几根肋骨，然后将他拖入监狱，这时李时勉几乎已经昏死过去了。

其实仁宗受了二十多年的窝囊气，好不容易当了皇帝，现在就想喘口气、好好享受一下，估计其他大臣也能理解，可是李时勉偏偏不答应，他非要按照儒家的圣贤标准来要求仁宗。但问题是仁宗不是圣贤，而是个七情六欲哪样都不少的专制君主，并且刚刚摆脱了受限制、受压抑的环境，因此他对李时勉的要求肯定会相当反感，情绪暴怒也是完全正常的。仁宗本来还想继续收拾李时勉，但受到这番刺激之后怒气攻心，不久他便急速病危，临终前仍然余怒未息对人说：“李时勉廷辱我！”意思是李时勉竟敢在朝廷上污辱我！然后很快就病死了。

李时勉入狱时伤势很重，原已生望不多。碰巧有个查狱的锦衣卫千户，从前受过李时勉的恩典，总想报答，正愁没有机会。此刻相见急忙细心照料，“密召医，疗以海外血竭，得不死”，即秘密召来了医生，用海外一种特效药为李时勉治疗。据说这种药是郑和下西洋带回来的，李时勉居然活了下来。

3. 导致仁宗猝死的罪臣，后来居然被宣宗放了

这里先介绍一下李时勉的下场，宣宗朱瞻基即位后，很快有人将李时勉得罪先帝一事告诉了他，宣宗一听勃然大怒，立即传令：“缚以来，朕亲鞫，必杀之！”把他绑来，我要亲自审问他，非杀了他不可！他认为父亲的猝死肯定和李时勉的激怒有关，所以必须为父亲雪耻复仇。估计宣宗越想越气，他已不想再看到这个人，于是又派了一个姓王的指挥赶到狱中，令他将李时勉直接绑赴市曹杀头，

不必带来审讯，王指挥立即领命而去。得罪先帝的人必须受到惩治，而先帝的临终遗命必须被执行，因此这次李时勉肯定难逃一死。

可是偏偏这个李时勉命不该绝，又一次躲过了杀身之祸。原来从宫廷大殿走到关押李时勉的诏狱有两条路，先头派去传令的那个人走的是端西旁门，后来派去的王指挥走的是端东旁门，两人正好走岔了路。于是后来奉命的王指挥刚从东门走出去，先头传令的人就从西门把李时勉捆绑着押上殿来。宣宗老远看见李时勉不由得怒骂："尔小臣敢触先帝！疏何语？趣言之！"意思是，你一个小臣竟胆敢触犯先帝，你在奏章里讲了些什么，还不赶快招来！李时勉赶紧下跪叩头说："臣言谅暗中不宜近嫔妃，皇太子不宜远左右。"我是说皇上在守孝期间不应该临幸嫔妃，也不应将太子调到南京，远离皇上身边。

李时勉的话肯定会引起宣宗的共鸣，守孝期间亲幸嫔妃，估计在当时不是什么大事，不过将他调离北京、居守南京，不仅违反祖制而且也是降低了宣宗作为太子的地位，他当时即对父亲的安排感到不解和不满，想不到下面跪着的这个人竟和自己想的一样，这样的忠臣怎能加罪呢？于是宣宗的怒气全消，他立即命人给李时勉松绑，鼓励他说下去。李时勉断断续续说了几件事，忽然不说了。宣宗让他说完，李时勉说"臣惶惧不能悉记"，由于紧张恐惧，别的内容记不住了。宣宗听得很有兴致，就问他："是第难言

李时勉像

耳，草安在?”是不是有些话难以说出口呢?你的草疏还有吗?李时勉回答上疏时已经烧了。原来上疏时焚毁草疏是当时的惯例，这样做既能保密又能避免宣扬自己。

宣宗听罢不觉叹息，“称时勉忠”，说你可真是个忠臣啊！他问明了李时勉原来的官职，当即为他官复原职，并命人取来官服当场为他换上。这时那个奉命将他绑去杀头的王指挥，到诏狱里空跑一趟赶回来了，他惊奇地发现刚才还是死刑犯的李时勉，现在已经衣冠整齐地站在殿阶上了。[1]这是后话。回过头来说，仁宗在位虽然不足一年，但他与前后的帝王相比都有哪些特殊之处呢?仁宗的作为对后代又有哪些影响呢?

1 参见《明史》卷一六三,《李时勉传》。

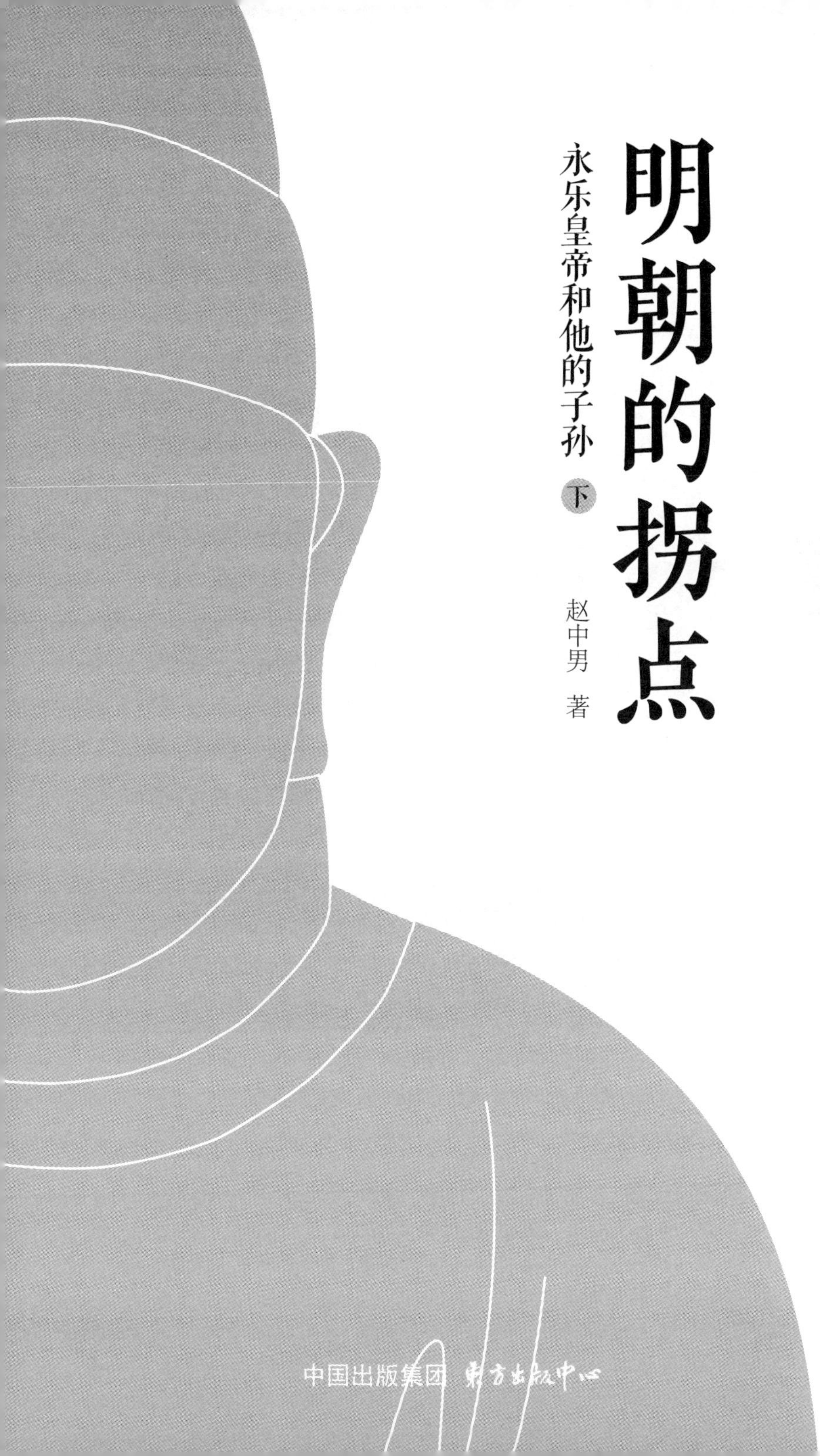

明朝的拐点

永乐皇帝和他的子孙（下）

赵中男　著

中国出版集团　東方出版中心

山东乐安

二十一　叔侄较量

仁宗朱高炽在位不到一年，采取了一系列的措施拨乱反正，开启了利国利民的“仁宣之治”；同时自己纵情声色，追求享乐，使本来就有病的身体进一步垮了下来；再加上受到李时勉上疏揭短的刺激，很快就发病身亡。仁宗临终前，遗命召回并传位于太子朱瞻基。明廷立即派仁宗的机要人员、宦官海寿迅速赶赴南京，去召回几个月前才到南京的太子。

汉王朱高煦在京师早就安排了很多密探，因而很快便得知消息。仁宗去世后，太子朱瞻基正从南京赶来北京继位，现在是没有皇帝的空位期，于是朱高煦随即准备派人在中途截杀太子，从此拉开了叔侄两人较量的序幕。朱高煦所在的乐安在山东的东北部，就是今天山东的惠民，正好位于南、北两京通路的东侧，太子北上回京要经过山东境内，朱高煦如果派人前去截杀，从乐安自东向西到南北两京通路，两伙人的交汇地点大约是在山东的德州，因此截杀起来还算方便。那么朱高煦能成功截杀太子朱瞻基吗？

（一）太子躲过了汉王的截杀，顺利回京

1. 朱高煦准备截杀太子，但是没截住

朱高煦以为势在必成，因而稳坐乐安，只等部下送来朱瞻基的人头。这是朱高煦第一次和大侄朱瞻基斗法较量，不料出师不利，势在必成之事竟然失败了。那么朱高煦是怎么败的呢？原来太子朱瞻基正在南京拜谒太祖的陵墓，接到父皇的消息后几乎没有一点耽误，当日即率领一些轻骑，从传驿车道马不停蹄地飞驰回京。朱高煦派出的截杀部队竟晚了一步，没能及时赶上他。按理说朱高煦是完全有条件截住太子的，为什么呢？

第一，朱高煦得知消息要比太子早。从当时的记载看，阴历五月庚辰海寿从北京出发，[1]到六月辛丑太子回京，[2]前后共22天，以一半时间算，海寿到南京至少要用10天，这时南京已有仁宗病死的传言，可见朝廷并未封锁这一消息，事实上也封锁不住。而乐安距离北京很近，朱高煦在北京又有不少密探，因此，送信的海寿等人还在路上时，朱高煦可能就已经得到仁宗病死的消息了。

第二，截杀距离近。太子北上回京和朱高煦派人截杀他的交会地点是在山东德州，太子是从传驿车道回京的，就是当时快速传递信息和公文的小型通道，从南京到德州的驿路距离大约有1 600里，就算太子等人一天能走300里，加上休息，恐怕至少需要七天。而乐安到德州的直线距离要比南京到德州更近，驿路约有300里，这个距离是明代驿站马匹一天的路程，因此，如果太子和朱高煦同时出发，那么朱高煦在时间和距离上是占优势的，完全有可能截住太子。

---

1 参见《明仁宗实录》卷十，洪熙元年五月庚辰。

2 参见《明宣宗实录》卷一，洪熙元年六月辛丑。

第三，朱高煦人马数量多。太子只率领一小股轻骑人马回京，估计数量有限。而朱高煦呢？从永乐十五年也就是1417年被遣送到乐安，到洪熙元年也就是1425年，朱高煦在乐安起码经营了八年。他去的时候就带了部队，那么现在要想拉出一支像样的人马，至少在数量上超过太子的一小股轻骑，恐怕不是什么难事。

从上述情况看，朱高煦是有条件截住太子的，但是他为什么没截住呢？可能是朱高煦没想到事情来得这么快，没有来得及充分准备，加上谋划不足，犹豫不决，因而没有立即行动，贻误了战机。各位可以想象，在接到仁宗病死的消息后，就算朱高煦很快确定了截杀太子的方案，但具体需要多少人马、怎样动手，在哪设点埋伏等等，也必须准备一番，因此肯定要耽误几天，不可能当天就出发。并且太子的具体行踪比如走哪条道，什么时候走到哪里，朱高煦未必都能掌握，这样一来肯定会影响截杀方案的落实。

2. 太子轻骑快速回京，躲开了朱高煦的截杀

相反太子在接到凶信的当天就出发了，临走之前有人担心朱高煦伏兵截杀，劝太子应率重兵护卫而行，或是从小道走。但太子却毫不畏惧，胸有成竹地说："君父在上，天下归心"，不必多虑。再说别人也不会料到我刚到南京又很快返回北京，况且"父皇有令，岂可稍违！"于是毅然率队出发，并且是轻骑"驿道驰还"，就是带着一支轻骑部队，走的是一种小型邮递通道快速回京。太子是个极为精敏之人，平时即常备不懈，加上跟随皇祖朱棣历练多年，行动起来机敏迅速，因而甩开了朱高煦的截杀，直奔北京。相比之下，朱高煦开始虽然占有一定的优势，比如知道消息早，距离又近，人马也多，但终因行动迟缓，没有闻风而动，很快就丧失了优势，截杀计划也流产了。

从后来的情况看，太子朱瞻基快速回京之举是非常有利的。当时北京是首都，南京只是陪都，如果太子行动迟缓或是被朱高煦堵在半路，那样局面就不好控制了，就会陷入被动。因此太子快速回京，说明他对局势有着清醒的认识。从南京出发时太子曾对部下说，别人不会料到我是这么快就返回北京的，可见他是估计到了二叔可能会在中途下手，警惕性很高，因此一点都没犹豫、没耽误，接到消息当天即快速回京。从叔侄两人这段较量来看，双方过招时虽然都有各自的套路，但太子还是技高一筹，根本没让二叔得逞。

仁宗病死时的情况同当年朱棣的情况不全一样，朱棣是病死在北征途中，随行人员严密封锁消息，同时火速传信给太子。即使是身在乐安的朱高煦及时得到消息甚至立即动手夺位，恐怕也会陷入太子和北征大军的夹击之中，成功的可能性极小，因此太子虽然没有随军北征，但自身还是安全的。而仁宗在北京病死时太子在南京，朝廷并没有严密封锁这一消息，事实上也封锁不住，因而很快为朱高煦得知，才有机会截杀太子，可见当时太子不在北京、不在皇帝身边，处境就会相当危险。好在太子应付得当，反应快走得快，才躲过了二叔的截杀。

3. 况钟赴南京迎接太子，两人有点患难之交

回过头来说，按照有关制度规定，皇太子回京，礼部还必须派遣一位官员前往南京迎驾。但礼部的许多官员都不敢担此使命，因为他们知道，身在乐安的朱高煦早已广布密探、磨刀霍霍准备谋反，这个时候由北京出使南京，途中必定是凶多吉少。但朝廷总得有人出使才行，礼部尚书吕震没有办法，只好指名令仪制司主事况钟担此重任。况钟从人群中挺身而出，豪迈地说："是固非我不可。"意思是这件事本来就是非我去不可！于是他身乘驿站之马，一路上换马不换人，向南京飞驰几昼夜，迎接皇太子朱瞻基北上赴京。仪制司是礼部掌管仪式颁布、科举教育的部门，主事况钟才是个六品的小

况钟像

官，上面还有郎中和员外郎，但吕震却指名让况钟前去迎接太子，可见况钟平时是个比较有担当、有胆识的官员。

这个况钟大家也很熟悉，就是后来当了苏州知府、在江南一带影响不小的况钟，今天的一些传统戏剧里也有他的名字。况钟后来能在苏州知府的位置上坐得很稳，级别也一再升高，同他当年冒险前去迎接太子的经历有关。据说况钟对太子非常恭谨，“步扶版轿行千余里，不辞其劳，宣宗怜之，敕令就骑”，[1]几乎一直是步行推扶着太子的辇车，太子看他不辞辛劳，于是下令让他骑马随行。每到一处况钟总是安排好一切，然后再恭请太子走下辇车，接待工作做得令太子非常满意，因此深得太子的赏识和器重；并且他和太子还有那么一点患难之交的情谊，所以后来才能官运亨通，一升再升。

（二）太后主持政务，度过了一个月的空位期

1. 空位期奉太后之命，夏原吉秘密辅佐亲王监国

太子朱瞻基一行人马来到北京几十里外的良乡卢沟桥，明廷已派人在那里摆好了香案，搭上了帐幕，布置好了悼念先帝的场面。太子在那里接到了父皇的遗诏，十分悲痛，他怎么也想不到自己一

1　参见《国朝献征录》卷八十三，吴中故语。

去南京竟与父亲永别了。到了北京后，左右侍从搀扶着痛哭的太子来到宫中，拜见了母后和一众兄弟。[1]在众臣和兄弟的帮助下，太子开始处理父皇的丧事和日常政务。

这里还有一个插曲，据说太子到了卢沟桥，夏原吉会同一些高级宦官，手里捧着仁宗的遗诏前来迎接他，随后夏原吉就先行回去了。等太子一行人到了京城以后，迎接他的大臣中竟然没有夏原吉，这让他感到有些意外和失望。为什么呢？因为早年夏原吉曾多次陪同他往来于南北两京，并辅佐他处理北京的政务，当然也是朱棣有意让夏原吉培养朱瞻基，因此两人结下了很深的友谊，配合起来也比较默契。这次太子回京这么重要的场合，夏原吉居然不来迎接，太子很纳闷，他就问蹇义等另一些老臣，结果谁也不知道，太子难免有些不快。

随后他按照惯例先去拜见了母亲张太后，可能顺便谈起了夏原吉不在之事，太后告诉他：是我让夏原吉在宫中辅佐几个亲王的，关键时刻只有老臣夏原吉和几个儿子最靠得住。太子这才明白了夏原吉没来迎接他的原因，原来是母亲暗中密令夏原吉“留佐襄王监国”，留下来辅佐另一位亲王暂时主政。太子不禁对母亲非常佩服，他后来还特意对夏原吉说：“朕以卿非他人可比。”[2]

当时的情况是，京城里传言汉王朱高煦早就在乐安磨刀霍霍准备夺位，而太子在途中音信全无，那时根本没有电话和电报，谁知道会发生什么事呢？太子未到北京之前，许多老臣对局势充满了忧虑，尤其是那些当年曾经多次辅佐仁宗监国的人更是忧愁不堪，其中黄淮本来就有病，“忧危呕血”，[3]加上整天担忧，最后竟吐了血。从

1　参见《明宣宗实录》卷一上。

2　参见夏原吉《忠靖集》附录，《文渊阁四库全书》第1240册。

3　参见《明史》卷一四七，《黄淮传》。

洪熙元年（1425年）五月仁宗去世，到六月太子回京即位的一个月中，北京实际上处于一个没有皇帝的空位期。这一时期由仁宗的张皇后主持政务，她让宣宗的兄弟、襄王朱瞻墡作为代理皇帝临时监国，同时密令老臣夏原吉辅佐他，实际上夏原吉已成为最高掌权者之一，并且这件事从未公开，以至于太子回京时，蹇义等人竟然不知道夏原吉在哪。

这时张皇后、襄王、夏原吉等极少数人，已组成了宫廷临时最高权力机构，负责空位期的一切政务。从中可见张皇后在空位期发挥了非常重要的作用，她是当时皇族中的长辈，虽然她让襄王朱瞻墡临时监国，但实际上张皇后才是决策机构的核心人物。而夏原吉作为先朝老臣，又是深得朱家皇族信任的特殊人物，在这方面具有其他老臣都少有的优势。相比之下，杨士奇只是洪熙时期的后起之秀，虽然同仁宗关系好，但在朝中的地位、威望尤其是同朱瞻基的关系都不如夏原吉；蹇义为人忠谨，谋略有余，但决策才干不足；杨荣的综合才干虽高，但他同朱高炽、朱瞻基父子的关系不如夏原吉。因此，空位期宫廷最高决策集团的外朝成员，当数夏原吉。

2. 太子受到保护安全回京，解除戒严

为了保证太子的安全，张皇后等人还派出了高级宦官刘顺率领一支皇家精锐骑兵部队，在固城一带（今保定市东北部）接应太子。[1]这里顺便说一下，这个刘顺是跟随朱棣征战多年的亲信宦官，很能打仗，当年丘福率领十万北征大军冒进中伏时，刘顺也在场，其他将领被俘的被俘、被杀的被杀，而这个刘顺仗着自己勇猛强健，居然率领一支部队硬是从敌人的重围中冲了出来。

---

1 参见《北京图书馆藏中国历代石刻拓本汇编》第51册，第105页，中州古籍出版社1991年版。以下引用不再注明版本。

北京卢沟桥旧影

因此，这次张皇后派他前来接应儿子朱瞻基，既说明这个人深受朱家的信任，在宦官中的地位很高，同时也说明朱棣早年起兵夺位以及后来又多次北征，培养和锻炼出了一批能征善战的宦官将领，其中也包括郑和，实际上他是下西洋的舰队统帅，因为远航舰队的主力是军人。当时不仅有刘顺，据说夏原吉等人也估计到朱高煦可能会采取行动，于是派人赶到北京几十里外的卢沟桥附近迎候太子。

如此一来，朱高煦更找不到下手的机会了，为此他恨透了夏原吉。

当时京城内外的气氛十分紧张，人们普遍认为朱高煦很可能乘机举兵夺位，大街小巷，飞短流长，弄得人心惶惶。守卫部队严阵以待，京师戒严。太子朱瞻基回到北京以后，人心才开始安定下来，但戒严仍未解除。于是太子对军界重臣英国公张辅等人说：安葬父皇的日期还有一段时间，眼下天气炎热，长期戒严，将士劳苦，戒严部队全部撤掉。张辅却对局势放心不下，仍然担心京师会受到威胁，他委婉地说：殿下您还未继承皇位，军卫不能撤掉。

太子却不以为然地说："天下神器（指皇位）非智力所能得，况祖宗有成命，孰敢萌邪心！"[1]意思是皇位可不是只靠动脑筋、玩心眼就能到手的，况且那是祖宗明确传给我的，我看谁敢有夺位的邪念！终于下令解除了戒严。这一举动给太子树立了一个英勇无畏的形象，本来将士们戒严，就是担心二十七岁的皇太子无法应付朝中的危局，现在看到这位青年太子成竹在胸，当会肃然起敬。

（三）叔侄两人的和平较量

1. 后发制人，叔侄玩起了和平太极拳

朱高煦与太子的决斗是不可避免的，只是时间早晚的问题，太子对此一直有着清醒的认识。事实上朱高煦派人在回京途中截杀他，双方就已经拉开了决斗的帷幕，但太子并不急于迎击，看来他是想后发制人。那么太子安全回到北京后，朱高煦会有什么反应呢？他派人截杀太子未成，心中不免有些慌乱。他深知这个侄子不那么好对付，于是一面加紧军事上的谋反准备，一面设法试探太子，以便寻找下手的机会。太子朱瞻基十分从容，他和父亲几乎与朱高煦明争暗斗了二十多年，对朱高煦了如指掌。朱瞻基即位后成了明宣宗，他已经打定了后发制人的主意，二叔朱高煦不先动手，他也决不采取措施。同时，宣宗从各方面对朱高煦给予优待，让朱高煦找不到

1　参见《明宣宗实录》卷一。

任何借口谋反夺位。

即位之后，宣宗朱瞻基赐予汉、赵二王的优厚封赏，已经远高于其他王府。本来洪熙帝在位时，就将两个兄弟的禄米从一万石加至三万石，并给予大量赏赐，这已经算是相当优厚的封赏了，而宣宗对二位叔叔的封赏居然比他父亲还要丰厚，在赏赐各位亲王的基础上，又额外加赐汉、赵二王黄金各五百两，[1]这在当时可是一笔相当可观的数目，因此，宣宗的慷慨赏赐实在是让两位叔叔发不出什么怨言来。但朱高煦为了探查朝中的动静，仍然不时提出一些请求。他还上了一份奏疏，陈述了四件有关国计民生之事，借以试探宣宗这位新天子的见识和态度。宣宗一见便知朱高煦的用意，他批令有关部门将朱高煦陈述之事付诸实施，还特意回信向二叔致谢。叔侄两人你来我往，似乎玩起了和平太极拳。

2. 宣宗先做舆论准备，汉王趁机试探朝廷

宣宗还与群臣谈起当年朱棣处理朱高煦的往事，颇为恳切地说："永乐中，皇祖尝谕皇考及朕，谓此叔有异心，宜备之。然皇考待之极厚。如今日所言，果出于诚，则是旧心已革，不可不顺从也。"[2]意思是，皇祖从前曾对父亲和我说过，二叔怀有夺位之心，应该注意防备。但是父亲待他极为宽厚。现在从汉王所上的奏疏来看，如果真是出于诚意，便是已经改过从善，不能不顺从他。因而每当朱高煦有所请求，宣宗都设法给予满足。宣宗对群臣说的这番话实在是有很深的用意，为什么呢？宣宗其实是在借祖父之口宣布朱高煦有夺位之心，将来无事便罢，一旦朱高煦有个风吹草动，宣宗采取行动便是师出有据、名正言顺了。同时也暗示朱高煦，只要

---

1 参见王世贞《弇山堂别集》卷六十七，宗室公主即位之赏。

2 参见《明史记事本末》卷二十七，《高煦之叛》。

他能改过从善，朝廷便始终会优待他，这也是继承了仁宗厚待兄弟的政策。看来宣宗不愧是朱棣调教出来的得意门生，先从舆论上做了准备。

宣德元年（1426年）正月，朱高煦派人向宣宗进献元宵灯，以表示对新天子的祝贺。宣宗照例复书致谢，并请求二叔逢年过节只要赐言教诲即可，不必烦劳献灯了。为了表达自己的诚意，可能也是为了掩饰侦察朝中动静的本意，朱高煦常常派出颇具规模的使团，较为隆重地向朝廷献上各类花灯。宣宗对待二叔也很慷慨，有时朝廷赏给汉府献灯官军的钱钞和高级服饰，一次就高达三百六十九人的例份，[1]这在朝廷与藩王的关系史上是很少见的。二叔你那边来的人多、献的灯多，朝廷我这边赏的钱就多，给的高级衣料也多，双方"作秀"都很到位。

朝中有人看透了朱高煦以献灯为由窥探朝廷的动静，对宣宗说"汉王府所遣来者，多是窥瞰朝廷之事，特以进献为名"，劝宣宗加以防备。宣宗只是不以为然地说"吾惟推诚以待之耳"，[2]对臣下的劝告和来自汉王府贼眉鼠眼的密探使者，只当不闻不见。宣宗的这一手倒把朱高煦迷惑住了，他见宣宗对他的请求无不批准，自己居然成为青年皇帝颇为敬重之人，不禁有些忘乎所以了。他得寸进尺地向宣宗要骆驼，宣宗立即派人送来40匹骆驼；要马，又给他120匹马；还要袍服，宣宗就派人带了袍服给他。这下更使朱高煦胆壮起来，他甚至以为这位新皇帝毕竟是年轻手嫩，并不像他从前想象的那样机敏可怕，他可能是将宣宗的欲擒故纵当成了软弱可欺，于是更加肆无忌惮地准备夺位。

1　参见《明宣宗实录》卷十三，宣德元年正月辛亥。
2　参见《明史记事本末》卷二十七，《高煦之叛》。

明黄素缎大袖棉袍

（四）汉王准备起兵，宣宗欲擒故纵

1. 组建军队和筹备军资，汉王准备起兵

宣德元年（1426年）八月，朱高煦的护卫部队四出劫掠，乐安及周围百姓惊惧动乱，四下逃避。出使乐安的使者向宣宗报告说，汉王已经谋反了，乐安附近已经乱作一团。宣宗听罢故作惊讶地说："朝廷待之无不及者，理未应遽尔。"[1]意思是，朝廷待他可算无微不至，照理说他不应该这么快就谋反啊！不久，许多军民百姓陆续从乐安附近逃来，前往乐安送骆驼送马的使者也被吓得从半路逃回北京。宣宗也真沉得住气，他对此仍然表现出半信半疑："其果然耶？"意思是，朱高煦果真谋反了吗？

原来朱高煦在到达乐安的几年之中，与护卫军指挥和乐安知州朱恒等人长期谋划起兵之事，有时竟夜以继日，通宵达旦。他们组

1 参见《明宣宗实录》卷二十，宣德元年八月壬戌朔。

织人力制造兵器、火器；将乐安的民众丁壮登记造册，编为行伍；砸开州县监狱放出里面的死囚罪犯，给这些人以优厚的生活待遇，训练他们习武打仗；召集附近州县的无赖强壮子弟和逃亡流窜人员，发给每人一笔钱，将这些人编入军队，颁发旗帜，习武练兵；派人将兵器发给附近的卫所，作为起兵的信物；将乐安周围的官民畜马全部抢光，并且积攒了许多军用物资；朱高煦还联络了握有山东一省兵权的都指挥靳荣，在济南府起兵接应，附近也有许多部门表示愿意归附汉王朱高煦。

实际上这些人未必会完全真心归附朱高煦，不过是一时的敷衍和观望，因为朱高煦毕竟是当今皇帝的亲叔叔，“下天子一等”的亲王，同时也是战功显赫的“靖难”名将，是否能像当年朱棣一样夺位成功，这时谁也说不准。所以这些人为了保险起见，只好脚踩两只船，朝廷和朱高煦一方谁也不得罪。其实二十多年前朱棣起兵夺位时，就有一些州县和地方军队采取观望态度，对前来要求结盟的朱棣说，还是等你进了南京再说吧。这样的态度，交战哪一方的胜败都对他们影响不大。现在乐安附近也是这样，这些人的做法其实是一种很现实的选择。

至此，朱高煦组建军队和筹备军资的工作已大体完成。接着，朱高煦将部队分为五军，让他的几个儿子各监一军，自己则监领中军，其中世子朱瞻坦居守乐安。部署完毕，朱高煦又授予王斌、朱煊等人太师、都督之职，这种建制完全是仿照当时朝廷的做法，为什么要这样做呢？因为这是朱高煦要向外界表明，自己一方是与朝廷分庭抗礼的独立政权，明显有点“另立中央”的意思。他们的战略计划是首先攻取济南，然后进军北京。

2. 汉王联络朝中武将，名将张辅不买账

与此同时，朱高煦还派人至北京，与那些当年“靖难”之役中

同他共过事的武将进行联络，争取他们作为内应。朱高煦自负勇武，为人狂傲，“靖难”老将他绝大部分都不放在眼里，但是对于几次率军平定安南的名将张辅，倒是不敢小看，况且张辅掌管北京的中军都督府，是个手握军权的重要人物。于是朱高煦派亲信枚青潜至张辅家中，企图说服张辅帮他夺位。不料张辅根本不听枚青的劝，“暮夜系青闻于朝”，[1]当场将枚青拿下，并且连夜派人押送他向朝廷报告，可见张辅从一开始就坚定地站在宣宗一边。但是朱高煦的说客与其他武臣联络的情况却无人知晓，看来宣宗对朱高煦的迁就态度和朱高煦咄咄逼人的气势，很可能使一些朝臣暂时采取了观望态度。不错，这场叔侄之间争夺皇位的斗争不仅未见分晓，而且一开始似乎是朱高煦占了上风。

宣宗亲自审问张辅押来的枚青，得知了乐安城里朱高煦的部署情况。这时山东三司和所属州县都陆续上奏朱高煦的情况，希望朝廷能早做安排。身在乐安的监察御史李浚弃家改名、抄近道赶赴京师，详细汇报了汉王朱高煦的谋反情况。宣宗立即提升李浚为行在都察院的左佥都御史，[2]职务和级别都连升三级，算是对他及时报信的奖励。朱高煦发觉后连忙派人追捕李浚，此人未追上，气得朱高煦将此人大卸八块，残酷杀掉。[3]

3. 宣宗修书送给二叔，内容软中带硬

这时朱高煦的谋反活动已大白于天下，宣宗这才下令军队做好准备，但他仍然不想立即出兵征讨朱高煦，而是坚持要把欲擒故纵、后发制人这出戏唱到底。朱高煦夺位心切，激情外露，热血沸腾；

---

1 参见《明史记事本末》卷二十七，《高煦之叛》。

2 参见《明宣宗实录》卷二十，宣德元年八月丁卯。

3 参见查继佐《罪惟录》列传卷四，《汉王高煦》。

相比之下，宣宗则显得冷静从容，不动声色。他心中明白，尽管朱高煦已举兵谋反，但目前只是在乐安原地踏步，并未进攻周边城池，也未发表反叛朝廷的公开宣言，因此，目前还没到出兵平叛的最佳时机。待朱高煦有了进一步明显的谋反行动后，再出兵也不迟。可能是出于这种考虑，宣宗修书一封派人送给二叔高煦。信是怎么写的呢？

这封信的内容大致是这样的：听说叔叔您有责备朝廷过错的举动，我的确不相信。但是考虑到这是小人在离间我们叔侄的关系，因而不得不向您通报。现在父皇的至亲只有两位叔叔了，我所依赖的人也只有你们。即位以来天地神明鉴临在上，我的言行哪有一丝一毫违背叔叔的心愿呢？但是无耻小人居然无中生有，造谣惑众，挑拨离间，弄得我现在不得不向叔叔您表明心迹，以揭露造谣者的虚妄。

况且我考虑到军民之中流言四起、惊疑不定，可能会另有小人乘机作乱，这也是不得不加以提防的，请叔叔您明鉴。昔日皇祖去世之时，也有小人造谣生事，企图离间我们。只是全仗父皇和叔叔您兄弟至亲，同心同德，彼此不疑，小人的奸计才未能得逞。现在这些家伙又想离间我们叔侄两人，如果叔叔您能够明察此事，那真是国家的福分，也是宗室的福分。[1]

白石“天子”玺

1　参见《明宣宗实录》卷二十，宣德元年八月壬戌朔。

这封信很有水平，满纸的外交辞令，明明是二叔要起兵夺位，却偏说是小人造谣，挑拨离间，并且话说得十分客气，十分委婉，但却句句占理，软中带硬。估计可能是翰林院的那些笔杆子，根据宣宗的意思合作起草的。宣宗明知二叔不可能接受他的这番诚意，但他为什么偏要这么写呢？除了表达晚辈应有的礼节之外，一个重要的目的就是宣宗要将自己宽容、忍让的情意发挥尽致，以便从道义上和舆论上激起人们对他的支持和对朱高煦的公愤。相比之下，朱高煦实在不是大侄宣宗的对手。

（五）汉王起兵声势不小，使者观望的原因

1. 汉王模仿朱棣当年“靖难”起兵的做法

这边宣宗的信使刚走，朱高煦的信使便到了北京。他在信中“言仁宗违洪武、永乐旧制，与文臣诰敕封赠，今上修理南巡席殿等事，为朝廷罪过。又斥二三大臣夏原吉等为奸佞，并索诛之。又书与公侯大臣，矫言巧诋，污蔑乘舆”，[1]指责仁宗不该违反先帝的旧制，颁给文臣诰敕和封赠，指责宣宗不该修理南巡席殿，并将此事归罪于朝廷，还指斥朝中几位大臣为奸臣，为首人物便是夏原吉，要求朝廷交出这些人杀掉。同时又将内容相同的信件分发朝中公侯大臣，痛诋当时的朝政非常糟糕，并扬言已分兵把守交通要道，防止奸臣逃跑。

朱高煦采用父亲朱棣当年的老办法，两人都在侄儿刚即位时便起兵夺位，因此表面情况大体相同；但两人的对手却大不一样，朱棣的对手是软弱无能的建文帝朱允炆，而朱高煦的对手却是文武双全的宣宗朱瞻基。宣宗看罢朱高煦的来信说：闹了半天汉王就想拿

1 参见《明史记事本末》卷二十七，《高煦之叛》。

这点事当成起兵的借口啊！言外之意，这点事也能当借口吗？明显地流露出轻蔑的口气。

宣宗这么讲是有道理的，当年朱棣起兵的借口虽然有些讲歪理，但毕竟还算理直气壮，并且抓住了朱元璋的祖训作为依据；而朱高煦的借口几乎不成立，明眼人一看便知，朱高煦的这一套做法，不过是对朱棣当年“靖难”起兵的拙劣模仿，理由牵强。于是宣宗一边把来信交给群臣传阅，一边叹着气说：“高煦之不臣，天地祖宗实临鉴之。”意思是，朱高煦的叛逆行为，天地祖宗都看见了，这实在是我大明帝国的不幸啊！他下令兵部将朱高煦的反状张榜传示中外。[1]

2. 宦官和锦衣卫人员出使乐安，但双方态度不同

话分两头，朱高煦对待宣宗的信使则是另一番景象。朝廷送信的宦官侯泰到达乐安后，朱高煦为了显示自己的实力，整兵列队“欢迎”他，却不向宣宗的敕令行礼，以此来表示他不承认宣宗是皇帝，他自己也不是宣宗的臣民。看完宣宗的来信，朱高煦问侯泰：朝廷知道我举兵吗？侯泰回答：尽管朝中有许多人提到此事，但皇上以为殿下您是至亲，根本不信。朱高煦又说：你是旧人，应该知道我举兵的原因。侯泰不敢说实话，只好说不知道。[2]

朱高煦咬牙切齿地说：“我何负朝廷哉！靖难之战，非我死力，燕之为燕，未可知也。太宗信馋，削我护卫，徙我乐安。”[3]意思是：我有什么地方对不起朝廷！靖难夺位之役，要不是我拼死作战，燕军的下场还不知道会是什么样子。太宗皇帝听信谗言，削夺了我的

1　参见《明宣宗实录》卷二十，宣德元年八月壬戌朔。

2　参见《明宣宗实录》卷二十，宣德元年八月辛未。

3　参见《明史记事本末》卷二十七，《高煦之叛》。

护卫，把我迁到乐安。又说："仁宗皇帝不复我护卫，不与大城池"，还让我屈居乐安这个小地方，"徒以金帛饵我"，就会拿点钱财来堵我的嘴，现在皇上又张口闭口谈什么祖宗旧制，"我岂能郁郁久居此乎？"我怎么能在这小小的乐安窝囊一辈子了呢？[1]

然后，朱高煦指着眼前一大片排列严整的军马兵器，厉声对侯泰说："汝循营视汉士马，岂不可洸洋天下耶？速报上，缚奸臣来，徐议吾所欲。"你到各营去看看我汉王的军队，难道就不能横行天下吗？你赶快回去告诉皇上，把奸臣给我绑来，然后再慢慢考虑我的条件。吓得侯泰连说"是，是"。这时旁边有人讨好地说：听说朝廷派来送驼马送袍服的人，半路上就给吓跑了。朱高煦不禁得意地说："吾固知其怯，今朝中必胆落矣"，我就知道他们都是胆小鬼，现在朝中的那些人肯定都吓破胆了。看来侯泰恐惧加谨慎的态度以及部下的讨好之举，使朱高煦更加得意忘形了。

侯泰狼狈地逃回北京，宣宗问他朱高煦说了些什么，乐安的军

梁庄王墓出土亲王玉饰

1　参见《明宣宗实录》卷二十，宣德元年八月辛未。

备如何。侯泰竟一问三不知。聪明的宣宗立刻明白了侯泰脚踩两条船的心理，他回头对左右侍从说："(侯)泰二心"，看来侯泰这小子是怀有二心啊！不久，与侯泰同去乐安的锦衣卫军官详细讲述了出使的见闻，宣宗发怒道："事定必治汝！"办完了事一定要收拾侯泰，不能饶了他！[1]

这里有个问题，奉命出使的宦官和锦衣卫人员，在整个活动中的态度、作用不一样，宦官侯泰什么都不说，但锦衣卫军官不仅讲了朱高煦的情况，同时也汇报了侯泰的表现，为什么两人会有这种差别呢？简单地讲，两人属于不同的系统，宦官是皇帝的家奴，有权也是皇帝给的；而锦衣卫是皇帝几十个亲兵卫中的一卫，是皇帝直辖的警卫部队，其职责就包括为皇帝控制、防范宦官，只要锦衣卫归皇帝控制，就可以防止宦官造反、违规，因此宣宗派锦衣卫的人与宦官一同出使乐安，实际上也是让他来监视宦官，看来这个目的达到了。

3. 平叛会议讨论的结果：宣宗决定亲征

回过头来再看宣宗的处理，他从侯泰的表现中敏锐地觉察到，有人对朱高煦持观望态度，他们是在等待事情的进一步发展、分出高下，然后再决定自己的行动。这是个危险的苗头，弄不好便会削弱自己的力量而使朱高煦得势。因此必须迅速采取行动，平定朱高煦的反叛。宣宗随即与人商议，准备派遣能征惯战的阳武侯薛禄率兵平叛。不料这位名将接到命令后居然脸色大变，甚至流泪。

他为什么会这样呢？当年薛禄曾在"靖难"之役中与朱高煦并肩作战，两人可能会有同生共死的患难之交，加上朱高煦勇猛凶悍、战功显赫，在军界素有威名，因而薛禄受命与他交战，内心流露出

1　参见《明史记事本末》卷二十七，《高煦之叛》。

极其为难和胆怯的情绪，并不奇怪。其实不仅是薛禄，那些当年同朱高煦并肩作战的部分将领，现在都不免有些首鼠两端，持观望态度。[1]宣宗派薛禄平叛一事，引起了朝臣的争议。宣宗连夜召集军政要员，商议平叛之事。为人恭谨的夏原吉首先起身脱帽，向宣宗请罪："小臣不才，激变宗藩亲王，有罪该死。"宣宗立即安慰夏原吉："卿何罪？彼假卿为兵端耳。"你有什么错，朱高煦不过是拿你当个起兵的借口，是福是祸朕与你一起分担。

紧接着杨荣发话了：不能派薛禄率兵平叛，"皇上独不见李景隆事乎？"皇上您难道忘记了当年李景隆的教训吗？眼下对付朱高煦这帮人，非得皇上您御驾亲征不可！杨荣进一步说出了理由："彼谓陛下新立，必不自行。今出不意，以天威临之，事无不济。"[2]他们以为陛下您是刚即位，肯定不可能率军亲征。如果陛下能出其不意、御驾亲征，这些人肯定会被吓破了胆，打败他们就没有问题了。杨荣的话引起了宣宗的震动，原来二十多年前，宣宗的祖父燕王朱棣起兵夺位，当时的建文帝派功臣之后李景隆率领大军出击燕军，结果被燕军杀得惨败，建文帝也最终失掉了皇位。这段往事宣宗当然记得，但是杨荣劝他亲征，宣宗可能有些犹豫，他转而征求夏原吉的意见。

夏原吉说道："往事可鉴，不可失也。臣见煦命将而色变，退语臣等而泣，知其无能为也。且兵贵神速，宜卷甲韬戈以往，一鼓而平之，所谓先声有夺人之心也。若命将出师，恐不济。杨荣言是。"[3]意思是：要接受以往的教训，不能重蹈覆辙。我昨天看见薛禄受命之后变了脸色，还流了眼泪，就知道这个人是惧怕朱高煦，不足以

1 参见《北京图书馆藏中国历代石刻拓本汇编》第51册，第105页。
2 参见《明史》卷一四八，《杨荣传》。
3 参见《明史记事本末》卷二十七，《高煦之叛》。

任事。现在是兵贵神速，加上师出有名，皇上您应该亲率精锐出征，一鼓作气平定叛乱。这就是所谓先声夺人，如果选派其他将领出征，恐怕不一定成功。杨荣说得对。

听罢夏原吉的分析和劝告，宣宗消除了心中的疑虑，可能还有一种高贵的使命感油然而生，于是他决定亲征朱高煦。

实际上宣宗已经从当时的情况里看出了一些不利因素，尤其是朱高煦联络旧人的做法，除了张辅之外其他将领并未明确表态，显然是在观望，这里就可能隐含一种不分胜负的前兆，如果派别人去打朱高煦，很可能被他的地位和气势所慑服，未必能取胜；因此，出征的武装力量必须由最高权威来驾驭和统帅。加上一批老臣尤其是夏原吉的分析和鼓励，宣宗这才下决心亲征，事实也证明这一决定是正确的。他随即召来了英国公张辅，向他传达了自己的决定，不料张辅却反对宣宗亲征，那么宣宗将会怎样处理这件事呢？朱高煦的命运又会如何呢？

故宫太和殿旁的大铜缸

二十二　宣宗亲征

仁宗死后，太子朱瞻基从南京赶回北京即位，二叔朱高煦派人在半路截杀他未成；宣宗即位后采取后发制人的策略，使朱高煦找不到借口，只好模仿父皇朱棣的做法，公开宣布起兵“靖难”。朝中已经有人采取了观望的态度，于是宣宗决定亲自出马平定叛乱。他随即向张辅传达了自己的决定，可是张辅觉得皇帝亲征朱高煦未免有点小题大做了。

（一）宣宗出兵亲征，汉王举棋不定

1. 宣宗做了亲征的部署和准备

张辅早年参与朱棣“靖难”夺位之战，后来不仅多次跟随朱棣北征，还曾几次率领几十万大军出征安南，平定了当地几十万军队的反抗，他的军事才能和战功都很高，因此根本不把朱高煦放在眼里，他对宣宗说：“高煦鸷而寡谋，外戆中恇，今所拥非有能战者。愿假臣兵二万，擒逆贼献阙下。”意思是朱高煦这个人只是空有夺位之心，外表上看好像是凶猛强悍，但实际上内心恐惧，也没有什么谋略，他那里没有几个多谋善战之人，军队也没有什么战斗力，请

寿山石“亲贤保国”玺

皇上给我两万人马，我保证为您活捉朱高煦。用不着皇上您亲自出马。

宣宗尽管赞许张辅的胆气和忠诚，但心里另有打算，他对张辅说：“卿诚足办贼，顾朕新即位，小人或怀二心，行决矣。”[1]意思是：我知道派你出征足可以制伏朱高煦，但是考虑到我这个皇帝即位不久，脚跟还没站稳，有人可能会对我怀有二心，我必须以实际行动慑服这些人才行，因此我决定亲征。事实证明，杨荣、夏原吉等人的担心并非多余，宣宗出征前，一些将领对他是否有把握取胜，就已经产生了怀疑，因此不免首鼠两端，有人甚至传言朱高煦机变不测，用兵如神。可见“靖难之役”中朱高煦英勇善战的威名，在二十多年后仍有较大的影响。

为迅速平叛，宣宗作了必要的部署：

（1）告诫诸将加强守备，并下令全城缉拿朱高煦的奸细。

（2）召还了镇守大同的武安侯郑亨等将领，以备调遣。

（3）派人协助陈瑄镇守淮安，严防叛军南逃。

（4）下令司法部门赦免了一大批有罪的军徒，让他们从征朱高煦。两边都释放囚犯来补充军队，不同的是朱高煦那边是砸开监狱释放所有的囚犯，还把亡命之徒、流窜人员都网罗进来，可见他是需要这批人，原来的护卫只剩一支了，因此必须大量补充军队。可

1　参见《明史记事本末》卷二十七，《高煦之叛》。

是宣宗这边至少有十几万军队，不需要那么多人，因此仅仅释放了有战斗力的军人从征。

（5）仍然任命阳武侯薛禄为先锋，与宦官将领刘顺率兵两万，作为先头部队直抵乐安，宣宗自己亲率大军随后出发。[1]

2. 行军途中，宣宗发表分析局势的高见

宣德元年（1426年）阴历八月十日这一天，宣宗按照亲征的仪式，将朱高煦的谋反罪行奉告天地、宗庙、社稷诸神，然后亲率大军浩浩荡荡地出了北京向乐安进发。这是宣宗即位以来采取的最大规模的军事行动，十几万将士随从东征，阵容极为庞大。除了步兵和骑兵之外，可能还有皇帝的仪仗队和护卫部队、火器铳炮部队，军中的各种旗帜和花样繁多的皇家旗帜混杂在一起，刀、枪、戟、矛、剑、斧、锤、钩，长短轻重各种兵器也随同官兵们一起行进，大军所过之处，庄稼全被践踏一空。一路上，宣宗时而传令督饷人员提防敌人的埋伏，时而告诫将领们要爱护士卒，并派五百哨骑（相当于通信兵）给先锋薛禄，以便有事联系。这一切都显示出宣宗早年跟随祖父北征时所练就的军事才干。

行军途中宣宗与侍臣谈道：汉高帝刘邦当初封吴王刘濞时，说他面有反相，后来到了汉景帝时刘濞果然谋反了。永乐中期皇祖说过朱高煦有夺位的野心，不宜安置在大的封国中，因此才将他迁至乐安，现在朱高煦果然谋反了。皇祖和刘邦为什么都预料得如此准确呢？不过当年汉景帝杀了吴王的太子，又推行了晁错削夺藩国的政策，所以刘濞才起兵谋反。如今我待诸位亲王都不薄，至于汉王朱高煦是父皇的至亲兄弟，所以我待他尤其宽厚，可他为什么还要谋反呢？聪明的侍臣赶紧回答："彼蓄反心非一日，非恩德所能驯

1　参见《明宣宗实录》卷二十，宣德元年八月壬戌朔、乙丑、己巳等。

明《出警图卷》局部之“手持马叉的骑兵仪仗队”

者。”[1]意思是，朱高煦谋反之心蓄谋已久，并非皇上的大恩大德所能感化。宣宗要听的大概正是这句话。

接着宣宗问侍臣，如今朱高煦将如何行事。有人说乐安城小，朱高煦肯定会先攻取济南作为巢穴；也有人说朱高煦早年不肯离开南京，如今一定会引兵南下首先攻取南京。宣宗却说：“不然。济南虽近，未易攻；闻大军至，亦不暇攻。护军家在乐安，不肯弃此走南京。高煦外多夸诈，内实怯懦，临事狐疑，展转不断。”依我看都不是，济南虽然离乐安很近，但城池坚固不易攻克，更何况朝廷大军就要开到了，朱高煦哪还有空顾得上攻城呢！他的护卫军家属都在乐安，这些人怎么会弃家南下、攻取南京呢？况且朱高煦这个人

1 参见《明宣宗实录》卷二十，宣德元年八月癸酉。

事到临头狐疑不决，外表看起来浮夸吹牛，不可一世，好像有点谋略，但实际上内心没什么胆量。

“今敢反者，轻朕年少新立，众心未附。又谓朕不能亲征，即遣将来，得以甘言厚利诱饵幸成事。今闻朕行，已胆落，敢出战乎！至即擒矣。”如今朱高煦之所以敢于如此猖狂地举兵谋反，一则看我年轻，即位不久人心未必归附；二则料定我不可能率师亲征，一定会遣将前来征讨，那样他就可以威胁利诱来将，凭侥幸取胜。如今我御驾亲征，他那些征集不久的乌合之众早已吓破胆了，还敢出来同我们交战吗？况且普天之下无故兴兵涂炭生灵的人，天地难容！大军一到，朱高煦只能束手就擒。

群臣觉得宣宗的话虽然理直气壮，也有道理，但他们还是将信将疑，等待事态的进一步发展。

3. 汉王举棋不定，陷入被动境地

面对宣宗的亲征，朱高煦又是如何应付的呢？逃离乐安的护卫军官前来讲述了乐安的情况：“贼初约靳荣取济南，山东布、按二司官觉之，防荣不得发。又闻大军至，不敢出。”原来朱高煦约定山东的都指挥使靳荣发兵接应他，但他们的联络为人察觉，掌管行政和司法大权的布政使和按察使这时设法控制了靳荣，使他不能发兵。朱高煦又听说朝廷的大军快要到了，于是就没敢出兵。

朱高煦的部下朱恒是南京人，力劝朱高煦率领精兵直趋南京，攻下了南京就大功告成了，起码也可以划江而守。这个建议是完全正确的，当年朱元璋就是这么干的，因而推翻了元朝建立了大明；朱高煦在南京经营多年，至少情况比较熟悉，那里的军事力量也不如北京，打起来还有一点取胜的把握，至少比困守乐安这个弹丸之地、被动挨打要好多了。但朱高煦的众多将领都是乐安当地人，只想守在家门口，他们乱哄哄地冲着朱恒嚷道：“南人谋家耳，奈我辈

南京明代瓮城旧址

何？”意思是，你是南方人家在南京，你想让汉王发兵护送你回家吗？我们这些人怎么办呢？朱高煦望着争吵不休的将领，一时没了主意。

当初听说朝廷将派薛禄率兵前来，朱高煦不禁喜形于色，挽着袖子对众人说“此易与耳”，这个人好对付。薛禄当年曾经和朱高煦一起跟着朱棣起兵夺位，朱高煦有些看不上他。可是后来又听说是宣宗亲征，宣宗的锋锐机敏他是着实领教过的，如今刚听说亲征，宣宗竟说到就到，朱高煦不由得害怕起来。[1]主帅脸上的惧色自然瞒不过军中将士，他们便也产生了动摇。有些人已经开了小差，偷偷逃往宣宗的军中。举棋不定和军心不稳，使朱高煦一开始就陷入了被动的窘境。

4. 宣宗下令加速前进，信心十足

群臣听了来人的讲述，不禁对宣宗的分析和推测极为佩服，他们纷纷下跪叩头说："皇上精于料敌，反贼不足平矣！"只是宣宗对朱高煦动向的分析，有可能是后人加入《明实录》的，为什么这样说呢？宣宗预料得相当准，可能吗？不是一点没有可能，但也不可能完全不差，甚至连朱高煦的护卫军家属都在乐安，因此这些人不可能弃家南下、攻取南京都预料到了，反而有些"假作真时真亦假"，所以很可能是后人加上去的，至少是进行了加工和美化。

不过宣宗不愧是朱棣调教出来的高才生，十分清醒地说："困兽犹斗，不可忽也，卿等慎之。"然后重赏了前来归降的军官，仍将他放回乐安劝降。随后再次给二叔写信，表示自己出征乐安是迫不得已，请朱高煦只要将主谋擒住献出来即可平息此事。不过宣宗同时也威胁二叔：如果你还是执迷不悟与朝廷对抗，几乎等于以卵击石。况且乐安也有人想抓到你献出来，到那个时候你堂堂的汉王可就太丢面子了，我朱瞻基就是想保你也保不了了。[2]

这时阳武侯薛禄派人驰奏，前锋已达乐安城下，朱高煦约定明日出战。宣宗立即下令全军加速前进，边吃边行，务必于第二天拂晓赶到乐安。随军的重臣蹇义、名将张辅、柳升等人担心朱高煦有埋伏，都劝宣宗停止前进，派哨兵侦察一下再作决定。宣宗却认为

1　参见《明史记事本末》卷二十七,《高煦之叛》。

2　参见《明宣宗实录》卷二十，宣德元年八月戊寅。

这种担心简直多余，他说：兵贵神速，“我抵城下营，彼阱中虎，爪牙安施！大军至，乌合之众方汹汹，何暇设伏！”我军直抵乐安城下，朱高煦就成了陷阱中的老虎，虽有爪牙却无法施展。再说大军一杀到，朱高煦那些乌合之众肯定会乱作一团，根本顾不上设伏袭击我们，你们不必过虑。众人只好服从。[1]看来宣宗还是相当自信的，并有祖父身上的军人遗风。

（二）宣宗兵围乐安城，朱高煦被迫出降

1. 宣宗兵围乐安，仍然先礼后兵

经过一夜的急行军，第二天拂晓宣宗率大军抵达乐安，驻扎在城北。诸将按照他的指示，分别让开了乐安的四面城门，准备交战。这时朱高煦在其太师王斌等人簇拥下登上乐安城墙，命人于城上架起火炮，摆开了发射的架势。“大军发神机铳箭，声震如雷，城中人股栗”，[2]不料没等架完，城下明军的神机铳炮便一排排地朝空鸣射，声如炸雷，据说城里房顶上的瓦片都被震掉了。围城的明军显然是想炫耀一下火器上的优势，也是在明确告诉城中的人，就凭你们那点可怜的火器，还想跟朝廷的炮兵较量吗？

因为朝廷拥有当时最先进的火器，而边镇以外的亲王和地方拥有的火器，按规定是较为低劣的，与朝廷相比几乎不堪一击。城上的军卒可能没见过这种场面，三三两两地聚集在城堞边双脚打战。但是迫于朱高煦的威虐，不敢退下城堞。有几个军卒显然是被逼着向城下的明军喊话，要他们把“奸臣”夏原吉交出来，估计当时铳炮发射完的硝烟还未散尽，所以城上的人喊话的声音不壮，可能还

1 参见《明宣宗实录》卷二十，宣德元年八月庚辰。
2 参见《明史记事本末》卷二十七，《高煦之叛》。

永乐十九年铜炮

夹杂着硝烟呛嗓子的咳嗽声。[1]

城下的明军将士看到乐安军卒的这番表演，可能觉得好笑，于是纷纷向宣宗请求出战，一举攻克乐安。但宣宗考虑到攻城难免伤及无辜百姓，加上他仍然想迫使朱高煦先动手，于是严令将士不许攻城，再次致信朱高煦，毫不客气地说：你的谋反罪行已十分明显，我为国家生民亲率问罪之师前来乐安，你不出来朝见，也不派护卫和王府官员前来朝见，不仅是无礼之举，而且是负隅顽抗。你能战则战，不能战就到我的军门来当面请罪。否则城破之日你后悔也来不及了。

2. 收到“最后通牒”，汉王出城投降

到了中午乐安城里还是没有动静，宣宗终于不耐烦了，他派人转告朱高煦：“前敕谕尔备矣。朕言不再，尔其审图之。”意思是前一封信该讲的都讲了，我不想再跟你废话！你要怎样决断，自己合计吧。这番话无异于宣宗给朱高煦的最后通牒。与此同时，宣宗命人将一些开导叛军的敕书系在箭上，从周围射入城中。城中接到敕书后，很多士兵交头接耳、议论纷纷，大意是说，要捉朱高煦就得赶快下手，晚了一步大军攻城，咱们可是连命都保不住了。

1　参见《国朝献征录》卷二十八。

朱高煦收到宣宗的“最后通牒”，又听到了士兵的议论，估计是感到处境狼狈，没什么指望了，于是他赶紧派人到宣宗的营帐，请求宽限他一个晚上，与妻妾诸子告别后明天一早就来谢罪，宣宗答应了。当天夜里，朱高煦将几年来所造的兵器和谋反往来的信件全部烧毁，以便销赃灭迹。只是这类东西太多了，兵器的木柄和一些仪仗燃烧力较强，因此火势可能很高很旺，“城中通夕火光烛天”。[1] 围城的明军本来是来打仗的，没想到却隔着城墙看了一场通宵的“篝火晚会”。与此同时，据说朱高煦还在城中与妻妾子女们举行了告别宴会，“召诸姬诸子置酒宫中，悲歌涕泣”，[2]酒席之上大家边哭边唱，气氛悲凉。

第二天朱高煦准备出城投降，但迎面遇上了新封的太师王斌等人，王斌拦住他劝道：“宁一战以死，就擒，辱矣。”意思是宁可一战而死，被活捉可就丢人了。朱高煦不说他不愿意战死，而是欺骗王斌等人说：我没想去投降啊，只想出去巡视一下军情。说完转身回到自己的寝室中，然后从另一条小道溜出了乐安城。

3. 年轻的于谦“宣判”了朱高煦

朱高煦一露面就被明军连架带推，送到了宣宗面前。两旁站立着文武群臣，其中就有他指为奸臣的夏原吉和他所惧怕的英国公张辅，周围全是一身铠甲、按剑持刃的皇帝卫队。文武群臣一个个上前列奏朱高煦的罪行，请宣宗按刑法将他斩首。但是宣宗却说：“彼固不义，祖训待亲藩自有成法。”群臣都知道宣宗恨透了朱高煦，但又不得不作出宽容的表示，于是大家一齐奏道：“春秋之法，大义灭亲。”宣宗摆手挥退了群臣，只是将群臣弹劾朱高煦的奏章扔给朱高

---

1 参见《明史记事本末》卷二十七，《高煦之叛》。

2 参见《国榷》卷十九，宣宗宣德元年八月辛巳。

煦看。他已不想杀死朱高煦，一来显示他的宽容大度，二来也想从精神上折磨这位桀骜不驯的亲王。

朱高煦拣起地上的奏章，看到上面都是请求“彻底消灭”他的内容，估计是精神垮了，两腿下跪向宣宗连连叩头：“臣罪万死万死，生杀惟陛下命”，[1]生死全听皇上的吩咐。宣宗毫不理睬磕头像捣蒜的朱高煦，扭头传令于谦出来宣布朱高煦的罪行。人们只见一个年轻的御史走出行列，开口历数朱高煦的罪行，此人口齿纯正、声音洪亮，并且讲起话来抑扬顿挫、口才不凡，等于替宣宗“宣判”了朱高煦，而朱高煦则可能为于谦的义正词严吓得全身哆嗦。

众人知道于谦已经为处置朱高煦立了大功，果然，回京之后，“赏赉与诸大臣等”，于谦得到了与从征大臣相同的赏赐。各位知道，从征的大臣级别可都是一、二品，而于谦只是一个小小的御史，级别才六七品，但受到的赏赐却同大臣一样，可见宣宗是非常器重他的，此后也一再破格提拔他。[2]看来于谦平时的表现已经被宣宗注意到了，所以这次才让他“宣判”朱高煦。

于谦像

这个于谦就是后来土木之变后北京保卫战的主帅。看来在那个时代要想立功成名，没有皇帝的赏识和支持是不行的。当然，本人还必须有才干，否则就是皇帝给你个好差事，你也干不了。跟随皇帝亲

1　参见《明史记事本末》卷二十七，《高煦之叛》。
2　参见《明史》卷一七〇，《于谦传》。

征和受到崇高的奖赏，使年轻的于谦终生难忘，这些事一直激励和鼓舞着他，使他舍生忘死尽忠为国，终于名垂青史。这是后话。

（三）朱高煦的最后下场：被囚禁致死

1. 宣宗得胜班师，建了“逍遥城”囚禁汉王

乐安城中很快便知道了主帅投降的消息，于是人心涣散，停止了抵抗。宣宗让朱高煦写信招降他的子女妻妾，下令只罪主谋不问胁从，从而使混乱不堪的乐安城暂时安定下来。接着，宣宗命阳武侯薛禄和兵部尚书张本留在乐安处理善后事宜，自己则率领大军，押着朱高煦和同谋王斌等人班师回朝。当时是八月份，回师途中天上下起了雨，估计是宣宗见士兵们在泥泞的道路上连推带拉辎重车辆比较吃力，于是便下令全军休息，等天晴地干了再走。

山东和北直隶的百姓听到宣宗顺利平叛的消息，都从远近地方赶来，夹道欢迎回师的队伍，许多人跳起了民间舞蹈。宣宗所过之处，“万岁”之声此起彼伏。当然，这种场面也可能是地方政府事先安排的。只是十几万大军路过，本来就已十分狭窄的道路此时更加拥挤不堪，加上北方的秋收还没完，道路两旁的庄稼经过大军一来一去两次践踏，几乎被碾压成了碎末，因此宣宗回京后，就下令免除了大军所过地区的全部田赋。[1]

宣宗随后命人在西华门内修筑了一座囚室，将朱高煦全家关在里面，还特意为这座囚室起了个具有讽刺意义的名字：逍遥城（地点是在今天故宫的西华门以东，第一历史档案馆附近）。从此，汉王朱高煦被废为庶人，在这座“逍遥城”中戴着木制的镣铐，度过了将近四年的囚徒生活。

---

1 参见《明宣宗实录》卷二十三，宣德元年十二月辛酉。

伙同朱高煦谋反夺位的王斌、朱恒等人，经审讯后被处死；那些与朱高煦相约起兵接应或是献城相助的卫所军官们，也先后被查出，相继被杀者达640余人。因放走或是隐藏罪犯而被判刑或是戍边者，计有1 500余人，被送往边地编为土民者达720余人。[1]这次行动的规模不大，据说被处理的人员只有4 600人，而朝鲜方面的记录是46 000人，两者相差十倍，可能有些夸大，但陆续受到处理的人超过5 000，则是有可能的。

朱高煦之叛被彻底平定，困扰明帝国二十多年的难题，至此为宣宗成功地解决了。朱高煦最终败于宣宗之手，原因复杂，永乐时期夺位活动过于急躁和露骨，反而受到打击，未能抓住朱棣和朱高炽去世的两次机会发兵夺位，最后困守乐安这块弹丸之地，军事实力的相对薄弱等，综合起来导致了朱高煦的失败。另一方面则有朱棣、朱高炽、朱瞻基祖孙三人的联合行动，尤其是宣宗后来欲擒故纵、后发制人的策略，几乎是迫使朱高煦先动手，然后迅速亲征，一举平定。整个过程既反映出宣宗的果断和气魄，也反映出辅政群体具有很强的应变能力。

如果宣宗不亲征而是派别人去，武将们就会首鼠两端，心怀观望，朱高煦或许还有取胜的机会，宣宗就要冒极大的风险；但宣宗没有冒险，没有给朱高煦这样的机会，而是果断亲征，他身边的杨荣等人也看出了亲征的重要性，这些人可比当年齐泰、黄子澄等人厉害多了，因而朱高煦实在是遇到了强劲的对手。虽然他是当年“靖难”之战的猛将，又主持过一段北方的防务，具有一定的军事才能，但是他缺乏朱棣和朱瞻基身上的战略才能，性格急躁，容易冲动，缺乏耐心。由于战功和朱棣的纵容，朱高煦的顺境大大多于逆境，经受不住逆境和挫折的考验，关键时刻举棋不定，被动挨打，

---

1 参见《明史》卷一一八，《诸王传》三。

终于被擒。

2. 平叛虽然兵不血刃，但宣宗有些消沉

宣宗在不到一个月的时间内，几乎是兵不血刃地平定了朱高煦的叛乱，一下子削除了大明帝国内部多年的隐患，前后事情处理得也算干净利落，他自己也感到较为得意，于是便写了一篇记述这番经过的《东征记》，刻印出来给群臣传阅。但是得意之余宣宗有些消沉，回京之后文武群臣上表，对这次胜利出征表示祝贺，宣宗却说：这是国家的不幸，有什么值得祝贺的。不久，鲁王朱肇辉等许多亲王纷纷请求进京，以便当面向宣宗庆贺平叛之事，宣宗又叹着气说：这真是我们家门的不幸啊！我心中惭愧，没什么值得庆贺的。传令亲王不许前来致贺。[1]

宣宗为什么会这样呢？宣宗尽管平定了朱高煦的谋反活动，但朱高煦毕竟是他的亲叔叔，因为觊觎皇位而与他同室操戈，最后竟是大侄儿囚禁了亲叔叔，这在长幼尊卑等级森严的社会里，的确不是什么值得夸耀之事。如果这件事发生在前两朝，那么道德意义就会不同。朱棣对朱高煦，是父亲对儿子；朱高炽对朱高煦，是兄长对兄弟，这样的结局是传统道德所能允许的。而宣宗对朱高煦，是晚辈战胜了长辈，这样的结局是传统道德所不提倡，甚至是反对的。

尽管平定朱高煦之叛，客观上有利于大明帝国的和平与稳定，但是传统道德的理想说教与政治斗争的残酷现实毕竟是两码事，这种矛盾使宣宗在无形中背上了一个道德的包袱，平定朱高煦的胜利也因此而蒙上了一层阴影。终宣德一朝，宣宗也很少向人炫耀此事。也许是在这种心理的作用下，当有关部门追查朱高煦余党时，宣宗

---

1 参见《明宣宗实录》卷二十一，宣德元年九月丁酉、戊午。

特意指示他们不要穷追不舍，更不要株连无辜之人。

值得注意的是宣宗并没有立即杀掉朱高煦，而是关了他几年，最后杀掉他也有些被迫的成分。为什么会是这样呢？各位可以回忆一下当初“靖难之役”时建文帝曾下令，禁止政府军杀掉甚至伤及他的四叔朱棣，原因是他不想背上杀掉亲叔叔的罪名。这与当时的社会文化和风气有关，当时人们非常重视并提倡孝道，晚辈不论出于什么原因伤害长辈，在当时都是大逆不道之事，《大明律》即有对此从重治罪的规定，由此可见，宣宗只是囚禁二叔而不是立即杀掉他，是有复杂的社会文化背景的。这与他后来善待三叔朱高燧，具有同样的原因。

3. 老宁王朱权变相为朱高煦讲情，受到警告

这里还有一个小插曲，当时的宁王朱权仗着自己是宣宗的爷爷辈，总是向朝廷提出一些过分的请求。朱权是朱元璋的第十七个儿子，当年他的边防部队中蒙古人较多，颇有战斗力，他曾以这支部队帮助四哥朱棣夺取了皇位，朱棣当时答应事成之后将天下分他一半，当然是空头支票了。朱棣称帝后为了防止宁王朱权势力壮大，把他的封国从北方的大宁（今河北平泉东北）改为江西南昌，使他失去了镇守边镇的重要地位和大部分军事实力，朱权对此一直耿耿于怀。

到了宣德时期，老宁王便向宣宗要求换一个好一些的封国城市，还搬出当年朱棣的空头许诺，言外之意，朝廷待他有失公正，当然都被宣宗拒绝了。这次朱高煦被平定之后，老宁王又提出藩王的品级问题。可能是当初朱高煦起兵时，也拿藩王的品级问题当借口，现在老宁王重提此事，宣宗当然非常反感。他认为叔爷此举是在变相为谋反的朱高煦讲情，于是宣宗亲笔写了封回信，几乎是措辞严厉地批驳了这位叔爷的请求，并严厉警告他不要同朱高煦站在一起对抗朝廷。如果再为朱高煦求情，“恐天下亦将言之不已，彼时虽欲

朕全亲亲之义不可得矣”，[1]意思是，朝野上下会有意见，到时候我就是想对你客气也办不到了。

老宁王收到这封信，吓得赶紧向宣宗谢罪。[2]朱高煦同仁宗、宣宗父子两代的恩怨持续了几十年，现在宣宗终于制伏了朱高煦，也是为父亲出了一口气。老宁王朱权凭着自己是宣宗的爷爷辈，就想为朱高煦求情，这不是老糊涂了吗？几乎是与虎谋皮，难怪宣宗不客气地训了他一顿，这下宁王老实了。

但是朱高煦毕竟是地位显赫的亲王，无论是“靖难”的战功还是后来在乐安的经营，都在当地有一定的影响。那些响应朱高煦举兵的人们，事后或被押解戍边，或被发给官家为奴。这些人有的杀死押解人员然后逃走，有的从流放地逃回乡里，宣宗不得不下令有关部门严查逃犯，重赏检举和自首之人。[3]但从总体上看，他对这件事的处理还算低调，并未大肆追究、株连多人，甚至连起码的庆贺仪式都未举行，可见宣宗内心对此还是有着清醒认识的。

4. 汉王被扣在铜缸里烧死，家人全被杀光

宣德四年（1429年）四月的一天，宣宗忽然不顾劝阻，去西华门内看望他的囚徒叔父朱高煦。长期的囚禁生活已使桀骜不驯的朱高煦难以忍受，宣宗一到，两位老对手可能相互对视了一会儿，朱高煦“出不意，伸一足勾上踣地”，猛然抬起脚上的木铐向宣宗扫去。宣宗没提防，被扫倒在地。

宣宗勃然大怒，“急命力士抬铜缸覆之。缸重三百斤，庶人有

1　参见查继佐《罪惟录》志卷三十二，第1033页。

2　参见《明通鉴》卷二十，宣宗宣德四年四月戊寅。

3　参见《明宣宗实录》卷三十，宣德二年八月甲申。

力，项负缸起”，立即命几个力大之人抬来一口铜缸扣住了朱高煦，但朱高煦力气大，几百斤重的铜缸他居然挺着脖子顶了起来。宣宗有些气急败坏，“积炭缸上如山，燃炭，逾时火炽铜镕，庶人死”，[1]竟残酷地下令用一堆木炭埋住铜缸，然后点燃木炭，朱高煦被活活烧死在铜缸里，宣宗也可能出了一口恶气。朱高煦为父亲、为自己争夺皇位，几乎苦斗了一生，临死还为这场闹剧添了个不寻常的尾声。

今天北京故宫博物院太和殿后面的空地上，有几个巨大的铜缸，直径有将近两米，半人多高，重量至少也有两吨，据说是用来装水防火的。这些铜缸当时叫作吉祥缸，外面有镏金，是当年乾隆帝下令制作的，象征五行中金生水、水克火。据说当年乾隆帝的本意是要用纯金来打造这些吉祥缸，但结果却被大贪官和珅用黄铜调了包。另一个说法是，乾隆皇帝下令制作铜缸，但又觉得摆在太和殿后面不好看，于是又下令每一口铜缸上镀金一百两，意为“金瓯无缺”。后来八国联军打进北京，有士兵用随身的佩刀刮走了铜缸上的镏金片，因此铜缸上留下了一些刮痕。据说明朝也有类似的铜缸，但比清朝的铜缸要小一些，重量也轻了不少，其中的一个铜缸没有装水，当年可能是用来扣朱高煦的。

朱高煦被杀这件事，《明史记事本末》没有记何年何月，《明通鉴》记的是宣德四年四月戊寅（3日），而《国榷》记的是宣德元年十二月冬天，三个记录虽然不一样，但是可以肯定的是，朱高煦遭到囚禁后不久就被杀了，并且当时也没有公布。朱高煦死后他的几个儿子也同时被杀，汉王一支等于绝后了。这是一种斩草除根的做法，不过当年朱棣夺位之后，尽管也逐渐杀掉了建文帝的部分家人，但毕竟还是留了几个，一直囚禁不放，还算没有

1　参见《明通鉴》卷二十，宣德四年四月戊寅；《明史记事本末》卷二十七，《高煦之叛》。

赶尽杀绝。

可是宣宗却将对自己完全失去威胁的叔父后人赶尽杀绝，未免过于残酷了。唐朝“玄武门之变”后，李世民把他大哥李建成的全家都杀光了，甚至连吃奶的孩子都不放过，据说惹起了高祖李渊的不满，觉得李世民的做法过于残酷了。但是皇位之争本身就相当残酷，唐太宗李世民和明宣宗朱瞻基虽然是胜利者，按理说应该有点胜利者的风度，但他们没有，因为他们只在乎自己是否受到威胁，根本不必在乎别人对此是否满意。

（四）朱高煦问题出现的深层次原因

当年的史籍大都将朱高煦写成一个狂傲无礼、勇武凶悍的武夫形象，那么朱高煦是否完全是这样呢？据有些学者的考证，朱高煦的书法和诗歌作品都不错，曾经为一些地方建筑题写过匾额，字迹有功力也有气势，整个建筑因之增色。他的书法没有流传下来，今天是看不到了，诗歌倒是留传下来几首，清人《明诗纪事》中辑有朱高煦的《拟古》五言诗一首，内容是写汉武帝的，其中有这样几句：“……不守清净化，开边政多门。四方屡游幸，万里驰三军。……外虚仁义名，奈兹多欲身。神仙何处在？茂陵今几春。”[1]

诗中批判汉武帝贪图虚名、追求长生享乐，到处巡幸游玩，最后不过是一场空，诗写得合辙押韵，通俗直白，见识也不错，说明朱高煦受过一定的宫廷文化教育，也有一定的文化修养，并非都像史书所记那样，完全是个狂傲的武夫。只不过后人由于他战败被俘，加上修实录者的政治用意，因而对他的形象有所歪曲

1　参见陈田《明诗纪事》甲签·卷二上，周骏富辑《明代传记丛刊》第12辑。

或丑化罢了。

1. 当年朱棣敢于夺位，手中是有武力资本

但是，朱高煦的失败还有更为深刻和复杂的社会政治原因，朱高煦发动的叛乱同朱棣发动的“靖难之役”，以及后来宁王后人发动的“宸濠之变”性质一样，都是为了争夺皇位。这在当时的明朝已不是孤立的现象，它反映了皇族皇子这一政治集团中许多人的意识。尽管传统的礼法规定，只有嫡长子才能继承皇位，但反抗礼法、谋取皇位的勇士历代都不乏其人。

朱棣可算是其中的成功代表，那么他有什么资本起兵呢？在洪武年间实行分封制的条件下，他是凭借军权也就是军事实力才得以起兵夺位的。洪武初年的政治体制中，很大一部分兵权掌握在徐达、傅友德这些军事贵族手中。后来朱元璋杀戮功臣，逐渐将这部分兵权转移到了自己的儿子也就是藩王手中，就连冯胜、傅友德这样具有开国资历的公、侯将领，也要受晋、燕等藩王的节制。此后，边塞诸王多次奉命出塞，并有权节制部分卫所和布政司都司，形成了一个拥有强大军事力量和相应政治势力的藩王集团。

到了洪武末年，一方面是军事贵族集团不断被剪灭，另一方面则是藩王贵族集团被扶植起来，势力不断坐大，大到几乎可以同中央皇权相抗衡的程度。太祖朱元璋生前，已经有个别藩王做起了当太子的美梦。而朱元璋后来又将皇位隔了第二代直接传给了第三代，也就是传给了孙子而未传给实力雄厚的儿子，那么他的儿子们能甘心吗？显然不能。因此朱元璋死后，他的儿子们一定会凭借手中的实力，来争夺他孙子的皇位。以朱棣“靖难”为标志，当时在皇族亲王之中涌动着一种谋反夺位的意识和欲望。朱棣的好几个兄弟也都想争夺皇位并且有所行动，其中有人当年也同朱高煦一样，提前

朱元璋像

坐起了皇帝的专车。[1]

据说当年太子朱标曾经埋怨父皇朱元璋杀人太滥，朱元璋就故意让人拿一根带刺的棘条扔在地上，让朱标捡起来，朱标嫌扎手，朱元璋就说：去掉了刺的棘条就不扎手了。言外之意是我杀那些人就是为了减少威胁，留给你一个容易治理的国家。这话对不对呢？事实上朱元璋生前和死后直到明末，没有一个文臣武将起兵夺位，倒是总有几个藩王这么干，这说明当时中央皇权的主要威胁根本不是文武权臣，而是那些手握重兵、觊觎皇位的各地藩王。朱元璋杀戮功臣，封立藩王，结果是一面除“刺”，一面留“刺”，使得子孙几代都“扎手”。可见朱元璋当时只想到防外人，很少想到防内部藩王，因此他的认识不全对。

当年叶伯巨虽然提醒过朱元璋，藩王势力太大会威胁到中央皇权，但朱元璋却认为这是在离间朱家的骨肉，一怒之下杀了叶伯巨。尽管到了晚年，朱元璋也对藩王的威胁有所警觉，但他已经没有机会改正了。本来朱元璋分封藩王，是想让他们来拱卫中央政权，但是这个初衷后来被完全改变了，藩王集团的膨胀对于皇权反而构成了威胁，正好弄反了。后来朱棣起兵成功夺位，完全是他老爹朱元璋分封制的恶果，这表明洪武时期的分封制实际上是失败了。因此，朱元璋之后国家政治的一个重要任务就是削藩，消除威胁皇权的不稳定因素，建文帝做的就是这件事，只是他做得不得法，不仅没做成，最后还为此丢了皇位。

2. 朱棣削藩不彻底，导致汉王想夺位

朱棣称帝后，虽然一开始还曾优待被建文帝收拾的几个藩王，但很快就采取了强有力的措施来削夺藩王的权势，使他们无力举兵

1　参见《明史》卷一一八,《诸王传》三。

反抗中央。他为什么要这么干呢？他的理由很简单：正因为我朱棣是靠军权起兵夺位的皇帝，所以我不能再让你们也靠军权夺了我的皇位，这和当年宋太祖“杯酒释兵权”的做法是一样的。不过朱棣并没有从制度上废除亲王典兵之制，他对兄弟们典兵感到担心，但对儿子们典兵倒是放心的。因此他仍按朱元璋的“祖训”，为次子朱高煦和三子朱高燧设置了护卫部队，其结果又导致了仁宗朱高炽死后，朱高煦学习父亲朱棣，起兵争夺侄儿朱瞻基的皇位，企图重温当年燕王“靖难”的旧梦。朱棣未能在生前妥善处理朱高煦之事，不能不说是他的一大失误。

很显然，“高煦之叛”是明太祖朱元璋搞分封制的“后遗症”。但是朱高煦举兵夺位时，藩王的实力与洪武末期几乎无法相比，那时的藩王拥有强大的军事和政治势力，而此时的藩王只有王府城内的“封地”，花销用度全由国家拨给，数量有限，军队只有少量护卫，并受到许多严格限制。在这种条件下诸王要想举兵夺位，成功的可能性极小。朱高煦正是在这样的条件下起兵的，加上他本人的一些不利因素，因此，他的失败带有一定的必然性。

其实在朱棣和朱高炽病死的时候，朱高煦如果起兵夺位，可能还有一线希望；但宣宗朱瞻基即位以后，朱高煦几乎完全没有希望了，皇帝那个位子根本不可能是他的。在这种情况下，朱高煦如果安心当亲王，宣宗轻易也不会把他怎么样，但朱高煦不甘心，非要跟大侄宣宗较量一番，这个做法在当时已经完全不现实了，失败的结果是可想而知的。

此外，朱高煦的政治理念和做事风格同朱棣非常类似，一开始就遭到了文臣集团的排斥，从永乐初期到宣德初期，为了防止朱高煦夺位，文臣集团中的解缙等人几乎是全力以赴，[1]尤其是朱棣死后的

1　参见《明史》卷一四七，《解缙传》等。

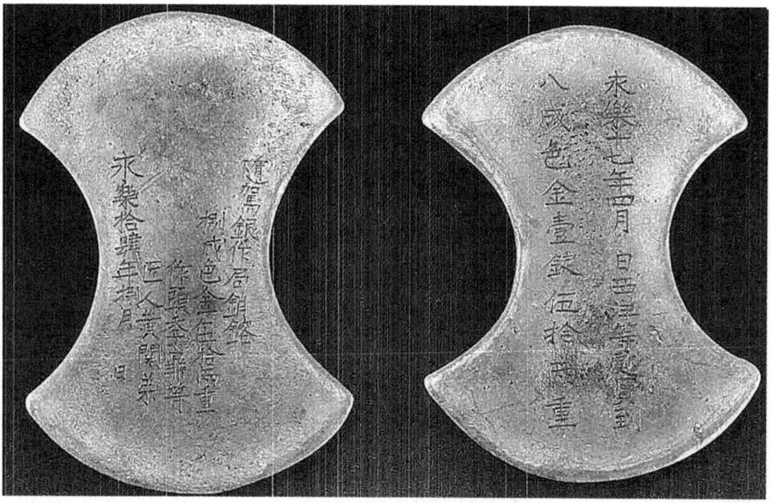

梁庄王墓出土金锭

非常时期，实际上这也是对朱棣开创性政治的一种抵触和排斥。因此，朱高煦的失败除了实力之外，还有他与文臣集团之间特殊矛盾的因素。那么除了朱高煦之外，赵王朱高燧和那些大大小小的藩王会有什么样的下场呢？他们还会威胁皇权吗？

开封龙亭，原为明周王府的一部分

二十三 釜底抽薪

宣宗采取了后发制人的策略，直到朱高煦的夺位活动充分暴露之后才出兵亲征，并且很快就平定了此事，最后囚禁并杀掉了朱高煦。实际上这件事的根源在于朱元璋施行的诸王分封制，分封制给他的继承者留下了一个棘手的局面，那就是藩王势力可以威胁中央政权。因此，从建文帝削藩到宣宗平定高煦之叛，都是洪武以后的连续削藩之举，其中朱棣削藩取得了较大的进展，宣宗不过是继承了祖父朱棣的做法，更进一步地削藩。只是宣宗平高煦这件事，后人却有不同的看法。

（一）汉王举兵之事虽有争议，但宣宗势必进一步削藩

1. 汉王举兵的记载可能与事实有出入

从现有的史料来看，基本上是汉王朱高煦被遣送到乐安之后心怀不满，长期积蓄军事力量准备起兵夺位。宣宗即位初期，朱高煦终于按捺不住，甚至公开成立了与朝廷对立的政权，宣宗则是被迫出兵应战，为国除害。因此，正义和公理完全是在宣宗一方。但是记载这件事最早的材料是太宗、仁宗和宣宗三朝的实录，而这些实录都是在宣宗平朱高煦之后，朝中文臣按照胜利者也就是皇帝的意

图编写的，带有明显的政治倾向，所以，写出来的内容当然都是对皇帝最有利的。事实上专制时代历朝官方的史书都是这样，只不过《明实录》做得更加明显。

就连朱元璋根本没有传位给朱棣这件事，《明太宗实录》都可以篡改成是朱元璋遗诏传位给朱棣，因此可以推测，像宣宗平朱高煦这类事更是很容易被写成是朱高煦破坏国家稳定、主动谋反，而宣宗则是被迫为国除害、替天行道。后来的史家对此没有进行深入的考证，基本上都沿袭了当年三朝实录的看法。而真正的事实则可能与三朝实录相差较大，永乐后期朱棣虽然将朱高煦遣送到山东乐安，但仍为他保留了一定的护卫实力和自由空间，反映出朱棣对他既有所控制和惩罚，又有一定的偏袒和安抚，是一种较为明显的矛盾心态。这种心态和朱元璋当年对藩王诸子的心态几乎一样，既想让他们有一定的军事实力来拱卫皇帝，又想让皇帝控制他们以免实力膨胀威胁皇权，结果弄得两头不讨好。

朱高煦本人在“靖难之役”中表现出色，曾多次得到朱棣将来传位给他的明确许诺，但朱棣即位后没有兑现以前的许诺，只是对他较为纵容，并且有意无意地借他之手打击和削弱太子，在这种情况下，朱高煦夺位的想法和行动都非常明显。但永乐后期朱高煦被遣送到乐安之后实力和地位都大为下降，前后反差非常大，心里不可能没有波动。当年朱棣曾向帮助他出兵的宁王朱权许诺：事成之后分一半天下给他。就连这样的“空头支票”后来都成为宁王后人起兵夺位的重要借口，因此，朱高煦对于父皇朱棣和仁宗、宣宗不顾他的夺位战功，大大降低他的亲王待遇而耿耿于怀，常有不忿之举，甚至仍有夺位的念头，也是完全正常的。

2. 朱高煦的违法活动成为宣宗进一步削藩的借口

至于宣宗和二叔朱高煦之间，早晚必有一场决斗，不要说朱高

明《入跸图卷》局部之“持刀佩带弓箭的明军步兵”

煦总有不忿和违法之举，就凭他当年多次诬陷和打击太子及其部下，宣宗也要找个机会跟二叔算账，为父亲出口恶气，况且其中还有宣宗的母亲、仁宗张皇后的因素。而朱高煦这时虽然没有起兵夺位的实力和可能性，但他在皇位继承问题上与朱棣类似的性格和思路，尤其是那些扩充军队、抢夺财物、藐视朝廷的活动，却为宣宗出兵收拾他提供了罪名和借口。反过来再看宣宗的做法，从洪熙元年（1425年）六月即位到宣德元年（1426年）八月，宣宗对二叔几乎一直是安抚加纵容，对于他那些违法、不忿之举，宣宗既不提醒也不警告，某种意义上等于“制造”了朱高煦谋反的罪名和借口，给人感觉有点像欲擒故纵。

如果朱高煦没有任何谋反活动，宣宗当然不可能除掉他，因此朱高煦那些违法、不忿之举对宣宗来讲，最重要的作用还是让自己师出有名，即得到了平定朱高煦的充分理由。而朱高煦的这些活动一被朝野“获知”，朝廷这边十几万人马很快就出动了，说明宣宗很可能早有准备。设法杀掉囚徒叔父并将其全家赶尽杀绝，这种违背太祖朱元璋《皇明祖训》的残酷做法，则说明宣宗对二叔恨之入骨、必欲斩草除根的心态。从这个结果来看，即使朱高煦没有那些违法、不忿之举，单凭双方以前的积怨，宣宗也决不会轻易放过他。[1]

也有人认为，朱高煦只是同朝廷谈判，军队也是原地踏步，并没有起兵造反，他的行为顶多是个不安分的亲王，宣宗不过是找个借口除掉隐患罢了。这话虽有一定的道理，但也不全对，因为朱高煦至少已拥有相对独立的政权，军队和机构建制都有“另立中央”的迹象，朱高煦也曾率军在乐安同明朝政府军对峙，短期内双方已处于敌对状态，要说朱高煦完全没有夺位谋反的想法，恐怕也不现实。从朱高煦的角度来看，他的这些行为只不过是为自己的战功和政绩争取一些合理的“权益”，略有违法。而从专制时代宣宗这些皇帝的角度来看，朱高煦的行为不仅违法，甚至这种争取本身就是夺位谋反的行为，加上文臣事后对宣宗的美化和对朱高煦的贬斥，因此，今天人们所能看到的当然多是朱高煦的反叛。

朱高煦到乐安后，经过朱棣的削弱实力已相当有限，比如只有王府城内的“封地”，花销用度全由国家拨给，数量有限，军队只有少量护卫，并受到严格的限制，在这种条件下要举兵夺位，成功的可能性极小，但是朱高煦毕竟可以凭借有限的实力闹“独立”，这说明藩王典兵对中央皇权仍有威胁，因此平定朱高煦之后，宣宗朱瞻基立即着手继续削夺藩王的权势。当年朱元璋分封的二十几个藩王中，除了被废和自然死亡之外，留到宣德时期的还有十几位。各个王府还拥有数千到一万多人的护卫部队，对中央皇权仍然是个不大不小的威胁。因此，宣宗平定高煦这件事对于这些藩王来讲，可能还有敲山震虎的作用。

1　这里采用了高寿仙、赵轶峰的部分看法。

（二）回师途中，关于处理赵王的一场争议

1. 从前赵王参与夺位，有人建议乘胜袭击

除了汉王朱高煦之外，当时最引人注目、最有地位的亲王当数宣宗的三叔、赵王朱高燧。当年朱高燧及其手下的一批宦官，曾多次伙同二哥朱高煦合谋倾陷太子，永乐二十一年（1423年）朱棣病重时，据说朱高燧的部下发动宫廷政变未遂，虽然太子出面而使朱高燧免受处置，其“自是益戢敛”，[1]从此也几乎完全收敛了夺位的行为，但他毕竟有过一段与宣宗父子为敌的经历，又与二哥朱高煦关系密切，因此在许多人看来，如今做了皇帝的朱瞻基迟早会报复三叔朱高燧。

那么朱高燧本人是怎么想的呢？他当然明白这一点，因此精神压力很大。尽管宣宗即位以来对他极为优待，但他仍然表现得极为谦恭，极为谨慎。朱高燧比二哥朱高煦聪明，他似乎看透了大侄那套欲擒故纵、后发制人的策略，深知在宣宗极为优厚的待遇下，自己稍有失误就会被人抓住把柄，甚至会招来杀身之祸。因此，他根本不像二哥朱高煦那样厚颜贪婪地向朝廷索要物品，而是努力奉公守法，恪守为臣之道。王府内凡是能引起别人非议的事，朱高燧一律上报朝廷，决不擅自处理，借以换取朝廷的信任和自己的安宁。

仁宗在位时大大提高了朱高燧的待遇，于是他主动辞去了两支护卫。仁宗去世后，朱高燧除了首请大侄即位和册立皇后之外，还说自己已经离开北京前往河南彰德王府，因此将自己存于北京一仓库内的八百余石禄米上交朝廷。宣宗闻讯立即下令给平江伯陈瑄，

1　参见《明史》卷一一八，《诸王传》三。

“以所运粮米数送往彰德偿之”，[1]等于就近调拨补足了三叔的王府禄米。其实双方都看透了对方的用意，表面上是相互尊敬，实际上则是谁都不想礼数有亏，都想赢得道义上的优势。有个小有妖术的男子潜入朱高燧的王府进行活动，朱高燧作为亲王本来可以赶走了事，但为了避嫌，他还是将这一寻常小事上告朝廷。宣宗见三叔如此谦恭谨慎，颇为得意地说:“赵叔不得不言。”[2]意思是这类事赵叔不得不说，否则肯定会有人诬告。

尽管如此，仍有许多朝臣认为朱高燧与朱高煦一样，当年都曾积极参与夺位之举，是朝廷的一大隐患，应该设法剪除。在平定朱高煦的回师途中，从北京前来迎驾的户部尚书陈山就劝宣宗，“宜乘胜移师向彰德，袭执赵王，则朝廷永安矣”。陈山是宣宗当太子时的老师，宣宗即位后便破格提拔陈山为户部尚书，并使其进入内阁成为皇帝的高级秘书和顾问。

据说陈山从北京赶来迎驾前，肯定是先去觐见宣宗的母亲张太后，因此他讲的逮捕赵王之事并非他自己的想法，而是来自北京的张太后，原因很简单，赵王朱高燧也就是张太后的小叔子，当年伙同朱高煦多次打击、诬陷太子，也让太子夫妇吃了不少苦头，因此今天才同意陈山的建议，让儿子在平定朱高煦的回师途中，顺便去河南彰德收拾赵王。陈山还怕宣宗犹豫，回头又向蹇义、夏原吉讲了自己的想法，请他们帮自己说话。

2. 杨士奇反对袭击赵王，并拒绝起草诏书

那么宣宗是怎样想的呢？他当然赞同陈山的想法，况且还有母亲的因素，于是他招来杨荣计议。杨荣对此完全赞成，并为宣宗具

1　参见《明宣宗实录》卷十九，宣德元年七月辛丑。

2　参见《明宣宗实录》卷十八，宣德元年六月己巳。

体谋划，他建议先派人写信给朱高燧，责问他与朱高煦勾结谋反的罪行，然后大军忽然杀到，擒住赵王。宣宗同意杨荣的计划，当年这个三叔也曾参与二叔的夺位活动，让宣宗父母受了不少的窝囊气，今天收拾完了二叔，宣宗的确很想再收拾三叔。蹇义、夏原吉两人虽然对此有不同的想法，但看到宣宗主意已定，只好表示服从。杨荣见参与决策的多数人都同意他的意见，于是便传令杨士奇为皇帝起草逮捕朱高燧的诏令。

不料杨士奇竟拒绝起草，他一字一板地对杨荣说："事须有实，天地鬼神岂可欺哉！且敕旨以何为辞？"意思是此事必须要有真凭实据，难道天地鬼神是可以欺骗的吗！更何况令旨以什么名义来逮捕赵王呢？杨荣见杨士奇竟敢反对他和皇帝定下的方案，不禁大为光火："此国家大事，庸可沮乎！令锦衣卫责所系汉府人，状云'与赵连谋'，即事之因，何患无辞？"这是国家大事，难道你想阻拦吗！让锦衣卫审讯逮捕的汉府人员，就说汉王举兵是与赵王合谋的，还愁没有逮捕赵王的名义吗？杨士奇冷笑说：锦衣卫的审讯结果，怎么能服人心呢！

杨士奇为什么会这样呢？显然，他不仅对处理赵王之事有自己的想法，而且对杨荣和宣宗没有找他商议，将他排斥在此事的决策范围之外感到不满。杨士奇曾长期辅佐朱高炽监国，在仁宗朝更成为首席文臣，地位排在杨荣之前。而杨荣虽说在永乐朝很受宠，超过杨士奇，但在仁宗朝地位下降，现在他可能是想借此事重新提高自己的地位，因此才在宣宗的同意之下替皇帝传令，这当然是杨士奇难以接受的。估计他可能会想：皇帝向我传令还差不多，你有什么资格传令？你以为这还是在永乐朝吗？因此，杨士奇的不满和拒绝，含有两人间的地位之争的因素。

杨士奇随后找到蹇义、夏原吉，希望两人能站在自己一边，阻止宣宗发兵袭赵。蹇、夏两人明哲保身，他们当然不想为杨士奇而开罪宣宗和受宣宗宠信的杨荣，蹇义为难地劝道：皇上主意已定，大家差不多也都同意，你哪能拦得住呢？不等杨士奇回答，夏原吉又问道："万一上从公言，今不行。赵后有变，如永乐中孟指挥之举，谁任其咎？"意思是，万一皇上听了你的话，放过朱高燧，日后有个风吹草动，就像永乐时期孟指挥谋害先帝那样的行为，谁能负责呢？

3. 杨士奇力排众议，袭击赵王之事暂缓

杨士奇对此有自己的想法，他回答说："今时势与永乐中异。永乐中，赵拥三护卫，今已去其二。且昔孟指挥所为，王实不预闻。不然，赵王岂至今日乎？"现在的局势和永乐时期不一样，当时赵王拥有三支护卫，如今已经辞掉了两支，只剩一支了。况且当时孟指挥的谋反行为赵王的确事先不知道，不然赵王能有今天吗？蹇义觉得杨士奇的话有理，便问现在该怎么办，杨士奇认为还应该照旧优待赵王，如果有疑虑就加以防范，这样才有利于整个国家。蹇、夏两人又说："公言固当，然上特信杨荣言，不系吾二人可否也。"[1]你讲的固然有理，可是如今皇上非常听信杨荣的话，根本不考虑我们的意见。

杨士奇只好又找到杨荣对他说：当年赵府的小人伪造诏书发动政变，证据确凿，先帝仁宗尚且为赵王一再辩护救了他，"太宗皇帝惟三子，今上亲叔二人。一人有罪者不可恕，其无罪者当厚之，庶几仰慰皇祖在天之灵"。太宗皇帝（朱棣）只有三个儿子，现在皇上只有亲叔两人，一人有罪不可饶恕，另一人无罪就该优待，这样才能告慰皇祖的在天之灵。杨士奇抬出太宗朱棣的在天之灵，同样未能说服杨荣。这时另一位重臣杨溥在一旁对杨士奇说：我也同意你的想法，咱们一起去见皇上，请他不要发兵袭击赵王。

---

1 参见《明史记事本末》卷二十七，《高煦之叛》。

安阳高阁寺赵王府遗址

杨荣见又多了一个反对者，他唯恐夜长梦多事情有变，赶紧快步去见宣宗。杨士奇和杨溥也跟着往里走，“而门者止二人，不得入”，却被门卫挡在外面。门卫也知道杨荣是皇上的宠臣，不敢阻拦，而是拦住了皇上并未下令召见的杨士奇、杨溥两人。不一会，宣宗传令召见蹇、夏两人，两人可能讲了杨士奇的想法，宣宗听罢自然是一脸不高兴，据说在回师途中他还感叹，没有利用这个机会收拾三叔，担心回去会受到母亲的申斥，但是也没有再提移兵袭击赵王之事。

（三）宣宗对待三叔：削弱实力、保全地位

1. 给予出路，宣宗保全了三叔朱高燧

回到北京之后，朱高燧就成为众矢之的，有人建议宣宗削掉朱

高燧的护卫，还有人建议将他同朱高煦一样关起来。宣宗肯定了这些人为朝廷着想、忠于皇室是好心，却认为他们不识大体。他觉得还是杨士奇的话有理，便特意招来杨士奇问道：现在议论赵王的人越来越多，你看该怎么办呢？杨士奇见宣宗改了主意，立即诚恳地答道："今日宗室，惟赵王最亲，当思保全之，毋惑群言。"[1]宣宗说："吾亦思之，皇考于赵王最友爱，且吾今惟一叔，奈何不爱。然当思所以保全之道。"我也是这样想，皇父对赵王这个兄弟最友爱。况且我现在也只有一位叔叔了，怎么能不爱呢？只是要想出一个保全三叔的办法。

宣宗认为朝中议论赵王之事，赵王肯定有所耳闻，并且心怀疑虑。不如开诚布公地挑明此事，消除三叔赵王的疑虑。于是他派驸马都尉、广平侯袁容和左都御史刘观，将审讯朱高煦的供词和大臣们弹劾朱高燧的奏章送给朱高燧，并听从了杨士奇的建议，亲自修书一封带给三叔。这是当时一种让人自己认罪又给予出路的做法。袁容和刘观一个是宣宗的姑父，一个是政府的都察院长官，是皇家和政府的高级特使，他们向赵王说明：朱高煦已经供出你参与谋反，大臣都建议对你严惩，但皇帝都不听，反而把这些材料交给你，还写信让你自己看着办。

那么赵王是什么态度呢？原来赵王朱高燧早已听到过对他的议论，估计自己很可能像二哥一样被囚禁起来，此时看到高级特使送来奏章和宣宗的来信，马上明白了宣宗的用意，他当场激动地说"吾生矣"，我得救了。然后立即复信宣宗，一面感谢他的宽大恩德，一面请求辞掉仅有的一支护卫和群牧千户所、仪卫司官校，于是朝廷里对赵王的议论也就逐渐平息了。[2]

1　参见《明史》卷一四八，《杨士奇传》。

2　参见《明通鉴》卷十九，宣宗宣德元年九月戊戌。

2. 赵王交出护卫部队，换取相安无事的结果

宣宗看了朱高燧的复信心中自然高兴，但表面上却不无虚伪地对侍臣说："朕本无意于此，今王欲纳兵卫以杜人言、以求自安，当从之。"我本来没有这个意思，既然是赵王要求交出护卫部队以杜绝别人的议论，求得自身平安，那就应该顺从他的意愿。因而顺水推舟同意了朱高燧的请求，但并未全部收纳他的护卫部队，而是将人数不多、负责侍卫仪仗的仪卫司留给了朱高燧。[1]这样的处理固然保全了朱高燧的亲王封号和地位，但实际上则是大大削弱了他的实力。但是不管怎么说，这是使双方都能相安无事的结果。

宣宗与朱高煦和朱高燧两位叔叔打过多年交道，颇为了解两人的禀性区别，他知道三叔朱高燧虽比二叔朱高煦聪明狡诈，但胆量不如朱高煦。如果他和朱高煦勾结一气，或许还能搞出点什么名堂，如今朱高煦被擒，朱高燧已是孤掌难鸣，更干不出什么像样的事，实在是不足为虑。况且朱高燧在永乐后期那次未遂政变之后，的确是洗心革面、痛改前非了，宣宗收去了他的护卫，也就等于惩治了他从前陷害仁宗朱高炽的罪过，为父皇申冤出气了。

这样处理，还可以显示出宣宗本人和父皇对朱高燧的一贯宽厚仁爱，一举多得。明朝非常讲究孝道，尤其提倡晚辈对长辈尽孝，当年建文帝下令，不许在战场上伤了四叔朱棣，宣宗一直尽量不杀二叔朱高煦，一再优待三叔朱高燧，都是遵循当时的文化传统，并非这些人天性多么仁厚。但宣宗宽待三叔赵王一事却为许多人所称道，他本人也对此颇为满意，并由此更加器重杨士奇。后来他曾对杨士奇说：赵王之所以获得保全，是你的功劳啊！并重赏了杨士奇。[2]

---

1 参见《明宣宗实录》卷二十五，宣德二年二月庚申。

2 参见《明史记事本末》卷二十七，《高煦之叛》；《明史》卷一四八，《杨士奇传》。

彰德府（今安阳）文峰塔

赵王朱高燧虽然受到宣宗的宽待，但已失去了往日的权势和地位，自然会受到人们的轻视和慢待。宣德三年（1428年）二月的一天，掌管彰德卫的军官王友，在朱高燧的彰德王府城外拣到了一封系在箭上的信，信中写的内容是另一位亲王祥符王朱有爝，要与赵王商议谋反、为朱高煦报仇之事。王友如获至宝，很想借此立个平定宗藩叛乱的大功，于是既未弄清真伪也未上报朝廷，便擅自发兵包围了赵王府，禁止行人出入，弄得朱高燧相当紧张。

朝廷后来查明，系在箭上的那封信原来是另外一支藩王朱有爋和朱有熹兄弟两人，为陷害朱有爝而伪造的，他们之间的恩怨由来已久。[1]宣宗处置了王友等人，写信安慰三叔朱高燧。事情虽然平息了，但一些晚辈亲王居然敢诬陷当今皇帝的亲叔叔，卫所中下级军官敢于擅自发兵包围朱高燧的王府，已足以说明赵王朱高燧的地位是如何低下了。

（四）对藩王军事上的削弱，解除了对皇权的威胁

从朱高煦和朱高燧两人的经历可以看出，他们同朝廷抗衡的资本是王府护卫也就是军队，那么朝廷只要设法把他们的军队除掉，对他们来讲就是釜底抽薪，这些亲王也就无法威胁中央皇权了。因此宣宗在处理完两位叔叔之后，随即着手削弱亲王们的军事力量，那么他是怎么干的呢?

第一，鼓励拥有三支护卫的藩王主动献出两支，同时纵容甚至是暗示各地官员提供削除王府护卫的借口。宣德四年二月，秦府护卫军官张嵩等人，背着秦王向宣宗报告了秦府中的一些情况，秦王听说后赶紧上疏表示要辞去秦府的三支护卫。宣宗复书秦王，一再

1　参见《明史》卷一一六，《诸王传》一。

表示下人的报告不可信，表扬了秦王嗣封以来安分守己，没什么过错，却又顺水推舟表示同意秦王辞去护卫的请求，保留一支护卫，供王府日常使用，将另外两支护卫调往他处。[1]

后来四川总兵官陈怀上奏，告发当地都司私自将火炮送给蜀府用于警夜，违反了国家的有关制度。原来明朝规定不经皇帝批准，边镇不许增加火器。宣宗得知此事后，下诏逮捕了四川当地都司首领官。蜀王觉得这件事是冲着他来的，便赶紧于第二年知趣地请求辞掉两支护卫。宣宗表扬了他，同样批准了他的请求。

通过这两件事许多人都看明白了，原来皇上是想寻找借口，好乘机削掉藩王的护卫，于是这些人就动起了脑筋。宣德五年，总督漕运的平江伯陈瑄派他的儿子陈仪给宣宗上了一封密奏："湖广东南大藩，襟带湖江，控引蛮越，实交广、黔、蜀之会，人民蕃庶，商贾往来，舟车四集。楚府自洪武初年立国，有三护卫，官军及仪卫司旗校俱无调遣，四五十年之间，生齿繁育，粮饷充积，造船以千计，买马以万数，兵强国富，他蕃莫及。而卫所之官多结为姻亲，枝连蔓引，小人乘时或有异图，实难制驭"。

陈瑄像

因而陈瑄向宣宗建议："于今无事之时，托以京师粮储不充，命重臣与湖广三司选其护卫精锐官军，给粮与船，令运至北京，因而留使操备，则剪其羽翼，绝其邪谋，王可以永保国土，而朝廷恩义两全矣。"

1　参见《明宣宗实录》卷六十，宣德四年十二月庚寅。

意思是借口北京缺粮，下令楚王府护卫的精锐部队押运漕粮到北京，然后乘机扣留这批部队，从而削弱楚王的军事实力，就可以使藩王和朝廷相安无事了。

这是一个防范和削弱楚王府军事实力的方案，宣宗心里可能很赏识陈瑄的建议，但表面上却说："从来楚国无过，祖考待之皆厚，朕尤加意礼之。"楚府从来没有什么过失，皇祖和皇父都曾给予厚待，我更要特别注意优待。陈瑄也太过虑了，将王府的护卫部队调出来运粮，只不过是一时的权宜之计，运粮完毕就要遣归，如果将这些人拘留在外地操备，就会上失宗亲之心，下失军士之心，哪能按陈瑄说的话办呢？"鄙哉（陈）瑄也"，[1]陈瑄这个人太差劲了。宣宗虽然拒绝了陈瑄对楚王府釜底抽薪的建议，但言外之意是这么做太露骨，理由也不充分。

果然，楚王朱孟烷听到这一情况后非常害怕，很快就派人来京，向宣宗明确表示要献出三支护卫中的两支，但宣宗却故作惊讶地说：楚王一向安分守礼，我是了解他的，所以待他极为优厚。近来不断有小人告发他，我看都是瞎说，因而对他总是置之不问，"今何疑而请归护卫乎？"如今楚王是不是有了什么疑虑，才请求把护卫归还朝廷呢？

侍臣当然明白宣宗的用意，就顺着他往下说：楚王请求归还护卫，大概是想表示一下自己没有异心，以此来杜绝别人的谗言，这是楚王的深谋远虑，也是不得已之举，请陛下同意他的请求，这样就可以保全他了。宣宗十分感慨，楚王人言可畏的处境令他感到同情，而楚王知趣地主动辞掉护卫又令他高兴，于是他批准了楚王的请求，同时又让楚王任意留足一卫，并重赏了楚王府的来使。[2]

1　参见《明宣宗实录》卷六十四，宣德五年三月丙辰。
2　参见《明宣宗实录》卷七十二，宣德五年十一月壬子。

其他一些藩王一看，咱们也别等人家找借口了，还是自己主动点吧，于是也纷纷知趣地请求辞掉两支护卫。宣德七年（1432年），仅有两支护卫部队的肃王上奏，声言护卫部队闲着没有什么用，请求辞掉一支护卫，只留一支。宣宗还是用老办法回信，一面表扬肃王能够为国着想，一面批准了他的请求。

第二，鼓励和纵容边镇的军官，多次大量地征调许多王府的护卫部队备边或服役，借以削弱王府的军事力量。其实这个办法永乐、洪熙时期都曾用过，只不过宣宗用得最多，力度最大。比如晋王府操办婚事人手不够，向朝廷请求将备御大同的数百名护卫官军抽回来。可宣宗却说“大同正秋防之时”，又是敌虏出没的要冲之地，况且这件事是皇祖太宗皇帝所命，“非所今敢轻改”，[1]今天我怎么敢轻易改动呢？因此不能撤回，堂而皇之地拒绝了晋王府的请求。这样一来，许多王府的护卫军队都被边镇长期征调。

第三，将原来曾归属于附近王府管辖的卫所部队，重新划归地方军事机构管辖，也是对各地藩王军事力量的一种削弱。由于长期没有战争和各地藩王地位的下降，原来归王府管辖的一些卫所部队，认为继续这样下去已毫无意义，于是请求重归地方军事机构。宣宗也认为这部分军队在王府“必不得其用”，因而同意了他们的请求。更有甚者，这些部队出征后阵亡的人数，都要求王府护卫出人补足，或干脆抽调王府护卫出征。广西靖江王朱佐敬的护卫部队多次被征调，已所剩无几，但镇守广西的山云将军仍然要求王府出人，以补足地方部队的阵亡人数，靖江王只好向朝廷请求免补，宣宗同意。

上述三项措施的实行，使宣德时期藩王的军事力量受到了相当大的削弱，他们再也无法对中央皇权构成威胁了。同时，王府也

---

1 参见《明宣宗实录》卷九，洪熙元年九月己酉。

处于地方卫所的包围和监视之中，更谈不上在军事上与国家相抗衡了。明太祖朱元璋有26子，明太宗朱棣有3子，一共29人，除去朱标、朱棣、朱高炽3人为太子、为皇帝外，其余受封的亲王共有26人。其中因无嗣、早夭和自杀而除国者5人，永乐时削去护卫和被废为庶人者6人，宣德时辞掉护卫或被废为庶人者7人（晋王后人因罪绝封），共计18人，因此，只剩下8位亲王留有护卫。

其中庆王、宁王、韩王等亲王又是从外地迁至封地的，搬迁来回一折腾，实力肯定会受到很大的消耗。加上不断的征调和服役，这些王府的护卫部队已大为减少，对中央皇权的军事威胁自然就解除了。开始于永乐朝的削藩活动，在宣宗当政时期总算较为彻底地完成了。

（五）藩王受到更多的限制，出路狭窄的寄生集团

1. 宣宗从多方面限制王府的特权

除了削弱军事实力之外，宣宗还从经济等方面限制王府的特权。从洪武至宣德朝已有六十余年，当年分封的亲王这时已是第二代第三代了。人口的繁衍势必造成用度的增加，尤其是许多亲王的后代已婚或到了婚龄，但没有居室，只好请求朝廷设法修建。尽管宣宗下令为这些人解决住房问题，但这些人毕竟为数不少，加之必须农闲时方可建造房屋，因此住房条件已比洪武时期大为下降。这些人结婚选用的仆人和使女，本想于民间选取，但宣宗下令或由朝廷赐给或从王府护卫家属中选用，这样既避免了骚扰民间，又限制了王府任意选取仆婢的特权。

按照明制的规定，王府每个后代的婚姻都要由朝廷来包办，不仅选出配偶，授予冠服、册诰、仪物等，还要登记造册，以示王府后代都是天潢贵胄，与一般老百姓不同。但是到了宣德时期王府的

人口繁衍得太多了，有关部门不可能了解和掌握王府广大适龄青年的情况，及时为他们匹配成婚。因而有些王府后人不等朝廷选授便自行婚配，还有些人则过了婚龄仍未结婚。鉴于这种情况，宣宗下令，王府的婚姻嫁娶如果朝廷不能及时选配，可由王府自行选配，然后上报朝廷，再由朝廷授予冠服、册诰、仪物等。

这是明代宗藩制度的一次变革，大大方便了王府广大适龄青年的婚姻生活。同时，王府后代的婚姻也因此而逐渐“开放”起来，打破了原来由朝廷严格挑选配偶的限制。另一些亲王们的过分请求也受到了宣宗的限制，有些亲王请求拨给子弟田产，有些亲王则请求迁回原来的封地或增加禄米，都为宣宗拒绝。

2. 有的藩王联络汉王、为害地方，受到宣宗的惩治

当初朱高煦的夺位活动紧锣密鼓，几个藩王也想从中“分一杯羹”，同朱高煦暗送秋波，企图联手推翻宣宗。事后宣宗也想借机收拾一下那些不太安分、小有麻烦的藩王，除了亲兄弟之外，他与这些旁系远房亲戚没什么交情，况且这些人日益成为朝廷的累赘和负担，因此宣宗不可能对他们大讲客气。那些为害地方或是为害王府内部的藩王，宣宗则予以惩治，或致书劝诫；那些行为越轨的不法藩王，宣宗则从严惩治，废为庶人。

继朱高煦之后，又一个被废为庶人的是晋王朱济熿。此人是晋王朱棡之子，为非作歹，迫害其兄朱济熺及其侍从，毒死生母。后来又与汉王朱高煦暗送秋波，擅取官粮十万余石积于王府，操练护卫部队，私造兵器，并藏匿逃犯罪人，阴养死士，准备与朱高煦共同起兵。不料朱高煦败得太快，并供出了朱济熿。宣宗不想株连过多，暂时未作处理。但朱济熿仍继续进行谋反活动，并以妖术诅咒宣宗。晋府内外的许多人告发了他的活动。宣宗按“祖训”将朱济熿废为庶人，囚禁于皇陵凤阳，又杀了一批朱济熿的同谋者。[1]

另外两个被废为庶人的藩王，是周府的汝南王朱有爋和新安王朱有熺。两人曾伪造谋反书信，诬陷祥符王朱有爝。宣宗将他们召至京师，当面对质。两人虽然承认诬陷之事，但又都往对方身上推，朱有熺说：这都是有爋出的主意。朱有爋说：伪造的印件都在你那里，哪能说都是我的主意呢？朱有熺揭发了朱有爋谋害周王朱有燉的一些事。朱有爋也不甘示弱，立即揭发了朱有熺杀人吃人的行径。两人相互对骂，狗咬狗。侍从们随即承认诬陷祥符王和赵王一事，完全是两人逼迫他们干的。大臣们请求按大明律处死两人，宣宗不同意，为了显示自己的宽容和大度，他依照“祖训”将他们废为庶人，囚禁于北京皇城之内。

当年朱元璋曾将朱有爋、朱有熺、朱高炽、朱高煦、朱济熿等一批皇孙们召至京师，集中培训，朱济熿、朱高煦、朱有爋三人心术不正，顽皮轻佻，很不讨皇爷朱元璋的喜欢。当然，这类记载可能带有后人的主观因素。朱有爋长大后颇有些诡道主意，朱有熺则天性狠毒，经常杀人取乐。两人狼狈为奸，干了许多违法害人之事。朱有熺后来甚至“嗜生食人脑及肝胆，常以薄暮伺有过其门者，诱入杀而食之，以是其府第前日未晡即断行迹”。他喜欢生吃人脑和肝胆，经常在天色将晚时引诱门前的路人进府，然后杀掉吃了，成为当地的一大祸害。时间一长，周府门前中午以后即行人绝迹。这样一个灭绝人性的野兽终于为朝廷逮捕囚禁，为当地除了一大害，河南开封的百姓们都拍手称快。[2]

1　参见《明宣宗实录》卷二十七，宣德二年四月甲子。
2　参见《明宣宗实录》卷四十三，宣德三年五月甲戌。

3. 宣宗禁止藩王朝见天子，剥夺了他们的特权

除此之外，宣宗几乎一律禁止藩王进京朝见天子，甚至一些藩王想进京致贺谢恩，或是面诉委屈之事，也都为宣宗制止。他为什么要这样做呢？估计由于当时的藩王绝大部分都是宣宗的长辈，宣宗作为皇帝接见他们，按照当时的礼节，一方面必须保持君主对臣下的关系，另一方面则要表现出晚辈对于长辈应有的礼数，这样做在无形之中便有损于宣宗作为的皇帝的尊严。而解决这一矛盾的最好办法，就是禁止长辈藩王们来朝，避免与这些人同朝共室，宣宗就可以在朝臣面前永远保持自己皇帝的权威与尊严了。

不仅如此，宣宗谢绝藩王们来朝，还有更为深刻的政治原因。在明代当时的社会中，进京朝见天子本身即是一种特权，是一种高贵地位的象征和标志。平民百姓和大部分中级官员根本没有这种特权，因而可以朝见天子的藩王们，其政治地位不仅大大高于平民百

大同代王府前的九龙壁

姓和中级官吏，也高于同级别的藩王们。禁止藩王来朝，则在无形中剥夺了他们的这一特权，降低了他们的政治地位。这些藩王们尽管都是皇帝的旁系远支亲属，却被切断了与皇家天子的联系，在政治上就与那些普通的贵族以及平民百姓和一般官员差别不大了。

从洪武到宣德时期，藩王们受到的限制越来越多，不许干涉地方政务，不许随便出城进京，护卫部队越来越少。朝廷又规定皇室成员不许做官、不许经商，只能靠国家发给的禄米和薪俸生活。因此这些人在政治、经济上几乎没有什么前途和出路，在宣德时期就已经显示出了没落、空虚的某些趋向。

4. 藩王成为寄生集团，既空虚又贪婪

藩王们做官、经商都不行，那么这些人一天净干什么呢？代王朱桂的儿子们游手好闲、不务正业，不惜花费重金购鹰玩鸟。老代王则经常身着短衣、头戴秃帽，领着他的两个儿子招摇过市，手持棍棒、袖藏斧锤，随意抡击伤人。有些亲王还与当地军民赌博取乐，豪饮闹事。[1]凡此种种，都显示出这一寄生集团的特点：既空虚无聊，又贪婪凶残。

值得一提的是在明初商品经济的刺激下，有些宗藩亲王不顾明廷的限制，设法干起了发财致富的买卖。广西的靖江王曾要求官府将发给他的禄米折成现钞，贩运私盐获利。就藩建昌的荆王朱瞻堈，纵容王府官属“占据城壕养鱼”，占据操练的教场种菜，并利用城门两旁官厅的旧址盖起店房做买卖。[2]朝廷不是给我的“年薪”有限吗？我在自己的城壕里养点鱼，在操场上种点菜总可以吧。朝廷不是不许我们外出经商吗？我改造一下城门空闲的办公室，出售一点

1　参见《明史》卷一一六、一一七，《诸王传》等。

2　参见《明宣宗实录》卷一一〇，宣德九年四月己丑。

自己种的菜、养的鱼总不犯法吧。可谓因地制宜，生财有道。

这些人的作为的确令宣宗头疼，尽管他对宗藩亲王们一再削弱和限制，但并不彻底，也并不持久。有些事是睁一眼闭一眼，有些事则略为纵容。他的做法不过是在贵族集团内部，中央皇权对另一部分贵族势力的管制，但这种管制很有限，对整个贵族集团基本上不可能有所损伤。为什么会这样呢？因为包括宗藩亲王在内的贵族阶级，毕竟是宣宗政权的统治基础，他要维护和调节这个基础，而不是削弱它。宣宗削弱和限制宗藩亲王，不过是为了加强中央集权，减少威胁皇权的不利因素，更好地维护和巩固他的政权基础。从这一点来说，宣宗与亲王们的根本利益并无本质上的冲突。[1]

只可惜明朝的宗藩亲王们，某种程度上不能像正常人一样生活，

梁庄王墓出土金花簪

1 这里采用了先师李洵先生的看法。

其中一些人做出种种怪诞反常的行为，空虚贪婪，甚至放荡凶残，成为专制制度的牺牲品。其实这是宗藩亲王一种可悲的出路，或者说是一种没有出路的出路，这些人的悲剧完全是专制制度所造成的。

开始于洪武后期的皇位继承权之争，经过朱家几代人的不懈努力，终于大体上解决了，宣宗平定了朱高煦的夺位之举，消除了藩王对中央皇权的威胁，既是整个“仁宣之治”的一部分，也是他本人对明代社会的贡献之一。那么“仁宣之治”还有哪些内容呢？在祖父和父亲的政策矛盾之间，宣宗又是如何选择的呢？

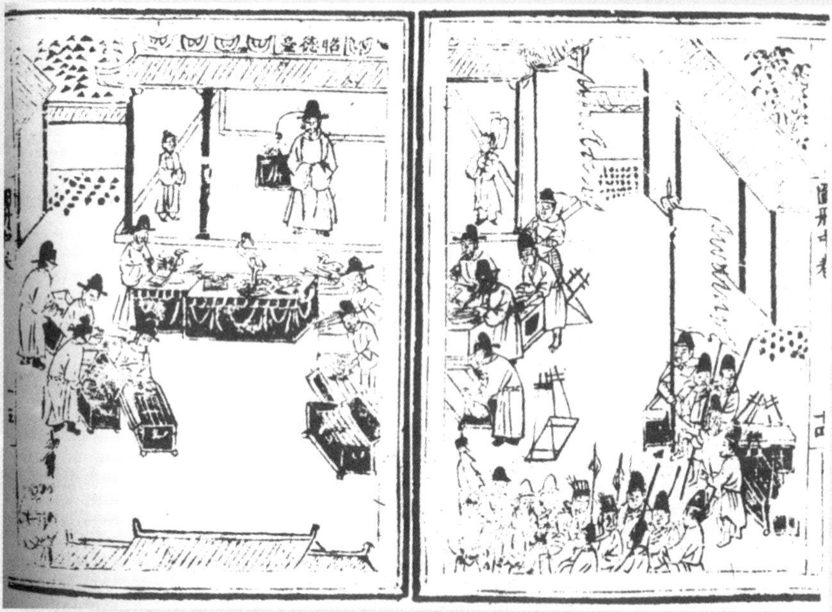

明《安南国典纳方物图》

二十四　折中求稳

宣宗平定朱高煦的叛乱之后，随即着手消除各地藩王的军事力量，并在各方面进一步限制他们，达到了釜底抽薪的效果，可以说是较为彻底地解除了这些藩王对皇权的威胁。几乎与此同时，有三件事较为急迫，需要宣宗尽快处理，一是首都是否回迁，二是仁宗的陵墓怎样修建，三是安南的战事是否继续。按理说，宣宗应该是直接继承他父亲、仁宗朱高炽的守成政策，但在实际活动中他并没有这样，原因是仁宗之前还有朱棣的开创政策，一个是他的父亲，一个是他的祖父，两人的政策都是祖宗的规矩，他都需要遵守。

可问题是仁宗朱高炽的许多政策几乎都是同先帝朱棣对着干的，因此，宣宗在政治上有点左右为难，他只能在祖父和父亲之间找到折中点，而避免走极端。

（一）稳定首都，避免折腾

1. 宣宗不太想迁回南京

各位知道，当年仁宗朱高炽为了避免政治中心和南方的经济中心相分离，决定把首都从北京迁回南京，还特意下令把北京各部门前面加了“行在”两字，以表示这些机构都是临时的，将来迁回南京还要成立正式的。同时，派出身边的一些太监去收拾南京的宫殿，甚至还让太子朱瞻基先回南京打前站，自己等到初夏就回南京，只是还没来得及办到就去世了。宣宗在北京即位后，既不说回迁南京，也不提定都北京，对北京的临时机构名称同样未加改动，于是两京机构几乎完全保留下来。为什么要这样呢？因为如果宣宗宣布还都南京，就等于否定了祖父朱棣的迁都之举；可是如果他宣布定都北京，又等于否定了父亲朱高炽的还都之举，左右都不好办，所以最好还是一字不提。

宣宗虽然未将首都迁回南京，但结果却是避免了又一场折腾。仁宗上台后，大明王朝刚刚经历了永乐时期的迁都、北征、远航等活动，好不容易才从这些消耗巨大的折腾中安定下来，百姓刚刚喘了一口气，如果宣宗再把首都迁回南京，再折腾一次，虽然宫殿建筑是现成的，不用重建，但搬迁的规模也是相当大的，国家和百姓就得再挨一次累，再耗一遍财。所以宣宗没有回迁首都，对于社会和百姓的稳定都是非常有利的。

那么宣宗本人是否想要迁回南京呢？恐怕他也不想再迁回去，因为如果他真想迁回去，总是可以找到理由的，并且他也用不着花很大的力气，整天弄那么多的花鸟鱼虫、铜炉瓷器来装修北京了。况且后来正统时期正式定都北京的决定，恐怕也是受到了宣宗的影响，否则当时那些大臣们也不会鼓动英宗小皇帝下达这样的命令。因此，宣宗其实也不太想回迁首都，明朝也避免了又一次折腾。

仁宗生前虽然明确表示等到初夏就回南京，但仁宗的遗诏中说：“南北供亿之劳，军民俱困，四方向仰，咸属南京，斯亦吾之素心。”[1]只是强调回迁南京是为了减轻广大军民由南向北供应首都的沉重负

1 参见《明仁宗实录》卷十，洪熙元年五月辛巳。

北京正阳门旧影

担，并没有重申回迁首都。由此可见，仁宗的遗诏和他生前的回迁命令是有矛盾的，按照惯例，遗诏一般都是在老皇帝去世前后，由他身边的重要大臣起草的，因此，大臣们在起草仁宗的遗诏时，可能也为回迁首都一事留出了余地。

当年朱棣上台后不久就准备逐步迁都北京，于是在北京设立了行后军都督府和北京行部，负责处理北京的政务。到永乐十九年（1421年）迁都北京后，正式成立了和南京一样的中央机构，行后军都督府和北京行部已经没用了，于是被朱棣撤销。仁宗即位后下令准备还都南京，又重新设立了这两个机构，目的是首都回迁之后处理北京的政务，但是没有回迁之前，五府六部等中央机构与北京直隶卫所及地方府县之间的文移往来，还必须经过行后军都督府和北京行部。这样一来，不仅降低了行政效率，也导致了一些弊端。

宣宗即位后，既然不想回迁首都，北京已有一套正式的中央机构，那么仁宗时期重新设立的行后军都督府和北京行部，就等于再次没用了，于是宣宗干脆下令撤销了这两个机构，从而提高了行政效率。不仅如此，宣宗还下令逐步裁撤了中央机构中多余的官员，宣德八年（1433年）八月，朝廷一次就裁撤了户部、兵部、工部和大理寺、光禄寺等机构的官员77人。[1]这些人的任用绝大部分可能都是出于当年迁都的需要，现在裁撤他们也是稳定局势的需要。

2. 避免折腾，南京逐渐成为陪都

宣宗即位后虽然号称要遵照父亲的遗愿，也确实没有改变仁宗生前以南京为都城、以北京为行在的决定，但是却在最终回迁南京的问题上日益消极。这一点从他对南京修缮的消极态度可知。洪熙元年（1425年）七月初三，工部尚书吴中奏称南京修理宫殿“工程繁重，卒难成功，请再起万人”助工，宣宗却说“正农成收成之时，岂可尽用其力”，[2]不愿在五千人之外再加人力。

宣宗还下诏减少在南京修理殿宇的工匠人数，“在京用工人匠二三丁者放一丁，四五丁者放二丁，单丁在役二年之上者放回休息”，以至于工匠人少，而洪熙元年闰七月工部不得不请求“仍给粮赏用工，待工毕放回”，但也没有得到宣宗的批准。[3]显然，宣宗对南京宫殿修理没有很大的积极性。但宣宗也不愿意就此停止，以免引起臣下的反对。因此，当洪熙元年八月，南京守备太监郑和因修理

---

1 参见《明宣宗实录》卷一四〇，宣德八年八月癸巳。

2 参见《明宣宗实录》卷三，第77页。

3 参见《明宣宗实录》卷七，第196页。

宫殿要有司采买金箔时，宣宗命于天财库支钞购买。十一月，工部请求再拨出工匠两千人，也得到批准，又再拔取下西洋官军一万人助役。[1]

在一般人看来，仁宗既然已经作出回迁南京的决定，那么继位者如果改变回迁南京的国策，就不免让人怀疑他对父亲的孝心了。而且一般的百姓还不明就里，以为宣宗迟早将会按照先帝仁宗的决定回銮南京。洪熙元年的闰七月二十六日，湖广华容县儒士尹崧上书言事说："南京则江山雄固，水陆兼通，国用所需，民力易办，供输漕运与夫四方朝贡，道理适均，天下咸以为便。乞命勋旧将臣于北京训练精锐，缮修城池，坚利甲兵，广开屯田，聚积粮储，以备边防。皇上回銮南京，则深慰军民之望。"

儒士尹崧的请求，是要宣宗早日回銮南京，北京留勋臣镇守即可。宣宗对此疏态度不明朗，只是"命行在礼部议行之"。[2]但是，南京到北京间的运河却又忙碌起来了。老百姓们奉命将粮食送到运河沿岸的淮安、徐州等地的粮仓，等待来春就向北京运来。[3]宣宗近期似乎也不准备再到南京，只是派自己的弟弟郑王前往南京，代替自己祭扫太祖的陵墓。原来准备回迁首都时，"自良乡到江浦，凡有行殿之处，多役军民看守"，从北京到南京之间各地建起了临时席殿，每个地方都有军民看守人员，但后来宣宗遣散了其中的大部分人员。[4]

虽然宣宗在洪熙元年十月初四日召还了南京的郑王，并在给留守南京的兵部尚书李庆的敕谕中强调说，"南京国家之本"，[5]但是他回

1　参见《明宣宗实录》卷八，第219页；卷十一，第297、299页。
2　参见《明宣宗实录》卷六，第174页。
3　参见《明宣宗实录》卷七，第192页。
4　参见《明宣宗实录》卷二十，第526页。
5　参见《明宣宗实录》卷十，第264页。

南京的想法越来越淡漠了，并且使北京越来越成为实际的都城。南京内府里的东西，也开始继续往北京搬运。宣德三年（1428年）的八月，宣宗命南京守备太监郑和、王景弘将“内府现贮大绢十万匹、绵布二十三万匹，令户部遣官运赴北京”，[1]南京司礼监贮藏的《四书大全》《五经大全》《性理大全》等书也运到了北京。

终宣德一朝，宣宗一直在“行在”北京处理政务，而南京显然只有陪都的名义了。

（二）陵墓缩小，营建从简

今天北京昌平的十三陵有三个陵墓的规模最大，分别是长陵、永陵和定陵，因为这三个陵的主人分别是太宗、世宗和神宗，在明代皇帝中在位时间都很长，并且由于政治上的原因，三个陵墓不仅规模最大，装修也最讲究、最豪华。为什么呢？简单地讲，太宗朱棣是个夺位的皇帝，他总要显示自己的正统、合法性，树立自己的形象，甚至还有点想和南京的太祖孝陵媲美的意图，因此朱棣的长陵带有政治工程和形象工程的性质。

世宗朱厚熜是以藩王的身份当了皇帝，情况与朱棣有些类似，总想树立自己的权威，就连没当过皇帝的父亲，世宗都想尽办法追认成了皇帝，因此他的陵墓当然要向最好的陵墓看齐了。神宗朱翊钧倒是没有这些因素，但是他后来处处跟大臣对着干，大臣建议他修一个普通规模的陵墓，他却非要跟祖宗里最好的陵墓一样。因此，现在的十三陵里才有了三座规模最大的陵墓。

同规模宏大、装饰豪华的长陵相比，排在他后面的仁宗朱高炽的献陵，不仅规模小得多，装饰也很简朴，根本不是一个级别。长

1　参见《明宣宗实录》卷四十六，第1123页。

陵的祾恩殿是建筑在汉白玉雕刻成的三层台基上，金砖铺地。殿面阔九间，进深五间，象征着皇帝“九五”之位。整个祾恩殿用了六十根金丝楠木大柱，每一根都有一米多直径，两个人才能合抱过来，十几米高，据说都是非常罕见的、上千年的珍贵木料。相比之下，朱高炽献陵祾恩殿的装饰可就差多了，方城和明楼也不像长陵那样雄伟、高大。长陵陵宫的建筑面积超过12万平方米，献陵却只有4.2万平方米，仅仅是长陵的三分之一。长陵前面的神道上还有许多石人和石兽，而献陵的神道上根本就没有石人石兽。

朱棣和朱高炽都是明朝的皇帝，而且还是父子俩，可是为什么死后陵墓的差别会有这么大呢？仁宗朱高炽在位不到9个月就去世了，他的献陵是后来宣宗修建的，缩小了陵墓的规格，大大节省了修建陵墓的人力物力。那么宣宗为什么不按祖父长陵的标准，来为父亲修建一座同样高大豪华的陵墓呢？据估算，当时这种规格的陵墓，至少要花掉相当于800万两白银的投入。问题是永陵和定陵都是在明后期修成的，那时明朝的综合国力要相对雄厚一些，并且世宗和神宗都是在位40多年，就算是从中期开始修建，修了大约30年，那么每年平均修陵的白银不会超过30万两。

而明太宗朱棣的长陵是在明初修成的，国家的财力还不像后期那么雄厚，朱棣在位才22年，据说长陵是从永乐七年（1409年）才开始修建的，大约修了15年，那么800万两的修陵费，平均每年至少要投入超过50万两，[1]这笔工程费用和劳役负担，对于一个同时举行营建首都、南北开战、远航西洋的国家来讲，实在是一个相当沉重的压力。并且朱棣的长陵开了头，按照惯例，后边帝王的陵墓规模就要一代一代地跟着学，不能缩小，不能掉价。

估计仁宗朱高炽很可能也想按照长陵的规模，来安排和规划自

---

1 这部分内容参考了北京市昌平区十三陵特区胡汉生先生的看法。

己的陵墓工程。不过仁宗命短，在位约九个月，还没来得及安排这件事就死了。当时明朝刚刚结束了永乐时期的大折腾，尚未恢复元气，如果按照长陵的惯例，再修一个800万两的超级陵墓，恐怕国家根本无法承受。并且即使是给仁宗修成了800万两的陵墓，宣宗自己呢？还要再拿800万两给自己也修一个长陵吗？这么干不仅国家财力无法承受，时间上也办不到啊！

要修建一座像长陵那样规模较大的陵墓，在当时至少需要十年以上，可是这样一来，先帝仁宗的丧事就无法在短期内办完，先帝也就不能很快入土为安，不知要拖到何年何月，这是继位的皇帝必须考虑、必须解决的。[1]怎么办？正好大臣们起草的仁宗遗诏里有丧事从简的内容，于是宣宗就顺水推舟地做了一个决定，想要按照从简的原则来修建仁宗的献陵。这件事首先得到了蹇义和夏原吉等老臣的赞成，两人都说还是皇上的圣见高瞻远瞩，既体现了至孝之心，又节省了开支，为后世带来了好处。

宣宗可能是由此受到了鼓励，于是就亲自动手规划设计仁宗的献陵，结果人们按照宣宗的方案，仅用了三个月就修成了献陵，“宏丽不及长陵，其后诸帝因以为制”，[2]气势和奢侈的程度当然比不上朱棣的长陵，但确实是省钱又省工。后来明代帝王的陵墓，绝大部分都按献陵的规模来修建，同样省钱省工。因此可以说，宣宗从简规划献陵之举，为后来的帝陵工程开了个好头。当然，这件事本身并不能说明宣宗一概反对奢侈，拒绝豪华，他只是限于当时的条件，在修陵这件事上打破了朱棣的先例，为后代作出了榜样。

1　这里采用了张兆裕的部分看法。

2　参见《明史》卷一四九，《蹇义传》。

明献陵远景

（三）安南先战后和，明朝被迫撤军

1. 宣宗对安南战事犹豫不决，打算先战后和

当初永乐时期安南国出现内乱，国王陈氏被大臣杀掉，明朝应安南政府的邀请，出动吊民伐罪之师平定了叛乱，但平叛之后干脆将安南并入了明朝的版图。这样一来，明朝出兵的结果就变成了武力扩张，加上派往安南的某些官员包括宦官素质不高，欺压、勒索当地百姓，终于导致了安南军民的强烈反抗。永乐时期明朝先后四次大规模出兵安南，每次都耗费了大量的军资和粮饷。但只要明朝大军一撤走，安南军民就会卷土重来，抗击并围攻驻扎在当地的少量明军。

明朝当时是南北两面用兵，军力、财力都很有限，逐渐经不起这种大规模的消耗了。尤其是永乐后期，由于北征的需要，明朝已无法同时支撑南北两线作战，在安南只能勉强维持，无力进行大兵团的进剿行动。因此仁宗朱高炽出于全面战略的考虑，一登基就主张尽快从安南撤军，甩掉明朝的一大包袱。但由于朝廷用人不专加上镇守太监马骐贪暴扰民，导致安南的混乱局势一发不可收拾。宣宗朱瞻基即位后，并没有完全按照仁宗的政策办。

当时驻扎在安南的两个明军将领矛盾重重，打起仗来自然不能齐心协力，加上明朝派往安南的宦官山寿一贯主张招抚，这样一来等于三个人三条心，因而不可能有效地镇压当地的武力反抗。是继续打下去，还是设法撤兵，宣宗有些犹豫不决。继续打下去虽然有可能取胜，但消耗肯定会相当大，撤兵休战不仅使大明帝国丢面子，同时也会招来非议和指责：这是放弃祖宗基业，或者说是败家子行为。战与和的后果都很严重，因此宣宗才犹豫不决。

对明朝比较有利的方案是：迅速取胜，让对方求和，然后撤兵。这样既可以避免更大的消耗，又可以使大明帝国不丢面子。可能是出于这种考虑，宣宗即位不久就跟杨士奇、杨荣两人吹风，讲了十几年前在南京，仁宗看到从安南押解来的战俘，就曾私下跟他说过，兼并安南只是暂时的，将来还是应该按太祖的意图让安南复国，这样对双方都有好处。杨士奇、杨荣两人当然明白宣宗的用意，立即表示响应，并且称颂宣宗的想法具有“兴灭继绝”的美意。宣宗得到了两位重臣的支持，进而表示要在两三年内放弃安南，并嘱咐两人不要外传。[1]

宣德元年（1426年）四月，宣宗任命成山侯王通为总兵官，相当于总司令，率领一支援军前往安南，任务是同当地的明军一道打

---

1 参见《明宣宗实录》卷十一，宣德元年十一月壬戌。

败安南军队。王通出发时，宣宗召开了一次征求意见的御前会议，宣布了自己希望安南复国独立、撤回明军的主张，还搬出了朱元璋的祖训，说明自己的主张是符合祖训的。蹇义和夏原吉事先未和宣宗通气，因而不同意宣宗的主张："太宗皇帝平定此方，劳费多矣。二十年之功弃于一旦"，[1]臣等以为不该如此。宣宗显然已经估计到了这一点，因此他转头问杨士奇和杨荣：你们两位怎么看？

两杨事先已和宣宗通了气，但又不能当众说破，便假装引经据典地说："交趾，唐、虞、三代皆在荒服之外，汉、唐以来虽为郡县，叛服不常。汉元帝时珠崖反，发兵击之，贾捐之议罢珠崖郡，前史称之。夫元帝中主，犹能布行仁义，况陛下父母天下，与此豺豕较得失耶？"[2]大概意思是安南这个地方过于偏远，很久以前甚至不在统治边缘的范围内，汉唐以来虽然成为王朝郡县，但有时叛变有时归附，一直没个准。为此而损失的兵力和钱财不计其数，却没有得到一钱一兵的好处。汉元帝时平定叛乱后有人建议放弃它，得到史家的肯定。汉元帝不过是个一般的君主，尚且能够布行仁义，何况陛下您是天下人的父母，还能和这些猪狗豺狼之辈计较得失吗？

寿山石"万国来朝"玺

1　参见《明史记事本末》卷二十二，《安南叛服》。
2　参见《明史记事本末》卷二十二，《安南叛服》。

宣宗听了自然比较满意，但夏原吉可能没有看透宣宗与二杨的一唱一和是事先准备好的，或许对二杨如此奉承皇帝有些不满，于是他委婉地说：请皇上容臣等四人再考虑一下。宣宗给这位老臣留了点面子："然，但朕素志如此，本不系用兵之如何。"[1]好吧，不过我一向主张和平解决安南问题，与用兵情况没什么关系。由此可见，高层领导人内部已经分成了两派，关于安南问题的争论也逐渐传到了外廷。王通出征时可能是已经得知了宣宗的主和态度，因此，无论是朝中的决策人物还是挂帅出征的主将，一开始就缺乏打赢这场战争的决心。

2. 宣宗增援战败之军，想要取胜的体面

宣德元年十一月，王通率明军在宁桥与安南军队打了一仗，中伏损失了两三万人，并受到包围。一个月后消息传到了北京，宣宗大惊，又选派了安远侯柳升等人挂帅，率领七万明军赴援安南，同时命令黔国公沐晟率领另一支明军，从云南出发支援王通。有人可能会问，宣宗不是想让安南恢复独立吗？为什么还要不断增兵呢？其实宣宗事后讲得明白："叛贼所在必得"，先要打败安南的反抗势力，有了取胜的体面，然后再让安南复国。[2]

两支大军出发以后的第二年年初，宣宗又同杨荣和杨士奇谈到了安南战事，他一方面对蹇义和夏原吉不满，因为两人反对撤军，另一方面又进一步说，当初朱棣平定安南后就想让安南复国，但当时大臣不听。这话是把连年战争的责任推给了前朝大臣，同时也为自己的撤军主张找根据，同时，宣宗表示叛乱势力必须镇压，等局势平定之后再让安南恢复独立。两杨完全同意，还劝宣宗亲自决策，

---

1 参见《明宣宗实录》卷十六，宣德元年四月丙寅。
2 参见《明通鉴》卷十九，宣宗宣德二年正月丁未。

意思是不用再跟蹇义他们商量。由此可见，虽然宣宗已经打算从安南撤军，但是他要先取得军事上的胜利，挽回大明帝国的声誉，然后再体面地撤军。为此，他未同大臣商议就连续派兵出征安南。但结果怎样呢？

此后半年多，安南军队逐渐攻克了明军据守的一些重镇，王通逐渐受到包围，非常害怕，于是在援军未到之前，未经朝廷允许，便准备私自与敌军议和。到了九月，安远侯柳升率领七万明军才到达安南，可能有人会问，柳升是宣德二年（1427年）年初从北京出发的，怎么走了九个月才到安南呢？原因很简单，明朝不可能从北京调集部队开往安南，一来路途遥远，二来北方军人也不习惯在南方作战。因此，明朝只能就近于湖广、四川、浙江、广东、福建、云南、江西等南方各省调集部队，时间当然不会太短。

3. 援军全军覆没，宣宗只好同意安南复国的请求

柳升是跟随朱棣北征的将领，后来也跟随张辅出征安南，有一定的实战经验，当年张辅曾多次打败了安南的部队，据说后来安南一听说张辅的名字就害怕。现在张辅手下的大将来了，并且还带来了七万明军，安南的统帅黎利有些害怕了，赶紧派人送信，想与柳升讲和。柳升一向看不起黎利，又接连取胜，况且他也没有得到皇帝的议和授权，所以黎利的来信他连信封都没拆，就直接派人转送朝廷。但柳升这个人有勇无谋，没有看透黎利有意战败、诱敌深入的企图，打了几个胜仗后便轻敌冒进，在一次倒马坡战役中，柳升竟然轻率地只带一百多个骑兵，驰过接近敌方的小桥，结果他刚一过桥，桥就断了，一百多个骑兵陷进了泥潭，这时对面的树林里突然一阵标枪、乱箭雨点般射过来，柳升当场中枪而死。

这时埋伏在周围的安南军队全部杀出来，并且出动了象阵来冲击明军。象阵就是用许多头大象排成的阵势，这种象阵对付骑兵和

步兵威力非常大，加上明军失去了统帅陷于混乱，最后七万人马竟全军覆没。另一支由沐晟率领的明军也遭到了安南军队的截击，被迫退回云南。王通本来就不想打下去，这时见柳升败亡、沐晟退兵，便不等朝廷命令就主动与敌方讲和，于是就在当年十月双方签订了休战的盟约。交阯按察使杨时习责备王通："奉命征讨，乃与贼和，弃地旋师，何以逃罪？！"可是王通却说："非常之事，非常人能之，汝何知之！"非常之事不是一般人能办到的，你懂什么！看来王通这番话肯定是有来头的。

十一月，朝廷得到了安南统帅黎利的上书，他是冒充前国王的后人请求复国独立，当然还有柳升败亡和王通议和的消息。宣宗征求大臣的意见，张辅坚决反对议和，他对宣宗说："此不可从，将士劳苦数年，然后得之。此表出黎利之谲，当益发兵诛此贼耳！"张辅的理由是将士们劳苦多年换来的收获，不能白白丢掉，应该更多地调发部队出征安南，他还请求宣宗批准自己再次出马。[1]张辅的言外之意是，先帝支持我费了好大力气才打下来的版图，不能在你手里就这么丢了。蹇义和夏原吉也认为，"许之无名，徒示弱天下"，[2]没必要也没理由同意安南复国，那样做会向天下人表示，明朝是向敌人服软了、认输了。

蹇义和夏原吉等人的这番表态，让宣宗有点下不来台，不过杨士奇和杨荣却摸透了宣宗的心理，他俩认为，"兵兴以来，天下无宁岁，今疮痍未起，而复勤之兵，臣不忍闻。且求立陈氏后者，太宗皇帝心也。求之不得，而后郡县"，"今因其请，抚而建之，以息吾民，于计大便。汉弃珠崖，相史荣之，安在为示弱乎？"永乐时期经过多年的战争消耗，虽然不得已将安南并入明朝的版图，但太宗的

1 参见《明史记事本末》卷二十二，《安南叛服》。
2 参见《明通鉴》卷十九，宣宗宣德二年十月戊寅。

本意是让安南复国。现在明朝是大病刚好，根本经不起再次出兵的折腾，不如趁着安南请求复国顺势同意，这样可以息兵养民，对国家非常有利，况且汉朝就有这样的先例，还受到后世的肯定，哪能说是认输、服软呢？[1]

杨士奇和杨荣的发言等于给了宣宗非常有力的支持，于是他表示“但得民安，朕何恤人言”，[2]意思是只要能达到安民的目的，我是不在乎别人怎么说的，等于顺便下了个台阶。于是宣宗就派出使者，勉强同意了安南的复国请求，从而结束了这场消耗空前的战争。[3]这里需要说明的是，宣宗同意安南复国，放弃将安南并入明朝的版图，一方面是为了息兵养民，不再折腾，另一方面不过是恢复安南过去藩属国的地位，安南还像以前陈氏王朝一样奉明朝为宗主国，逢年过节都照常向明朝进献贡品，而不是与明朝一样的独立国家。

宣宗派出的使者是罗汝敬，他的祖父罗复仁曾在洪武初年出使安南，他本人担任云南道监察御史，因此被选任为使者。罗汝敬到达广西边境时明军已经战败撤退，占据安南城镇的黎利部队正把明朝官民送出边境，许多人都劝罗汝敬不要再去安南，但罗汝敬却说我们是奉命出使安南，没有接到诏书让我们回去，哪能留下不去呢？明军主帅王通甚至讲到去了可能会有严重后果，不料罗汝敬却对王通说：“汝受朝廷厚恩镇抚一方，既不能以死守，又不待诏命私与贼和，辱国辱身如此，犹欲对人言语，是无廉耻人也！我岂效汝为哉！？”这番义正词严的讲话不仅痛斥了王通，很可能也使安南的军民受到了不小的震慑，因此当罗汝敬率领明朝使团长驱直入安南边关时，“关吏莫敢拒”。

1　参见《明史记事本末》卷二十二，《安南叛服》。

2　参见《明通鉴》卷十九，宣宗宣德二年十月戊寅。

3　参见《明史记事本末》卷二十二，《安南叛服》。

这时安南主帅黎利也在边境，同样想不到明朝打了败仗还有人敢来出使，于是听到消息后慌忙“错愕出迎”，但他毕竟还算见过一点世面，双手捧着纸和笔来到罗汝敬面前说“夷俗不晓礼节”，意思是请罗汝敬等人写出双方应有的礼仪程序。看起来是必要而谦恭的外交礼节，但实际上也含有战胜者的挑战之意：你们打了败仗还能按什么礼节办事呢？不料罗汝敬当场提笔写出了几百字的礼仪程序。然后从容地交给黎利，“蛮人环视大惊”，算是领教了这位明朝使者的才干和胆识。明朝使团入城后“颁布诏命，谕以朝廷恩意，开示祸福，黎利率众拜俯呼万岁，欢声雷动，遣使奉表入朝谢罪”。[1]这段记载虽然有些夸张，但足以说明罗汝敬作为杰出的外交家，为战败的明朝挽回了应有的尊严。

（四）宣宗放弃安南的原因与失误

当初朱棣武力征服安南后，将其兼并为明帝国的一个行省，是外交上的重大失误。明太祖朱元璋定下的外交国策是，重防御北方的蒙古势力，而在东南亚一带则保持稳定，这是符合明初整个亚洲实际情况的，尤其是符合明初中国的现实。朱棣北征，力图解除蒙古的威胁，符合朱元璋的外交国策。但征服安南，却违反了这一国策和当时的现实。为什么这样说呢？

因为当时明朝的防御重点仍在北方的蒙古，对安南已无力进行有效的控制，只能限于勉强维持，每一次武力征服后维持相对稳定的时间都很短，却消耗了明朝大量的人力和物力。并且当时的安南并不是个富庶的地区，明朝每年从那里拿走的东西大致为：绢一千多匹，漆两千余斤，苏木五千多斤，翠羽也就是高级翠鸟的羽毛两

1　参见李时勉《罗侍郎哀挽诗序》，《文渊阁四库全书》第1242册，第827页。

中越边境的高山

千多根，扇子约一万把。这些都不是明朝必需之物，其中翠羽不过是后妃凤冠上的传统装饰物，在安南以外的地方也可以获得。因此，即使明朝吞并了安南，实际上也没捞到什么好处。

相反由于连年战争，明朝损失了十几万军队，粮饷军费达到几百万，征调运输的费用尚未计算在内。[1]不仅如此，明朝每年还要从南方各省调运大批粮食，来供应驻防安南的明军和官员，所有这些消耗的数量之庞大，仅次于当时的南北两京，[2]安南已成为明朝一个极为沉重的包袱。况且明朝到安南的交通极为不便，往来只有云南

1 参见《明史》卷一五四，《王通传》。

2 参见《明太宗实录》卷二五〇，永乐二十年六月己亥。

和广西两条道，都是高山峡谷相当难走，明军的往来、粮饷的运送也都非常艰难。再加上当时打蒙古、下西洋、建北京的巨额费用，明帝国的支出已大大超过了收入。因此，明朝兼并安南实在是得不偿失，也不可能有效地控制安南，这就是宣宗最终放弃安南的根本原因。

今天可能有人对明朝从安南撤军感到非常惋惜，觉得还应该继续打下去，兼并整个安南，甚至每次下西洋都应该多占一些南方岛国，不然两万多人、200艘各类船只的庞大贸易舰队，每次的收获实在是太少了，这种想法不仅仅是贪心不足蛇吞象，而且是根本不了解这些活动背后惊人的代价。

回过头来看，宣宗在处理安南问题的具体过程中也有几个失误。第一，既然已经决定放弃安南，也明知安南给明朝造成的巨大消耗，就应该尽早派人与安南和谈，安排撤军。但宣宗为了大明帝国的声誉更为了他本人的虚荣，当然也是为了应付张辅、蹇义这些反对派，堵住他们的嘴，因而未同大臣商议就先后派出三支大军远征安南，力求先在军事上取胜后再从外交途径体面地放弃安南[1]。宣宗胜利和体面两头都想得到，可惜这只是他一厢情愿的想法。

事实上，明军在遭受了更大的失败、消耗了更多的人力财力之后，只能被迫放弃安南。宣宗的虚荣和贪心使他想要的胜利和体面都没了，哪一头也没得到。由此可见，一个决策者应该权衡利弊，力求得到最有用、最重要的东西，不能什么都想要，不然的话最后往往什么也得不到。宣宗在这件事上就没想明白，至少不如他父亲仁宗，结果输掉了整个安南之战。

安南战败不仅使明朝的声誉受到影响，也使宣宗在处理败将王通时显得颇为尴尬和被动。当时朝野上下一致声讨王通奉命出征却

1 参见《明通鉴》卷十九，宣德二年正月丁未。

未得军令就擅自撤兵，请求将他按律处死，但宣宗却只是把他长期关在监狱里，没作进一步的处理。很显然，王通的做法等于贯彻落实了宣宗的主张，因此有点替宣宗背黑锅之嫌。而柳升虽然有了讲和的机会和优势，但他事先并没有接到宣宗要乘胜求和的命令，因此柳升身为将领也只能坚持打下去，结果遭到失败。

两个将领都没有清楚地看到，安南之战根本不是单纯的军事行动，而是还有外交因素在里边。宣宗并没有把自己的战略意图明确地告诉他们，因而王通只是出征前听到了一点风声，但却非常自信地认为自己息兵求和之举，是"非常之人"才能做出来的"非常之事"。柳升曾在十几年前奉命跟随张辅出征安南，他可能认为这次出征还与上次一样，只要打败安南军队就行。两个将领一个是没等打胜就求和，一个是打胜了也不求和，因此根本无法落实宣宗先打胜后求和的战略意图，加上北京到安南的距离太远，当时无法有效地遥控，整个战役中军事与外交活动相脱节，因而明朝最终丧失了取胜和谈的优势。

第二，在选任远征军队统帅的问题上，宣宗用人不当。虽然王通、柳升都曾多次跟随朱棣北征，柳升还曾跟随张辅几次远征安南，但两人都不是可以独当一面的将才。其中王通的胆量和谋略都不行，当年"靖难之役"和北征有限的几次战役中，王通都没有什么突出的表现，[1]这次出征安南虽然开始时也曾重创敌军，但他没有把握战机、发挥优势出击，结果很快就受到围困，仅仅一次战败即灰心丧气，一蹶不振，此后一直未能扭转被动的局面。柳升虽然是一员猛将，但有勇无谋，容易被眼前的胜利冲昏头脑，只顾轻率冒进，终于中伏身亡。

值得一提的是，这次远征安南，宣宗没有任用名将张辅作为统

1　参见《明史》卷一五四，《王通传》。

帅。永乐时期张辅曾四次率军平定安南，当时这位三十几岁的青年统帅以其卓越的军事才能，指挥明军不仅打败了数量上占优势的安南军队，更是打败了威力极大的象阵，使安南军队一听到张辅的名字即闻风丧胆。但张辅是朱棣颇为器重的军事主帅，在安南问题上和朱棣一样是位强硬的主战派，他不想看到明朝将士的血白流，用于安南的军饷白白浪费，因而坚决反对放弃安南。

很明显，张辅的想法同宣宗放弃安南的主张存在着严重的分歧。宣宗可能会担心，张辅不可能忠实地贯彻他的和平意图，况且张辅是朱棣时期的军事主帅，自己有些难于驾驭，因此他未用张辅作为远征统帅，也是不难理解的。但宣宗任用王通和柳升之前未同张辅商议，未能审慎地选用更为合适的将领，则是一大失误。事实上永乐时期多次南征北战，培养和锻炼出了一大批能征惯战的将领，王通、柳升之外并非没有更为合适的统帅人选。

第三，宣宗对整个安南之役缺乏必要的战略指导，或者说明军没有一位主帅来指挥全局。除了原来明朝在安南的驻军外，王通、柳升、沐晟三路大军各行其是，未能很好地协调配合。许多重镇的明朝驻军也未能同三支大军相互配合，基本上处于各自为战的混乱状态。这样的局面使安南军队得以集中优势兵力，对分散的明军各个击破。事实上昌江等军事重镇城池坚固、粮储丰足，是明军在安南经营多年、易守难攻的军事堡垒。安南军队为了攻克这些重镇付出了相当大的代价，数月以来曾经几次屯兵于坚城之下。明军若能及时赴援、内外夹击，便可以取胜，至少可以守住一些重镇。但王通等人畏敌如虎、敛兵不出，致使一座又一座的重镇接连被安南军队攻克，并逐渐对明军形成了包围的态势。

双方的力量对比也逐渐发生了重大变化：交战初期明军人数虽然不多，但很集中，占据许多军事重镇，训练有素，装备精良；安南军队则较为零散，缺少装备。交战后期明军损失巨大，被压缩在

广西镇南关（今友谊关）

一些狭窄的城池、地区内，士气低落，丧失了优势和主动权；安南则全民皆兵，占领了大部分地区，士气高昂，可以较为灵活主动地打击明军，最终取得了胜利。从这一点来看，军人出身的黎利的确具有较为出色的军事才能，他逐渐把握住了对明战争的全局，指挥安南军队打败了明军。宣宗尽管早年曾跟随朱棣北征，但并未培养出指挥全局的战略才干，他在安南问题上只画了一个不甚圆满的句号。

第四，明朝对安南的统治政策有严重失误，派驻的官员大多政治素质不高，宦官肆虐逞威，朝中大部分获罪的官员和犯人被发往安南，安南简直成了罪犯和官员的流放地。那些被降职派往安南的中下级官吏，根本不可能尽职尽责地管理当地政务，有些人甚至以征服者的姿态来对待当地百姓，造成了他们与安南百姓之间的严重对立。黄福作为明朝派往安南的行政长官——布政使，在安南做了许多卓有成效的安抚工作，"编氓籍，定赋税，兴学校，置官师，数召父老宣谕德意，诫属吏毋苛扰。一切镇之以静，上下帖然"，为当地百姓所拥戴，甚至在多年之后，出使明朝的安南使者还称赞黄福"南交草木亦知其名"。[1]但在洪熙时期这位能臣却被调离安南，安南很快便陷入了明朝的恶劣统治之中。

宣宗继位，未能及时调整对安南的统治政策，王通兵败后，宣宗才召回黄福再赴安南安抚当地百姓，但为时已晚。政治安抚与军事行动更未能很好地配合，导致安南反抗的危局愈发不可收拾，明朝最终被迫放弃了安南。虽然黄福被俘后受到优待，安南军民给了他不少好东西，把他礼送出境，甚至黎利也说："中国遣官吏治交阯，使人人如黄尚书，我岂得反哉？"意思是如果明朝派来安南的人都像黄福这样，我们哪能起兵造反呢？[2]但这也不过是客气话，实际上安南的反抗和复国是不可避免的，即使黄福不走也改变不了这个趋势。

从上述四点情况来看，宣宗在统帅人选、战役指导和外交政策等方面，都有较为严重的失误，但是尽管如此，宣宗最后毕竟从安南撤军，甩掉了一个相当沉重的包袱。

---

1 参见《明史》卷一五四，《黄福传》。

2 参见《明通鉴》卷十九，宣德二年九月乙未。

黄福像

从上述情况可以看出，宣宗的处理是较为务实的，尤其是献陵修建从简、首都不再回迁两件事，几乎完全是量力而行，非常有利于社会的稳定。宣宗的理想和追求同现实条件有矛盾，对祖父和父亲政策的继承同样也有矛盾，因为两人的政策本身就有矛盾，因此宣宗不得不以折中的方式加以调节。但他调节的前提毕竟是以现实的条件为基础的，因此他别无选择，只能以父亲的思路为主继续守成，也就是继续以稳定务实为指导方针，而不能再搞朱棣当年的开创、折腾活动。宣宗处理了即位初期的几件大事之后，又是怎样整顿内政的呢？

明人绘《考试图》之“三场策谕”

二十五　国事整顿

宣宗面对祖父和父亲的矛盾政策，根据实际需要采取了折中的办法：在首都回迁南京一事上不置可否，避免了又一次大折腾；按照从简的原则来修建仁宗的献陵，省钱又省工，为后来的陵墓工程开了个好头；在对安南战事的处理上最终被迫撤兵，为明朝甩掉了一个沉重的包袱。这样一来，宣德时期的外部条件基本上稳定了，宣宗君臣就可以腾出精力来整顿内政。

（一）巡抚制的设立与科举的改革

1. 确立巡抚制

明朝开国皇帝朱元璋确立的地方行政体系中，省一级的最高负责人为三司的首脑，即负责行政的布政使、负责监察的按察使和负责军事的都指挥使。中央政府通过这些人对地方进行统治，包括处理日常政务、收粮派役、调动辖区的军队、审理诉讼案件等等。三司的首脑权限很大，都是直接向明廷中央负责的。但是到了宣德时期，社会出现了一些前所未有的变化，诸如屯田大量被军兵侵占、流民开始大批出现、江南的税收陷于混乱状态等，这些问题已非一

明广宁城巡抚衙门石影壁

省的三司首脑所能处理。为了解决这些问题，宣德五年九月，宣宗提升了六位中级官员为六部右侍郎，相当于今天的副部级官员，前往巡抚江西、浙江、湖广、河南、山西、北直隶、山东、南直隶等地，“总督税粮”。

这次宣宗提升的六人中，有原越王府长史周忱和监察御史于谦，两人后来都是正统、景泰时期的著名官员。宣宗派往各省的巡抚，处理的是地方三司无力单独处理的事务，他们的地位自然居于地方三司之上。尽管宣宗一再嘱咐这些人，遇事要同地方三司计议而行，但实际上这些巡抚们的行政建议，根本不经过地方三司而直接上奏皇帝，并且绝大部分都获得了皇帝的批准和支持。因此，这些巡抚便逐渐成为省一级机构的最高负责人，成为布政使、按察使和都指挥使的上级官员。尤其是宣德五年九月之后，随着巡抚派遣的长期化和巡抚地区的逐渐固定化，巡抚这一职务便随之制度化了。

巡抚制和后来形成的总督制（合称督抚制），成为明代行政等级体制中的重要组成部分，巡抚也就成为介于明廷中央政府和地方三司之间的又一级行政官员。明初地方三司分工很明确，共同负责一个省的政务。但是三者都是分别独立的，不相统辖，有事不能集中力量来处理。尤其是涉及多方面的重大问题，如屯田败坏、税收混乱等，三司不可能独立地处理，因此必须集中或协调三司的力量，这需要更大的权力才行。宣宗派往各省的巡抚便具有这种权力和功能，因此某些外国学者称巡抚为“总协调人”，具有协调三司的职能，是有一定道理的。

初设巡抚侍郎，是为了整理赋税，后来因事权逐渐加重，对地方行政、监察乃至军务几乎无所不涉。后来为便于行事，才使巡抚兼都察院衔，即明确加上了监察大权。宣德朝所任巡抚，才干都很不错，为政讲求实效，又得到宣宗和内阁的支持，所以多有建树。宣宗在全国一些重要省份和地区增设巡抚之后，地方三司的地位有所降低，其相对独立的行政作用也随之降低。明初三司位高权重，几乎与中央六部相并列，“布政使入为尚书、侍郎，副都御史每出为布政使”，相当于地方的省长可以和中央的正副部长直接对调。宣德以后这种情况逐渐减少了，此后则消失了。[1]其原因即为中央与地方三司之间，增加了巡抚一级机构和官员，中央各部与地方三司，不可能越过巡抚而直接对调官员了。

1　参见《明宣宗实录》卷九十四，宣德七年八月庚子。

2. 改革科举制度，缓解机构膨胀

为了扩展科举取士的覆盖面，仁宣时期还改革了科举取士的方式。为什么要改革呢？原来明朝南方和北方的文化教育水平差异较大，南方人受教育的程度和文化水平明显高于北方人，明初科举考试时，考中的考生多数为南方人，那时考上的人大部分都做官，因此南方做官的人自然很多。朱元璋看出了其中的问题，为了吸收全国的人才，平衡南北方的文化差异，朱元璋有一次借口主考官等人作弊，杀掉了主持这次考试的部分官员，废除了他们录取的南方籍考生，全部换成了北方籍考生，朱元璋这么干，虽然目的是平衡一下南北方的录取差异，只是未免有些矫枉过正了。

后来仁宗同杨士奇等人讨论过这件事，商议的结果是，全国的会试分为南北卷录取考生。具体办法是，在试卷上盖住考生的姓名，但在封面写上"南""北"字样，如果要录取100人，则南方人60名，北

南京国子监旧影

方人40名，这样就可以在分配录取比例上，以地域来平衡南北方的名额。这个办法还未实行，仁宗就去世了。宣宗即位后，立即推行了这一改革办法，并进一步划定了南卷、北卷和中卷的地域范围和录取比例，其中具体的比例是以100人为基准，南卷录取55人，北卷录取35人，中卷录取10人。[1]这一改革扩大和巩固了明王朝的统治基础，平衡了不同地域的名额和权力分配，更有利于中央集权统治。

洪武、永乐时期，会试和乡试都不限名额，南北两京国子监生的数量也高达几千人，并且受到迁都的影响，南北两京机构已有膨胀的趋势。针对这些情况，宣宗即位后规定了会试和乡试的名额，宣德二年七月，礼部奏请将北京国子监生中年老、残疾、丑陋、不堪培育的1 090人罢归为民，南京的国子监生也按此例精简，宣宗批准了这一建议。[2]经过这番整顿，一年之后国子监生的人数已比从前减少了一半，授官的人数同样大减。[3]以往对吏员这种基层办事员的考核较松，往往不分优劣，每年都有数以千计的吏员得到任用，为了改变这种局面，朝廷也作出了较为严格的限制，规定通过考试才能授予官职。宣德时期限制会试、乡试以及吏员入仕的人数，缓解了南北两京官僚机构的膨胀。

（二）罢免贪官刘观，惩治两京腐败

1. 主管监察司法的刘观贪赃枉法，受到罢免和流放

刘观是都察院的左都御史，都察院是明朝中央的最高监察机构，握有重要的司法、监察大权。可是掌管都察院的刘观，却是一个贪

1　参见《明史》卷七十，《选举志》二。
2　参见《明宣宗实录》卷二十九，宣德二年七月戊戌。
3　参见《明宣宗实录》卷四十五，宣德三年七月丁卯。

赃枉法、徇私舞弊的人物。此人在宣德以前曾做过嘉兴知府，那时的不法豪强就纷纷贿赂刘观，逃避惩罚。后来刘观升为中央的都御史，相当于监察部副部长，便以权谋私，继续包庇这些人。刘观及其子刘辐与刑部官员串通勾结，利用手中的特权，大量收受罪犯的重贿，减免死罪，放走罪犯。这种钱权的交易使刘观等人暴富起来，摆阔气，讲排场，到处赴宴吃请，并且每次都带着娼妓同行。用现在的话说，就是公然接受色情服务。其他部门的部分官员们也受到刘观的熏染，监察司法机构迅速腐败，乌烟瘴气。

宣宗对刘观的行为当然了解，有一天他问杨荣和杨士奇：现在贪污的风气盛行，怎么办？杨士奇杨荣两人知道宣宗对刘观已很反感，于是谨慎地答道："贪风始永乐末，今更甚"，"太宗自十五六年，数疾不视朝，扈从之臣，请托贿赂，公行无忌"，太宗自从永乐十五六年之后，几次患病不能临朝，于是扈从大臣们便公开请托贿赂，"当是时，惟方宾有贪名"。宣宗一听，知道还有下文，便问道：那么现在何人最贪呢？杨荣说：刘观最贪。事已挑明，杨士奇趁热打铁，讲了刘观贪污的危害，监察部门是整肃百官的，刘观作为主管，上梁不正下梁歪，下边的御史跟着腐败。这些人又奉命巡按地方，结果地方的官员也跟着贪污腐化。

宣宗下决心要清除这个大贪官，但又有所顾虑。因为刘观资历很老，曾是朱棣的宠臣，朱棣在位时，就连监国的太子朱高炽偶尔批评刘观，也遭到了朱棣的一顿申斥。如今刘观是二品大员，势力不小。因此要想收拾此人，必须费一番周折。好在宣宗做事胆大心细，从不贸然动手，他同杨士奇等几位心腹近臣商议好了对策。按明朝的传统，对待这样的老臣，不能像对待一般朝臣那样轻易治罪。于是宣宗采取循序渐进的办法，先是令刘观巡视河道，将其暂时调离了中央监察机构。此事在朝中并未引起多大震动，因为明廷经常调遣一些各部要员巡视地方，这些人往往前去处理一些临时政务，事毕即回朝。因此，这次调刘观出巡河道，人们起初以为只是例行公事。

此后不久，宣宗出人意料地任命正三品官、通政使顾佐为都察院右都御史。明代的习俗是以左为尊，右都御史的地位仅次于左都御史，实际上这时顾佐已是最高监察机构的负责人了。那么顾佐是谁推荐的呢？是杨荣和杨士奇推荐的。其实他们早就和宣宗商量好了，要用为官清廉的顾佐，来代替贪赃枉法的刘观。顾佐上任后果然不负众望，在宣宗的信任和支持下，很快便查明了都察院系统的状况，将贪赃枉法、不通政体的30余人开列名单，上奏朝廷。宣宗果断地处分了这些人。明廷的十三道监察御史共110人，这次一下子就处理了30多人，足见宣宗整顿监察机构的勇气和决心之大。

经过这番动作之后，朝中群臣彻底弄清了宣宗的意图。一些对刘观早有不满的御史立即上疏，揭发刘观、刘辐父子贪污受贿、徇私舞弊的行为，纷纷要求依法严惩刘观，于是宣宗下令逮捕刘观父

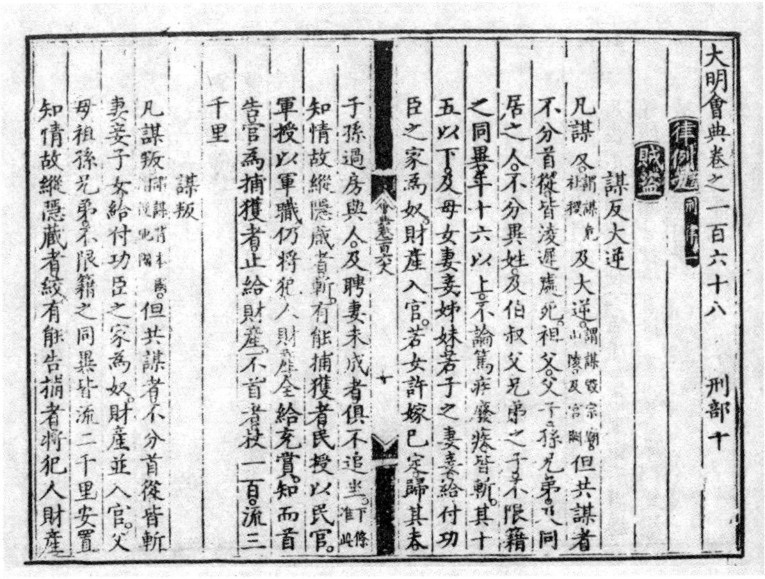
大明會典卷之一百六十八　刑部十
律例九　刑律一
賊盜
謀反大逆
凡謀反及大逆（謂謀危社稷及謀毀宗廟山陵及宮闕）但共謀者不分首從皆淩遲處死。祖父父子孫兄弟及同居之人不分異姓及伯叔父兄弟之子不限籍之同異年十六以上不論篤疾廢疾皆斬。其十五以下及母女妻妾姊妹若子之妻妾給付功臣之家為奴。財產入官。若女許嫁已定歸其夫，子孫過房與人及聘妻未成者俱不追坐。（下條准此）知情故縱隱藏者斬。有能捕獲者民授以民官，軍授以軍職，仍將犯人財產全給充賞。知而首告官為捕獲者止給財產。不首者杖一百流三千里
謀叛
凡謀叛（謂謀背本國潛從他國）但共謀者不分首從皆斬。妻妾子女給付功臣之家為奴。財產並入官。父母祖孫兄弟不限籍之同異皆流二千里安置。知情故縱隱藏者絞。有能告捕者將犯人財產

《大明会典》之“刑部”书影

子。而刘观却心怀侥幸，上书为自己鸣冤叫屈，宣称自己是为太祖、太宗和仁宗效过力的老臣，受过几代皇帝的重用和嘉奖，哪有什么贪赃受贿之事，这些都是顾佐指使御史诬陷他的罪名。

刘观的狡辩进一步激怒了宣宗，他气愤地说:“朕以其旧臣，未忍罪之，今尚欲文过耶!”本来我考虑到你是位老臣，才不忍心给你加罪，现在你居然还敢掩饰罪行、为自己狡辩！他命人拿出群臣揭发刘观的密奏，摔给刘观看，上面有刘观前后收受罪囚贿赂白金千余两的统计数字。刘观见事情已无法隐瞒，只好认罪伏法。[1]司法部门审理了刘观的罪行，最后判处刘观死刑，“于律应斩”。宣宗同意司法部门的判决，但是杨士奇和杨荣等人考虑到，刘观虽然罪恶深重，但毕竟是三朝元老，对待这种人不能像对待普通贪污犯一样处置，因而请求宣宗饶他一死，算是与他从前的资历和功劳相抵。

宣宗同意两人这种考虑全面的处理意见，他将刘观之子刘辐发配辽东戍边，而让刘观随同其子充军辽东，实际上等于将刘观的死刑改为无期徒刑，并以流放的方式执行。同时不杀刘辐，也是对老臣刘观的一种优待。刘观在监狱里蹲了一年，便在押解人员的监督之下，跟随儿子来到了荒凉偏僻的辽东。几年以后，这位宣德时期的第一贪官便客死于辽东。[2]不过这件事除了刘观贪污的因素之外，还有另一个原因，那就是刘观无意中与皇帝以外的皇族联姻，触犯了大臣不许“结托”皇族的禁令，差点被宣宗杀掉。怎么回事呢?

原来刘观的孙女被选为入宫的宫女，但可能是由于初步入选人多、此人最后落选等原因，反正是在刘观的孙女没入宫之前，皇亲中有个姓胡的都督前去迎娶了她，宣宗听说后大为震怒，以为这是刘观有意“结托”皇族，因而要杀掉他。宣宗为什么会如此震怒

1 参见《明宣宗实录》卷四十七，宣德三年十月己亥。
2 参见《明通鉴》卷二十，宣宗宣德三年十月。

呢？原来洪武后期朱元璋就在《皇明祖训》中明确规定，“凡天子及亲王后妃、宫人等，必须选择良家子女，……勿受大臣进送”，[1]禁止皇帝和亲王与高级文武官员联姻，避免这种关系干扰朝政，而刘观同意将初步入选但没入宫的孙女嫁给胡都督，起码是有主动“结托”皇族的嫌疑，属于明知故犯，因此宣宗才会震怒而要杀掉刘观。虽然经过夏原吉的劝解，宣宗暂时放过了刘观，但后来还是借反腐惩贪之机惩治了他。[2]

2. 顾佐得到了宣宗强有力的支持和保护

主持这次整顿的新任右都御史顾佐，自然受到了违法者的攻击和报复，这些人想方设法诬陷乃至图谋暗害顾佐。监察御史严皑是刘观的重要党羽，从前曾因多次受贿被罢职，后来重贿刘观才得以复官，是个一贯作恶、贪淫无度的无耻之徒。顾佐劾奏的数十名不法御史中，严皑名列第一。此人被发往辽东军卫，身不受役，居然胆大包天潜逃回京，造谣惑众骗取财物，继续作恶。并且行踪诡秘，企图加害顾佐。司法部门重新逮捕并审判了严皑，判其死刑。为了严格执法、整肃朝纲，也为了支持和保护执法者，宣宗下令将严皑押赴街头斩首示众。[3]

过了一年，有个奸猾胥吏上告顾佐收受仆隶的贿赂，并且私下放走了罪人。此事引起了宣宗的怀疑，他招来顾佐的推荐人杨士奇问道：你不是曾经保举顾佐为人清廉吗？怎么会有人告他受贿呢？杨士奇解释说：朝中官员薪俸不多，许多费用要靠仆隶来帮助支付，官员们则给予仆隶一定的方便作为回报。杨士奇还说他自己也是这

1　参见朱元璋《皇明祖训》，《四库全书存目丛书》史部第264册，第179页。

2　参见夏原吉《忠靖集》附录，《文渊阁四库全书》第1240册。

3　参见《明宣宗实录》卷七十，宣德五年九月辛亥。

顾佐像

样，仁宗为此才增加他们的薪俸。宣宗叹道：想不到朝中之臣竟如此清贫。他也许感到自己受了愚弄，不由得发怒喝道：朕方用顾佐，小人竟敢诬告他，一定要让法司惩治他！杨士奇赶忙劝道：这点小事不值得皇上您动怒。

宣宗的怒气消了一半，于是他又召来了顾佐，将上告奏书交给顾佐：你自己看着办吧！顾佐感激地向宣宗叩头谢恩。随后，顾佐找来了那个上告的胥吏，郑重而诚恳地对他说：皇上命我治你的罪，只要你能改正错误，不再诬告别人，我就饶你这一次。胥吏一听，赶紧叩头认罪，原来他自以为抓住了顾佐的把柄，却想不到竟惹怒了皇上，吓得魂飞魄散，连说再也不敢了。宣宗对顾佐的处理很满意，他称赞顾佐这样做颇为得体。

过了不久又有人上告顾佐不理冤案申诉。宣宗敏锐地判定：这件事的背后一定是有重囚的教唆，他下令司法部门联合审讯。不出宣宗所料，原来是千户臧清滥杀无辜，论罪当斩，竟然还指使他人诬告顾佐。这次宣宗毫不客气，他对前来汇报审讯结果的司法人员喝道：不杀臧清，顾佐就不能正常执法！然后下令用割裂肢体的酷刑杀掉臧清。[1]枭首示众是砍掉脑袋挂起来，已经是在斩首的基础上罪加一等、从重惩处了，而割裂肢体的磔刑则是一种酷刑，惩处的

1 参见《明史》卷一五八，《顾佐传》。

力度可比枭首示众要重多了。宣宗强有力的支持和保护，使顾佐能够较为顺利地主持和开展监察工作，经过几次较量之后，无人再敢诬告顾佐了。

3. 整顿南京监察机构的贪腐之风

处理了刘观之后，在顾佐等人的努力下，北京中央监察官员的考察、选任已基本完成，宣宗随即着手准备整顿南京的监察机构和下属官员。原来明朝自永乐时期迁都北京后，南京作为留都（或称陪都）保留下来，并保留了许多与北京相对应的官僚机构。虽然与政治中心北京相比，南京各部门的官员多为闲职，但仍负有一定的责任。宣德初年，监察部门的贪腐之风同样也波及南京，虽然官员腐败的程度不如北京刘观等人，但也颇为严重。宣宗对那里的情况有所了解，处理完北京都察院的问题之后，势必要处理南京的同类问题。

宣德三年（1428年）年底，宣宗任命清廉刚直的邵玘为南京都察院左副都御史，同时又任命了几名南京六部的其他官员。邵玘上任后，宣宗向他发出敕令，讲了南京监察部门存在的严重问题："委靡不立，颓坏宪纪，非惟不能纠正诸司，亦致各道御史恬无畏惮。巡仓库者，通同监守纳户，恣为奸弊；巡钞法者，通同市井商贾，滥受货贿。甚者挟制诸司，肆行嘱托，贪利坏法，非止一端。"命令邵玘对各道御史和有关人员严加清查整顿，扭转南京监察机构的贪腐之风。[1]整个敕令的内容，与数月前下达给顾佐的敕令相同。

邵玘在宣宗的支持下，清查了南京各道的御史，上奏罢免了贪淫受贿、不称其职的御史30余人，有效地整顿了监察机构。邵玘又会同六部堂上官考察了六部的中下级官员，结果查出了17人贪污，

1　参见《明宣宗实录》卷五十，宣德四年正月癸亥。

明《出警图卷》局部之“官员”

14人奸懒，46人不谙文理，9人才力不及，奏请将这77人同时罢黜。宣宗完全批准了邵玘的建议，“命行在吏部悉从（邵）玘言，如例降黜”。[1]经过这一番大刀阔斧的整顿，南北两京的监察部门焕然一新，“朝纲肃然”，贪赃枉法的风气基本上被制止住了。

（三）推荐、选拔中央的官员任职地方

明代的各级官吏中，除军官和中央政府的官员外，直接对百姓的日常活动进行管理的官员，主要是省、府、州、县一级的官吏，如省一级的布政使、按察使，府、州一级的知府、知州，县一级的知县等。因此，人们所说的吏治，通常也主要是指这部分人。宣宗十分重视这些人的选拔和任用，他认为“安民之方，必择守令”，“一事得人则一事理，一邑得人则一邑安”，[2]因此，宣宗采用了一整套

1　参见《明宣宗实录》卷五十一，宣德四年二月壬寅。
2　参见《明宣宗实录》卷十六，宣德元年四月癸酉。

措施和政策来整顿吏治，保持得力的官僚队伍。

这些地方官绝大部分都是科举进士出身，考中进士之后，由朝廷授官。知府、知州和布政使、按察使一级的官员，有些是从中下级官员中逐渐提升上来的，有些则是由中央从政府各部门中选拔任命的，或是经过中央各部高级官员的推荐而被任命的。其中后一种情况居多，尤其是在宣德后期，宣宗多次指示负责任用官吏的吏部尚书蹇义等人，要留心举荐人才。他强调吏部的任务就是“进贤退不肖”，即选任有才干的人，淘汰那些不称职的人。蹇义等人秉承宣宗的意图，举荐和选拔了大量的后备官员，供皇帝和朝廷任用。

宣德五年（1430年），宣宗听说以前任用地方府、州一级的主要官员多凭资历，其中许多人不称职，甚至有贪暴行为。这时恰好吏部上奏苏州、常州、西安等9个重要府、州的官职出缺，宣宗便下令六部和都察院的负责人举荐京官候选。吏部尚书蹇义等人推举了礼部郎中况钟等9人，宣宗便任命这9人为9个府、州的知府。[1]当年十一月，宣宗又根据六部大臣的举荐和全国各地州、府官职出缺的情况，任命六部的郎中、员外郎、御史、给事中等25名京官为地方知府，如同前一次任命况钟等人一样。[2]

这样一来，全国许多重要府州的官员都出自朝廷的举荐和皇帝的任命，明廷中央既在一定程度上保证了地方官员的素质，又加强了对地方的统治。以前官员的升迁基本上都是论资排辈，因此难免优劣混杂，而宣德时期推行的这种“以官保官”的保举做法，某种程度上较为有效地克服了这一弊端。知县一级的官员除考中进士授官外，也有一些人是从中央各部的下级官员中选拔任命的，还有一些则是府、州或御史等官员中不称职的人员，被人事部门降职为知

1　参见《明宣宗实录》卷六十六，宣德五年五月癸亥。
2　参见《明宣宗实录》卷七十二，宣德五年十一月己未。

县。各省的布政使、按察使及其辅佐官员副使、参政等官，由中央选任和由府、州地方官提升上来的官员各占一部分，这些人的任职相对较为稳定。

那些由中央选派的官员由于曾在朝廷任职，有些人还跟皇帝本人有私交，关系通天，后台较硬，因此在地方办起事来颇为顺手。如著名的苏州知府况钟，当年他曾冒险护送宣宗从南京回北京即位，现在当了知府，上奏之事绝大部分都获得了宣宗的批准，骚扰地方的宦官甚至连况钟的一些上司都对他颇为敬畏。正因为当时的统治集团较为注意选拔各级官员，因此当时出现了一大批治国安民的好官，其中较为著名的人物有于谦、周忱和况钟等人。有人统计，《明史·循吏传》中一共记载了明初到明末的循吏一百二十多人，而在仁宣时期任职的官员竟占了半数之多。[1]这件事至少说明，这个时期的吏治还是不错的。

（四）监察的整顿和加强

选任官员固然重要，但如果没有适当的考核、奖惩制度，就无法保证选任官员的行为始终符合统治者的要求和利益，更无法约束和防止这些人违法犯罪。明朝立国后，即建立了较为完备复杂的考核制度，其中对地方官的考核活动大致为三年一次，由主管人事的吏部主持，上级官员与中央派出的官员联合考核地方官。如府、州一级的知府等官，由省一级的布政使、按察使和明廷中央派出的巡抚侍郎、巡按监察御史来考核，基本上分为称职、不称职和平常三等。平常者留任或平调，不称职者降职或免职，称职者升迁或晋级

1　参见《明史》卷二八一,《循吏传》。

受奖。[1]

这种定期举行的考核活动，固然能对吏治起到一定的作用，提升和奖励一些好官清官，降职和淘汰一些坏官贪官，但仍有较大的局限和弊端。即考核这些官员基本上凭上级的印象，直接受其统治的百姓却无权参与考核。因此许多官员的恶行劣迹上司无法了解，甚至受到蒙蔽，不能达到考核的效果，一些贪官污吏考核过后仍然留任。宣宗也了解这种弊端，某些地区朝廷派出的御史和布政使、按察使一同考核下属官员，"有司贤否，多不以实，其清廉能干、处心公正、从容宽厚、不善趋承者，则以为不胜任而退之。有贪鄙庸劣、不能抚字、善于趋走、巧于逢迎者，则以为称职而留之。贤否混淆、公道不行"。[2]

因此，明朝从立国开始，便任用一些御史等特殊人员外出巡视。实际上是对各地、各级官吏进行一种不定期的考核活动，遇有官吏违法害民之事，或奏明朝廷请求处理，或当场处理。宣德时期除了一般的御史外，宣宗还派出了大量的巡按监察御史，来处理一些重要政务，其中的重要任务之一就是监察各地、各级官吏。这些人具有"代天子巡狩"的监察大权，对于地方官员的监察往往是"大事奏裁，小事立断"。[3]那些为非作歹、残害百姓的地方官员躲过一些定期的例行考核，却躲不过巡按监察御史的考核和监察。整个宣德时期，的确有一些地方官为巡按监察御史劾奏罢官或降职。

巡抚制度逐渐形成后，宣宗又下令巡抚侍郎同各地的巡按监察御史一道考核地方官，并将这一点定为巡抚侍郎的政务之一。这样一来，定期与不定期的监察和考核相结合，对于保证地方官吏较为

---

1 参见《明史》卷七十一,《选举志》三。

2 参见《明宣宗实录》卷五，洪熙元年闰七月己酉。

3 参见《明史》卷七十三,《职官志》二。

正常的吏治，清除其中的某些不良分子，减少贪官污吏对平民百姓造成的危害，起到了一定的作用。宣宗自己也说过：如果必须等到三年甚至九年才举行定期考核，那么赃官恶吏就会使百姓长期受害。如今朝廷派出巡按监察御史同按察司一道考察地方官员，对于那些贪婪作恶的不法官吏可以随时纠举，从速处理，“最为良法”。[1]

只是这种“最为良法”的考核方式，并不能完全消除官吏考核制度的弊端。不论是巡抚、巡按监察御史，还是御史或按察使，他们对地方官进行监察和考核时，某种程度上同样存在着弊端，即考核官员凭个人印象好恶来决定被考核对象的政治命运，为官清廉、不善逢迎者往往被罢官降职，为官贪暴、善于逢迎者反而被留任提升。真正了解一方官员的当地百姓被排斥在监察权力之外，这是专制朝廷的阶级性质所决定的。宣宗对此也有所了解和认识，因此他主张除了严格选任地方官之外，还必须严格选任负责监察的巡按监察御史和各地的按察使。换句话说，要选好官，更要选好管官的官。

宣宗曾对大臣们明确表示，“御史按察司官尤宜择人”，这部分人选任得当，那么地方官的好坏就可以“不待于考绩”而决定升降了。[2]归根到底，宣宗以及当时的明朝政府维持和保证专制统治，都是更多地依靠人治而不是依靠法治。每一项政治活动和每一级官员都强调“得人”，即用人得当，不是用完善、合理的法律和制度来维持统治，而是在选任官员方面下大功夫。这样做的结果，势必在很大程度上将国家、部门甚至地方小县的治乱兴衰，像押赌一样寄托在官员的个人素质上。如果从地方小官到中央监察部门的首脑个人素质都有问题，那么吏治就会随之败坏，而那些定期和不定期的监察考核制度，对此不会起到有效的遏止或扭转作用，这是宣宗和他

1 参见《明宣宗实录》卷十三，宣德元年正月癸丑。
2 参见《明宣宗实录》卷十三，宣德元年正月癸丑。

北京国子监旧影

同时代的人所无法改变的。

（五）御史职能的扩大及其赏罚措施

1. 御史的职能扩大，升迁较快，主体是学生和教官

御史的主要职责是监察官员、协助审理案件，宣宗则将御史的职能加以扩大，将清理军伍、巡视边境、视察军屯、建设项目和京营的情况，以及监督税收和漕运等内容，都规定为御史的任务。在御史的各项职能中，同上级官员一道考察和选任各级官员，同刑部、

大理寺等司法部门一道审理和裁决各类案件，是御史们最为主要、最为普遍的职能。宣宗当政的十年中，御史们在监督行政工作的运转和向皇帝进行政策性的建议，[1]沟通中央与地方的各种联系，加强中央对地方的统治等方面，发挥了极其重要的作用。十年之间，这些人根据实际情况向皇帝提议，使200多名各级官员被降职，使另一些官员任职、复职或得到提升。

既然监察官员肩负如此重要的职责，具有特殊的地位，就必须有相应的赏罚措施和选任制度。宣宗为了发挥御史的作用，保持政治上的良好局面，从御史的来源到赏罚办法，都制定了一整套相应的措施和制度，这些措施和制度都是开创性的、富有成效的。首先是御史的选任。宣德时期监察御史的来源基本上都是进士、监生和教官，这是永乐时期朱棣留下的定制。[2]据有的学者统计：从宣德三年（1428年）年底顾佐上任后第一次任用监察御史，到宣德九年（1434年）年底为止，六年之中选任御史的进士、监生和教官的人数分别为：进士70人，监生63人，教官29人。共162人，[3]占当时170多名监察御史总数的93%。

至于监察御史为什么多用进士、监生和教官，则是宣宗的特殊用意，原因是这类人大部分都是读书进取、奋发有为的青年人，与在任的官员和机构没有什么复杂的关系，并且较少受到官场之中不良风气的感染和影响，是朝廷监察官员的合适人选。作为一个专制帝国的监察官员，最为重要的条件并不是行政才干和见识，而是不畏权势、刚直清廉的优秀品质，这样的品质，在那些涉世不深、奋发进取的青年人身上表现尤为突出。从这个意义上讲，宣宗由科举、

1　参见牟复礼、崔瑞德编《剑桥中国明代史》（上）第322页。

2　参见《明太宗实录》卷九十三，永乐七年六月丁卯。

3　参见孙与常《明宣宗对监察员的考核与黜涉》，《社会科学战线》1989年第1期，第122页。

学校中选拔监察御史，的确是一种良策，在很大程度上杜绝了官场上的不良风气对这些人的影响，可以较为有效地保持监察官员的纯洁性。

即使是那些受到举荐、被认为是有资格担任御史的人员，宣宗也并不轻易授予实职，而是要让这些人经过一段“试用期”，实际考察其才干之后再授实职。顾佐担任右都御史之后，曾经罢免了一大批贪赃枉法的御史，造成了监察御史大量缺额。宣德三年和四年，顾佐和吏部两次推荐了五十多人担任御史，宣宗都未实授其职，而是令这些人“历政三月”，先做“见习御史”，[1]然后再根据这些人的实际表现授予实职。三个月后，有关部门将这些人的实际表现分为上中下三等，宣宗授上中等为监察御史，令下等“再历三月”，然后量情授职。[2]

监察御史的升降赏罚则另有一套制度。对于那些颇有才干、品行端正的监察御史，宣宗往往破格提升，而且提升的品级和官职较高。据记载，从顾佐任右都御史的宣德三年（1428年）七月算起，到宣宗去世前的宣德九年（1434年）十二月为止，监察御史（正七品）被升迁最多也是最低的官职，是按察司佥事和按察司副使，为41人，约占总数的三分之二，这些人都是各省负责监察事务的高级官员。由此可见，宣宗是有意识地提升中央各道的监察御史，出任地方省级的重要监察官员。中央巡按某地的监察御史若工作颇有成绩，往往即可获得提升，如巡按浙江的监察御史林硕，即被宣宗提升为浙江的按察使。[3]还有一些监察御史被调往其他省份充任监察官员，这类事在宣德一朝具有普遍性。

---

1 参见《明史》卷六十九，《选举志》中称“见习御史”为“试御史”。

2 参见《明宣宗实录》卷四十八，宣德三年十一月丁丑。

3 参见《明史》卷一六一，《林硕传》。

2. 御史权力大未免骄横，但违法往往被从重论处

由于巡按监察御史的权力大、责任重，被选任者又多是一些涉世不深、血气方刚的青年人，因此，其中一些人不免妄自尊大、骄矜傲岸。地方官自布政使以下，虽然品级高于御史，但受其监察，地位不如御史高，同样不免对这些人曲意逢迎、谄谀相待，反过来也助长了御史们的骄横傲气。正七品的监察御史赴地方办事，正三品的布政使及下属官员往往破例出迎，一些监察御史甚至对地方官员“追呼呵叱”，恣肆凌辱，造成一些不良影响。宣宗从下面的奏书中发现，这些人大都是“不守礼分”的轻薄少年，不禁有些反感。小御史凌辱大官员的现象，虽经宣宗一再下令制止，但并未得到根本扭转。

小御史敢于凌辱大官员的根本原因，正如一位御史所言:“御史任纪纲之职，受耳目之寄，纠劾百官，肃清庶政。若巡按一方，则御史以朝廷所差，序于三司官之上”。[1]加上“大事奏裁，小事立断”的权限，实际上监察御史集监察、行政、司法权力于一身，地位和权力都大大超过了地方三司。而宣德五年以后，宣宗向一些省份和边地派出了巡抚，这些人拥有更大的权力和职责，地方三司的地位便进一步降低了。

但另一方面，如果御史违法犯罪则从重论处。明制规定，“凡御史犯罪，加三等，有赃从重论”。[2]宣宗当政的十年中，基本上严格执行了这一法规。为顾佐罢免的刘观党羽严皑、成林、杨居正等19人，起初判为发往辽东各卫充吏终身，宣德四年杨居正等人“妄奏冤抑”，宣宗认为前次判刑较轻，于是改判他们充军辽东各卫，既对

1　参见《明宣宗实录》卷七十六，宣德六年二月壬寅。

2　参见《明史》卷七十三，《职官志》二。

妄奏者加罪，也对犯罪的御史加罪重处。[1]广东道监察御史沈润“受土豪黄金五两，白金百两，文绮十四，出其杀人罪”。事后司法部门审讯论罪，依律应绞，但事在大赦之前，按赦令只“应杖”。宣宗改判道：“御史朝廷耳目，受重金纵死罪，是耳目蔽矣！岂可轻贷，其免杖，发戍辽东边卫”。[2]免杖戍边，在明代的法律中等于从重治罪。

地方监察官员犯罪，尤其是犯贪赃之罪，宣宗同样从重论处，决不姑息留任。浙江按察司佥事王铉受贿白银，干预当地司法部门释放死囚，论法当斩。但按当时的新规定，可以罚米赎罪，然后恢复原职。江西按察司佥事高第贪赃受贿，吏部官员认为可以按新规定改调他任。宣宗没有按新规定让他们赎罪复职，而是一律罢职为民。尽管今天看来，为官犯法仅仅罢官了事，似乎是以官职折换处罚，并非从重治罪，但在五百多年前的专制社会中，因为贪赃受贿而将正五品的按察司佥事罢免为无品级的平民百姓，已经算是重判了。

对于另一些虽非贪赃但也有违法行为或不称职的监察御史，宣宗的处罚虽不如赃罪那么重，但同样执行了从重的原则。有人作过统计，自顾佐任右都御史至宣宗去世，明廷中央升用了62名御史，降黜了约130名御史，[3]后者是前者的两倍，可见宣宗非常注意整个监察队伍的建设，对这些人处罚的比重大、数量多，而且功罪随赏随罚，意在保持监察官员的纯洁性和正常功能。犯罪和不胜任者不断被淘汰，德才兼备的胜任者不断被补充进来，或得到提升重用，整个监察队伍保持了特有的活力。对科举、漕运、司法和监察进行整顿之后，宣宗会怎样保持整个社会的稳定呢?

1　参见《明宣宗实录》卷五十四，宣德四年五月壬子。

2　参见《明宣宗实录》卷五十六，宣德四年七月甲子。

3　参见前引孙与常《明宣宗对监察员的考核与黜涉》一文。

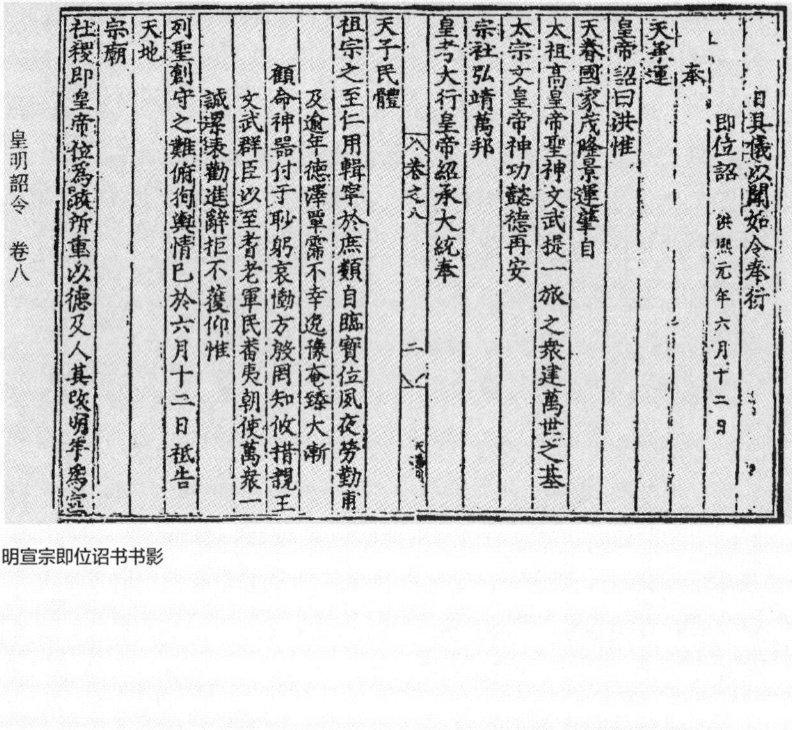

日具儀以聞始令奉行

即位詔　洪熙元年六月十二日

奉

天承運

皇帝詔曰洪惟

天眷國家茂隆景運肇自

太祖高皇帝聖神文武提一旅之衆建萬世之基

太宗文皇帝神功懿德再安

宗社弘靖萬邦

皇考大行皇帝紹承大統奉

卷之八　二

天子民體

祖宗之至仁用輯寧於庶類自臨寶位夙夜勞勤甫

及逾年德澤覃霈不幸違豫奄臻大漸

顧命神器付于眇躬哀慟方殷罔知攸措親王

文武群臣以至耆老軍民番夷朝使萬衆一

誠屢表勸進辭拒不獲仰惟

列聖創守之難俯徇輿情已於六月十二日祗告

天地

宗廟

社稷即皇帝位爲誠所重以德及人其改明年爲宣

皇明詔令　卷八

明宣宗即位诏书书影

二十六　稳定局势

经过洪武和永乐两朝之后，明帝国的主要框架已为朱元璋和朱棣基本构建完成，大规模的开拓工作已基本结束，而超负荷的国事活动需要收缩和调整。宣宗继承了先辈的遗产，自然要在原有的基础上，从各方面来保持大明帝国的稳定局面。

（一）处理江南等地重赋问题

1. 江南重赋问题直到宣德中期还没有解决

苏、松等府重租官田减免粮额，是宣德朝减轻江南民困的重大措施。苏州是官田最多、赋额最重的地区，洪武三年（1370年），苏州民间积欠的税粮就有三十余万石。明太祖明知税粮的逋欠是由于税额超过了负担者的能力，只有降低税额才是彻底的解决办法，但是他却宁愿在人民逋欠数额十分巨大无法追缴的时候，采取一些临时性的减低税额或减免积欠的措施。所以在洪武朝，尽管蠲免数量巨大、次数频繁，沉重的税粮负担名存而实亡，但这种不合理的税率或赋额依然保留了下来。建文帝即位后改变了这种行不通的掠夺式征收，减低了苏松等地区过高的税率或赋额，然而这种措施随着他的短命王朝而被废除。

夺位成功的明太宗朱棣完全恢复了洪武朝苏松地区高额征收税粮的老办法，而且东南地区特别是江南诸府除了原来的税粮负担之外，还增加了漕粮的长途运费和其他差徭负担。当人民负担不了这种沉重的赋役而被迫用欠税和逃亡来表示反抗的时候，朱棣竟也完全继承父志，用蠲免方法来缓和一下矛盾，但同样保留这种不合理的税粮征收额。朱元璋和朱棣只免欠债不降税额的做法，是企图保持较高的税额，保证整个国家田赋的高额收入，尤其是朱棣在位的永乐时期，迁都建陵、南征北讨等一系列消耗空前的活动，使明朝的国家财政已逐渐面临超负荷状态，如果降低田赋的征收税额，就会减少国家的财政收入，因此他们宁可暂时减免江南的欠债也不降低田赋的税额。

到宣德年间，税粮逋欠达到了惊人程度。苏州府从宣德元年（1426年）到宣德七年（1432年），六年之中积欠的税粮就达到790万余担。仁宗和宣宗即位初期虽然也多次减免江南的欠债，但很快就发现这种减免无法解决江南百姓的重赋问题，于是宣宗不得不设法降低田赋的征收税额。宣德五年（1430年）二月朝廷明确规定，官田亩科一斗到四斗的减十分之二，亩科四斗一升到一石以上的减十分之三。[1]但是户部的负责官员并不执行，理由是这样会导致“国用不足”的后果。这年九月周忱被派到南直隶，安抚江南各府军民，其中调整赋役征科就是他的一项重要任务。周忱同苏州知府况钟反复研究计算之后，上奏要求减去极不合理赋额共计72万石，不料这个建议却遭到了户部官员的强烈反对。

他们认定周忱“欲变乱成法，沽名要誉，请罪之”，要求宣宗处罚周忱。宣宗不同意，他对户部官员说：周忱“职专粮事，此亦其

1 参见《明宣宗实录》卷六十三，宣德五年二月癸巳。

所当言。朝议以为不可则止，何为遽欲罪之？卿等大臣，必欲塞言路乎？（周）忱不可罪！”但是“帝虽不罪，亦不能从”，[1]周忱减税的打算只好从此取消了。不仅如此，户部官员还明确告诫属下，不许拿诏令作为减免税额的借口。当年仁宗几次下诏减免灾区的租税，可是户部尚书郭资就曾拒不执行，反而下令有关部门仍照原额征收。后来宣宗在宣德七年（1432年）三月下诏给礼部，指摘户部对于减税诏令的拒不执行，但是户部却依然置之不理。那么户部官员为什么会如此对抗皇帝呢？

实际上负责财政的户部官员拒绝并阻止宣宗降低税额诏令的落实，并非有意反对宣宗的权威，背后是有深刻原因的。首先，明朝的赋税制度是定额赋税，即在人口和土地总数不变的情况下保持赋税定额，丰收歉收都是如此，并非量入为出，轻易不会改变赋税定额，因此明初皇帝的做法才是只免欠债不降税额，而宣宗减税降额的诏令等于打破了明初的赋税定制；其次，为国家提供充足的赋税是户部的职责，如果他们执行了皇帝减税降额的诏令，因而导致“国用不足”的后果，户部首脑是要承担责任、受到处罚的；第三，仁宗和宣宗最初几次颁布减税降额诏令，事先都没有同户部官员商量和沟通，几乎都是根据周忱等人的提议，越过户部直接下达的诏令，户部官员对此可能有所不满和抵触。

在这种情况下，户部官员才敢于拒不执行皇帝的有关诏令。这件事不仅反映出政策执行者与决策者之间的矛盾，也反映出当时“国用不足”与减轻江南百姓重赋的矛盾，以及国家对江南产粮区的严重依赖。但当时江南尤其是苏州赋额定得相当高，自从明朝建国就无法足额征收，到了六十多年后的宣德时期，人口逃亡已相当严重，如果不降低税额就根本无法征收，并且降低了也同样无法足额

1　参见《明史》卷七十八，《食货志》二。

征收，因此，宣德时期面临的已不是税额降不降的问题，而是降多少的问题。需要说明的是，宣宗降低税额也并非全心全意为国为民，其中也有标榜自己皇恩浩荡的因素，但却给下面出了难题。在户部拒不执行宣宗降低税额诏令的情况下，周忱只好从改良赋役政策入手，设法减轻江南百姓的沉重负担。

2. 宣宗支持周忱减轻江南等地的重赋

周忱在江南地区减轻赋役的主要活动，后来基本上都得到了宣宗的支持和批准，大体上有几个内容。其一，平米法的实施和济农仓的设立。周忱为了保证朝廷税收和地方财源的充足，将加耗改造成为以田土为对象的税粮附加税，即平米法，过去大户不出加耗，现在大户小户一律出耗。民田按亩加耗，借此调剂官民田土负担的不均衡。改革以后民田耗米加重了，但是耗米的羡余部分即余米可以作为地方官员自由动用的所需公费的资源。

周忱像

其二，按照税粮或田亩来摊派差徭的负担。周忱为了解除或减轻平民人户差徭的负担，开始按照税粮或田亩来摊派差徭，使以户丁为佥派对象的徭役开始转化为以田土为征科对象的赋税。而被科派的田土由于派额的分散，因而也并不感觉到负担的沉重。

其三，以军民接力的方式来运输漕粮。朱棣迁都北京后，北京的人口增多，宫廷、军队的粮食需求量猛增。怎么办？

朱棣时期实行的办法是多次疏通大运河，先由百姓从产粮区运粮到运河边的码头，再由漕运军队装船运送到北京。江南百姓的运粮负担相当沉重，往往以三倍的代价才能运送一份粮食，从产粮区到运河的码头，往返平均要一年的时间。这个办法既误农又误工，运输的成本相当高，使本来已经很重的税粮负担更加沉重。

宣德中期，主管漕运的平江伯陈瑄和巡抚江南的周忱根据实际情况建议，先由百姓运粮到附近的卫所，并支付一定的费用，再由卫所军队运粮到运河码头，然后由漕军运至京师，宣宗采纳了这个建议。这种倒短接力的做法可以省时省力，不误农时。支出的漕运费用至少要减少三分之二，这就在不降低税率或减轻赋额的前提下，大大减轻了百姓应缴的实物税粮和运输负担。

其四，将部分税粮等折合成其他物品征收。税粮除折银征收之外，有些地方由于米粮的缺乏或棉货的发达，周忱还常用折征布匹的办法来调剂纳税人的缴纳和减轻他们的负担，像苏州、嘉定、昆山、华亭、上海等地就都曾将部分税粮折征布匹，每米一石折布一匹。据说这种税粮折征布匹的方法后来还进一步促进了苏松地区棉田的发展。[1]

再如马草，它是明代夏税、秋粮以外的第三项重要赋税，虽然价值很有限，但江南百姓每年要将这些马草分别运送到南京或北京，运输的成本同样非常高，百姓的负担相当重。可是两京并不是不出产或购不到马草，为了减轻人民负担，周忱就规定马草每束征收折色银三分，在南京交付的部分直接以折色银支付，然后由使用机构在南京就地采购。北京的马草也用“轻赍银”（即一种便于携带的银两）运去缴纳。这样一来，缴纳者固然得益不小，减轻了很多不必

1　参见伍丹戈《明代周忱赋役改革的作用和影响》，《明史研究论丛》第3辑，江苏人民出版社1985年版。

要的负担和成本，而接收者也感到方便。

税粮折银有利于减轻百姓的负担，因为一方面政府并不需要更多的粮食，尤其是多年贮存的粮食很可能腐烂，另一方面白银日益成为市场上的流通货币，更多地为政府所需要，因此税粮折银可以满足政府的这种需要。从民间百姓来讲，一方面缴纳粮食必然带有转运的负担，而缴纳白银则会大大减轻这种负担。另一方面江南地区的民间手工业较为发达，与单纯的种粮相比，百姓可以从这些途径获取更多的白银收入，因此税粮折银显然比单纯征粮更有利于减轻百姓的负担。在这种情况下，南方每年运往北京的四百万石漕粮，被折征为一百万两白银，专门供给皇帝消费包括武将的俸禄，并且形成定制。

除了周忱所在的东南地区以外，全国其他地区也都不同程度地进行了类似的活动，包括折征税粮、储粮备荒等，并且也收到了减轻赋役、稳定社会局势的效果。只是宣宗出于奢侈享乐的需要，不顾南方的连年水旱灾害，下令有关机构制作了大量精美的瓷器包括

明宣德款澄泥蛐蛐罐

蟋蟀罐等，对于自己喜好的这些奢侈品和消费品几乎很少减免，可见宣宗的减免并非完全是为百姓着想。同时，宣宗一方面重视实行蠲免以缓和社会矛盾，另一方面也把“垦荒田永不起科及下斥卤无粮者，皆核入赋额”，[1]即规定以前不征税粮的土地都征税粮，以增加税粮收入。不过这类情况在宣德时期并不普遍，并未影响江南重赋的减免。

（二）招抚、安集各地的流民

明代的流民问题在宣德时期已经形成，当时北方广大地区百姓流亡现象比较严重，这是永乐后期迁都、北征加重徭役所造成民生凋敝状况，在连年灾荒冲击下进一步恶化的结果。据《明宣宗实录》等记载，从宣德二年（1427年）开始，山西、河南发生了严重的人口流亡。宣德三年五月，山西平阳等府流亡河南南阳等府的人口在10万以上，宣德五年十一月，河南开封等府召回复业的户数为11.56万余。明初以来，这样大规模的人口流亡还没有发生过。

从《明宣宗实录》等所记载各地流民情况的材料中可以看出，当时府、县呈报流民复业户口数和安置措施特别详尽，这一点与流民情况的严重和朝廷的严格督促有关。宣德时期多次颁布有关安置流民的诏令，采取的措施大体上有四项。其一，免除返乡复业逃民所欠的大部分田赋。原因很简单，逃民返乡之后根本无力缴纳欠债，如果强迫追缴他们的田赋欠债，等于驱赶他们继续逃亡，既不利于社会稳定，更是不利于未来国家的田赋收入。因此，国家只好免除那些返乡复业逃民所欠的田赋。从当时的情况看，朝廷免除的规模和数量各地不尽相同。有的地方只免前几年的田赋欠债，近几年的

1　参见《明史》卷七十七，《食货志》一。

不免；有的地方逃民由于逃亡时间长加上天灾，宣宗同意免除这些人自永乐二十二年以来所欠的全部田赋。[1]

其二，免除那些尚未返乡复业逃民的田赋欠债，不再转嫁分摊给未逃的农户。这项措施实行以前，明政府只是免除那些返乡复业逃民的欠债，但是却把那些尚未返乡逃民的欠债分摊给没有逃亡的农户，结果是返乡复业的逃民被免除了田赋欠债，负担一下子减轻了不少，而那些长期忍受沉重田赋、没有逃亡的农户，反而更加重了负担，这样一来他们只好也逃亡。为了避免这种恶性循环，明政府只好逐步免除那些尚未返乡逃民的欠债，并且一律不再由没有逃亡的农户分摊缴纳。在这一过程中，宣宗不仅批准地方政府的有关建议，还积极推动这项措施的落实。由于各地上报的时间不同，因而免除欠债的时间段也不同。宣德七年二月，宣宗下令免除了山西长子县五百多户逃民自宣德二年至六年的粮草欠债。[2]

其三，对于那些不愿意返乡而愿意在所在地就业的逃民，明政府允许他们在所在地附籍落户。在此之前的洪武、永乐时期，国家为了控制百姓流动，严禁户口流移，不准逃民于所在之地附籍落户；但是随着赋役负担的加重、各地逃民的增加，以及逃民长期在外地安家立业，明政府已无法将逃民再赶回原地，因此只好放宽对这些人的限制，允许逃民于所在之地附籍落户。宣德三年（1428年）七月，原山东青州的百姓上奏朝廷说，他们二百多户从永乐中期就逃亡到了北直隶的枣强，在当地安家立业已经二十年了，现在政府要把他们遣送回山东，他们请求在枣强附籍落户。宣宗对户部尚书夏原吉表示，应该同意这些人的请求。[3]几年后宣宗再次强调这项措施，

---

1 参见《明宣宗实录》卷七十八，宣德六年四月壬戌。

2 参见《明宣宗实录》卷八十七，宣德七年二月壬辰。

3 参见《明宣宗实录》卷四十五，宣德三年七月乙亥。

并提出免除三年差役的优惠条件。[1]

明周臣绘《流民图》

其四，减免返乡复业逃民的差役。当时的百姓不仅要向国家缴纳田赋粮草等，每年还要为国家出劳役，如运输物资、开河筑堤、修建城池，以及地方官府的各种差役等，那些返乡复业的逃民根本无法负担。如果强迫他们负担各种差役，同样等于驱赶他们继续逃亡。于是宣宗批准了许多地方政府的建议，免除那些返乡复业逃民当年的差役。[2]对于那些被迫长期逃亡外地甚至啸聚山林的百姓，一旦愿意返乡复业，宣宗便下令免除他们三年的各种差役。[3]这项措施加上第一项免除田赋欠债的措施，才使那些返乡复业的逃民真正减轻了负担。上述措施的实施，逐渐缓解了全国尤其是北方地区百姓大量逃亡的局面。

（三）防灾赈灾，减少工程劳役

就蠲免税粮而言，在全国范围内，不但有除豁累年久欠的措施，还有关系下年减征的措施。如宣德二年（1427年）十一月“皇长子

1　参见《明宣宗实录》卷八十八，宣德七年三月庚申朔。
2　参见《明宣宗实录》卷七十二，宣德五年十一月甲寅。
3　参见《明宣宗实录》卷八十八，宣德七年三月庚申朔。

生”诏规定，宣德三年税粮“以十分为率，蠲免三分”。宣德三年四月，宣宗又下令户部“征粮必依诏书”，即落实前一年的减免规定。[1]如以宣德朝每年税粮平均3 000万石计，蠲免数量近1 000万石。各地灾蠲亦多所实行，范围或一府一县，或数府乃至一省数省，数量从几千石到几百万石不等。如宣德二年免陕西本年秋粮，宣德九年免南北直隶、湖广、江西、河南本年秋粮十分之四，都是数量颇巨的灾蠲。

后来大学士杨士奇建议：吏部考察州县官员的政绩，应该增加辖区内仓储和堤坝修筑的情况。在朝廷重视荒政的推动下，周忱、况钟利用改革漕运节余的耗米，在苏、松等府设立济农仓，向农民提供赈贷。济农仓之设，有利于抑制豪强兼并，保持农民起码的生产和生活条件。于谦也在河南、山西修复预备仓，周忱、于谦修理荒政的成效在明代也是仅见一时的，但对于减缓流民现象的蔓延和稳定社会局势，都具有积极的意义。

宣德朝重视实行赈灾救荒，对防止流亡发生和安集流民，起了有益作用。河南、山西赈济饥民尤有成效，由于在流民聚集地发仓赈济，严禁捕逐流民，准许流民随所至居住，防止了流移范围的扩大。宣德五年（1430年），朝廷派工部右侍郎许廓主持河南赈荒，又命署刑部右侍郎魏源为河南政使，起用了丁忧布政使李昌祺，迅速扭转了流民转徙、无以安生的局面。宣德七年（1432年）六月，宣宗诏令各地府、县、州修预备仓，并令布、按两司和监察御史严加巡察，这一诏令的逐步落实，对各地的防灾赈灾起到了积极的作用。

宣宗在位十年较为关注民生，他深知农业生产不能遭受过多的干扰和冲击，因此在享乐的同时，为保证农业生产、减轻农民的压力，曾尽可能地制止一些干扰农业生产的活动，防止过分劳民伤财。

1　参见《明宣宗实录》卷四十一，宣德三年四月乙卯。

明《晓耕图》

宣德四年（1429年），负责工程营建的工部尚书吴中上奏，山西代州的圆果寺想要在农闲时，役使农民修筑寺中的旧塔，宣宗不同意，质问吴中："卿欲藉此求福乎？朕以安民为福，其止之，勿劳吾民。"[1]另外一些劳民伤财的宗教活动，也遭到了宣宗的阻拦。那些修堤坝、筑城堡等必要的活动，宣宗传令有关部门选择秋后农闲之时进行，尽量减少对农业生产的干扰和冲击。

由于某些地区受灾或劳役过重，宣宗也下令停止那些并非急需的劳役，减轻百姓的压力。宣德元年（1426年）七月，巡按湖广监察御史刘鼎贯上奏，湖广遭受旱灾，百姓吃不上饭，但工部为了营建工程调湖广百姓采运松树七万株，而粗大的松树都在险峻的深山之中，百姓的负担很大。宣宗立即下令将采树工役完全停止，负责营建的工部尚书吴中请求减免一半，宣宗不满地说："凡未采者悉止，可但半耶？"凡是未加采运的一律停止，怎么能

1 参见《明宣宗实录》卷五十四，宣德四年五月乙丑。

故宫西北角楼

只停一半呢？吴中只好听命。[1]四川等地的采运木材活动因劳民伤财，也为宣宗下令停止。

对于那些在京城劳作、极为辛苦的工匠，宣宗也曾多次下令设法减轻工匠们的负担。明代的工匠有特殊的户籍，称为“匠户”，不同于一般百姓，其工匠的地位和职业也是世代相传的。其中的许多人常年在京师等地从事营建宫室、陵寝等工作，境遇悲惨，地位低下。有的工匠兄弟六人供役于京师，四人劳累死亡，只剩两人，家

---

1 参见《明宣宗实录》卷十九，宣德元年七月壬子。

中老母无人奉养。宣宗闻知此事动了恻隐之心，立即令其中一人回家奉养老母，另外一人拜见母亲后再来服役。[1]宣宗多次指示有关部门不要苛剥和欺压工匠，对于那些因饥寒和压榨被迫逃亡的工匠不要急于追捕，要加以宽限，在京劳作的工匠应有轮番作息制度，不能过分劳作。[2]

这些指示对于缓解工匠的困境、减轻他们的压力，起到了一定

1 参见《明宣宗实录》卷九，洪熙元年九月壬子。
2 参见《明宣宗实录》卷十二，洪熙元年十二月壬午。

的作用。宣德元年，宣宗根据京师营建工作和工匠们的实际情况，下令工部按二分之一的比例，将在京劳作的工匠放回家中，以便日后可以更代。匠户只有一个或老弱病残者，则应免除其劳役，同时下令停止一些非急需的营建工程。[1]终宣德之世，宣宗很少进行大规模的营建工作，因此宣德一朝的人力和财力的消耗不大，至少要低于永乐时期。这些措施对于减轻工匠的劳役负担、缓解百姓逃亡的局面，多少起到了一定的作用。

从上述情况可以看出，永乐时期那些南征北讨、迁都建陵等规模空前的消耗工程，造成了全国百姓赋役沉重和逃亡严重的后果，仁宗尤其是宣宗不得不缓解这一局势，各地情况虽然不同，但却都有减轻和均平赋役的需求。宣宗在中央和地方官员的辅佐之下，逐步实施了减免欠额、降低征额、折征赋税、减少工程和加大轮休等政策和措施，这些都是围绕上述问题展开的，多少缓解了百姓赋役沉重和逃亡严重的局势，进而保持了当时社会的稳定。

（四）稳定与开拓的矛盾：下西洋的恢复

1. 宣宗派人第七次下西洋，航行范围最广

宣宗即位后一直没提再下西洋的事，但到了宣德六年（1431年）他觉得条件差不多了，于是派遣郑和第七次下西洋，也是明代官方最后一次远航西洋，前六次都在永乐朝。远航的海路沿岸有几个重要的港口，郑和船队就是依托这些港口进行远航活动的。这些港口一是占城，位于今天越南的占婆岛，这是明朝与东南亚进行贸易活动的大本营。二是满剌加（今马六甲）和苏门答剌（今苏门答腊），

1　参见《明宣宗实录》卷二十一，宣德元年九月戊申。

地处西太平洋和印度洋的海上交通要冲，这两个地方都有“官厂”，用于储存大量的贸易物资和船队所需的物品，是沟通东西洋的远航中继站。三是古里，位于印度的西海岸，即今天的卡拉卡特，这是郑和船队在南亚地区的贸易基地，由谙熟商情的当地头目来充当明方的代理商。四是忽鲁谟斯，即今天的霍尔木兹海峡岸边，地处亚、欧、非三大洲交界，是由印度洋进入波斯湾、阿拉伯海等地的海上交通要道。这四个港口是明朝船队远航的依托点和补给处，是下西洋的船队逐步设立起来的。宣德时期明朝第七次下西洋，船队沿着熟悉的航线进行外交和贸易活动，郑和及其船员们基本上是驾轻就熟。

这支远航船队的大宗（或称主力船队）沿着主要的、熟悉的航道航行，分宗（或称辅助船队）则沿着一些次要的、不太熟悉的航道航行，为什么会这样呢？因为有些较为狭窄的、较浅的航道大船进不去，只能由小型船队往来，造访一些从前未到的小邦国，两者分别完成不同的外交和贸易活动，相互配合，编织了一个覆盖面较大的海上外交和贸易网络。同前六次远航相比，宣德时期第七次下西洋的成就毫不逊色，从现存资料来看，这次远航是分宗船队和分支航线最多的一次，因此远航的覆盖面最大，航行的范围最广。这一点同样反映出人类对海洋的探索和征服程度，因此在分析郑和下西洋的成就时，只讲船队最远到达什么地方是不够的，还要加上航行的范围和覆盖面。

这次远航结束前，伟大的航海家郑和病逝于印度的古里，主力船队载有郑和的遗体，不便继续航行或于途中停留，因此只好提前返航。其他分宗船队则陆续聚集于满剌加，于宣德八年（1433年）结队返航。但整个船队在失去主帅的情况下，竟能非常有序地顺利返航，同样说明这支船队的航海水平是相当高的。同时，这次远航的外交效果也较为突出，宣德八年后北京曾经出现了海外使团来访

郑和船队大舵遗物

的高潮，其中许多来自南洋、波斯湾和东北非洲，[1]郑和第七次下西洋之后，来访的外国使团之多、距离之远同样是前所罕见的。

2. 宣德六年以后再下西洋的原因

为什么宣德六年之前宣宗没有再令下西洋，而非要等到宣德六年以后呢？从当时的情况看可能有三个原因。第一，宣德六年以前明朝的综合国力经过永乐时期多年战争和营建的折腾、消耗之后，尚未恢复到较为强盛的程度。仁宗即位之初，杨士奇曾对当时的局势有一个估计："流徙尚有未归，疮痍尚有未复，远近犹有艰食之人，须更得二三年休息，庶几人皆得所。"[2]意思是还有许多流浪的百姓没

1 参见《明史》卷八，《宣宗本纪》。

2 参见《东里别集》卷二，《圣谕录》中，《文渊阁四库全书》第1239册。

有找到归宿，国家的过分消耗还没有恢复元气，各地几乎都有吃不饱的贫困群体，起码还需要两三年的休养生息，差不多才可以使百姓达到温饱线以上的生活水平。老臣夏原吉也说，“今天下虽称承平，民困未全苏息”，[1]百姓贫困的局势并未得到缓解。因此，宣宗在宣德六年以前不可能贸然恢复远航。

第二，仁宗即位时明确宣布了停止下西洋，宣宗不可能在短期内贸然违背。当初仁宗在登极诏书里非常明确、非常坚决地宣布全面停止下西洋，同时也取消了与此相关的一系列活动。而宣宗在他即位时曾明确表示，即位诏书中未写明未开列的相关问题，完全依照仁宗登极诏书中的规定执行，因此，如果宣宗在即位的前几年就恢复下西洋，就会使人感到他是很快抛弃了仁宗的政策，出尔反尔，违背了自己即位时的承诺和祖宗的先例。

第三，老臣夏原吉在世，也是宣宗不能很快恢复下西洋的重要因素。永乐后期整个明朝的国力消耗极大，身为主管财政的户部尚书，夏原吉非常坚定地反对下西洋、北征等一系列开创性活动。仁宗即位后，登极诏书中的相关内容几乎完全出自夏原吉的主张。宣宗上台后，实际上继续执行了夏原吉的一贯主张，并且宣宗和夏原吉的私人关系极好，使他在整个辅政群体中差不多占据了首席的地位，因此，只要夏原吉不同意，宣宗是不会轻易恢复下西洋的。

但是宣德六年以后上述情况发生了较大的变化，明朝的综合国力有了一定的恢复，仁宗登极诏书的社会影响也已逐渐淡化，宣德五年（1430年）老臣夏原吉也去世了，下西洋的三个阻力大为减少甚至消失了，因此宣宗才敢于恢复下西洋之举，而恢复的前提仍然是保持稳定。况且宣宗本人与祖父朱棣的关系极好，不像父亲那样与祖父矛盾较大，他对朱棣的一些活动并不像父亲那样几乎是全面

1　参见《忠靖集》附录《遗事》，《文渊阁四库全书》第1240册。

否定，因此在他们之间采取了折中的政策，在下西洋一事上宣宗也是这样，暂停几年之后一旦条件允许便再度恢复。

3. 宣宗还想下西洋，但死后的遗诏却取消了此事

宣德末年，虽然由于大肆采办花鸟鱼虫、宫廷享乐活动规模膨胀等原因，宣宗不得不多次下诏书减免百姓相关的负担，但他却不想停止远航西洋之举，而是准备再来一次。明代御窑瓷器上的海兽波涛纹饰，最早始见于永乐时期，当然与郑和下西洋等航海活动有关，只是数量有限，不过这类纹饰在宣德时期却大量增加并流行起来。故宫、景德镇等地传世和出土的器物显示，和那些寓意吉祥的植物花卉纹饰一样，不同釉色、生动精致的几种海兽波涛纹饰，经常出现于宣宗御前日用的一些器物上，[1]既反映出远航活动对宫廷文化的影响，也反映出宣宗内心对下西洋的某些追求与兴趣。

明宣德青花海兽纹虫罐

1　此处参考了廖宝秀《宣德官窑瓷器丰富性之研究》（上）的部分内容，见《故宫学术季刊》第十六卷，第1期，第137页，台北“故宫博物院”1998年版。

由此可见，不论是前期暂停还是后期恢复远航，宣宗对这件事始终是牵挂不已、兴致不减，恢复远航也只是早晚的事。宣宗在宣德九年（1434年）九月二十一日发布的《恤灾停止物料敕》中，下令在南直隶受灾地区取消工部指派的一些措办材料的活动，撤回了前去催办此事的官员，但明确规定“除催造修海船物料外”，[1]即催办修造远航船只材料的活动照常进行。

但是三个多月后的宣德十年（1435年）正月初一，宣宗发布了给南京镇守军官襄城伯李隆和工部的《驰役敕》，内容虽然只有短短的百余字，但明确规定“采办、买办及打造下西洋等处船木植一应物件并营造物料，悉皆停罢”，完全停止采买和加工下西洋航船的木材，这份敕令首次提到停止下西洋。这时宣宗已病势沉重无法上朝，两天后便去世了，因此这道专门针对下西洋的《驰役敕》，恐怕更多地是由宣宗身边的大臣借宣宗之名发布的。两天后即宣宗去世的当天，以宣宗名义发布的《停止采捕敕》中，再次明确提到了取消下西洋船只材料的采买活动，并下令“一应制造海味果品食物等项，及打捕鸟兽、鱼虫、花木等物悉皆停止”。[2]上述两份诏令的内容显然与宣德九年九月二十一日发布的《恤灾停止物料敕》不同，前一个诏令准备继续下西洋，而后两份诏令则是停止下西洋。令人奇怪的是《停止采捕敕》是宣德十年正月初三发布的，与宣宗去世和发布遗诏的日期竟是同一天。一般情况下，遗诏都是在皇帝死后由他身边的顾命大臣起草的，再以皇帝的名义颁布出来，而这份《停止采捕敕》竟与遗诏同时发布，内容又涉及宣宗生前非常热衷的采捕花鸟和远航西洋等事，不能不令人怀疑这份敕令也是由宣宗身边的

1　参见《恤灾停止物料敕》，宣德九年九月二十一日，《皇明诏令》卷九，《四库全书存目丛书》史部第58册，第174、175页。

2　两个敕令均见于《皇明诏令》卷九，《四库全书存目丛书》史部第58册，第176页。

郑和第七次下西洋时铸造的大铜钟

大臣起草的，原来是准备进一步停止诸多宫廷消费项目，但正好皇帝去世，于是便只能与遗诏一同推出。[1]

后来杨士奇起草的正统皇帝即位诏书中，即包括了《停止采捕敕》中的所有内容，加上宣宗之母张太后在宣宗死后不久，就下令将宣宗生前玩过的蛐蛐罐等器物全部搬出宫外，[2]可见停止下西洋的命令实际上是在宣宗病重和死后，由辅政大臣在老太后的支持下发布的。

4. 宣宗死后停止远航的部分原因

宣宗死后明朝停止远航的一个重要原因是，下西洋之举不是单纯的海外贸易活动，而主要是宣扬国威、确立大国地位的政治性外交活动，包括以武力介入和平息沿途各地的纷争，试图创造出明帝国所希望的一种国际秩序。[3]这些活动虽然确立了明帝国在朝贡贸易体系中的中心地位，使东南亚和印度洋沿岸各国感受到，在遥远的东方有一个庞大的帝国存在，但是付出的代价相当大，连同朱棣进行的南征北讨、迁都建陵等活动，实际上已使明朝有限的国力处于超负荷状态。因此，仁宗即位后实行了与朱棣不同的收缩和稳定政策，停止下西洋、停止南征北讨，

1　此处采用了张兆裕的看法。

2　参见《明通鉴》卷二十一，宣德十年二月戊申，第883页。

3　参见日本学者上田信《海与帝国：明清时代》第4章，广西师范大学出版社2014年版。

甚至还要还都南京，至少是为了缓解国力超负荷的状态[1]。

宣宗辅政群体中的老臣杨士奇等人，从永乐后期到仁宣时期都是主张保持稳定、反对下西洋的，因此他们在宣宗死后、英宗年幼的情况下，自然会继承仁宗时期的稳定政策，停止远航。同时，明初以来尤其是宣德时期私人海外贸易和民间手工业的兴起、白银的货币化，以及国内外商品市场的发展等因素，已使追求经济效益逐渐成为一种不可抗拒的社会趋势。而宣宗死后的明帝国正面临着一系列的危机和弊端，包括宣宗晚期的宫廷文化及享乐活动造成宫廷财政不断吃紧、国家财政受到损失，政府发行的货币不断贬值，[2]社会经济状况不稳等，在这种情况下，明帝国统治集团不可能不顾市场规律和经济效益，不顾眼前的危机和弊端，冒险投入大量财力继续下西洋。

总之，不论是处理江南重赋问题、招抚流民，还是减少工程劳役、有限地恢复下西洋，都是稳定局势的措施，并收到了一定的效果。“仁宣之治”除了上述内容之外，宣德时期的司法出现了哪些转折呢？宣宗又是怎样实现转折的呢？

1　参见拙文《论朱高炽的历史地位》，辽宁大学学报1997年第5期，第10页。

2　参见《明史》卷八十一，《食货志》五，第1964页。

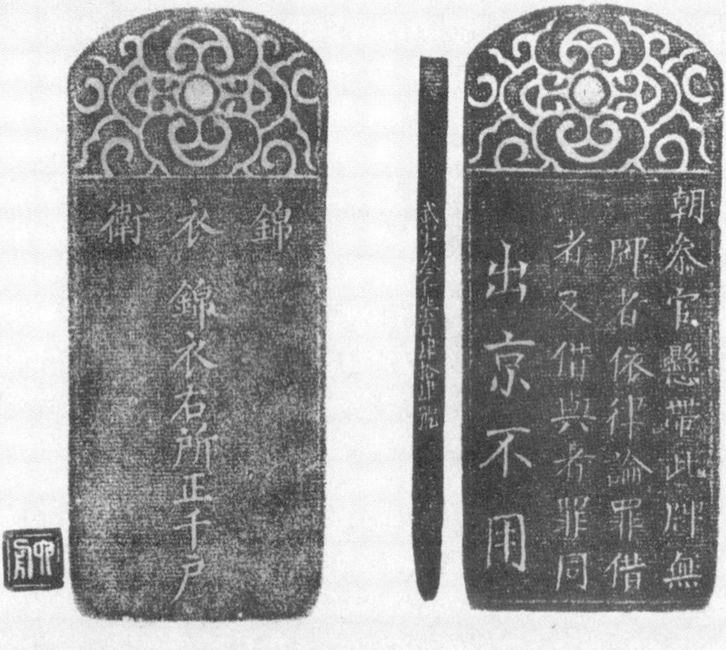

锦衣卫朝参官牙牌（拓片正面、背面）

二十七 司法转折

宣宗在一批老臣的辅佐下设立了巡抚制度，改革了科举与漕运的方式，整顿了南北两京的监察机构，惩治腐败，罢免贪官刘观，

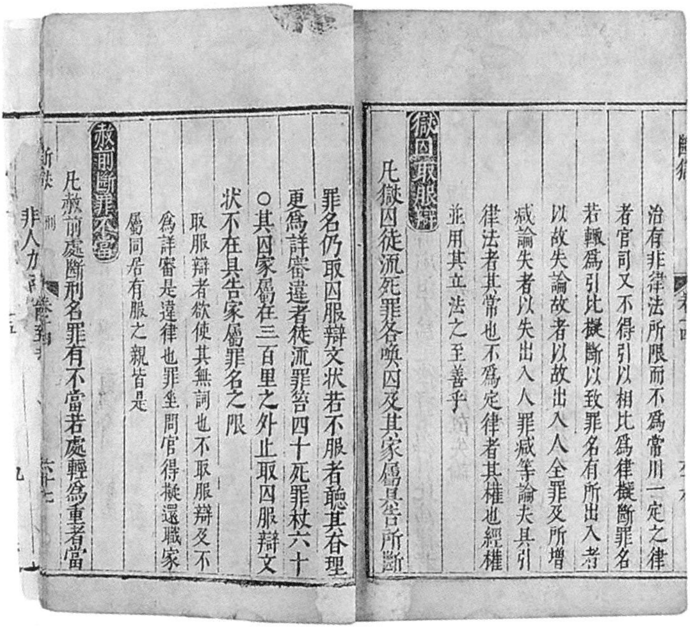
治有非律法所限而不爲常用一定之律者官司又不得引以相比爲律擬斷罪名若輙爲引比擬斷以致罪名有所出入者以故失論故者以故出入人全罪及所增減論失者以失出入人罪減等論夫具引律法者其常也不爲定律者其權也經權並用其立法之至善乎

獄囚取服辯

凡獄囚徒流死罪各喚囚及其家屬具告所斷罪名仍取囚服辯文狀若不服者聽其各理更爲詳審違者徒流罪笞四十死罪杖六十

○其囚家屬在三百里之外止取囚服辯文狀不在具告家屬罪名之限

取服辯者欲使其無詞也不取服辯及不爲詳審是違律也罪坐問官得擬還職家屬同居有服之親皆是

赦前斷罪不當

凡赦前處斷刑名罪有不當若處輕爲重者當

《大明律》书影

扩大了御史的职能，同时稳定新首都，避免再折腾。在这项转折中，宣德时期的司法活动也是其中的重要内容，那么宣宗又是怎样实现司法转折的呢？

（一）洪武到洪熙朝的司法转折

1. 洪武、永乐时期的司法状况

要讲清宣宗整顿司法、裁决案例，就必须先讲一下洪武到仁宗的大转折。明朝自立国以来，在前代的基础上确立了司法制度，制定了《大明律》。但是从洪武到永乐朝，朱元璋和朱棣差不多都实行一种恐怖政治，屡兴大狱，司法机构和制度在很大程度上成为他们两人制造冤案、诛除异己的工具。从政治背景来看，洪武时期皇帝朱元璋与文武大臣之间存在着不易调和的权力冲突，嗜杀成性的朱元璋不惜连续制造大血案，诛杀大量文武权臣，以调节他与臣下的权力冲突。

朱棣是从侄儿手里夺位的，他上台后把建文忠臣都当作奸党来对待，采取了极其残暴的手段来镇压这些人，比如杀全族，挖祖坟，将这些人的妻女发配到浣衣局、教坊司这类令人倍受屈辱的机构，将这些人的远亲发配到边远地区等。朱棣对待建文忠臣基本上是赶尽杀绝。各位知道，朱棣是个夺位的皇帝，虚荣心和猜忌心都极强，就怕别人背地里议论他，因此特别重视诽谤罪。朱棣重用的陈瑛、吕震、纪纲等人，也都摸清了朱棣的特殊喜好，因此想方设法用这一条来迫害朝中大臣，解缙、周新、萧仪等大臣都是无罪而死，[1]或者说都是死在朱棣的猜忌之下。最后竟连德高望重的老臣夏原吉等人，都由于反对朱棣的冒进差点被杀掉。[2]

---

1 参见《明史》卷九十四，《刑法志》二。

2 参见《明史》卷一四八，《夏原吉传》。

2. 洪熙朝开启的司法转折活动

由于朱棣的这套做法不得人心，太子朱高炽更是严重受害者，因此朱高炽在即位后非常坚决、迅速地改变了朱棣的做法。针对永乐时期用法尚严、株连过多、法外用刑、枉法立案等情况，仁宗下令司法部门：用刑尚宽，不许轻易判处极刑；不要株连过多，除谋反一类的大罪之外，其余犯罪只罪本人；禁止用法外鞭背等刑罚手段对待罪犯；断案必须公正，不许枉法害人，等等。

仁宗在即位初期几次对大臣说过，“比年司法之烂，朕岂不知？其所拟大逆不道，往往出于文致”。说的就是永乐时期的司法情况很糟糕，司法部门上报的大逆不道的案件，理由往往都是捏造出来的。仁宗还指出这些人“以诬陷为功，人或片言及国事，辄论诽谤，身家破灭，莫复辨理”，[1]就是以诬陷别人作为政绩，有人只要一两句话涉及国事就被定为诽谤罪，本人和家庭破灭，谁也无法为其申辩。现在治理国家最急需的就是让大家畅所欲言，为什么非要用诽谤罪名不让人讲话呢？因而仁宗下令：“今后但有告诽谤者，一切勿治。”[2]

仁宗还授权杨士奇起草了35条敕令，全面废除了永乐时期的许多弊政，以后历朝的皇帝也都继承了这个做法，“凡先朝不便于民者，皆援遗诏或登极诏革除之”[3]。实际上是朝中士大夫集团借用先帝遗诏和新皇帝登极诏的名义，尽力清除那些不利于国计民生的弊政，其中也包括司法方面的弊政。这一做法在仁宗之后形成了惯例，因此，仁宗开启的司法转折活动具有非常重要的意义。

宣德时期政治形势发生了很大的变化，几乎不存在威胁皇权统

1　参见《明史》卷九十四，《刑法志》二。

2　参见《典故纪闻》卷八，第143页。

3　参见《明史》卷九十四，《刑法志》二。

治的政治派别，社会形势较为稳定，朝野上下都希望能结束洪武、永乐时期那种不得人心的恐怖政治。为适应这种变化，洪熙、宣德时期司法活动的重心也发生了改变，从制造血案、打击和镇压反对派，转变为以审理日常案件为主。仁宗朱高炽在位不足一年即因病去世，他那些具有转折意义的司法政策，基本上为宣宗所继承。

（二）几项重要的司法转折措施

1. 开启并促进了“律例”司法体系的形成

洪武时期的司法活动虽然有《大明律》作为法律依据，但同时也有朱元璋的《大诰》三编作为补充和辅助的司法依据。朱棣上台后的即位诏书中，虽然明确宣称断案要依据《大明律》，但却废除了建文时期的司法政策，在很大程度上继承了洪武时期那种严猛治国的政策。而仁宗的即位诏书中明确规定：“法司论囚，今后一依大明律科断，不许深文。”[1]既明确否定了永乐时期断案需要罗织罪名的司法政策，同时也等于变相否定了洪武时期《大诰》三编，否定了这本书作为法律补充条款的特殊地位。

宣宗的即位诏书中虽然没有明确重复仁宗的上述规定，但在诏书的末尾却有特别说明：“凡宽恤恩典及合行政务其有开列未尽者，悉遵去年八月十五日以后诏旨施行。”[2]其实等于重复并强调了仁宗的司法政策，同样是变相废除了前朝《大诰》这类的补充法律，也就是否定了洪武、永乐时期严打高压的司法政策。《大诰》三编其实是“例”的一种，法律和《大诰》并用，是朱元璋在明初特殊条件下实行的一种司法体系。

---

1 参见《明仁宗实录》卷一上，永乐二十二年八月丁巳。
2 参见《明宣宗实录》卷一，洪熙元年六月庚戌。

而宣宗变相废除了朱元璋的《大诰》三编，等于废除了前朝特殊条件下实行的“例”，他在司法活动中，既根据《大明律》又根据具体情况对不同的案件作出不同的处理，形成了本朝的“例”，下一朝皇帝判案同样可以在保留《大明律》的基础上废除前朝的“例”，处理具体案件则另当别论。这是一种正常条件下的“律例”司法体系，这样做的意义在于保持和维护了“律”的稳定性和权威性，既有利于控制判案的随意性，又具有一定的灵活性，同时也保持了法律制度设计与实际操作之间的相对平衡。[1]

宣宗以后英宗、景帝、宪宗诸帝也都按照宣宗的做法，在即位诏书中宣布司法活动完全以《大明律》为依据，同样废除了前朝断案的先例。但由于案情和判案的方式具有一定的相似性和连续性，因此《大明律》以外的某些案例，也被作为法律的补充依据而逐渐保留下来。到了弘治时期，明代这种“律例”并行的司法体系已基本形成，因此，孝宗的即位诏书中已经没有“断案一依大明律”之类的条款了，而只有一些判案的具体规定。[2]

到了正德时期，武宗的即位诏书中规定：“今后问拟囚犯罪名，律有正条者，俱依律科断；律无正条者，方许引例发落。亦不许妄加参语，滥及无辜。”[3]这里的“引例发落”，即是指可以依照前朝判案的先例来处理相关的案件。由此可见，这时“律例并行”的司法体系已经非常稳定了。正德以后世宗的即位诏书中，除了强调判案“一依大明律科断”外，对于哪些先例是有效的，哪些是无效的，更是在时间段限上作出了明确的规定：“除弘治十三年三月初三日以前，曾经多官奉诏会议奏准通行条例照旧遵行外，以后新增者悉皆革

1 这里采用了南开大学法学院柏桦先生的看法，以下简称柏桦。

2 参见《明孝宗实录》卷二，成化二十三年九月壬寅。

3 参见《明武宗实录》卷一，弘治十八年五月壬寅。

去。”[1]至少确认了弘治十三年三月初三日以前的一些“例”,是可以作为判案的法律依据的，而此后尤其是正德时期增加的新“例”，则一律废除。

从上述情况看，明代前期到中期逐渐形成了“律例并行”的司法体系，宣德时期是这个体系开始构建和形成的重要时期，宣宗废除前朝之“例”“一依大明律科断”的做法，为后来的几朝皇帝所继承，从而有效地保持了法律制度设计与实际操作之间的相对平衡，显示出宣宗司法活动的特殊意义。

2. 进一步确立了大理寺的地位，案件极少送交锦衣卫诏狱

在明代的司法体系中，皇帝不同于一般的判案法官，而是具有特殊的地位和作用，主要负责法律的制定和死刑等重要案件的复核，而复审、复核案件虽然是大理寺的职责，但是在洪武和永乐时期大理寺的职责和地位并不突出，许多案件并没有经过大理寺的复审、复核，而是由皇帝直接插手审理和判决，或是大理寺仅仅走个过场，因此大理寺的作用和地位几乎被忽视，甚至可有可无。

但是宣宗审理的案件中，绝大部分都是大理寺复审时有争议的案件，因此宣宗等于替大理寺进一步复审并裁决案件。对于那些司法部门审理完毕、交他最后裁决的案件，他往往会令大理寺详加复审，或是亲自复审，这样做的结果无疑是使大理寺复审的职责和地位，在司法机构中进一步得到了确立和加强。前几朝皇帝多少存在滥用专制权力、直接插手案件的审理和判决的情况，而宣宗的做法部分地改变了这种局面，同时对于提高判决的公正程度也有一定的意义。

当年朱元璋虽然迭兴大狱，杀人如麻，但晚年他却焚毁了锦衣

1　参见《明世宗实录》卷一，正德十六年四月。

卫的刑具，下令囚犯一律送到刑部审理。洪武二十六年（1393年）朱元璋更是强调这条禁令，明确下诏无论是宫廷内外的大小案件，都不得送交锦衣卫诏狱来审理。锦衣卫是皇帝几十个亲兵卫之一，但是地位特殊，里边的监狱可以不经过外面的司法系统来审理案件、处治犯人，是皇帝直接控制的一个司法机构，后人称为诏狱系统。锦衣卫诏狱关押、处治的犯人，往往都是皇帝出于政治目的而收拾的人。

由此可见，锦衣卫诏狱完全是专制皇权的产物，洪武时期已经给社会造成了很大的危害，朱元璋对此也有一定的认识，因此才下令今后不再启用。但朱棣夺了皇位之后为了巩固权势和镇压反对势力，重新恢复了锦衣卫的诏狱系统，任用纪纲等人既统领锦衣卫亲兵，又主管锦衣卫诏狱。此后由于朱棣纵容纪纲等人实行恐怖政治，搞得朝野上下民愤太大，不利于巩固统治，虽然朱棣不得不拿纪纲、陈瑛当替罪羊，找个罪名杀了他们，但由锦衣卫掌管诏狱却照旧不改，[1]因此朱元璋当年那道各种案件都不许送交锦衣卫的诏令，实际上是被朱棣作废了。

并且永乐朝的许多重大案件，朱棣几乎都是先定有罪然后再让司法官员寻找法律条文来判决，尤其是在迫害太子部下或镇压提出不同意见的大臣之时。而宣宗则很少这么干，相反几乎都是对罪犯依法定罪，依情、依理具体审理，并且极少将案件送交锦衣卫诏狱。这一点既反映出明代司法的进步，也反映出宣宗朱瞻基与太宗朱棣在治国理念上的某些差别。

3. 榜文劝谕，“辟以止辟”

明代法规体系中除了《大明律》之外，皇帝的大诰、诏令、榜

1 参见《明史》卷九十四，《刑法志》二。

文、则例等同样具有法律效力。例如洪武时期的《教民榜文》，其分为两种，一种是“榜示”，一种是“榜谕”。两者的简单区别在于：“榜示”的法律效力比较强，具有雷厉风行的效用和先兵后礼的寓意，一般都是在宣告罪犯罪行时颁布处罚情况，并对同类罪犯进行警告。“榜谕”则偏重于劝谕，具有惩恶扬善的效用和先礼后兵的寓意，一般都是先公布某些禁约和相关的犯罪现象，然后公布处罚标准，并宣告再有违约犯罪者则按处罚标准处治。[1]因此，“榜示”和“榜谕”的作用不尽相同。

据不完全统计，宣德时期虽然在《大明律》之外也颁布了大量的榜文，用以弥补明代法律的缺欠和漏洞，但这些榜文以“榜谕”居多，对于犯罪行为较多地采取劝谕为主、先礼后兵的方式，比如对于各卫所逃亡的军士，对于胁从朱高煦叛乱的军民，以及某些地方出现的小规模动乱，宣宗的处理方式几乎都是颁布“榜谕”，即劝谕罪犯弃恶从善，有时还给予一定的期限和立功的条件。总之，宣德时期“榜谕”的应用范围较先朝有所扩大，一定程度上改变了洪武、永乐时期“榜示”较多、严打高压的局面，这一点也是宣德时期司法转折的重要标志。

不仅如此，宣宗还在司法活动中力图体现他提倡的司法精神，即“明刑弼教，辟以止辟”。这句话出自《尚书》，“弼”是辅助，“辟”是古代的死刑，意思是判案还有宣传刑法、辅助教育的功能，判人死刑的目的是防止别人再犯死罪。朱元璋在位期间虽然也注重司法的教化作用，并且在判案时较为注重调节法律与道德、赦令的矛盾，但他的政策毕竟伴随着严打高压，相比之下，宣宗在司法活动中注意发挥教化作用，体现“明刑弼教，辟以止辟”的司法精神，比朱元璋的效果更为明显。由此可见，明宣宗作为一个政治家，他

1　参见柏桦《榜谕与榜示——明代榜文的法律效力》，《学术评论》2012年第2期。

的司法活动不仅仅是为判案而判案，而且是寓教化于判案之中，将司法和宣教活动结合起来，并且取得了一定的成就，这些成就也是“仁宣之治”的重要组成部分。

此外，从宣宗复核、复审案件的情况看，宣德朝的司法情况与洪武、永乐时期相比已有了变化，明初制定的《大明律》已满足不了现实判案的需要，有较多缺欠，也有一些弊端，宣宗根据实际需要突破了完全依靠法律判案的限制，结合情、理、法三方面来审理案件，“原情、依法、循理”，补充了司法方面的一些缺欠，也作出了有益的探索和尝试。永乐时期朱棣办案较少注重情与理的融合，比如下令用酷刑杀掉提出合理化建议的耿通，专制成分较多，甚至完全不依法、不讲理。与此相比，宣宗较为明显地注重情、理、法三者的相互结合，因而断案较为公正，并非凌驾于法律之上而一味采取专制方式。

大明皇帝之宝

（三）注重调节法律与道德、赦令的矛盾

1. 法律与道德严重冲突，宣宗设法调节

明朝政府审理案件，不仅仅以法律为依据，同时还依据一些当时为全社会所公认的道德标准，但两者往往相矛盾、相冲突。裁决这类案件的伸缩性较大，只好依照最高审判者——皇帝的个人意志来决定。而专制法律本身即有许多维护道德伦理和社会秩序的内容，

因此皇帝裁决案件，明显地反映出礼法并用，甚至以道德规劝来代替法律制裁的倾向。有时一个案件的审理结果，法律竟与道德严重冲突，宣宗不得不加以调和，并将裁决的天平倾向于道德一边。

例如，上元县一老人为其侄所殴打，老人未经当地官府便直接向中央的通政司上告，结果触犯了越级上诉的法律。司法部门按殴叔罪判处其侄纳米赎罪，按越诉罪判处老人全家发往辽东充军。按理说幼者殴打长者，本来就有违常伦，如今判决的结果竟然是幼者纳米之后便可以全家安宁，长者却要全家受罚远戍边卫。被打的长辈竟然比打人的晚辈受到的处罚还要重，这一结果与封建道德维护尊卑长幼等级特权的基本精神几乎相反，宣宗作为专制皇帝无论如何也不能接受。于是，他下令免除长者的越诉之罪，保其家人的安宁。[1]为了维护专制等级秩序，宣宗以道德代替法律来裁决案件，这也是专制时代的司法特点。

2. 宣宗维护孝道，长辈诬告晚辈几乎不受惩罚

锦衣卫军匠苏惟善之女苏氏，嫁给办事官何俭，四年之后何俭病死，苏惟善就卖了自己的房子住到女儿家里。女儿苏氏要送夫归葬家乡，苏惟善不但不同意，还想占有何俭的全部遗产。苏氏不从，苏惟善就动手打了她，并诬告她辱骂自己，司法机关按照晚辈辱骂长辈的法律，判处苏氏绞刑。行在大理寺复审觉得不妥，于是上奏宣宗。宣宗说："彼送夫丧归葬，是理之正；而父之所为皆非正，亦不闻女有非理言，何以论绞？此女释不问，俾归夫丧。"[2]没听说这个女人有什么不合情理的言论，为什么要判处绞刑呢？此女释放，让她送夫归葬就是了。这里宣宗分析情理较多，但苏惟善殴打和诬告

1　参见《明宣宗实录》卷七十六，宣德六年二月己未。
2　参见《明宣宗实录》卷一〇六，宣德八年九月辛亥。

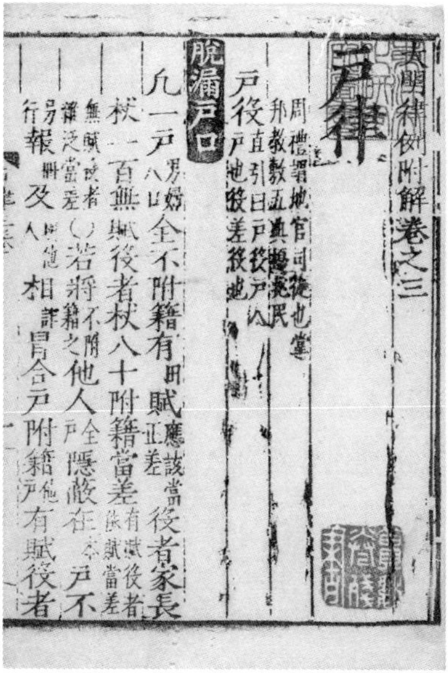
大明律例附解卷之三

戶律

戶役

脫漏戶口

凡一戶全不附籍有賦役者家長杖一百無賦役者杖八十附籍當差若將他人隱蔽在戶不報及相冒合戶附籍有賦役者

《大明律》户律书影

子女的行为却未受任何处罚，可见明朝提倡孝道，一定程度上是以法律强行维持长辈的地位为前提的。

还有个案件与此大致相同：一个青年人痛恨伯祖父把家里该承担的徭役都压在他身上，并且还常打他，于是就编造伯祖父拿妖书来诽谤朝廷。有关部门按晚辈诬告长辈的法律，判处这个青年人斩首。行在大理寺复审案件时觉得有些不合理，于是重新上奏。宣宗说：正家应该先正身，那个老人身为家长，一定是自己的行为有什么不妥之处，才导致不肖子孙造谣诬告他，现在却要判晚辈死刑，未免有些过分了，只判他杖刑一百发戍辽东也就算了，这样可以使子孙晚辈有所警示，让那些做家长的也能反思自己的行为。[1]这个案件中，宣宗只是根据情理放宽了对晚辈诬告长辈的处分，同样没有对虐待晚辈的家长作任何处罚。

再如，上元县人王拜住，年仅十四岁做了陈氏的养子，他的生父死得早，生母王氏贫穷无靠，只好沿街要饭。这天正好王拜住遇到生母王氏在路上乞讨，两人抱头痛哭，于是王拜住没同养母陈氏打招呼，就直接到官府去请求回到王氏身边奉养生母。养母陈氏听说后很生气，就诬告王拜住辱骂自己，于是刑部根据晚辈辱骂长辈的罪名，准备给王拜住判死刑。宣宗觉得不妥，他认为王拜住“年

1　参见《明宣宗实录》卷八十二，宣德六年八月庚申。

十四依陈氏，养母之恩岂能逾于生母？遇生母行乞而不动心，是禽兽也”。王拜住十四岁才跟着陈氏做养子，养母之恩哪能超过生母呢？如果他遇到亲生母亲讨饭而不动心，那不成了禽兽了吗？因此应该批准他归养生母，但他没同养母打招呼是有责任的，可以判他杖刑，生母和养母都让他奉养。[1]

这个案子同样体现出明朝的法律传统，即以司法的强制力来维护孝道，十四岁的王拜住只因未同养母打招呼，开始差点被司法部门判死刑，后来虽然因为皇帝改判，但王拜住仍然受了杖刑。而诬告王拜住辱骂自己的养母陈氏却未受到任何惩罚。不过宣宗裁决这个案件时还算注重情理，并不完全依靠法律，但同时也反映出明代这类法律的不健全。

3. 法律往往与赦令有矛盾，宣宗只好折中处理

此外，法律与皇帝赦令之间往往有冲突，涉及两者的案件也需要皇帝进行调节。皇帝是国家的最高立法者，他的任何言论都具有法律效力，赦令则是国家有登极、皇长子出生、立太子等事件时，皇帝特别颁布的诏令，同样是一种法律，其内容往往是对一些罪犯进行减罪或赦免，这样便给司法部门带来了极大的不便。按法律和按赦令，对同一案件可能会有不同的裁决结果，司法部门也只有送交皇帝裁决，因为只有皇帝才拥有最高审判权。[2]

宣德元年宣宗即位和宣德二年皇长子朱祁镇出生，宣宗都按惯例大赦天下。赦令规定，自赦令颁布之日以前，除谋反一类的重大罪行外，其余罪名都可得到不同程度的减免。有个监察御史贪赃枉法，放走杀人凶手，三法司判处绞刑，但犯罪时间在赦令颁布之前。

1　参见《明宣宗实录》卷七十六，宣德六年三月己未。
2　参见张晋藩《中国法律史论》第68页，法律出版社1982年10月版。

北京社稷坛

根据赦令，这个贪赃枉法的御史只需受杖刑，免除死罪。但严惩贪官是明朝的司法传统，宣宗又对这种罪犯最为痛恨，因为监察御史贪赃枉法等于知法犯法，必须严惩，因而宣宗改判这名御史发戍辽东边卫。[1]戍边的处罚虽然比死刑轻，却比受杖刑的处罚重多了。

再如，一群乡民相互控告，官军急于围捕，乡民拒捕并聚众持械杀伤官军，后来这些人被捕后，官府依法判处这些人死刑，妻子为奴，家产抄没。都察院也认定案情为聚众抗拒官军，准备以谋叛的罪名处置这些乡民。《大明律》中“谋叛”的法律规定是“首从皆斩，妻子为奴，家产没官”，但是这些乡民不服，他们认为自己不过是相互控告，因此才拒捕并聚众持械打伤了官军，并且这些人的犯罪行为是在大赦前，司法部门只好请宣宗审核裁决。

1　参见《明宣宗实录》卷五十六，宣德四年秋七月甲子。

宣宗说：这些持械拒捕的人当然可以判处死刑，但是已经有了赦令，就不必判死刑了。再说分析这件案情，当初这些乡民是因为相互控告、畏惧逮捕才躲起来，后来“捕急愈畏，遂持刃抗拒，此愚戆所为也。杀之则可矜，宥之则废法”，一定程度上是被迫拒捕，判了死刑有些过分，可是赦免这些人则又等于废除了法律，两头为难。宣宗采取了折中的办法，判处这些人免死发戍边卫。[1]这一判决结果既与有关法律较相符合，又与赦令的规定相差不远。

赦令带来的麻烦不只是与法律产生冲突，其弊端还在于官府接到赦令后要对一些罪犯免于追究，结果导致罪犯不仅逍遥法外，甚至继续作恶，官府被迫重新着手办案，人为地给社会和百姓造成不必要的损失。海盐县盗贼平康等人勾结豪强抢夺民田，劫掠财物，滥杀不满之人。官府派人缉捕，平康逃走。不久朝廷颁布赦令，平康等人居然平安还乡，纠集无赖之徒制造武器，报复仇家，大肆劫掠。这时当地官府已无力制止，只好请求朝廷发兵，这才平定了这股强贼。

有人会问，既然赦令与法律有冲突，带来许多麻烦和问题，那么朝廷为什么不废除赦令呢？完全依靠法律办案不就完了吗？这件事没那么简单，不仅仅是因为赦令中还有减免税粮等内容，更为重要的是赦令是调节政治关系的重要工具，能够起到一般法律起不到的作用，因此不可能被废除。

（四）对司法制度的改善和加强

宣宗在办案的过程中，深感当时的一些司法制度不够完善、不够合理，经过一番探索和实验，宣宗使它们得到了改善和加强。

---

1 参见《明宣宗实录》卷十，洪熙元年十月辛巳。

1. 修改越诉制度

明代规定，申诉必须自下而上，不许直接向中央一级的司法部门越级投诉。宣德时期告状的人很多，由于没有相应的惩罚制度，投诉者大部分都直接向中央司法部门告状，给政府造成很大的压力。经过核查，这类起诉中有许多是州、县地方官府可以裁决的小案。宣宗看了有关报告很生气，堂堂的明朝中央政府，怎么能整天受理一些鸡毛蒜皮的小案呢？他下令有关部门向全国颁布新的申诉制度：除了一些机密大事可以密封上奏之外，其余一切案件都必须自下而上地投诉；如果有人越级投诉，不论虚实一并治罪，追究指使之人和代写状纸者，连同起诉者杖一百，全家发戍边卫，“永为定例”。[1]

这项制度颁布之后，京师的诉讼案件暂时减少了，但没过多久这类越级投诉的案件又多了起来。宣宗感到奇怪，越级投诉要判“越诉”之罪，为什么还有许多人甘受重罚、越级上诉呢？经过调查发现，平民百姓告状诉冤，州、县官府往往不能公正裁决，大都草率办案，百姓只好向上级司法部门上诉。省级的按察司和巡按监察御史则根据禁止越诉的制度，判定这些人杖一百，全家发戍边卫。而那些作恶多端的不法分子却得以逍遥法外，不受制裁。因此，百姓明知越级投诉要受罚，但为了申冤雪恨，不惜甘受重罚，“但求雪忿，虽死不恤”，于是直接向明廷中央政府投诉，中央司法机构的上诉案件也因此而大为增多。[2]

朝野上下也都认为禁止越诉的制度不合理，要求更改。于是宣宗下令修改了原来的制度，新的申诉制度规定：只要所告属实即可免除原告越诉之罪；如果所告不实，则根据情况判处原告越诉罪或

---

1 参见《明宣宗实录》卷五十三，宣德四年四月庚子。

2 参见《明宣宗实录》卷五十四，宣德四年五月癸酉。

北京故宫端门

诬告罪。[1]修改后的申诉制度纠正了原来的不合理因素，一直施行至明末。

2. 修改关押被告制度，惩治诬陷者

明制规定，凡有原告投诉被告，官府就要将被告逮捕下狱，关押待审。一些寻衅报复、蓄意诬陷的无赖之徒，就利用这一规定随意投诉。官府逮捕被告之后，原告便远走他乡，逃之夭夭，结果被告不管有罪无罪都被长期囚禁狱中，许多人因此送命。为此，地方官府建议，凡是原告逃走，官府即释放被告，什么时候原告回来，再提取被告与之对质。宣宗赞成这一建议，并说这是皇祖朱棣定下

1 参见《明宣宗实录》卷一〇〇，宣德八年三月壬申。

的制度，只是地方官府不了解、未能实行。他下令今后“凡原告逃者，被告即放遣勿问”。[1]同时，根据司法部门的建议，增加了对诬告者的赎罪罚钞数额，尤其是对那些指使老幼病残者诬告良民的不法分子，更是加倍罚钞，以此来严惩诬告者。[2]

3. 修改以罚代法的制度，严惩贪官

宣宗曾实行以罚代法的制度，让罪犯交纳一定数量的粮米，或从事为国家运粮、运砖等劳役，以此换取减轻或免除对罪行的惩罚。这种制度一定程度上既有利于对罪犯的改造，又有利于边饷的供应和国家工程建设。但实施之中不可避免地出现了弊端，那些家中富有，尤其是贪污敛财的罪犯可以纳米赎罪，而那些贫困无援的罪犯却无力纳米赎罪，以致一些人被囚死狱中。[3]犯有贪赃之罪的官员被罚运砖之后还可以恢复原职，并未受到严惩，这样一来客观上等于纵容和鼓励了这些贪污犯。[4]一些富有同情心和正义感的司法官员向宣宗反映了上述情况，并建议朝廷适当修改以罚代法的制度。

宣宗认为司法官员的建议很有道理，便在有关人员的参与下修改了以罚代法的制度，因贫穷而无力纳米赎罪的罪犯，匠户仍继续劳作，军户继续操备，民户可以遣送原籍延期追纳。[5]对那些犯赃罪的贪官污吏，虽然按制度规定可以纳米运砖赎罪，但宣宗下令一律罢职为民，不许复官。[6]严惩贪官是明朝的重要传统，宣宗的父亲朱高炽就曾经说过：治理国家“必自去赃吏始”。宣宗明确规定贪官污吏一律不许赎罪复职，也正体现出他继承了明朝的惩贪传统。

1　参见《明宣宗实录》卷五十四，宣德四年五月甲子。
2　参见《明宣宗实录》卷二十七，宣德二年四月乙酉。
3　参见《明宣宗实录》卷四十六，宣德三年八月甲申。
4　参见《明宣宗实录》卷五十三，宣德四年四月辛卯。
5　参见《明宣宗实录》卷四十六，宣德三年八月甲申。
6　参见《明宣宗实录》卷五十五，宣德四年六月甲午。

4. 改善对犯人及其家属的待遇

由于种种原因，许多犯人长期被关押在监狱中，得不到正常的生活待遇，甚至被囚死狱中。宣宗感到这类事既有违于上苍怜悯众生之意，又有损于朝廷皇恩浩荡的声誉。宣宗屡次命令司法部门要尽快裁决并释放罪囚，不要使罪犯久系狱中、遭受折磨。他认为如果罪犯因病、因受折磨而死，相当于司法部门枉杀无辜，应设法避免这种现象。[1]正好有个负责此事的监察御史，为了等候捕获全部犯罪团伙，竟将一个犯人戴着刑具关押了四年之久。犯人的家属控告他“淹系”犯人。“系”是指戴着枷号刑具，“淹系”就是使犯人戴着刑具延期囚禁，实际上带有虐待的成分。

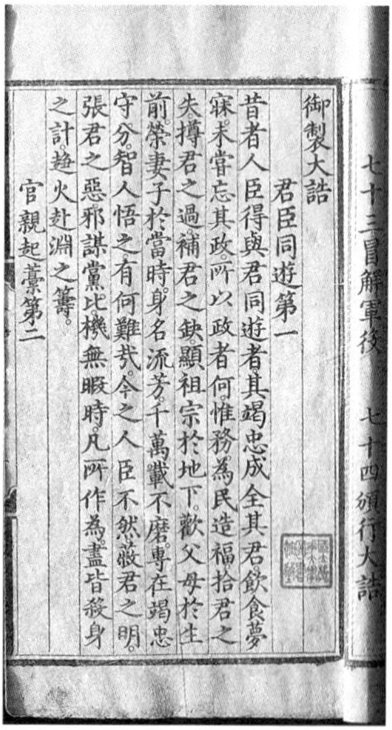
七十三冒解軍役　七十四頒行大誥

御製大誥

君臣同遊第一

昔者人臣得與君同遊者其竭忠成全其君飲食夢寐未嘗忘其政所以政者何惟務為民造福拾君之失撙君之過補君之缺顯祖宗於地下歡父母於生前榮妻子於當時身名流芳千萬載不磨專在竭忠守分智人悟之有何難哉今之人臣不然蔽君之明張君之惡邪謀黨比幾無暇時凡所作為盡皆殺身之計趨火赴淵之籌

官親起稟第二

《御制大诰》书影（洪武内府刻本）

宣宗借机拿此事开刀，以“淹系”犯人的罪名将那个倒霉的监察御史逮捕下狱，然后令三法司，将长期未曾结案的犯人名单统计出来。[2]司法官员将名单呈上之后，宣宗仍然不满地说：“此皆由尔等怠忽，致无辜淹系之久，其间岂无已死者？”这都是你们玩忽职守造成的，导致罪犯戴着刑具长期被囚禁，是不是还有已经死亡的没有列上？他下令给三法司的负责官员记过一次。

然后宣宗颁布了新的办案时限

1　参见《明宣宗实录》卷四十五，宣德三年七月甲戌。

2　参见《明宣宗实录》卷七十三，宣德五年十二月丁亥。

和处罚制度：在京五府及各部负责官员并地方省级负责官员，自此令颁布之日起，对受理的案件一年不能结案，将受到督责；两年不能结案，罚俸五个月；三年不能结案，便要逮捕治罪。卫、所和府、州、县一级的官员，则缩短一年的期限，定为一年内不能结案即罚俸五个月；两年内不能结案则逮捕治罪。提审和押解罪犯的公差如果延迟时间，致使罪犯不能如期结案，同样要治罪。[1]这一制度颁行之后，各级司法机关办案的速度大为加快，罪犯被长期囚禁或被囚致死的现象也随之大为减少了。

此外，宣宗还从其他方面减轻对罪犯的虐待，减少对无辜家属的株连。他采纳刑部官员的建议，禁止押解人员虐待犯人。他认为诛戮死人是一种残忍的行为，因而下令对于病死狱中的死刑犯只需验实，不必斩首。[2]对那些罪行较轻、有待对质查实的犯人，宣宗传令可以由邻里熟人暂时保释在外，而不必久系狱中遭受折磨。[3]那些全家发戍辽东的囚犯因路途遥远、中间缺少食宿，而民家又不肯借宿，只好露宿山林、冒寒受暑，风雪交加之际，许多犯人患病死亡，或逃走避难。宣宗在兵部官员的参与下，指示有关部门在沿途增置一些官舍，供发配囚犯食宿之用，使这些人的悲惨境遇有所改善。[4]

对于一些因年幼而随家长参与犯罪活动的少年及孩童，宣宗主张可以量情宽减或无罪释放；对于那些因重罪而全家戍边的案犯，宣宗主张家属不必全部随从戍边，未成年的男子可以送到南京的锦衣卫，一边劳动一边学习工匠手艺；寡妇及六十岁以上的老人不愿随行者可以释放。[5]

---

1 参见《明宣宗实录》卷七十四，宣德五年闰十二月己未。

2 参见《明宣宗实录》卷九十一，宣德七年六月甲午。

3 参见《皇明诏令》卷九，《四库全书存目丛书》史部第58册。

4 参见《明宣宗实录》卷一五〇，宣德八年闰八月甲子。

5 参见《明宣宗实录》卷一一二，宣德九年八月乙卯。

5. 允许部分要犯的后人可以被保举做官

洪武时期朱元璋就曾屡兴大狱，杀掉了一大批开国功臣和严重违法者。朱棣在夺位成功后大规模地屠杀了建文忠臣，并且将他们的远亲都发配到偏远地区，这些人的子弟自然是罪犯的后代，虽然经过仁宗、宣宗多次赦免，但他们仍无法像正常百姓一样参加科举或被保举做官。宣宗及一些大臣觉得应该改变这种状况，因此在宣德七年（1432年）三月，宣宗在一份诏书中指出："唐虞之世罚不及嗣，自洪熙元年五月以前犯罪典刑者已屡经赦宥，其子弟果有才行文学者，听保举选用，惟犯谋反大逆典刑者，其子弟不在选用之例。"[1]，明确指出远古时代处罚罪犯不会株连后代，因而规定谋反大逆之外的罪犯子弟，只要有一定的文化和才干，都可以享有被保举做官的权利。

宣宗的规定不仅在一定程度上改善了部分罪犯子弟的处境，也多少带有否定太祖、太宗为政严酷之意，同时也是仁宗司法转折活动的继续。宣宗不能也不可能改变专制时代"一人犯法、株连全家"的法律，他那些宽减罪犯家属的政令带有一定程度的临时性，不可能长期、大范围地得到实施，但他在有限的范围内或多或少地减少了对无辜家属的刑法株连，在当时的专制社会中已是难能可贵了。宣宗的这一做法逐步形成了相关的惯例，后来的皇帝在即位诏书中一般都会强调这一点，作为新政的重要内容向全国颁布。时间一长，这些内容虽然难免成为流于形式的空话套话，但毕竟有利于改善罪犯子弟的处境。

经过宣宗和司法官员的共同努力，明代的司法制度得到了有限的改善和加强，基本上完成了从永乐到洪熙、宣德时期的司法转折。

---

1 参见《明宣宗实录》卷八十八，宣德七年三月庚申朔。

白石“制诰之宝”

宣宗还对一些中央司法部门进行了整顿，将玩忽职守的刑部尚书金纯等人撤职罢官，任命具有司法才干的大理寺卿胡概兼理刑部，从而加强了对司法活动的管理。除此之外，宣宗还复核并参与审理了一批案件。那么宣宗是怎样复审案件的呢？这一过程中出现了哪些弊端，宣宗又为什么要有意宽纵武官呢？

明代县衙复原图

二十八　宣宗办案

宣宗继承了仁宗具有转折意义的司法政策，变相废除了前朝《大诰》一类的补充法律，以及“例”和“一依大明律科断”的做法，为后来的皇帝所继承，并且最终形成了“律例并行”的司法体系。宣宗注重调节法律与道德、赦令的矛盾，改善和加强某些司法制度，反映出明代司法的进步。宣宗本人对处理案件具有特殊的兴趣，即位不久即对左都御史刘观等人说，如果犯罪之人于情理上令人同情，所犯罪行又令人怀疑，你们不愿裁决的案件可以让我来裁决。于是都察院、刑部、大理寺三大司法机构遵照他的指示，将许多案子上呈宣宗审理。复核案件是宣宗一生中较有特色的政治活动，也是“仁宣之治”的重要组成部分。

（一）宣宗复核重要案件，力求宽仁、公正

1. 从轻发落，树立宽仁形象

明代的司法称得上是严刑峻法，司法部门依法断案，因此罪犯受到的惩治较重。宣宗作为一个皇帝，很想给人留下一个公正、宽仁的形象。为了达到这一目的，宣宗甚至有意对一些罪犯从轻发落。

宣德元年（1426年），都察院的御史们审讯了20余名横暴杀人、贪赃受贿的罪犯，论法当斩。大理寺按照程序对此案进行了复审，罪犯们全部服罪，没有怨言。上报后宣宗不厌其烦地逐个审问了20多名死刑犯，最后判处为首几人死刑，其余大部分人罚以运输劳作，竟有7人被宣宗判为无罪释放。[1]

宣德二年一次审判罪囚时，宣宗下令除杀人叛逆等死罪外，其余罪状依次降低处罚。这次裁决的两千多人中，绝大部分都改为从轻发落，死罪减为流放，流放、杖刑减为罚工，等等。司法部门认为宣宗过于宽仁，宣宗却认为，如果这些人能因此而弃恶从善，痛改前非，这种做法就应该肯定，并且引用了《尚书》的一句名言："与其杀不辜，宁失不经。"[2]意思是与其错杀无辜者，还不如不按法律办事。宣宗本人对死刑的甄别较为细致、谨慎，每当三法司送来判处死刑的案件和名单时，宣宗总是斟酌再三，反复核查。

宣德五年四月，三法司上奏应判处斩首和绞刑的17人名单，宣宗取来17人的案卷亲自一一审核之后说："杀人者必死，其中有诬告人致死者，比之操刃故杀宜有不同，皆杖一百发戍辽东。"杀人者应判死刑，但其中有的人是诬告他人致其死，同那些拿刀持械故意杀人者应该有区别，诬人致死者应杖一百发往辽东戍边，于是这17个死刑犯中竟有10人为宣宗免除了死罪。[3]

2. 纠正冤案、错案，公正判案

朝廷司法部门判案难免出现冤案和错案，明朝京城有个登闻鼓，就是专为上告诉冤之人准备的。只要有人敲响登闻鼓，司法部门就必

1 参见《明宣宗实录》卷十九，宣德元年七月乙巳。

2 参见《明宣宗实录》卷二十八，宣德二年五月丙午。

3 参见《明宣宗实录》卷六十五，宣德五年夏四月乙亥。

须受理含冤者的上诉。登闻鼓由六科给事中以及锦衣卫军官各一员轮流掌管，[1]负责将敲鼓诉冤之人上报司法部门。由于宣宗断案从宽，允许并鼓励含冤之人击鼓上诉，因此不论是罪犯或是其他含冤之人都来敲鼓诉冤。有时一天到晚鼓声不绝，吵得掌鼓官员很不耐烦。

这一天轮到刑科给事中年富值班，连续几伙重囚击鼓诉冤。年富大概是有些讨厌，于是他向宣宗上奏：那些按律当斩的囚犯击鼓诉冤，是“临刑畏死，烦渎朝廷，不可宥”，就是临刑之前贪生怕死，骚扰朝廷，不能宽恕。宣宗一听，立刻发怒训斥道：“登闻鼓之设正以达下情，何谓烦渎？自今凡死囚击鼓诉冤者，必如例录情词以进，令法司与办，若蒙蔽及阻遏，罪值鼓者！”[2]意思是：设立登闻鼓就是为了了解下情，为人申冤的，怎么能说是骚扰朝廷呢？从今以后凡是死囚击鼓诉冤，必须照例记录状词，上交朝廷，由司法部门给予甄别。谁敢蒙蔽朝廷、阻止诉冤，朕就治他的罪！吓得年富再也不敢提起此事了。

平民郭小生的妻子王骨都，晚间与小姑一同织布，郭小生先去就寝。这时仇人于八潜入卧室，杀了郭小生后逃走。人们发现后，郭小生的父亲怀疑王骨都与邻人袁加儿有私情，认为是两人合谋杀死小生，于是便将王骨都绑缚押送官府。郭家的邻人杨恭掌握实情，他向官府告发了于八的谋杀罪行。不料于八强行辩解，拒不承认。审案官员见案情不明，便对王骨都严刑拷问，王骨都经受不住，只好承认自己杀夫。刑部裁决此案时根本不顾王骨都的申诉，判其死刑。临刑之前，王骨都再次诉冤。一个柔弱女子的申诉引起了宣宗的重视，他立即命令文武大臣组成临时办案小组，重审此案，终于弄清了王骨都蒙冤受诬的实情。

这时真正的凶手于八已死，宣宗下令将王骨都无罪释放。他对

---

1 参见《大明会典》卷一七八。

2 参见《明宣宗实录》卷七十三，宣德五年十二月丁亥。

刑部这种草率办案、不为罪犯申冤的做法颇为不满，认为司法部门对死刑犯的审理不用心，招来刑部尚书金纯训斥道："彼若不言，必枉杀之矣。仁人君子于一草一木不肯轻折，何况人命？朕数诫尔等须存钦恤之意，何得仍有此事？今但以赦前姑容不问，若再枉人如此，岂得更容！"意思是：此案如果罪犯不说话肯定会被枉杀，仁人君子对一草一木都不肯轻折，何况人命关天，怎么能如此草率呢？朕屡次告诫你们，办案要有怜悯之心，你们就是不听，这次饶了你们，如果再有这样的事我可是一定要治罪。金纯自知理亏，伏地叩头，一再认错。[1]

义勇左卫军卒阎群儿的妻子毛氏与人私通，邻人李宣曾将此事告诉群儿。群儿盛怒之下将毛氏痛打一顿，并扬言要杀了她。这时附近校尉陈贵的家被人劫掠，毛氏便诬告此事是群儿和李宣等人所为。巡按监察御史没有经过认真调查，就以强抢罪将这些人判处死刑。李宣家人敲击登闻鼓诉冤，并说明陈家被抢之日李宣等人因事分别外出，不可能参与抢劫。给事中李庸将此事上奏，宣宗指出："平人岂可枉杀？以事他适，当有证验。"这些人因事外出，必须有不在现场的证据。他命都察院派人查验，结果证实群儿、李宣等人的确外出，未曾参与抢劫，于是判处毛氏诬告罪，依法下狱，李宣、群儿被无罪释放。负责审案的都御史刘观等人，免不了受到宣宗的一顿训斥。[2]

（二）注意安抚民心，扭转前朝弊端

1. 注意安抚民心、顺应民意

江西新淦县县丞（相当于副县长）厉中，与当地土豪相互勾结，

---

1 参见《明宣宗实录》卷十三，宣德元年正月戊午。
2 参见《明宣宗实录》卷十六，宣德元年四月癸酉。

科敛百姓，巧取豪夺，“凡催科必非法捶楚，加数十倍取之，所获金银锦绮不可数计”。这种行为相当于强盗式的强抢，当地百姓被迫反抗，焚劫土豪家财后屯聚山谷。厉中率官军前往搜捕，百姓愤怒地杀死为首的军官，绑了厉中押送京师准备上告。途中反被另一队官军捕获，被押往京师治罪。[1]这件事反映出典型的专制时代司法制度的性质：残害百姓的官员要由专制政府来制裁，百姓根本无权制裁；而百姓被迫用武力反抗官吏的非法科敛、强抢，却属于违法行为，要受到制裁。

好在宣宗本人对于残害百姓的贪官污吏极为痛恨，明代的法律也有“激变良民”一条，内容是：“凡牧民之官失于抚字，非法行事、激变良民，因而聚众反叛、失陷城池者，斩。”[2]于是宣宗复审案件时就凭这条法律规定，不仅将厉中判处死刑还将其枭首示众，就是砍了脑袋挂起来，抄没家产，将其家属流放辽东，释放了百姓。[3]其实判处厉中死刑，就等于惩治了他“非法行事、激变良民”之罪，而枭首示众、抄没家产、流放家属等措施，则是罪加一等，进一步惩治了厉中率军搜捕、激化矛盾的罪行，等于为百姓出了一口气，安抚了民心。

宣德初期林硕担任浙江按察使，当地有个汤千户贿赂内廷派往浙江的宦官裴可力，两人狼狈为奸、渔猎百姓，逼迫官员顺从他们，林硕到任后准备将他们绳之以法，但汤千户和裴可力恶人先告状，向宣宗诬告林硕“讥诽及沮格诏旨”。宣宗派人将林硕逮捕到了北京亲自审问，还对他说，你不用害怕，实话实说。于是林硕就讲了自己受到诬陷的情况，并且说明自己“前为七品官，陛下即位之初即

---

1 参见《明宣宗实录》卷七十七，宣德六年三月丙寅。

2 参见《大明律》卷十四，兵律二，军政，怀效锋点校，法律出版社1999年版。

3 参见《明宣宗实录》卷七十七，宣德六年三月丙寅。

超升为三品，位重禄厚”，地位和工资都够高了，我只有加倍努力，唯恐不能报答陛下的圣恩，哪敢讲什么诽谤的话呢？宣宗觉得林硕既然说清楚了，就让他尽快回去复任，并为此严厉责备了宦官裴可力。林硕刚被捕时“众皆危之，既见遽释之，喜动中外”，[1]宣宗的公正判决顺应了民意。

浑源州知州陈渊受到诬陷，在京师被罚役赎罪后即将被罢职为民，他任职当地的民众代表数千人赶到衙门为他请愿，说明陈渊的惠民政绩和受到诬陷的原因，宣宗认为这是司法部门不能“别白是非枉直”，结果被一些小人陷害了优秀的地方官，因此下令让陈渊复职。[2]类似的事例还有许多，都说明宣宗复审案件时较为注意顺应民意，力求公正地处理这类案件。

2. 扭转前朝的某些弊端

行在都察院上奏，山海卫一个指挥率军驻守北部边地开平，搜刮榨取部下的财物，拿出一半来行贿上级，谋求调回原来的驻地，另一半则自己私吞了。事发之后按规定应该降级调用，结果他手下的部分军人向上级反映，说这个军官能够体恤部下，请求恢复他的职务。宣宗对此表示怀疑，说：“彼能恤下，何为科敛而私有其半？此必以贿求之。”这件事肯定是他用私吞的财物行贿要求复职，朝廷如果对有罪的不惩罚，那还怎么能号令别人呢？这种贪财的小人还敢拿私情来阻挠公法吗？因此下令维持原判。[3]

其实宣宗这样判案还有一个目的，那就是禁止下边聚众闹事，尤其是防止一部分官员利用百姓来为自己谋官谋利。原来在洪武时

1　参见《明宣宗实录》卷三十一，宣德二年九月己亥。
2　参见《明宣宗实录》卷二十八，宣德二年六月丙辰。
3　参见《明宣宗实录》卷五十二，宣德四年三月壬子。

开平景色

期，太祖朱元璋为了防止地方官员坑害百姓，上边的官员又不能及时制止和纠正，于是规定在上述情况下，地方百姓有权将当地官员绑起来押赴京城，交朝廷治罪，朝廷还要赏给路费。这些规定一定程度上及时制止了地方官坑害百姓的行为。

但时间一长弊端就出来了，百姓既然有权绑了贪官进京，同时也就有权要求那些被降职、被调离、被错判的清官留任、复职，于是某些贪官就利用这一点，用贪污的钱财收买百姓，上下行贿，为自己免受处罚、复职、留任造舆论、造声势。到了永乐、宣德时期这种弊端逐渐突出，因此宣宗才有意识地严判一个军官收买部下请求留任的案件，目的就是扭转这种弊端。当然，宣宗对这类事的处理比较有分寸，那些确实对百姓有恩泽、有政绩的官员，由于种种原因被降职、被调离或被错判，而在当地百姓中又有较高的口碑和呼声，宣宗一般都会批准这类官员复职、留任，这也是“仁宣之治”的内容之一。

此外还有一些民事纠纷案件，有关部门似乎是有意上报，目的是给皇帝溜须拍马。一家婆媳小姑三人，婆婆喝醉了酒让媳妇上茶，媳妇一时找不到茶就端上热汤。婆婆不满意，小姑居然捶打媳妇，媳妇边躲边逃。于是婆婆就向官府诬告媳妇咒骂她，刑部就以子女咒骂父母的罪名，加重判处媳妇死刑。媳妇一再喊冤并找来邻里为其作证，这时婆婆酒也醒了大半，小姑也感到惭悔，便来到官府改口说明自己实属妄告，想要撤诉。弄得刑部官员哭笑不得，于是就将此案上报，实际上是把改判错案、显示英明的机会留给了宣宗。

果然，宣宗看了案情后立即下令释放了这家媳妇，并且对这家人说："求茶得汤亦何不可？而遽欲杀之？为妇亦难矣！官府每为人解忿邪？"要茶没喝到，不过是喝了汤，又有什么不行的呢，哪能因此就非要立即杀人呢？做一个媳妇也够为难的了，难道官府是为你们解恨的吗？宣宗的话好像在埋怨这家人，琐碎的家庭纠纷也来麻烦官府，但宣宗并没有因此而批评上报此案的刑部官员，[1]看来这次刑部官员的马屁是拍对了。[2]

从宣宗复核、审理案件的情况看，宣宗是根据实际需要突破了完全依靠法律判案的限制，从情、理、法三方面的结合来处理案件，补充了司法方面的一些缺欠，因而断案较为公正，并不完全是凌驾于法律之上的一味专制。

（三）司法出现的若干弊端

1. 法律不健全，无法避免出现冤案和弊端

尽管宣宗在几次复核、审理重要案件时努力做到详审案情，力求公正断案，但在当时专制制度的条件下，仍然不可避免地出现了

---

1 参见《明宣宗实录》卷五十七，宣德四年八月庚子。

2 这里采用了柏桦的看法。

一些冤假错案，并且不可能有任何人、任何机构给予平反和纠正。与明朝相邻的朝鲜李朝外交人员出使中国，在皇宫之中看到这样一个场面："六部官吏罗立廷中，皇帝（指宣宗）高拱如天。至于刑决，绝无拟议，一言决了。"[1]宣宗不同别人商议，独自断案，六部的官员虽然站了一圈，但是几乎没有发言权，完全是皇帝一人说了算。朝鲜使臣认为肯定会有一些人无辜受害。并且宣宗也并没有始终坚持认真断案，当时的社会制度无法避免这样的错误，宣宗本人更无法防止这样的悲剧。

实际上宣德时期法律的不健全还不止这些，有一个冤案可以说明这类弊端。有个都御史叫夏迪，奉命去常州催办税粮，可能是得罪了一些人，下面的御史就诬告他收受贿赂，于是夏迪被捕，有关部门明知他是冤枉的，但是不敢为他辩白，原因是"明制重朋比之诛"。"朋比"就是朋比为奸，当时是指结成朋党，这句话是说明代有重惩结党的法律传统，结果夏迪作为监察部门的重要官员，竟然被贬为驿夫，相当于今天的邮递员，最终气愤而死。《明史》的作者为此指出："以帝之宽仁，而大臣有冤死者，此立法之弊也。"[2]宣德朝大臣杨士奇曾经说过："年来刑狱冤滥者多，感召旱涝恐由于此。"[3]可见这一时期发生过不少冤案错案，否则人们也不会把它们当成导致旱涝灾害的原因。

宣德时期实行的"纳米赎罪法"，更是反映出相关的弊端。原来明代的法律中有赎罪的规定，但用什么东西来赎罪各个时期却不一样，宣德时期由于部分较为偏远的边镇和受灾的地区粮食供应困难，于是有关部门奏请部分罪犯自备粮米，运赴上述地区来赎罪，得到

1　参见吴晗辑《朝鲜李朝实录中的中国史料》上编卷五，第365页。

2　参见《明史》卷九十四，《刑法志》二。

3　参见杨士奇《东里别集》卷二，《文渊阁四库全书》第1239册。

宣宗的批准。此后中央的刑部官员和地方的巡按、巡抚侍郎如于谦等人，也都根据各地的不同需求奏请赎罪者为当地运粮，有点以罚代法的意思。虽然纳米赎罪是宣德时期赎罪的主要形式，但适用的领域和范围毕竟有限，此后的正统、景泰时期则大为扩展，成为供应边镇粮饷和赈济灾荒的手段之一，并且根据路况、距离作了适当的调整。

除了纳米赎罪之外，宣德时期还有运砖赎罪或罚钞赎罪的规定，比如监守自盗、贪赃枉法、盗窃仓库钱粮以及一些徒流笞杖等罪，都可以用运砖或罚钞的方式赎罪，并且规定了一些具体的实施细则。虽然明朝同时也规定对于贪赃枉法或贪污受贿的罪犯，原则上要按照已有的条例追赃之后再行赎罪，但实际上后者并没有严格执行，因此那些有一定财力甚至是贪污受贿的官员，也就没有得到应有的惩罚。宣德中期，就连宣宗自己也承认，这样下去就会使“贪污者益肆其志，廉公者无所激劝，其可乎？”因此他敕谕司法部门，“今后文职官吏犯赃罪，具依律科断”。[1]但不久之后宣宗又逐渐恢复了赎罪的部分规定，宣德八年还申明“悉从宽典”，[2]实际上等于放宽了对部分贪污官吏的处罚。

2. 如果臣下反对宣宗游乐，都会受到严厉惩罚

如果臣下的进言涉及宣宗的个人爱好，尤其是反对他的一些游乐和荒唐活动时，便会惹怒宣宗，受到严厉惩罚。宣宗当年还是皇太孙时，有两位教师戴纶和林长懋，因屡次向太宗朱棣告发宣宗弃学贪玩之事，受到宣宗的忌恨。宣宗即位后，两人仍然反对宣宗游

1　参见《明宣宗实录》卷五十五，宣德四年六月甲午。

2　参见《明宣宗实录》卷九十九，宣德八年二月壬子。

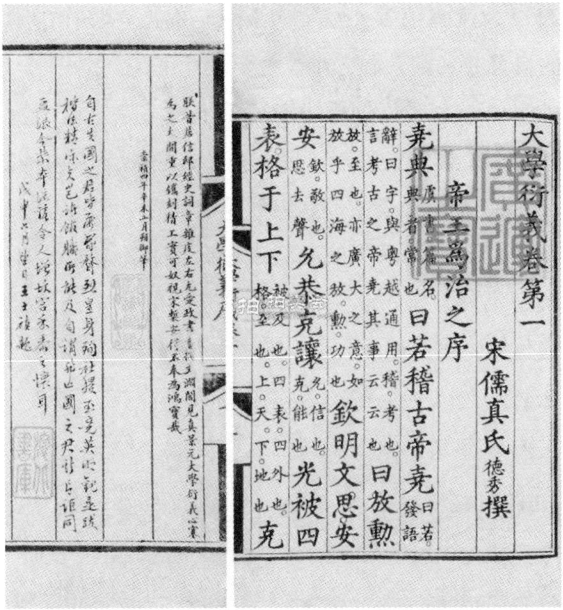
大學衍義卷第一　宋儒真氏德秀撰

帝王爲治之序

堯典虞書篇名。典者常也。曰若稽古帝堯曰若發語辭。曰字與粤越通用。稽考也。言考古之帝堯其事云云也。曰放勳放至也。亦廣大之意。如放乎四海之放。勳功也。欽明文思安安欽敬也。思去聲。允恭克讓允信也。克能也。光被四表格于上下被及也。四表四外也。格至也。上天下地也。克

《大学衍义》书影

玩打猎，结果一个被当场打死，一个被关进监狱。[1]当时这位青年皇帝的玩心很盛，那些对宣宗颇为了解的老臣从未进言反对此事。可是有个叫陈祚的青年御史却无所顾忌，他见宣宗整天出去跑马射猎，便上疏劝皇帝读一读南宋著名理学家真德秀的《大学衍义》一书。

不料这次激怒了宣宗，他可能还没看清书名就气得破口大骂："竖儒谓朕未读《大学》耶？薄朕至此，不可不杀！"这个书呆子竟敢说我没读过《大学》，如此小瞧我，不可不杀！旁人劝道：陈祚是个偏远小地方之人，不知道皇上您无书不读。宣宗这才稍稍消了气，但仍将陈祚全家下了锦衣卫诏狱，结果其中有五口人相继死于狱中。[2]

1　参见《明通鉴》卷十八，仁宗洪熙元年九月壬寅。

2　参见《国榷》卷二十一，宣宗宣德六年二月癸亥。

宣宗是个自以为读书很多并经常向人炫耀的人，陈祚的上疏大大地刺伤了他的自尊心和虚荣心，难怪他要大发雷霆。[1]

当时的另一位官员、刑部主事郭循上疏宣宗，极力反对拓开西内皇城大兴土木、修筑离宫。宣宗派人“以毯裹至大内问之”，将郭循用毛毯严严实实裹起来，带到内廷亲自审问，看来宣宗是不想让外人知道，并且是想以天子的威势来慑服他，不料郭循不仅没被吓倒，反而抗辩不屈，拒不认错，于是被惹怒的宣宗竟然像对待猎物一样“射伤其颅，血流被面”，[2]后来将他和陈祚一起关入监狱。两人直至宣宗去世后，才为继位的英宗朱祁镇所释放。[3]整个宣德一朝，只有这几个人因触怒皇帝而受到严厉的惩治。相反一些贪赃腐败的高级军官如宁阳侯陈懋等人，由于宣宗的纵容而并未受到应有的惩罚。两种人的不同待遇反映出专制时代的司法特点：即皇帝的意志往往高于法律。

御史陈祚像

从上述情况看，宣宗判案虽然曾经力求公正、宽仁，但在当时专制制度的条件下，仍然不可避免地出现了一些冤假错案。其原因一是宣宗精力有限，不可能始终关注司法活动，宣德中后期，宣宗的游乐兴趣逐渐超过了他对司法活动的关

1 参见《明史记事本末》卷二十八，《仁宣致治》。

2 参见《明英宗实录》卷一九三，景泰元年六月壬寅。

3 参见《明史》卷一六二，《郭循传》。

注。二是宣宗关注的案件范围、数量有限，仅仅是大理寺复审的、有争议的部分重大案件，其他的冤假错案几乎不在宣宗关注的范围之内。三是当时专制制度固有的司法弊端，宣宗无法纠正更无法避免。四是那些因反对宣宗享乐活动而触怒宣宗的官员，都受到宣宗的严厉惩治，这是专制时代的性质决定的。

（四）宣宗的宽纵使武官犯罪严重

在宣宗复审的案件中，武官犯罪占有很大的比重，但宣宗对武官的处罚相对较轻甚至有些宽纵。一个明显的事例是远征安南的武将王通，在没有诏书允许的情况下擅自与敌人议和，虽然朝野上下都强烈要求宣宗按照法律将王通杀头，但宣宗只是把他长期关在监狱里，就是不判。这里既有政治和军事需要的因素，也有明朝的法律传统，因为《大明律》中即有相关规定，武官犯罪的处罚与文官不同。因此，宣宗对武官较为宽纵并非完全出于他个人的原因。

1. 宁夏天高皇帝远，镇守武将大肆贪污

当时军界出了最大的贪污犯，就是镇守宁夏的宁阳侯陈懋。宁夏是明朝西北的一大重镇，陈懋又是多次跟随朱棣北征的军界老将，因此才派他去镇守宁夏，可见仁、宣两帝对他是相当信任的。只是宁夏天高皇帝远，陈懋又是老资格的侯爵，因此贪污起来几乎无人敢管。陈懋私自派了二百多人分别乘坐三十多条船，违法出境捕鱼采木，结果为敌人俘虏了十几个；还擅自派遣几十名军人带上白银作本钱，每人发给两匹马前往杭州做买卖，等于让镇守边镇的军人离职经商。

陈懋与手下军官盗卖军粮，还让掌管粮仓的人员做假账从中侵盗大批粮食，从宣德二年至宣德五年，侵吞的粮食高达24万余石；

私自役使手下的军人耕种了三千多顷田地，占夺当地百姓的灌溉资源，将收获的粮食卖给商人，以供商人贩盐获利；还与其他军官私自派遣一批军人，出动了九百多辆车装载大量的池盐，前往西安、平凉等地贩卖获利。到了宣德六年有人揭发了陈懋的贪污罪行，宣宗仅仅是让人抄录了告状信带给陈懋，“姑录所奏示之，令有无自陈”，让他自己说明是否属实[1]。后来中央的一位侍郎罗汝敬奉命巡抚西北，发现了陈懋大量的不法行为，监察部门的御史奉命前往当地，经过核查之后上报给了宣宗，控告陈懋的罪行不仅完全属实，而且远比控告内容严重得多。

2. 陈懋贪污了三大笔财产，居然平安无事

陈懋贪污的财产至少有三大笔：第一笔是仓库的粮食包括军粮，以及做假账、盗卖粮食的收入。边镇的粮食不仅是国家财产、是救灾的备用粮，更是用于打仗的军粮，贪污这批粮食是要受到军法惩治的。陈懋身为镇守边关的高级武将居然敢贪污军粮，这不是找死吗？可见其胆子太大、贪心太重，同时也反映出宣宗对武将的过分纵容。

第二笔，“赃罚金珠、纻罗、蓄产”。“赃罚”就是对贪污犯的罚款和没收的赃物，这是国家司法活动中一笔特殊的收入，陈懋贪污“赃罚”，等于贪污了没收贪污犯的赃款赃物，包括金银珠宝、高级衣料、骡马牛羊等，应该是罪上加罪。需要说明的是，“赃罚”作为国家和地方的财政收入之一，其中的金银珠宝等贵重物品通常是要上缴国库，或是作为宫廷财政收入直接输入皇帝的私人库房——内承运库。换句话说，只有国家和皇帝才有权享用“赃罚”收入中的贵重物品。但是陈懋不仅贪污了“赃罚”，还专挑里边的“金珠、纻

1 参见《明宣宗实录》卷七十六，宣德六年二月壬子。

罗、蓄产”来贪污，都是贵重物品和有用、值钱的东西，相反没用和不值钱的破烂却留给国家和皇上，等于在无形中挑战了皇帝和国家的权威。

第三笔，“私中盐六千七百余引”。什么是盐引？明代的盐业资源是归国家控制的，盐商要到产盐区去购买国家发放的“盐引”即贩盐许可证，凭“盐引”来支取食盐，然后运往各地销售获利。一张“盐引”的贩盐量大约为200斤，当时的销售利润大约为十两白银，陈懋“私中盐六千七百余引”，即免费获取了六千七百多张贩盐许可证，私自贩盐约为十三万四千多斤，获利可能高达六万七千多两白银。陈懋私自贩盐的行为不仅扰乱了国家的盐业市场，非法截取了国家的部分盐业收入，同时也瓦解和削弱了国家对社会经济的控制能力。

宣宗意识到必须处理此人，他将宁阳侯陈懋召至京师，让他看看下边上奏的揭发材料。人们都请求严惩陈懋，但宣宗却念此人是高级武将，只令司法部门追还赃物。陈懋知道宣宗有意庇护他，益发胆壮起来，对前来追赃的官员谎称赃物全部花光了，骡马牛羊也没了，身上已一无所有。官员也知道这位侯爷不好惹，只好如实回报。宣宗也知道陈懋说谎，但“念其旧劳特免之”，[1]考虑他跟随祖父北征、几十年镇守边关的功劳，特别下令对他免除追究，没有给他任何处罚。[2]宣德时期军界最大的贪污犯，就这样平安无事了。

3. 中都留守司都督罪行严重，只被免死戍边

还有一个武将名叫陈恭，是中都留守司的都督，中都是今天的安徽凤阳，明太祖朱元璋的老家，中都留守司相当于中都警备司令

1 参见《明宣宗实录》卷九十九，宣德八年二月辛卯。
2 参见《国榷》卷二十二，宣宗宣德七年十月癸丑。

明中都皇城城墙遗址

部，陈恭相当于警备司令。明太祖朱元璋建国后总想光宗耀祖，曾经一度计划在他的家乡安徽凤阳营建首都，称为中都，还派了李善长这样的开国重臣去主持营建工作。一大批人干了几年，宫殿、祭祀工程等都有了一定的规模，现在的凤阳还有一大片当年营建的遗迹，但是后来刘基等人坚决反对，理由是凤阳根本不适于定都，如果适于建都，过去那些帝王早就选中凤阳了，还能选中别的地方吗？朱元璋觉得有道理，于是最终放弃了建都凤阳的计划。

不过凤阳毕竟是太祖朱元璋的老家，是皇帝的“龙兴之地”，又有了一定规模的皇家建筑群，因此虽然没当上首都但毕竟是中都，行政级别高于一般的府州，朝廷专门设立了留守司，相当于今天的一个警备区。主管官员是都督，全称为“掌中都留守司都督”，级别为正一品。明朝统辖全国武装力量的部门称为五军都督府，每府的左、右都督才是正一品，而陈恭作为中都留守司的都督也是正一品，可见他的级别是相当高的，估计是带有一点荣誉头衔的意思。

中都凤阳在洪武前期就停建了，后来的首都又从南京迁到了北京，因此中都许多没建完的宫殿建筑等于废弃不用了。陈恭当了中都留守司都督，地位高、权力大，又远离北京，自然是天高皇帝远，于是就打起了“废都”的主意，陈恭“盗移圜丘、方丘、皇陵墙外树木，植于私家”，就是把皇陵围墙以外和方丘等祭祀神位的高级树木移植到自己家里。陈恭之举不仅破坏了皇陵的景观环境，而且使自己享受了帝王的待遇。

同时，陈恭还“盗取旧内千步廊材造楼居”。“旧内”是指明初在凤阳营建的未完成的宫殿，“千步廊”是指皇宫南部两侧的回廊，过去北京天安门两侧直到正阳门那一带，也就是今天人民大会堂和国家博物馆的大致位置都有两排千步廊，建筑形式与今天颐和园的长廊差不多，长度大约有一千步，所以称为千步廊。当年中都凤阳已经建了千步廊，大概是没建完，剩下的一大批木料都被陈恭取回家中，为自己建造豪华别墅。其占用的留守司军人有六百多名，有点手艺的工匠七十多人，轮流为他干私活。陈恭还擅自驱使军人平了皇陵前一座马鞍形的小山顶，并将部下女子强娶为妾和收为奴婢。

至于克扣军人的口粮高达两千多石，强占军人的屯田十余顷，强迫军人百姓为他耕种，收获米麦三千多石，假借公家的名义厚敛军人的白金，从中贪污二百多两。这些对陈恭来讲几乎是家常便饭。陈恭的这些罪行早有部下想要上告，结果反被陈恭捏造一个罪名毒打致死。并且陈恭还伪造案情，侵吞了上告者的财产。这些罪行如果是平民所犯，至少可以累计判处两次以上死刑。但陈恭是军界的一品都督，其父为“靖难”功臣，本人也曾屡次跟随朱棣北征，宣宗虽然也承认陈恭犯罪至重，“法不可容”，但还是有意从轻发落，最后判决此人免去死罪，杖一百发戍边卫。[1]只是这一判决在当时的武将罪犯中，已算是从重发落了。

1　参见《明宣宗实录》卷八十五，宣德六年十二月己酉。

4. 宣宗宽纵武官的几个原因

整个宣德一朝，被逮捕入狱的公侯一级将领只有镇守广西的镇远侯顾兴祖一人。当初广西有个下级军官的小妾，控告镇远侯顾兴祖贪财好色，奴役军卒，大修私宅，占夺其夫的故居和次妾，欺寡凌弱，请求朝廷治罪。宣宗接到控告后，不以为然地说："大臣总兵在外，欲其靖寇安民，若果所为如此，法亦难容。但朝廷当存大体，岂肯轻信一妇人言而罪边将？"意思很明确，不能轻易听信一个普通妇女的控告，而影响了高级将领"靖寇安民"，这样做才是"存大体"，因此只令顾兴祖"自陈其实"，[1]自己检讨一下，未治其罪。后来安南军队进攻广西南部的温丘时，顾兴祖在南宁拥兵不救，致使温丘失守。这件事民愤太大，宣宗这才下令逮捕顾兴祖，但不久就赦免了他。

宣宗为什么要如此宽纵武官呢？他自己讲了三点原因：第一，宣宗认为边将只要能严守边镇，就算是尽职了，"不必一一绳以礼法"，不用拿礼制和法律的标准来严格约束他们。许多犯罪的将领都是一些重要边镇的负责人，宣宗要依靠这些将领来严守边镇，因此对他们的贪污、走私等罪行往往不加深究，意在稳定军心，巩固边防。这一用意听起来似乎有一定的合理性。

第二，宣宗认为"武人得官甚难"，如果用正常的法律标准来要求他们，这些武官的社会地位就会进一步降低，也会影响军队的士气，因此他才对犯罪的武官降低标准处罚"曲意含容"，较为宽纵。[2]

第三，宣宗受其祖父朱棣的影响，始终认为对待武官"使功不如使过"，意思是让那些有罪的武官戴罪立功，往往比那些无罪功高

---

1 参见《明宣宗实录》卷九，洪熙元年九月丁巳。

2 参见《明宣宗实录》卷二十四，宣德二年正月戊午。

的武官更为有效，更容易控制和驾驭。[1]

在这些意识的作用下，宣宗在裁决武官犯罪的案件时，往往依据法律和政治需要的双重标准来断案，因而赦免或减轻了许多武官的罪行。宣宗这样做虽然保持了一支较为稳定的军事队伍，但却纵容和助长了军队内部的贪污腐败之风。军队之中军屯受破坏，管理不善，士气低落，给养缺乏，战斗力下降等问题，也因宣宗宽纵犯罪的武官而有所加剧。这些问题就像种种疾病，严重地侵蚀了明军的肌体，并与其他因素一起导致了十几年后土木之变的惨败。

但是不管怎么说，宣宗复审重案、整顿监察机构等活动取得了一定的成就，也是"仁宣之治"的重要组成部分。那么除了成就之外，宣德时期的朝政又有哪些弊端呢？这些弊端又是怎样形成的呢？

1　参见《明宣宗实录》卷八十二，宣德六年八月辛丑。

宣府镇朔楼

二十九　危机暗伏

宣宗判案等司法活动取得了一定的成就，也是“仁宣之治”的重要组成部分。宣宗负责复核重要案件，力求宽仁、公正，扭转前朝的某些弊端，并整顿了两京的监察机构。但是明代法律不健全，无法避免出现冤案，并且武官犯罪的现象较为普遍，还受到了宣宗的纵容。与此同时，宣德时期也逐渐出现了一些弊端和危机，其中较为突出的是宦官的地位总体上有所提高，更多地被派往边镇，并且控制了先进的火器部队，权力范围也在不断扩大，等于宣宗利用这些人加强了对整个明帝国的控制。其他的社会问题也越来越多，并且越来越严重。

（一）宣宗将大批宦官派往边镇并形成制度

1. 永乐、洪熙年间就有一批宦官“镇守”边镇

永乐时期朱棣就曾派遣一批宦官到边镇，协同边将一同镇守，虽然没有监军之名，但谁都清楚，这些天子身边的宦官是被派来监视边将的。[1]仁宗朱高炽北上即位后，派遣亲信宦官王贵通镇守南京，

1　参见《明史》卷三四〇，《宦官传》一。

其实是出于控制南京的政治目的。当时与王贵通一同负责南京事务的是驸马宋琥、沐昕，都是皇家人员，也是仁宗亲近和信任之人。[1]此后，仁宗相继派遣山寿镇守交阯、王安镇守甘肃，同样出于监督武将的目的。而且洪熙年间开始普遍设置镇守太监，"各省镇皆设镇守矣"，[2]"镇守太监"之名也开始出现，[3]仁宗显然是以此来加强对边镇和地方的控制。

仁宗为什么要这样做呢？可能是因为他没有父皇朱棣起兵夺位和北征那样的经历，对各地的将领既不太熟悉也不太信任，因此才会大量派遣身边的宦官，到各省、军镇去担任镇守太监。但是这一举措并非祖制，洪熙以前各省军镇并没有普遍设置镇守太监，因此文官对此提出质疑。洪熙元年（1425年）二月，工科给事中郭永清就上疏："内官、内使非重事不宜轻遣出外，凡事惟责成所司，庶几不扰于民。"一般的政务只让地方官处理就是了，没有特殊的重要的政务，没必要轻易派遣宦官外出，这样可以减少对百姓的骚扰。仁宗虽然表面上肯定了这一建议，但是并没有撤回这些宦官，[4]可见他用宦官来加强控制各省、军镇的决策没有变。

2. 宣宗派宦官作为特派员，意在加强对边镇和武将的控制

宣宗当了皇帝以后，将大批宦官派往各边镇，他曾屡次告诫这些人不要干预边镇总兵官的军务，不要肆虐贪渎、扰害军民，有事同总兵及地方三司的负责人商议，不得擅自行动，但许多镇守太监都不同程度地干扰军政，从而不可避免地与总兵官发生冲突。资历较深、威望较高的少数将领如大同总兵官、武安侯郑亨等人，镇守

---

1 参见《明仁宗实录》卷一，永乐二十二年八月丁未。

2 参见《明史》卷七十四，《职官志三・宦官》。

3 参见王世贞《弇山堂别集》卷九十。

4 参见《明仁宗实录》卷四下，永乐二十二年十一月辛卯。

太监还算稍有畏惧，而其他将领就很难与这些太监抗衡了。

许多宦官自恃是天子身边的人，凌驾于总兵官和当地官员之上，为所欲为，作威作福，成为边镇军区的“太上皇”。宣宗本人曾对侍臣说：“用将在专，若令此辈（指宦官）预兵事，必挠其权，安能成功？”他也明白不能让宦官来干扰边将的权力，插手军事，但为了监视镇边的军政人员，宣宗只有用身边的宦官来完成此事，其他人他是不可能信任的。当时全国十三个布政司都设立了镇守太监，这些人有权监视文武官员和百姓，甚至有权干预政务。

这一时期的镇守太监制度还呈现了新的变化，镇守太监不仅与镇守边镇的总兵官并称“镇守内外官”，[1]而且在延续各地的镇守旧制的基础上，宣宗还加强了北边地区镇守太监的设置。宣德三年（1428年）“分遣近臣巡督关隘守备”，[2]宦官作为朝廷的特派员，巡视和监督各边关的守备情况。如同北边设有备御武将系统那样，北边还有“备御太监”的名目。当时“山西道监察御史卢睿等，劾奏备御蓟州太监刘通、总兵官都督陈敬蒙蔽侵欺之罪”，[3]由此可见“备御太监”具有的特殊地位，至少是和各地的总兵官齐名。相当于今天一个军区的领导，除了司令之外还有个“中央特派员”，于是不同名目的宦官几乎遍布各地。

种种迹象表明，宣德朝是明代宦官制度发展的关键时期。这一时期明朝开国已半个世纪有余，承平日久，祖制的影响渐渐消退。宣宗逸玩心理颇盛，长居宫中，与宦官关系十分密切，经常派遣宦官搜罗民间玩意。“宣宗时，中使四出，取花鸟及诸珍异亦多。”[4]宦官也借此开始全面介入国家政治的各个层面，形成文武官僚系统之外

1　参见《明宣宗实录》卷二十八，宣德二年五月甲子。

2　参见《明宣宗实录》卷四十七，宣德三年九月丙寅。

3　参见《明宣宗实录》卷八十五，宣德六年十二月乙未。

4　参见《廿二史札记校证》卷三十五，《明代宦官》，第808页。

的另一股政治势力。[1]而宣德初年大批太监被派驻边镇，说明宣宗首先要加强对边镇和武将的控制。

（二）派驻边镇的太监掌握先进武器部队

1. 宦官掌握了先进的神机铳炮部队

如果派驻边镇的太监只是与总兵官一同镇守边镇，不在军中任职，手中没有实权，那么这些人的实际地位便低于总兵官，干政扰民的程度也不会太深。但宣宗为了加强对边镇的控制，把军中的一个重要实权交给了宦官，使这些人在军中的地位大为提高。明朝军队所使用的兵器中，冷兵器占很大比重，热兵器即火器的比重不大，但由于热兵器射程远、杀伤力大，因而颇受人们的重视，在明初尤其是边镇得到了较快的推广和使用。

这一时期热兵器的生产规模和数量都很有限，明廷的军事部署是以防御北部的蒙古军队为重点，因此朝廷便将数量有限的热兵器——神机铳炮，陆续配备给北方、西北、西南的边镇。将生产出来的神机铳炮运送边镇的任务，是由宦官们承担的。[2]宣德初年，宣宗曾“遣内官李敏、马骥等，送神机铳炮赴万全诸边卫”。军队中已设置了掌握和使用这种热兵器的先进兵种，而控制这些火器部队的军权，宣宗也交给了宦官。宣德四年（1429年），宣宗“命太监杨庆等率神机营铳手往蓟州、永平、山海等处，同都督陈景先备御”，[3]可见这时宣宗已经多次派出宦官运送和掌管火器——神机铳炮部队。

镇守边镇的宦官手中握有一支装备精良的神机铳炮部队，更加

1　这里参考了中国社科院历史所明史室赵现海的看法，以下引用不再注明单位。

2　参见《明宣宗实录》卷八，洪熙元年八月戊寅。

3　参见《明宣宗实录》卷五十七，宣德四年八月乙酉。

洪武十年手铳

肆无忌惮，当地总兵官根本控制不了这些宦官。随着明朝将威力巨大的神机铳炮开始配发于北疆，宣宗直接任命心腹宦官（后来称为“守铳内官”）专门掌管，从而进一步建立了监枪太监制度，也就是由高级宦官来掌管火器部队。如此便逐渐形成了一种新的制度，这些宦官的军权被合法化了。

此外，监枪太监往往拥有与总兵官一起选拔神枪手的权力。宣德四年，行在兵部奏：“大同左等卫神铳手别无指挥管领操习，欲令总兵官斟酌各卫神铳多寡，选官专领，不许别差。其各卫神铳手宜令籍记，遇有更代，从守铳内官同总兵官选补。”宣宗批准了这个建议。[1]当时的“神铳手”就相当于今天的神枪手，上述情况表明，虽然这些人的操练要由总兵官“选官专领”，但是注册登记的神枪手如果有缺额需要补充，那就要由掌管火器部队的宦官和总兵官共同负责选拔，等于镇守太监手中又多了一个权力。

2. 海寿来宣府被杀，因为边将根本管不了宦官

宣德四年七月，宣府掌管火器的宦官王冠等人为大太监海寿送行，这个人是朱棣的机要秘书，当年朱棣病死在北征途中，就是海

1 参见《明宣宗实录》卷五十七，宣德四年八月己卯。

寿同杨荣秘密回京给太子朱高炽报的信。后来仁宗在北京病死，又是这个人和况钟等人昼夜飞驰前往南京，迎接并护送太子朱瞻基前来北京即位，因此，海寿在宦官中的地位相当高。海寿来宣府出差，宣府的宦官为他送行，“至龙门醉止田舍”，喝醉了酒就顺便在附近农家住下了。没想到这里是宣府，也就是邻近蒙古军队的边镇，“虏谍知，袭杀之”，他们的行踪被敌方探听到了，结果一帮人全被敌方偷袭杀掉了。

事情传到北京，宣宗肯定是吃惊不小，于是他传令各个边镇的宦官不得轻易出动，以免遭遇不测。有人可能会问，各个边镇都有镇守的军官，难道管不了边镇的宦官吗？为什么宦官不许轻易出动的命令非要由皇帝下达呢？原因很简单，各个边镇的宦官都是皇帝派来的，说白了是皇帝派来监视守将的，相当于皇帝的私人代表，

长城烽火台旧影

这些人“恣肆妄为”，各地的守将哪能管得了呢？[1]

现在出了大事，皇帝的机要秘书和边镇火器部队的指挥官被杀了，宣宗不但不追究宦官的责任，反而严责总兵官谭广：“王冠擅出，尔为总兵不阻之，致死贼手，(王)冠不足责，尔老将也，怠事如此。”宣宗把宦官王冠、海寿等人被杀的责任归罪于总兵官没有阻止，还指责谭广作为一名老将没有尽到责任。他可能不知道当时“内官在边者挟势恣肆，非总兵所能制”，总兵官根本管不了。

不过宣府的宦官为海寿送行之事，可能事前并未征得宣府总兵官的同意，完全是擅自行动，加上谭广在将领之中还算资格较老，因此宦官王冠在宣府防区被杀后，宣府总兵官谭广只是受到宣宗的严厉责备，并未受到其他处分。各边镇的宦官根本不听总兵官的调遣，仗势妄为，但宣宗仍未采取有效的措施制止这一现象，只是告诫北边的宦官不许擅自行动，口头训示一番了事。[2]

另一位副总兵方政上奏，镇守太监肖愚握有火器部队，“擅作威福，私役戍兵”，干扰边务，方政想调用神机铳炮，肖愚不但不给还大骂方政，并擅自调兵出境。宣宗得奏，复书责备肖愚：“朕以边务委总兵，大小之事，悉听裁决。命尔但管神铳，凡进退缓急，听总兵约束，何敢越分挠法！论尔罪当死，今姑曲宥，俾悛改。自今惟于神机铳严密关防，一切边事，听总兵处置。”[3]宣宗在信中虽然明确表示禁止宦官干政妄为，重申了总兵官和边镇宦官的分工，宦官没有指挥权和调兵权，不能越权，但是也强调了掌管边镇的火器部队是宦官的职责，并且对宦官拒绝方政调动神机铳炮部队之事未明确表态，相反似乎倒有点纵容的意图。因此，宣德时期的边镇太监比

1　参见《国榷》卷二十一，宣宗宣德四年七月丁卯。

2　参见《明宣宗实录》卷五十六，宣德四年秋七月丁卯。

3　参见《明宣宗实录》卷九十一，宣德七年六月戊申。

永乐时期手中多了实权，地位也就随之提高了。

（三）宣宗授予个别宦官临时居守、率军等特殊权力

1. 宣宗身边的宦官势力不小

除了边镇，宣宗身边的宦官更是炙手可热，权势灼人。金英和范弘都是宣德时期的司礼太监，宣宗的许多事都通过他们去办。就连宣宗的亲信近臣、内阁大学士杨士奇等人，对他们也极为尊敬。王瑾是宣宗宠信和器重的另一名宦官，此人在宣宗还是皇太孙时便与宣宗朝夕相伴，交情颇深。王瑾本名陈芜，后来宣宗即位为他改名为王瑾，许多重大的军政事务都让他参与决策，并给予巨额奖赏。宣宗还赐给王瑾四枚银章，银章上的镌文分别是“忠肝义胆”“金貂贵客”“忠诚自励”“心跻双清”。这种待遇是相当高的，因为在宣宗的文臣之中，只有像杨士奇、蹇义和夏原吉这样的资深老臣，才能得到一两枚皇帝御赐的银章。

那么宣宗为什么会这样厚待王瑾呢？各位知道，朱元璋和朱棣都是长大以后才当上皇帝的，对宦官再好也是后来才结交这些人的。但是宣宗朱瞻基不一样，不到四岁时祖父朱棣就做了皇帝，因此宣宗从小就有一帮宦官朋友，陪着他一起长大，交情颇深。尽管王瑾是个宦官，但宣宗为了表示对他的恩宠，特意将两个宫女赏给王瑾做夫人，还提升他的养子王椿为官员。[1]这样的待遇就连司礼太监金英和范弘都未曾得到，可见王瑾地位相当特殊。

熟悉宣宗的人都知道他和陈芜简直亲如兄弟，因此谁也不敢非议此事。偏偏有个守宫的李校尉不知深浅，据说有一天正赶上宣宗又在号召大家直言敢谏，李校尉便走到宣宗面前奏道：陈芜是个阉

---

1 参见《明史》卷三四〇，《宦官传》一。

明代山纹玉圭，王侯所用礼器

人，皇爷您赏给他两个宫女有什么用呢？宣宗可能觉得这种后宫丑闻怎么能在大庭广众之下随便张扬呢，于是大怒，命人将李校尉的舌头割下来。不料行刑之人也是一些守宫校尉，与李校尉交情不错，“稍削其尖，不大去之”，只将舌尖削去一点皮，达到出血的效果。

宣宗见押来的李校尉嘴里冒血，还想说话，便喝令道：拉下去饿他七天，看他还能不能说话！李校尉下狱后，其他校尉“更以肉饵啖之”，都偷偷送给他一些酒肉吃。过了七天，下边上奏说李校尉没饿死，宣宗可能以为这个军官身体好，便下令再饿七天，他存心想饿死此人，出口恶气。但校尉们“啖之如初”，照旧给李校尉送吃的，于是李校尉不但没饿着，反而可能嘴里冒油，脸上放光。

又因为校尉们都是皇家近卫军人，别人惹不起，知情的狱卒等人更不敢告密，所以此事只有宣宗一人被蒙在鼓里。又过了七天，宣宗听说李校尉还没饿死，心里不免犯了疑：难道此人是神仙吗？迷信的心理使他有些慌乱，更不想把事情闹大，于是便下令放了李校尉。惹怒皇帝的人竟然能平安获释，这在当时简直是个奇迹，从此人们便私下将李校尉戏称为“李神仙”。[1]从这件事可以看出，皇家近卫军人对宣宗将宫女赏给宦官之事有所不满，受到宣宗的变相惩治，尽管这些人神通不小，可以减轻甚至躲过皇帝的惩治，但不可能阻止皇帝厚待身边的宦官，从而也就不可能动摇那些高级宦官的

1　参见吕毖《明朝小史》卷六，《李神仙》。

特殊地位。

2. 宣宗授予宦官居守、率军等特殊权力

不过像王瑾这样的高级宦官，在宣宗身边仅仅是有些特殊的待遇，并没有特殊的权力，而另一些宦官虽然没有王瑾那样的待遇，但是却被宣宗逐渐授予了一部分特殊的权力。其中宦官杨庆颇受宣宗的宠信，宣德三年（1428年），宣宗率大军巡边，回师时下令杨庆与另一位军官共同率军等候后续部队。宣德四年（1429年）八月，宣宗又令杨庆等人率领神机营铳手前往蓟州、永平、山海关等处，与那里的镇守军官陈景先一同守御，并要求他“一切军务必与陈景先计议而行，不许偏执私见误事”，而并未要求他服从陈景先的指挥和调动，显然是将他摆在与陈景先并列的地位上。[1]

这样一位权势灼人的宦官，朝中的一些大臣都要设法打通他的关节。负责工程建设的工部尚书吴中多次利用职务之便，将公家的石料木料私自送给杨庆，帮他建造一座十分气派的私人豪宅。宣宗得知此事，将吴中下狱治罪，但却未给杨庆任何处分，[2]就是说宣宗只处分了行贿者，并未处分受贿者。

杨庆墓志铭盖

不仅如此，个别高级宦官还同那些重臣一道，奉命负责皇帝离京期间的居守事宜。宣宗时常离开北京巡视近郊或北部边镇，最初只是延续惯例下

1 参见《明宣宗实录》卷五十七，宣德四年八月乙酉。
2 参见《明史》卷一五一，《吴中传》。

令文武大臣居守，其中并没有宦官。如宣德四年十月宣宗离京，嘱咐居守的文武大臣负责相关政务，“外夷来朝者，同太监杨瑛等以礼待之”，[1]这里太监杨瑛只是作为皇帝的私人代表，同居守大臣一起接待来访的外交使者。宣德五年九月，“车驾巡近郊，命丰城侯李贤、行在兵部尚书张本、右都御史顾佐等居守”，同时命令军界重臣成国公朱勇和太监刘顺共同提督在京的大营官军，[2]这里太监刘顺也和太监杨瑛一样，并不是负责居守的重臣。

但宣德五年十月情况变了，宣宗出巡近郊，临走前下令丰城侯李贤、兵部尚书张本和都御史顾佐等人居守京师，但同时又特意嘱咐他们：“……大小之事须措置得宜，遇有警急机务，同太监杨瑛等计议允当，随即施行，仍差人驰奏。”[3]等于说太监杨瑛虽然不参与皇帝离京期间的全部政务，但是却有权参与“警急机务”的商议和处理。宣宗这样做等于改变旧制，让太监杨瑛开始进入居守集团，很显然是将一部分留守大权交给了亲信宦官。

不过宣宗对居守人员的人事安排，并非完全是提高亲信宦官的权力，因为宣德五年十月这次离京出巡，宣宗同时也给太监杨瑛等人下了一道敕令，命令他们守卫皇城内外，“凡内府各监局等衙门、内官内使俱从管束，一应事务与丰城侯李贤等同心计议，毋偏执己见以误事机”。[4]可见随着宫廷工艺生产和消费规模的增加，宫廷内府机构已逐渐膨胀，并具有相对的独立性，负责居守的文武重臣往往不能也不可能处理内府事务，因此宣宗任命太监杨瑛等人一方面负责皇城内府各衙门和人员的事务，另一方面也与文武重臣共同负责居守之事，其实是出于一种合理的需要，只是客观上具有提高宦官

1　参见《明宣宗实录》卷五十九，宣德四年冬十月癸巳。
2　参见《明宣宗实录》卷七十，宣德五年九月乙卯。
3　参见《明宣宗实录》卷七十一，宣德五年十月丙子。
4　参见《明宣宗实录》卷七十一，宣德五年十月丙子。

权力的效果。

宣德九年（1434年）九月宣宗第三次巡边，临走前下了一道敕令，内容同宣德五年十月那次大体一样，也是让留守京师的武定侯郭玹等人遇事须同太监杨瑛、王振等人商量。[1]由此可见，当时的宦官包括王振地位已相当高，可以同文武大臣共同担当留守京师的重任。这样的事洪武、永乐朝是没有的，朱棣虽然多次离开南京，但从来没有让宦官和那些重臣一起辅佐太子监国。不过宣德朝宦官地位虽提高不少，但平时仍未参与决策，尽管有些模糊的记载，说这些人被宣宗临时授予批红权，即代替皇帝抄录内阁起草的处理意见，但也仅仅是一种秘书、工具性的工作，同后来的宦官利用皇权干涉政务不全是一回事。

3. 宣宗增加了宦官的权力，但同时也严加防范

早在洪熙时期，仁宗就开始进一步削弱武将的权力，洪熙元年（1425年）就在南京设置了宦官守备，将下西洋回来的官军安排在南京，任命郑和为守备太监，此后又在地方设置了内监镇守之职，再加上后来设置文臣参赞军务，于是武将的地位进一步下降了。

到了宣德时期，一些高级宦官至少拥有了以下几种权力：一是对边镇武将的监督权，即担任边地镇守太监的宦官有权监督武将；二是火器部队的控制权，即掌管神铳这种先进的火器部队；三是部分出征和留守部队的领导权，即有权与武将及部分文臣共同控制执行特殊任务的军队；四是临时居守京师的部分行政权，即有权和文武重臣共同处理皇帝离京期间的"警急机务"。实际上前三种权力都是高级监察官员和武将的权力，不过是被宣宗从这些人手里拿出来，转身交给了他更加信任的那些宦官。第四种权力虽然是临时性的，

1　参见《明宣宗实录》卷一一二，宣德九年九月庚辰。

永乐七年九月造“克字二三七五号”铜铳

但同前三种权力相比，却是范围最大、级别最高的权力。

整个宣德时期，明廷先是派出了七个人巡抚全国的主要地区，调整了地方的权力机构，实际上是在各省的三司之上又加了一级行政官员，后来又任命了中央各部门的三十四名官员，分别担任全国主要地方的知府、知州，此后又大量派出了监察御史考核官员，处理政务，“大事奏裁，小事立断”，[1]实际上还兼有了一部分行政权力。这三伙人的派出和任命，等于加强了中央对地方的统治。而上述宦官权力的增加，则是宣宗对军队和政务加强控制的重要措施。两者加在一起至少说明宣宗当政时期设法加强了中央对地方的控制，加强了国家对社会的控制，同时也就相当于加强了宣宗本人对整个明帝国的控制。

不过宣宗虽然重用一批宦官，但是并没有把更多的权力交给他们，而是对他们适当加以控制和防范。永乐时期朱棣派宦官马骐前往安南，这个人以征服者的姿态“墨而残，交人苦之，三年间叛者四五起”，就是贪婪而残暴，安南百姓几乎是忍无可忍，三年之中竟

1　参见《明史》卷七十三，《职官志》二。

然爆发了四五次大规模的反抗事件。[1]当时明朝派往安南的行政负责人是黄福，他对马骐的“怙宠虐民”非常不满，“数裁抑之”，多次加以阻止，但是马骐不但不听劝告反而诬陷黄福“有异志”，即脱离明朝在安南搞独立。朱棣虽然不信但是并未制止马骐的贪婪、残暴行为。[2]仁宗对这些情况颇为了解，所以即位之后便立即下令从安南召回了马骐。

结果马骐回来没几天，“矫旨下内阁书敕，复往交阯办金珠”，就是假传圣旨让内阁起草敕令，再次派遣马骐前往安南为皇家采办珠宝。内阁大臣不知真假，立即向仁宗核实，仁宗正色说道：“朕安得有此言！（马）骐在交阯荼毒平民，卿等独不闻乎？自（马）骐召还，交人如解倒悬，岂可再遣。”我哪会有这样的话呢！马骐那些祸害安南百姓的罪行，你们就没有听说过吗？自从马骐被召回，安南百姓就像倒吊着被放下来，总算是脱离了苦海，这种人我哪能再派他去呢？不过，对于荼毒平民又假传圣旨的马骐，仁宗居然未作任何处理。[3]

大概是因为这件事在当时影响较大，并且可能有些宦官假借皇帝的名义，“奉旨传六科，欲径下诸司”，让六科直接给各个行政部门下达指令，六科和皇帝都不知道真假，因此宣宗在即位初期就给六科给事中下达了一道诏令，“凡内使传旨诸司，皆备录复奏”，凡是宦官向各个行政部门传达圣旨，六科给事中都必须记录备案，然后再向皇帝上奏核实，这样做是为了防止宦官在传达圣旨时作伪欺诈。[4]整个宣德时期后来很少出现宦官假传圣旨事件，这和宣宗的有效防范措施可能很有关系。由此可见，宣宗虽然重用了一批宦官，

---

1 参见《明史记事本末》卷二十二，《安南叛服》。

2 参见《明通鉴》卷十八，成祖永乐二十二年九月丙子。

3 参见《明史记事本末》卷二十八，《仁宣致治》。

4 参见《国榷》卷十九，宣宗宣德元年七月己亥。

但是在重要的决策环节中，宣宗对那些高级宦官还是严格防范的。

（四）宣德中期已是弊端重重

1. 户部并不严格执行减免诏令，因为国家经济有困难

宣德时期虽然实行了利国利民的“仁宣之治”，也收到了一定的效果，但是政策归政策，效果归效果，两者不是一回事，并且效果总是比政策要差一些。比如仁宗和宣宗的登极诏书都规定，凡是逃离原地的百姓只要回来复业，以前的欠账一笔勾销，于是许多逃走的百姓重新回到原地。但山西的很多百姓都不想回去，又是发愁又是沮丧，因为他们当初逃走时，当地官员怕上方怪罪下来，没有向户部申报逃走的人户，因此那些回来的百姓就不算是复业，而仍旧是没有离开过当地，以前的欠账还要继续征收，于是那些已经回来的百姓还要再逃走。

宣宗对下边的做法当然不满意，他让夏原吉传令：“大赦之后，何逋不除？！岂可谓初未申闻，便要征纳？其即下有司，悉予蠲免。”[1]哪有什么欠账不能一笔勾销的！哪能因为当初没有申报逃走，今天就还要征收欠账呢？凡是这类情况一律免征欠账。这里讲的还仅仅是山西一省的情况，其余各省还不知是否同样严重，可见仁、宣两帝那些诱人的诏令并未得到完全落实。不仅如此，皇帝发布的一些减免诏令户部有时并不严格执行，[2]宣德五年二月，宣宗同杨士奇商议之后便下发了一份减免诏书，两年后宣宗问杨士奇：“恤民诏下已逾二岁，今更有可恤者乎？”减免诏书已经发布两年了，还有什么可以办的吗？不料杨士奇说，陛下两年前下诏书减征官田租税，但

1　参见《明通鉴》卷十九，宣宗宣德元年二月丙戌。

2　参见《明通鉴》卷十九，宣宗宣德二年八月甲子。

户部照样征收。[1]

宣宗听了很不满意，过了几天再次下发一份减免诏书，还特意对户部尚书胡濙说："乃闻异时蠲租诏下，户部皆不行，甚至戒约有司，不得以诏书为词，是计臣壅遏膏泽。"意思是：我听说前几年下发的减免诏书户部不但不执行，甚至还告诫有关部门，不得以诏书精神为借口来减免欠额，这可是你们财政部门的责任，不让百姓得到好处，未能贯彻朝廷的惠民政策。今后诏令必行，有谁要是再不执行，我可不客气了。[2]从当时的财政情况看，国家确实遇到了较大的困难，因而户部才没有严格执行宣宗的减免诏令。这件事也反映出，宣宗要减免租税，但与户部要保证国家税收是有较大矛盾的。

2. 宣德中期出现的问题和弊端至少有十种

宣宗明确表示他完全继承了先帝仁宗的许多政策，但这些政策究竟有多少落到了实处，持续了多长时间，则是另一码事了。从现有的材料来看，宣德中后期出现的问题和弊端不少，至少有十种。第一，朝廷买办和征收部分消费品，对民间的骚扰较为严重，当时"动则差官数员于州县坐并，一起未回又差一起，其差去官员又多有帮虎十余为之鹰犬渔猎，以一科百，以十科千，棰楚频繁，民不胜其毒害，所取民物百分之一纳于公家，剩余悉归于私室，人之困苦日益月增，原差衙门非不知之，实纵其所为……"[3]这是宣德中期一份诏书中揭露的情况，虽然有些夸大，但基本上是属实的。

第二，朝廷需要的多种东西，并没有只按出产地收买和采办，而是不管是否出产一概分派收买和采办任务，甚至不出产的地方也

---

1 参见《明通鉴》卷二十一，宣宗宣德七年二月丙午。

2 参见《明通鉴》卷二十一，宣宗宣德七年三月辛酉。

3 参见《戒滥差扰民敕》，宣德四年五月二十日，《皇明诏令》卷九，《四库全书存目丛书》史部第58册。

照样征收，迫使百姓花几十倍的价钱设法购买交纳。朝廷只好连续发出诏书，禁止这种不分出产地强制性的征收采办活动，[1]但是收效不大。

第三，在京师劳作的工匠非常多，许多人是全家都来京师做工，有的人户内只有一人或老病者，居然都被官府征集来京，从事多种工程劳动。[2]还有人本来不是匠户，也被人诬告为匠户被迫来京。

第四，宣宗派宦官去南方江河捕鱼，下令沿途军政部门给予配合，包括制作一些装鱼的箱子和竹篓、绳索等，还要大量使用装载车船，这些东西都要由沿途军政部门出人出力，无偿负责运送。[3]

第五，许多地方百姓历年积累拖欠的柴炭，以及采办买办各种

明代马车复原图

1　参见《宽恤敕》，宣德五年二月二十日，《皇明诏令》卷九，《四库全书存目丛书》史部第58册。

2　参见《宽恤敕》，宣德五年二月二十日，《皇明诏令》卷九，《四库全书存目丛书》史部第58册。

3　参见《差内官按行河泊所敕》，宣德五年五月二十二日，《皇明诏令》卷九，《四库全书存目丛书》史部第58册。

宫廷消费品的数量较大，有关部门催征甚急，百姓几乎无力补交，[1]朝廷只好多次设法减免，但是仍然无法避免这种现象。

第六，受灾之处供应宫廷的部分消费品，并不因为受灾而减免，相反照旧征收。朝廷的《宽恤诏》中特别强调了这一点，“被灾府州县今年……原定南北二京光禄寺等衙门供应之数及折色布绢丝绵等项，仍照原定起运了纳”，[2]这项规定无疑会加重灾区百姓的负担。

第七，许多农民租种的官田税额非常高，并且各地的官田税额还不一样，江南地区这种现象非常严重，地方官员不断地设法给予调节，朝廷也不得不多次下令给予减免，但在许多地方始终收效不大。[3]

第八，宣德时期离开土地逃亡的流民多达数十万人，并且这种现象几乎遍及全国。地方官吏为了如数上缴赋税，只好将逃亡百姓的份额转加于未逃亡的百姓身上，造成一种恶性循环。而那些逃到他乡异地的百姓得不到应有的安置，生活极为困苦，许多官员主张将这些人赶回原地，但实际上根本无法做到这一点。鉴于这一状况，宣宗一面下令所在州县免除逃亡百姓的赋税，一面令有关部门对逃亡的百姓加以安抚，对于那些不能回到原籍的百姓就地安置，暂时免除他们一年以上的赋役，以利于逃亡百姓重新与土地结合，自得温饱之后，再为朝廷纳赋充役。[4]这项政策的实施收到了一定的效果，但百姓逃亡问题并未得到根本的解决。

朝廷虽然多次下令，让逃亡的农民回到原籍，但收获甚微。后

1　参见杨士奇《东里别集》卷二，《圣谕录》下，《文渊阁四库全书》第1239册。

2　参见《宽恤诏》，宣德九年十月二十四日，《皇明诏令》卷九，《四库全书存目丛书》史部第58册。

3　参见杨士奇《东里别集》卷二，《圣谕录》下，《文渊阁四库全书》第1239册。

4　参见《明宣宗实录》卷八十八。

来朝廷只好一再放宽政策，多次下令回到原籍复业的人户，除了免除拖欠的全部赋税外，另外还免除一年的差役，[1]但这样一来，流民逃亡的现象更加严重了。原因可能是不逃则赋役、欠额全部压在你身上，逃走了就会全部免除，并且还能得到再免一年甚至两年差役的优待，因此对百姓来讲，逃比不逃更有利。

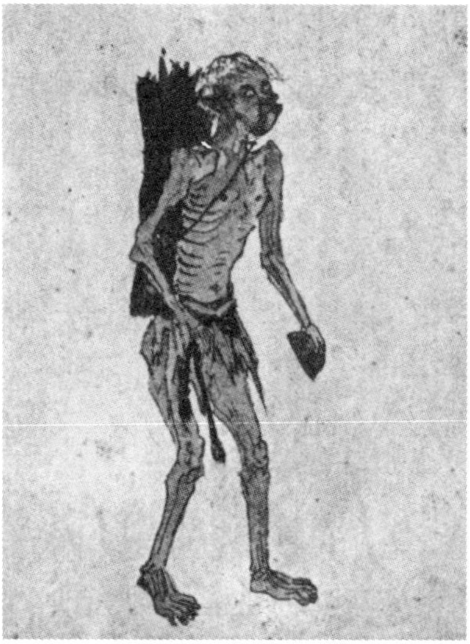
明人绘《流民图》

第九，由于宫廷消费的特殊需要，许多珍禽异兽需要长期派人前往当地打捕，派去的人私占民田盖起了房子，还雇了不少人为他们做事，名义上是打捕户和养户。[2]各地的军官为了给宫廷进献一些珍禽异兽，当然也以此为名为自己享受，时常组织军队行围打猎，践踏庄稼，扰害百姓。[3]

第十，宣德中期的司法活动和刑狱管理一度较为混乱，连宣宗都认为当时是“刑罚失当，无辜者衔冤，有罪者幸免”。[4]杨士奇更是指出:“年来刑狱冤滥者多，感召旱涝恐由于此。”[5]意思是近年以来冤假错案相当多，似乎连上天都看不下去了，水旱之灾因此而频繁发生。

1　参见《降诞皇储诏》，宣德二年十一月十五日，《皇明诏令》卷八。
2　参见《登极改元大赦诏》，宣德十年正月初十日，《皇明诏令》卷十。
3　参见《上尊号封诸王诏》，宣德十年二月初九日，《皇明诏令》卷十。
4　参见《恤刑诏》，宣德三年二月十六日，《皇明诏令》卷八。
5　参见杨士奇《东里别集》卷二，《圣谕录》下，《文渊阁四库全书》第1239册。

3. 军队的后勤供应也出了问题，并且越来越严重

从上述情况来看，宣德时期并不像后世传说的那样美好，虽说从仁宗即位直到正统帝上台，朝廷多次发布诏令，又是减免百姓负担又是放宽流民政策，但这些政策并未得到充分的贯彻和落实，永乐时期存在的一些社会弊端也并未完全得到改正和制止，并且还出现了一些新的社会问题和弊端。从当时流民相当严重的情况来看，除了政策的效果具有鼓励、纵容流民逃亡等因素之外，可能还有宣德时期国家对社会的控制力已经有所下降的因素。

除了上述问题和弊端之外，军队的后勤供应也出了问题，并且越来越严重。由于社会经济的发展，这种落后的军屯制度很快就遭到了破坏，被定为军户的军人及其家属，必须从事包括军事徭役在内的许多繁重的劳役，社会地位非常低下，几乎处于“减死一等”的军奴地位，因此士兵大量逃亡。宣德时期边镇和内地的军队中，都由于士兵逃亡而严重缺额。尚未逃亡的士兵有相当一部分被军官占用，成为军官的私人奴仆或农业劳工，边镇的土地除了被原来的主人典押或出租之外，绝大部分都被军官所垄断，士兵们几乎作为劳工奴仆为他们耕种，收获的粮食也有相当一部分被军官出售获利。

这种商业性的经营在永乐中后期的军队中就已经存在，宣德时期进一步盛行起来，军屯制度赖以存在的基础被破坏了，军队的粮饷供应和军人来源也就无法保证了。为了扭转这一局势，明朝一面实行勾军，即从军户中补充逃走的军人，另一方面则从附近州县或内地不断向边地和军中运送粮饷。运输人力不足就用罪犯囚徒来补充，但仍然无法保证边镇粮饷的充足。同时，北部边镇由于气候原因，士兵经常处于严寒之中，对棉衣棉帽这类御寒物资的需求量很大，尽管宣宗多次催促有关部门要将这类物资及时送往边镇，但由于生产和运输能力较为有限，御寒物资仍不能保证充足的供应。

总之，宣德中期的社会弊端已经逐渐增多，随之而来的危机也逐渐明显。但是不管怎么说，宣宗在位的十年间毕竟取得了一定的成就，那么是哪些人辅佐宣宗完成政策制定和实施的呢？他们又是怎样从下层升入辅政群体的呢？

杨荣像

杨溥像

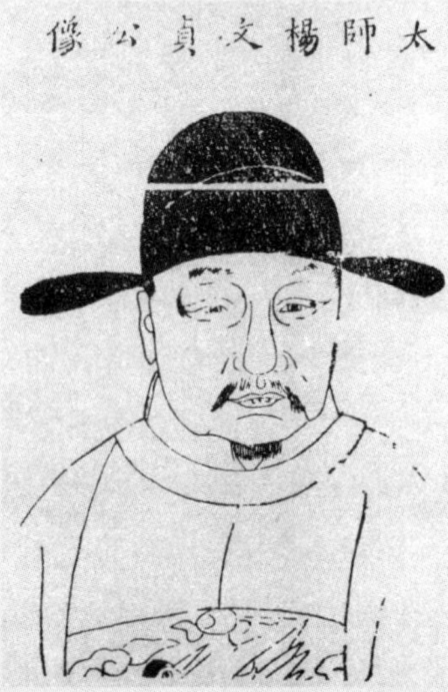

杨士奇像

三十 脱颖而出

宣德中期的社会弊端已经逐渐增多，随之而来的危机也在明显加重。但是不管怎么说，宣宗在位的十年间毕竟取得了“仁宣之治”的成就。这个成就肯定不是宣宗一个人完成的，而是有一批才干超群的大臣辅佐他，并且这些大臣也不是一开始就位高权重，而是由下层一步步升上来，最后进入辅政核心群体的。

如果以朱棣器重和信任的程度为标准来排列，那么几位辅政核心人物的顺序大体上应为：杨荣、夏原吉、蹇义、杨士奇。同时，由于不同事务不同需要，这一排列顺序还有相应的变化。那么这四个人是怎样脱颖而出的呢？

（一）杨荣：综合才干尤其是军事才干突出

杨荣在永乐至宣德时期的朝臣中，是最为机敏、最有才干和最有谋略的一位。杨荣是建文二年（1400年）的进士，朱棣夺位成功、骑马进入南京城时，杨荣在路旁迎着朱棣的马头说：“殿下先谒陵乎，先即位乎？”殿下您是先去谒陵呢，还是先即位呢？原来按古代的礼法制度，即皇帝位的人应该先去太庙、奉先殿祭祖谒告，拜谒朱元璋的陵墓，俗称告庙，才算名正言顺，否则就是忘了祖宗，将被视为无道的行为。杨荣的这句话其实是提醒朱棣，你是刚到南京，如果不去拜谒父皇朱元璋的陵墓就先忙着即位，好像有点孝道不够，最好是先给人一个尽孝道的印象，然后才好做皇帝。

朱棣可能是夺位内战刚打完，登基心切，一时忘了这道手续。不过杨荣的话提醒了朱棣，他立即回马前去孝陵拜谒，然后才安排即位之事。从此朱棣特别器重这个警敏聪慧的青年官员，提升杨荣为翰林学士、文渊阁大学士等职，许多重要政务都要征求杨荣的意见。杨荣的一句话使他得到了朱棣的器重，地位很快就超过了其他官员，但光凭这句话，没有较为突出的才干和见识，杨荣能保住自己的地位吗？恐怕不一定。

1. 既有军事韬略又有文学才干

有一件事可以看出杨荣的才干和见识。有一天晚上朝廷接到奏报，西北重镇宁夏被围，朱棣有些担心，就传令内阁成员前来商议，结果其他人都出去了，只有年纪最小的杨荣奉命前来，朱棣就将奏报给杨荣看，杨荣看后十分肯定地说：我以前去过那里，宁夏城防坚固，人人都善于作战，这份奏报传到朝廷已经十几天了，宁夏肯定解围了。朱棣听了半信半疑。这天半夜朝廷果然接到了宁夏解围的奏报，朱棣不禁对杨荣说："何料之审也。"你为什么预料得那么准呢？[1]

由此可见，杨荣熟悉明帝国的边务，是诸臣之中较为难得的国防专家，后来逐渐成为朱棣的军事顾问。杨荣为什么会有这种才干呢？原来他曾多次奉命前往甘肃、宁夏"规划军务"，主持受降。同时遍览山川形势，"察军民，阅城堡"，了解那里的具体情况，逐渐

1　参见《明史》卷一四八,《杨荣传》。

培养了自己的军事才干，这种才干不同于单纯的带兵打仗，而是需要对敌我双方的各种情况尤其是战略形势具有全面的了解，并能根据这种情况对我方的战略作出判断，作出得当的部署。

因此每次事毕回奏，杨荣都能有分析、有见解地反映重要情况，提出相应的措施，深受朱棣的赞许。杨荣的特长是能谋善断，往往在事件处于萌发阶段或演变的过程中，即能较为准确地判断出其发展的趋向及其利弊影响，从而作出相应的部署和决策。这是杨荣优于其他同僚的地方，也是他在永乐时期地位不断提高的原因。尽管朱棣本人就是军事家，但他十分赏识杨荣的军事韬略，前后五次北征他都命杨荣扈从。永乐八年（1410年）的北征途中，朱棣专门挑选了三百名勇士作为杨荣的警卫队，并且下令这三百人都归杨荣统辖，不归其他将领控制。有时还特别赏给杨荣一些东西，公侯大臣都不一定有份，可见杨荣作为朱棣的首席顾问，受到的器重和待遇已逐渐超过其他公侯大臣。

最后几次北征时，朱棣几乎将所有的军务都委托给杨荣处理，"凡宣诏出令，及旗帜符验，必得荣奏乃发……军令悉令参决"，军中的主要政务如军中的诏书、军令的发布、往来调军的凭证手续等，都必须经过杨荣的奏请才能办理，有时甚至"昼夜见无时"，[1]不分昼夜随时召见。杨荣在历次北征之中，确实起到了参谋机要、协助决策的作用，他的地位举足轻重，有时甚至超过当时的军事主帅张辅。[2]

有一次北征途中，朱棣率杨荣等人登上一座山顶，一时高兴，就命杨荣、胡广这些随军的内阁大学士，在马上当场创作亲征诗，杨荣的诗中有一句"圣主尊居四海安，天教戎敌自相残"，朱棣看了

1　参见《明史》卷一四八，《杨荣传》。

2　此处参考了韦庆远《明初的三杨与儒家政治》，《史学集刊》，1988年第1期。

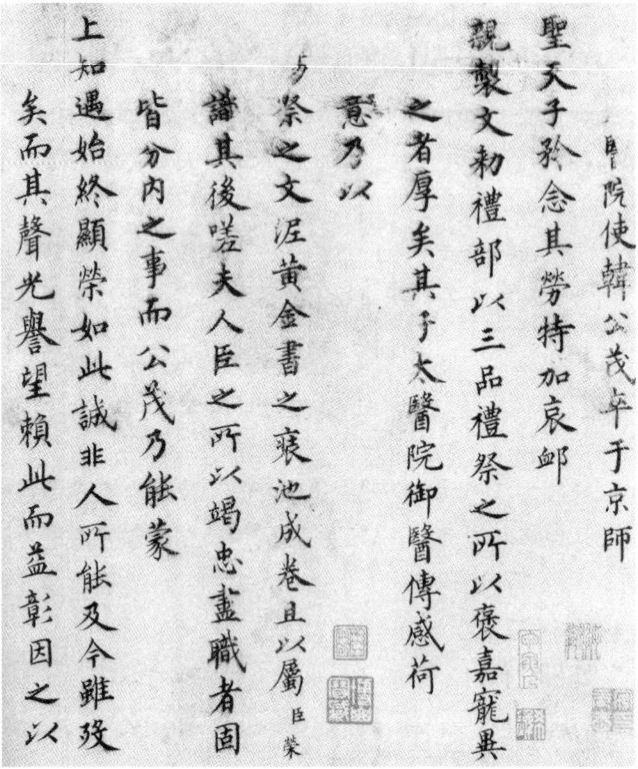
醫院使韓公茂卒于京師
聖天子矜念其勞特加哀卹
親製文勅禮部以三品禮祭之所以襃嘉寵異
之者厚矣其子太醫院御醫傳感荷
恩乃以
祭之文泥黃金書之裝池成卷且以屬臣榮
識其後嗟夫人臣之所以竭忠盡職者固
皆分內之事而公茂乃能蒙
上知遇始終顯榮如此誠非人所能及今雖歿
矣而其聲光譽望賴此而益彰因之以

杨荣手迹

大加赞赏，认为这句诗写得好。没几天，明军侦察到敌军首领本雅失里和阿鲁台之间相互仇杀，两败俱伤各奔东西，朱棣赶紧找来杨荣对他说：这些敌寇果然自相残杀，你前几天写的诗就像预言，不是应验了吗？杨荣下马叩头说：陛下您德威广布，这伙敌寇即使不逃散，随后也会被消灭，他们哪敢抗拒天兵呢？

一席话说得朱棣非常开心，于是他重赏了杨荣。[1]从这一情况可以看出，朱棣之所以器重杨荣，除了杨荣具有特殊的军事才干之外，

1 参见杨荣《文敏集》附录，《文渊阁四库全书》第1240册。

还因为他有较高的文学才干，两种才干相结合，满足了朱棣的特殊需要。因为内阁成员本身是替皇帝起草各种文件的秘书，文字水平高、诗文写得好，并不算什么特殊的本事，完全是本职工作；但杨荣能把他掌握的军事情况写进诗里，很可能早就了解到了相关的情报，因而写出了“天教戎敌自相残”的诗句，使得一心想平定边患的朱棣大为叹赏。能哄得皇帝高兴，这是杨荣作为内阁秘书的过人之处。

2. 受到群臣的嫉妒，也受到朱棣的保护

杨荣由于在群臣之中才干突出，因此虽然性格有点张扬，但并没有动摇他在朱棣心中的特殊地位。随着地位的上升和朱棣的器重，杨荣不免有些傲慢，对同僚有时不太客气，因此遭到了同僚的嫉妒，于是几个人想了个办法，向朱棣推荐杨荣担任国子监的祭酒，即明代国家最高学府的校长，目的是把他挤出辅政核心群体。但朱棣非常明白这里的关系，他对这些人说：“吾固知其可，第求代（杨）荣者。”意思是：我当然知道他可以担任这个校长，可是你们有谁能代替他呢？言外之意是你们比他差多了，于是这些人也就不再说了。[1]

不久，杨荣了解到五府六部三法司的一些弊端，他把这些内容写出来交给了朱棣，朱棣看后表扬了他，但同时又私下对他说：“实切时病，但汝为心腹之臣，若进此言，恐群臣益相猜疑，不若使慎密御史言之。”[2]意思是：你写的这些内容都是切中时弊的，但你是我的心腹之臣，如果公开上奏，恐怕群臣就会相互猜疑，这些秘事到底是谁给捅出去的呢？那样对你可就不利了，因此，不如让一个御史来上奏。于是朱棣另外找了个监察御史来上奏，群臣都吓得连连

1　参见《明史》卷一四八，《杨荣传》。

2　参见杨荣《文敏集》附录，《文渊阁四库全书》第1240册。

请罪，这样一来杨荣就像是置身事外，没有引起群臣怀疑和排挤。

从上述情况看，杨荣一方面受到部分同僚的嫉妒和排挤，自己有些不知深浅，另一方面朱棣为了保护杨荣，有时也适当控制他的一些活动。同时，杨荣作为一个内阁成员，在批评政府弊端方面还不如一个监察御史更有分量。在平时的政治生活中，杨荣既能坚持自己的立场，实施自己的主张，又能绕过政治上的惊涛暗礁保住自己的地位。永乐时期在朱棣、朱高炽、朱高煦父子三人极为复杂的三角矛盾中，只有杨荣一人始终未曾参与，但却仍然受到朱棣父子的器重。

永乐十九年（1421年）迁都北京后，一场大火突然烧毁了新建成的三大殿，那天正赶上杨荣在内阁值班，别人都干瞪眼看着火势冲天，只有杨荣反应快，趁着几大殿还未全被烧毁，指挥一批宫廷卫士从中抢出了一部分图书、典籍和诰命文件，抬到东华门外护城

明代皇帝衮服上的团龙图案

河边。这件事得到了朱棣的特别嘉奖，他称赞杨荣是“岁寒松柏”，意思是完全经得起大事的考验。

这场大火之后，朱棣下令群臣直言朝政的各种问题和弊端，但当群臣真的那样做了，朱棣又翻脸不认账，说他们是诽谤政府，并杀掉了其中言辞激烈的萧仪。杨荣尽管也上疏提了不少意见和建议，还请求朱棣放过上疏激烈的李时勉等人，但朱棣不但没有开罪杨荣，还把他的一些建议写入后来的诏书中，可见杨荣在朱棣心中的地位是相当高的，和其他大臣不一样。

3. 为太子即位作出过巨大贡献

除了多次跟随朱棣北征外，杨荣也在詹事府任职，就是兼任太子和太孙的辅导官员。太子当然知道杨荣的才干和地位，因此杨荣平时在南京，太子就让他辅导朱棣的孙子们读书，并且特意嘱咐这些人：杨荣可是皇帝的近臣，你们可要对他有礼貌！言外之意，别以为你们都是皇孙，高人一等，对他可别像对待一般人那样无礼。既然太子说话了，这些皇孙们肯定是要听的，所以跟着杨荣学了几课之后，还算有所收获。同时，太子有什么事要咨询杨荣，杨荣也能尽心尽力直言相告，因而受到太子及其部下的赞誉。[1]从这些事可以看出：第一，杨荣跟太子和太孙们的关系也不错；第二，他是太子和太孙辅佐机构中都很有地位的兼职官员；第三，太子对他很尊敬，因为他是朱棣的近臣。

在平时的朝廷活动中，杨荣处事有两个特点，一是虽然有时议论政务不能容人，但如果遇到有人触怒了皇帝，杨荣往往能够几句话就使皇帝回心转意，从而救了那个得罪皇帝的人。二是平时喜好交游，与官员宾客往来较多，虽然位高权重但没什么大架子，有时

1　参见杨荣《文敏集》附录，《文渊阁四库全书》第1240册。

还不拘小节，因此朝中大部分官员都和他关系不错。

同时杨荣“不忍却人之馈”，不忍心拒绝别人的馈赠，不了解他的人还以为杨荣有些贪财，其实不是。因为杨荣家乡的人给他送东西，不论穷人富人他都照收不误，只是问明白了贫富情况之后，凡是穷人他一定要回赠价值相等的东西，富人也要回赠十分之二三，并且留心办理别人托付他的事，而不是只进不出、白收馈赠，因此“报者相继而不厌也”，[1]前来答谢他的人接连不断，杨荣本人也乐此不疲。有人评价杨荣就像唐朝的名相姚崇，善处国家大事，而不拘小节这一点也像姚崇，这个评价还是较为恰当的。

永乐二十二年（1424年）七月，朱棣突然病死于北征途中，在大军失去统帅、太子毫不知情、汉王准备夺位的凶险情况下，杨荣作为北征集团的决策人物之一，和朱棣身边的宦官海寿等人齐心协力，采取了秘不发丧、照常进膳等措施，自己和海寿飞驰回京率先给太子报信，为太子一方赢得了时间，迅速稳定了局势，这样杨荣就为太子顺利继位创造了条件，及时、有效地堵住了朱高煦乘乱夺位的一切机会。这显示了杨荣处理和应付危局的卓越才干，事后受到太子即仁宗的高度赞扬和特别奖励。[2]凭借这些功绩，杨荣自然进入了仁宗的辅政群体。

（二）夏原吉：财政才干突出，与皇太孙关系极好

1. 明代前期著名的财政专家

夏原吉也是位来自民间的官员，在洪武后期即显示出了理财方面的才干，受到朱元璋的器重。据说夏原吉曾请假回家看望母亲，

---

1 参见李贤《天顺日录》，许大龄、王天有点校《国朝典故》卷四十八。

2 参见《明史》卷一四八，《杨荣传》。

因为路远又没有仆人帮忙拿东西，于是他就请求朱元璋给他派个办事员，并能宽限他的探亲假期，结果朱元璋当场破例给予特批。当时夏原吉不过是个户部主事、下级官员，额外请求居然得到了皇帝的特批，许多人都认为这是朱元璋给予夏原吉的特殊恩典。因此后来每当提起这件事，夏原吉都会感动得流泪。看来当年朱元璋在有计划地除掉一大批老臣的同时，也在用心培养一批年轻有才的官员，夏原吉就是其中之一。洪武末年夏原吉已升任户部右侍郎，相当于财政部副部长。

朱棣即位后不久就提升夏原吉为户部尚书，从此夏原吉长期主持大明帝国的财政后勤工作。永乐时期的五次北征、郑和率大型船队六次远航、大规模地营建北京、数十万大军几次出兵安南的后勤供应，都是在夏原吉等大臣的主持之下进行的。“供亿转输以巨万万计”，每一项工作都是极为庞杂繁剧的。夏原吉以他非凡的才干精心安排，并与其他大臣通力合作，既保证了这些活动的后勤供应，又保证了大明帝国的正常开销，是明代前期著名的财政专家。

当时浙江一带水灾严重，影响到了明朝的财政收入，因此朱棣派夏原吉前往浙江一带治理水患。夏原吉在较短的时间内平息了水患，赢得了当地民众和朝中大臣姚广孝的称赞。夏原吉还主持了江南的大型水利工程，受命处理了南方灾区的救灾工作，深得朱棣的器重。夏原吉虽然主管财政工作，却是永乐时期参与决策的重要人物。朱棣几次出巡，都让夏原吉兼理北京的其他政务，财政以外的重大问题几乎都要征求他的意见。永乐八年朱棣率大军北征，夏原吉不仅“总行在九卿事”，成为北京的政务总管，还奉命辅导当时的皇太孙朱瞻基留守北京。后来朱棣对此非常满意，隆重表扬了夏原吉，并重赏了许多高级消费品和钱财。

永乐初年平定安南后，将士的封赏问题成了朱棣的难题，他就问夏原吉：你说对这些有功的将领，升官和奖赏哪个更好一些？夏

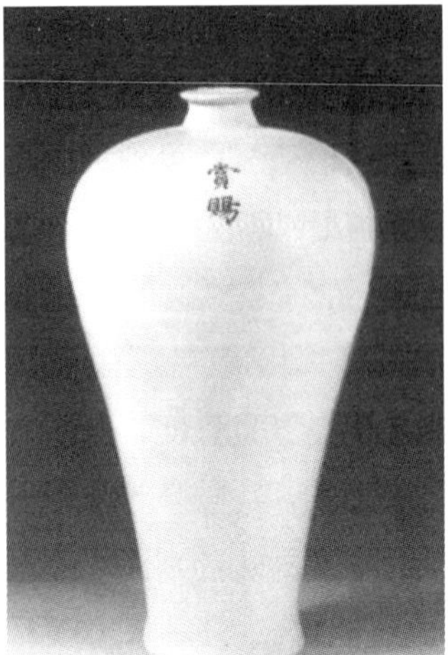

南京明故宫遗址出土的“赏赐”款梅瓶

原吉回答:“赏费于一时，有限；升费于日后，无穷。臣愚，多升不如重赏。”这话讲得非常明确，也非常有道理，可见夏原吉的长远考虑，因此朱棣采纳了夏原吉的建议，只将那些战功突出的少数将领升了官，其他人都给予奖赏，这样一来节省了一大半军中预留的升官职位，也为日后省了不少钱。

后来营建北京时，不仅需要采集大量的木材，还需要运送巨额粮饷来供应北京的营建军民，“采木运饷者百万于道”，仅仅是这批人就高达百万，可见运输的规模是相当庞大的。朱棣命夏原吉巡视和监督营建北京所用材料和粮饷的运输，夏原吉出发时，朱棣特意拨给他锦衣卫军官四十人，目的是惩治那些消极怠工的民众。但夏原吉并未用这些人为自己摆架子、壮声势，而是发个告示，明确告诉大家好好劳作，不要害怕，并特意在告示中讲明了朝廷抚恤百姓之意，有效地安抚了运木运饷的百姓，较为圆满地完成了这项重大任务。[1]

2. 同皇太孙朱瞻基私人关系极好

自从永乐九年（1411年）朱瞻基被立为皇太孙后，祖父朱棣就非常卖力地全面培养他，对这个长孙的关注和器重可比当年对长子朱高炽强多了。朱棣让夏原吉专门陪同皇太孙朱瞻基，也是有意让这位经验丰富的老臣培养太孙的行政才干，将来做个合格的皇帝。

1　参见《明史》卷一四九,《夏原吉传》。

夏原吉当然尽力尽心，他很清楚，这件差事不仅是对太孙的培训，更是朱棣给他本人的特殊待遇，因为如果不是朱棣相当信任和器重他，根本就不会让他一面陪同皇太孙周游村落，一面又让他全面主持帝国的财政事务。甚至连皇太孙在郊外检阅部队、举行军事演习和接受成人的冠礼，朱棣都只让夏原吉前去辅佐或主持，而没派别人，可见朱棣对他的特殊信任。

当时夏原吉多次陪同朱瞻基往来于南北两京，引导朱瞻基走访路经的村落，观察和体验民间的疾苦。当然，朱瞻基周游村落绝不仅仅是见识民俗，在很大程度上也是旅游射猎之举，夏原吉一方面是陪他玩乐，另一方面也奉命负责他的安全。有时一只兔子从道旁窜出来，朱瞻基立刻要纵马弯弓追上去射它，夏原吉就劝道：你看路边的草丛有半人高，里边有不少狐狸洞和老鼠窝，就算你骑的马再厉害，谁能保证它哪脚不踩空把你摔下来呢？朱瞻基觉得有理，也就没往草丛里追。

也正是在这一时期，朱瞻基和夏原吉建立起了良好的私人感情，

明《出警图卷》局部之“出巡部队”

以至于朱棣晚年发怒想要囚杀夏原吉时，别人不敢阻拦，只有朱瞻基敢于出面保护他。[1]夏原吉不仅与皇太孙朱瞻基关系极好，与太子朱高炽关系也相当不错，当太子朱高炽奉命来北京时，夏原吉还设法缓和了他和朱棣的矛盾，实际上等于站在太子一边，减少并阻止了朱棣对太子的猜忌和打击。

3. 奉行宽仁的原则，力图减免百姓的负担

夏原吉是对明朝的国家建设立有大功的人，尤其是对朱棣推行的迁都、远航、北征等开创性事业贡献极大，同时对培养皇太孙朱瞻基有突出的贡献，因此朱棣也曾对夏原吉非常信任，非常优待。有一次京师上元节，宫中准备了许多千姿百态的花灯，朝廷按照惯例，特许一些大臣、百姓带着家属前来赏灯，夏原吉就陪着老母亲进宫观赏。有人报告了朱棣，朱棣就在灯山下宴请文武群臣时特地问夏原吉：听说刚才你母亲来赏灯了，她老人家还在这里吗？夏原吉说已经回去了。朱棣就说：你是个贤才，为国所用，都是你母亲善良贤惠培养你的结果。然后下令把自己的佳肴连同高级御桌，以及一大笔宝钞都赏给了夏原吉的母亲。[2]

夏原吉平时处理政务时非常注意秉持宽仁的原则，一方面对财政事务尽量留出余地，他自己曾说："不可使后之难继，戕吾民也。"意思是别让后边的项目供应不上，苦了百姓。并且在永乐后期国力消耗增大、百姓负担极重的情况下，多次请求朱棣减免百姓的负担。另一方面，他对于某些案件的处理也尊奉宽仁的原则，并强调依法办案。山东唐赛儿和长沙谷王的案件，夏原吉都劝朱棣从宽处理，避免扩大化。夏原吉多次奉命兼管刑部、都察院等司法部门，据说

---

1 参见《国朝献征录》卷二十八。
2 参见夏原吉《忠靖集》附录，《文渊阁四库全书》第1240册。

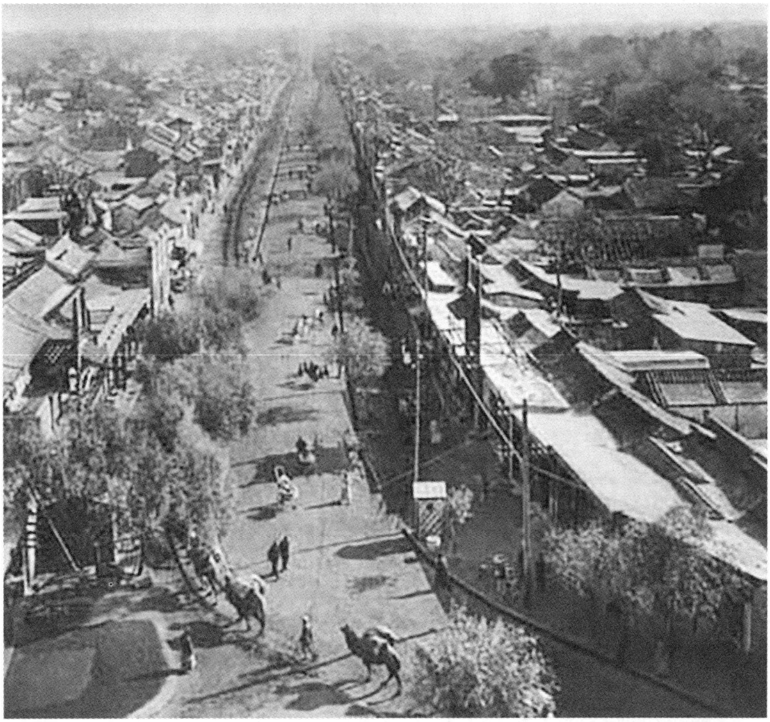

北京老城民居

有一次两个军官冒领了粮饷，朱棣要杀掉，夏原吉劝道："非律也，假实为盗，将何以加？"以前这类案子都是依法处理，现在只是冒支粮饷，陛下您就要杀了他们，可如果真有人偷盗粮饷该怎么办呢？朱棣一听有道理，只好按法律处理。

永乐十八年年底到十九年（1421年）迁都北京前后，夏原吉多次请求朱棣减免百姓的沉重赋役，三殿失火之后，朱棣发布了一份减免力度较大的诏书，其中的主要内容都是夏原吉的主张，包括暂停下西洋之举。永乐十九年的秋天，夏原吉由于劝阻朱棣冒险北征之举，惹怒朱棣被关进了监狱，朱棣虽然对夏原吉动了杀心，但听了杨荣和太孙朱瞻基的劝解，又碍于夏原吉的功绩和威望，最终没有杀他，据说临终前还特意表扬了他。[1]

从上述情况看，夏原吉在永乐时期的活动有几个特点：第一是财政方面的才干和政绩都非常突出，深受朱棣的器重和信任；第二是同皇太孙朱瞻基关系极好，这一点其他人无法相比，并且曾在朱棣父子的矛盾中设法保护了太子；第三是永乐后期逐渐同朱棣有了矛盾，这种矛盾属于政见、理念不同，朱棣要开创、要折腾，夏原吉要稳定、要关注民生；第四，夏原吉一直是参与决策的核心人物之一，除了永乐后期被关押期间外，其余时间从未间断参与决策，甚至在押期间，也曾接受朱棣的国事咨询。由于上述原因，朱棣去世后仁宗朱高炽亲自赶到监狱，释放了夏原吉，让他进入了自己的辅政群体。

（三）蹇义：行政才干突出，同时受到朱棣父子的器重

1. 选拔和任用官员，称职的吏部尚书

蹇义是洪武十八年（1385年）的进士，每次奏事都让朱元璋很满意。本来三年考满之后按惯例应该调任其他职务，可是朱元璋却特意指示吏部，蹇义不必调任，让他一直陪侍左右，并且凡是一些重要的机密文件，朱元璋都交给蹇义来处理。而蹇义也一直非常小心谨慎，谦恭细致，几乎从来未出错，因此受到朱元璋的器重，当时就放出话来：我将要重用蹇义。建文帝上台后，根据朱元璋生前的意见和蹇义的表现，破格提拔他为吏部右侍郎，相当于组织部副部长。朱棣夺位后，蹇义迎附，朱棣提拔他为左侍郎，相当于第一副部长，几个月后又晋升为吏部尚书，这样一来，蹇义就成为旧臣中被重用的地位最高的官员。

1　参见《明史》卷一四九，《夏原吉传》。

当时朝中有一种风气，即大肆推翻建文时的政策，朱棣甚至下令，凡是建文时改正的东西全都改回来，用以标榜永乐朝的“新气象”。当时蹇义就从容对朱棣建议：“损益贵适宜，前改者固不当，今必欲尽覆者，亦未悉当也。”意思是，修改政策重要的是适合于实际需要，建文时期的修改固然不妥，但是现在一定要什么事都全部推翻，再重新改回去，也未必都合适。然后蹇义举出一些具体实例加以说明，朱棣觉得很有道理，因而采纳了他的建议，并且认为蹇义这个人忠诚、老实。有人说，这是蹇义不忘建文时期的旧情，但朱棣作为一个政治家还算清醒，一概不加理会。蹇义作为吏部尚书负责官员的考核、选拔和任用，为朝廷安排了一批较为称职的官员，显示出特殊的才干，受到了朱棣和朝野上下的好评。

2. 高级联络员，同时受到朱棣父子的器重

永乐二年（1404年）朱棣册立朱高炽为太子，选了一批大臣兼任太子的辅导官，蹇义兼任詹事府的詹事，相当于太子辅导委员会的主任。后来太子监国时，蹇义一直是朱棣指定的监国辅政大臣。蹇义熟悉典故，练达政体，辅佐太子处理了许多军国大事。并且朱棣有什么话要去告诉太子，总是先告诉蹇义，然后让他传达给太子。而蹇义作为朱棣和太子之间的高级联络员，“能委曲导意，帝与太子俱重爱之”，[1]他也总是设法非常周到、全面地传达朱棣的意思，这一点使朱棣和皇太子都喜欢他、尊重他。蹇义的这个本事可能是他早年在朱元璋身边时历练的结果，而在永乐时期这一点更是个非常重要的特长。为什么呢？

各位知道，朱棣和太子之间本来就有矛盾、有分歧，朱棣的指令也未必都那么容易办到，而蹇义夹在两人中间，如果他传话稍有

---

1 参见《明史》卷一四九，《蹇义传》。

不慎，就会造成两人的矛盾冲突，甚至可能是两面不讨好。但蹇义做得非常到位，不仅从来没有出错，并且还能“委曲导意”，婉转地尽量说清楚，已经不容易了，因此在永乐一朝非常复杂、险恶的政治风浪中，蹇义始终受到朱棣父子的尊重和信任。而太子朱高炽更是非常敬重蹇义，因为蹇义的传话来自父皇朱棣，对于地位不稳的太子来讲实在是太重要了，因此凡是蹇义的话，太子都一概相信并认真照办。

从这件事上可以看出，蹇义这个人具有较强的沟通、斡旋才干和良好的人品，并且在朝中具有相当特殊的地位。为什么这么说呢？当时朱棣最为器重、最为宠信的大臣是杨荣，但杨荣跟太子没什么特殊关系；而太子最为信任和依靠的大臣是杨士奇，但杨士奇同朱棣没什么密切的关系。蹇义恰恰是同时受到朱棣和太子敬重和信任的大臣，这一点是杨荣和杨士奇所不具备的，因此，早在永乐初年，蹇义就确立了自己在朝中的特殊地位。

蹇义像

当朱棣去世的消息刚一传到北京时，还未即位的太子朱高炽就对杨士奇说，从今天起，朝廷的事就靠蹇义和你了，可见蹇义在朱高炽心中的分量是相当重要的。太子即位后蹇义受到了特别倚重，他是参与议政和决策的几个大臣之一，并且居于首位。仁宗恢复三公三孤制度，第一个晋升蹇义为少保，不久又连续晋升他为少傅、少师，基本上成为仁宗朝地位最高的文臣。

3. 考虑多、决断少，蹇义的做法自有合理之处

蹇义的才干非常突出，为人又老实厚道，这一点与夏原吉有些类似。但仁宗和杨士奇都认为蹇义遇事总有些过于谨慎、周密，有一次杨士奇曾当着仁宗的面责问蹇义：你为什么总是考虑过多呢？考虑得差不多就应该决断。蹇义回答：我是怕鲁莽行事留下隐患。仁宗虽然觉得两人都有道理，但也希望蹇义能够加强决断能力。这件事表面看起来，似乎是蹇义的决断能力不如杨士奇，但是如果换个角度看，这一点可能恰恰是蹇义的过人之处，为什么这样说呢？各位想想，蹇义遇事是把所有的问题都想到，力求做到谨慎、周密，不留隐患，虽然自己较少决断，而实际上是把决断权交给太子、皇帝或其他大臣，这样做既为决断提供了方便，又为自己减轻了责任，还能避免树敌较多。

因此，“多思少断”的特点与其说是蹇义为人厚道、决断力差，倒不如说是他本人深谙为臣之道，善于处理与皇帝、与同僚的关系。就像军队里的参谋和政府里的顾问，他们的职责不是决断，而是根据情况和上级的需要，提供不同的方案供上级选择和决断，而不是由自己来决断。虽然蹇义作为吏部尚书的职责并非参谋和顾问，但是商议重大政务时他那种谨慎谦虚的态度，倒确实使他在朝中拥有特殊的地位。相比之下，杨士奇倒是不怕得罪皇帝，遇事敢于直言，但这样做常常惹仁宗不高兴或是得罪别人。由此可见，蹇义的“厚重小心、多思少断”，在政治上自有他的合理优势。

不过蹇义并非在所有的事情上都是这种方式和态度。蹇义担任吏部尚书，长期负责内政、行政工作，还多次奉命兼管其他部门，但他都能应付裕如，因此与主管财政工作的户部尚书夏原吉齐名，并称“蹇、夏”。永乐后期蹇义也曾因太子朱高炽的牵连，一度被朱棣关进监狱，但不久即被释放。仁宗和宣宗时期，蹇义以元老重臣的身份继续受到重用，平定朱高煦、放弃安南等重大问题，蹇义都

曾参与决策，[1]地位始终很稳固。由此可见，蹇义对思考和决断的把握其实是比较有分寸的，并非一贯是考虑多、决断少。

（四）杨士奇：行政才干尤其是文才突出，深受太子器重

杨士奇出身贫寒，青年时期曾度过一段颠沛漂泊的流浪生活，做过私塾教师，熟悉下层社会的动态和民间疾苦，具有较为丰富的社会阅历。杨士奇是位来自民间、自学成才的官员，生活上较为廉洁，政治上较为成熟，处理问题能从大局和长远考虑，在复杂变化的事务面前能够保持清醒和冷静。杨士奇的特点是擅长行政工作，朱棣让他辅佐太子监国，处理日常政务，杨士奇是太子最早的东宫部下之一，同时也是颇受朱棣信任、最早入阁参与机务的大臣之一。杨士奇对许多问题的见解都曾得到朱棣的肯定。

永乐一朝二十多年，杨士奇一直尽心尽力地辅佐太子监国，甘冒风险坚决维护朱高炽的太子地位，为此受到牵连，曾多次被朱棣关进监狱。[2]同时，杨士奇也曾抓住机会，大胆向朱棣据实揭发朱高煦的不法行为，对于巩固太子的地位、打击和制止朱高煦的夺位活动起到了很大的作用。

1. 文学才能突出，完成了一项政治任务

自永乐朝以来，杨士奇就是内阁中的第一大手笔，以皇帝名义发出的重要敕、旨、诏、谕多出其手，许多文告都写得既有文采，又有政治感染力。这一特长尽管同僚中其他人也多少具备，但都不如杨士奇突出。

1　参见《明史》卷一四九，《蹇义传》。
2　参见《明史》卷一四八，《杨士奇传》。

永乐中期朱棣在北京准备迁都，有人献上一只白喜鹊。喜鹊一般都是黑的或其他颜色，很少有白的，因此白喜鹊很吉利，在当时是一种祥瑞的象征。按照明朝的制度，有关机构的人都要写表进贺，其实就是一种借白喜鹊来为皇帝歌功颂德的贺词。当时杨士奇有病，请假在家没上班，太子的贺表是其他官员撰写的，太子看了很不满意，他特意让人把贺表拿给杨士奇看，并且说："甚寂寥，且不着题，以贺白龟白鹿皆可。"意思是：这份贺表写得太平淡了，水平一般，并且有些文不对题，就是拿去庆贺什么白龟、白鹿也都可以，哪是庆贺白喜鹊啊？因此，太子让杨士奇动笔修改一下。

杨士奇知道这件事关系重大，不仅仅是写作任务，更是涉及太子对父皇朱棣的态度问题，是政治任务，因此杨士奇强撑病体为贺表加了两句："与凤同类，跄跄于帝舜之廷；如玉其辉，翯翯在文王之囿。"这当然是堆砌辞藻，卖弄文才，具体是什么意思呢？意思是这只白喜鹊是与凤凰同类的罕见吉祥物，走路都是彬彬有礼的仪态，并且是行走在帝舜的宫廷里；白喜鹊像白玉一样生辉，羽毛非常洁白，并且是现身在文王的苑囿中。很显然，杨士奇充分美化了这只白喜鹊，但表面上是美化白喜鹊，实际上都是在吹捧朱棣！当太子看到杨士奇修改后的贺表时，非常高兴地说：这样写才是帝王家的白喜鹊！言外之意，这样高水平的措辞才能让父皇朱棣满意。

2. 险象环生，太子需要杨士奇的才干和忠心

当时正赶上太子的厨师送来了太子专门享用的小灶伙食，太子便下令让内臣端回去赐给杨士奇，作为对他这份优秀贺表的奖励，并派人告诉杨士奇："勉进药食，早出，非但倚卿文学，久不闻直谅之言，虑有过不知，急得相见也。"[1]意思是你要好好养病好好吃药，

1　参见杨士奇《东里别集》卷二，《圣谕录》中，《文渊阁四库全书》第1239册。

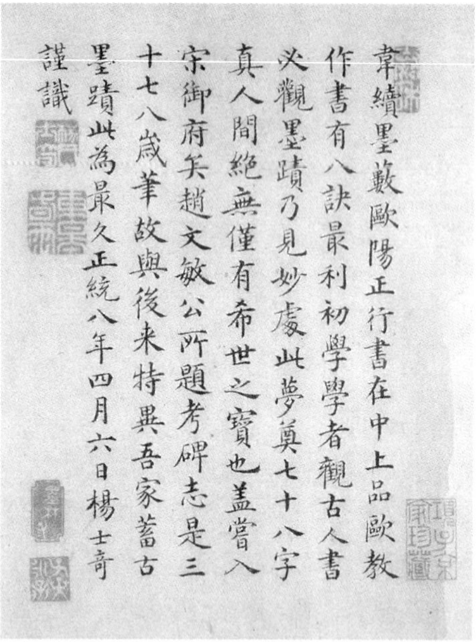
章續墨藪歐陽正行書在中上品歐教
作書有八訣最利初學學者觀古人書
必觀墨蹟乃見妙處此夢奠七十八字
真人間絕無僅有希世之寶也蓋嘗入
宗御府矣趙文敏公所題考碑志是三
十七八歲筆故與後來特異吾家蓄古
墨蹟此爲最久正統八年四月六日楊士奇
謹識

杨士奇《跋欧阳询仲尼梦奠帖》

早日康复出来上班，我不仅仅需要你的文学才华，还因为好久没听到你的直言劝告了，恐怕还有什么过失我自己都不知道，所以非常急切地想见到你，听听你的意见。

从这件事至少可以看出几点：第一，在当时的专制体制下，贺表这类的文章需要有专人来撰写，作者不仅要有文才，更要有吹捧的高度和质量，如果过于平淡就达不到统治者需要的效果，因此这种吹捧往往带有政治含义，杨士奇无疑是这方面的突出代表。

第二，太子之所以器重和依靠杨士奇，一个相当重要的原因是杨士奇既有政治才干，又对太子忠心耿耿，敢于说真话，而这一点对于监国的太子来说是非常重要的。因为只有这样，太子面对朱棣、朱高煦的遥控和监视，才能少犯、不犯错误，让父皇朱棣满意、放心，从而保住和巩固自己的太子地位。

第三，朱棣和太子朱高炽这时的矛盾和积怨已较深，朱棣对太子不满，常常找借口收拾太子的部下。朱高煦要夺位，也是不断找机会诬陷、打击太子。太子在父亲和兄弟的双重夹击下，不得不极其小心谨慎，唯恐自己做错事又不知道，从而使自己备受打击，部下又倒霉。因此太子非常迫切地需要杨士奇等人及时的指点和帮助，这种迫切性可以想象，就连杨士奇得了病、几天没上班，太子都觉

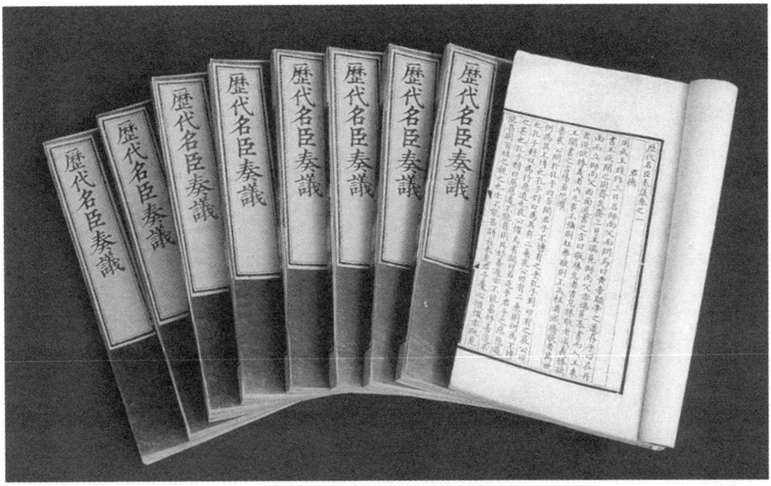

杨士奇等奉敕编纂的《历代名臣奏议》（永乐刻本）

得受不了，可见太子当时的处境实在是险象环生。

杨士奇丰富的社会阅历和政治才干，尤其是长期辅佐太子的经历和对太子的耿耿忠心，使他在朱棣去世、仁宗即位后自然而然地进入了仁宗的辅政群体，并且在这个群体中名列前茅。

（五）杨溥：操守极好，深受仁宗的信任和感念

除了上述几人之外，仁宗父子的辅政群体中还有一个较为特殊的人物，他就是杨溥。此人性格内向，谦退淡泊，对权势和地位并无强烈的追求欲望，但他的才学和见识都为常人所不及，并且有超人的意志。杨溥与杨荣同中进士，也是仁宗最早的部下之一。太子读《汉书》，称赞汉代的张释之是位贤良之人，杨溥对太子说：张释之固然贤良，但如果没有汉文帝的宽仁，他就不可能施展自己的才志。杨溥的见识博得了太子的赞许。太子监国，杨溥一直尽心辅佐。

永乐十二年（1414年），杨溥受太子的牵连被朱棣逮捕下狱，一

关就是十年。这十年中，朱棣喜怒无常，太子的许多部下被关押、被杀害，杨溥入狱后家人供给的饮食曾几次断绝，因此他的处境险恶，性命难保。但是在如此险恶的条件下，杨溥竟凭着顽强的意志发奋学习，狱中十年，他居然把诸子百家、经史著作通读了几遍。一同蹲监狱的难友觉得可笑："事已如此，读书何为？"杨溥却回答了一句名言"朝闻道，夕死可矣"，对眼前的磨难几乎不在意，以乐观的态度终于渡过了这段极其难熬的岁月[1]。仁宗继位后，立即释放了杨溥。

这里顺便说一下，后来"绳愆纠缪"的密奏印章没有赐给杨溥，似乎表明杨溥的地位低于蹇义、杨士奇等人，受仁宗信任的程度要差一些，但事实并非如此，尽管仁宗没有提升他至同杨士奇等人一样的高官，但却专门为他在思善门左侧建了一个弘文阁，还配备了一班人马，命他掌管阁中政务。仁宗不仅亲自把弘文阁的大印交给杨溥，并且还特别对他说："朕用卿左右，非止学问，欲广知民事，为治道辅。有所建白，封识以进。"[2]什么意思呢？我给你建了个弘文阁让你在我身边，可不是让你只搞什么学术研究，而是要广泛了解民情，帮助我治理国家，有什么建议就盖上弘文阁的印章密封呈送上来。杨溥的地位因此大为提高，立即成为与杨士奇等人并驾齐驱的政界要人，进入了辅政群体。

表面上看杨溥未进入内阁，但实际上仁宗夫妇对杨溥的信任和感念，某种程度上要超过其他近臣。因为当时内阁的地位并不像后来那么高，而只是个非正式的机构，仁宗专门为杨溥建了一个弘文阁，已有正式辅政机构的含义，所以后来有人认为，"人知阁臣之有文渊，而不知有弘文权任之重也"，[3]即指杨溥其实是深受仁宗器重的，

---

1 参见《明史》卷一四八，《杨溥传》;《玉堂丛语》卷五，第174页。

2 参见《明通鉴》卷十八，仁宗洪熙元年正月乙卯。

3 参见《万历野获编补遗》卷二，阁臣事奇，第824—825页。

弘文阁的权势和地位并不亚于文渊阁。仁宗夫妇后来曾不止一次感慨地回忆起永乐时期的坎坷遭遇，深感杨溥是为他们而含冤入狱的，因而对杨溥始终怀有一种特殊的怜悯之情。宣宗对此自然十分了解，他即位后杨溥虽然立即交还了弘文阁的大印，宣宗还根据杨溥本人的提议撤销了弘文阁，但是他却召杨溥入内阁，与杨荣、杨士奇等人共同参与机务，决策大事。

杨溥在政治上尽管不如杨士奇等人有作为，但由于他操守极好，总是平心处事，因而受到了群臣的敬佩。宣德后期，夏原吉、金幼孜等人相继去世，绝大部分政务都由内阁的“三杨”（杨士奇、杨荣、杨溥三人的总称）来处理，作为“三杨”之一的杨溥虽然最后入阁，却与杨士奇和杨荣“德望相亚”，地位仅次于后者，直至宣德末年，杨溥始终是内阁中的第三号人物。[1]

从上述情况可以看出，杨士奇等人都具有较为突出的学识和才干，又经过长期的政治磨炼，他们是被事实证明既能绝对忠于朱棣祖孙，又能胜任各项重要职务的人，这是他们得以成为仁宗辅政群体核心人物的重要原因。那么有哪些大臣不仅没有成为辅政核心人物，甚至还离开了上层政治群体呢？

1　参见《明史》卷一四八，《杨溥传》。

明代文渊阁旧址

三十一　谁主沉浮

杨士奇等人都有别人暂时无法替代的综合本领，因此才能在永乐时期的政治舞台上迅速脱颖而出，长期拥有很高的政治地位，后来又成为仁宗辅政群体的核心人物。

这些人绝大部分既是朝中重臣又是当年太子朱高炽的兼职部下、太孙朱瞻基的辅导老师，其中的杨溥、蹇义、杨士奇等人还曾因太子的缘故受过朱棣的关押和惩治，为保住和巩固朱高炽的太子地位作出过巨大的努力，因此，这些人与仁宗父子有着一种患难与共的亲密关系，这种关系是他们得以成为仁宗辅政群体核心人物的重要原因。那么除了这个原因之外，还有哪些因素呢？

（一）进入辅政群体的条件之一：守成派的政治理念

1. 杨士奇等人与仁宗的政治理念一致

除了杨士奇等人与仁宗的特殊关系之外，这些人进入辅政核心群体的重要条件是具有守成派的政治理念，也就是与仁宗在政治上保持一致。杨荣虽然多次直接协助朱棣北征，但他并不是同朱棣一样的开创派，朱棣晚年北征时曾想调集外省的部分民众参军，杨荣劝道，陛下原来答应他们不再从征，现在这样做会失信于民，从而使朱棣作罢。最后一次北征时，杨荣曾提出派人让敌方认错求和，然后顺势表示赦免敌方的罪责，从而尽快结束北征，[1]由此看来，杨荣同样也是个守成派。

蹇义虽然没有和其他三人一样明确提出反对折腾的建议，但蹇义在永乐中期也曾向朱棣建议：京卫造海船材料的费用如有缺额，应该官方出钱来补足，不应该从军民那里征收，工部买办不急之务应该停止；百姓交不起官府的欠额，那些相当穷困的人家应该免于追赔；迫于沉重赋役而逃走的军人、罪犯，应该允许他们自首免罪，等等。[2]从这些建议来看，蹇义同样不是一个与朱棣理念相同的开创派，而是一个与夏原吉等人政治理念相近的守成派。

蹇义等守成派的理念，构成了他们与仁宗合作的政治基础，就是在政治上和最高领导人保持一致。而这些人的政治理念除了来自对永乐中后期社会现实的了解之外，还有传统儒家注重国计民生的思想因素。再加上杨士奇等人原来就是太子的部下，因此，具有守成理念的两批人在朱棣死后便合二而一，自然聚集到了太子的周围，进入仁宗的辅政核心群体中，为“仁宣之治”做出了贡献。

2. 夏原吉是最早和最坚定的守成派

这些人之中夏原吉的情况比较特殊，就在接到朱棣去世消息的第三天，太子就亲自跑到监狱里放了夏原吉。夏原吉听说太子亲自来到狱中接见他，不知道是怎么回事，就赶紧跑过来行礼，不料太子告诉他：杨荣刚从北边回来说，父皇已经病逝了，临终前说过一句话，还是夏原吉爱护我。夏原吉一听，可能是悲痛加感动一起涌

1　参见《明史》卷一四八，《杨荣传》。
2　参见《国榷》卷十五，成祖永乐九年闰十二乙未。

上心头，当时就趴在地上大哭起来。

太子就劝他先别哭了，赶紧出来恢复职务先去办公。可是夏原吉却说："先帝罪人，未闻遗诏，敢希宠乎？"我是先帝的罪人啊，没有听到先帝的遗诏，我哪敢指望随便出来恢复职务啊？趴在地上哭了半天不起来。太子一看也没法劝，就命人按自己的伙食标准做了一桌高级饭菜赏给夏原吉，算是给他"接风"了。夏原吉出狱后首先建议全面改变朱棣的政策，"今民力竭于东南，戎伍疲于漕运，宜幸南京，庶几少苏内外之困"，[1]现在东南地区的百姓和大量的军队已经竭尽全力来供应北京朝廷的一切，从运河等渠道来运输北京的各种必需品，因此应该再把首都迁回南京，这样才能稍微缓解一下朝廷和地方的困境。

把首都迁回南京的话，夏原吉在朱棣生前从来没说过，因为他比谁都清楚，朱棣是最忌讳这一点的。朱棣一死、太子一即位，夏原吉马上讲出来，可见他也是反对迁都的。而这些想法又恰恰是仁宗最需要的，因此仁宗极为器重夏原吉，觉得大明帝国的政务离不开他。夏原吉被关押时正赶上母亲去世，出狱后他就立即向仁宗请假，要回到家乡为母亲守丧，仁宗不批准。夏原吉几次坚持要回去，仁宗恳切地说：你是老臣，应该与朕共济艰难。你有丧事，朕就没有丧事了吗？如果都像你一样回去尽孝，那么朕也别在这儿当皇帝了。

于是仁宗赏给夏原吉一大笔钱，让有关部门协助夏原吉家人治办丧事。夏原吉不敢再说什么了，只好强忍悲痛，留下来全心全意地辅佐仁宗，采取赈饥省役等措施，全面缓解永乐时期消耗工程较多、国民负担过重的局势。洪熙元年（1425年）四月，仁宗为杨士奇、蹇义和夏原吉三人制作了三枚精致的印章，他对蹇义说："尔与士奇，吾监国旧辅，原吉贤良，皆吾所倚任，各与图书（印章），自

1　参见夏原吉《忠靖集》附录，《文渊阁四库全书》第1240册。

吾本心。”可见在仁宗心里，夏原吉和他的两位监国辅臣是并列排在一起的。

后来杨士奇担心杨荣和金幼孜没得到皇帝赐予的印章会有想法，于是仁宗“既与之，后往往闻荣有怨诽语”，事后果然听到了杨荣的牢骚。因此，仁宗才进一步向蹇义表示：“吾所任者，尔三人耳。”[1]显然，仁宗说的这三个人并不包括杨荣。从上述情况看，杨荣、金幼孜两人虽然是朱棣器重的大臣，还因功受到重赏，但与杨士奇、蹇义、夏原吉相比，在朱高炽心中还差一等。因此，夏原吉虽然不像杨士奇和蹇义那样同仁宗关系密切，但却凭着最早和最坚定的守成派资格，以及与宣宗的密切关系，同样进入了仁宗的辅政核心群体。

（二）进入辅政群体的条件之二：品德修养超群

1. 杨士奇等人品德修养超群，廉洁、宽容、有底线

杨士奇等人由于同皇帝关系特殊和才干超群，因此得以长期占据辅政群体的核心地位。可能有人会问，难道他们就凭这两点，就能在辅政群体中始终占据核心地位吗？除了上述两点之外是否还有其他优势呢？有，还有品德方面的优势，就是他们的品德修养同样超群，大致表现为三点。

第一，廉洁不贪。这一点杨士奇等人较为突出。杨士奇在仁宗时已被晋升为少傅、华盖殿大学士兼兵部尚书，按照当时的惯例，三个职务就拿三份工资，于是他坚决请求辞去兵部尚书一职的工资，因为在他的三个职务中这个职务的工资最高。结果杨士奇开了一个先例，在兼任的三个职务中只领工资较少的两份。夏原吉也有类似的特点。有一次夏原吉的弟弟夏原启来京，朱棣破例召见了他，还

1 杨士奇《东里文集》别集，《圣谕录》卷中，《文渊阁四库全书》第1239册。

明代官员补服

赏给一桌酒席；临走时朱棣派人送到船上，那人回去后报告朱棣，夏原启的行李非常少，他哥哥送给他的只有两石麦子。朱棣感到非常奇怪，为什么呢？

夏原吉长期担户部尚书，还多次奉命兼管其他部门的政务，相当于国务院副总理兼财政部长，他的弟弟来京连皇帝都要亲自接见，并且赏酒席宴请一次。弟弟走了，主管全国财政的哥哥只送了两石麦子，这也太说不过去了吧。夏原吉给亲兄弟的东西竟如此寒酸，究竟是作秀给人看，还是真的廉洁奉公呢？让人不得不生疑。于是朱棣有一天就问夏原吉：我听说你兄弟的行李几乎是空的，你给他的东西为什么那么少呢？

夏原吉回答，我攒下的工资已经先寄回家里了，正好也没什么可给的了，所以就没送他什么。朱棣一听很高兴，因为他的财政部长的确比较廉洁，还算没给他丢脸，于是他对夏原吉说：你怎么不告诉我呢？我能帮你。随后下令赏给夏原吉几匹不同颜色的高级布料。平时皇帝赏赐夏原吉的好东西，他总是平均分给了兄弟、晚辈和不太富裕的远近姻亲。国子监祭酒胡广准备租房，正好皇帝赏给夏原吉一处新宅，他就把自己的旧房让给了胡广居住，后来胡广退休要回家乡，夏原吉干脆卖掉了这套旧房，把卖房所得送给胡广作为临别的礼物，让胡广非常感动。[1]蹇义、杨荣等人虽然没有这类经历，但同样是当时较为廉洁的大臣。

第二，待人宽厚，善于包容。这一点在杨士奇、蹇义和夏原吉身上非常突出。其中杨士奇不仅能够容人之过，还能荐人之长，并能注意平息由于皇帝和臣下的个人原因而引起的政治风波。永乐时期，广东布政使徐琦回京时带来岭南的一些土特产品，分赠在京的部分大臣，朱棣从特务那儿弄到了受赠人员的名单，他见上面竟没有杨士奇的名字，便招来杨士奇询问。

杨士奇解释说：徐琦赴广东之前，群臣曾写诗作文为他送行，“臣适病弗预，以故独不及，今受否未可知，且物微，当无他意”。意思是我那天正赶上有病未能参加，因此名单上才没有我。现在还不知道这些人是否会接受送来的特产，再说一点土特产不起眼，徐琦并无他意。猜忌多疑的朱棣听了杨士奇的话，立即命人烧掉了那份名单，未加追究。[2]对于同僚杨荣等人的缺点和过失，杨士奇更是以大局为重，努力团结这些人一道为朝廷效力。杨士奇的这些特长和作风，使他在辅政群体中逐渐处于领班的地位，一直到死都未改变。

夏原吉平时待部下不仅较为宽厚，并且只要部下“所言虽寸长片善有益于政者，皆采用不遗，每量其才而使之”，注意充分发挥部下的作用，因此同部下的关系相对和谐。尤其是对待那些从前与自己关系不好的同僚，夏原吉能够从大局出发，不计前嫌，从而逐渐化解了彼此之间的矛盾。当年吕震为自己的儿子要官，宣宗问夏原

---

1 参见夏原吉《忠靖集》附录，《文渊阁四库全书》第1240册。

2 参见《明史》卷一四八，《杨士奇传》。

吉，该不该给他个职位，夏原吉回答：吕震当年曾帮助仁宗坚守北平城，就凭这个资格，就该给他儿子一官半职。有人对夏原吉说，这个人过去总是告你的状，难道你忘了吗？原吉回答："某自得罪，彼何与焉。"意思是那都是因为我本身有错误，跟他没什么关系，哪能怪人家呢？

平江伯陈瑄在朱棣夺位后，早就想杀掉尚未归附的夏原吉，但后来夏原吉却推荐陈瑄任总督漕运，就是担任漕运部队的总司令兼漕运总指挥，又多次在朱棣面前力赞陈瑄的请求和建议，等于帮他完成了利国利民的一大功业。吕震和陈瑄经过这些事之后，都从心眼里敬服夏原吉。当时永乐朝的高级官员中，吕震与人不易相处，冲突较多，杨士奇、蹇义几乎都和他处不来，但夏原吉却凭借自己的行事风格，以实际行动赢得了吕震的诚心敬重。[1]户部尚书郭敦、刑部尚书金纯和都御史刘观、李时勉等人，或多或少都曾受到夏原吉的包容。[2]

当年夏原吉出差，有人偷了他的几套高级餐具被抓，夏原吉不仅放了那个人，还特意把一套餐具送给了他，以德报怨感化了窃贼。部下不慎用墨汁弄脏了皇帝批的文件，夏原吉不但没有批评部下，相反自己去向皇帝请罪，皇帝只好重批了一张。新考上的进士年轻好奇，坐上了夏原吉的高级轿子，有人告诉了他，夏原吉不但没有责备，反而称赞进士有志气。夏原吉的这些行事风格，使他成为永洪宣三朝中唯一一位与皇帝和同僚相处皆好的元老大臣，这是夏原吉的过人之处。

杨荣身上也有类似的特点，朱棣本来就雄猜多疑，晚年更是病态严重、脾气暴躁，甚至不知好歹、喜怒无常，但是不管朱棣如何震怒，只要杨荣一到，几句话就能缓和气氛，使朱棣转怒为喜。尽

1 参见《明史》卷一四九，《夏原吉传》。

2 参见夏原吉《忠靖集》附录，《文渊阁四库全书》第1240册。

明代轿子

管杨荣有时不能容人之过，但却从来没有对任何人落井下石，并且总是凭着自己特殊的本领解救了许多激怒朱棣的大臣，因而在朝中颇有威望。杨荣平时与官员宾客往来较多，虽然位高权重但没什么架子，因此朝中大小官员都和他关系不错。

此外，杨士奇等人始终非常谦虚、低调，不仅能够虚心接受别人的意见，还注意维护朝廷和皇帝的威信，避免炫耀、突出自己。永乐时期朱棣前往北京时，让杨士奇起草向沿途官员发布的文告，说明朱棣一行人自己带好了需要的东西，不用地方再筹集和提供，起草完了朱棣过目同意。文告中有“一切自备”一句，有人建议改为“一切有备”，其他人都觉得皇帝同意了就不用再改了，但杨士奇认为建议有道理，因此还是作了修改并且报告了朱棣，受到朱棣的表扬。[1]夏原吉经常向皇帝提出建议并且被采纳，但他对外都说

1　参见杨士奇《东里文集》别集，《圣谕录》卷中，《文渊阁四库全书》第1239册。

是“天子之明、群公之力”，与自己无关，并且一回家就烧掉了上奏的草稿，[1]不想让人知道是出于自己的建议。杨荣、蹇义等人也有类似的风格，因此而受到同僚和皇帝的敬重。

第三，勇于负责，有原则有底线。辅政群体的几个人都有这类特点，杨士奇最为突出。宣宗的母亲张太后曾对宣宗说过，先帝仁宗当年当太子时，辅臣之中只有杨士奇敢于直言，不怕触怒他，尽管几次引起先帝的不快，但他最后总是采纳杨士奇的意见，因而处事不败。夏原吉平时就不断提出建议，对朱棣晚年不顾民生艰难、国力消耗的过分之举，更是多次加以劝阻，在被囚禁甚至生命受到威胁的情况下仍然不改口。蹇义虽然是朝中有名的“老好人”，轻易不反对皇帝，但对朱棣早年全面否定建文帝、晚年消耗较大的政策，同样敢于提出反对意见。

相比之下，杨荣做事较为圆滑、颇有心计，他有个特长，那就是十分谙熟专制政治的诀窍，善于揣摩皇帝的心理，无论是上言还是行事从未丝毫触怒过皇帝。他曾对人讲过自己的经验和体会：“事君有体，进谏有方，以悻直取祸，吾不为也。”[2]意思是：为君主办事要得体，提意见更要讲究策略，由于自己的怨恨和刚直而得罪君主，惹祸倒霉，实在令人惋惜，我是从来不干这种事的。

杨荣还举例说明自己的体会：比如你陪着皇帝读千字文，第一句明明是“天地玄黄”，但皇帝却读成了“天地玄红”，这时你不要马上反驳，为什么呢？因为你怎么知道皇帝不是有意这样读错来考验你呢？你又怎么知道“玄黄”不能读作“玄红”呢？如果你马上反驳，就有可能惹怒皇帝，那样对你没什么好处。等皇帝读了第二遍甚至第三遍，向你询问时你才可以回答说：臣小时候读过千字文，

1　参见夏原吉《忠靖集》附录，《文渊阁四库全书》第1240册。

2　参见《明史》卷一四八，《杨士奇传》。

见书上写的是“天地玄黄”，不知道对不对？这样回答才能避免招祸。杨荣的例子十分精彩，简直令人拍案叫绝。[1]

其实杨荣的意思是说，即使你明知道皇帝错了也不能说出来，即使是皇帝问你，你也不能说是皇帝错了，而是要反过来请教皇帝，让皇帝来裁决是否正确。哪能说皇帝错了呢，那不是给自己找麻烦吗？因此，同皇帝合理、有效的说话方式，是让自己避免惹祸的重要前提。从永乐到洪熙、宣德三朝，杨荣始终受到皇帝的恩宠和器重，与他这种成功的事君之道是相当有关的。

有人可能以为杨荣过于世故、圆滑，不如夏原吉等人敢于直言、坚持原则，实际上杨荣同样是有底线的，朱棣晚年不顾民穷国困而顽固坚持北征，杨荣虽然没有像夏原吉等人那样极力反对，但他却多次力劝朱棣早日班师、结束北征，还曾设法阻止朱棣扩大北征规模，避免造成进一步的消极影响，这同样显示出杨荣忧国忧民的责任心和使命感。虽然平日里杨荣等人难免对皇帝歌功颂德、溜须拍马，内容甚至比较肉麻，但在一些事关国家前途命运的重大问题上，这些人都是反对弊政、关注民生的，都是有原则、有底线的人，并非一群毫无原则、只会溜须拍马的庸俗官员。

2. 三位帝王德才并重的价值取向，君臣并非势利之交

由此可见，永乐到宣德时期辅政群体的几位核心人物不仅有过人的才干，还有同样超群的品德修养。可能有人会问，皇帝为什么要始终重用这些人呢？只用那些既会溜须拍马，又有才干的大臣，不是更省事、更顺手吗？看来朱棣祖孙三代皇帝并非都是完全的实用主义者，只看重私人关系与才干，根本不顾品德和原则，谁有用

1　参见叶盛《水东日记》卷五，杨文敏论进谏有方，中华书局1980年版。以下引用不再注明版本。

就用谁；而是注意德才并重，并且基本上是把品德超群这一条排在首位，排在才能之前。

那些品行不端、缺乏原则底线的大臣，如吕震、陈瑛、张瑛等人，最多只是受到暂时的重用或者说是利用，最终仍然受到贬斥。其中吕震虽然地位较高，但由于人品较差，一开始诬陷尹昌隆，后来又对夏原吉等人落井下石，受到三帝尤其是仁宗的疏远、贬斥，仁宗即位后授权夏原吉兼管礼部，很明显是把礼部尚书吕震放在夏原吉的管辖之下。由此也可以看出，明代的君臣并非全是势利之交，虽然高层官员的升降沉浮是掌握在皇帝手里，但皇帝用人并没有完全按照个人的好恶需要，而是充分兼顾大臣的德、才以及政治追求，这一点也反映出当时的专制统治中，多少带有一些儒家传统政治的合理因素。

有的学者指出，吕震和夏原吉等人的不同经历，尤其是四位品德超群的大臣几乎始终受到重用，说明三位帝王的用人原则具有较为特殊的价值取向，心目中或骨子里多少带有一种政治文化上的道德理念。虽然太宗、仁宗、宣宗三位帝王表现的程度不同，但他们都有自己的政治原则，尤其是仁宣两帝，较为倾向于传统儒家的民生和仁政，因而他们对于辅政群体几位大臣的政治品德，有一种高度的认同。并且出于政治上的长远而非短期的考虑，较为明显地营造一种宽和的立朝气度，有意识地培养和树立一种廉洁、宽容、负责的风气和榜样，在政治导向上不鼓励，更不纵容那些奸邪之道。[1]

因此，从永乐到宣德时期，杨士奇等人能够始终处于辅政群体之中并且占据核心地位，除了因为他们与皇帝关系特殊和才干超群之外，还因其具有出众的品德修养，包括廉洁、宽容、勇于负责的作风，更由于三位帝王具有德才并重的价值取向与长远考虑，并且

1　此处采用了师兄赵轶峰的看法。

由此而形成了特殊的政治文化氛围。这个看法是颇有道理的，明代从永乐到宣德的三十多年里，君臣之间并非完全是庸俗的势利之交。

（三）永乐以后杨荣地位的下降及其原因

1. 洪宣时期较重文治，这一点并非杨荣所长

虽然杨士奇等四人从永乐朝开始，差不多很快就从群臣中脱颖而出，上升为辅政群体中的核心人物，但这些人与仁宗父子的渊源关系不同，使他们在洪熙朝辅政群体中的地位顺序有了变化，其中最明显的变化是杨荣从永乐朝的首席宠臣，几乎下降到了洪熙时期的最后一位。为什么会这样呢？简单地说，杨士奇和蹇义因是太子的旧臣，自然进入了辅政群体核心并且名列前茅，夏原吉虽非太子旧臣，但德高望重，才干非凡，并且与朱高炽的政治理念相同，又与太子朱瞻基关系极好，因此也进入了辅政群体核心。

杨荣虽然为朱高炽即位立了大功，但由于与仁宗父子没什么更深的渊源关系，又对自己的地位有所不满，因此排在四人的最后，永乐时期首席宠臣的地位此时已被杨士奇取代了。但杨荣仍然受到仁宗的器重，据说有时仁宗回到宫里遇到需要商议的政务，就亲笔写上杨荣的名字再盖上宝玺，或是用皇帝专用的押印封好要咨询的信件，派人交给杨荣。而杨荣也总是认真对待，非常详细地回复仁宗的问题，结果都令仁宗非常满意。[1]

从客观上看，永乐时期尚武功，军事活动比较多，而这一点正是杨荣所长，因而他受宠的程度高于杨士奇；洪宣时期重文治，和平建设活动较多，这一点正是杨士奇所长，因而杨士奇受宠的程度高于他。从主观上看，宣宗与杨荣之间没有与杨士奇之间那样的亲

1　参见杨荣《文敏集》附录，《文渊阁四库全书》第1240册。

密关系，加上杨荣曾于宣宗面前排挤过杨士奇，竟为杨士奇所原谅，[1]因而宣宗对杨荣不像对杨士奇那样器重。

2. 杨荣和边将往来较多，引起宣宗的敏感和不满

杨荣曾经和边将的关系比较近，这是让皇帝不放心的事。宣德五年（1430年）宣宗曾在文华殿单独召见了杨士奇，对他说："杨荣家蓄马甚富"，一开始我还不太相信，现在派人一了解才知道，原来都是边将给他的！可见杨荣私下与边将们往来密切，实在是辜负了我！哪能把他安排在内阁任职呢？这个地方可是决策的要害部门啊！宣宗这番话透露出了三个信息，一是杨荣靠养马发了财，二是这些马都是边将给他的，三是这种与边将关系密切的人不适合留在内阁里，因为内阁是参与决策的要害部门。看来宣宗对杨荣是非常不满的，并且已经准备把杨荣调出内阁，至少是不再让他参与主要决策。

杨士奇解释说：杨荣与各位将领有来往，主要是因为永乐时期杨荣多次跟随先帝北征，先帝命他掌管兵马之数，因此他才和各位边将混得很熟。杨士奇这么讲，其实是先为杨荣和边将的关系辩解，因为他从宣宗的话里听明白了，宣宗对内阁文臣和军队将领往来密切是非常敏感的，那些边将不给别人送而是只给杨荣送好马，这样下去，枪杆子也就是军权不就是要旁落了吗？宣宗能不担心吗？所以他才想把杨荣调出内阁。

杨士奇为杨荣辩护，还讲到杨荣的特长，他说：现在内阁几个大臣中，"知边将之强弱才否、四裔之顺逆委曲"，了解边将才干的优劣特点、边镇的远近险易，以及边疆各少数民族对明朝的顺逆情况，只有杨荣一人知道得最为详尽，我们几个人都赶不上他。现在正是用人之际，我建议还是别把杨荣轻易调出内阁。并且他本人尽

1　参见《明史》卷一四八，《杨士奇传》。

管处于决策的要害部门，但起草各种诏书命令时，如何定夺如何决策都要听皇上您的意见，再加上还有我们这些人一同商议然后再办理，杨荣怎么会一手遮天把持这里的权力呢？况且我和他同朝为官，我也去他家看过，他的马圈不太大，只能养三五匹马，多了就养不了，因为马草马料不太容易筹集。

杨士奇显然是为杨荣说话，也说明当时除了皇帝以外没人能在内阁中专权。但即使是这样宣宗仍然不满意，他对杨士奇说："尔未知其家马多即鬻于市，朕知之甚审矣"，你还不知道吧，杨荣家里养马多了就拿到市场上去卖掉，我可是知道得非常清楚！这个家伙好几次请求恢复永乐时期的旧制，可以调动边镇卫所的军官，兵部说只有犯了罪的军官才能调动，这种事早就是洪武朝的老皇历了，根本没理由再恢复。杨荣居然还想这么干，我怀疑他是别有用心！

杨士奇见宣宗越说越来气，只好心平气和地劝解：这事到底是怎么回事还不好说，不过杨荣这个人的确还有其他长处可用，希望皇上能够宽容他。但宣宗觉得杨士奇可能有些过于迁就杨荣了，所以转而对他有点不满：我刚即位时如果只听信杨荣的话，而不听蹇义和夏原吉的劝告，你杨士奇早就不在内阁了，现在你怎么反而替杨荣说话呢？杨士奇这才知道杨荣曾想把自己挤出内阁，好在宣宗不同意，于是他赶紧谢恩，并且好人做到底："陛下曲容臣，天地之恩也"，陛下能够包容我，这真是天地之恩！我希望陛下也能推广天地之恩包容杨荣，使他改正缺点为陛下效力。宣宗消了气不再计较这些事，而杨荣后来也听到了上述谈话内容，深感惭愧，从此与杨士奇等人和睦相处，同心辅政。[1]

1　参见杨士奇《东里集》卷二，《圣谕录》下，《文渊阁四库全书》第1239册。

3. 控制武将和军队的需要，使宣宗对杨荣有了成见

这件事过后，宣宗更加器重杨士奇等人，但他对杨荣的信任也有所减少，不像以前那么专注了。因为既然宣宗对杨荣有了成见，别人再说什么也很难改变，况且宣宗的成见是专制帝王的自然心态，根本不是杨荣多养几匹马、多卖几个钱的问题。如果不是文臣和武将走得太近不利于皇权专制，宣宗还会在乎杨荣养了几匹马、卖了多少钱吗？肯定不会的。[1]当然，宣宗对杨荣的成见并不深，加上杨荣才干突出又善于处理同皇帝的关系，因此杨荣受到宣宗器重的程度与其他人差别不大，在辅政群体中的核心地位仍然是非常稳定的。

有人可能会问，杨荣和武将关系密切，为什么当年朱棣就不在意呢？同样是皇帝，为什么宣宗朱瞻基会对此比较敏感呢？大体说来，朱棣的军事才能较高，又有“靖难”夺位和五次北征的特殊经历，他完全可以控制手下的武将，况且朱棣对杨荣和边将也都非常了解、信任，根本用不着担心他们会对自己构成威胁，因此朱棣才对边将赠送杨荣好马基本上不闻不问。但宣宗朱瞻基不一样，他没有祖父朱棣那样的特殊经历和军事才干，不可能像朱棣那样可以牢牢地控制武将和军队，但是作为一个帝王，宣宗却又非常希望能够做到这一点，因此他自然会担心杨荣和武将关系密切，会削弱他对军队和武将的控制。换句话说，杨荣此举已有威胁皇权之嫌，所以宣宗才会对杨荣接受边将赠马非常不满。

（四）未能进入辅政群体的官僚群体及原因

除了三杨、蹇、夏之外，朝廷中重要的官员还有礼部尚书吕

1　这里采用了张兆裕的部分看法。

明黄花梨夔龙纹肩舆

震、工部尚书吴中、兵部尚书李庆等六部官员，这些人可以说是宣宗辅政群体的外围部分。从朱棣去世到仁宗即位，这个群体发生了一些人事变动，仁宗的东宫旧臣在群体中占有明显的优势。宣宗即位后，尽管基本上继承了仁宗的辅政群体，但也作了相应的调整。宣德初年这一群体中大体上有三部分人：第一部分是朱棣的旧臣，如杨荣、吕震、金幼孜、夏原吉、蹇义等人，这些人基本上是负责实际工作的各部尚书，是实权派，与宣宗本人的关系远近不同。

第二部分是仁宗的东宫旧臣，如黄淮、杨溥、杨士奇等人，这些人在永乐时期遭受过关押、打击，此时刚为仁宗所重用，属于新贵，手中的实权不多，但与仁宗父子的关系显然较实权派略为亲密。

第三部分是宣宗本人当太孙和太子时的专职教师，如陈山、张瑛等人，这些人手中无权，但与宣宗本人关系好，是宣宗准备重用、准备授予实权的人。宣宗要依靠这些人来开动他的国家机器，就必须根据需要来对这三部分人的人事职位作出安排，对政治权力作出再分配。他们每个人都面临着新皇帝和政治形势的考验、筛选。三杨和蹇、夏的情况已如前所述，这里需要叙述的是那些接近辅政群体核心，但最终并未进入甚至远离这一核心的那些人。

1. 朱棣部分旧臣只被留用，但没有被重用

礼部尚书吕震、工部尚书吴中、兵部尚书李庆都是朱棣的旧臣，地位很高，但与仁宗父子没有更深的私人关系，才识也在杨士奇、杨荣等人之下，所负责的部门也不像蹇义的吏部和夏原吉的户部那样重要，因而只是保住了在上层群体中的地位，但未能进入新的辅政群体核心。其中吕震的为人是“顾己利害，于罔上厉下略无顾忌”，一心只顾自己的得失，为了这个目的而欺骗上级压制下级，一点都不顾忌。并且为人阴险，既好阿谀奉承又善倾陷他人，当初朱棣离开南京巡视北京时，吕震建议各地的奏章分别收存于南京六科，等朱棣回到南京时再一并上报，朱棣批准了这一建议。永乐十七年（1419年），朱棣在北京因事索取奏章，侍臣告诉他收在南京了，可朱棣忘了当初的建议，说了句:“章奏宜达行在，岂礼部别有议耶?”奏章应该送到我所在的地方啊，为什么要放在南京呢？他问吕震：难道是礼部另有安排吗？吕震害怕获罪，就顺着朱棣的话说：礼部没别的安排，奏章本来就该送到陛下所在地。朱棣还怕自己记得不准，再三询问吕震，可吕震根本没有说明以前的建议，于是朱棣就以擅自扣留奏章的罪名，杀掉了南京右给事中李能。

大家都知道李能是冤枉的，但是都怕吕震，因此没人敢为李能说话。尹昌隆被害，也是出自吕震的蓄意陷害。[1]时间一长大家都对吕震的卑劣人品非常清楚，仁宗等人虽然讨厌他，但念他当年“靖难”时曾有帮助仁宗守城的功劳和资格，才没让他退休回家。[2]加上吕震与杨士奇等人政见不合，总是抓住一些小事做文章，被视为不识大体，因而受到仁宗父子的疏远。

1　参见《明史》卷一五一,《吕震传》。

2　参见《明宣宗实录》卷十六，宣德元年四月丙寅。

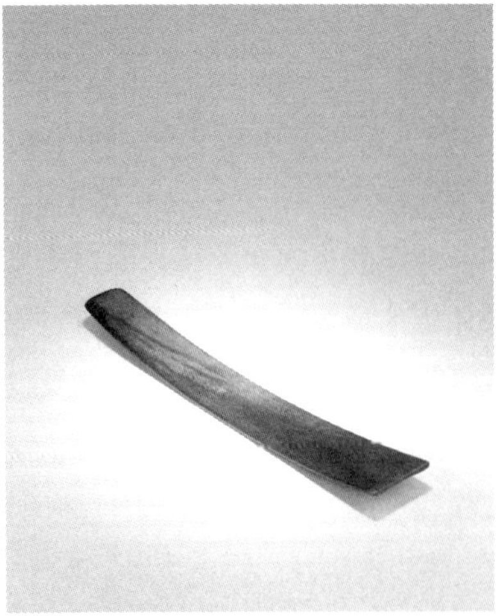

明代上朝记事的笏板

不过吕震这个人有个特殊的本事，那就是精力非常旺盛，记忆力极强，别的尚书上朝奏事都要备个副本提示，记性不好的还要同左右侍郎也就是两个副部长轮流上奏，但只有吕震上奏时总是独自一人，根本不用副本提示，也不用左右侍郎帮忙，甚至在兼理户部、兵部政务时也是如此。不论政务千头万绪多么庞杂，吕震上奏时总是倒背如流，从未有误。[1]也许吕震的这一特长别人无法代替，因而才保住了他在宣宗上层群体中的地位。

工部尚书吴中倒是勤奋精明，长期负责大型工程建设，北京和长陵（朱棣墓）、献陵（朱高炽墓）的营建工作都是他主持进行的，规划井然，成绩显著。只是不恤工匠，又耽于声色，名誉不太好。宣德三年（1428年），他以公家的木料和石料送给宦官杨庆建私房，为宣宗逮捕下狱，随后释放复职。[2]吴中在工程建设方面的特长使他继续留任工部尚书，但操守方面的问题又使他不受宣宗的器重，未能进入辅政核心群体。李庆是兵部尚书，从前是位执法如山的官员，受到朱棣的重用，但性格有些古板，曾经谏止宣宗出游打猎，[3]也与杨士奇等人政见不合。宣宗即位后只是让李庆留任兵部尚书，并未进一步重用他。

1 参见《明史》卷一五一，《吕震传》。
2 参见《明史》卷一五一，《吴中传》。
3 参见《明史》卷一五〇，《李庆传》。

黄淮墓

2. 黄淮不善处理人际关系，受到排挤退休回家

另几位永乐旧臣如金幼孜、黄淮等，则为宣宗安排在内阁之中，让他们作为皇帝的顾问参与决策大事。其中金幼孜一直留在内阁，此人才学极高，永乐时朱棣在行军途中需要记录山川要害和起草文告，金幼孜就提笔在马鞍上起草，很快便可完成，是朱棣的一个高级秘书，洪熙时期也受到仁宗的礼敬。金幼孜性格沉静，谦虚豁达，[1]政治才干不及杨士奇等人，与宣宗又没什么特殊的关系，因此他在宣德时期虽然地位较高，颇受优待，但并未进入辅政核心群体。

黄淮也是一个非常有才干、有见识的官员，《明史》上说他“性明果，达于治体”，即聪明而果断，善于从大局考虑问题。由于这一特长，朱棣任命黄淮为太子监国的四大辅臣之一，可见黄淮的地位较高。永乐初年有人重提洪武时期“胡蓝之狱”的往事，黄淮

1 参见《明史》卷一四七，《金幼孜传》。

对朱棣说：那件事在洪武末年已有禁令，不必再追查了。还有人要追查“靖难”起兵时，南方人在北方做官没有迅速投靠朱棣，应该发配到边远地区。黄淮建议，如果那么干就显得新朝太没有肚量了，不能容人。这些建议显示了黄淮的见识，都被朱棣采纳。

除了上述内政问题之外，在外交和边疆民族问题上黄淮同样颇有建树。明朝当时同北方蒙古势力打交道，鞑靼部首领阿鲁台向明朝投诚，并请求明廷刻好金印让他统辖吐蕃各部。其他人都想答应，只有黄淮不同意，他说：“彼势分则易制，合则难图。”这些人的势力分散了才容易控制，可要是联合起来就不好对付了。朱棣听后称赞他有远见：“黄淮论事，如立高岗，无远不见。”类似的情况还有许多，可见黄淮的才干和见识都有过人之处。

后来受太子牵连，黄淮被朱棣关押了十年。仁宗即位后提升他为少保、户部尚书（虚衔）、武英殿大学士，与杨士奇等人共同参与机务。宣宗亲征朱高煦时曾命黄淮负责居守北京，对他可算重用。无论从个人才识还是与宣宗的私人关系上看，黄淮都有希望进入辅政群体的核心，但他气量狭隘不能容人，别人略有小过他便上告，因而不为他人所容。黄淮不善处理人际关系，因此与同僚关系紧张，加上杨荣借口黄淮身患痨病（当时的一种结核病）可能传染他人，以此来排挤黄淮，宣宗便也有些疏远黄淮。黄淮在内阁中待不下去，只好于宣德二年（1427年）请求离休养病，获得批准。[1]黄淮就这样因自己的性格特点未能进入宣宗辅政群体的核心，并离开了上层政治群体，退休回家了。

3. 陈山、张瑛贪婪受贿，被调离了上层政治群体

陈山、张瑛两人都是宣宗即位前的老师，宣宗一即位便将两人选

---

1 参见《明史》卷一四七，《黄淮传》。

入内阁之中，让他们参与重大政务的决策。宣宗的这一做法后来便形成了一个不成文的惯例，即皇帝从前的教官（尤其是首席教官）要随着皇帝的即位而进入内阁，并在内阁之中名列前茅。尽管朝臣都清楚宣宗的用意，无奈陈、张两人才识不足，入阁之后未能很好地担当起天子顾问的职责，提不出什么像样的政治建议，只会秉承皇帝的旨意说话办事，并且倚仗与宣宗的师生关系向各部门索贿，贪婪成性，使宣宗对两人由失望而逐渐转为厌恶。有一天宣宗与杨士奇在宫中，老远看见陈山正快步上朝，便问杨士奇：陈山的为人如何？

杨士奇答道："山虽侍陛下久，其人寡学多欲而昧大体，非君子也。"陈山虽然长期为陛下效劳，但这个人不学无术、比较贪婪，不能顾全大局，不是个正人君子。宣宗想起陈山劝他袭击赵王之事，仍然耿耿于怀："然，赵王事几为所误。近闻于诸司征求不厌，当不令溷内阁也。"你说得对，赵王之事差点被他坏了，最近听说他竟然向一些部门索求贿赂、贪得无厌，不能让这样的人玷污了内阁。于是在杨士奇的建议下，宣宗将陈山和张瑛调出内阁。陈山在内书堂专门教小宦官们读书识字，发挥了他作为教官的特长；张瑛则被调往陪都南京，任礼部尚书养老。[1]两人不但未进入宣宗辅政群体的核心，而且还远离了上层政治群体。

杨士奇和陈山、张瑛等人在仁宣时期的不同际遇说明，他们在进入辅政核心群体之前，都要经过一番严格的筛选和考验。而已经进入或接近这个核心群体的成员，也被不断地甄别和淘汰，只有那些符合最高统治者需要的人，才能始终被保留在核心群体中并获得发展。至少出众的才识和与皇帝的亲密关系，是进入辅政群体核心的必备条件。

1　参见《明史记事本末》卷二十八，《仁宣致治》；《明通鉴》卷二十，宣德四年十月庚寅。

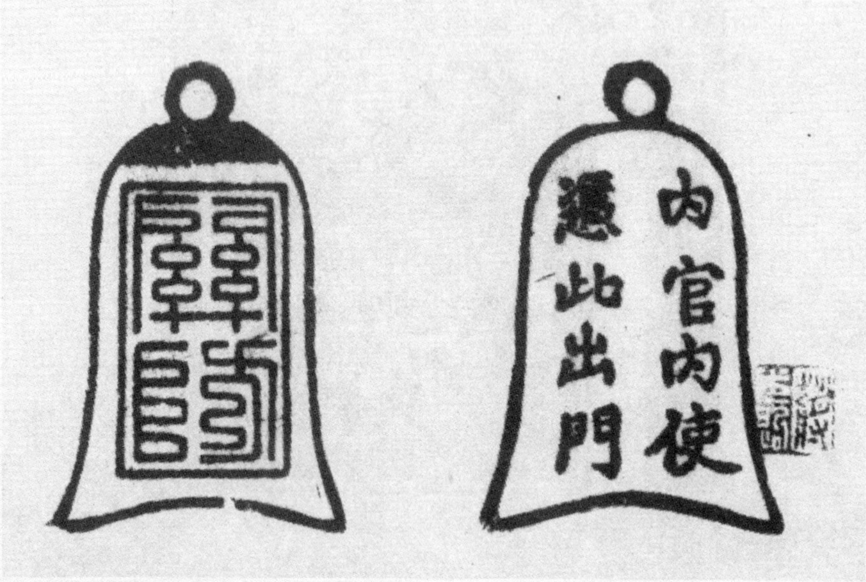

明代宦官出门铜牌（拓片）

三十二 决策转型

洪熙、宣德时期的辅政群体拥有特殊的权力和地位，但是他们只是皇帝的高级秘书和顾问，而不是制度上的宰相，内阁大臣更不是，虽然有人习惯地称他们为相，但这只是一种美称或误解，这些人不过是得到特殊授权的一个政治群体。朱元璋废相后，一人独裁治天下的工作量巨大，不得不依靠辅政群体满足政治需要。经过朱棣、仁宗，直到宣宗，决策方式才完成转型。

（一）皇帝兼丞相：洪武中后期的决策方式

1. 朱元璋当场裁决政务，有关机构多人记录结果

先看朱元璋时期的决策情况。朱元璋是个精力过人、经验丰富的皇帝，决策的事一般情况下都是他亲自干，很少委托别人，下边呈上来的各种奏疏也都是由他自己处理，顶多是将部分内容拿出来，在朝堂之上让大家讨论出个结果提出意见，然后由朱元璋亲自拍板决策。决策之后怎样执行呢？哪个部门请示的、哪个部门上的奏章，就由这个部门的当事人，在奏章和请示件的后面记下朱元璋的裁决结果，就是圣旨，再写上自己的名字，表示这是当事人记录的圣旨，

然后下发相关部门负责执行。

可能有人会问，如果当事人记错了，或是故意记错欺瞒皇上怎么办呢？当然有办法。针对这种情况朱元璋专门设立了负责稽查等政务的六科给事中，与吏、户、礼、兵、刑、工六个部的业务相对应，即六科对六部，凡是皇帝当场裁决的圣旨，问题涉及哪个部门，就由与此相对应的那个科的两名给事中，在朝堂左右两边执笔记录。这样一来，至少有两名给事中和一名当事人共三个人记录皇帝裁决的结果，“以防壅遏欺蔽之弊”，目的是防止皇帝的圣旨无法传达、受到阻碍，防止有人欺骗和蒙蔽皇帝，进而破坏政令的执行。

不过这还不算，朱元璋还规定，宦官机构中司礼监的有关人员要和六科给事中一样“随朝录旨”，就是同样当场记录皇帝裁决的结果，以及拍板后的文件是否下发。这是为什么呢？因为朱元璋认为，如果外朝官员和六科给事中联合起来欺瞒他，那么他还有内府的宦官记录圣旨。这些人是他的家奴，不可能同外朝官员一道欺骗他，因此，有了当事人、六科给事中再加上内府司礼监的记录，圣旨的准确性就有了三重保险，哪个外朝官员也不可能轻易蒙骗他了。[1]

同时朱元璋还进一步规定，记录皇帝圣旨的文件一共备五份，第一份由当时的中书省的文官抄录，第二份由大都督府的武官抄录，第三份由御史台的官员抄录，第四份和第五份由六科和内府宦官保存，这样一来，各个主要政务、监察系统之间就可以相互监督、核查，朱元璋的圣旨也就不可能被扣押、被篡改了，政令的执行也就更为畅通，不可能受到阻碍了。

---

1 此处参考了胡丹《明司礼监研究》一文，见《明史研究论丛》第九辑，紫禁城出版社2011年6月版。

2. 皇帝兼丞相，朱元璋是国家元首兼政府首脑

从政治学理论上讲，国家元首和政府首脑其实是两个角色，其中国家元首主要负责国家的大政方针，政府首脑则负责日常政务，一般情况下这两个角色都被设立成两个职务，分别由不同的人来担任。即使是在某些特殊的情况下，国家元首和政府首脑几乎由一人或暂时由一人兼任，但其实两者仍然是两个不同的角色，始终完全由一人兼任的情况极少。

今天有些保留君主制的国家如日本、英国等国，国家元首是天皇或女王，政府首脑是首相，虽然首相的权力相当大，天皇、女王几乎没有什么权力，但首相几乎没有超过国王的法定权力。即使是像美国那样只有总统没有总理的国家，下面也还有副总统、国务卿等一整套机构和职务来辅佐总统，因此美国的总统也不是国家元首和政府首脑完全合二为一，完全由一人来兼任。况且这些国家的国会还握有相当大的决策权，总统和首相最多拥有一部分行政权。

现代社会是这样，古代也是这样，皇帝相当于国家元首，丞相相当于政府首脑，至少从秦始皇开始，两千年来在绝大多数情况下，这两个角色都是分别由两个人来担任的。从上述情况可以看出，无论是从理论上看还是在实际运作的过程中，国家元首和政府首脑这两个角色和职务，其实是很难由一个人来兼任的，因为两副担子都压在一个人身上，通常这个人很难挑起来，更不要说长期挑起两副担子了。

但是有一个人做到了，至少在一定时期内，在某些政务方面，这个人是一人兼任国家元首和政府首脑，皇帝和宰相两副担子一起挑，并且一直坚持到临终。这个人就是明太祖朱元璋，明朝的开国皇帝。洪武十三年（1380年）朱元璋废了丞相之后，自己做起了大明帝国的皇帝兼丞相，这一下朱元璋的工作量大大增加了，原来归

丞相管的事现在他都要管，并且许多具体的事务，从大政方针到一些鸡毛蒜皮的小事他也都要一一亲自过问。明朝的皇帝如果都像朱元璋一样，那每天都会相当辛苦、超级忙碌，成为天下第一大忙人。

3. 朱元璋的工作量相当大，常人很难持续下去

洪武十三年以后丞相没有了，朝廷大事小情都必须请示皇帝，朱元璋的政务一下子增加了不少，当时他的工作量多到什么程度呢？据有人统计，从洪武十七年（1384年）九月十四日至二十一日，8天之内各部门的奏札共1 660件，涉及的政务有3 291件事，[1]平均算起来，朱元璋每天要审批的公文多达207份，处理的政务超过411件。尽管朱元璋是一位有雄才大略、非常勤政的皇帝，“昧爽临朝，日宴忘餐”，天不亮就上朝办公，太阳落山了还没吃饭，经常夜以继日地批答奏章，但他毕竟无法超越人的自然局限。当时朱元璋已是五六十岁了，不可能每天都保持相当旺盛的精力，一直维持这么大的工作量。

实际上早在废相之前朱元璋就规定，许多事都要直接向他本人请示，不必经过中书省，不要向丞相请示，那时他的工作量就够大的了，而废相之后工作量更大，年纪和工作量几乎成正比。虽然一些日常政务后来由太子帮忙处理，但朱元璋常常不满意，加上洪武二十五年（1392年）太子朱标病死了，新册立的皇太孙年幼，因此朱元璋的负担越来越重，不得不想法找人帮忙。朝中的人他都不信任，于是到民间找了四个很有名望的文人，指望他们能帮忙自己处理一些政务。

可是这几个年纪较大的文人没什么行政经验，只有一些文学才干，根本帮不上朱元璋的忙，因此他很失望，不久就把这四个人打

1　参见《明太祖实录》卷一六五，洪武十七年九月己未。

发回家了，自己咬着牙拼命坚持处理政务，直到临终前还在办公。更要命的是，朱元璋还规定他的子孙也要像他一样，世世代代都做皇帝兼丞相，不许再设丞相来帮皇帝的忙，只能像他一样当个工作狂，整天为帝国的繁杂政务忙碌不堪。

朱元璋的决策情况大致有几个特点：第一，绝大部分政务都由他自己亲自决策，废掉丞相后他成了大明帝国的皇帝兼丞相；第二，决策的主要方式是朝会，就是在朝堂之上公开讨论政务，最后由朱元璋拍板决策，然后再由相关部门负责执行；第三，朱元璋建立了比较严格、完备的政令记录和传达制度，当事人、给事中和宦官三部分人同时记录圣旨，最后付诸实施；第四，宦官只负责记录圣旨，收、转章奏，并未参与政务的决策，虽然宦官的机构还在不断发展和完善，但尚未发展到后来可与外朝对接、合作的程度。

4. 辅政群体的出现，填补了废相后的政治需要

朱元璋废除宰相之后，辅政群体的出现某种程度上填补了废相后的政治需要，原因很简单，废掉丞相以前皇帝和六部中间有丞相，丞相还有副手和部下，这些人至少可以帮着皇帝处理朝中的各种政务，皇帝只需要面对丞相和几个副手就行了，比较省事。废除丞相之后皇帝兼任丞相，直接管六部，六部也直接向皇帝负责，中间没有丞相，好像省事了，但实际上哪个皇帝也不可能同时兼管六摊事，加上司法、监察以及通政使司等部门，总共算起来可能超过十摊事，一个皇帝同时能管得过来吗？他就是再有能耐也根本管不过来。管不过来怎么办？皇帝只好设法在自己和六部之间，逐渐安排一些人来帮他处理庞杂的政务。他们之中有人替皇帝处理公文奏章、起草诏旨，相当于秘书；有人替皇帝出主意、提建议，相当于参谋、顾问；还有人奉命临时兼管其他部门，相当于现在的副总理。这些人长期受到皇帝的信任，被皇帝授予一些特殊的权力和地位，久而久

之就成为皇帝和六部之间的一个特殊群体，一个临时拥有特殊权力和地位的辅政群体。同时，朱元璋废除丞相之前，是皇帝与代表士大夫的丞相等人共同治天下，废除丞相之后等于皇帝一人治天下，独裁的成分大为加强。但是皇帝完全离开士大夫的支持与辅助，根本不可能一人独裁治天下，因此，辅政群体的出现和形成，其实也是皇帝与士大夫共同治天下的政治需要。

（二）朱棣决策方式的变化：放权与借助辅政群体

1. 南北两京各有政务，朱棣只能向臣下分权

到了永乐时期这种情况发生了变化，朱棣在位期间前后有两个首都，前十八年南京是首都，后四年迁都北京，并且不管是在南京还是在北京，朱棣常常离开首都北征蒙古，这样一来，北京和南京都要有人代理皇帝处理日常政务。迁都北京以前，几次在南京代理皇帝也就是监国的人，是皇太子朱高炽。朱棣北征离开北京时，在北京处理政务的是皇太孙朱瞻基，辅佐他的官员是老臣夏原吉。迁都北京以后凡是朱棣北征时，代理他主持政务的人都是皇太子朱高炽。

根据这种情况，朱棣临时授予太子、太孙及夏原吉等人一部分决策权，即代替自己处理日常政务的权力，而常务以外军国重务的决策权，仍然牢牢掌握在朱棣本人手中。虽然朱棣在晚年的最后几次北征途中，曾有过将来放权给太子的口头表示，但在他生前并未真正落实过。事实上每当朱棣回到首都后，他的临时授权即自动收回，太子代理皇帝也就是监国的职权也自动结束，夏原吉更是每次都把自己临时兼职的大印主动还给朱棣。[1]

---

1 参见《明史》卷一四九，《夏原吉传》。

带有“大明皇帝赐金”字样的刻花银套杯

与此同时，为了应付上述情况和决策的需要，朱棣上台后组建了自己的秘书班子——内阁，主要职责是替皇帝起草各种重要的诏书、文件，这项工作相当于过去翰林院工作的放大和延伸，因为翰林院的重要职责之一就是替皇帝起草各种文件，包括撰写皇帝需要的一些应景诗文。实际上内阁的成员都在翰林院里兼职，说明两者的性质相同，都是皇帝的高级秘书。当时的内阁有一项职责，就是“详看诸司奏启”，具体的过程没有记录，但是对各部门奏章“详看”的目的不可能只是看，估计还会有初步处理的口头或书面意见，以供皇帝决策时作为参考，否则就没有必要让这些人“详看”了。从这个意义上讲，后来仁宗时期的辅政群体起草圣旨即票拟，应该是从前朝的“详看诸司奏启”发展而来。

2. 朱棣有了自己的辅政群体，内部还有分工

那么朱棣遇到大事都找什么人商议呢？主要是六部尚书中经验丰富的夏原吉、蹇义等人，加上内阁中有才干有谋略的杨荣等人，共同组成了朱棣的辅政群体。一来朱棣夺位前毕竟没当过皇帝，没有统治全国的丰富经验；二来他上台后从事的许多活动如下西洋、迁都、南北出击等，带有开拓和创新性质；三来他不像那些年纪小

就当太子、当皇帝的人，周围暂时没有一批可用的辅政大臣。因此，朱棣做事尤其是一些重大决策，必须适当征求那些士大夫的意见。由于朱棣多次离开首都南京和北京，流动性较大，许多决策都是在外出的途中完成的，不像当年朱元璋那样主要是在朝会上决策，因此，经常跟随朱棣的辅政人员如杨荣、夏原吉等人，就自然成为参与议政和决策较多的参谋和顾问群体。

比如杨荣，朱棣不管是在北京还是北征都要带上他，因此杨荣后来成为朱棣的首席顾问，而起草诏令的本职工作反而不那么突出了。但另一些谋略、才干都一般的内阁成员，如金幼孜、胡广等人，基本上还是照样从事本职工作。朱棣、朱高炽两人的活动特点，加上内阁成员的分化和分工，使他们逐渐形成两批人，一批是杨荣、金幼孜和胡广等人，基本上跟随朱棣出巡北京和北征；另一批人如杨士奇、黄准、杨溥等人，主要是辅佐太子临时监国南京。其中杨士奇较有才干和谋略，因此他成为当时太子的首席顾问和秘书。

那么朱棣有事经常征求内阁成员的意见，这一点是否意味着内阁拥有了议政权呢？以往的研究基本上肯定这一点，理由是朱棣在内阁设立之初曾讲过："代言之司，机密所系。且旦夕侍朕，裨益不在尚书下也。"意思是：这个机构是替皇帝写东西的部门，并且事关机要政务，你们从早到晚都在我身边，发挥的作用不比六部尚书小。后来朱棣又说：如果能做到提意见的人无所畏惧，听意见的人无所忌讳，"天下何患不治，愿与尔等共勉之！"还愁天下管不好吗？我朱棣愿意和你们共同为此而努力。[1]

虽然话是这么说的，但这不过是朱棣的一个愿望，实际上并不是所有的决策朱棣都去征求内阁成员的意见，他觉得需要就去征求一下，不需要就不去征求。内阁成员也没有遇事都要提建议的权力，

1　参见《明通鉴》卷十四，成祖永乐二年九月丁卯。

相反如果朱棣没问，你自己提了皇帝不想听的意见，很可能倒霉，甚至受到惩罚。解缙当年就因为反对朱棣打安南，加上提醒朱棣不要过分纵容朱高煦，不仅被赶出了内阁赶出了朝廷，最后还送了命。因此，内阁成员并不像朱棣说的那样，可以无所畏惧地提意见，更没有制度规定的议政权，仅仅是“备顾问”的皇帝高级秘书。

3. 朱棣的决策方式已与朱元璋不同，放权较多

从永乐朝的情况看，朱棣决策政务的方式与朱元璋略有不同。第一，有一个较为稳定的辅政群体参与决策，核心人物有杨荣、夏原吉、蹇义、杨士奇等人，朱棣在位二十多年的开创性活动，咨询的对象大部分是这些人。当然，朱棣后期与这些人矛盾、分歧较大。相比之下，朱元璋几乎没有一个稳定的辅政群体，高层人员前后的变化较大，尽管也同朝臣商量事情，但还是他自己裁决的成分较大。

第二，朱棣临时授权决策的情况较多。他即位后多次离开首都，迁都前三次离开南京，迁都后三次离开北京，离京期间授权太子临时监国，处理常务，北征期间还多次授权皇太孙和夏原吉等人兼管北京的各部政务。后来夏原吉被捕入狱，朱棣又授权吕震兼管其他几个部，[1]这种情况在朱元璋在位的洪武朝是相当少见的，他废除宰相后很少授权他人处理常务，顶多是同太子朱标一起商量处理。

第三，朱棣逐渐拥有一个行政秘书班子，帮助他处理政务，有时还起到顾问和参谋的作用。这个秘书班子包括一部分内阁成员，但只有少数才干、谋略较为突出的内阁成员，才有资格成为朱棣的高级秘书兼顾问。相比之下，朱元璋虽然有一套决策机制，但并没有朱棣那样的秘书班子，尤其是废掉丞相之后，虽然他也请了四个高龄文人来帮忙，但最终还是不成功，政务压力相当大。

1　参见《明史》卷一五一，《吕震传》。

第四，尽管由于迁都、北征的需要，朱棣不得不放权授权给太子临时监国，但他从来都不放心，挑选和任命的监国辅臣既是辅佐监国的，也是监督太子的。兵部尚书金忠等人还曾奉命调查太子，至于太子周围向朱棣打小报告的宦官更多。朱棣还曾一度推翻了太子监国期间的决定，说明朱棣始终企图牢牢控制决策权，这与朱元璋也不全一样，尽管朱元璋同太子朱标也有分歧，但至少两人在一起时，朱元璋是同意太子的部分决定，并规定太子有权处理一些日常政务的。

虽然同样有一批宦官跟随朱棣出巡、北征，但这些人已不可能像洪武朝那样，随时随地记录朱棣的决策圣旨，因而也就没有参与朱棣的决策活动。不过永乐一朝宦官的地位大为提高，郑和作为宦官外交家六下西洋，和他一样的侯显多次万里出使西域，锦衣卫和东厂的特务活动有宦官参与，有些特务宦官还作监军，即皇帝的私人代表在军中任职，但他们都没在皇帝的决策中发挥作用，同明代中后期的干涉政务甚至宦官专权是两回事。

从永乐朝的情况看，朱棣决策政务的方式已与朱元璋有所不同，虽然朱棣始终牢牢控制决策大权，但在离京、北征和重病期间，许多政务只能放权、授权给他人来处理，而不可能像朱元璋那样，始终是一人兼任皇帝和丞相。这种情况到仁宗、宣宗时有了较大变化，怎样变的呢?

（三）仁宗决策方式开始转变

1. 太子在南京监国时，决策受到监视和遥控

当年太子朱高炽在南京监国时，决策政务的方式与朱元璋和朱棣基本一样，都是在上朝时听取大臣的奏事和意见，然后当场拍板决策。这里还有一个情况值得说明，永乐七年（1409年）二月礼部

拟定的太子监国事宜中规定："常朝于午门左门视事，其左右侍卫在京各衙门官员人等各启事务如常仪；如若皇太子御文华殿，官员人等承旨召入者方许入。"[1]这里的午门左门和文华殿，即成为太子上朝处理日常政务的办公地点，而重要政务包括四品以上文武大臣的选任，边境军队的调发以及相关的奏疏等，则不归太子处理，要等朱棣回京后再一并处理。不过太子监国时除了上朝的仪式与皇帝不同，以显示太子与皇帝有等级差别之外，决策政务的方式与朱元璋和朱棣基本一样。

但是太子监国是受到朱棣遥控的，加上汉王朱高煦一直企图争夺皇位，设计诬陷太子及其部下，因此，太子在朝会上处理政务时，下边的官员和宦官之中说不定有很多双眼睛在盯着太子。这些人有的是受朱高煦收买和指使，想挑太子的毛病和失误，有的可能是朱棣有意安插在太子身边的眼线，奉命监督太子的。别人不说，就说金忠，兵部尚书兼太子詹事府的詹事，相当于国防部长兼太子辅导委员会主任，永乐七年太子监国时，朱棣指令金忠担任留辅太子监国的四大辅臣之一，此后朱棣曾几次密令金忠调查太子监国期间的过失，搞得金忠非常为难，"免冠顿首流涕，愿连坐以保之"，[2]摘了乌纱帽又是痛哭又是磕头，还拿全家性命来保证太子没什么失误。

由此可见，金忠就是朱棣派到太子身边的一个特殊官员，既要辅佐他监国，又奉命监督他。至于被汉王朱高煦收买的、受到朱棣纵容或指使的宦官们，随时随地监督、汇报太子的失误，还不知道有多少人、多少次，因此，太子监国时决策政务，至少是公开受到一些内外官员监督的。不仅如此，朱棣还时常遥控和干涉太子的决策，并且找碴儿关押、杀掉太子的部下。永乐十五年（1417年）之

1　参见《明太宗实录》卷十八，永乐七年二月丙子。
2　参见《明通鉴》卷十六，成祖永乐十三年四月戊辰。

后，更是缩小和剥夺了太子监国的一部分权力，加强了对太子的防范和限制。

在这种情况下，太子监国会是一种什么样的心态呢？朱高炽名义上是代替皇帝处理常务，每天也坐在朝堂上办公，但实际上他决策的事往往不算数、不好使，并且他的权力范围越来越小。更不要说周围的官员和往来的宦官，指不定有谁就是奉命来监视他的，只要他稍一出错甚至还没出错，就会有人上告朱棣，他的部下就会跟着倒霉。因此，太子上朝决策政务时非常小心谨慎，在一定程度上被迫做得很像样，是有意给那些监督他的人当然也是有意给朱棣看的。

文华殿旧影

因此，朱高炽作为太子监国时，虽然他的决策方式同朱元璋、朱棣几乎一样，但处境和权力大不相同，心态更是不一样。在权力受遥控、言行受监督的情况下，朱高炽上朝决策时，是否会觉得总有几双眼睛从不同的角落来监视他，是否会有脖子后冒凉风的感觉，是否会对上朝决策的方式排斥和反感，没有史料记载，但后来朱高炽即位后，不是跟几个亲信大臣在便殿商议政务，就是干脆让这些人去直接处理，自己很少再上朝去当场拍板决策政务。由此可见，实际上朱高炽并不喜欢也不习惯即位前的决策方式，他在即位前和即位后决策方式的明显转变，很可能同他早年监国时的坎坷经历有关。

2. 总体工作量的增加，是仁宗转变决策方式的原因

以往大都认为皇帝不上朝是从宣宗开始的，而实际上真正这么干的人是宣宗的父亲——明仁宗朱高炽。那么为什么仁宗一当上皇帝就变了呢？仅仅是因为仁宗缺乏先辈的干劲和责任心，享乐的欲望太强了吗？还是有什么其他的原因呢？从仁宗本人的经历和当时的情况来看，至少还有几个原因：第一，仁宗监国时曾经多次受到朱棣的遥控和监督，决策政务带有勉强甚至是被迫的成分，因此他本人对这种方式未必完全接受甚至可能反感。即位后受监督、受遥控的因素完全消失了，仁宗自然想喘口气、歇一歇，好好享乐一下。

第二，仁宗从监国到去世，始终拥有一个较为成熟、稳定的辅政群体，这个群体帮助他决策、完成了许多重要的政务，他本人同这个群体的关系极为密切，并且治国的理念几乎一致，因此仁宗对其中的杨士奇等人是非常信任的，他可以授权、放权让这些人来为他分担、决策部分政务。加上仁宗本人性格不像朱棣、朱元璋那样雄毅专断，政治经验也不是特别丰富，对于许多政务也没有太多的主见，因此仁宗必须充分依靠他的辅政群体来帮助自己决策，而不可能像朱棣、朱元璋那样，决策主要靠上朝时当场商议、拍板。

其实朱元璋和朱棣也不可能在上朝时当场商议、拍板处理全部政务，许多奏章也要在上朝以外的时间来处理，不过是上朝的时间和处理的政务肯定要比仁宗以后的皇帝多一些，并且是以亲自决策为主，很少授权、放权给其他人，尤其是朱元璋，后来顶多是交给太子一部分。同时，朱棣与他的辅政群体治国的理念也不完全一致，因此，他不可能始终与这些人密切合作。

第三，各地、各部门奏章的增加，是仁宗决策方式转变的原因之一。奏章增加的原因有三个。其一，永乐时期凡是朱棣北巡期间，各地的奏章都送到首都南京收藏，要等朱棣回到南京后再作处理，监国的太子无权处理。后来迁都北京后，虽然朱棣病重和北征期间，“中外事悉启皇太子处分”，[1]但可能并不包括全部奏章，但朱高炽当了皇帝后，这些奏章一律都要由他来随时处理。其二，朱高炽即位后，除了正常的奏章之外，他还特别鼓励臣下多上奏章，尤其是提倡密奏，这样一来，上奏的自然就多了。而从当时的情况来看，仁宗对密奏都是亲自处理、批阅的，其余的则分给杨士奇、夏原吉等人处理。

其三，四方水旱消息的奏章不再按惯例积存于通政司，而是直接上报御前。仁宗即位以前，各地水旱消息的奏章都是由通政司统一收存，整理之后再向上报告。但通政司往往会积压一段时间，通报不及时，甚至是走过场，仁宗即位后要求通政司尽快报给他，以便及时掌握各地的灾情。通政司请求转归给事中收存，仁宗不同意，他说：“祖宗令天下奏雨泽，欲前知水旱以施赈恤。积之通政司，已失之矣；今又令收贮，是欲上之人终不知也，自今奏至即以闻。”[2]他明确指出这些奏章放在通政司和六科，都不利于及时赈济灾害，一

---

1 参见《明史记事本末》卷二十六，《太子监国》。

2 参见《明通鉴》卷十八，成祖永乐二十二年十月戊申。

旦奏章到了就送御前上报灾情，这样也使奏章的数量比以前有所增加。

从上述三点可以看出，仁宗时期奏章的来源和数量都比前朝增多了，这一点应是仁宗放权让杨士奇等人处理奏章、从而减轻自己负担的原因之一，当然也是决策方式从以朝会为主转变为以批答奏章为主的重要原因。

明人纺织图

第四，仁宗以批答奏章为主的决策方式，某种程度上也是继承和效仿其父皇朱棣的作法，为什么这样说呢？朱棣当年总不在首都，只好让太子监国，或是让夏原吉辅佐皇太孙临时主政北京，同时又设立内阁作为秘书和顾问班子，帮助自己处理政务。当时仁宗只是朱棣的助手之一，如今当了皇帝也学着朱棣的办法，让别人给自己当助手，他自己腾出手来追求享乐或处理其他政务。南京派太子朱瞻基去镇守，当然是为回迁首都做准备，政务包括奏章则授权夏原吉、杨士奇等人帮他处理，这套办法同朱棣几乎一样。

不同的是，当年朱棣一回到首都，他出门时下放的权力就一律自动收回，太子也不监国了，夏原吉等人也不再临时兼管其他部门了，大印交回；而仁宗朱高炽则一直让辅政群体替他分担许多政务，放权、授权也比朱棣更多。当然，仁宗的决策方式从以朝会为主转变为以批答奏章为主，除了奏疏数量增加、辅政群体得力等原因外，最主要的原因还是朱元璋废除丞相后，皇帝的工作量迅速加大，所以后来的皇帝不得不多找一些助手，来帮自己分担和处理政务。仁宗虽然比朱棣更多地放权、授权给其他人，但是许多奏疏尤其是那些密奏他还是亲自处理，也从未听说仁宗让宦官替他抄录别人起草的圣旨，至少目前没有发现这类史料。

（四）宣宗逐步完成决策方式的转变

1. 宣宗让两批助手分别替自己起草和抄录诏书

到了宣德时期，宣宗正值青春年少，玩心很盛，即使是用红笔抄录夏原吉起草的诏书他都觉得费事，但这个批红权是皇帝专有的决策权，不能轻易给别人，更不能给大臣，怎么办？据说宣宗把这个权力临时分给了几个高级太监，每一批奏章都由夏原吉等人事先起草好了处理意见，宣宗只是象征性地亲自批示几本，其他那些就让秉笔太监抄录起草的意见，然后下发给各部门执行。这样一来，宣宗又省了一个批文件的负担，工作量又有所减轻，于是就可以腾出更多的时间和精力，去从事他更感兴趣的游乐和艺术活动了。

目前现存的可以证实是宣宗本人的绘画作品有近十幅，除北京故宫和台北“故宫博物院”外，国外一些大的博物馆也有收藏。文学作品有《大明宣宗皇帝御制集》数十卷，除了一些官样文章外，还有近两千首诗词，其中许多内容反映出这位青年皇帝丰富多彩的宫廷游乐生活。宣德时期，还有大量的民间演艺团体来宫中演出，加上宣宗

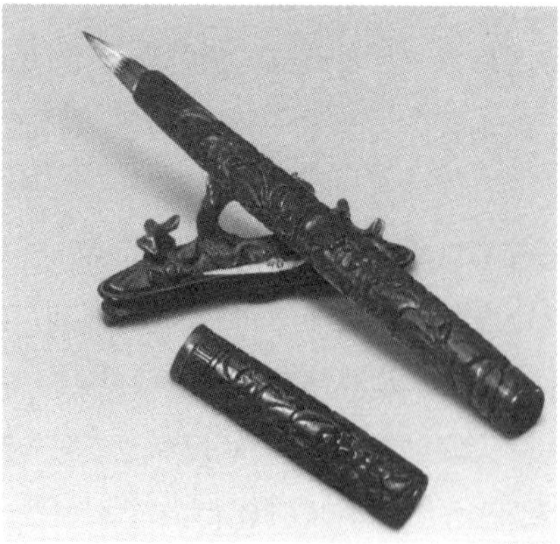

明宣德红雕漆牡丹纹管兼毫笔

巡边打猎等活动，可见，由于有两批助手分别替宣宗起草和抄录诏书，他便有了更多的时间和精力去从事游乐和艺术活动。宣宗很聪明，这么干的结果是处理政务和享受娱乐两不耽误。

从上述情况可以看出，仁宣时期与洪武、永乐时期的决策特点已明显不同。第一，皇帝处理政务不再以朝会决策为主，而是以批答奏章为主，这一点当然和仁宣两帝不常上朝、逐渐怠政有关，但也是洪武、永乐以来决策机制的发展趋势；第二，即使是对奏章的处理意见，仁宣两帝也逐渐让辅政群体代为起草，称为票拟，因而将这些人的议政作用纳入决策机制；第三，除了起草对奏章的处理意见之外，有些政务还授权辅政群体人员直接处理，从而减少了皇帝的政务负担；第四，仁宣两帝甚至还授权辅政群体的人兼管其他部门，于是这些人的权力和地位都变得较高，一定程度上超过了这个群体以外的内阁大臣和六部尚书。

在这个决策形式中，最为关键的环节是起草谕旨，或者说是对上奏问题的处理意见，因为只要这个意见起草得合适，那么无论谁按照这个意见批示执行，恐怕都不会有问题。仁宣时期，诏书的主要起草人主要是夏原吉，这个人行政才干非常高，经验也非常丰富，又深受仁宗宣宗父子两人的信任，因此替皇帝起草处理意见是非常合适的。不仅如此，宣宗几乎是专门授权夏原吉代批各地的奏疏，有的奏疏来不及批示，宣宗甚至让夏原吉直接传旨处理，等于临时代替皇帝行使权力，可见宣宗对夏原吉的特殊器重和信任。

替皇帝起草处理意见之后，接下来的环节就是批红，也就是将起草的意见用红字抄写后下发执行，皇帝本人没问题，因为批红权本来就是皇权，是皇帝的法定决策权之一，但如果皇帝授权给司礼监的秉笔太监代替他本人批红，那么这个人就必须具备两个条件，一个是皇帝要非常信任这个人，另一个是这个人要有一定的文化水平和行政经验，否则就看不懂起草意见，而这一点是要经过特殊培训的。那么宣宗是怎么办的呢?

2. 教小太监学文化，并不违反祖训的重要精神

为了培养少数太监的文化水平和行政经验，宣宗想了个办法，从翰林院的那些秀才里抽调一些人，专门来教小太监学习文化和行政经验，其中的负责人是大学士陈山，也就是宣宗当太子时的老师之一，后来他就专门负责这件事。教小太监学文化，实际上是包括让他们学习行政经验的，因为识字之后就是阅读文章，文章的内容除了一些传统文化之外，估计还会涉及一些行政经验，只有这些东西才是替皇帝批红的太监所必须掌握的。有人认为宦官学习文化就是他们专权干政的主要条件，事实上不一定，因为许多有文化的宦官并没有专权干政，并且宦官学习文化至少是明代内廷管理规范化的标志。

从上述情况来看，宣宗一方面任用有经验、有才干的老臣为自己起草意见，另一方面任用有文化、受信任的太监替自己批红，再让翰林先生教小太监学文化，这是个相互衔接、相互配套的政治工程，几个因素缺一不可。宣宗正是把这几个因素较好地组合在一起，才使明朝政府的决策方式从皇帝一人负责决策，转变为元老重臣更多地参与决策，并且少数宦官也可以替皇帝抄录决策，行使决策权。更进一步说，即使是像宣宗这样精力旺盛并且颇有责任心的帝王，也不可能完全像当年朱元璋那样，一人兼任皇帝和丞相，而只能设法找人帮忙。

这里有一个问题，当年朱元璋曾立下祖训禁止宦官识字，他担心的是一旦宦官识字，就有可能勾结外朝官员，把持朝政甚至篡权。而宣宗却改了这条规矩，不但找人专门教那些小太监学文化，还让他们代替自己抄写批示文件，这不是明摆着违背了朱元璋的祖训了吗?不错，宣宗的确是违反了这条祖训，可是朱元璋的祖训里还有

一条更重要的内容，那就是严防大臣专权干政，不许颂扬大臣的功德，更不许大臣拥有接近决策的权力。

因此，宣宗让宦官代替自己批红，但他很少让大臣这么干，也就是把决策权牢牢掌握在自己和家奴的手中，这么做并未超越祖训的规定。至于让一些宦官学文化，虽然部分违反了朱元璋的祖训，但整体上却仍然体现出祖训里防止大臣专权干政的精神，从这一点来讲，宣宗不愧是朱元璋的优秀子孙。并且在决策方式转变之后，尽管宣宗分给了宦官一部分权力，让他们参与政务，但是并没有把重要的决策权交给这些人，因此，宣德时期也没有出现刘瑾、魏忠贤那样乱政的宦官。虽然宣宗把抄录圣旨的权力一度交给了宦官，但是后来的宦官单凭这个批红权，就一定能够专权乱政吗？

故宫养心殿前的明代掌印秉笔太监值房

三十三　宦官分权

自从朱元璋废除宰相之后，辅政核心群体的出现某种程度上满足了废相后的政治需要，成为皇帝的秘书和顾问班子。到宣德后期为止，决策的方式从以皇帝朝会的形式为主，转变为以辅政群体议政、皇帝批答奏章为主，议政、决策、执行三个环节相互衔接，形成了不同于洪武、永乐时期的新的决策方式。决策的方式转变之后，皇帝已经不用再像朱元璋那样每天都要上朝决策政务了。但另一方面，随着皇帝年幼、懒惰、贪玩情况的增加，宦官的权势也随之增加了。虽然宦官替皇帝批红不一定会导致宦官专权，但是只要皇帝授权宦官行使部分决策权，宦官就可以专权乱政，因为皇权很少受到限制。

（一）决策方式的转变结果：皇帝不必总上朝

1. 决策方式转变后，上朝和理政不是一回事

在决策方式转变的情况下，皇帝上朝已较多地成为一种单纯的仪式，而不是办公或决策，也不用再像朱元璋那样每天都要上朝理政了。而上朝仪式主要的作用是为皇帝立威，除了带有一种无形的

明武宗像

和深远的象征性影响之外，对于理政本身已经没什么实际意义了。皇帝可以在朝堂以外的地方、在不上朝的时间内处理政务，明代中后期的皇帝几乎都是这样，包括世宗长期在西苑、武宗在豹房或外出巡幸途中处理政务，他们两人在参玄修道和贪图玩乐的同时，都没有放弃对重大政务的处理，世宗甚至完全是亲自批阅奏章，很少用宦官帮忙。

同时，有些经常上朝的皇帝如宪宗，虽然在位二十几年但很少与内阁大臣共同理政，相反倒是长年不上朝的嘉靖帝，处理政务很少耽误，几个辅臣几乎不离左右，他自己就曾说："朕中夜之分亦亲处分，辅赞大臣日夕左右，未顷刻有滞于军机，而朝堂一坐亦何益。"[1]可见其曾在半夜处理政务，并且明确表示上朝露一面没什么用处。因此，明代中后期上朝和理政已有明显区别了。

另一方面，如果坚持每天都上朝，举行一些早、晚视朝仪，百官朝参等烦琐仪式，不仅浪费时间、影响皇帝享乐，可能也会影响官员的工作效率，因此明代中期的皇帝普遍都减少了上朝活动，在享乐之余处理政务。到了明代后期尤其是这样，即使是号称长期不上朝的万历皇帝，也不是什么政务都不管，除了对那些不好处理或不想处理的奏疏，采取扔在一边的"留中"方式之外，也还是处理了不少政务。因此，不上朝不等于不理政。万历时期一个内阁大学士沈鲤就曾说过："章奏即政事，停章奏即停政事，缓章奏即缓政

1 参见《明世宗实录》卷三六四，嘉靖二十九年八月癸未。

事。”[1]从这句话也可以看出，上朝与理政已经不是一回事了，而批答章奏才是办公理政，那种认为只要皇帝不上朝就是不理政的看法，恐怕是站不住脚的。

有人认为清朝的皇帝既上朝又勤政，明朝后来的皇帝大部分都不上朝也不勤政，这话恐怕不全对，因为明代中后期决策方式转变之后，皇帝已经不用非要上朝决策政务了。清朝皇帝上朝，很多内容也都是举行各种宫廷礼仪，不全是处理政务。明朝后期皇帝不太上朝，除了减少处理部分政务之外，很大程度上只是减少了许多宫廷礼仪，而明清两代皇帝都在上朝之外处理了大量的政务，因此，不上朝不等于不勤政。况且清朝的皇帝虽然勤政，但是在哪儿勤政呢？据说自康熙以后清朝的皇帝大部分时间都在避暑山庄、圆明园等地处理政务，这和明朝武宗在豹房、世宗在西苑的性质差不多，至少都有理政的同时追求享乐的成分。

由此可见，明清两朝皇帝在勤政方面虽然有差别，但这并不等于说，清朝的皇帝只勤政不享乐，而明朝的皇帝只享乐不勤政。况且明朝虽然许多皇帝不太勤政，甚至年幼贪玩、懒惰厌政，但是具有儒家民本思想的士大夫群体，在明朝政治上占有突出的地位，表现为明代的内阁基本上都是根据士大夫的意见和社会的需要，来为皇帝起草处理政务的诏谕，这样可以适当地削弱专制皇权的某些弊端，使国家权力的运行比较符合整个社会的公共合理性诉求。

清代虽然皇帝比较勤政，有些皇帝甚至事必躬亲，但士大夫群体在政治上的地位明显不如明朝，作用更为有限，这个群体所具有的进步的、合理的要求，也无法像明朝那样可以较多地被最高决策者所吸收，相反专制皇权加上贵族政治的某些弊端明显超过明朝，因此，国家权力的运行很大程度上被控制在以皇帝为首的少数统治

1　参见《明神宗实录》卷三八九，万历三十一年十月癸未。

集团手中，与整个社会的公共合理性诉求也并不完全契合。在这种情况下，皇帝的勤政只能加深专制的程度，对社会的发展和进步恐怕未必都是好事。

有些人只看到皇帝上朝，可以当场拍板解决问题，其实这类问题可能是较为简单的政务，相反复杂的政务是必须经过反复商议才能决策的。事实上朱元璋和朱棣实行朝会决策时，许多问题也是在上朝之外经过反复商议的，不可能都在朝堂之上公开讨论和当场拍板。同时，并非所有的事都是皇帝一人来决策，大臣插不上嘴。道理很简单，任何专制都是相对的，没有绝对的专制，无论什么事、无论任何时候都是皇帝一人说了算，不跟任何人商量，哪个皇帝也做不到，事实上也不可能。只是相比之下，朱棣、朱元璋这类皇帝的专制多一些，程度深一些，朱高炽和朱瞻基等皇帝则相对少一些，程度轻一些。

2. 新的决策方式虽然合理，但需要内外官员帮忙

辅政群体议政、皇帝决策、部院执行的机制形成后，议政被纳入决策程序中，决策之前的议政部分是被加强的，显然有利于皇帝决策的合理性。内阁的票拟也就是起草圣旨和六部的商议，使皇帝的决策更多地吸收了大臣的意见和建议，虽然内阁的票拟没有皇帝和宦官的批红就不能形成决策，但没有票拟，仅凭皇帝和宦官传达的圣旨，同样被视为不合程序，至少要受到六科的封驳。

因此，议政、决策、执行三个环节衔接，可以对皇帝的随意决策形成一定的制约，当然，同时也可以防止权臣专权，尤其是当皇帝年幼或贪玩怠政时，国家统治的机制可以照常运作。从这个意义上讲，宣德时期出现的辅政群体议政、皇帝决策、六部执行的机制，同传统政治体制即朝会决策制度相比，是一种变革和进步。虽然这一机制还有许多问题，执行过程中也出现一些弊端，有待完善，但

仍然具有较为合理的一面。[1]

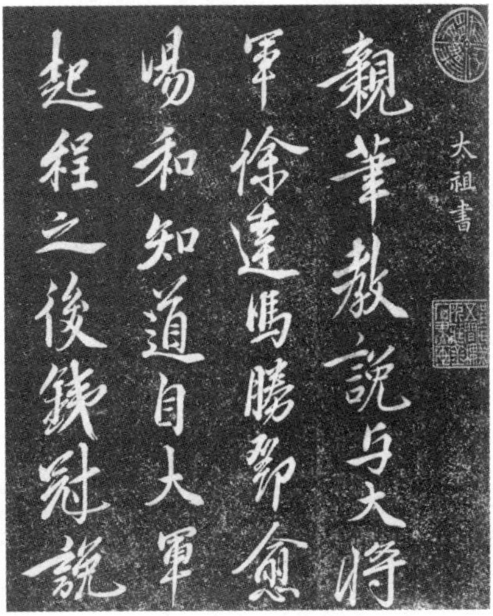

明太祖《教说与大将军》局部

朱元璋废了丞相后，自己不得不兼任丞相，但后代不可能像他那样总是一人兼任皇帝和丞相，由皇帝一人独揽决策权和行政权，事实上这种体制根本无法维持，于是明朝君臣只好逐步加以调整。明代中期大臣议政、内阁票拟、皇帝（或宦官）批红、六部执行的体制逐步确立，并且趋于稳定，说明这种体制大体上满足了废相后的政治需求，具有一种内在的合理因素。

平心而论，明朝国家元首兼政府首脑即皇帝兼丞相，朱元璋的确做到了，并且做得还不错，因为他本人毕竟是开国皇帝，具有丰富的政治经验和能力，崇高的威望和地位，充沛的体力、精力以及充足的干劲，这四点是朱元璋的过人之处，也是一个皇帝兼任丞相的必备条件，四者缺一不可。但问题是朱元璋的子孙里边，是否有人完全具备这四个条件呢？事实证明一个都没有：宪宗、穆宗比较懒惰，干劲不行；景帝和孝宗经验和能力很一般；宣宗和武宗能力、精力都够用，但玩心较重，干劲不足；英宗和武宗即位时还是小孩子，谈不上威望和经验……

既然这些人里没有一个能像朱元璋那样同时具备四个条件，他

1　此处参考了导师王天有先生《有关明史地位的四个问题》一文，见《明清论丛》第10辑，紫禁城出版社2010年版。

们也就不可能一个人担起皇帝兼丞相两副重担。但是大明帝国的庞杂政务必须有人来处理，朱元璋又不许恢复丞相制，不许大臣帮忙，怎么办？朱元璋的子孙们只好把这些政务逐渐分散给部下来处理，让内阁起草处理奏章的谕旨，让宦官代替皇帝批红，两者都是废相之后皇帝被迫分权的方式和结果。

（二）转变后的决策体制无法避免宦官分权

1. 宦官拥有部分决策权，并不都是偷来、抢来的

明代国家元首和政府首脑分别由不同的人来担任，这种格局有一定的弹性，同样具有稳定性，但如果这两个职务由一人兼任则弊端较大，一旦这个人出了问题，对国家政治造成的影响和损失是相当大的，明代帝王尤其是那些放任宦官专权乱政的帝王，可以充分地说明这一点。朱元璋废除丞相以前，大政方针的决策权在皇帝手里，一般常务的执行权在丞相手里，所以轮不到宦官来替皇帝决策政务。但是废了丞相之后，所有的决策权都归到了皇帝手里，一旦皇帝年幼、懒惰、贪玩或干脆不作为，外廷大臣按规定又无法替皇帝决策，在这种情况下，皇帝的一部分决策权就会自然落到了内廷宦官的手中。

这里提到的是宦官分权，而不是宦官窃权或侵权，就是因为在废除丞相后的决策体制中，宦官除了原有的宫廷权力之外，还会从皇帝手中自然获得一些外廷官员的权力，或者说这些权力是自然分散、分配到宦官手中的，而不全是宦官有意窃取或侵夺来的。至于说明朝中期以后的个别大宦官虽然权力很大，达到专权的程度，甚至拥有皇帝专有的决策权，已有窃取和滥用之嫌，但是在很大程度上还是出于皇帝的授权，至少一开始是这样。

比如正统朝的英宗不到八岁即位，宦官王振替他处理部分政务，

正德朝的武宗和天启朝的熹宗都贪玩，分别让刘瑾和魏忠贤等人替他们处理政务，一开始他们几乎都有皇帝的明确授权，并不是在皇帝不需要或没有授权的情况下，几个宦官就拥有了许多大权。只是这些人受到了皇帝的纵容，较多地干预外廷政务，甚至有些越轨、威胁皇权，所以才受到了皇权的打击和限制。因此，即使是那些大宦官拥有部分决策权，也是出于政治需要或皇帝的临时授权，当然，也有一部分权力是这些人倚仗皇权狐假虎威而获得的。

2. 转变后的决策体制无法避免宦官分权

从性质上讲，宦官的批红权与内阁的票拟权是不同的，内阁票拟权是阁臣向皇帝提供意见和建议，辅助皇帝发挥决策职能，阁臣可以在票拟中有限地表达自己的倾向和见解。宦官批红则完全是代替皇帝行事，只能表达皇帝的意见和决定，而不能掺杂个人的私意。换句话说，内阁票拟权具有一定程度的独立性，而宦官批红权则完全从属于皇权。当然，有时内阁起草的圣旨草稿，既要考虑到国家、官员的需要，又要照顾到皇帝的意图，调和三者的矛盾，这样做不仅需要经验和文字技巧，还需要与了解皇帝的宦官进行沟通、商议，因此皇帝身边的那些大宦官更接近权力中心，自然具有特殊的优势，并且这些人被授权对内阁的票拟批红，等于代表皇帝行使决策权，这个权力显然高于内阁。

在这种情况下，阁臣与宦官加强接触甚至结成同盟，很大程度上是工作上的需求，并非都是道德上堕落和无耻的行为。虽然朱元璋立有禁止宦官干政的铁牌，但后来的皇帝并未严格执行这一规定，事实上也不可能严格执行，尤其是明中叶以后，内阁首辅多为皇帝的老师，内府司礼监的首脑多为皇帝少年时的伙伴，两者作为皇帝辅政群体的主要成员往往合作较多，这并非偶然，而是因为彼此都有合作的需要和条件。司礼监的太监代替皇帝批红，不过是朝臣与宦官合作的情况之一。事实上在明代中后期，某些宦官作为皇帝的代表拥有特殊的权力和身份，许多官员办事尤其是为皇家、宫廷办事时，为了减少阻力、加强办事力度，往往主动邀请这些宦官共同参与，原因就在这里。

内阁替皇帝起草对奏章的处理意见称为票拟，但这个权力皇帝同样可以不给内阁，而是转身授予其他宦官，明宪宗和明孝宗在上台的初期，都曾经把各地的奏章只交给左右宦官处理，根本不让内阁起草处理意见，[1]当然，这样的事在明朝并不普遍，时间也非常短，几乎很少出现，因为皇帝要治理天下，不可能抛开政治经验丰富的官僚士大夫，只依靠一小撮政治经验不足的宦官，但至少说明皇帝权力最大，有权让任何人独立进行决策。

明代中后期，宦官系统已形同外廷官僚系统，甚至差不多完全对等了，例如工程建设归工部负责，但工程预算却归内官监负责，监察部门的官员负责审核，久而久之内廷的内官监就变成了一个同外朝工部合作的机构，这类情况说明废除丞相之后，皇帝一人根本无法处理大量的政务，只好由内廷和外朝的官员合作处理，宦官系统的外廷化、官僚化，也正是因为这个原因。

在仁宗时期形成的辅政群体议政、皇帝决策、六部执行的机制，虽然是一种变革、一种进步，具有合理、有效甚至较为民主的一面，但同样有其局限，局限在哪里呢？这个机制里防止权臣的因素被加强了，权臣专权的可能性大为减少，但防止权阉的因素却被减弱了，批红权虽然不是法定的制度，仅仅为皇帝的临时授权，但毕竟是一种惯例，使那些有批红资格的宦官拥有一种高于内阁的权力和地位，因此这一体制中出现权阉的可能性增加了。

---

1 参见《明宪宗实录》卷九十九，成化七年十二月庚寅。

决策形式转变之后，宦官的权力有所增加，但并非任何一朝、任何一位皇帝当政时宦官的权力都非常大，大体上讲，皇帝揽权和宦官专权基本上成反比，即皇帝的权力越大、控制的范围越大，宦官的权力就越小。因为皇帝拥有的权力总体上就那么多，而批红不过是皇帝的决策权力之一，宦官代替皇帝批红并非专权，因为宦官专权的条件和形式都不是批红，而是拥有皇帝公开授予或认可的一部分决策权。因此，分析宦官专权的问题必须全面了解宦官拥有的皇权，以及在何种情况下才能更多地拥有这些权力。

3. 宦官替皇帝行使权力，并不全是因为朱元璋废了丞相

这里有一点必须说明，那就是明代出现宦官代替皇帝掌权决策的现象，并不完全是因为朱元璋废了丞相，皇帝要管的事太多了，只好分出一部分权力给宦官。为什么呢？汉代、唐代都有丞相，但是宦官和外戚专权的程度远远高于明朝，为什么有丞相还会出现宦官和外戚专权呢？可见原因并不在于是否有丞相辅佐皇帝，而在于只要是君主专制的政治体制，就必然会产生年幼、贪玩、懒惰、厌政甚至是弱智的皇帝，比如像熹宗那样对政务没兴趣、只想干木匠活的皇帝，在这种情况下，也就必然会出现由别人来代替皇帝行使职权的现象。

至于由什么人、由哪些势力来代行皇权，则是由历朝历代当时的政治生态和各种势力的力量对比来决定的，可能是某些权臣和宦官，也可能是外戚和宗室，就是皇帝母亲、皇后的家人，或是皇帝的兄弟们来代行皇权。汉代有一个时期就是外戚和宦官轮流专权，而明代的政治体制中外戚、宗室和权臣都没有专权的条件和机会，其中洪武朝废相后的体制，更是几乎完全堵死了大臣专权的通道，但是宦官有这样的机会，因此明朝代替皇帝行使职权的人只能是宦官，这是君主专制体制的必然结果，并非仅仅因为废相和皇帝

北京吉安所右巷明代司礼监旧址

无能。[1]

朱元璋设计的政治体制是想防止宦官干政专权，为此他还立了铁牌，但是他的子孙做不到这一点，只好放手让宦官替他们决策。连丞相配备齐全的汉、唐时期，皇帝都需要有人替他们行使权力，那么废除了丞相的明朝，皇帝不就更需要别人替他们掌权决策了吗？宣宗那样号称“英主”的皇帝都放手分权给宦官，宪宗、穆宗那样的懒皇帝，武宗、熹宗那样贪玩、厌政的皇帝不是更需要这样吗？因此，明代宦官的专权几乎是不可避免的。

可能有人会问，皇帝给了宦官那么大的权力，他就不怕这种权力会威胁皇权吗？当然怕，但是朱元璋设计的政治体制中，已经有

1 这里采用了高寿仙的看法。

了防止宦官威胁皇权的办法，简单地讲，皇帝既然可以授权甚至纵容宦官干预朝政、胡作非为，那么同样可以收回这种权力。并且一旦宦官威胁到了皇权，皇帝还有一支直辖的武装力量，即包括锦衣卫在内的几十个亲兵卫，收拾大宦官也是易如反掌，刘瑾和魏忠贤的权势那么大，武宗和崇祯帝收拾他们也不过是一句话。因此，明代的皇帝敢于向宦官放权、授权，前提是可以轻易地收拾和控制这些人，不用担心他们会像汉唐的宦官那样反了天，有关原因前人已讲得很多了，这里不再重复。

（三）批红未必导致宦官专权

拥有批红权的宦官是否可以凭借这个权力专权干政呢？这里顺便说一下，宦官干政、专权和乱政并不全是一码事。按照字面的理解，干政主要是指参与政务，比如宣宗时的宦官替皇帝抄录圣旨草稿，传达皇帝的旨意等；专权基本上是指替皇帝行使对政务的决策权，比如英宗时的王振、宪宗时的怀恩等人，所以专权不等于净干坏事；乱政则是指扰乱政局、危害天下，比如天启时的魏忠贤。因此，批红仅仅是宦官参与政务的一种形式，并不等于专权和乱政。

1. 批红是用红字抄录臣下起草的圣旨

批红是决策者用红字抄录臣下起草的圣旨，把下面的建议变为皇帝的决定，是皇帝行使皇权，宦官替皇帝批红同样是行使皇权，但宦官替皇帝处理政务并不都用批红的形式。一般情况下，皇帝对政务较为关注并且可以操控局势，宦官是无法凭借批红的机会专权乱政的，例如宣宗就曾让少数宦官批红，但他本人始终能够掌握局势。相反如果皇帝沉溺于享乐之中、放弃部分决策权，那么不仅批红，就连一部分决策权也都会落入宦官之手，因此，宦官利用皇帝的权力乱政专权，也是行使皇权的一种形式。

有人认为宣宗把部分批红权交给了宦官，让他们替自己批红，这是后来宦官专权乱政的重要开端，这个看法是否正确姑且不论，但首先要搞清楚的是批红批什么，批红是怎么来的。其实批红只是后来形成的通俗叫法，最早和正式的说法不叫批红，而一直是叫"批答"，意思是针对某项政务，把皇帝的圣旨用红笔抄录于奏章之上，完成一件政务从上奏到裁决的全过程。

"批"和"答"的意义不同，"答"是指皇帝的裁决，"批"则仅仅是奉旨记录。"答"一般有两种形式，一种是红笔作出的批示，不一定是皇帝本人的亲笔，但一定是经过皇帝认可的，又称为御批、内批，然后发出执行。另一种是在上朝理政时皇帝亲口回答下边的奏事，由当事官员于奏本上加以记录，然后下发实施。后一种形式是明初"批答"的主要形式，有着严密的制度规定。从明初的情况看，皇帝的权力在于"答"，而不在"批"。[1]很显然，在这个"批答"的程序中重要的是"答"的内容，也就是皇帝的裁决结果，而不是其他人的记录活动。

由此可见，明初的"批答"是当事官员把皇帝的裁决圣旨记录在奏书上，宣宗时宦官的批红是臣下为皇帝起草了裁决意见后，由宦官用红字来替皇帝抄写这个意见。两者的差别不过是由当事官员记录变为由宦官抄录，因此，这个变化不是宦官窃取了权力，更没有形成干政、乱政的局面。

一方面批红不过是皇帝临时授权宦官来替自己抄录裁决意见，并没有制度规定，宦官有权替皇帝批红处理所有的政务，两者不是

1　此处参考了胡丹《明司礼监研究》一文，见《明史研究论丛》第9辑，紫禁城出版社2011年版。

一回事；另一方面不论宦官批红还是皇帝批红，如果批的裁决意见都是那些经验丰富的内阁大臣奉命起草的、也是经过皇帝最终认可的，那么在这个前提下，由谁来批红已经不重要了。就像前边讲的"批答"，既然皇帝的裁决也就是"答"的内容没问题，那么由谁来"批"，也就是由谁抄写记录就都一样了。

2. 宦官有了批红权，不一定就能专权乱政

不过有了批红权，宦官是否就一定能专权乱政呢？恐怕也不一定，因为第一，宦官必须按照内阁替皇帝起草的处理意见批红，也就是用红笔抄录后批出，这里的"批"字不是简单的批示、批复，而是抄录的意思，换句话说，宦官只是被授权临时替皇帝抄写外臣起草的圣旨，是皇帝的另一只手，与圣旨起草人一样，也是皇帝的秘书，而决策大权是握在皇帝手里的。其实这件事本来是皇帝一个人的事，他自己写个决策意见就完了，朱元璋、朱棣都是这样，只是文件奏章太多他们自己处理不过来，只好让阁臣代为处理。但如果阁臣起草的意见直接下发各部门执行，就等于这些大臣有了决策权，肯定不行；可是如果只让宦官替皇帝处理这些事，宦官又没有那种本事和经验。

因此皇帝只好把自己一个人干的事分成两半，让内阁或大臣用黑字起草意见，再让宦官把内阁的意见用红笔抄成皇帝的批示，批红就是这么回事。有些人有误解，以为批红是用红笔写出对政务的批示意见，其实不是，当时只是宦官用红笔把黑字抄成红字的批示。皇帝只是临时授权这些宦官，用红笔抄录内阁起草的圣旨，而并没有授权这些人可以改红、修改，因此，负责批红的宦官必须完全按照内阁的草稿一字不落地抄录，只有一些错字可以改动，其余内容宦官是无权随意改动的。

第二，内阁起草的圣旨草稿每份都留有底稿，并且都是登记造

册的，当时称为“丝纶簿”，按制度规定存留于内阁中。无论是皇帝亲自抄录还是宦官替皇帝抄录的圣旨，都要再经内阁核实后才能下发。如果有哪个宦官擅自作了改动，内阁很容易就会发现，并且很快会向皇帝报告澄清。事实上不要说是宦官，就连皇帝自己改动都不行，作为皇帝你可以要求内阁重新起草圣旨，但不能随意改动起草的内容而直接下发。因此，负责批红的宦官几乎没有权力、也没有机会篡改内阁起草的圣旨。明中期曾有一段时间，内阁的底稿册“丝纶簿”被收归内府，但几年后在阁臣的奏请下，“丝纶簿”又重新交还给内阁。[1]由此可见，内阁圣旨的底稿册对宦官的批红是有一定的约束作用的。

第三，皇帝批复或宦官代替皇帝批红的奏章，并不能立即发生法律效力，“诏旨必由六科，诸司始得奉行，脱有未当，许封还执奏”。[2]这类奏章必须经过六科的核查认可，然后才能下发到各部门去执行，如果六科查出有什么不妥之处，有权封还皇帝的诏旨。在这种情况下，皇帝往往要根据六科的意见修改诏旨。如果六科认为皇帝或宦官代替皇帝的批复尽管有不妥之处，但又没必要再封还给皇帝重新起草，那么六科可以直接“驳正到部，谓之科参”，就是指出不妥之处，让相关部门执行时予以改正，这种“科参”的权力和效力都很大，“六部之官无敢抗科参而自行者”，[3]六部的官员没人敢于抗拒六科的意见而自行其是。这说明内阁的草稿经皇帝和宦官批红之后，还有一道六科核查的手续在起作用。

第四，皇帝临时有事或是需要处理奏章以外的政务，在无法招

1 参见纪昀《历代职官表》卷四《内阁下》，曾记王振专权时，“丝纶簿”曾收归内府，但天顺初在徐有贞的奏请下，复还内阁。此处参考了高寿仙《明代政治史》第2章，广西师范大学出版社2009年版。以下引用不再注明版本。

2 参见《明史》卷二一五，《骆问礼传》。

3 参见顾炎武《日知录》卷九，《政事》。

来阁臣当面讲述旨意的情况下，往往会让司礼监人员大致确定一下几件事，然后派宦官到内阁去传达皇帝的旨意，让内阁按照这个旨意起草意见。有时皇帝不经过内阁起草圣旨而直接通过宦官向各部门发布诏旨，如正德时这类事不少，称为“以旨意批红”，就是由宦官按照皇帝的意见，直接用红笔替皇帝写诏书，再经由内府的司礼监向外朝传达发布，[1]因此，这些宦官等于是皇帝的秘书。

前一种情况是宦官向内阁传达皇帝的旨意，让内阁照此起草圣旨，那么即使这类圣旨由宦官批红，也只是书面复述了皇帝的意见；后一种情况，其实是宦官直接替皇帝写圣旨，同样复述了皇帝的意见。因此在上述两种情况下，宦官只是皇帝的传声筒、录音机，只有传达的义务，至少理论上没有更改的权力。虽然也有少数宦官“口含天宪”、假传圣旨，但毕竟不占主流，因为所有的宦官都不可能不顾现实和国家的需要，甚至不顾皇帝的想法和意图，每件事都是打着皇帝的旗号而完全按照自己的意志办事，并且皇帝也不可能允许或纵容他们一贯这么干。因此，没有皇帝的明确授权和特殊纵容，仅仅凭借批红权即抄写圣旨的权力，宦官们是不太可能随意干涉政务的。

第五，并不是所有的皇帝都将所有的政务让宦官代为批红，有些皇帝始终是自己批红，即使是那些让宦官代为批红的皇帝，也并非任由宦官全权批红。比如孝宗弘治帝，天下奏章送来以后先由司礼监分拣一下，其中重要的大事由弘治帝自己批，一般的“庶事”也就是不太重要的常务先发给内阁“调帖”，起草好处理意见再由司礼监的几个宦官分别批红。批的格式也不一样，皇帝批的意见在封面正中间，司礼监批的内阁起草意见在封面的旁边，外廷大臣一看就知道是怎么回事，一目了然。并且如果司礼监未经内阁起草圣旨，

1　参见《明武宗实录》卷一六八，正德十三年十一月己巳。

明六科旧址南薰殿旧影

而是自己先对奏章批红，则属于违反制度，六科有权直接封还。

从宦官与皇帝批红的差别可以看出：一是宦官批的主要是一般的政务；二是批前要经过内阁起草处理意见；三是由司礼监的几名宦官分别批，并非只由一人批；四是批文写于封面的旁边，不同于皇帝写在中间。另外，还有许多奏章的政务涉及六部，内阁起草的意见仅仅是让有关部门商议一下如何处理，宦官替皇帝抄录内阁的意见后，该部门要按皇帝的指示将商议的结果回奏给皇帝，称为“议复”，皇帝对议复结果作出批示，交六科审核后再下发六部执行，这个过程中宦官的批红仅仅是代表皇帝履行一下审批的手续，决策权仍在皇帝手里。

从上述五种情况来看，宦官批红最多只是具备了专权乱政的条件，并非窃取了皇帝的决策权。如果说宦官批红就是窃取，那么内阁起草圣旨不也是窃取吗？因此只能说，决策权在皇帝行使的过程中被分为两部分，内阁与宦官分别担任起草与批红即抄录的工作，两者分工合作，都是皇权行使的一种形式，并不是对皇权的分割和窃取。此外，宦官批红还受到很多限制，因此仅仅有批红权，不过是有权替皇帝抄录诏书的草稿，是不太容易做到专权乱政的。[1]

3. 宦官专权的渠道较多，不全在于批红

不过从制度设计上看，永乐之后形成的大臣议政、内阁票拟、皇帝（或宦官）批红、六部执行的体制中，是包括对宦官限制的内容的，尤其是六科对诏书的封驳权，不仅防范宦官，同时也是为了防范和减少皇帝的失误和滥用职权。但在实际运行中，这种防范本身具有较大的缺欠，因为宦官代替皇帝行使皇权的渠道较多，并且大都以口传圣旨为主，甚至根本不经过六科核查、封驳的手续。即使是内阁票拟的内容，有许多也是先由宦官到内阁传达皇帝的旨意，然后再由宦官抄录内阁票拟的意见，因此，六科仅仅防范批红的渠道，根本不可能防止宦官专权，或者说明代的政治体制中，几乎没有防止宦官代行皇权时专权乱政的机制，这种体制下出现宦官专权，也就不奇怪了。

可能有人会问，皇帝的诏书不都是由擅长书法的中书舍人抄录的吗？比如永乐帝朱棣的一些诏书就是由中书舍人沈度抄录的，朱棣欣赏他的书法是“我朝王羲之”，那么还用宦官抄录什么呢？这里需要说明的是，宦官替皇帝批红的内容是内阁替皇帝起草的章奏处理意见，一般情况下只向有关部门发布和传达，范围较为有限。而诏书则是一种向全国正式颁布的文件，通常具有相对完整和明确的文字内容，由专人起草并以诏书特有的格式写成，题目是针对一些重大的特殊政务，不同于处理章奏或个别政务的简单圣旨。因此，诏书都是由擅长书法的中书舍人来抄录，而处理章奏的圣旨草稿则

1　此处参考了高寿仙《明代政治史》第2章。

只由宦官抄录就行了。

（四）宦官和皇帝乱政，其实都是因为皇权很少受限制

1. 武宗贪玩，授权让刘瑾替他处理政务

那么明朝后来的宦官是怎样专权的呢？正德初年大宦官刘瑾是这样干的：他先是弄来许多戏班子在宫中上演各种戏剧，又搞了好多游艺活动供武宗娱乐，反正是好看的好玩的一起端上来，当时武宗是个十几岁的少年，这些东西对他是非常有吸引力的。然后刘瑾“候帝娱，则多上章奏，请省决”，等到武宗玩得来劲的时候，刘瑾就抱着一大摞子奏章来对武宗说：皇上啊，这些可都要等您处理呐，您看怎么办呢？武宗玩得正起劲，哪有心思去处理这些啊，于是就挥手对刘瑾说：“吾安用尔为？而一烦朕！”没看我这儿忙着吗？我用你们这些人是干什么的？这点破事也来麻烦我！这话等于皇帝公开授权给刘瑾，这些政务先由你来处理，不用再找我。刘瑾得到了皇帝的授权，于是朝中政务就由他自己处理了。

一开始刘瑾还把各地的奏章拿到内阁去，“（刘）瑾初亦送内阁拟旨”，按照惯例代表皇帝让内阁来起草对这些奏章的处理意见，但这时连皇帝都授权刘瑾主持政务，内阁当然也被刘瑾控制了，“秉笔者逆探瑾意为之。其事大者，令堂侯官至瑾处请明，然后下笔”。[1]遇到有大事，内阁就专门派人到刘瑾那里去请示：刘公公，你看这事怎么处理才好呢？等刘瑾有了明确回话，内阁再下笔。“凡调旨撰敕，或被驳再三，或径自改篡”，如果内阁大臣没有完全按刘瑾的意图起草，刘瑾就会多次把草稿退回去，或是在草稿上改个

1　参见《明史记事本末》卷四十三，《刘瑾乱政》。

一塌糊涂。[1]内阁李东阳等人没办法，只好按刘瑾的意图重新起草。

焦芳像

当时内阁中有个人叫焦芳，这个人是当年刘瑾和外朝官员决战时的告密者，由于他的告密，刘瑾争取了时间和主动权，暂时打败了外朝官员，后来刘瑾就提升焦芳等人进入内阁，这样一来，名义上李东阳是内阁的首辅，但实际上焦芳有了刘瑾做靠山，已经成为凌驾于李东阳之上的首辅，当然这个首辅“辅”的是刘瑾。由于焦芳在内阁主持起草活动，更是凡事都按刘瑾的意见办，[2]因此内阁就成了刘瑾的私人内阁，成了“刘瑾办公厅”。

2. 刘瑾是“立地皇帝”，内阁起草的诏书只是走过场

后来刘瑾还嫌这么干太麻烦，认为有什么事还要先同内阁讲明白，他们才能按自己的意图起草，有时写得很不如意，还不如他自己办得顺利。于是刘瑾干脆把奏章“持归私第”，都拿回家里去批，可他自己文字水平有限，没法起草意见，于是他就找来自己的妹夫、礼部官员孙聪，还有一个松江华亭的流窜犯张文冕“相参决”，共同商量起草，这两个人倒是有点文化，也能出主意写个诏令草稿，但文化水平和经验实在很有限，不是科班出身，“辞率鄙冗”，起草的意见文

1　参见《明史》卷一八一，《李东阳传》。
2　参见《明史》卷三六〇，《阉党传附焦芳传》。

辞太差劲，粗俗不堪甚至又臭又长，根本拿不出手，怎么办？

不是有焦芳吗？这个人投靠刘瑾，是科班出身，文化水平当然不错，又有一定的经验，于是焦芳就为刘瑾、张文冕的草稿修改润色，好歹像点样，可以拿得出手。内阁首辅李东阳呢？“俯首而已”，[1]只能在一旁干瞅着，根本插不上手。李东阳事后回忆说，当时的奏章都是刘瑾先拿回去，让自己人起草一份草稿，然后再让李东阳等人按这份草稿拟出诏书，“真假混淆，无从别白”，分不清是谁起草的，哪份是真哪份是假。[2]并且刘瑾还命人先用红皮纸把各地的奏章订成册送给自己，号称“红本”，处理完了以后再换成白皮纸订好送给通政司，号称“白本”。[3]这样一来，刘瑾的“红本”已决策在前，通政司的“白本”不过是走个过场，也就是决策后例行的手续而已。[4]

可见刘瑾拥有的不是抄录诏书的批红权，而是只有皇帝才有的部分决策权。当时五府六部各个衙门的官员，每天都要去刘瑾家门口排长队，等着刘瑾像皇帝一样处理政务，实际上刘瑾此时已成为武宗的化身，成了“立地皇帝”，就是站着的皇帝，而武宗只是坐着的皇帝，两个人只差半个身位，几乎是平起平坐了。这说明除了皇帝以外，天下就数刘瑾权力最大。

3. 宦官专权乱政，是因为皇权很少受到限制

那么刘瑾专权的情况说明什么呢？至少说明三点：第一，宦官专权的渠道不在于批红，一旦连内阁起草圣旨都要按刘瑾的意图来写，那么宦官替皇帝批红，出不出错还有什么关系呢？至于内阁票

---

1 参见《明史》卷三四〇，《宦官传附刘瑾传》。
2 参见《明史》卷一八一，《李东阳传》。
3 参见《万历野获编》卷二十，《京职奏章异名》。
4 参见李洵《正德皇帝大传》第143页，辽宁教育出版社1993年版。以下引用不再注明版本。

拟是否留底、六科封驳是否有效，恐怕都没用了，所以皇帝只授权宦官批红，宦官几乎无法专权乱政，但如果皇帝把决策权都交给了宦官，宦官就用不着再拿批红来做文章了。

第二，由于大前提是宦官成了代理皇帝，宦官的话就是皇帝的话，就是圣旨，宦官专权行使的是皇权，这个权力在专制时代是皇帝专有的权力，因此，宦官专权只有皇帝才能管，别人根本管不了。前面提到的正德初期内阁大臣李东阳不是不想管，而是管不了，只好干瞪眼。他的两个前任刘健、谢迁想管，结果都被撵回家了。这些事实证明，只要皇帝不管，宦官就可以胡作非为。况且内阁是起草圣旨的部门，就连怎样起草都要全听刘瑾的，其他部门就可想而知了。因此，明代废除丞相后的政治体制，根本不可能防止宦官专权。

第三，由于皇权几乎很少受到限制，是一种特权，因此无论是皇帝本人还是宦官代替皇帝行使皇权，是干好事还是干坏事，别人都管不了，当时的体制根本无法约束和控制那些拥有特权的皇帝和宦官。况且宦官乱政时皇帝不管、反而纵容，其实等于皇帝乱政。再加上宦官是以皇帝家奴的身份专权乱政，既没有制度上的合法性，更没有相应的限制，因此在这种情况下，有些大臣不敢直接骂皇帝，只好痛骂那些假借皇权乱政的宦官，其实是指桑骂槐，给人的印象是乱政的宦官可比皇帝坏多了，只要皇帝不纵容，政局就不会变坏，但事实真的是这样吗？

刘瑾画像

明太祖朱元璋屠杀开国功臣，太宗朱棣屠杀建文忠臣，英宗朱祁镇杀害于谦等，都没有授权宦官，都是他们自己要干的。由此可见，由于皇权很少受到限制，因此皇帝乱政甚至残暴几乎是无法避免的。从这个意义上讲，那些残暴乱政的皇帝和乱政的宦官其实没有什么两样。[1]不过当时的人们并没有这种理念，在他们的眼里皇帝和宦官的身份不同：皇帝是真命天子，残暴乱政似乎可以理解和忍受。但宦官不是，无法跟皇帝相提并论，因此这些人专权乱政就必须受到严厉的指责和惩罚，而皇帝顶多是负有纵容或受蒙蔽的责任。

4. 后来的皇帝纵容宦官专权，并不都是因为学宣宗

到了天启初期更是和正德初期差不多，明熹宗朱由校有“木匠皇帝”的外号，他喜欢干木匠活，制作各种高级家具和木工作品，除了自己收藏和赏赐给左右之外，有时还派小太监拿到市场上去拍卖，天热时甚至脱了衣服光着膀子干。魏忠贤也是趁熹宗干得最起劲的时候，拿了一大堆文件和公务去找他处理。结果熹宗和武宗一样，没等这些人说完就不耐烦地摆摆手说：行了行了，朕都知道了，你们用心看着办吧！同样等于公开授权给魏忠贤一伙人，有权代替皇帝决策政务。后来魏忠贤干什么都以皇帝的名义，专权乱政、大杀东林党人，制造了明朝历史上最黑暗的时代。

当武宗和熹宗玩得正起劲，分别对刘瑾和魏忠贤授权、让他们暂时决策政务时，这两个皇帝可没说，我这是按老祖宗宣宗的先例办的，宣宗当年让宦官替他批红，我现在也让宦官全权替我办公。武宗和熹宗都没说过这话，当然他们也不可能这么说，两个十几岁的孩子哪能想到这些呢？况且当年宣宗只是让宦官代替他批红，抄写诏书的草稿，并未授权他们专权乱政，因此，出现这种情况完全是明代政治体制的缺陷和弊端，是皇权专制的结果，不能把后来刘瑾等人专权乱政的原因全都推到宣宗一人身上。

不过宣宗确实是因为决策方式的转变，有了一批内外官员替他

---

1 这里参考了师兄赵轶峰的某些看法。

处理大部分政务，因此他才有了更多的时间和精力，去追求奢华腐朽的宫廷生活，去从事丰富多彩的宫廷艺术活动。正值盛年的宣宗朱瞻基还有巡游的兴致，那么他的巡游都有哪些内容呢？仅仅是为了巡游而巡游吗？

明熹宗像

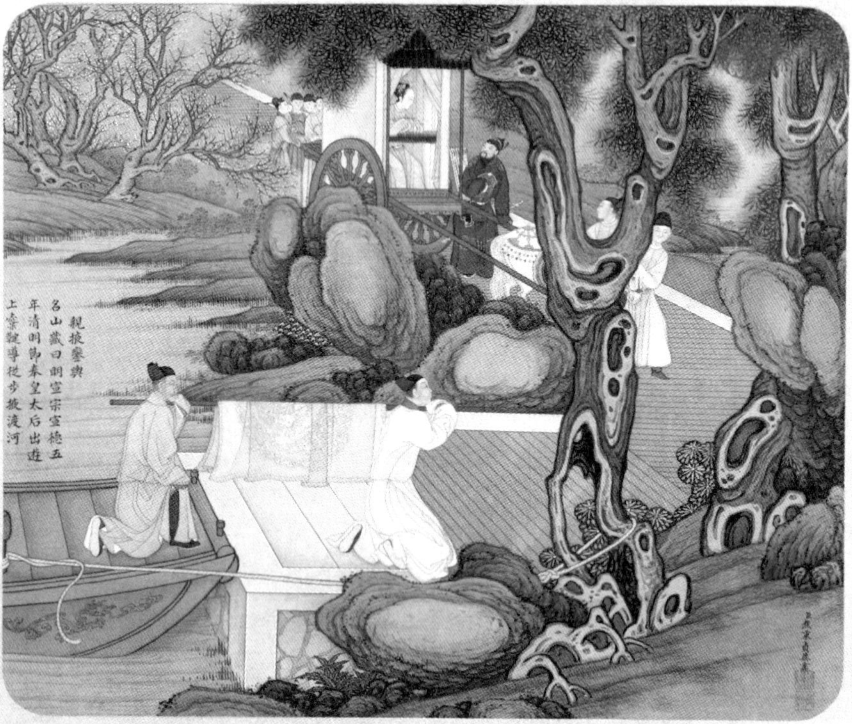

（清）焦秉贞绘《历朝贤后故事册》之《亲掖銮舆》

三十四 特殊巡游

仁宣两帝的决策方式从上朝当场决策转变为以批答奏章为主之后，有了一批内外官员替他们处理部分政务，因而减轻了他们的工作量，宣宗就有更多的时间和精力去追求享乐生活，其实这种追求还有文化艺术、军事政治上的多重目的，并非单纯地为了享乐而享乐。明宣宗一生多次巡游，早在他即位前就曾多次随从祖父出巡，或是自己带着一些警卫人员跟着夏原吉往来于南北两京之间。后来当了皇帝，几乎一年四季都有远近不等的巡游活动，有时在近郊，有时去边镇，即使是不出皇城，宣宗仍然在皇城内的山水林苑之间不断地巡游。

宣宗在自己的诗中就记录下了这些活动，如《西郊观稼》："……兴言出西郊，行行历田畴。……从容止前驱，息驾临崇丘。野老欣我来，拜稽拥道周。"《省敛》："……晨驾行西郊，群物多已秋。黍稷满平陆，杭稻亦盈畴。"《秋日郊行》："乘辇适西郊，西郊正秋暮，风高唳征鸿，天阔敛晴雾。"[1]

当时的皇城内至少有五个活动空间：

---

1 参见《御制集》卷十六。

西苑中海湖畔旧影

（1）东苑，大致位于今天故宫东部、沙滩以南的地方；

（2）西苑，大致位于今天中南海及两岸附近；

（3）太液池，大致相当于今天的中南海和北海，当时是三海连在一起的；

（4）万岁山，即今天故宫北面的景山；

（5）上林，上林是古代对皇家禁苑的一种称呼，它的具体位置今天已不甚清楚，可能包括今天故宫中轴线两侧的皇家园林，明朝当时的宫殿没有现在那么多，空间比较大，草木植物也比今天茂盛。

此外还有西湖，当然不是今天杭州的西湖，而是当时北京西部、接近玉泉山的一个湖泊，据说是清代昆明湖的前身，具体位置和范围今天已不甚明了。西湖也是宣宗巡游的目的地之一，宣宗的诗里几次提到游西湖，如《冬日游西湖》："西湖渺浩荡，湛湛玉泉流。……适当机务余，偶此一日游。"[1]

上述几个地方宣宗经常去，他的《御制集》中这类诗作非常多。此外，宣宗还多次到北京北部的清河一带，这类诗作有《秋日驻清河》："渺渺河流通碣石，岧岧山峡见居庸。"[2]还有《至清河望北

1　参见《御制集》卷十七。
2　参见《御制集》卷三十四。

京》[1]《清河道中小猎》[2]等。除了上述地方，宣宗还去过东郊、南海子，有诗作《东郊省耕》和《海子上即事》[3]，其中东郊的具体位置今天已经弄不清了，可能位于天坛东部一带，南海子大致相当于今天北京南部的南海子公园及附近地区。

（一）扫墓途中的特殊内容

宣德五年（1430年）的清明节，宣宗和母亲张太后、张辅、杨士奇等文武群臣，一同前往天寿山拜谒长陵和献陵。古代的汉明帝曾经陪同母后谒陵，宣宗也想学他，青史留名。皇帝和太后要一同谒陵的消息很快便传开了，北京通往天寿山的途中，道路两旁挤满了附近的百姓，他们都想一睹皇上和太后的圣容。这次谒陵活动的规模很大，英国公张辅等军界重臣，各率大量部队护驾，皇亲驸马全部出动，还有杨士奇、杨荣等许多文臣从行。

这次谒陵活动中有三项内容具有特殊的意义。按照谒陵典制规定，宣宗和张太后一行前往天寿山，就是今天的昌平十三陵，拜谒长陵和献陵即太宗和仁宗的陵墓，然后回宫，这一趟就算完了，但这次谒陵活动中多出来三项内容，第一项是奉母出行，第二项是视察农家，第三项是接见老臣。

1. 宣宗为母亲推车，显示了孝道

先说第一项内容，奉母出行。清明时节雨后放晴，路面清净。先头护卫部队开过之后，百姓们看见一辆由众人挽拉的大型辇车走

1　参见《御制集》卷四十一。
2　参见《御制集》卷四十三。
3　参见《御制集》卷四十三。

过来，辇车走近，人们才看清有个装束不凡的皇家青年，身上背着雕弓羽箭，骑马在仪仗队中引导辇车。车队之中有人恭敬地同他讲话、行礼。百姓们这才知道，原来是皇上亲自为辇车领路开道，那么辇车里坐的必是皇太后了。辇车经过清河桥时皇上“下骑扶辇”，下马步行，同车夫一道推扶皇太后的辇车。夹道观看的百姓们见皇上如此孝顺，非常感动，同时又为能够亲眼看到这一动人的场面感到欢欣鼓舞，他们纷纷下拜行礼，不断高呼：“皇帝万岁！”两旁的山林旷野都为之震动。[1]

宣宗的领队和扶车估计属于临时之举，并非谒陵典制规定的内容，倒是同民间的常礼有些接近，[2]不过这一举动在大力提倡孝道的明朝，无疑为宣宗博得了“圣孝明君”的声誉，不仅在当时被视为伦理道德的楷模和表率，就连几百年后的康熙皇帝也对此事大为感叹，称赞宣宗推扶皇太后辇车所表现出来的孝道，是一种适合从天子到庶人的家庭常礼，“出于天伦至性”，并且带有“先王以孝治天下”的遗风，“犹足令人感慕”。[3]

几天之后，人马到达天寿山下，宣宗与张辅、杨士奇等文武大臣率先拜谒了长陵和献陵。他们深情地回忆起先帝朱棣和朱高炽在世时的教诲，几乎每个人都流下了热泪。宣宗在回忆这些往事时，顺便说明自己的政治活动都是遵循先帝的方针，就连缩小献陵的规模这件事，也是按照父皇仁宗的遗诏来办的，大臣们立即称颂宣宗这样做才是大孝。这里宣宗明显是在借着为先帝扫墓之举，宣扬自己的政绩没有背离两位先帝的方针。

宣宗还指着旁边秀丽的山川景色对杨士奇等人说：“岂非天造地

1　参见《明宣宗实录》卷六十三，宣德五年二月乙未。

2　这里参考了柏桦的看法。

3　参见《圣祖仁皇帝御制文集》卷二十七，《文渊阁四库全书》。

设以俟大德？卿等皆先朝旧臣，其审观之。”[1]意思是这一带的景色和地势非常好，难道不是上天事先安排好的，专门留给那些怀有崇高德行的人吗？宣宗的反问其实等于肯定天寿山这块好地方就是上天留给大明的。宣宗等于借助天寿山的景色，把“君权神授”的那套东西向大臣解读了一遍。

2. 宣宗母子视察农家，与民同乐

第二项内容是视察农家。就在宣宗和大臣们谒陵的第二天，他又陪同皇太后率领皇后、皇妃等人前往谒陵。这队车马归来时，居住在陵旁附近的百姓前来迎驾，老人小孩挤在太后的辇车旁屈身下拜。太后看到这么多百姓真诚地前来迎驾，或许勾起了她对入宫前平民生活的记忆。她回头嘱咐宣宗要轻徭薄赋，体恤百姓的疾苦。宣宗见母亲张太后心情不错，前边又挤了很多百姓，便上前搀扶母亲下车，巡视道旁的一户农家。皇太后召来了这家的老妇人，与她闲话家常。皇帝和皇太后光临农家，这对当地人来讲真是天大的荣幸。“其妇女老稚皆欢喜踊跃”，邻里的妇女老幼纷纷高兴地挤过来，“应对质朴，如家人然”，十分质朴、七嘴八舌地回答太后的问话，就像自家人一样。

太后很开心，她传令，将一些钱钞、布帛和高档食品赏给这些百姓，可能有人拿了钱要与别人换布，有人一边吃东西一边同别人分钱，当地有点地位的长者率领大家下拜，算是叩谢太后。这时一位老农端来几样农家蔬食和自家酿造的酒浆，算是临时招待客人，也是对太后赏赐的回报。皇太后高兴地接过来尝了尝，然后拿给宣宗，道：“此农家食也，当知之。”意思是这是农家的便饭，你也应该尝一尝。宣宗接过来尝了一下，他对这些东西可能不像太后那样有

1　参见《明宣宗实录》卷六十三，宣德五年二月丙申。

兴致。[1]不过虽然这次宣宗和太后视察农家之举，不是谒陵典制规定的内容，而是临时加入的插曲，但也反映出承平时期皇帝与民同乐的气氛，因此受到后人的好评。

3. 太后接见老臣，密切了君臣关系

第三项内容是接见老臣。宣宗一行人在陵下住了几日，这天宣宗告诉太后，张辅、蹇义、杨士奇等几位老臣平时见不到太后，这次都扈从来此扫墓，想请太后在临时行宫中接见他们。太后同意，她也想见一见忠心辅佐朱家皇室的几位老臣。张辅等人奉命晋见，行五拜三叩头之礼。太后表扬几位老臣忠诚辅国，张辅等人连忙回

长陵祾恩殿殿内楠木柱

1　参见《明宣宗实录》卷六十三，宣德五年二月丁酉。

答，这都是皇上和太后的圣德。太后谦虚一番，勉励他们协力为国，既对自己有利也对子孙有利。然后让宣宗赐给张辅等人美酒佳肴，以及一些白金和高级衣料，张辅等人称谢告退。[1]

按照明朝的有关制度，皇太后轻易不会接见外臣，但是皇太后接见老臣的政治意义非常大，因为当时的许多老臣都是当年仁宗的监国旧臣，同仁宗夫妇有着患难与共的特殊经历，皇太后扫墓途中接见老臣，不仅显示出皇太后崇高的威望和地位，并且对于密切君臣关系、巩固宣宗的统治都是非常重要的。

从上述情况可以看出，这次扫墓活动虽然多出来三项内容，但是每一项内容都有特殊的意义，都不是单纯的扶车、视察和接见之举，背后都有一定的政治因素，是宣宗政治统治活动的一部分。

（二）出巡途中的社会调查

宣宗有一篇《记农语》的散文，记述了他在出巡途中与一位耕地农夫的对话，文字朴实而流畅，内容充实，是宣宗散文中唯一一篇记叙农民生活的作品，社会价值颇高。

> 庚戌春暮，谒二陵归，道昌平之东郊，见道旁耕者，俛而耕，不仰不视，不辍不休。召而问焉，曰："若何是之勤哉？"跽曰："勤我职也。"曰："亦有时而逸乎？"曰："农之于田，春则耕，夏则耘，秋而熟则获，三者皆用勤也。有一弗勤，农罔成功，而寒馁及之，奈何敢怠。"曰："冬其遂逸乎？"曰："冬然后执力役于县官，亦我之职，不敢怠也。"曰："民有四

1 参见《明宣宗实录》卷六十三，宣德五年二月己亥。

> 焉，若是终岁之劳也，曷不易尔业为工、为士、为贾，庶几乎少逸哉？”曰：“我祖、父皆业农，以及于我，我不能易也。且我之里无业士与工者，故我不能知。然有业贾者矣，亦莫或不勤，率常走负贩，不出二三百里，远或一月，近十日而返，其获利厚者十二三，薄者十一，亦有尽丧其利者，则阖室失意戚戚，而计其终岁家居之日，十不一二焉。我事农，苟无水旱之虞而能勤焉，岁入厚者可以给二岁温饱，薄者一岁可不忧，且旦暮不失父母妻子之乐。我是以不愿易业也。”朕闻其言喜，赐之食……

“庚戌春暮，谒二陵归，道昌平之东郊”，“庚戌”是1430年即宣德五年，“春暮”应为清明节，宣宗为祖父和父亲扫墓回来，经过昌平东郊，“见道旁耕者，俛而耕，不仰不视，不辍以休”，看见道旁有人只顾低头不停地耕地，不抬头也不看前方。宣宗率领几人骑马前去视察，并下令大队随行人员不要声张、不要警戒。宣宗下马同耕农唠起了农家之事，还接过犁往前走了几步。

耕地的几个农民开始不知道是皇上来了，旁边的宦官告诉他们，“乃惊跃罗拜呼万岁”，他们才吃惊地在宣宗的周围一边下拜，一边高呼万岁。宣宗对同去的侍臣说：我才推了三下就累得够呛，何况农民长年累月这么干呢？“人恒言劳苦莫如农”，别人总是说受苦受累莫如农民，这话不假。于是宣宗下令耕地的农民随他回到营中，每人赐钞六十锭。[1]

宣宗问农民：你为什么这么辛苦呢？农民答道：这是我的职责。宣宗问：难道就没有空闲之时吗？农民答道：农民在庄稼地里，春天耕地，夏天除草，秋天收割，这三个季节都要辛勤劳作，有一季

---

1 参见《明通鉴》卷二十，宣宗宣德五年三月戊申。

不勤劳庄稼就要受损失，就要挨饿受冻，所以我哪敢松劲啊。宣宗又问：春夏秋三季都有事，那么冬天总该歇歇了吧？农民说：到了冬天我就要到官府里去服劳役，这也是我的职责，一样不敢松劲。

宣宗说：你在一年四季里都有不同的事要干，照这么讲你不是一年到头都要辛苦不休了吗？那你为什么不换个职业去经商、做工或当个读书人，那样是不是就能多一点清闲呢？农民回答：我的祖父和父亲都是农民，到了我这一辈也没换职业。我们的村里没有读书人和做工的，因此我不知道他们的情况。但有个经商的人，这个人也还不能说不勤劳，经常拉着货物东奔西走，不出二三百里，多则一个月少则十天就回来，每次贩运获利，多则十分之二三少则十分之一，也有时全赔光了没办法，只好全家关起门来哀愁叹气。并且这个商人总计一年在家的日子，十天里都不到一两天。

可我这个农民就不同了，如果没有水旱之灾，再加上我本人勤快一些，每年打下的庄稼，丰收的时候能够我两年的温饱，少的时候也可以保证我这一年不用发愁，并且早晚都在家里同父母妻子在一起，不会失去天伦之乐。因此我还是愿意当个农民，不想换成其他职业。宣宗听了很高兴。[1]这是明朝皇帝唯一一次成功的社会调查，也是宣宗出巡活动中的一个特殊收获。

（三）出巡狩猎加军事演习

1. 传世作品显示，宣宗出巡多为射猎活动

明宣宗喜好出巡射猎，这一点在明朝皇帝中是出了名的。据不完全统计，现存描绘明代前期皇帝出巡射猎的作品极少，但宣宗本人就占了三幅，并且都是当时景象的真实写照。其中明代宫廷画家

1 参见《御制集》卷十二，《记农语》。

（明）商喜绘《明宣宗行乐图》轴

商喜的作品——《明宣宗行乐图》，描绘的是明宣宗率领人马在御苑中春日郊游围猎的场景。从远处的红墙及汉白玉拱桥来看，地点可能是距离宫城不远的太液池一带，即今中南海南部，也可能是画家有意安排的宫中景物。画面左上角的平坡上，宣宗骑着高头大白马走在队伍的最前面，身材魁梧，仪态雍容，头戴尖顶圆帽，身着红色窄袖衣，外罩紧身黄色长袍褂。在他身后，有三名各自捧抱乐器、背着雕弓和箭袋、手擎宝剑的侍从宦官随行。山坡松林间，有22人乘骑列队，经过石桥边，沿山坡迂回前进。

整幅画的背景，为松林环抱、桃杏盛开的郊野，山坡左右各有石桥一座，山前山后也有鹤、鹿、獐、兔、雉鸡、孔雀、喜鹊、鸳鸯等山禽水鸟嬉游其中。学者穆益勤考证了画中苑囿景致特征，认为该地应是京城南苑的南海子，即明代专供皇室射猎之地。据有关文献记载，明初帝王在日常生活中尤其是出行骑射时，其冠服仍保留有金、元等游牧民族的遗风，这幅《明宣宗行乐图》中宣宗的服饰打扮，确实具有“胡服”的特色，尖顶圆帽源自元代的“笠子

《明宣宗射猎图》局部

帽”，无领无袖的大褂在元代称为“比甲”，都是射猎服饰。宣宗后面的群臣也是多带僮仆和侍从，林间还有鸟兽出没，黑白相间的鹿群显然是皇家御苑中蓄养的。

另一幅故宫博物院收藏的《明宣宗射猎图》，表现了宣宗收获猎物的场景。画面里的宣宗同样是射猎的装束，头戴尖顶黑帽，身着宽袖红衣，外罩黄褂，身背弓箭，正下马提起一只被射杀的小鹿，但却扭头张望不远处另一只惊慌狂奔的小鹿，似乎还想再射一只猎物。宣宗身边的黑色骏马在低头吃草，马背上的马鞍饰有精美的兽皮。画的右下方帖有一条黄色小标，上题“明宣德御容行乐”字样，可见这是一幅生动反映明宣宗射猎活动的写实作品。

第三幅《明宣宗马上图》藏于台北“故宫博物院”，描绘的是宣宗一身猎装，手提缰绳，骑着一匹棕色骏马，箭筒里装满弓箭，左肩架着一只猎鹰，在河边的旷野飞驰，河面上的几只野鸭似乎被马

《明宣宗马上图》

蹄声惊起，慌忙拍打着翅膀陆续飞离水面，沿河两岸的草树似乎也被宣宗的气势所震动，都向一边歪倒。整个画面极富动感，人物以外的背景有力地衬托出了宣宗驰马射猎的形象。此外，宣宗本人也写了大量有关出行射猎的诗词作品，从中也可以看出，纵马射猎是宣宗娱乐生活的重要组成部分。

宣德三年那次巡边，宣宗率军回到了长城关隘喜峰口内，守关的军官上奏附近有一只猛虎，经常出没为害。宣宗命人率壮士围捕，自己也兴致勃勃地前去观看。猛虎被壮士们围赶着，已经没什么退路，估计大家都知道宣宗喜好射猎，于是故意把射虎的机会留给他。精于射术的宣宗弯弓放箭，一箭射中了猛虎，周围的壮士一拥而上，捆住了受伤的猛虎。宣宗对众人说：朕也为百姓除了一害啊！围观的人们连呼万岁。每次巡边途中，宣宗都会举行大规模的围猎活动。

2. 流动宫廷加上军事演习

宣宗在位期间连续三次巡视边境，巡边的效果是北部边防得到了加强，士气受到了鼓舞，同时，这类活动不仅仅是简单的围猎巡游，还包含有军事演习的色彩。其中宣德三年那次巡边，宣宗就率军出其不意地击溃扰边的蒙古武装，可见巡边并不只是简单的旅游打猎活动，而是演习和实战相结合，无事则演习打猎，一旦有事那就演习变成实战，真刀真枪上战场。举行围猎活动时，宣宗清醒地告诫大家，围猎不仅是为了射鸟捕兽，如果虏寇乘我返京之时侵扰边塞，你们就要奋勇出击。很显然，宣宗是将围猎活动作为出巡的军事演习。

不过宣宗巡边除了围猎巡游和军事演习之外，还与文武大臣商议处理政务，实际上是一个流动决策中心，尤其是宣德五年（1430年）的十月，宣宗第二次率军巡边，他召集文武重臣张辅、朱勇、蹇义、杨士奇、杨荣、金幼孜、杨溥等人至营帐之中，商议了民事及边备之事。此后部队出居庸关，抵达岔道口（今北京延庆南部），在这里举行了围猎活动。宣宗派人将猎物鹿、兔送给母亲张太后，并将边塞情况报告给她，请她不必挂念。过了鸡鸣山扎营驻军之后，宣宗又与群臣谈古论今，说起了唐太宗的远征和元顺帝的亡国，并多次分别宴请他们。

宣宗率军到了宣府附近的泥河（今河北宣化北部），宣府总兵官都督谭广前来参见，谭广是永乐时期的宿将，镇守宣府已有十余年，宣宗对他褒奖一番，赏赐一些宝物钱钞，然后将大部分文臣留在宣府，率杨荣等少数文臣以及巡边部队抵达长城关内的洗马林（今河北万全东部）。宣宗亲自视察了这里的城堡营垒，检阅了甲旗鲜明的边城兵马，召见了当地的边军将领，给予奖赏。驻营洗马林和回师的几天中，宣宗白天与部队举行围猎活动，晚上则继续与杨荣等人谈古论今，这次谈论的内容是人君驭世之权和齐威王的赏罚分明。实际上宣宗作为最高决策者，他走到哪里哪里就是决策中心，这个流动的中心与围猎、阅兵及小型宴会活动相结合，因此宣宗出巡等于形成又一个流动的宫廷。

（四）游园聚会及其政治意义

除了逢年过节之外，宣宗平时也经常与大臣们一道饮酒赋诗，在皇家园林内游览观赏。宣宗居住的紫禁城位于皇城的东南部，紫禁城内北部的东西两侧是皇家园林，称为东苑和西苑。紫禁城的北面是万岁山，西部和西北部则是太液池。宣宗曾多次邀请大臣游览皇家园林，只是每次的游览重点都不一样。

1. 宣宗有意模仿前贤，邀请十八大臣游园

宣德三年（1428年）三月的一天，宣宗召集蹇义、夏原吉、杨士奇、杨荣等十八位大臣，同游万岁山和太液池。他之所以凑够十八人之数，并非只为图吉利，而是有意模仿唐太宗时房玄龄等十八位大臣受宠的故事，以此来表明自己可与先朝的名君媲美。其实这个故事流传很广，直至明代后期还有人创作这类题材的绘画作品。由此可见，宣宗此举既有追慕先贤的志向，也有虚荣的成分。

蹇义等大臣各带仆人来到万岁山前的园林门口，几名宦官前来传达了皇上的旨意，每人可以乘马带两名仆人进入园林。杨士奇等人遵旨乘马而入，走了不远便看到宣宗乘坐八抬大轿，悠然而行。仆人们平时根本没有机会进入皇家园林，这时看到衣着华丽的宦官和侍卫人员，极为谦恭地引队而行，不禁有些紧张。距离宣宗大轿最近的是夏原吉及其两名仆人，夏原吉平时待人宽厚，仆人们也较

（明）杜堇绘《十八学士图屏》之“琴”

（明）杜堇绘《十八学士图屏》之“棋”

为随便。今天两人见一行队伍跟着那个坐轿的大人物，便私下谈论：前面那个穿龙袍、长胡须的人就是圣上吧？

不料宣宗可能听到了两个仆人的谈话，无意中回头看了看。骑在马上的夏原吉一看惊扰了皇上，慌忙滚鞍下马，屈身拱手请罪：皇上近在咫尺，微臣不能管束下人，有罪，有罪！两名仆人可能也吓得目瞪口呆、两腿打战。宣宗看到这个场面却开心地大笑起来，他一边摆手一边安慰夏原吉：“朴实哉，卿隶也。”意思是没关系，没关系，你的仆人可真够实在的了。不但没有怪罪，反而传令每人赐钞十五贯。游园的气氛顿时活跃起来，仆人们可能也不那么拘束、紧张了。

到了山前人们下马步行，越过一座小桥登上万岁山。山上可以

（明）杜堇绘《十八学士图屏》之“书”

（明）杜堇绘《十八学士图屏》之“画”

尽览京城的景物，山下西边便是太液池。人们在山上稍事休息，即下山来到太液池边，宣宗让众人登上自己乘坐的龙舟，游览太液池。大臣能够坐上皇帝的龙舟，已经是相当高级的待遇了。宣宗早已命人在舟中摆好了茗茶及十余种高级美食，与众臣一边欣赏周边的景色，一边品尝美味佳肴。划船的宦官们一边摇桨，一边吟唱着渔歌。宣宗看看眼前的群臣，再看看徐徐行进的龙舟，说了一句颇有含意的话："以操以御，群卿之力。"驾船摇桨，全赖众位爱卿的努力啊！众人一听连忙起身致谢，并说，太平盛世全仗皇上的圣明。宣宗听得顺耳，心情自然不错。

龙舟抵岸后宣宗先下了船，几名宦官引导大家游览了一座新建的殿阁，金碧辉煌的建筑使人恍如置身仙境。不久宣宗乘马而来问候大家，众人一齐叩首高呼：感谢皇上圣恩，皇上万岁万万岁！宣宗说：现今天下无事，咱们虽说不能流于安逸，但政务闲暇时让众位爱卿一同来此松弛休息一下，也未尝不可，古人游乐的享受是不该废除的。杨士奇等人再次叩首称谢。

2. 游园节目丰富，宣宗不忘和夏原吉开玩笑

杨士奇这些人都是跟随宣宗多年的老臣，对他的个性颇为了解，宣宗是个极好游乐的青年人，不仅自己爱玩还想让大臣们陪他一起玩，今天的游览活动经他一说，还带上了君臣和睦、天下太平的政治色彩。杨士奇等人事后还作文赋诗，详细记述了当时的情景，大意是说：雕饰着彩色华丽图案的龙舟，在碧绿的太液池中行驶，池水清澈透明，从船上就能看见水中的水草随波摇曳；行船时睡莲的影子在林间移动，宫中御制器皿里飘出茗茶的香味；池边西岸的凉亭里，还有宫廷乐队在演奏悠扬的乐曲。

接下来宣宗让群臣们在太液池边观看宦官捕鱼，宦官每人牵着一只拖网的小船，在岸上拉船带网，不一会就网到了一些活蹦乱跳的鲜鱼。宣宗又将自己亲手调制、未经滤过的酒赏给大臣们，杨士奇等人都感到莫大的荣幸。这时水面上有一群水鸟飞过，射艺娴熟的宣宗摘弓搭箭，一箭射落了一只飞鸟，然后命厨师将飞鸟烹制成一道菜呈上。待宦官将烹熟的飞鸟端来后，宣宗又亲手剖割分赐夏原吉等人。夏原吉等人一边盛赞皇上的英武，一边品尝皇家厨师的手艺。宣宗一直与老臣夏原吉关系极好，这时就连连劝他多喝，又亲自为他斟酒，并说："卿于朕启沃良多，而今老矣，不可不尽欢。"[1]虽然有点灌酒的嫌疑，但是皇帝敬酒臣下不敢不喝，于是老态龙钟的夏原吉勉强喝下去，微微有些醉眼蒙眬。

1　参见夏原吉《忠靖集》附录，《文渊阁四库全书》第1240册。

宴饮之后，宣宗又命宦官带领一行人游览太液池边、万岁山下的一些小山。据同行的一些大臣记载，山中设有许多奇妙的人造景观，如二狮戏球、金龙喷水、曲水流觞等，雕琢奇异，设计精巧，观者无不赞叹。同来的仆人们也被赏予酒食钱钞，一同游览。清澈的小溪在山间花丛中流过，人工建成的山石落差使小溪形成了雨帘瀑布。皇家彩旗仪仗队在溪旁林间穿行，水鸟好像受过训练一样追逐仪仗队飞舞。宣宗又派人各赐一只鹦鹉，以供群臣赏玩。群臣一面称谢，一面为自己有幸作为宣宗的臣下感到自豪。

宴会结束后，宣宗为了显示自己对夏原吉最为优厚，同时也想和这位恭谨的老臣开个玩笑，于是他传令宦官，带着夏原吉去园中挑选一些奇形怪状的天然巨石，运回家去，并特意嘱咐，夏原吉要多少就给他多少。夏原吉也知道皇上待他极厚，并且也明白宣宗给他出难题开玩笑的用意，但越是这样他就越发恭谨清廉。于是夏原吉在园林中走了一圈，只拣了一两块很小的石头让仆人带走。随行的宦官很奇怪，就问他：这么大的皇家园林，里边像样的巨石就有几万块，老先生难道不想多要点吗？再说皇上不是让你随便挑、随便拿吗？夏原吉答道：其实我对这些东西不太喜好，只是皇上的恩意不敢推辞，又怎么能多贪多占呢？言外之意，皇帝让你随便拿你就真敢随便拿吗？宣宗听说后，一再感叹夏原吉的清廉。

蹇义等十八人入园时是早晨，游览了一整天，出园时太阳已经落山，有人到家时已是初更天了。[1]

3. 参观宣宗新建的高级书房和园林景观

宣德三年（1428年）七月十一日，宣宗再次召集蹇义、夏原吉、

1　参见夏原吉《忠靖集》附录，《文渊阁四库全书》第1240册。

杨士奇、杨荣等人同游东苑。这次游园有两项内容，一项是游览东苑的景物，另一项是参观宣宗新建成的高级书房。杨荣记述了这次游览东苑的见闻：

夹路嘉树，荣茂芬敷。前至一殿，栋宇宏壮，金碧相辉。其后瑶台玉砌，奇石森耸，环植花卉，清香素艳，浓郁可爱。又有方池，引泉其中，玉龙吐水，其高盈丈，喷激下注，入于石渠，直透殿内。

两旁石沟，沟之首圆转，各有两窍并列。其一水贯其中，委曲萦回，复流至第二窍，乃入于池，直通殿外石池。池之中奇石屹立，不假雕琢，宛若升龙之状。上有四窍以通泉脉，而常闭之，启其窍则水皆涌出，直上盈丈，与殿后石龙吐水相应。池之南又有台，高数尺，森列异石，植以花卉，纷披掩映。殿陛之前复有两石，左如龙翔，右如凤舞，天然奇巧，宛若生成。[1]

杨荣的这番叙述，可能是宣宗在永乐迁都的基础上对皇家园林进一步修饰的景象，今天故宫东北部的御花园内，可能还保留了一部分明初的园林景观。

游览东苑之后，杨荣等人在宦官的引导下参观了宣宗的高级书房。这是一所用木头搭成的草房，周围有几座草亭，林木茂盛，不加修饰。草房旁边有小桥流水，水中有游鱼。草房后面有长廊，长廊通往另一所斋房，那里是宣宗读书弹琴的地方。整个草房幽雅清净，周围还有竹子编成的篱笆，里面是一些自栽的蔬菜。“纤尘不到栊簾净，常近炉薰玩六经。”[2]参观完毕，这次是宣宗兴致勃勃地亲自

1　参见杨荣《文敏集》卷一，《文渊阁四库全书》第1240册。

2　参见《御制集》卷三十七。

明《入跸图卷》局部之“水陆景象”

举网捞鱼，命厨师以鲜鱼做汤，并且摆上酒宴款待众臣。附近的水塘里可能是养了一些专供宣宗捕捞的鱼类，因此宣宗才能轻易地捞上来。周围幽雅的景致和眼前精美的菜肴，使众臣觉得恍如置身仙境。

这次游览活动给群臣留下了很深的印象，宣宗喜欢大自然，因此才选了一个自然气息颇浓的草舍、斋房，作为自己的书房兼琴房，同时也喜欢新鲜的食物，因此才在皇家园林内自己养鱼种菜。宣宗邀请群臣游览，虽然不乏向人显摆和炫耀之意，但是能让外臣进入皇帝专属的书房和琴房，已经是非常难得了。

宣德八年（1433年）初夏的一天，宣宗召集成国公朱勇等十五人游览西苑。除了奇石名花、浓荫密林之外，太液池边有几所新建的小型园殿，“规制宏敞，巧妙天然，花木森郁”，这是宣宗陪同母亲游览的地方。这里还栽种了许多果树和蔬菜，宣宗经常摘采一些送给母亲。朱勇等人登上万岁山，游览了新建的殿阁包括典雅华丽的广寒殿，看到太液池就像一块巨大的碧玉，环卧在山脚下。

根据亲历者的诗文回忆，这次登山加游园活动与前两次不同，大臣们是从水边山脚下一直走到山顶，一路上看到彩虹般的长桥、荡漾的波光、高耸的金殿、夹道的苍松古柏、池中的游鱼、圃中的蔬菜、成熟的杏桃、野兽般的怪石和上面的苔藓，听到了空中传来的玉箫乐曲，和松林里的风声混在一起，很是悦耳。当年的万岁山也就是今天故宫北面的景山不太高，上山的盘山道也不太陡，登山的大臣们沿途看了不少美景，眼花缭乱，也听了不少美声，心旷神怡，加上空气清新，林风拂面，这些人自然是兴致颇高，忘了疲劳。

朱勇等十五人从万岁山下来之后，宣宗命人将专供皇帝享用的美酒佳肴端来，设宴款待他们。这些人酒足饭饱之时，天色已经暗了下来。

4. 宣宗颇有旅游规划才能，偶尔喜欢恶作剧

宣宗和大臣的这些游园聚会，大致有几个特点，一是每次游览的地点不同，三次大规模游览的地点分别是万岁山和太液池、东西苑。二是游览的项目不同，第一次是在万岁山和太液池品尝皇家佳肴、乘坐皇帝龙舟，第二次是游览东苑的园林，参观皇帝的高级书房，品尝鲜鱼宴，第三次是游览西苑新建的园殿，品尝皇帝的盛宴。三是每次游览的景观几乎都是新建成的园林殿阁，并不重复。

由此可见，宣宗对这些游览活动事先是做过一番设计的，虽然可能还有他人参与，但宣宗本人还是具有一定的旅游规划才能，当然也包括政治才能。宣宗并非简单地追求君臣同乐的太平景象，而是还有密切君臣关系的用意。因此宣宗不仅费心安排游园活动，人员的选择也不是随意的，有时连请辞在家的重臣黄淮也被邀请参加，于是这些大臣的诗文里充满了特殊的荣耀和感激之情。从整个宣德

时期的君臣关系来看，宣宗的目的达到了，安排游园的心思也没有白费。

除了上述三次大规模的游览活动外，宣宗平时多次与少数大臣宴饮游乐，赏物赐钞，极为平常。有时还换大杯为臣下斟酒，可能是想看到他们的醉态，老臣蹇义等人都受过这种“恩典”。宣德三年春季有一天，夏原吉和蹇义“奏对便殿，上悦，命留侍宴，且谕尽欢”，让他们一醉方休。但两人毕竟都是六十多岁的人了，肯定是不胜酒力，宣宗看到夏原吉有了醉意，就笑着问他：“卿能复饮乎？”夏原吉一边下跪磕头一边说：“臣饱沃天恩，醉矣。”宣宗与夏原吉关系极好，这时也就没再为难他。不过“上顾蹇公犹醒，亲酌巨觥三赐之”，[1]宣宗发现蹇义还算清醒，于是就亲自换了大杯斟酒多次赏给蹇义，皇帝赏酒蹇义哪敢不喝，估计这位老臣的醉态也会让宣宗开心不少。

与前后时期相比，整个宣德时期的君臣关系相对融洽，上层宦官很少与主要大臣发生矛盾，虽然是因为这时的宦官权力有限，并未像中后期那样专权，皇帝也有意限制宦官，但宣宗经常举行游园等活动，有效地密切了君臣之间以及大臣同宦官的关系，应该也是非常重要的原因。

此外，宣宗偶尔也喜欢微服出游，宣德六年（1431年）七月的一个晚上，宣宗深更半夜带着四名随从突然来到了杨士奇的家中。杨士奇慌忙出迎，并且劈头来了一句：“陛下奈何以宗庙社稷之身自轻？”显然半是关怀半是责备。但宣宗并不在意，只是笑着说：我想和你说句话，所以就来了。第二天宣宗派人来问杨士奇：“圣驾临幸，为何不谢？”杨士奇说：“至尊夜出，愚臣迨今中心惴栗未已，岂敢言谢！”皇上您深夜出游，我到现在还十分担心，浑身不停发抖，哪里

1 参见夏原吉《忠靖集》附录，《文渊阁四库全书》第1240册。

还敢说谢！似乎并不感恩领情。君臣两人的对话中，杨士奇不那么客气，甚至有些埋怨和顶撞，但这也正反映出了两人的亲密关系。

宣宗又派人来问杨士奇：古代的名君尧就不曾微服出游吗？杨士奇并不正面回答，而是说："陛下恩泽岂能遍洽幽隐，万一有怨夫冤卒窥伺窃发，诚不可无虑。"陛下的恩泽不可能遍施每个角落，您这样轻易出来，万一遇到哪个颇有怨气的人心怀叵测、乘机加害，后果可就不堪设想了。宣宗听了，可能是半信半疑。过了几天，锦衣卫果然抓到了两名图谋劫杀宣宗的逃犯，原来有两个杀人的逃犯受到官府的紧急追捕，于是两人相约在宣宗将要经过的玉泉寺附近，带着弓箭埋伏在道旁的丛林中，准备向宣宗下手。

官府得知这一消息后，就派遣捕盗校尉换了逃犯的衣服打入他们的内部，获得了逃犯的劫杀图谋，因而擒获了这伙人。宣宗听说后感慨道："士奇爱我。"还是杨士奇爱护我啊！于是他派高级宦官范弘，赏给杨士奇一大笔金币和高级纺织品，后来再也没有夜间微服出游。[1]宣宗一生中微服出游很少，此次深夜来到杨士奇家，反映出他诙谐的性格，甚至有些恶作剧的成分。据说工部尚书吴中惧内出名，宣宗就命演艺人员创作了惧内题材的宫中杂戏，还在群臣宴会上特意邀请吴中一道观看，吴中也只好默默忍受。这同样反映出宣宗那种恶作剧的心态。

宣宗的巡游较为丰富，是他宫廷生活的一部分，宣宗还有更为腐朽、放纵的追求。那么宣宗的追求实现了吗？他为什么要改立皇后呢？

1　参见《明史记事本末》卷二十八,《仁宣致治》。

明代皇后的凤冠

三十五 改立皇后

宣宗的巡游活动较为丰富，但并非为了巡游而巡游，而是狩猎加实战演习，并且还真刀真枪地和蒙古武装牧民打了一仗。游园聚会也有政治意义，不仅密切了君臣关系，也密切了元老大臣和高级宦官之间的关系。这些也只是他宫廷生活的一部分，宣宗还有一些比较腐朽、放纵的追求，即位不久就换了原来的皇后。那么改立皇后这件事宣宗是怎样运作的呢？为什么宣宗以前的皇帝都没有换皇后的呢？

（一）改立皇后的原因及准备

除了皇帝之外，明代的后妃也是有宝印的，但皇后的金册和金宝都是用黄金制成的，其他妃子的金册是用白银制成的，是镀金的银册，并且皇后有金册和金宝，其他妃子只有金册和金印而没有金宝，“印”比“宝”要矮一个级别，以此来显示皇后与其他妃子的等级差别。不过到了宣德时期，宣宗非常宠爱孙贵妃，把她的贵妃前面加了个“皇”字，不仅提高了孙贵妃的地位，也等于在皇后和贵妃之间加上了“皇贵妃”这一级别。这样一来孙贵妃同其他那些贵妃相比，名分和地位就高出一大块，更接近皇后了。宣宗这样做其实是为换皇后做准备，目的是废掉胡皇后，改立孙贵妃当皇后。那么为什么宣宗一定要换皇后呢？

1. 孙贵妃总比皇后胡氏矮一级，她在寻找机会

宣宗朱瞻基先后娶了十几个女子做后妃，其中皇后胡氏是山东济宁人，贵妃孙氏是山东邹平人，两人还是老乡。孙贵妃的父亲孙忠是河南永城县的主簿，碰巧仁宗张皇后的母亲也就是宣宗的姥姥，也是永城人，她知道孙家有个十几岁的小姑娘，长得好看又聪明伶俐，就把她领到宫里来了，于是宣宗的母亲张皇后就一直把她养在宫中。当年明成祖朱棣为皇太孙朱瞻基筹办婚事时，下诏选了济宁人胡善祥为皇太孙妃，选邹平人孙氏为皇太孙嫔，嫔比妃矮一级。宣宗后来从皇太孙做到皇帝，孙氏也沾光受到册封，从嫔做到皇贵妃，但总比皇后胡氏矮一级。

其实孙氏从一个小县城主簿的女儿，居然当上了令人羡慕的皇贵妃，已经够出人头地的了，但她仍不满足，不甘屈居人下，可能逐渐有了当皇后的想法。但朱棣和仁宗在世时，她不得不暂时收敛自己的野心，否则便会因此被赶走。后来朱棣和仁宗相继去世，对她极为宠爱的朱瞻基当了皇帝，孙氏便以她特有的精明设法排挤胡氏。表面上她对胡氏十分恭顺，暗地里却在积极活动，寻找机会。

孙氏不仅姿色迷人而且工于心计，很讨宣宗的喜欢。起初宣宗对两位夫人并没有什么偏爱，但随着时间和年龄的增长，他对第二夫人孙氏的宠爱逐渐超过了第一夫人胡氏。青年皇帝朱瞻基颇好巡游玩乐，今天出去逛一大圈，明天玩个花鸟鱼虫，胡皇后便多次规劝宣宗不可过分，引起了宣宗的不满和厌烦。他经常在母亲面前发牢骚，嫌胡皇后多事。[1]孙氏却从未劝过宣宗，为了巩固宣宗对她的

---

1 参见查继佐《罪惟录》列传卷二。

宠爱，她从来不做使宣宗扫兴之事。

2. 孙氏赢了第一局，有了象征地位的金印

宣宗自然明白孙氏的心理，他也想将这个美丽聪慧、令他着迷的孙氏立为皇后，无奈胡氏在他即位时已被立为皇后，如果没有充分合适的理由是不能随意改立皇后的。好在宣宗比孙氏更为精明，又有宫内一批宦官作帮手，因此他与孙氏密切配合，一步一步地实现目的。两人都明白，要想改立孙氏为皇后，既不能操之过急又不能搞得太露骨，首先必须得到宣宗的母亲、皇太后张氏的许可。于是两人想了个办法，首先试探一下皇太后的态度。

按照明代的制度，“皇后金宝金册，贵妃以下，有册无宝”。[1]作为皇后既有金册（即册立皇后的金册）又有金宝（即皇后的金印），而皇贵妃以下则只有金册没有金宝，以此来区别皇后和皇贵妃的等级。宣德元年（1426年）五月，宣宗和贵妃孙氏可能是经过一番密谋，由宣宗出面向太后请示：当初胡、孙两人同时为皇祖选为妃、嫔，名位上相差不多，如今一个是皇后一个是贵妃，一个有册有宝，一个有册无宝，相差得太多了，能不能也赐给孙妃一个金宝，让她与胡氏的名位差不多，希望母后您老人家来决定。

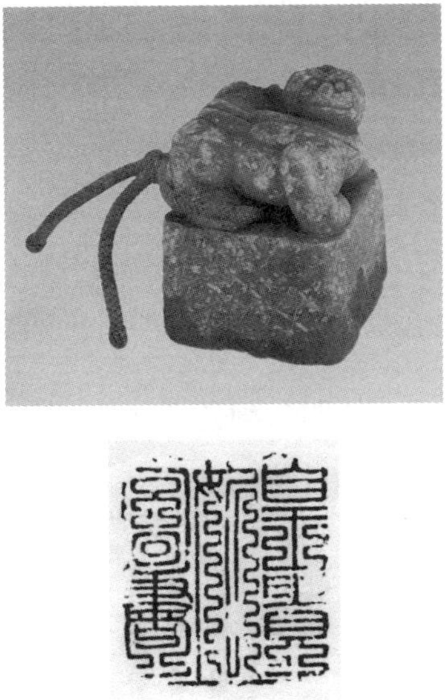

白石“皇贵妃图书”玺

张太后早年跟随朱高炽长期

1 参见《明史》卷一一三，《后妃传》一。

监国，颇有历练，养成了一些善处大事的才干。宣宗和孙氏的那套把戏，她如何不知？尤其是宣宗平日张口闭口敬守祖制，如今却为一点小事就想改变祖制，太后早已看透了两人的用心。当初她在宫中养育孙氏时，可能就对这个善伺人意小女子不太喜欢，倒是胡氏沉默大方、颇能容人的大家风范，或许更让她喜欢。但张太后更了解儿子的禀性，宣宗是个胆大敢为、不达目的不罢休的人，如果不答应他，他会想出更多更大的借口来力争。同时，张太后可能以为即使孙氏有了金宝也还是贵妃，名位稍高一点但并未超过皇后，因此太后勉强答应了宣宗的请求，派人特地为孙妃铸造了一颗金印。[1]

3. 孙氏又赢了第二局，抢在胡后之前“生”出了皇长子

宣宗和孙氏赢了第一局，又为下一步作打算。胡后多年不育，未给皇上留下子嗣，如果能让孙氏在胡后之前生出孩子，那么改立皇后就更有把握了，因为不能为皇帝传宗接代的女人是不配做皇后的。朱瞻基毕竟是皇帝，他是帝国最有权势的人，宫中又有那么多足智多谋、机敏干练的宫人替他做事，又有什么事能难倒他呢？虽然胡后和孙妃都未曾生育，但在当时皇宫里与宣宗有过性关系的宫女很多，她们之中有人怀了皇上的孩子。宫女替皇帝生了皇子，就会得到皇帝的宠爱，待遇和地位都会随之大为提高。未生皇子的宫女出于嫉妒之心，往往暗中设法杀掉皇子，甚至同时怀孕的宫女之间也相互倾轧，谋害对方。

这种古老而残酷的宫廷斗争在明代颇为盛行，以至于像宣宗那样的风流天子，十几年中只有两子两女保留下来。[2]起初孙妃极有可能参与这样的“竞争”，如今不同了，她需要一个皇子。于是在一些

---

1 参见《明史》卷一一三，《后妃传》一。

2 吴晗辑《朝鲜李朝实录中的中国史料》上编卷五，第363页。

孙皇后像

心腹宦官、宫女的参与下，她将别人生下的皇子据为己有，终于抢在胡后之前“生”出了皇长子朱祁镇。这些人真可谓神通广大，他们将此事做得干净利落，以至于别人顶多只能怀疑，皇子并非为孙妃亲生，而这位皇子的生母是谁，又是怎样被人夺走皇子之后销声匿迹的，则无从考查了。[1]

“立嫡以长”和“母以子贵”，是当时社会中十分重要的法规，孙妃生的皇长子要立为皇太子，而孙妃作为太子的母亲也应该被立为皇后。外廷群臣当然明白这一点，他们对宣宗亲孙妃、疏胡后之事早有耳闻，如今孙妃先生了皇长子，皇上又是那般高兴，其中的缘故谁人不知？于是一些眼明手快的侍臣在皇子出生八天之后便纷纷上疏，有的请求立皇长子为太子，有的请求改立孙妃为皇后。其实对于孙妃来讲，立太子和改立皇后基本上是一回事。

皇后胡氏听到孙妃生子的消息，知道自己在这件事上被人占了先，即使以后再生皇子也永远赶不上孙妃了，加上宫中内外已经掀起了早立太子、改立皇后的波澜，眼见宣宗一天天地疏远自己，便知趣地请求册立孙妃生的皇长子为太子，改立孙妃为皇后，自己有病愿意辞掉皇后之位。宣宗见胡后自己提出了这种想法，可谓正中下怀，但他表面上仍装出不以为然的样子，对胡后的提议未置可否。孙妃更会演戏，听到胡后的提议便假惺惺地说：“后病痊自有子，吾子敢先后子耶？”皇后病好了自会生育孩子，我的孩子怎么能抢在皇

1 参见《明史》卷一一三，《后妃传》一。

后的孩子之前呢？[1]

宣宗和孙妃虽然赢了第二局，但改立皇后的条件尚未十分成熟。眼前最为棘手的问题有三：一是以封建社会的道德标准而言，“宠艳妃而废元后”，是君主极大的失德（或称缺德）行为，弄不好会被列为荒淫无道之君，遭到歧视和唾骂。二是张太后并未同意改立皇后，尽管宣宗已经屡次将长子抱给太后看，太后也十分喜爱这个长孙，但对废胡后立孙妃的舆论好像没听见。第三是多数文武重臣对此事也未明确表态，杨荣倒是一马当先地表示应该废胡后立孙妃，但他的提议在高层人士中反应冷淡，自己也有些泄气。

（二）重大进展与中途搁浅

1. 太后勉强同意宣宗换皇后

宣宗不得不亲自出马了，目前他一是要设法避开“废后”的举动，免得给自己造成不好的名声，二是必须获得太后的同意，三是必须争取文武重臣的支持。宣宗是个颇有才略的人，做事一向有板有眼，从不乱来。他采取了如下的步骤，先争取太后的同意，再用太后这顶大帽子来压迫群臣同意，然后再让群臣替他出主意、想办法，圆满完成改立皇后的活动。于是宣宗先找太后请示：孙妃生了皇长子，群臣和胡后都请求早立太子，改立皇后，

张太后像

1　参见《明史》卷一一三，《后妃传》一。

母亲您看这事怎么办？张太后知道儿子打定主意要做的事谁也拦不住，况且事实和外界舆论都对孙妃有利，儿子请示她不过是做个样子。无奈之下，张太后只好同意了宣宗的请求。

为什么太后会改变主意，同意宣宗废掉胡皇后、改立孙贵妃呢？原因很简单，虽然太后喜欢胡皇后、不喜欢孙贵妃，但太后和宣宗是母子关系，改立皇后对太后来讲，不过是两个儿媳的顺序颠倒了一下，对自己并没有实质性的影响，儿子还是皇帝，自己还是太后，没必要因此同儿子闹翻，所以她才不太情愿地同意了宣宗的请求。

2. 杨士奇反对换皇后，并且态度强硬

母亲这关一过，宣宗立即召来群臣商议此事。几位核心人物到来后，宣宗开门见山说道："朕年三十未有子，今幸贵妃生子，母从子贵，古亦有之。但中宫宜何如处置？"我三十岁还没有儿子，如今幸亏孙贵妃生了儿子，历来的规矩都是母以子贵，过去也有这样的先例。只是这样一来，中宫皇后应该如何安排呢？见无人搭话，宣宗又顺嘴编了几件皇后的过失。

杨荣最善于领会皇上的用意，立即抢先答道：有这几条过错就可以废掉她。前面讲过，自从袭取赵王的建议未被采纳，杨荣总觉得自己在皇上面前讲话不如杨士奇等人有分量，因此这次想抓住机会讨得皇上的欢心，重新提高自己的地位。或许宣宗觉得杨荣讲话太露骨，就转头问别人："废后有故事否？"废掉皇后这类事，前朝有过先例吗？蹇义回答：宋朝的仁宗曾将郭皇后降为仙妃。蹇义这话算是给宣宗找了个先例，帮了他一把。

宣宗当然很希望别人也同意蹇义讲的例子，不料半天也没人附和，他只好问张辅、杨士奇和夏原吉三人：你们几个怎么不说话？杨士奇这才一板一眼地答道："臣于帝后，犹子事父母。今中宫母也，

群臣子也，子岂当议废母！”臣下我对皇上和皇后，就如同孩子对待父母，如今中宫皇后就是母亲，我等群臣就是孩子，孩子们哪有资格商议废掉母亲呢！宣宗一听，估计会暗暗吃惊，杨士奇这话哪里是什么母子之论，分明是对他的变相抗议！宣宗没想到杨士奇这样有影响的重臣竟让他如此难堪，大概气得脸色都变了。但杨士奇的这番话在道义上可是句句占理，宣宗无法反驳，只好暂且忍住。

宣宗又问张辅和夏原吉：你们是怎么想的？两人支支吾吾说了半天也没说明白，最后只好说：“此大事，容臣详议以闻。”这件事关系重大，请容臣等详细计议再向皇上禀报。其实两人可能很想同意宣宗的主张，但杨士奇讲的子不得议母之说，等于把这条道堵死了，两人也就不好表态了。这时宣宗将他所担心的舆论问题说出来：“此举得不遗外议否？”这件事将来不会受到外界的非议吧？看来他还想

皇后居住的坤宁宫

劝导近臣为他出主意。蹇义为人忠厚谨慎，马上迎合宣宗说："自古所有，何得议之！"过去也有这种事，外界哪能评议呢！

不料杨士奇立即反驳："宋仁宗废郭后，孔道辅、范仲淹率台谏十数人入谏被黜，至今史册为贬，何谓无议！"宋仁宗废掉郭皇后，孔道辅和范仲淹率领十几个谏官请愿反对，结果全被罢官，这件事至今还遭到史书的贬斥，当时就不怎么光彩，哪能说外界没有评议呢！蹇义受了抢白，一时语塞，没词了。杨士奇此话明为反驳蹇义，其实真正的含义却是在声明，废掉皇后一事日后必遭史书的贬斥。在场的人都听明白了，可是连皇帝都对杨士奇的强硬态度感到无奈，别人就更不用说了。因此讨论改立皇后的第一次御前会议，就这样不欢而散。

3. 杨荣献计无效，换皇后一事中途搁浅

大家出宫的途中，杨荣和蹇义对杨士奇说："上有志久矣，非臣下所能止。"意思是皇上早有此意，我们几个臣下是拦不住的。言外之意，你又何必那么认真呢？杨士奇没言语，他对杨荣和蹇义不敢直言进谏或许有些瞧不起。夏原吉倒觉得杨荣的话在理，但他认为事情应该做得更圆满、更稳妥，因此他提议"当议处置中宫"，应该商量一下怎样妥善安排皇后。可是杨士奇仍然坚持自己的立场："今日所闻中宫过失，皆非当废之罪。"今天讲到皇后的过错，没有一条是应该废掉的罪名。看来几个人的分歧挺大，出宫途中的议论还是没有结果。

但杨士奇说的最后一句话，却很可能被杨荣记住了，他或许会想，如果皇后有了更合适的罪名，不就可以被废掉了吗？于是杨荣回到家里，连夜琢磨和编造了一些皇后的"严重"罪名，写在纸上揣进怀里，准备有机会递上去。只要皇上愿意，臣下就应该顺从，何必与皇帝作对呢？这是杨荣一贯的政治哲学。

第二天一早，宣宗只将杨士奇和杨荣召到皇宫西侧的西角门，

他很清楚，群臣之中杨士奇和杨荣最有谋略也最有影响，只要他们两人同意，群臣这一关就不难过了。于是宣宗问两人：你们商议得怎么样了？杨荣早有准备，伸手从怀中摸出一张纸递给宣宗，上面居然列了皇后大约二十条罪状，但几乎全是诬蔑诋毁之词。杨荣颇为得意地说：就凭这些罪名就可以废掉皇后！不料宣宗才看了二三条就突然变了脸色说："彼何尝有此，宫庙无神灵乎？"皇后什么时候做过这些恶事，难道宫中没有神灵照鉴吗？言外之意，你怎么会给皇后编出这么多罪名呢！

杨荣好像挨了一闷棍，吓得赶忙低头请罪，他可能为自己的失算感到懊悔，同时又对此大惑不解：皇帝要找皇后的过失，杨士奇昨天还说那些过失根本不顶用，今天我编造了这些颇有分量的罪名，皇上反而申斥我，我有什么不对的呢？他不明白，宣宗虽然想废掉胡后，但毕竟还念两人的夫妻之情，当然不能容忍杨荣过分诬陷胡后，他对杨荣过分露骨的提议显然有些不满。宣宗又问杨士奇：你说怎么办？杨士奇还是老观点，举出汉光武帝和宋仁宗废了皇后、晚年后悔的例子，劝宣宗慎重从事。宣宗没得到自己想要的结果，估计还是拉长了脸，一声不吭。于是第二次小型御前会议，结果又是不欢而散。

（三）虽然改立成功，但胡氏仍受太后优待

1. 杨士奇献计有效，胡皇后被迫主动"辞职"

宣宗下决心要使杨士奇转变态度，他颇有耐心地再次召见杨士奇，征求意见。杨士奇也深知，宣宗是个不达目的决不罢休的青年皇帝，这样硬顶着也没用，于是他对宣宗说："皇太后必有主张。"等于抬出太后的招牌来与宣宗周旋，他以为太后肯定不会同意此事的。不料宣宗告诉他，"与尔等语，太后意也"，我跟你们说实话吧，废

胡皇后、立孙贵妃正是太后的意思。

杨士奇知道，宣宗肯定设法说服了太后，他也就没有可靠的同盟者了，杨荣说得对，皇上早已铁了心要废胡立孙，别人谁也拦不住。宣宗同样深知杨士奇和杨荣的区别，杨荣虽然顺从皇帝，但有时不计后果，不能拿出令人满意的方案。杨士奇则从不轻易顺从或反对皇帝，但他做事顾全大局，并且会筹划出较为可行的方案。因此宣宗在改立皇后这件事上，必须依靠杨士奇来为他出主意、拿方案。过了几天，宣宗将杨士奇单独召至文华殿，再次问他如何处理此事。杨士奇还是不同意。宣宗又再三询问，杨士奇半天才勉强问宣宗：胡后与孙妃关系如何？宣宗明白杨士奇态度已有所改变，于是便说："甚和睦，相亲爱。但朕重皇子，而中宫禄命不宜子，故欲正其母以别之。中宫今病愈月矣，贵妃日往视，慰藉甚勤也。"

意思是两人关系和睦，相亲相爱。但是我看中的是皇长子，有位算命的人说，皇后命中注定无子，因此我才想改立皇子的母亲为皇后。皇后如今病了一个多月，孙妃每天都去探望，十分殷勤。杨士奇这才讲出了自己的打算："然则乘今有疾，而导之辞让，则进退以礼，而恩眷不衰。"那就可以乘皇后有病的机会，设法开导她辞让皇后的名位，这样一来，两人一升一降都合乎礼法，皇上的恩眷也不受影响。宣宗听罢不禁点头称是，觉得还是杨士奇有办法，又忠诚可靠。[1]

过了几天宣宗又告诉杨士奇："尔前说甚善，中宫果欣然辞。贵妃坚不受，太后亦尚未听辞。然中宫辞甚力。"你前面的主意非常不错，皇后果然欣然辞位，孙贵妃坚持不接受，皇太后也没有同意皇后辞位，但是皇后还是一个劲地坚决辞让。杨士奇知道，宣宗肯定是按他的办法跟胡皇后摊牌了，因此胡皇后只能表示坚决辞去皇后之位，而实际上她是被迫辞位的。

1　参见《明史记事本末》卷二十八，《仁宣致治》。

2. 胡氏虽然不当皇后了，但仍受老太后的优待

其实宣宗别的话都是假的，只有皇后辞位这个话是真的，也是宣宗最需要的。事已至此无法挽回，因此老臣杨士奇怀着对无辜皇后的同情，郑重地对宣宗说："若此，则愿陛下待两宫当均一。昔宋仁宗废郭后，而待郭氏恩意加厚。"如果真是这样，就请陛下您平等对待两位皇后。过去宋仁宗虽然废掉了郭氏，但待她待遇不减，恩意加厚。宣宗见杨士奇说得郑重，知道他为皇后不平，大概是受了感动，便也同样郑重地对杨士奇说："然，吾不食言！"好吧，我不会食言。到此为止，改立皇后之事才算定下来，宣宗为此煞有介事地下诏：

> 皇后胡氏，自惟多疾，不能承祭养，重以无子，固怀谦退，上表请闲。朕念夫妇之意，拒之不从。而陈词再三，乃从所志，就闲别宫。其称号、服食、侍从悉如旧。贵妃孙氏，皇祖太宗选嫔于朕，十有余年，德义之茂，冠于后宫。实生长子，已立为皇太子。群臣咸谓《春秋》之义，母以子贵，宜正位中宫。今允所请，册妃孙氏为皇后。[1]

前皇后胡氏被迁出了正宫退居长安宫中，就是后来的景仁宫，[2]被赐号为静慈仙师。孙贵妃则堂而皇之地登上了皇后的宝座。虽然上述诏书里讲的皇后力辞、贵妃谦让，最后贵妃是迫不得已才同意当皇后的，但是许多人都知道，皇后辞位并非自愿而是被迫的，宣宗的诏书真是欲盖弥彰。史书上说皇后"无过被废，天下闻而怜之"，[3]

1　参见《明史记事本末》卷二十八，《仁宣致治》。

2　长安宫在嘉靖时期改名为景仁宫，见（明）孙承泽《春明梦余录》。

3　参见《明史》卷一一三，《后妃传》一。

故宫景仁宫

得到了广泛的同情。太后更是如此，常把胡氏召入清宁宫和自己同住。内廷举行宴会，太后也总是把胡氏的座位安排在孙后之上，虽然现任皇后孙氏怏怏不乐，但碍于太后的情面和地位，她也不敢有什么动作。

由于张太后在皇族中辈分高，又是宣宗的生母，因此孙氏心里虽然可能想得寸进尺，但仍不敢大闹，况且她已得到了皇后的位置。谁都清楚，只要有张太后在，孙氏就不敢把胡氏怎么样。你争当皇后我没拦你，就已经是很给你面子了，你还想什么都有，一手遮天，那可办不到，况且我儿子也不会容许你这么干，张太后的心态可能是这样的。因此，张太后生前，胡皇后几乎一直受到善待，没有受到孙皇后的排挤和打击。由此可见，皇族中长辈的身份和权力在宫中还是起作用的，实际上这个权力也是整个皇权的一部分。并且这个张太后很厉害，虽然孙氏是她母亲带进宫的，是她自己一手带大的，但她并没有因此而纵容孙氏，没有让她在宫中进一步提高地位，从而稳定了宫中的局势。

3. 胡皇后葬礼降格，但受到后人的纪念

胡皇后像

正统七年张太后去世了，被废的胡皇后日夜思念老太后，又痛惜自己的处境，身体越来越不好，一年以后也去世了。这时孙皇后才敢凭借权势报复胡皇后，她下令以嫔妃之礼安葬胡氏，不用皇后礼仪，等于给胡氏这个前皇后降了一大格。当时宣宗朱瞻基已死，孙氏抢来的儿子英宗朱祁镇即位，孙氏已是太后，因此人们只好按她的意见办。虽然个别人不满，但也只是敢怒不敢言。当然，后来孙皇后对于巩固明朝的江山、稳定土木之变后的局势还是有贡献的，这是后话。

宣宗改立皇后一事，虽然表面上做得很像样，但当时即有人认为这是他的失德之举。宣宗自己也知道，“宠艳妃而废元后”的丑名他是脱不掉的，也因此而获得了“风流天子”的称号。宣宗后来对此事也有悔意：这都是朕年轻时干的事。尽管这个辩解很乏力，倒也说明这位“风流天子”还有点常人的良心。也许因为有了宣宗这句话，同时更因为胡皇后尽到了皇后的职责但却受到不公正的待遇，因而得到了人们的同情，胡皇后在后人心目中声誉大增，根据英宗以后的《明实录》记载，皇帝下令纪念最多的一些人中就有胡皇后。

4. 反对宣宗游乐的胡皇后等人，没一个有好下场

胡皇后被废，在很大程度上是因为她曾经多次规劝宣宗不可过分玩乐，惹起了宣宗的不满。实际上凡是这样劝过宣宗的人，基本

上都和胡皇后一样没有好下场。宣宗当皇太孙时两位教师戴纶和林长懋，因屡次向朱棣告发他弃学贪玩之事受到他的记恨。后来宣宗即位，两人仍然反对宣宗游玩打猎，结果一个被当场打死，一个被关进监狱。那些对宣宗颇为了解的老臣，从未进言反对此事。可是有个叫陈祚的青年御史却无所顾忌，他见宣宗整天出去跑马射猎，便上疏劝皇帝读一读《大学衍义》一书。不料这次激怒了宣宗，他没等看完上疏就气得破口大骂：这个书呆子竟敢说我没读过《大学》，如此小瞧我，不可不杀！

其实《大学衍义》跟《大学》不是一本书，《大学》是古代四书之一，叙述了儒家修身、治国的政治思想，非常有名，是官方学校尤其是科举考试必备的教科书，《大学衍义》则是南宋著名理学家真德秀的著作，讲的是帝王政治伦理和治国方略。宣宗显然是气糊涂了，他虚荣心极强，以为陈祚讽刺他不学无术，因此大怒。旁人劝道：偏远之人，不知道皇上您无书不读。宣宗这才稍稍消了气，先将陈祚下狱。当时的刑部主事郭循，上疏反对宣宗大兴土木、拓开西内皇城修筑离宫。宣宗将此人带到大殿之上亲自审问，很想以天子的威势来慑服他，不料郭循竟抗辩不屈，拒不认错，宣宗只好将他和陈祚一样关入监狱。[1]由此可见，宣德时期由于反对宣宗游玩享乐而受到惩罚的人，根本不止胡皇后一人。

（四）太祖到宣宗对皇后的差别及其原因

1. 宣宗以前的皇帝没换皇后的原因

可能有人会问，为什么宣宗以前的几任皇帝都没有换过皇后，怎么到了他这一任就非要换呢？要回答这个问题，首先需要了解前

1 参见《明史》卷一六二，《郭循传》。

太祖马皇后像

几位皇帝和皇后的关系。明太祖朱元璋的皇后马氏，是跟着朱元璋一起打天下打出来的，经常组织其他将领的夫人为前线做事，抚育朱元璋的一些养子如沐英等。明朝建国后她也非常简朴、谨慎，为人善良，尤其是对待朱元璋的那些妃子们非常好，这样才使朱元璋一连生了40多个皇子、公主；并且马皇后还曾经阻止朱元璋对功臣的杀戮，因而在朝野中很有威望，是朱元璋开国和治国的贤内助，两人感情不错。[1]

明太宗朱棣的皇后是开国功臣徐达的长女，早年曾帮助朱棣起兵夺位，尤其是辅佐长子朱高炽，率领北平老弱军民和妇女多次打退了政府军。朱棣即位后大杀建文忠臣，重用自己的北平亲信，徐皇后曾为此几次劝过朱棣，说那些建文忠臣都是太祖朱元璋留下来的人才，陛下用人不应该喜新厌旧，并且坚决反对加封自己的兄弟，因此在后宫之中威望和地位都很高。永乐五年（1407年）她就去世了，朱棣从此没有再立皇后。[2]

仁宗朱高炽的皇后张氏，永乐初期自从被册立为太子妃之后，就同丈夫一直生活在朱棣的阴影之下，夫妻两人为保住太子之位，几乎一直是苦心经营，张氏用自己的恭顺、孝敬博得了朱棣夫妇的喜欢，因此朱棣曾对长子朱高炽说过，如果不是这个儿媳好，我早

1 参见《明史》卷一一三，《后妃传》一，《太祖高皇后》。
2 参见《明史》卷一一三，《后妃传》一，《成祖徐皇后》。

就把你这个太子废掉了。由此可见，当时太子和张氏有些共患难的关系。朱高炽即位后，张氏积极支持丈夫的改革之举，还曾帮助丈夫尽力发挥老臣的作用，赢得了满朝文武大臣的敬重。[1]

从朱元璋、朱棣、朱高炽三人及其皇后的经历来看，马氏、徐氏和张氏有一个共同点，即她们都是丈夫争夺和巩固皇位的有力支持者，她们和丈夫的关系已不仅仅是单纯的夫妻关系，并且还有政治合作关系，或者说皇帝和皇后不仅仅是生活夫妻更是政治夫妻，因此三位皇后的地位是历史形成的，不是哪一个同皇帝亲近的其他女人可以代替的。在这种情况下，三位皇后对朱元璋、朱棣和朱高炽而言，就已不仅是单纯的配偶，而是具有一定政治地位和威望的支持者。

因此，不管是在争夺天下、争夺皇位的过程中，还是在夺取天下、夺取皇位之后的治国活动中，三位皇帝都不可能、也没必要与其皇后决裂分手。况且朱棣的皇后徐氏的背后是开国元勋徐达的家族，当年朱棣同徐达长女的结合，就是朱元璋一手操办的政治婚姻，即让自己的儿女和手下武将的儿女联姻，借此巩固朱家的江山。在这种背景下，徐氏及其家族都成为朱棣争取和利用的势力，因此，没有特殊原因朱棣更是不可能同徐氏分手的。

2. 宣宗即位前后情况变了，后妃家族已无势力

可是到了宣宗朱瞻基即位前后，上述情况完全变了，宣宗的皇位不是靠武力夺来的，而是从祖父和父亲那里直接继承来的，平定叔父朱高煦也没太费力，既不需要他同胡皇后共同争夺、保住皇位，也不需要借助胡皇后的家族势力来巩固自己的地位，就是说宣宗和胡皇后的关系中，已不存在前三位帝后所具有的政治因素。胡皇后对于宣宗来讲也只是个单纯的配偶，并不具备前三位皇后那种不可

1　参见《明史》卷一一三，《后妃传》一，《仁宗张皇后》。

替代的身份和地位。

再加上永乐以后皇子的配偶们已不像洪武时代那样，都是来自军事贵族，而是依照朱元璋晚年《皇明祖训》的规定，不再从公侯将领的子女中挑选，而基本上都是来自中下级军官的普通家庭。在这样的前提下，只要宣宗本人满意，谁都可以当这个皇后，不一定非胡氏不可，这才是宣宗敢于废掉胡氏的根本原因。这件事也反映出，明代前期皇位争夺的情况有了一大变化，那就是仁宗之后皇位争夺的情况基本上结束了，至少皇后们不必参与皇位的争夺了，同时她们的来源也不再是高级军事贵族了，因此，她们的政治地位自然也会下降。

3. 宣宗开了换皇后的先例，后代就有皇帝接着干

宣宗改立皇后这件事，在明史上的影响是比较大的，后来的景帝、宪宗和世宗都曾改立皇后，虽然不能说完全是学宣宗的榜样，但是这个先例却是宣宗开的。并且明朝有个不成文的规定，凡是前面皇帝做过的事就算是先例，后面的皇帝就可以援引这个先例接着干，基本上不管理由如何。宣宗改立皇后，前后还费了一番周折，后来的景帝、宪宗等人可比宣宗省事多了，换个皇后基本上都是一句话，根本没费什么劲。

景帝是宣宗朱瞻基的次子，正统初期只是个亲王，他的哥哥英宗在王振的怂恿下亲征，结果在土木之变中当了俘虏，景帝白捡了一个皇位，可是这个人贪心太大，还想把当时的太子、自己的侄子废掉，改立自己的儿子当太子。景帝的皇后汪氏就因为劝他不要把皇兄的太子废掉再换上自己的儿子，结果惹恼了景帝，就被景帝一句话给废了。[1]

到了成化时期，刚当皇后没几天的吴皇后，因为顶撞了宪宗宠

1 参见《明史》卷一一三，《后妃传》一，《景帝汪废后》。

爱的万贵妃，也被宪宗一句话给废掉了。[1]这里顺便说一下，万贵妃比宪宗年长约18岁，是从小看着宪宗长大的，一生大部分时间里都是宪宗的保姆、启蒙老师、情人兼保镖。尤其是在宪宗最郁闷、最难受的日子里，就是宪宗第一次当太子后被他叔叔景帝废掉的时候，正是这位比他大18岁的万贵妃，始终在他身边照顾他、陪伴他，从而使两人在男女姐弟之情以外，还有一种可贵的患难之情。因此，当吴皇后敢于挑战万贵妃时，宪宗便毫不犹豫地废掉了吴皇后。

后人绘制的景帝像

再后来的嘉靖时期，世宗以藩王的身份即位，其与先朝张太后的恩怨较深，他想严惩张太后的两个兄弟，也就是自己的两个远房舅舅——张鹤龄、张延龄，世宗的皇后张氏就因为趁着世宗高兴时为他们讲情，结果惹怒了世宗，也被世宗一句话给废了。[2]总之，后来的皇帝只要对皇后不满，认为皇后碍事，就可以一句话废了皇后。他们的祖先宣宗开的先例，影响到几个继承人跟着干，某种程度上造成了宫中生活更加混乱、更加腐败。

不过，与景帝、宪宗、世宗这几个人相比，宣宗至少还顾忌到舆论的压力、大臣的阻力，改立皇后的几步棋走得还算有章法，不那么直接不那么露骨，可是后来这几个皇帝就根本不顾这些了。

那么除了改立皇后这件事以外，宣宗怎样去尝试、折腾一些玩乐的项目呢？他又是怎样得到那个“促织天子”的绰号的呢？

1　参见《明史》卷一一三，《后妃传》一，《宪宗吴废后》。

2　参见《明史》卷一一四，《后妃传》二，《世宗张废后》。

《朱瞻基斗鹌鹑图》轴

三十六　促织天子

在中国古代的帝王中，宋徽宗和李后主的艺术和文学成就都很高，宋徽宗的画和李后主的词在中国文学艺术史上是相当有名的，但同时他们也是有名的亡国之君。明宣宗的文学艺术成就虽然不像宋徽宗和李后主那样有名，但是至少在帝王之中还算是名列前茅，其不仅不是亡国之君，享乐游玩之举更是大大超过了宋徽宗等人。此外，宣宗还有个外号叫“促织天子”，就是蛐蛐皇帝，因为古代蛐蛐叫促织。那么，宣宗又是怎样获得这个外号的呢，宣宗的游乐活动都有哪些内容呢？

（一）宣宗的几种宫廷游戏

北京故宫博物院藏有一幅《朱瞻基斗鹌鹑图》轴，图中画的是宫中斗鹌鹑的场面。一个皇帝模样的人居中端坐，面前有一方桌，桌上有一圈围栏，围栏中有两只小鹌鹑相对而立，伸长了脖子绷直了身体，正准备扑过去啄咬对方。周围是一群太监、童仆，有的提着笼子，有的捧着备用的鹌鹑，桌旁的两名太监显然是在逗弄两只鹌鹑互斗，给皇帝观赏取乐。据说刚抓到的野鹌鹑是不会互斗的，需要耐心调养，训练它的暴躁性格，然后才能设法挑逗两只鹌鹑互斗，整个过程相当不易。有记载讲唐玄宗时，西凉人进献的鹌鹑能随着金鼓的节奏相互争斗，宫中就多养鹌鹑取乐，后来流行于民间。

看来明朝皇帝斗鹌鹑的传统，很可能来自唐朝的宫廷。那么这幅《朱瞻基斗鹌鹑图》轴中的皇帝是谁呢？据专家考证，这位观赏斗鹌鹑的皇帝的相貌，与其他绘画中“风流太子”朱瞻基的相貌非常接近，因此很可能是宣宗朱瞻基。但也只是推测，并没有进一步的证据。不过多数人只知道这位明宣宗好斗蟋蟀，并不知道他还有斗鹌鹑的雅兴。清初查继佐的《罪惟录》中说，宣宗“斗鸡走马……往往涉略，尤爱促织，亦豢驯鸽”。[1]可见宣宗是在宫中饲养过鸽子一类的小型鸟类，那么图中的皇帝就更有可能是宣宗了。

在故宫博物院收藏的《朱瞻基行乐图》中，描绘出当时的五种宫中游戏，生动而真实地反映出明宣宗的游戏活动。第一段为射箭。画中的明宣宗头戴尖顶圆帽，身穿便服，抄手端坐在亭中观看别人

《朱瞻基行乐图》局部之“射箭”

1　参见查继佐《罪惟录》志卷三十二，《宣德逸记》。

射箭。旁边的太监抱着弓箭，看来宣宗是准备上场的。亭子周围还有一些侍从的太监。亭外是射箭场地，前方远处有三根旗杆，中间一根旗杆上悬挂着箭靶，靶心有个“勇”字，一侧有人捧壶拾箭，可能是计算射击成绩的。宣宗的前面有一人似乎正在请示宣宗发令，靶场上一名选手弯弓搭箭，做好了发射的准备，并且瞄准了远处的悬靶旗杆。

第二段为蹴鞠。“蹴”是用脚踢，“鞠”是指缝制成圆形的动物皮囊，里边填充富有弹性的毛发，“蹴鞠”就是古代的足球游戏。据说唐朝已发明了充气的鞠，又有了不同形式的球门、球网，两队比赛的观赏性、娱乐性大为增强，因此在宫中和民间都大为流行。到了宋代，这种游戏更增加了个人技术和花样，甚至向杂耍的方向发

《朱瞻基行乐图》局部之“蹴鞠”

展,《水浒传》里的高俅就是因为踢球技巧过人，善踢一种“鸳鸯拐”的花样，被同样爱踢球的宋徽宗看中，后来一路得到提拔，最后居然高升到了太尉的职务。

明代的宫廷曾一度禁止蹴鞠的游戏，但王府中比较流行，朱瞻基即位后很快就将这种游戏在宫中推广，并且还曾把一些球技不错的士兵从王府和军队中抽调进宫，阉割成宦官后加入他的皇家球队，为他表演或是陪他踢球。[1]看来宣宗本人不仅是个超级“球迷”，并且还善于发掘和培养“球星”。《朱瞻基行乐图》中有一段描绘宣宗观赏蹴鞠的场景，宣宗身着便服坐在顶篷下面，观看眼前的蹴鞠表演赛，台阶前一人左脚抬起正欲踢球，对面一人则为防守姿态，似乎在做接球准备。后面一人怀里还抱着一个球，可能是作为备用球来参加比赛的。

第三段为击球。明代宫廷中的击球相当于马球，大概是骑马用球杆击球，比赛分为两队，以打入对方球门的次数来判定胜负。球门分为单球门和双球门两种，双球门是球场两边各设一门，单球门则是只设一门，球门是一个木板墙下开一个半椭圆形的孔洞，约一尺见方，并加上网囊。球杆多为木制，首端称为“杖头”，形状像半月形的勺子。比赛用的球很小，质地较硬而富有弹性，外面涂上彩色图案以便引人注目，因此古人又称马球为彩球、画球。从文献及出土壁画、陶俑中可以看出，唐代的马球运动颇为盛行，宫廷中更是极为常见。辽金元时期的北方地区，游牧民族文化流行，马球也是端午节上的重要风俗之一。

明代继承了这种传统，宫中同样流行马球游戏。朱棣就曾多次主持这项活动，朱瞻基还是皇太孙时就已经是一位马球高手了。当时的许多大臣都有诗文记述这项游戏,《朱瞻基行乐图》中同样如实

1　参见陆容《菽园杂记》卷一，中华书局1985年版。以下引用不再注明版本。

《朱瞻基行乐图》局部之“马球”

描述了宣宗观赏马球的场面。画面中的朱瞻基双手扶膝，坐在半开的围帐中观看比赛，两旁侍从环列。球场上一名裁判驰马举着小旗跑过球门，似乎在回头向选手发出击球的号令。不远处有人飞驰而来，挥动球杆正要将落下的红球打入前面的球门。他身后还有四名球员立马持杆，准备依次上场。有趣的是球门是一个屏风式的木板墙，算是一件宫廷家具，上面描绘的也是六位选手比赛马球的六个场景，中间也有一个半圆形球门。由此可见，宣宗的马球游戏不仅设施齐全并且装饰讲究，极具娱乐性和观赏性。

第四段为捶丸。丸是一种小球，捶丸类似于今天的高尔夫球，是用球杆把球打入球窝，可能是杆数少、打得准才算赢。《朱瞻基行乐图》长卷中描绘的场面，似乎是一个专门的捶丸球场，平坦的地面上设有10个球窝，每个球窝旁都插有不同颜色的彩旗以示区别，球场上共有十多个太监，有的举着小旗似为裁判，有的在击球前方

《朱瞻基行乐图》局部之“捶丸”

似为拾球者，还有的扛着马扎，可能是供宣宗随时坐下来休息。宣宗本人则手持球杆，目视小球，右手抡起球杆正在击打。

现在的高尔夫球场地势起伏不平，基本上是草地，并且面积很大，一杆球能打出去好远，有时捡球都要开车去。但是明朝的这类活动不仅场地面积小、地势平，并且只有宣宗等少数高级人物才有资格上场玩。500多年前宣宗的捶丸运动，也许是后来高尔夫球的前身。这种运动据说来自唐朝，当时直接对抗的步打发展成今天的草地曲棍球，间接对抗的步打在宋代发展成捶丸，类似于今天的高尔夫球。

第五段是投壶。投壶据说是来源于古代士大夫宴饮时的一种投掷游戏，即宾主双方以去掉箭头的箭来投于壶中，多者为胜，少者罚酒。这种游戏源于射礼，但宴饮时不可能预先留出射箭之地，或是饮酒途中半醉半醒已不适于射箭，于是人们就想出了以投壶代替射箭的办法，后来成了一种游戏，流传至今。《朱瞻基行乐图》中有一个场面，一座小亭里摆着满桌点心，宣宗站在亭前台阶下，手里拿着一支箭，往不远处的壶中投去，其中三支箭已贯入壶中，另有三支散落在地上，显然是没投中的。周围有几个小太监，捧着箭杆和茶盏侍立一旁。

《朱瞻基行乐图》局部之“投壶”

（二）打猎的需要与宣宗豢养猛禽

1. 宣宗喜欢捕猎，向朝鲜索要了大批猎鹰

除了宫中丰富的游戏之外，宣宗还喜欢放鹰捕猎。台北“故宫博物院”藏有一幅《明宣宗马上图》，描绘的就是宣宗放鹰捕猎的场面，画中的宣宗一身猎装、手提缰绳，骑着一匹棕色骏马在河边的旷野飞驰，左肩上就架着一只猎鹰。当时明朝的邻国朝鲜盛产猎鹰，而明朝是朝鲜的宗主国，于是便借朝贡贸易要求朝鲜进献猎鹰。朱棣、朱高炽等人，都曾向朝鲜索要过猎鹰，宣宗即位后照样这么干，因为他打猎的兴趣完全超过他的前辈。

打猎需要猎犬和猎鹰，猎犬是在地上追赶捕捉猎物，猎鹰则是在空中捕杀飞禽，也可以在地面上捕获一些小型走兽。因此，古代的猎人除了养犬之外，往往还要蓄养和训练猎鹰。明代更是如此，皇家饲养了许多受过训练的猎鹰，宣宗每次出猎都带上一批，猎捕那些坐骑不便追逐的小型禽兽。这些猎鹰大部分是从邻国朝鲜进贡来的，比如像皂鹰、笼黄鹰、罗黄鹰、儿子黄鹰等品种。

其中最有名的猎鹰是海东青，中国古代称为“鹘”，就是学名称为“隼”一类的小型猛禽。据说海东青是当时的空中捕杀高手，飞得又高又快，号称“万鹰之神”，虽然体型较小但天性凶猛，可以捕杀天鹅一类的大型飞禽，以及狐狸一类的小型走兽。不过海东青的捕捉和驯服极不容易，当时民间有一种说法，“九死一生，难得一名鹰”，即指驯养海东青这种猎鹰。

由于明朝跟朝鲜是宗主国与藩属国的关系，因此对于明朝皇帝的要求朝鲜方面不得不给予满足，不惜骚扰民间以摊派捕取猎鹰。朝鲜常年向明朝进贡海东青，每次进献的数量都有数十只乃至上百只，并有专门的护鹰使来负责护送之事。限于当时的运送条件，有些鹰死于途中，宣宗却并没有怪罪，他安慰护鹰使说，“死了何害？人能言语又能服药，病尚未愈，况禽兽乎？尔等勿忧”，[1]只管多捕一些佳鹰献来。猎鹰送到明朝以后，宫中还专门有一些驯养鸟兽的宦

明代随驾养鹰官军鹰牌

1 参见吴晗辑《朝鲜李朝实录中的中国史料》上编卷四，第340页。

官，时常外出为宣宗调教这些猎鹰。宣宗本人的诗词中也有《放鹰》《训鹰行》等诗篇，记述了当时猎鹰及其参与打猎的活动。朝鲜的猎犬和其他鸟兽也为宣宗所喜爱，每年都有贡献，宣宗则以大量的金钱、御用宝物作为回赏。

2. 传世作品说明宣宗对猎鹰具有特殊的喜好

宣德五年（1430年），宣宗派遣使者告诉朝鲜国王："今进白角鹰，前后所无，一出于宋徽宗时，而画影一本流传而已。"你送来的白角鹰过去和现在都没有这类品种，很少有人见过白角鹰是什么样，几乎绝迹了，仅仅是宋徽宗流传下来的画册里还有一幅这类鹰的图像。现在你居然还能弄到手，"朕所常佩戴环，今特函赐"，我把我经常佩戴的一副带环解下来，装在盒里特意赏给你。[1]

各位知道，皇帝佩戴的带环即使不是镶嵌金片，至少也是镶嵌高级玉片制成的，不仅非常精致典雅，更为重要的是只有皇帝才能佩戴，而宣宗把它赏给了比自己矮一级的朝鲜国王，拿一件皇帝专用的高级艺术品来回报一只稀有的飞禽，可见宣宗对朝鲜送来的白角鹰是非常满意的。其实白角鹰尽管是一种稀有的飞禽，但在当时的自然界和艺术界并没有完全绝迹，除了朝鲜有之外，元朝或是明朝的北方民间可能也有这类飞禽，并且元朝的画家王渊还有一幅《竹石集禽图》[2]，画面上就有白角鹰，只不过宣宗没有看过罢了。

故宫博物院收藏的明代传世玉器中，有一件海东青啄雁图案的玉雕，半月形的玉器中镂空雕饰一只向下俯冲的猎鹰，鹰的尖勾嘴正有力地啄住了大雁的头颈，应该是当时海东青在空中捕杀大雁的

1　参见吴晗辑《朝鲜李朝实录中的中国史料》上编卷四，第353页。

2　现藏上海博物馆。

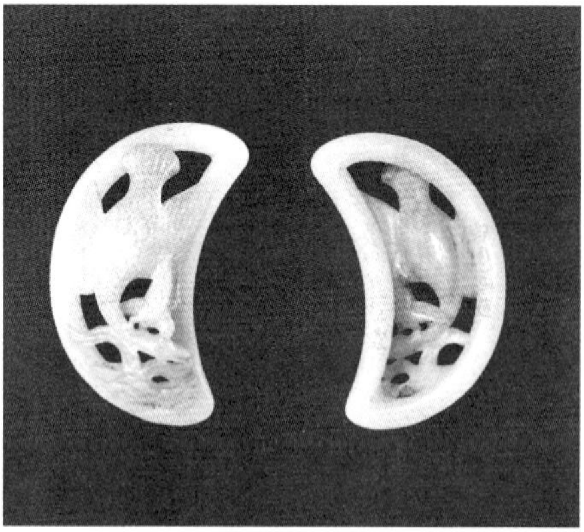

“御用监造”玉海东青啄雁饰

真实写照。这件玉器全称为“御用监造”玉海东青啄雁饰，是一件用于佩戴的饰物，背后两边各有一行字，一边是“御用监造”，另一边是“大明宣德年制”，可以证明这件玉器是在宣德时期由内府御用监制作的，生动地反映出当时的猎鹰捕啄大雁的场面，同时也从一个侧面反映出宣宗喜好打猎、时常带着猎鹰出巡。[1]

湖北梁庄王墓的出土文物中，也有几件宣德时期猎鹰捕啄大雁题材的玉器，造型逼真、巧妙，极具动感，大雁展翅的浮雕形象尤为生动。猎鹰是一种小型猛禽，北方少数民族驯养它用来捕捉其他禽类，因此白玉猎鹰啄捕雁鹅的形制可能来源于金朝，后来虽经改制，但仍保留了金朝的风格。梁庄王墓的主人梁庄王，是永乐二十二年（1424年）受封的，当时朱棣已死、仁宗即位，宣德四年（1429年）梁庄王就藩湖北安陆，正统初年去世，因此他的主要随葬品都是宣德时期制作的，可以代表当时的工艺水平。[2]这些工艺品反映出宣宗对猎鹰的特殊喜好。当然，这种喜好还带有艺术欣赏的成

1 这一部分参考了故宫博物院许冰彬未刊稿《明代的宫廷娱乐》。

2 参见湖北省博物馆编《梁庄王墓——郑和时代的瑰宝》，文物出版社2007年9月版。

梁庄王墓出土玉雕猎鹰啄雁带饰

分，因为宣宗本人就是艺术家。

3. 宣宗对异国的猛兽和美食也很感兴趣

除此之外，宣宗还喜欢与猛虎相搏，当时的宫廷驯养了许多珍禽猛兽，永乐时期郑和下西洋带回来一批外国禽兽，各国也进贡了一批，宣宗搏虎的爱好恐怕与此有关。宣宗的周围也逐渐聚集了一批善于搏虎、善于驯兽的人员，有时宣宗听说哪里有这类人，就设法调到自己身边，宣德初年，宣宗曾下令把一个善于捕虎的军官从山西调到北京任职。[1]

宣宗有时还指挥一些宦官打猎，据说有个御史劝宣宗：人主不食野兽，请陛下不要让宦官们随便打猎，防止他们骄纵。宣宗发怒说："尔使我不食野兽，是野兽便于汝也。"你让我不吃野兽，看来是野兽给你什么好处了吧。于是下令把这名御史扔到野兽的圈里，让凶猛的豹去咬他，结果没咬死，宣宗后来又杀了他。[2]这件事来自朝鲜外交人员的回忆，可能有些夸张，但宣宗经常打猎却是不假。有

1　参见《明宣宗实录》卷十九，宣德元年七月丁未。

2　参见吴晗辑《朝鲜李朝实录中的中国史料》上编卷五，第343页。

明代随驾养豹官军豹牌

时玩起来没完没了，甚至十多天不去朝拜母亲张太后。[1]

除了喜欢打猎和游乐活动之外，宣宗还喜欢朝鲜风味的菜肴，每年要从朝鲜索取一些海味、鱼酱和各种酒类，尤其爱吃朝鲜厨师烹制的豆腐。为了能经常吃到朝鲜的菜肴，他传谕朝鲜选派一些善于烹饪的女厨师来北京，专门为他掌勺做菜。宣德九年（1434年），宣宗曾在一封给朝鲜李朝国王的敕书中说："王先次所遣来制造膳馐妇女，皆调和精美，造办便捷，而做豆腐尤精妙。后次所遣来者虽佳，然均不及前者。敕至，王可更选巧慧妇女十数人，令巧习制作馔馐及造豆腐之类，悉皆精熟如前次所遣者，待后遣中官到国中就带来京。"[2]

看来宣宗是个美食家，舌尖功夫非常好，当他发现第二批女厨师做的豆腐不如第一批做的好吃，就要求朝鲜国王按照第一批的标准，再培训一些女厨师送来。不过宣宗对玩物和菜肴的喜好，肯定把当时的朝鲜折腾得够呛。

1 参见吴晗辑《朝鲜李朝实录中的中国史料》上编卷五，第362页。
2 参见吴晗辑《朝鲜李朝实录中的中国史料》上编卷五，第383页。

(三)“促织天子”——蛐蛐皇帝

当时的各种宫廷游戏中，宣宗最喜欢的是斗蟋蟀。蟋蟀古名促织，就是蛐蛐，据说是因为它入秋而鸣，正当预制冬衣之际，似有催人织作之意，所以才称之为“促织”。宣宗对斗蛐蛐极为上瘾，他让宦官和其他人到处选取上好的蛐蛐，带到宫中来角斗。在皇帝的带领下，“万姓颇为风俗”，斗蛐蛐的活动时髦起来，很快就成为全国颇为流行的游戏了。

1. 宣宗密令况钟为他采贡一千只蛐蛐

宣宗觉得光在北京附近选取蛐蛐不过瘾，北方没什么好品种，于是他派出许多宦官到全国各地去采办购置，并传令地方官员协助朝廷的宦官采办蛐蛐，弄得多方扰乱，宇内骚然。江南一带是出蛐蛐的好地方，过去也有过民间斗蛐蛐的风气，宣宗便命人前去采办，还敕令当时的苏州知府况钟加以协助。为了掩人耳目，宣宗的敕令是一道密旨：

> 敕苏州知府况钟：比者内官安儿、吉祥采取促织，令他所进促织数少，又多有细小不堪的，已敕他末后运自要一千个。敕至，尔可协同他干办。[1]

堂堂的大明皇帝，竟然下密旨令地方官协助采贡一千只蛐蛐，不仅今天听起来令人可笑，即使在当时也是够荒唐的了。不过宣宗是个胆大敢为之人，做事颇有干劲，喜欢什么便一定要做成，况且

1　参见《弇州史料后集》卷三十一,《国朝丛记》一。

宣德时期正值宣宗三十几岁的盛年，对此很上瘾，也顾不上什么荒唐不荒唐了。皇帝向知府要蛐蛐，知府就得向小民摊派，一千只蛐蛐不是小数，江南百姓都挖空心思去捕捉、去抢购。

据说逮蛐蛐一般要在天黑以后，先要听听哪里有蛐蛐的叫声，然后再轻手轻脚地接近叫声，锁定蛐蛐的准确位置。下手捕捉时不仅要挖墙脚、掏地洞，用一根细小的树枝或草棍把洞里的蛐蛐搅出来，有时还要往洞里吹气、灌水，才能把蛐蛐从洞里“轰”出来。不过尽管蛐蛐出了洞，但是黑灯瞎火，蛐蛐乱窜，外面的人未必就一定能捉到手。现代人有手电筒照明，也不是每次都能捉到蛐蛐，明代没有手电筒，只靠月光、蜡烛或是萤火虫那点光亮，更是不可能每次都捉到蛐蛐。况且即使捉到了几只，也未必都是合格的蛐蛐，估计多数还是宣宗不满意的那种“细小不堪的”蛐蛐。

因此，朝廷要一千只蛐蛐的上贡定额，地方起码要准备几千只蛐蛐。一时间蛐蛐的价格猛涨十倍，上好的蛐蛐则要十几两黄金才能买到。枫桥有个粮长，遇上一只上好的蛐蛐，竟用自己的乘马（相当于今天的轿车）换了只蛐蛐带回家中。妻妾们认为如此宝物与骏马同价，肯定好玩，便偷偷打开笼子观赏，一不留神这只蛐蛐跳了出去，捉不到了。妻妾们自知闯下大祸，只好上吊自杀了。粮长失去了献给皇帝的贡物和夫人，已很伤心，再买一只简直比登天还难。更怕上司怪罪下来，自己作为负责物色皇帝贡物的基层官员，根本担待不起，只好也跟着自杀了。[1]

（明）孙隆绘《花鸟草虫图》册

1　参见《皇明纪略》丛书集成初编本，以下引用不再注明版本；《国史唯疑》。

大明天子朱瞻基的个人爱好，竟然给江南百姓带来如此惨祸，实在令人扼腕叹息。但这种“一虫杀三人”的恶性事件，丝毫也没能减弱宣宗斗玩蛐蛐的兴致，他仍然乐此不疲，照玩不误，因而获得了“促织天子”的外号，这也是宣宗荒唐享乐的写照。清人蒲松龄根据这段史事写成《促织》一篇小说，结局是那家小孩偷看并放跑了蛐蛐而被吓死之后，竟然变成蛐蛐被送进宫中，战败了其他同类和禽兽、大受奖赏，给家里带来了许多好处。蒲松龄写得生动而深刻，充分揭示出了专制时代“苛政猛于虎”、百姓深受其害的情境。

2. 没等捕完一千只蛐蛐，宣宗就去世了

宣宗让宦官和地方官大肆收取蛐蛐的行动，在江南一带引起了很大的震动，尽管他本人为了皇帝的体面和尊严，给苏州知府况钟的敕令是密诏，不让外人知晓，但此事还是在江南一带广为传布。当时苏州人传言：“促织瞿瞿叫，宣德皇帝要。”好像在说，蛐蛐的叫声就是宣宗催捕蛐蛐的信号。卫所之中甚至有人传言，捕到蟋蟀献上去可比杀虏立功的奖赏。这种传言虽然不免夸张，但是从上述骏马、黄金换蛐蛐的情况看，捕蛐蛐的奖赏很可能高于杀虏的战功，因为军人杀一个普通的敌虏，恐怕不会得到一匹骏马、十两黄金的重赏。

除了逮蛐蛐很不容易以外，把一千只蛐蛐运送到北京，恐怕也不是一件容易的事。首先为了避免蛐蛐打架，每只蛐蛐都要有单独的笼子，笼子还要结实，不能叠压过多，否则容易压坏挤扁，蛐蛐难保。其次是在运送途中，既要保持通风、湿润、凉爽，又要防止雨淋、日晒、风吹。再次是当时没有火车，运送蛐蛐最快的船只恐怕也要十天半个月才能到达北京，因此蛐蛐在途中需要喂养，饲料既不能太干太硬，也不能腐烂变质，每天都需要调制。

这样一来，为了保证一千只蛐蛐能够活蹦乱跳地运送到北京，不仅上述措施需要一一落实，恐怕苏州同样需要准备几千只蛐蛐，

作为上贡的备用品。因此，宣宗下达给苏州一千只蛐蛐的指标，无论对当地百姓还是官府来讲，都是一场空前的折腾。不过幸运的是，宣宗下达密旨的时间是在宣德九年（1434年）七月，而宣宗就在宣德十年（1435年）的正月初三去世了，估计那一千只蛐蛐还没捕完。辅政大臣杨士奇等人借新皇帝即位之机，废除了捉捕蛐蛐的劳役，于是苏州的百姓和运河沿途的军民才避免了大规模的继续折腾。

3. 景德镇出土的蛐蛐罐，是宣宗斗蛐蛐的用具

皇帝喜好的蛐蛐值钱，装盛斗蛐蛐的笼盒也随之提高档次，越制越精巧，苏州当地的蛐蛐盆就有浮雕的人物。至于宣宗本人所用的蛐蛐盆，则是戗金黑红混漆的高级漆器，盆底铺的是带有锦香气息的褥垫，更为高级。蛐蛐的伙食待遇则是皇家宫廷内的高级食品，“玉粒琼浆”，常人难以想象。后来景德镇出土了大量的蛐蛐罐及残片，据说主要是供宣宗赏玩蛐蛐用的。

斗蛐蛐和平时养蛐蛐用的不是一种盆，那么出土的蛐蛐罐究竟是“养盆”还是“斗盆”呢？据养虫专家介绍，凡是分子结构致密的材料如金、玉、瓷器等，都不能用作养蛐蛐的罐子，因为蛐蛐喜欢较为阴暗的环境，但必须透气，又不能积水，瓷胎的蛐蛐罐虽然可保阴暗，但因瓷的分子结构较为致密，不透气不渗水，罐中的蛐蛐饲料容易腐烂，蛐蛐也会容易因缺氧窒息而死，因此我国饲养蛐蛐的用具都是陶器，而绝无用瓷罐饲养蛐蛐的实例。

由此可见，出土的瓷质蛐蛐罐都是“斗盆”，就是用来斗蛐蛐的，并非用来养蛐蛐的。有经验的养虫专家认为，“斗盆”的底部不能太光滑，但又不宜粗硬，因为两只蛐蛐相斗时用力极猛，盆底光滑极易滑倒，而盆底粗硬又会把蛐蛐的足锋磨伤。因此，“斗盆”的底部最好是既不光滑又不粗硬。而出土的瓷罐具有“斗盆”的特征，有的虫罐底部不挂釉，瓷胎裸露，显然是为了防止蛐蛐打斗时滑倒

景德镇中华路出土的宣德青花蟋蟀罐

而设计的。有的虫罐底部挂有一层极为稀薄的釉层，而且有意刷得不平、不满，还有落胎的痕迹，这样的设计显然是为了避免粗硬的瓷胎磨伤斗虫的足锋。

还有一种蛐蛐罐的底部采用的是五色薄砖片，这种底部铺砖的斗盆具有涩而不粗、细而不滑的特点，便于蛐蛐在上面搏斗，至少不会有打滑或磨损足锋的危险。这类蛐蛐罐的内壁无挂釉，可能是为了便于用胶粘紧砖片，而铺砖片的环节可能是在运往北京之后完成的。由此可见，这类蛐蛐罐才是最佳的斗盆。因此，所谓“宣宗好促织之戏”，指的是宣宗好斗蛐蛐而非好养蛐蛐，因为传世养蛐蛐的器物，远不如斗蛐蛐的器物胎釉精良、纹饰和款识俱佳。

宣宗经常与宦官、宫女在一起斗蟋蟀，在装饰精巧、锦香扑鼻的圆盆中，两只蟋蟀振翅相斗、上下搏击，直斗得一只败阵逃走、另一只得胜穷追，估计当时旁边的宦官、宫女们也跟着不住地鼓掌起哄，宣宗像个顽童一样开心。[1]

宣宗以后明代开始进入守成时期，政治、社会较为稳定，综合国力也在恢复，王朝守成时期一个非常重要的问题，就是皇帝如何在个人爱好和国政之间保持平衡，这是专制时代历史发展到一定阶段必然要面对的问题。那么宣宗是否能够保持这种平衡呢？

---

1 参见商传整理、沈琼莲《明宫词》，北京古籍出版社1993年版。

明《出警图卷》局部之“长刀骑兵”

三十七 不废正业

清人查继佐在《罪惟录》中指出：宣宗虽然喜欢斗蛐蛐等活动，“万姓颇为风俗，稍渐华靡，然此其余才，性明断，不废政事”。[1]斗蛐蛐的行为不过是宣宗的副业，他并没有因此而耽误正事，许多政务都能较为妥善地处理，这个评价还是较为公正的。宣宗在位期间虽然享乐、巡游不断，但很少因此而影响他对政务的处理，他也从未放弃自己作为皇帝的职责，游乐之举和政务活动几乎是同时进行的，有些游乐还与政务内容相结合，基本上做到了政务、游乐两不误。

（一）四川少数民族出了问题，宣宗妥善处理

宣德二年（1427年）七月，就在明朝抽调南方各省的部分军队远征安南时，也就是宣宗多方活动、准备换皇后之时，宣宗突然接到了来自四川的奏报，四川松潘卫附近的少数民族村民劫掠当地卫所军丁和马匹，官军前往索取，当地的首领率万余人抗拒官军。一向较为平静的西南地区，怎么会突然发生如此规模巨大的动乱呢？

---

1 参见查继佐《罪惟录》志卷三十二，《宣宗逸记》。

宣宗敏锐地察觉到，当地少数民族绝不会无故纠集万余人抗拒官军，肯定事出有因，可能是边将激起的变乱。宣宗一面派人率兵平定动乱，一面训斥当地的布政使和按察使，说他们招抚不力，激变致乱。[1]

1. 松潘驻军害怕参战送死，故意激起藏民动乱

宣宗指责的对象错了，但他的估计没错：位于四川西北部的松潘驻军接到调往安南的命令后，官兵们害怕参战送死，便商议逃避征调的办法。千户钱宏出了个鬼主意："番蛮掳掠，当追捕之。"如果当地的藏民四出劫掠应当追捕，这样我们就不会被调往安南了。大家觉得有理，就按钱宏说的向上面报告此事。钱宏知道朝廷闻报后，一定会派附近的军队前来镇压，为了使报告得到证实，钱宏便率领部分军队冲入藏族的一些村寨，逼取牛马，引起了藏民的强烈不满和反抗。

四川的驻军机构——都指挥使司接到松潘的报告后，果然停止调动松潘驻军，并委派成都后卫指挥陈杰率官军1 500人前来增援。在成都大军抵达之前，钱宏进一步假戏真做，率领部下到藏民村寨进行威胁：你们竟敢反抗，便是背叛朝廷，大军就要征讨你们了。藏民们探知朝廷果然已派军前来，便惊惧奔走，被迫起义，他们联络了附近黑水一带的藏民，共有一万余人抵抗官军。这些人熟悉地形，精悍善斗，并且在人数上占有优势。陈杰率1 500士兵刚一开进松潘地区便中了埋伏，陈杰战死，军士多被杀伤。宣宗得知事情的真相后极为气愤，他批评了四川都司平日不负责任、不了解下情的错误，下令逮捕钱宏等人押送京师，同时派都指挥韩整、高隆率军

1　参见《明宣宗实录》卷二十七，宣德二年四月丙戌。

松潘古城

前往松潘，平定那里的动乱。[1]

这时藏民的叛乱队伍已发展至五万余人，规模空前。他们向东进攻龙安府、青川城，越过南部的威茂进入绵竹境内。前往镇压的韩整、高隆等人不断失败，两人都是贪淫无能之辈，只知道勒索和贪污出征将士的银饷和彩缎，奸污属下军官的妻女，使军队中的上下级关系尖锐对立，战斗力被大大地削弱了。与此同时，官军的补给供应也发生了困难，成都等府数十万民夫为松潘官军运送粮饷，不仅因地势复杂而困难重重，而且连督运粮饷的官员也不够。[2]

1　参见《明宣宗实录》卷二十八，宣德二年五月丙申。

2　参见沈定平《明代宣德年间松潘藏族人民起义述论》，《史学集刊》1986年第2期。

2. 宣宗在换皇后的同时，较为妥善地处理了动乱

在这种情况下，宣宗意识到单凭武力镇压很难在短期内平定松潘的动乱，于是他任用通晓藏话、了解当地民情的翻译何敏为都指挥佥事，前往松潘与当地的喇嘛一道招抚叛乱的藏民，宣布只要能改过自新朝廷便既往不咎，并赠送彩币。这一手段取得了一定的效果，一些藏族部落纷纷表示愿意归附朝廷。

与此同时，朝廷调集陕西、四川、贵州等省的四万兵马，任命都督同知陈怀为总兵官，由洮州进入松潘，会集原来的三万余官兵加紧进剿起义的藏民。宣宗告诫官兵一方面不要轻敌中计，一方面要注意招抚藏民，两手并用。官军很快便收复了松潘等地，许多参加动乱的藏民接受了朝廷的招抚，部分不愿受抚、继续作乱的藏民则被官军逐渐剿灭。为了进一步稳定松潘的局势，宣宗下令将肇事者钱宏押赴松潘斩首示众，将贪淫败事的军官韩整、高隆等人发配边地，并派重兵驻守新增设的松潘地区的几个险要卫所，整个松潘地区恢复了和平。

松潘之乱是少数民族的武装暴动事件，影响较大，又正值明朝与安南激战的紧张时期，因此，一旦处理不当将造成巨大恶果。宣宗以他的机敏和才干较为得当地处理了松潘事件，尤其是力主剿抚两手并用，短期内有效地平定了动乱，保证了当地局势的稳定。由此可见，宣宗在准备换皇后、宫廷生活趋于腐败的同时，对四川少数民族地区动乱的处理还算较为得当。

宣德时期少数民族地区尤其是南部、西南等地，发生的小规模动乱较多，动乱的原因和性质较为复杂，民族纠纷的成分较大，也有的动乱是为反抗明朝的剥削和压迫。明廷对待这些动乱虽然剿抚并用，但一些边将在用兵时却对当地人民大肆屠掠，并将俘获的妇幼分给官军。宣德时期，镇守贵州的总兵官萧授就曾向宣宗汇报，

说他在平定贵州乌罗动乱时，“获贼妇女幼弱一千六百余口，以给从征将士”。将妇幼赏给从征将士的做法，可能是当时的一种惯例。

这种对少数民族地区的武力征服，反映出明朝所进行的民族统治，实际上是专制时代的政治统治。对于萧授和镇守广西的顾兴祖等人平定动乱时过多屠戮的行为，宣宗虽然对受害者表现出同情，有时也抱怨顾兴祖等人杀人太多，抱怨当地缺乏优秀的统治人才，但他从未制止这些人的屠戮行为。[1]由此可见，宣德时期少数民族地区的相对稳定，也是以明廷的武力镇压为前提的。

（二）巡视边镇：旅游打猎加上实战演习

1. 宣宗第一次巡边，偶然和侵扰敌军打了一仗

宣宗一生有三次率军巡视北部边镇，但巡边并不只是简单的旅游打猎活动，而是演习和实战相结合，无事则演习打猎，一旦有事那就演习变成实战，因此，宣宗的巡边活动虽然带有游乐的成分，但其中的军事目的也是非常明确的。宣宗三次巡边都是在秋后的九十月份，也正是北方的鸟兽秋膘正肥之时，加上明朝当时北边的生态条件好，正是行围打猎的好时节，因此，宣宗率领的巡边部队几乎是一路巡边、一路打猎，并且途中的围猎活动其实也是一种军事演习。宣宗还派人把射中的野鹿、野兔等送给北京的母亲张太后，一来表示孝敬、问候，二来也向京城百官传达一个信息——当朝天子武功不凡。

宣德三年（1428年）宣宗第一次率军巡视北部边镇，到了长城东北关隘喜峰口，这时守将派人飞马来报：兀良哈敌寇一万多人侵扰边地，已经越过大宁，经会州将要进入宽河一带。宣宗听罢说

1　参见《明史》卷三一六，《贵州土司传》；卷三一七，《广西土司传》一。

道："是天遣此寇投死耳。" 机会来了，这真是老天让这些虏寇来送死啊！他下令大军驻扎在石门驿，召问诸将应如何行事。诸将都请求出击，也有人主张再增加一些兵力。

宣宗却说：这些敌虏没什么了不起的，他们以为我方没有防备才敢来扰边的，如果知道有朕在此，早就吓跑了。现在要活捉这些人，不能放走他们。只是由此前出喜峰口，道路狭窄而且险峻，只有少量骑兵可以通过，如果等诸将一齐进发恐怕会耽误时机。因此我想先率铁骑三千进发，出其不意，必能捉住他们。有人觉得皇帝亲自出击，三千兵马未必够用，宣宗却信心十足地说："兵在精与和，不在多"，[1]三千精兵足以擒敌，其他部队可以随后跟进。

第二天，大军进抵遵化（今河北遵化），诸将为宣宗挑选了精锐骑兵三千人，每人备有两匹马，可以轮流骑乘，这样无论是行军还是冲锋，都可以保持马的体力和速度。每人带足十日的口粮。当天出发的部队到达长城关隘喜峰口，第二天又从这里出发，向东北方向疾驰，越过地势险要的黄崖。险峻雄奇的山势，虽然给这支骑兵部队增加了一些困难，但宣宗勇猛破敌的兴致并未因此而受到影响。为了避免因说话和甲器碰撞发出声响，宣宗下令骑兵"衔枚、敛甲、韬戈"，嘴里衔枚小棍，系好衣甲，藏好戈矛，连夜奔袭敌人的驻地。

第三天拂晓，全军驰至宽河，距敌虏营帐约二十里。前面的兀良哈军队发现了明朝的骑兵，以为他们只是一股照例巡逻的边防部队，便倾巢出动向明军扑来。宣宗指挥部队分成两翼迎击敌人，待对方的骑兵冲入明军的射程之内，宣宗熟练地张弓搭箭，连续将三名冲过来的前锋射落马下，这种射技他从小就练习过。两翼的明军也向敌人发射箭羽，后面扑过来的敌人被雨点般的飞箭射倒了一片。

---

1 参见《明宣宗实录》卷四十七，宣德三年九月辛亥。

喜峰口长城图

但一万多名敌军仗着人多势众，仍然继续向三千明军冲击。

这时宣宗命神机铳炮向敌人发射，这些都是当时较为先进的火器，于是“神机铳迭发，虏人马死者大半”，[1]布置在明军两翼的铳炮就像无数条火舌，一排接一排地喷发出去，冲上来的敌人成批地被火舌吞没，人马死伤大半。对方骑兵无法抵挡明军火器和飞箭的攻击，败阵溃逃。宣宗率数百骑兵随后追击。敌人望见追来的骑兵中簇拥着一面黄龙大旗，这才知道是明朝的皇帝亲自出战，许多敌人下马投降。宣宗分遣诸将追击逃散的敌军，并到附近的山林中搜寻

1　参见《明宣宗实录》卷四十七，宣德三年九月乙卯。

敌人的营帐。除了俘虏敌人及其妇孺家属外，还俘获了大量的驼马牛羊、兵器辎重。

2. 宣宗的奔袭不过是击溃了边塞的武装牧民

宣宗发动的这次长途奔袭出其不意，明军大获全胜。但是被明军击溃的上万敌人并不全是军队，而是北方游牧民族的武装牧民。为什么这样说呢？驼马牛羊是这些牧民的财产，适量的武装、辎重是他们用以自卫、劫掠和生活的必备条件，携家带口、随处游牧是他们的正常生活方式，有时也会偶尔侵扰明朝的边镇，从汉族居民那里劫掠一些生活必需品。因而更确切地说，这些人大部分是北方的武装牧民，而不是纯粹的军队。因为纯粹的军队为了打仗，不会一路上驼马牛羊、拖家带口，因此宣宗率三千精骑快速奔袭，在对方几乎没有防备的情况下突然出击，凭借火器的优势击溃了边塞的武装牧民，在军事上实在没什么值得夸耀的。

不过这次胜利倒也说明，宣宗率军巡边并不只是简单的旅游打猎活动，更不是摆摆样子、纸上谈兵，而是演习和实战相结合，无事则演习打猎，一旦有事那就演习变成实战，并且火器、马匹、人员都做了充分的准备，真刀真枪上战场。虽然有人认为，宣宗的这次奔袭有些冒险，获胜有些侥幸，但从敌我双方的情况来看，并非完全如此。首先，对方几乎没有防备，而明军是经过充分准备的；其次，对方使用的是冷兵器，明军则有火器的优势；第三，对方的人数虽多但战斗力不是很强，而明军的精锐骑兵战斗力很强。因此，宣宗这次长途奔袭打了个不错的击溃战，并不完全是靠冒险和侥幸来取胜。

宣宗率领三千轻骑部队凭借火器的优势，打败了偶尔流窜到边境的一万多武装牧民，更是给敌方一种威慑，使他们知道当今的明朝皇帝是个精于骑射、可以带兵出征的统帅，其勇武之气不下于当年的太宗朱棣，因此不敢轻易来犯。可见宣宗早年跟随朱棣北征和平时的骑射游乐活动，并不都是毫无用处的花拳绣腿。需要说明的是，宣宗经常游览皇家的西苑，“上亦时游西苑，诸学士皆从，赋诗赓和”，[1]内阁和翰林院的学士们都跟着一起去，同宣宗相互赋诗唱和，歌功颂德。大约就在宣德三年那次巡边活动的半年前，宣宗还特意让杨荣等十八位大臣，和他一道乘坐龙舟游览太液池，由此可见，丰富多彩、经常性的游乐活动并没有使宣宗忘记和放弃巡边，也没有减弱他出征破敌的兴致和勇气。

3. 宣宗第三次率军巡边，不许诸将越境奔袭

宣德九年（1434年）九月末，也就是宣宗下密诏给况钟让他捕捉一千只蛐蛐不久，宣宗第三次率军巡边，一些将领们很想借此机会建立战功，他们怂恿宣宗出兵百里之外，去袭击前来围猎的蒙古武装牧民。宣宗不同意：“彼不为边患即已，可不听其围猎乎？”这些人不来侵扰边塞也就算了，还能不让人家行围打猎吗？诸将说：这些人都是狼子野心之辈，不可能保证他们始终不来侵扰，“失今不图，后将悔之”，如果现在不去袭击他们，说不定以后会后悔的。

宣宗严厉地说：朕此行是来整顿边备的，不是来捕获敌虏的，“且尝遣人抚虏矣，今掩击之，是朕失信，岂可为乎？”况且朕曾经派人告诉他们，只要不来扰边，朝廷就不会发兵袭击。现在如果袭击他们，是朕不讲信义，怎么能干这种事呢？然后说：“尔等固是为国之心，朕欲存大信耳”，你们这些人固然是忠心为国，但是朕要树立的是大信啊！诸将见宣宗决心已定，便纷纷散去。

诸将出关破敌的兴致很高，宣宗给他们泼了冷水，或许感到心里没底，于是他连夜召见了朝中首席军事顾问杨荣，征求他的意见。

1　参见《明通鉴》卷二十，宣宗宣德三年三月壬辰。

山海关上的明代铁炮

杨荣是主守休战这一方针的积极支持者，白天他从宣宗的话中早已猜透了宣宗的意图，因而当宣宗问他是否应该出关破敌时，他从容答道：敌虏狡诈，平时总是派人在很远的地方瞭望放哨，如今探知陛下您到此，肯定会事先逃去，“纵出兵无所得，而自此失虏之心”，即使我们出兵前往，也不会有所收获，反而从此失掉虏人之心。

宣宗听到这里，半是鼓励半是有意地追问杨荣：这又是为什么呢？杨荣说：“陛下屡遣人赍敕招之，令打围牧放悉从所便，今感恩而来矣，若遂击之，则是前敕诱之来也。”陛下您屡次派人带着诏书去招抚这些人，让他们打围放牧完全随便，如今这些人是感激陛下的恩德前来游牧的，如果我们出兵袭击他们，那么以前的诏书就等于是诱骗他们前来上当的。宣宗听罢十分高兴，对杨荣说：“朕已拒诸将，必不出兵”，你所讲的深合朕意，可谓君臣同心同德啊！然后命人端来酒菜，与杨荣喝了个痛快。[1]

4. 宣宗并未沉溺于斗蛐蛐而不顾敌情贸然出击

为什么宣德三年第一次巡边时宣宗要主动出击，而宣德九年这一次他却坚决反对出击呢？因为前一次是宣宗率军出巡东北边镇，已经到达遵化，接近长城关隘喜峰口。当时驻守喜峰口的边军探明来报，有一股蒙古武装牧民，正从大宁越过宽河直奔喜峰口而来。宽河位于今天河北省东北部长城以北，敌方当时根本不知道，长城以南不远处正好有一支皇帝率领的精锐骑兵部队，两军相距不过骑兵半天多的路程。因此宣宗抓住机会果断出击，这一次是短途轻骑奔袭，明军目标明确、准备充分，敌方措手不及，因此宣宗打了漂亮的击溃战。

可是宣德九年第三次巡边时情况不同，当时宣宗率领的巡边部队到达宣府西北的洗马岭，位于今天河北、山西和内蒙古交界处的万全以西、长城以内，守军根本没有探报敌虏来袭，如果明军出击，就必须深入敌境至少百里之外，去大范围地寻找敌人作战，目标极不明确，更无充分准备，在这种情况下出去干什么？几乎毫无必要。因此，不出击是完全正确的。当年朱棣最后三次北征就犯了贸然出击的错误，敌人小股部队扰边，他就三次亲率十几万大军深入敌境，结果找了几个月也没找到敌人，自己人倒是冻死、饿死不少。这些事就发生在宣宗即位前几年，因此，在没有明确目标和较大威胁的情况下，他是不会贸然出击的。

虽然宣宗三次率军巡边，但与祖父朱棣的五次亲征有所不同，他遵循的仍是仁宗定下来的以守为主的基本方针。值得说明的是，宣宗第三次巡边是在宣德九年，也正是他密令况钟进贡一千只蛐蛐、

1　参见《明宣宗实录》卷一一二，宣德九年九月己亥。

自己在宫中大肆玩赏蛐蛐之时。由此可见，宣宗并未因为斗蛐蛐而昏了头，放弃了巡边演武之举，也没有因为诸将的热情怂恿，不顾敌情而贸然出击，还算能够把控大局。

（三）宦官借采购贪暴害民，宣宗杀一儆百

宣宗在位的十年是明朝社会相对稳定的十年，这为他的玩乐创造了良好的条件，他可以比较充分地追求自己喜好的东西，只是这种追求给社会带来了一定的扰害，那么这种扰害是怎样出现的呢？宣宗为了满足自己的玩乐欲望，派大批宦官到全国各地去采买花鸟鱼虫以及珍奇好玩之物，并传令各级地方官员要派人协助，给予一切方便，在采买、保管、装载、运送等各个环节，几乎都要由地方机构无偿给予支持。许多采买宦官借此名目四处骚扰，各个交通要道上这类宦官往来不绝。这些人自恃是为皇帝办事，因此所到之处动不动就绑束官员，敲诈、拷打一通，对地方和百姓的扰害更为深重。

明《入跸图卷》局部之“运送贡物”

1. 宦官横行霸道，宣宗只好下令严惩

人常说，少年时代的朋友感情最深，宣宗从小就有一群宦官朋友，陪着他一起长大，朝夕相伴，交情颇深。后来宣宗做了皇帝就慷国家之大慨，用极为优厚的待遇来报答他的少年朋友。宣宗经常派遣这些人到各地去采办花鸟鱼虫，尽管宣宗曾一再申明，不许外出采买的宦官生事扰民，但这些人仗着与皇帝的特殊关系胡作非为，气焰熏天，经常肆无忌惮地敛财害民。早在宣德二年就有宦官张善，奉命前往饶州御器厂监督瓷器生产，据说张善到了饶州以后“贪酷不堪”，就是胃口很大，贪得多，对工人非常严厉，大家都忍受不了，但仅仅是因为贪得多又对工人很严酷，在那个专制时代里根本不算什么罪名。

后来张善被杀，真正的原因是他把“上供器分馈同列”，[1]就是把为皇帝制作的精美瓷器分给了自己的宦官同事，这是宣宗不能容忍的。道理很简单，专制时代皇帝的东西都有一种身份和权力的象征意义，如果人人都拥有，那不人人都是皇帝了吗？试想张善分给同事的仅仅是瓷器，如果皇帝穿的龙袍、戴的皇冠你也分给同事，那不等于你们都想当皇帝了吗？因此张善的行为是对皇权的挑战，是对专制体制的破坏，所以必须杀掉。

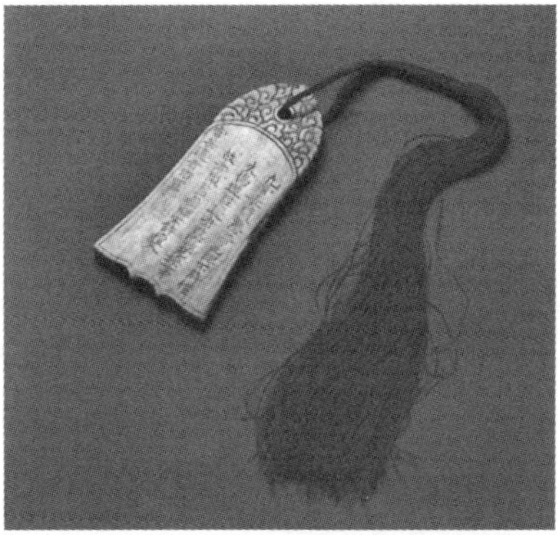

明代长随奉御出入宫禁牙牌

上面那些有权势的宦官横行霸道，下边的宦官也仗势妄

1 参见《国榷》卷二十，宣宗宣德二年十二月癸亥。

为，守城的宦官奴役门卒为其养鹅，鹅被盗，门卒家贫赔偿不起，便遭到守城宦官的连日拷打。掌管木厂的宦官裴宗汉盗卖官木，贿赂太监杨庆。负责为宣宗驯养鸟兽的宦官外出调鹰，随意杖杀平民百姓。尽管这些宦官的不法行为受到了宣宗的制裁，但因宣宗重用宦官的政策未改变，因此尚未受到制裁的不法宦官还大有人在。

这种情况从宣德初年即开始泛滥，到了宣德六年（1431年）已相当严重，迫使宣宗不得不将其中罪大恶极的宦官杀头法办。后来被杀的大宦官名叫袁琦，这个人从小与宣宗一起长大，宣宗即位后任命他为内官监太监。内官监是当时宦官机构中仅次于司礼监的重要部门，相当于宦官内部的组织部，权势之大可想而知。宣宗还曾亲自画了两幅画赐给袁琦，一幅是五花马，一幅是白燕，在上面写有赐给太监袁琦的题字，[1]可见宣宗与他的关系非同一般。袁琦仗着他内官监太监的身份和权势，尤其是与皇上的特殊关系，擅自派遣宦官阮巨队等十几人赴广东等地，打着为皇家采办的旗号贪暴肆虐，掠取当地军民的财物，被人告发。

宣宗将这些人下狱，没收家产，结果发现除了数以万计的金银珠宝之外，还有大量的金玉器皿，其规模和形制都仿制甚至超过了皇家用品。按理说这些宦官就连皇帝亲自画的画都能轻易弄到，还能缺钱吗？至少未必会缺钱，但他们实在是贪心太重了，胆子也太大了，不仅什么都想贪，而且还什么都敢贪。其实多贪一点金银珠宝也就算了，可那些皇家用品也是你该贪的吗？你一个宦官贪了这些东西，想跟皇帝平起平坐？在那个专制时代这不是找死吗？再加上擅自派人贪暴掠夺，都是严重挑战皇权的越轨行为，难怪宣宗见了要勃然大怒，下令司法部门用分裂肢体的磔刑处死袁琦，将阮巨队等人押赴街头斩首。

---

1 参见《戒庵老人漫笔》卷一，宣德御画，中华书局1982年版。

在此之前，宦官裴可烈在江南富地苏州、松江一带贪暴害民，巡按御史林硕欲将此人依法治罪，裴可烈竟然恶人先告状，诬陷林硕撕毁诏书。林硕因此被捕，宣宗问明了实情，正赶上袁琦事发，便命人将裴可烈戴上刑具押赴京师。大概是狱卒也恨透了这个平日仗势害民的宦官，没几天便将他拷打致死。袁琦的同伙马俊从外地敛取了大量财物回京，走到离北京不远的良乡，听到袁琦的下场后，自知罪孽深重，难逃法网，只好上吊自杀。宣宗得知后气愤地说："此正与袁琦同恶害民者。"下令锦衣卫割裂马俊的尸体，悬头示众，实际上是罪加一等的处罚。[1]另一个前往南京的宦官唐受，因纵恣贪暴，残酷害民，也被宣宗同样下令以酷刑割裂尸体，悬头示众。可见宣宗认为这伙人作恶多端，必须严惩。

明代龙凤纹椅披

2. 宣宗并未纵容宦官，但给心腹宦官颁发了免死诏书

那么袁琦为什么敢这么大胆呢？宣宗自己讲得明白："自小随侍，颇称使令，升太监管事，辄敢恃恩纵肆欺罔。"是因为从小就为宣宗服务，很听话很顺从，因此升为太监里的管事，才敢于仗着皇帝的恩宠，欺瞒胡闹，肆无忌惮。这些人因为是皇帝身边的人，更因为是"假公务为名"，打着为皇家办事的旗号，因此"方面风宪之官

1 参见《国榷》卷二十一，宣宗宣德六年十一月庚寅。

皆畏惮之，不敢以闻”，地方官员和监察官员都不敢上告。这件事也反映出专制时代的司法特点，皇家的活动往往不受国家司法的限制。实际上宣宗大量派遣宦官前往各地采办奢侈品，袁琦不过是趁机为自己多捞点，在这个过程中滥用权力导致贪暴肆虐，只是宣宗把一切罪过都推到了袁琦身上。

又因为这类事以前也出现过，但地方官和监察官员没有得到明确的授权，因此不知如何处理。这次宣宗下了决心要刹住这股歪风，因此下令："自今内官内使出外，敢仍前有犯，令所在官司具奏，治以重罪；知而不奏，罪同。"[1]这道命令等于授权给地方官，可以上奏出差宦官的罪行并给予严惩，否则与犯人同罪。袁琦等人的罪恶使宣宗颇为吃惊，他知道这些人如此之多的赃物绝非少数人所能获取，一定还有很多属下宦官在各地搜刮聚敛。于是他派出为官清廉、办事谨慎的司礼监太监刘宁和御史张骏、李灏等人，分别前往全国各地搜捕袁琦的余党，没收赃物。不法宦官在外作恶多端，早就引起了地方官员和百姓的激愤。

宣宗派去搜捕宦官的太监刘宁等人路过故城，故城县丞陈铭性格暴烈，又喝醉了酒，听说有宦官到来，以为又是那些敛财害民的家伙，便不问青红皂白扑上去，揪住刘宁的脖领子一顿耳光，因此被捕入狱。有人控告此人酗酒伤人，理应治罪，但宣宗知道是那些作恶多端的宦官惹起公愤，陈铭不过是发泄怒气，便下令释放了他。[2]同时，宣宗传谕各地宦官停止作恶，改正错误，不得恃宠作威、敛财害民，改邪归正的宦官待遇不变。又令都察院将袁琦等人的罪行榜示天下，向全国通报。[3]宣宗连续严惩宦官之际，也是他采办花鸟

1 参见《明宣宗实录》卷八十五，宣德六年十二月丙申。

2 参见《明通鉴》卷二十一，宣德七年八月乙未。

3 参见《明通鉴》卷二十一，宣德六年十二月乙未；王世贞《弇山堂别集》卷九十一，《中官考》。

鱼虫最为起劲之时。由此可见，宣宗并没有因为自己的爱好而过分纵容那些作恶的宦官。

宣德六年十一月末至十二月初，在不到一个月的时间内连杀十几名高级宦官，而且竟有数人是裂尸枭首，这在明朝的历史上也是极为罕见的。袁琦等人的下场在朝野上下都引起了不小的震动，尤其是那些为皇家办事、多少有些违法行为的宦官们，估计是看见昔日的伙伴血淋淋地倒在街头，不禁提心吊胆，深恐这场来势凶猛的风暴会波及自己。当时虽然是宣德六年到宣德七年（1432年）的辞旧迎新之日，但这些人可能会感到自己被笼罩在一片恐怖肃杀的气氛中。宣宗自然也了解这一点，于是为了安慰和稳定这些人的情绪，让他们继续放心大胆地为自己效力，便采取了另一个措施。

宣德七年正月一过，也就是袁琦等人被杀后一个多月，宣宗向他的两名亲信宦官、司礼监太监金英和范弘颁发了免死诏书，诏书中高度评价了两人的忠心和才干，授予两人可以免除死罪的法律特权。这是一种相当优宠的待遇，洪武时期，只有那些功勋卓著的开国功臣如徐达等人才享有这样的法律特权。如今宣宗给予金英和范弘两人这一待遇，“无异勋臣之铁券”，[1]相当于让他们有了开国功臣的部分特权，足见两人受宠程度之深。但宣宗此举不仅是为了安抚惶惶不安的众多宦官，也表明自己是个赏罚分明、处事公正的皇帝。

宣宗也知道，金、范两人的品行和修养都不错，即使得了免死诏书也绝不会有恃无恐、胆大妄为，而必定会给众多的宦官做出忠勤守法的榜样。果然，金、范两人确实比以前更加小心谨慎，毫不自满。其他宦官见宣宗如此通情达理，有罪必诛、有功必赏，也就放下心来，照常为朱家皇朝效力。那些镇守边关和有公差的宦官虽然比以前有所收敛，但是很快就发现这次严惩宦官的事件，并

1　参见《明史》卷七十六，《职官志》。

不影响皇上对他们的宠信和重用，于是又重新抖起了威风。宣宗这种恩威并施的做法，既能保证宦官为自己效力，又能防止他们行为“越轨”。

从上述情况看，宣宗要依靠宦官来实现他的娱乐追求，那么这些宦官就不可避免地会给社会造成一定的危害，这是皇帝的个人爱好与国家政治之间的冲突之一，也是专制王朝稳定发展时往往会遇到的重大问题。好在宣宗暂时调节了这一冲突，对宦官控制较严，加上宦官首脑金英、范弘等人颇为正直，品行不错，因而属下宦官并未给社会造成大的破坏。同时，宣宗继续任用永乐时期的一些有

郑和下西洋的始发港——江苏刘家港

名的大宦官，去完成一些重要使命，宣德时期郑和第七次下西洋，侯显率武装使团不远万里出使西藏等地，都是这一时期的辉煌盛事。

宣宗在位的十年中，完成了为后人称颂的“仁宣之治”，虽然这一局面出现的原因较为复杂，但是如果没有宣宗则是不可想象的。尽管宣宗本人对玩乐一直很有兴趣并曾大力追求，但他确实没有因为这些而更多地影响到治国理政。除此之外，宣宗的另一个成就可能就是对宫廷文化的贡献了。那么，他对当时的宫廷文化都有哪些贡献呢？他为什么会有较高的宫廷绘画成就呢？

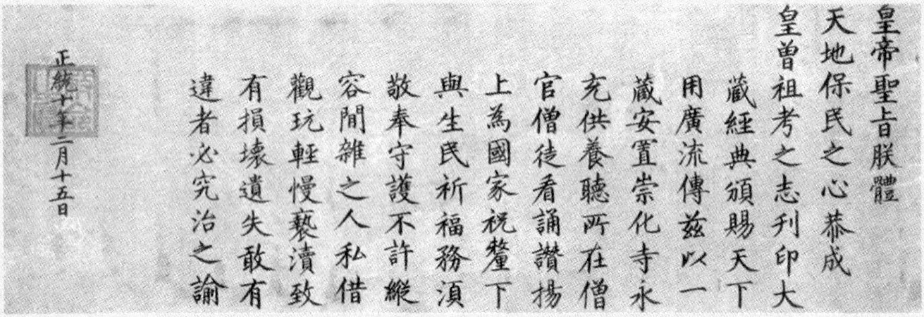
皇帝聖旨朕體
天地保民之心恭成
皇曾祖考之志刊印大
藏經典頒賜天下
用廣流傳茲以一
藏安置崇化寺永
充供養聽所在僧
官僧徒看誦讚揚
上為國家祝釐下
與生民祈福務須
敬奉守護不許縱
容閒雜之人私借
觀玩輕慢褻瀆致
有損壞遺失敢有
違者必究治之諭
正統十年二月十五日

明英宗圣旨

三十八 完成转折

仁宣两帝当政的洪宣时期，正好夹在前后两个较为动荡、较为折腾的时代中间，总体上是相对稳定、和平的十年，而大明王朝此后的200多年，几乎很少再现洪宣时期的辉煌，因此这段时光才受到后人较高的评价。当年明太宗朱棣的开拓扩张性活动已大大超出了国家当时的财政能力，仁宣两帝不得不采取守成的“仁宣之治”加以调整，其实除此之外，还有第二代帝王做守成之君的常规，而守成政治也并不等于完全保守。与“仁宣之治”相辅相成的还有两个突出的现象，即宫廷文化及宫廷消费的高峰，导致了宫廷财政支出的空前膨胀，而正统初期大规模削减和调整宫廷文化及消费项目，等于实现了这方面的转折。

（一）仁宣时代的转折是一种正常的趋势

从明朝历史上看，洪武、永乐、洪熙、宣德四朝是明代的前期，正统以后则进入中期，洪熙、宣德时期是明代由前期向中期的过渡和转折，仁宣两帝的“仁宣之治”就是开启并完成了这一过渡和转折。从明王朝发展的角度来看仁宣两帝的守成政治，朱元璋创业立国，第二代帝王应该是一个守成者，任务是完善和巩固开国局势，才能使新王朝长治久安，这是中国王朝的传统和常规。建文帝即充当了这一角色，其“新政”即是对洪武局势的调整和完善，是一种守成政治。

但朱棣“靖难”成功打断了建文帝的守成进程，南征北讨、迁都远航，开运河、建长陵，几乎是继朱元璋之后的再一次开创之举。永乐时期的开拓扩张性活动已大大超出了国家当时的财政能力，而国家当时的财政收入以田赋收入为主，其数额基本上每年是固定不变的，国家的储备并不多，所以一旦有额外支出尤其是纯消耗性的支出，财政就难以为继了。

因此仁宗上台后，不得不采取收缩的政策和措施，调节国力和政策实施间的平衡，缓解永乐时期造成的严重的财政困境。这个收缩政策并不等于保守政策，相反仁宣两帝政治思想上是积极的，也有些作为，但总的形势却是守成的态势，这是一对矛盾。洪武、永乐两朝是创业时期，谈不到守成，而仁宣时期明代君主专制体制所能达到的框架结构已基本到位，只是运作起来尚需调整和完善。宣宗的一系列举动，即是对这种体制的完善和加强。朱棣的开拓扩张之举违背了第二代帝王做守成之君的常规，而仁宣两帝的守成之举是合乎这一常规的。[1]

从明代前期的情况来看，建文时期的改变是明朝从开国重典转向文治的气象，即辅政群体的主要大臣都是儒家士大夫，压制了洪武时期颇有地位的贵族势力，呈现出文治化的治平之象。洪武中后期受到重用的文臣士大夫就逐渐增多，建文时期这种情况更是非常明显，这是一种政治上的自然趋势，即文治的趋势。但是这个过程被夺位的朱棣打断了，他恢复了洪武前中期的基调，凭借自己的强

1　这里采用了先师李洵先生的部分看法。

势压制了文臣士大夫的上升势头，尚武的成分较为突出，表现在外向型开拓活动较多，几乎是四面出击、屡建边功，但内政的治理较为粗疏，统治者在这方面下的功夫不够，文治精神明显不突出，甚至较为衰落。

但和平时期的文治是一种必然的趋势，是统治者必须遵循和顺应的趋势，因此仁宗上台后立即否定了其父朱棣的做法，恢复了文治的精神和政策，尤其是大大加强了文臣士大夫的主政力度，宣宗则基本上继承了仁宗的做法，等于恢复了洪武后期和建文时期的文治。因此，从永乐到宣德，是一个文治趋势中断而又恢复的过程，仁宣时期以三杨为首的文臣主持日常政务，是明代前期士大夫以儒家理念推行治国政策的体现，也是统治者顺应文治趋势的体现。

需要说明的是，永乐到宣德朝文治趋势的中断与恢复以及国策的转折，与明代社会带有变迁性质的重大转折不尽相同，因为明代

故宫文华殿建筑群鸟瞰

正德以后，中国传统社会出现了一个较大的变迁，明初几个皇帝费尽力气搞出来的诸如卫所屯田、黄册图册等，已不适合这一变动，基本上是专制社会那些过时的东西，而军制由世袭卫所改为募兵，屯田改为民田，两税改为一条鞭，宝钞废而白银兴，这些都是顺理成章的事，是社会变迁的结果。由这种社会变迁所导致的重大转折，显然具有更为重大和深远的意义，而永乐到宣德朝仅仅有些变迁的苗头，或者说是处于这一重大转折的开端，因此，仁宣时代的转折仅仅是对永乐政治的调整和完善。[1]

（二）仁宣两帝开启并完成了时代的转折

作为明代前期向中期的过渡和转折，也是仁宣两帝对永乐政治的调整和完善，“仁宣之治”是由仁宗开启、宣宗完成的，只是仁宗在位时间很短，他那些带有转折意义的新政效果不明显，宣宗即位后大体上继承了其父仁宗的政策，仍以稳定、守成为主，但具体做法又有所调整、有所取舍。

第一，社会经济领域。经过永乐时期大规模消耗活动的摧残，宣德初年社会经济尚未完全恢复。江南地区的赋役严重不均，苏、松等地的重赋压得百姓喘不过气来，这些问题在永乐朝就长期得不到解决，已积重难返，因此宣宗不仅继承了仁宗减免百姓负担的做法，采取措施招抚、安置各地的流民，适当减少一批工程劳役，还进一步恢复和发展经济，有条件地支持周忱等人调整和减轻江南的沉重赋役。

第二，国防问题。南北战事最终都得到了平息。其中明廷出兵平乱及兼并安南，驻扎当地的明军与反抗势力长期作战，不仅遭受

---

1 这里采用了赵铁峰、张兆裕的部分看法。

一定的损失，朝廷还要派人翻山越岭为他们运送大批军饷，等于为扩张行为付出沉重代价。仁宗即位后准备尽快撤兵，甩掉这个沉重的包袱，但宣宗却不想立即撤兵，而是先后几次增兵安南，企图在军事上取胜后再从安南“体面”地撤军。不料事与愿违，明军在付出了更大的代价后被迫撤军。北方边境已长期没有蒙古军队的大规模袭扰，朱棣晚年的连续北征都因粮饷不继而被迫停止。鉴于这种情况，仁宗即位后采取了防守的态势，宣宗则多次率师巡边，明朝北部的边防因此而逐渐有所加强。

第三，司法政策方面。仁宗的即位诏书中明确否定了永乐时期断案需要罗织罪名的司法政策，同时等于变相否定了朱元璋《大诰》作为法律补充条款的特殊地位，宣宗继承了仁宗的司法政策。明代前期到中期逐渐形成了“律例并行”的司法体系，宣德时期是这个体系开始构建和形成的重要时期，宣宗废除前朝之“例”“一依大明律科断”的做法，为后来的几朝皇帝所继承，这样做的意义在于保持和维护了“律”的稳定性和权威性，既有利于控制判案的随意性，又保持了一定的灵活性，同时也保持了法律制度设计与实际操作之间的相对平衡。

前几朝皇帝滥用专制权力、直接插手案件的审理和判决，永乐朝的许多重大案件，朱棣几乎都是先定有罪然后再让司法官员寻找法律条文来判决，而宣宗几乎都是对罪犯依法定罪，依情、依理具体审理，并且极少将案件送交锦衣卫诏狱。对于那些司法部门审理完毕、交他最后裁决的案件，宣宗往往会令大理寺详加复审，或是亲自复审，这样做的结果无疑是使大理寺复审的职责和地位，在司法机构中进一步得到了确立和加强，从而提高了案件判决的公正程度。同时，宣宗注意调节法律与道德、与赦令之间的矛盾，改善了部分司法制度。

第四，决策方式与君臣关系方面。仁宗的决策方式从以朝会为

故宫太和殿

主转变为以批答奏章为主，除了奏疏数量增加、辅政群体得力等原因外，最主要的原因还是朱元璋废除丞相后，皇帝的工作量迅速加大，所以后来的皇帝不得不多找一些助手，来帮自己分担和处理政务。对奏章的处理意见，仁宣两帝也逐渐让辅政群体代为起草，称为票拟，因而将这些人的议政作用纳入决策机制，甚至还授权辅政群体的人兼管其他部门，于是这些人成为一个权势较高的政治群体。

宣宗一方面任用有文化、受信任的太监替自己批红，另一方面再让翰林先生教小宦官学文化，这是个相互衔接、相互配套的政治工程，宣宗正是把这几个因素较好地组合在一起，才使少数宦官也可以替皇帝抄录决策，行使决策权。宣德时期出现的辅政群体议政、皇帝决策、六部执行的机制，同传统政治体制即朝会决策制度相比，是一种变革和进步，虽然这一机制还有许多问题，执行过程中也出现一些弊端，有待完善，但仍然具有较为民主、合理的一面。

只是这个机制里防止权臣的因素被加强了，权臣专权的可能性大为降低，但防止权阉的因素却被减弱了。批红权虽然不是法定的制度，仅仅为皇帝的临时授权，但毕竟是一种惯例，使那些有批红资格的宦官拥有一种高于内阁的权力和地位，因此这一体制中出现权阉的可能性增加了。另外，宣宗与诸位大臣的关系不错，但毕竟

不像仁宗那样，与杨溥等人有过共患难的交情和经历，因而他虽然也重用和信任三杨尤其是夏原吉等大臣，但不如仁宗那样诚挚、专注。宣宗在位的十年间，内阁大臣的品秩一直没有提升，这一点在明朝历史上也是非常少见的，至少说明同仁宗相比，宣宗对内阁的地位和制度还是有所限制。

第五，稳定局势的若干措施。仁宗生前要还都南京，但宣宗即位后并未将首都迁回南京，大明王朝刚刚经历了永乐时期的迁都建陵、南征北讨等活动，好不容易才从这些消耗巨大的折腾中安定下来，如果宣宗再把首都迁回南京，搬迁规模也是相当大的，国家和百姓就得再挨一次累，再耗一遍财，因此宣宗避免了又一场折腾。仁宗在位不到一年就去世了，宣宗根据当时国家的财政情况，从简规划献陵的营建，建成后的献陵气势和奢侈的程度当然比不上长陵，但确实是省钱又省工，并且为后来的帝陵工程开了个好头。所以宣宗没有回迁首都，从简规划献陵营建，对于社会和百姓的稳定都是非常有利的。

当年仁宗全面停止下西洋，宣宗则先停止后恢复，他并没有像祖父朱棣那样，不顾综合国力的严重消耗而常年不断地下西洋，而是较为谨慎，等明朝的综合国力有了一定的恢复，在他的权势、地位大为巩固的情况下，才敢于明确恢复远航。实际上宣宗本人具有追求奢侈品与享乐活动的强烈欲望，加上先辈屡次远航的巨大吸引力，因此他早已不满足于在国内采办奢侈品，但同时宣宗也是量力而行，第七次远航并未导致综合国力的严重下降，同样有利于局势的稳定。

第六，部分制度的调整。为了解决地方三司无法处理的事务，宣宗根据有关建议，派出了六部的高级官员巡抚江浙、湖广、河南、山西、山东、南北直隶等地，这些巡抚便逐渐成为省一级机构的最高负责人，随着巡抚派遣的长期化和巡抚地区的逐渐固定化，巡抚这一职务便随之制度化了。巡抚制和后来形成的总督制（合称督抚制），成为明代行政等级体制中的重要组成部分。全国许多重要府州的官员都出自朝廷的举荐和皇帝的任命，明廷中央既在一定程度上保证了地方官员的素质，又加强了对地方的统治。宣宗还整顿了南北两京的监察部门，扩大了御史的职权范围，采取一些措施来整顿吏治，加强了对官员的监察。

仁宗生前曾根据南北方的地域文化差异，大体上确定了科举分配的录取比例，即按照6 ∶ 4的比例来平衡南北方的名额。宣宗即位后立即推行了这一改革办法，并进一步划定了南卷、北卷和中卷的地域范围和录取比例。这一改革扩大和巩固了明王朝的统治基础，平衡了不同地域经济、文化状况的名额和权力分配，更有利于中央集权统治。宣德时期还限制了会试、乡试以及吏员入仕的人数，逐渐缓解了南北两京官僚机构膨胀的情况。

第七，削藩的完成。朱元璋的分封制导致了燕王“靖难”，但朱棣即位后并没有从制度上废除亲王典兵之制，结果又导致仁宗死后汉王朱高煦企图争夺侄儿宣宗的皇位。在果断平定了汉王之后，宣宗鼓励拥有三支护卫的藩王献出两支，同时纵容各地官员提供削藩的借口，并将原来曾归属于王府的部队，重新划归地方军事机构管辖，加上不断地征调和服役，王府部队已大为减少。除此之外，宣宗还从经济等

国子监牌坊旧影

方面限制王府的特权。于是藩王对中央皇权的威胁被基本解除，开始于建文朝的削藩活动，在宣宗当政时期较为彻底地完成了。

第八，宦官权势的提高。仁宗曾大量派遣身边的宦官，到各省、军镇去担任镇守太监，以此来加强对边镇和地方的控制。这些人有权监视文武官员，甚至有权干预政务。宣宗不仅增加了北部各省、军镇的镇守太监，并且出于对宫廷内外事务管理以及享乐的需要，还扩大了宦官的职能，先后向江南等地派遣了大量的宦官。这些因素都导致了宦官权势的扩大，宦官也开始全面介入国家政治的各个层面，形成文武官僚系统之外的另一股政治势力。

一些高级宦官拥有对边镇武将的监督权，对火器部队及出征和留守部队的控制权，还有临时居守京师的行政权。实际上前三种权力都是高级监察官员和武将的权力，不过是被宣宗从这些人手里拿出来，转身交给了他更加信任的宦官。第四种权力虽然是临时性的，但却是范围最大、级别最高的权力。宣德时期明廷先是派出了官员巡抚全国的主要地区，后来又任命了中央官员担任全国主要地方的知府、知州，此后又大量派出了监察御史考核官员，并兼有部分行政权力。这三伙人的派出和任命，等于加强了中央对地方的统治。而上述宦官权力的增加，不仅加强了中央对地方的控制，更是加强了宣宗本人对整个明帝国的控制。

从上述情况看，仁宣两帝尤其是宣宗对朱棣的政治遗产，既有继承也有否定，那些弊端较大、较明显的部分给予停止，下西洋等活动则放缓，程度上有所调整，辅政群体更是充分认识到了前朝的过分之举，因此设法扭转、恢复一些东西，但并没有也不可能全面否定前朝政治。宣宗的理想和追求同现实条件有矛盾，对祖父和父亲政策的继承同样也有矛盾，因为两人的政策本身就有矛盾，因此宣宗不得不以折中的方式加以调节。但他调节的前提毕竟是以现实的条件为基础的，因此他别无选择，只能以父亲的守成思路为主，也就是继续以稳定务实为指导方针，而不能再搞朱棣当年的开创、折腾活动，从而完成了时代的转折。

实际上仁宗对朱棣怀有一定的不满情绪，他的洪熙朝政带有明显的否定朱棣的性质；宣宗则没有这种情绪，他对皇祖朱棣还是颇有感情的，因此在否定朱棣的做法上，他不像仁宗那样起劲、走得那么远。仁宗曾大规模释放建文罪犯家人，公开宣称方孝孺等人为忠臣；宣宗与其父的做法不同，他很清楚，如果承认建文帝的合法地位，就等于承认了朱棣的篡位，无形中也就等于否定了自己，因此整个宣德时期，他从未提到此事。至于仁宗释放建文朝臣的罪囚家属，宣宗只是给予默认，未置可否，以至于建文罪囚的远亲始终被发配到边远地区，甚至到了隆庆、万历年间，朝廷还要不断从远亲的后代中挑出人来戍边。[1]

1 参见《明史》卷九十四，《刑法志》二。

应该说仁宣政治并非是由两帝的个人兴趣和与先辈的关系决定的，缓急和取舍都有一定的条件，同时，两人又受到了“祖训”的严格限制，未能有更大的作为，这是他们与那个时代既相适应又相矛盾的体现。但两人毕竟完成了转折时代的使命，从中可见仁宗力度较大、见识较远，尽管其有些矫枉过正。宣宗则完成了其父开创的“仁宣之治”，稳定了明朝建国以来的局势，调整和完善了洪武以来的政治体制，实际上是继洪武后期和建文时期之后，重新回到守成之君的常规，同时也完成了从外向开拓到内向稳定的时代转折。

（三）守成政治并不等于保守

1. 守成政治含有务实合理的成分

整个宣德时期宣宗奉行了守成的政治方针，从即位诏书到遗诏，宣宗在许多问题上都强调要“恪守祖宗成宪”，有时甚至宣称“利不十，不变法”，没有十分的好处就不作任何改革，听起来有些过于保守。宣宗认为既然祖宗成法是开国创业之君经过反复实践和推敲，多次检验之后确定下来的，因此应该予以保留和遵守，不能轻易更改。即使“因时之宜不可不损益者，亦不可不体祖宗之心”，根据现实需要进行改革，也要与祖宗的旨意相结合，而不能相违背。

为了论证守成思想的正确性，宣宗举出许多古代的事例加以说明，如宋神宗时王安石变法，导致宋朝的衰败，称颂遵守成法的宋朝李沆为贤相，是老成忠厚的名臣。宣宗尤其称颂汉代的名相曹参，此人亲身经历了秦朝变更旧制之后天下大乱的时代，又亲身参与了刘邦创立汉朝的艰难活动，所以在继任丞相后才以清静无为来辅佐后嗣君王。“无扰狱市，掩人细过”，罢斥那些刻薄多事之人，实在是有很深的用意，绝不是空守相位无所事事。曹参没有像王安石那样引经据典改变旧法，但国家任用曹参，百姓未受伤害，因此不应该谴责曹参无所事事。宣宗的这些守成论点得到了杨士奇等人的恭维和赞同，他们吹捧宣宗的论证内容不仅猜透了古人曹参的用意，而且是“万世继体图治者所当取法”。[1]

在这种思想的指导下，宣德政治也带有明显的守成特点，国家政策趋于保守，没有更多的开拓性。但宣宗并非呆板僵化地固守旧制，而是根据实际需要有所变通。他违反祖制，让宦官代批章奏，将太祖时期定为“永不起科”（即不收赋税）的土地，改为起科收赋，以此来增加财政收益。他支持周忱等人在江南实行经济改革，解决了江南重赋问题。有人不了解宣宗的政治意图，上疏控告周忱破坏祖制，应受制裁，遭到了宣宗的申斥。[2]还有的朝臣见宣宗张口闭口都言祖制，就按祖制专挑朝廷的毛病，一心想以此来向宣宗邀功讨赏，不料这位“挑刺”专家不仅使宣宗感到讨厌，也使群臣对之侧目，因而受到罢斥，被赶出朝廷。

明宣宗半身像

不仅如此，宣宗还在一些场合谈到不必过分遵守旧制。他认为只要能做到轻徭薄赋、重农抑商，就可以使百姓得到实惠，“何必拘于法古”，更不必“尽合古制”。[3]虽然这里的古制和宣宗要遵守的祖宗成法并不全是一回事，但可见以务实

1 参见《明宣宗宝训》卷一。
2 参见《明史》卷一五三，《周忱传》。
3 参见《明宣宗实录》卷七十七、卷九十八。

的精神来对待古制和祖宗成法，是宣宗思想和政治上的一个特点。从整体上讲，宣宗实行守成政治的确切含义是稳定和务实，从交阯撤兵，变扩张为收缩，到重视农业，重用老臣和完善内阁制度，这一切都体现出宣宗奉行的稳定和务实精神，只是这一切大都是在“恪守祖训”的口号下实施和完成的。因此，宣宗等于为自己稳定务实的活动披上了一件“守成”的外衣。这样一来，表面上的守成和实际上的稳定、务实不仅不相矛盾，反而较为巧妙地结合起来。

2. 朱棣的外向型活动未必都有正面效果

同永乐时期相比，仁宣两帝更注重内政和民生，关注统治政策和体制的调整以及经济的发展，是一种内向型的守成政治。而朱棣关注的重点显然不在内政和民生，是一种外向型的君主，折腾较多，消耗空前，国家和百姓付出的代价很大。虽然南北出击、迁都远航等活动的积极意义不容否认，但这些活动是否导致了空前消耗的财政压力，则需要具体分析。例如朱棣的第二次北征已经重创了敌方主力，后者的威胁已大为减轻，行踪难觅，但朱棣仍然顽固坚持几十万大军连年出击，并且每次都是在粮饷供应严重不足、人马损失较大的情况下进行。

六下西洋的消耗同样相当大，以致朱棣晚年面临反迁都的风波时，被迫颁布诏书暂时停止下西洋，[1]实际上除了“国际政治贸易”之外，郑和率领的庞大舰队很大程度上是维持所到之处的和平，解决国家间的纠纷，相当于主动去充当“国际警察”，并接受各国的朝拜，在当时似乎完全取得了外交上的胜利，获得了大国的面子和尊严。但郑和舰队一走，各国又恢复了原样，有些国家甚至记载，当年郑和使团是代表明朝皇帝前来朝拜他们的，由此可见明朝的这种

1 参见拙文《明初下西洋的停止及其原因》，《清华大学学报》2017年第2期。

远航外交活动，并未都像明人当时看到的那样，完全是胜利和荣耀的一面。

同时，郑和舰队除了为朝廷“取宝”之外还有一个重要的使命，那就是将以前从明帝国逃到海外的人抓回来治罪，这反映出当时统治者的一种心态和理念，即逃出帝国的人必须受到惩治。这是明朝的一种传统，至少明初是这样，当年朱元璋曾定了一条有名的法律，即“士大夫不为君用”是有罪的，甚至该杀，理由是你不来当官就是看不起我，是看不起我的朝廷，就应该除掉。这是专制帝王一种自卑加自负的狭隘心态，朱棣虽然没有完全继承这条法律和政策，但船队远航途中仍然全力抓捕离境者的做法，同朱元璋的心态是一样的。

再看打安南，明朝虽然是应安南的请求，为平定安南的内乱而出兵，但发动内乱的一方早已明确表示不敢得罪明王朝，这一方人

明《入跸图卷》局部之“过桥部队”

马在截杀明朝护送的陈氏时，非常注意不伤害明朝的护送军人，在这种情况下，明朝却派数十万大军长途跋涉、多次出征安南。况且明朝在安南设立布政使司之后，没有及时调整政策，加上宦官等人胡作非为，结果明军主力一撤走，安南军民就重新掀起了反抗的高潮。明朝不从惩治宦官、改善统治入手，反而一再大规模出征安南，加上翻山越岭的长途补给，导致人马粮饷的消耗完全超过了五次北征。

总之，朱棣是关注外部世界的外向型君主，在位期间的主要活动消耗太大，超过了当时明帝国的负荷能力，虽然其中的积极意义不容忽视，但朱棣给人的感觉是，总想全面改变人们对他篡位的看法，树立自己的光辉形象，南征北讨、迁都远航等活动明显带有炫耀、卖弄的成分，说到底是个武夫的做法。

3. 守成政治不折腾，也是一种进取

相比之下，仁宣两帝与朱棣心态不同，更加注重内政和民生，鉴于朱棣大折腾之后的状态，及时调整了国策，改正了许多弊端，使明朝恢复了稳定，获得了进一步的发展。有人认为朱棣气魄大，是一位开拓型的君主，仁宣两帝则过于保守，虽然有一定道理，但是各位要知道，守成政治并不等于保守，对民生内政的关注，往往比朱棣那样大折腾更能使社会获得发展，同样需要一定的气魄和才干，尤其是及时扭转国力超负荷状态，也同样是一种非凡的进取。

因此，不能完全以外交和军事活动，作为衡量君主气魄、功业的标志。况且永乐一朝实际上是从内战加大屠杀开始的，虽然后来进行了南征北讨、远航迁都等一系列空前之举，但同当年汉武帝好大喜功的做法一样，结果是劳民伤财、消耗极大，当时那些巨大的功业，没有也不可能掩盖相应的严重弊端。对于这一点，多次监国的太子朱高炽，尤其是朱棣的那些老臣是有清醒认识的。这些人在

永乐后期尤其是仁宣时期，逐步认识并改变了永乐时期外向、折腾的做法，恢复了洪武后期形成的稳定局面，实在是完成了一项了不起的转折。

后人把仁宣十年的功业称为“仁宣之治”，而不是称为“永宣之治”，就是指仁宣两帝为首的统治集团，从理念到做法都和永乐时期不同，因此“永宣”不是一回事。虽然从永乐到宣德经历了三个皇帝，但这一时期的转折却是同一代人完成的，即辅政群体中的夏原吉、蹇义、三杨这些人，同时，仁宣两帝尤其是仁宗开启并主持了这项转折，同样功不可没。除此之外，宣宗所受的教育、经历和理念，都与祖父朱棣差别较大，而与父亲朱高炽较为接近。

朱棣的军事活动较多，又是个夺位的皇帝，对政治霸业的追求理念很深，上台后南征北讨、迁都建陵、远航西洋以及编纂《永乐大典》等一系列活动，目的之一就是显示自己是个非凡的皇帝，以此来改变人们对他皇位来路不正的看法，加强自己当权的合理、合法性。而仁宗则没有这种经历和心态，不会重走朱棣的老路，相反他那些亲信大臣是以停止规模空前、消耗巨大的活动，来树立和提高新皇帝仁宗及其统治集团的威望。宣宗受到这些文臣的影响较深，务实稳定的守成理念很重，因此他更接近父亲朱高炽，与祖父朱棣差别较大。

（四）明前期宫廷文化及消费的转折

1. 宫廷文化及消费高峰导致宫廷财政支出空前膨胀

仁宗在位时间不足一年，除了开启“仁宣之治”的主要内容之外，几乎没有留下其他遗产，相比之下，宣宗在位期间不仅完成了“仁宣之治”，还在宫廷文化包括宫廷工艺方面留下了大量的遗产，但其大规模的宫廷奢侈消费，造成了宫廷财政支出的空前膨胀，这两点也是宣宗在位十年的突出现象。由于斗蟋蟀、搞灯展等，往往也有文化艺术的因素，因此，宫廷文化尤其是宫廷工艺在很大程度上，是和帝王奢侈享乐活动交织在一起的。只是宣宗即位初期较为谨慎，在权势未稳的情况下，没有很快就大规模地追求奢侈享乐，以三杨为代表的辅政群体也具有传统儒家的节俭、稳定观念，辅助宣宗追求太平、安康的局面。

但宣宗地位稳固、充分掌握权势之后，对于奢侈享乐的天然冲动以及好大喜功的特点逐渐暴露，并且在这方面完全超过了他的先辈，当然也促进了宫廷文化的发展。宣德时期宫廷文化艺术尤其是宫廷工艺的相对繁荣，在总体上超过了永乐时期，形成了明代前期宫廷文化的高潮。这一时期宣宗创作了一批诗文和书画作品，获得了一定的艺术成就，周围聚集了一批皇家诗人、画家、书法家、音乐家。他斗鸡跑马、玩鸟放鹰、斗蟋蟀、搞灯展、巡游射猎，追求精美的工艺品和美味佳肴，既显示出受过文化教育的专制帝王对于宫廷文化发展的重要作用，也显示出上升时期的专制王朝往往会出现大规模的宫廷奢侈消费。

由于专制体制下皇权很少受到限制，因此宣宗生前贪图享乐的活动造成了宫廷财政支出的膨胀，宫廷消费品的数额相当高，南京消费供应规模也较大，行在光禄寺的负担较重，在京诸寺的番僧至少在千人以上，内府演艺、管理人员超过六千人，光禄寺的厨役多达九千余人。宫廷工艺品的制作规模也是空前的，品种和数量都是明前期的高峰，这也是导致宫廷财政支出的膨胀的重要因素。虽然以今天的标准来看，瓷器等宫廷工艺品

明宣德剔红漆梵文荷叶式盘

具有文化艺术含量，但是在明朝当时的情况下，它们基本上都属于宫廷消费的范围。

2. 巨大消耗导致宫廷文化和消费难以持续

宣德时期宫廷财政支出的膨胀已经前所未有，给当时的社会造成了相当大的压力。并且这种状况与“仁宣之治”几乎是同时存在的，当时一方面是“仁宣之治”逐步完成，另一方面则是宫廷财政支出的空前膨胀，而这一局面与“仁宣之治”是伴随的，某种程度上还有一定的因果关系，即“仁宣之治”的实施为宫廷文化艺术的发展与繁荣创造了一定的条件。宣德时期局面安宁、秩序稳定，而新秩序的弊端尚未展开，前朝已有一定的遗产和积累，可利用的资源和财力较多，于是社会的高雅文化随着财富和权力流入宫廷场域。

其中制作消费品、工艺品需要的各种原材料，几乎都是朝廷和官府向百姓无偿征集的，生产和制作本身至少需要各地的工匠付出劳役，即使是朝廷或宫廷出钱，从市场或百姓那里购买一部分消费品和工艺品原料，或是雇用一批工匠来制作，那么肯定也会有大量的货币支出，从而导致宫廷财政开支的沉重负担。尤其是那些文化艺术含量较高的宫廷工艺品及消费项目，如瓷器、珐琅器、佛造像、建筑、家具、织绣、园林等，不仅制作过程中劳役规模、强度较大，复杂程度或技术含量较高，即使是作为这些工艺品原料的实物部分，同样由于种类繁多、数量庞大，其采集、加工过程中的劳役规模、强度、复杂程度也不下于前者。

宣宗下令内府和各地加工制作各种工艺品、消费品，实际上是拿国家的人力、财力、物力来资助宫廷消费。当时大量优秀的画师、设计师、工匠等，都被征集到宫廷之中从事这项活动，但由于宫廷手工业的规模庞大，已经超出了工匠的承受能力，因此政府只好陆续抽调了十几万京军，作为内府的临时帮工，来协助制作各种工艺

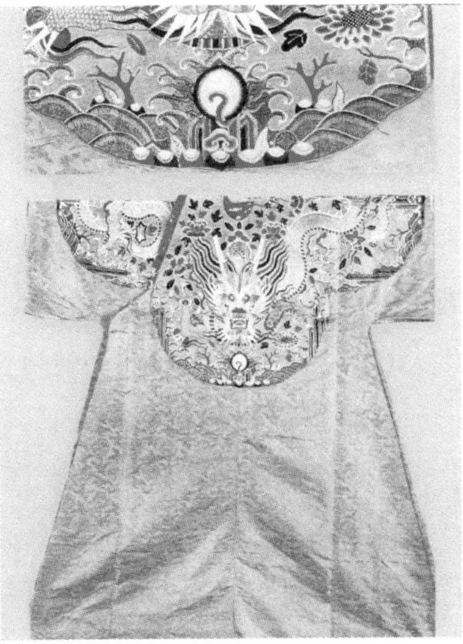

明黄地绣五彩常服龙袍料

品。各地制作工艺品的作坊和机构，更是几乎完全被宫廷所垄断，并且大部分宫廷工艺品的加工、制作，往往不惜工本、不计效益，浪费较大，其中品种和数量最多的瓷器更是如此，废品甚至稍有瑕疵的产品都会被打碎掩埋，规模和数量也远远超过成品。[1]因此可以说，宣德时期的宫廷文化、工艺较为繁荣，宫廷持续高额消费，在很大程度上是靠皇帝的专制权力来维持的。

当时这类活动背后的代价相当大，已经造成了一定程度上的财政危机，并且劳役和实物的征收都是有限的，专制权力也无法超越这种限度，因而只能在短时期内保持宫廷文化高峰和高额消费，时间一长必然会受到社会承受力的限制，因此即使没有正统初期的停减活动，宣德朝宫廷文化和工艺的繁荣势头以及高额宫廷消费，也很难长久持续下去。而英宗即位后减免的活动并未限于诏书范围内，大量的内容是在诏书以外进行的，并且得到了宫廷集团高层的有力支持，减免的内容之丰富、涉及范围之广、持续时间之长，在明代的历史上也是较为少见的，这一点又恰恰反映出宣德时期宫廷财政支出膨胀的严重弊端。

1　参见江建新《谈景德镇御窑厂故址出土的宣德瓷器》,《文物》1995年第12期。

3. 宫廷文化及宫廷消费的转折

无论是宫廷文化的繁荣还是宫廷消费的空前规模，都是凭借“仁宣之治”的条件取得的，宣宗生前未能也不可能调节，以三杨为首的辅政群体虽然辅佐宣宗完成“仁宣之治”，但是无法阻止宫廷财政支出的空前膨胀，而只能等到皇位更替之际的正统初年，才能趁机大规模削减宫廷财政的消费项目。随着宫中“玩好之物”停止生产和制作，不仅是千姿百态的鸟食罐、蛐蛐罐以及彩饰华丽的大花盆，就连佛造像、家具、织绣、珐琅器等，也都大规模地停止或减少生产和制作。至于花鸟鱼虫一类的消费品更是被大规模裁减，仅仅是正统初年被裁掉的南北两京教坊司乐工和宫中各种仓库管理人员，就高达六千多人。

从上述情况可以看出，正统初期的一系列减免活动，不仅削减了宣德朝宫廷文化及消费的规模和数量，同时也砍掉了一些较为奢华的项目，如蛐蛐罐及花鸟鱼虫的征集等，其实是对宫廷文化及消费进行了结构性的调整，使宫廷消费的结构较为实用，规模相对节俭，缓解了前朝宫廷财政支出的膨胀势头，实现了明前期宫廷文化及宫廷消费的转折。正统以后的宫廷文化及消费情况证明，正统初期的减免活动大部分得到了落实。从中可见，宫廷文化及消费作为宫廷财政支出的特殊领域，虽然会受到国家财政和社会承受力的限制，但更多的是受到皇帝及其宫廷消费集团的控制，而极少受到国家机构及士大夫集团的控制。

如果说永乐时期远航迁都、南征北讨的一系列活动，是消耗空前的“大折腾”，那么宣德朝的宫廷消费以及工艺品的征收和制作，就是又一次消耗巨大的“小折腾”。虽然这种“小折腾”的后果不如“大折腾”那样严重，但同样是利用专制权力滥用民力，把大量的人力、财力、物力投入到宫廷享乐之中，时间一长，国家和社会都将承受较大的损失甚至是灾难。从永乐到宣德时期的总体情况来看，无论是朱棣外向开拓型的长期折腾活动，还是宣德朝规模较大的宫廷文化及宫廷奢侈消费，对于国家政治和百姓生活都不是什么好事，相反和平安宁的守成政治和适当规模的宫廷文化及消费，倒是有利于整个国家和社会之举。

后记

这本书是由以前的部分书稿扩充完善而成的，可能是对多年前自己选定的题目有点放不下，尤其是先师李洵先生曾鼓励我做下去，所以只要看到有关仁宣时期的材料和文章，我就想收集、整理一番加入书稿中，结果陆续加入的东西越来越多，竟然到了四十多章。（限于篇幅，其中部分章节置于网络平台，读者可扫码阅读。）多年来明史界对仁宣时代的研究成果较多，但主要都集中在一些重大问题上，比如对永乐政治的调整、对宦官势力的纵容等，对其中的某些具体问题则缺乏探讨；而文物界、书画界则对宣德时期的宫廷文化研究较多，并且给予高度评价，但似乎对正统以后宫廷文化急剧衰落的现象缺乏探讨，并且与明史界的沟通与合作不多，两边明显是各说各的话。更不用说文学史界对这一时期文学现象的分析和评价，一定程度上仍是停留在“初级阶段”。

在故宫博物院的工作中，我有机会大量接触到宫廷文化内容，包括文物、书画等，多次举办明代宫廷史的学术会议，我又接触了许多文物界、书画界以及文学史界的专家学者，使我对仁宣时代的总体研究状况有了进一步的了解，于是逐渐形成了一个想法：力求从不同的领域对仁宣时代进行综合性研究。虽然我的能力和水平都很有限，但是我抱定“无知者无畏”的干劲，不断地翻阅材料并向人讨教，时间一长居然有了一点收获。这种收获的内容主要体现在宣宗的部分，而仁宗的部分虽然时间短、篇幅少，但他在永乐二十多年间几次监国的经历，以及他与当时一些重大事件的关系，背后仍有许多值得探讨的东西。

大体说来仁宗部分的问题是，明初有名的才子解缙并没有犯罪，为什么会被迫害致死，仅仅是因为汉王朱高煦的诬陷吗？永乐十六年以后，朱棣派遣高级特务胡濙暗访江浙一带，除了顺便监督太子外，到底是不是为了寻找建文帝？朱棣迁都后为什么会爆发一场反迁都的风波，并且低调反迁都的官员被杀，而高调反迁都的反而升官？永乐二十年的那次未遂政变，究竟是赵王朱高燧企图夺位，还是太子集团设法嫁祸于人？朱棣为什么没有传位遗诏，仁宗即位前为什么打破三次劝进的惯例，第五次劝进才同意即位？仁宗在位短短的九个月，怎样以他高超的政治才干采取措施，为“仁宣之治”的落实创造条件？

宣宗部分问题较多，比如宣宗为什么要在祖父朱棣和父亲仁宗之间搞折中？司法领域内宣宗为什么要完全依照《大明律》断案，而废除了朱元璋的《大诰》？“三杨”、蹇义、夏原吉等人几乎始终是辅政群体的核心成员，仅仅是因为他们才干超群吗？朱元璋废相后，为什么会出现一个特殊的辅政群体，但又不是过去的丞相？宦官仅凭批红权就能专权干政吗？为什么文臣要指桑骂槐痛骂宦官乱政？为什么宣德时期宫廷花鸟画的成就突出，而宫廷画师却要挂名锦衣卫这种特务机构？为什么台阁诗文这种歌功颂德的文学现象，会在宣德朝大为流行并泛滥，但又很快走向平庸和衰落？宣德朝宫廷文化结构有什么特点，同永乐朝有什么关系？宣宗死后英宗即位，为什么宫廷文化及消费会被大规模削减？

仁宣时期还有许多相关的问题，我都在前人研究的基础上多多少少前进一步，有些问题初步搞清了，但是大部分问题还是不明不白，毕竟学术无止境。但愿将来还有学术高人，能够指点我继续探讨那些问题，也算是满足我对整个仁宣时代的兴趣。这部书稿的部分内容曾在《百家讲坛》播出，所以撰写风格大体上是原文加上分析，力求在通俗中体现学术价值。几年前中华书局曾出版了大部分书稿，还在书中配置了一批图片。只是许多师友和读者都认为，关于仁宣时代的材料还不够完整，尤其是图片的数量和规模都很有限，无法体现这个时代尤其是宫廷文化方面的辉煌，因此，修订再版时应该加以补充和完善。

针对大家的这些要求，我根据书稿内容配置了大量的图片，包括帝王及大臣画像、宫殿、器物、绘画、场景、兵器、遗址、书影、服饰等，文图相呼应，增加了书稿的通俗性与可读性。另一方面，师兄赵轶峰、老友高寿仙、张兆裕等人，对书稿提出了许多非常有价值的意见和建议，我据此对内容作了不少修改和补充，对许多问题都有进一步的分析和解释，使书稿总体上比原来更有起色。相信经过上述两方面的调整，这本书会在读者中拥有一定的市场。书中文物图片绝大部分都是北京故宫博物院收藏的，有些是台北“故宫”和其他博物院收藏的，而宫殿、兵器、遗址、书影等图片，基本上都是许多书籍、图录中长期使用过的，有些已无法查明具体来源和出处。

同事许苏葵女士得知书稿的情况后，为我联系了东方出版中心，并且主动担当特邀编辑处理书稿，在许多问题上都提出了一些很好的建议；责任编辑张芝佳、唐君宇热情周到、认真负责，在图片及内容取舍方面提出了一些非常具体而专业的意见，使我得以改正书中错误、重复的内容；师弟许冰彬利用业余时间，为我多方收集了丰富、大量的图片；老友左远波在配图任务相当繁忙、身体欠佳的情况下，短期内还为我的书稿筛选了一批高质量的图片。非常感谢他们的付出和帮助，使这部书稿得以图文并茂、顺利出版。

回想起三十多年前，我准备策划出版一套“明代帝王系列传记”，请教先师李洵先生应该注意的问题，先生告诉我，传记的体例应该是以传主的活动为主线，与时代的发展相结合，但不能写成传主生活时期的历史，否则就不是传记了。我按照先生的嘱咐来组织撰写“明代帝王系列传记”，取得了一定的成果。只是我自己在这方面的努力一直不太成功，本来是想写朱高炽和朱瞻基父子二人的传记，但是却写了较多这一时期的部分历史，体例上有些不伦不类，实在是愧对先生。

书中凡是引用其他学者的学术成果，我都尽量在页下注释中一一标明，如果有未能标明的，不论是我一时疏忽没有找到还是其他原因，我都在此先致歉意。明代仁宣两帝还有许多问题需要探讨，由于我的水平有限，书中错误肯定不少，当然由我负责，尤其是涉及许多专业领域，大部分我都是外行，因此非常希望读者能够一一指出，以便我能改正错误、提高水平，在此我也先谢谢了。

赵中男

2019年12月

图书在版编目（CIP）数据

明朝的拐点：永乐皇帝和他的子孙 / 赵中男著. —
上海：东方出版中心, 2020.4
ISBN 978-7-5473-1607-8

Ⅰ. ①明… Ⅱ. ①赵… Ⅲ. ①中国历史–明代–通俗
读物 Ⅳ. ①K248.09

中国版本图书馆CIP数据核字（2020）第039793号

明朝的拐点——永乐皇帝和他的子孙

著　　者　赵中男
策　　划　刘佩英
特约编辑　许苏葵
责任编辑　张芝佳　唐君宇
封面设计　今亮后声 HOPESOUND pankouyugu@163.com · 小九

出版发行　东方出版中心
地　　址　上海市仙霞路345号
邮政编码　200336
电　　话　021-62417400
印 刷 者　山东韵杰文化科技有限公司

开　　本　890mm × 1240mm　1/32
印　　张　25
字　　数　554千字
版　　次　2020年6月第1版
印　　次　2020年6月第1次印刷
定　　价　98.00元